ASSAINIR L'AGGLOMÉRATION PARISIENNE

Histoire d'une politique publique interdépartementale de l'assainissement (XIXe-XXe siècles)

ISBN : 978-2-7082-4156-5

Emmanuel Bellanger
Avec la collaboration d'**Éléonore Pineau**

ASSAINIR L'AGGLOMÉRATION PARISIENNE

Histoire d'une politique publique interdépartementale de l'assainissement (XIXe-XXe siècles)

SIAAP
Service public de l'assainissement francilien

Chers lecteurs,

Depuis plus de quarante ans, le Siaap nettoie et restitue au milieu naturel l'eau salie par des millions de Franciliens. Ce grand service public de l'assainissement ne pourrait toutefois pas exister sans les projets visionnaires et le travail considérable de nos prédécesseurs pour construire le réseau d'assainissement tel que nous le connaissons aujourd'hui et poser les premiers jalons d'une coopération inter-départementale en Île-de-France. À travers ce livre, nous avons donc souhaité rendre hommage à ces bâtisseurs et à leur engagement.

Je crois que nous pouvons aussi être fiers du chemin parcouru depuis 1850, date à laquelle débute l'histoire racontée dans ce livre, grâce au travail des collectivités territoriales et du service public pour aller vers un système d'assainissement toujours plus performant au service de l'agglomération parisienne et de ses habitants.

J'espère que l'ouvrage *Assainir l'agglomération parisienne* vous apprendra beaucoup sur l'histoire de l'assainissement, mais surtout qu'il sera pour vous un outil précieux pour réfléchir à l'assainissement de demain afin que l'héritage que nous laisserons aux générations futures soit aussi riche que celui transmis par nos prédécesseurs.

Maurice Ouzoulias
Président du Siaap

Avant-propos

Ce livre prolonge le rapport de recherche sur l'histoire de l'assainissement de l'agglomération parisienne confié par le Syndicat interdépartemental pour l'assainissement de l'agglomération parisienne (Siaap) au Centre d'histoire sociale du XXe siècle (CHS) de l'Université Paris 1 Panthéon-Sorbonne. Ce programme triennal de recherche est dirigé par Emmanuel Bellanger, chargé de recherches du CNRS, et Annie Fourcaut, professeur d'histoire contemporaine et responsable du pôle « *Gouverner et habiter les villes contemporaines* » du CHS. Il s'inscrit dans le cadre des activités de valorisation historique et pédagogique du Siaap.

Cet ouvrage met en perspective l'histoire urbaine, institutionnelle, politique et sociale de la politique de l'assainissement. Il s'appuie sur les fonds d'archives du Siaap, des départements de l'agglomération parisienne, des archives nationales et des bibliothèques historiques et administratives de la ville de Paris. Il convient de préciser que les archives contemporaines du Siaap ne sont pas encore toutes consultables dans leur intégralité et que le recul historique manque aujourd'hui pour apprécier les évolutions de l'institution interdépartementale au cours des trois dernières décennies. Éléonore Pineau, dans le cadre de la poursuite de ses études universitaires et du programme de recherche sur l'histoire de l'assainissement de l'agglomération parisienne, s'attachera à parfaire l'histoire de cette institution.

Rédigé par Emmanuel Bellanger, à partir de ses recherches sur l'histoire des politiques publiques du Grand Paris et de la contribution d'Éléonore Pineau au programme de recherche, ce livre a pour référence les études de Sabine Barles sur l'histoire des déchets urbains de la « *ville délétère* ». La somme des connaissances sur la chaîne du traitement des rebuts des agglomérations urbaines que l'auteur a analysée dans de nombreuses publications, constitue le socle de cette recherche. Dans son ouvrage *L'Invention des déchets urbains*, Sabine Barles invitait les chercheurs à approfondir les relations qu'entretiennent l'État, la préfecture de la Seine, la ville de Paris et les communes de banlieues dans l'élaboration des politiques d'assainissement. C'est à cette invitation que nous sommes efforcés de répondre.

Les travaux de Bernard Barraqué, Estelle Baret-Bourgoin, Viviane Claude, Konstantinos Chatzis, Stéphane Frioux, André Guillerme, Gérard Jacquemet, Bernard Landau et Geneviève Massard-Guilbaud sont également des références incontournables pour toutes recherches sur l'histoire de l'environnement et l'histoire des institutions, des politiques, des techniques et des métiers de l'assainissement.

Remerciements

Nous remercions le Syndicat interdépartemental pour l'assainissement de l'agglomération parisienne et son président, Maurice Ouzoulias, de nous avoir confié en toute indépendance la réalisation de cet ouvrage historique.

Nous remercions également nos collègues, Hélène Frouard qui a contribué à l'inventaire des archives, Sabine Barles, Bernard Barraqué, Catherine Bruant, Viviane Claude, Annie Fourcaut, Marie-Ange Gregory et Danièle Voldman, ainsi que les archivistes et conservateurs des différents centres de documentation de la région parisienne, en particulier Pierre Casselle, directeur de la Bibliothèque de l'Hôtel de Ville et ses collaborateurs, Béatrice Cabedoce de l'Atelier de restauration du patrimoine ethnographique (ARPE) du conseil général du Val-d'Oise, Jacqueline Le Men et Didier Comellec des archives municipales de Gennevilliers, Jean-François Magnien de l'institution des Grands lacs de Seine, Sophie Petit de la Parisienne de photographies et leurs collègues des archives municipales de Livry-Gargan, des centres de documentation de l'IAURIF et de l'École des Ponts Paris-Tech et de la photothèque de l'Institut Pasteur, qui nous ont confié leurs illustrations.

Nous remercions enfin, pour leurs lectures attentives, celles et ceux qui ont contribué à la réalisation de cet ouvrage.

Introduction

L'histoire des politiques d'assainissement est intimement liée aux découvertes scientifiques et à la professionnalisation des élites urbaines à l'œuvre aux XIXe et XXe siècles[1]. Le domaine de l'assainissement ne se réduit pas au traitement des eaux usées. Par extension, il englobe le traitement des activités industrielles classées dangereuses, la gestion des ordures ménagères, la salubrité des habitations ou l'aménagement et l'embellissement des agglomérations[2].

Les institutions de l'ingénierie, de l'hygiénisme et de la réforme sanitaire et sociale, qui appréhendent, scrutent et s'efforcent de maîtriser les conséquences du phénomène urbain, se sont multipliées à l'époque moderne et contemporaine avec la création de l'Académie des sciences à la fin du XVIIe siècle, du conseil général des Ponts et Chaussées en 1804, du conseil général des Mines en 1810 et du conseil supérieur de la Santé en 1822, rebaptisé Comité consultatif d'hygiène publique de France en 1848. Sous la IIIe République, ces institutions se renforcent encore avec la création du Comité supérieur de protection des enfants du premier âge fondé en 1875, de l'Institut Pasteur créé en 1887, du Conseil supérieur de l'assistance publique institué en 1888 et d'une myriade d'autres fondations, offices et commissions d'hygiène, d'assainissement et de santé publique aux premiers rangs desquels s'érigent la Société française des habitations à bon marché et le Musée social, hauts lieux de la réforme urbaine, créés respectivement en 1889 et 1894[3].

Dans le Grand Paris des hygiénistes et des ingénieurs, qui prend forme à la fin du XIXe siècle, se distingue une nébuleuse d'instances de délibérations, d'expertises et de compromis : la Commission des odeurs du département de la Seine instituée en 1880 par le ministère de l'Agriculture, la Commission départementale des eaux et de l'assainissement créée en 1892, la Commission technique pour l'alimentation en eau potable de Paris et de sa banlieue mise en place en 1897, la Commission des fortifications et du plan d'extension de Paris fondée en 1910, la Commission des habitations à bon marché du département de la Seine, ancêtres des HLM, créée en 1915 ou encore la Commission pour l'organisation d'un service départemental d'enlèvement des ordures ménagères réunie après-guerre en 1923[4]. Le premier Comité d'aménagement et d'organisation générale de la région parisienne créé en 1928 est également composé d'élus et de techniciens attachés au progrès de l'hygiène sociale et de la santé publique.

La question de l'assainissement des villes, des logements, des rues imprègne les discours et les pratiques des édiles et des professionnels des agglomérations françaises et européennes[5]. Ces organes de prospective et d'aide à la décision participent à la

---

1. Vincent Berdoulay, Paul Claval (dir.), *Au début de l'urbanisme français : regards croisés de scientifiques et de professionnels, fin XIXe-début XXe siècle*, Paris, L'Harmattan, 2001.
2. Sabine Barles, *L'Invention des déchets urbains, France 1790-1970*, Seyssel, Champ Vallon, 2005 ; André Guillerme, Anne-Cécile Lefort, Gérard Jigaudon, *Dangereux, insalubres et incommodes : paysages industriels en banlieue parisienne, XIXe-XXe siècles*, Seyssel, Champs Vallon, 2004.
3. Viviane Claude, *Faire la ville. Les métiers de l'urbanisme au XXe siècle*, Marseille, Parenthèses, 2006 ; Janet Horne, *Le Musée social. Aux origines de l'État-providence*, Paris, Belin, 2004 ; Claire Salomon-Bayet (dir.), *Pasteur et la révolution pasteurienne*, Paris, Payot, 1986 ; Lion Murard, Patrick Zylberman, « Administrer, gouverner : l'expertise et l'hygiène en France (1848-1945) », *Les Tribunes de la santé*, n° 27, 2010, p. 25-32.
4. Colette Bec, « Politique sociale et initiative administrative : l'exemple du Conseil supérieur de l'Assistance publique (1886-1906) », *Le Mouvement Social*, n° 163, avril-juin 1993, p. 67-84 ; Didier Renard, « Logiques politiques et logiques de programmes d'action : la création des administrations sociales sous la IIIe République », *Revue française des affaires sociales*, n° 4, 2001, p. 33-39.
5. Edmond Badois, Albert Bierber, *L'Assainissement comparé de Paris et des grandes villes d'Europe, Berlin, Amsterdam, La Haye, Bruxelles, Londres. Tout-à-l'égout, canalisation séparée, épandage, traitement chimique, filtrations,* Paris, Chambre syndicale des propriétés immobilières de la ville de Paris, Éditions Baudry, 1898.

formalisation et à l'élaboration de nouvelles politiques publiques. Ils sont investis par les représentants des collectivités locales, des grands corps d'État et des associations professionnelles d'ingénieurs, d'architectes, de médecins et de fonctionnaires, qui militent en faveur de l'implication de la puissance publique et du pouvoir local dans la lutte contre l'insalubrité et la surmortalité urbaines[6]. Cette mobilisation du monde des collectivités locales et des associations d'administrateurs et de techniciens municipaux et préfectoraux produit ses effets. La santé devient, durant l'entre-deux-guerres, une prérogative gouvernementale de plein droit avec l'institution d'un ministère de l'Hygiène en 1920 et d'un ministère de la Santé publique en 1930. La victoire de l'assainissement sur la ville insalubre et mortifère est aussi devenue, depuis la fin du XIXe siècle, un des thèmes majeurs des expositions universelles internationales qui attirent à Paris des millions de visiteurs[7]. Dans la capitale, l'hygiène publique a même son musée depuis 1908, le Musée d'hygiène de la ville de Paris.

L'assainissement du Grand Paris, pris en main par les ingénieurs des Ponts et Chaussées de la ville de Paris, qui détiennent depuis les années 1850 le monopole de l'exercice des fonctions d'ingénierie dans l'agglomération parisienne, devient l'épicentre de l'élaboration de savoir-faire et de la professionnalisation des métiers de la ville[8]. Aux grandes écoles d'ingénieurs, qui ont pignon sur rue, s'ajoutent des écoles, peut-être moins prestigieuses, mais essentielles à l'expérimentation, l'organisation et l'aménagement rationnel des agglomérations urbaines. Affiliée au Musée social, l'École des hautes études urbaines (EHEU), bientôt rebaptisée Institut d'urbanisme de l'Université de Paris, et l'École nationale d'administration municipale (ENAM), sont fondées en 1919 et 1922 sous les auspices du conseil général du département de la Seine et sous l'autorité d'une figure tutélaire du municipalisme français, Henri Sellier, maire de Suresnes de 1919 à 1941.

La peur de Paris et de ses banlieues

Avec d'autres élus de Paris et de banlieues, de toutes tendances politiques, Henri Sellier, ce praticien de l'administration des territoires, homme de culture socialiste et de réseaux internationaux, va inventer des politiques publiques locales aux prises avec les besoins considérables en équipements publics de l'agglomération parisienne. Cette ville-banlieue est un territoire à part. Elle concentre une part essentielle de la croissance urbaine de la France des XIXe et XXe siècles. La population du département de la Seine, ce département capitale composé de Paris et des communes de la première couronne qui la ceinture, compte 1,1 million d'habitants en 1836, 2,1 millions en 1866, 3,3 millions en 1896, 4,9 millions en 1931 et 5,6 millions en 1962. Dès 1866, sous le Second Empire, l'agglomération parisienne, qui se développe de façon anarchique et ségrégée, représente à elle seule 5,6 % de la population française. Ce taux grimpe à 8,6 % en 1896, dépasse les 10 % durant l'entre-deux-guerres et frôle les 19 % au milieu des années 1970[9].

Assurément, ce territoire inquiète. Il est accusé de tous les maux. Il suscite même « *la haine de la grande ville* » et de ses banlieues, dont une partie (plus de 26 communes de la proche banlieue) se choisit un maire communiste aux élections municipales de 1935 ;

---

6. Emmanuel Bellanger, *Administrer la « banlieue municipale » des années 1880 aux années 1950*, thèse d'histoire de l'Université Paris 8, 2004.

7. « Exposition du Service technique des eaux et de l'assainissement au pavillon de la ville de Paris de l'Exposition universelle internationale », *Journal officiel de la République française* du 13 juin 1900.

8. Emmanuel Bellanger, « La ville en partage : les "savoir-administrer" dans la conduite des affaires municipales et intercommunales en banlieue parisienne – années 1880-1950 », *Revue d'histoire des sciences humaines*, n° 12, 2005, p. 79-95 ; Bernard Landau, « Techniciens parisiens et échanges internationaux », *in* André Lortie (dir.), *Paris s'exporte. Architecture modèle ou modèles d'architectures*, Paris, Picard/Éditions du Pavillon de l'Arsenal, 1995, p. 205-215.

9. Françoise Soulignac, *La Banlieue parisienne. Cent cinquante ans de transformations*, Paris, La Documentation française, 1993, p. 28-36.

mais on oublie, à l'instar du géographe Jean-François Gravier, qu'elle produit à elle seule plus de 40 % des richesses nationales dans les années 1930[10]. On oublie aussi que ses richesses sont réinvesties dans le désenclavement et l'équipement de la France des provinces. Cette stigmatisation durable de l'agglomération parisienne s'inscrit dans un contexte d'exode rural, de déracinement de travailleurs étrangers, de promiscuité urbaine, de surpeuplement des habitations démunies de tout confort[11]. Dans ce paysage de l'immédiat après-guerre de désenchantement et d'insalubrité, Paris fait exception avec 96 % d'immeubles raccordés au tout-à-l'égout ; la banlieue, pourtant mieux lotie qu'un grand nombre de villes de province, n'en compte qu'à peine 30 %[12].

À l'époque contemporaine, la métamorphose des villes fait peur. Leurs quartiers populaires, leurs faubourgs, leurs banlieues sont jugés dangereux, insalubres, si ce n'est délétères. Les esprits sont empreints d'urbaphobie[13]. Ils se nourrissent d'une réalité urbaine ; l'industrialisation s'accompagne d'une emprise foudroyante, en certains lieux, de la pollution du cadre de vie[14]. Les fleuves sont les exutoires des eaux usées et des immondices. La Seine, qui a poli au cours des siècles le développement urbain et économique de Paris, se voit souillée par les *excreta* de ses habitants[15]. La banlieue réagit dès les années 1850 contre cette intolérable et malodorante nuisance. Mais bientôt, sous l'effet d'une croissance démographique exceptionnelle, elle va à son tour polluer. La solution ne peut pas venir de l'initiative privée ; elle est une affaire publique. Les termes du débat sont à la hauteur des enjeux de santé publique et de la montée en puissance de la rébellion des territoires pollués par la grande ville ; les mots seront donc guerriers : « *la bataille de l'eau* », la « *bataille du tout-à-l'égout* » sont engagées, du moins dans la capitale, qui n'est pas encore disposée à soutenir la banlieue parisienne dans le grand chantier d'assainissement du Plus Grand Paris[16].

Des collectivités locales à l'avant-garde

La ville de l'âge industriel a produit de la ségrégation urbaine, des inégalités sociales et de la pollution. Les institutions locales de proximité, les municipalités en tête, sont les plus exposées aux maux de la civilisation urbaine. Depuis l'adoption de la charte municipale du 5 avril 1884, elles sont placées à l'avant-garde pour administrer, organiser, encadrer et protéger les populations urbaines. Mais la création et le déploiement des services publics sont lents et difficiles. La question de la viabilité et de la connexion des réseaux de communication est devenue centrale. L'unification du territoire, l'égalité des citoyens et l'indivisibilité de la nation sont indissociables de la liberté de circulation proclamée par la Révolution française. Le principe d'intérêt général s'affirme dès lors avec pour corollaire l'abolition des privilèges et des droits d'usage, la « *continuité de jouissance* » et l'égalité d'accès à la mobilité[17].

Ces principes ne suffisent pas pour autant à résorber les disparités territoriales. L'agglomération parisienne est criblée de municipalités pauvres qui, seules, ne peuvent répondre aux demandes sociales de leurs administrés. Ces derniers, de plus en plus nombreux,

---

10. Laurent Davezies, *La République et ses territoires. La circulation invisible des richesses*, Paris, Le Seuil, 2008 ; Jean-François Gravier, *Paris et le désert français, décentralisation, équipement, population*, Paris, Le Portulan, 1947.
11. Yannick Marec (dir.), *Villes en crise ? Les politiques municipales face aux pathologies urbaines (XVIII*[e]*-XX*[e] *siècle)*, Paris, Créaphis, 2005.
12. Jean Cros, *Note relative au problème de l'eau dans le département de la Seine*, Paris, Imprimerie municipale, 1949.
13. Arnaud Baubérot, Florence Bourillon (dir.), *Urbaphobie. La détestation de la ville*, Pompignac-près-Bordeaux, Éditions Bière, 2009 ; Bernard Marchand, *Les Ennemis de Paris. La haine de la grande ville des Lumières à nos jours*, Rennes, Presses universitaires de Rennes, 2009.
14. Geneviève Massard-Guilbaud, *Histoire de la pollution industrielle en France 1789-1914*, Paris, Éditions de l'EHESS, 2010.
15. Isabelle Backouche, *La Trace du fleuve. La Seine et Paris (1750-1850)*, Paris, Éditions de l'EHESS, 2000.
16. Gérard Jacquemet, « Urbanisme parisien : la bataille du tout-à-l'égout à la fin du XIXe siècle », *Revue d'histoire moderne et contemporaine*, n° 26, octobre-décembre 1979, p. 505-548 ; François-Xavier Merrien, *La Bataille des eaux, l'hygiène à Rennes au XIX*[e], Rennes, Presses universitaires de Rennes, 1994.
17. Dominique Margairaz, « L'invention du "service public" : entre "changement matériel" et "contraintes de nommer" », *Revue d'histoire moderne et contemporaine*, n° 52-3, juillet-septembre 2005, p. 10-32.

exigent des rues propres et éclairées, des écoles, un dispensaire, des bains douches, une bibliothèque, un marché couvert, une salle des fêtes, des logements ou des colonies de vacances. Les principes d'égalité d'accès et de continuité du service public local ont bel et bien été consacrés en 1873 par l'arrêt Blanco ; la jurisprudence administrative a reconnu la responsabilité de la puissance publique dans la gestion des services d'intérêt généraux qu'elle délègue, en partie, au pouvoir municipal[18] ; pour autant, ces politiques locales restent tributaires des subventions de la puissance publique, des péréquations et des coopérations intercommunales. L'invention et la reconnaissance de véritables services publics décentralisés et, le plus souvent, concédés à de grandes entreprises privées – les Pompes funèbres générales (PFG) créée en 1844, la Compagnie générale des eaux (CGE) fondée en 1853, la société Lyonnaise des eaux et de l'éclairage, créée en 1880, ou les compagnies de force motrice et d'énergies – ont été rendus possible par la volonté des élus locaux de s'entendre pour mutualiser leurs investissements et mieux négocier les prétentions des concessionnaires. Les cahiers des charges de ces services intercommunaux du gaz, des pompes funèbres, de l'eau, de l'électricité s'appuient, dès leur création dans les années 1900 et au tournant des années 1920, sur quatre principes fondateurs que les élus locaux ont à défendre : le principe de la continuité temporelle, le principe de la continuité territoriale, le principe d'égalité des usagers et le principe d'adaptation des prestations du service public aux demandes sociales et à leurs localisations[19].

Cette conception du service public local s'appuie sur la sociabilité municipale et le solidarisme républicain, d'inspiration laïque et radicale[20]. Elle se définit comme une solidarité faite d'assistances et d'interventions correctrices de l'État et des municipalités[21]. Mais ces professions de foi buttent, depuis le XIXe siècle, sur le désengagement de l'État, le découpage politique des territoires, le quant-à-soi communal et l'égoïsme de certaines collectivités locales, les plus riches le plus souvent, qui refusent de contribuer à la cohésion sociale des villes les plus pauvres, les plus excentrées et les plus exposées à la pression démographique. La création des services publics d'intérêt général relève de négociations et de compromis, souvent laborieux qui, à l'instar de la politique d'assainissement, une prérogative municipale depuis le XIXe siècle, s'inscrivent sur plusieurs décennies. Esquissé dès les années 1880, le programme général d'assainissement de l'agglomération parisienne ne sera déclaré d'intérêt public qu'en décembre 1935. Ce décalage entre les déclarations d'intention et l'application de règlements de protection de l'environnement et de la santé des citadins renvoie à l'ambivalence qui a toujours existé entre les décideurs publics, leur ville, leurs administrés électeurs et leurs industries polluantes. Les intérêts économiques, sources de revenus pour les communes et de travail pour les citadins, ont pesé dans les négociations et ont entravé le vote d'une législation protectrice des milieux naturels.

Assainir le « *Plus Grand Paris* »

Au XIXe siècle, le corps médical, pétri d'hygiénisme, se penche au chevet de la France urbaine entrée dans l'âge d'or de l'industrie[22]. Panser les plaies de l'urbanisation anarchique des villes devient également la préoccupation des ingénieurs qui gagnent en

18. Michel Margairaz, « Les services publics économiques entre experts, praticiens et gouvernants dans le premier XXe siècle », *Revue d'histoire moderne et contemporaine*, n° 52-3, juillet-septembre 2005, p. 141-149 ; Xavier Bezançon, *Les Services publics en France : de la Révolution à la Première Guerre mondiale*, Paris, Presses de l'ENPC, 1990.

19. Emmanuel Bellanger, « Une gouvernance à inventer : entre héritage et rupture ? », *in* Catherine Bruant, Djamel Klouche (dir.), *Le Diagnostic prospectif de l'agglomération parisienne*, Paris, Consultation internationale pour l'avenir du Paris métropolitain, Ministère de la Culture, 2009, pp. 79-86.

20. Maurice Agulhon, *Les Métamorphoses de Marianne. L'imagerie et la symbolique républicaines de 1880 à 1914,* Paris, Flammarion, 2001, p. 169-183 ; Madeleine Rebérioux, *La République radicale ? 1898-1914*, Paris, Le Seuil, 1975.

21. Léon Bourgeois, *Essai d'une philosophie de la solidarité,* Paris, F. Alcan, 1902.

22. Patrice Bourdelais (dir.), *Les Hygiénistes, enjeux, modèles et pratiques (XVIIIe-XXe siècles)*, Paris, Belin, 2001 ; Georges Duby (dir.), *Histoire de la France urbaine*, tome 4, *La Ville de l'âge industriel*, Paris, Le Seuil, 1983.

légitimité et en puissance d'action[23]. Sous le Second Empire et dans les premières décennies de la IIIe République, l'éradication des épidémies est une priorité, gage de paix sociale et de concorde politique[24]. Les protagonistes de l'hygiène sociale – médecins, ingénieurs, élus locaux, parlementaires et hauts fonctionnaires – qui œuvrent à la résorption de l'apathie et des défaillances du « *métabolisme urbain* », appréhendent au quotidien les conséquences de la densification, du surpeuplement et de l'étalement des grandes villes[25].

La pénétration de la santé et de l'hygiène publique est liée à la diffusion de l'innovation, à l'évolution des mœurs citadines et aux changements des modes de consommation et d'habitation[26]. Le département de la Seine, le plus riche de France, épicentre de la croissance urbaine et économique, se présente en toute logique comme le « *site privilégié de l'expérimentation de l'innovation* » et des « *solutions potentielles aux grands problèmes d'hygiène urbaine*[27] ». Mais la diffusion du progrès n'est pas qu'une affaire expérimentale ; elle est aussi et surtout dépendante d'accords entre les différents acteurs publics de l'assainissement. La rationalisation et la concordance des réseaux de commodité et d'hygiène publique supposent, en effet, la mise en place de dispositifs de redistribution financière et de coopération technique.

Cette solidarité Paris/banlieues butte sur des résistances politiques et sur l'inégale répartition des richesses. La ville de Paris, qui contribue aux trois quarts au budget du département de la Seine, est appelée à œuvrer à la mise en chantier de l'œuvre d'assainissement de l'agglomération parisienne. Circonscrit pour l'essentiel au département de la Seine, à ces débuts dans les années 1880, le projet d'assainissement devient une véritable entreprise interdépartementale à la fin des années 1920. Les égoïsmes de clocher ont été en partie levés sous l'action de conseillers municipaux parisiens, qui depuis la Belle Époque, à l'instar de Léon Paris, Georges Lemarchand, Louis Dausset, Louis Peuch, Jean Raymond-Laurent ou François Latour, ont su nouer des alliances de circonstance et de conviction avec les représentants de la banlieue, de toutes tendances partisanes, radicale, modérée, centriste, socialiste ou communiste. S'y agrègent ainsi Philéas Collardeau, le maire de Bondy (1876-1908), Auguste Marin, le maire de Saint-Maur-des-Fossés (1908-1940), André Morizet, le maire de Boulogne-Billancourt (1919-1942), Émile Cresp, le maire de Montrouge (1928-1944), Georges Marrane, le maire d'Ivry-sur-Seine (1925-1965) et Henri Sellier, l'inamovible secrétaire général de l'Union amicale des maires de la Seine, qui, depuis sa création en 1909, fédère l'ensemble des maires de la banlieue pour la défense des intérêts des populations suburbaines qu'ils représentent.

Cette convergence Paris/banlieues est politique. Elle se plie également à une réalité plus terre-à-terre. La pollution se moque des frontières administratives. Les débordements d'eaux usées, les nuisances des vidanges et les vagues d'épidémies n'ont pas épargné les quartiers parisiens. Dès la fin du XIXe siècle, les élites urbaines prennent la mesure de la juste échelle d'intervention des pouvoirs publics et des collectivités locales. La bonne échelle transcende le parcellaire municipal parisien pour recouvrir les limites du département de la Seine et bientôt les franges urbanisées de la grande couronne, situées dans le département annulaire de la Seine-et-Oise : le « *Plus Grand Paris* ».

---

23. Sabine Barles, *La Ville délétère. Médecins et ingénieurs dans l'espace urbain, XVIIIe-XIXe siècle*, Seyssel, Champ Vallon, 1999 ; Bertrand Lemoine, Marc Mimram, *Paris d'ingénieurs*, Paris, Picard/Pavillon de l'Arsenal, 1995.
24. Lion Murard, Patrick Zylberman, *L'Hygiène dans la République. La santé publique en France ou l'utopie contrariée 1870-1918*, Paris, Fayard, 1996.
25. Émile Cheysson, *L'Hygiène sociale et l'assainissement de la maison*, Paris, Imprimerie Chaix, 1905 ; René Martial, *Hygiène individuelle du travailleur*, Paris, Giard et Brière, 1907.
26. Philippe Ariès, Georges Duby (dir.), *Histoire de la vie privée,* tome 4, *De la Révolution à la Grande guerre*, Paris, Le Seuil, 1987 ; Roger-Henri Guerrand, *Mœurs citadines,* Paris, Quai Voltaire, 1992 ; Georges Vigarello, *Le Propre et le sale. L'hygiène du corps depuis le Moyen Âge*, Paris, Le Seuil, 1985.
27. Stéphane, Frioux, *Les Réseaux de la modernité. Amélioration de l'environnement et diffusion de l'innovation dans la France urbaine (fin XIXe siècle-années 1950)*, thèse de doctorat d'histoire de l'Université Lumière Lyon 2, 2009, p. 456-457.

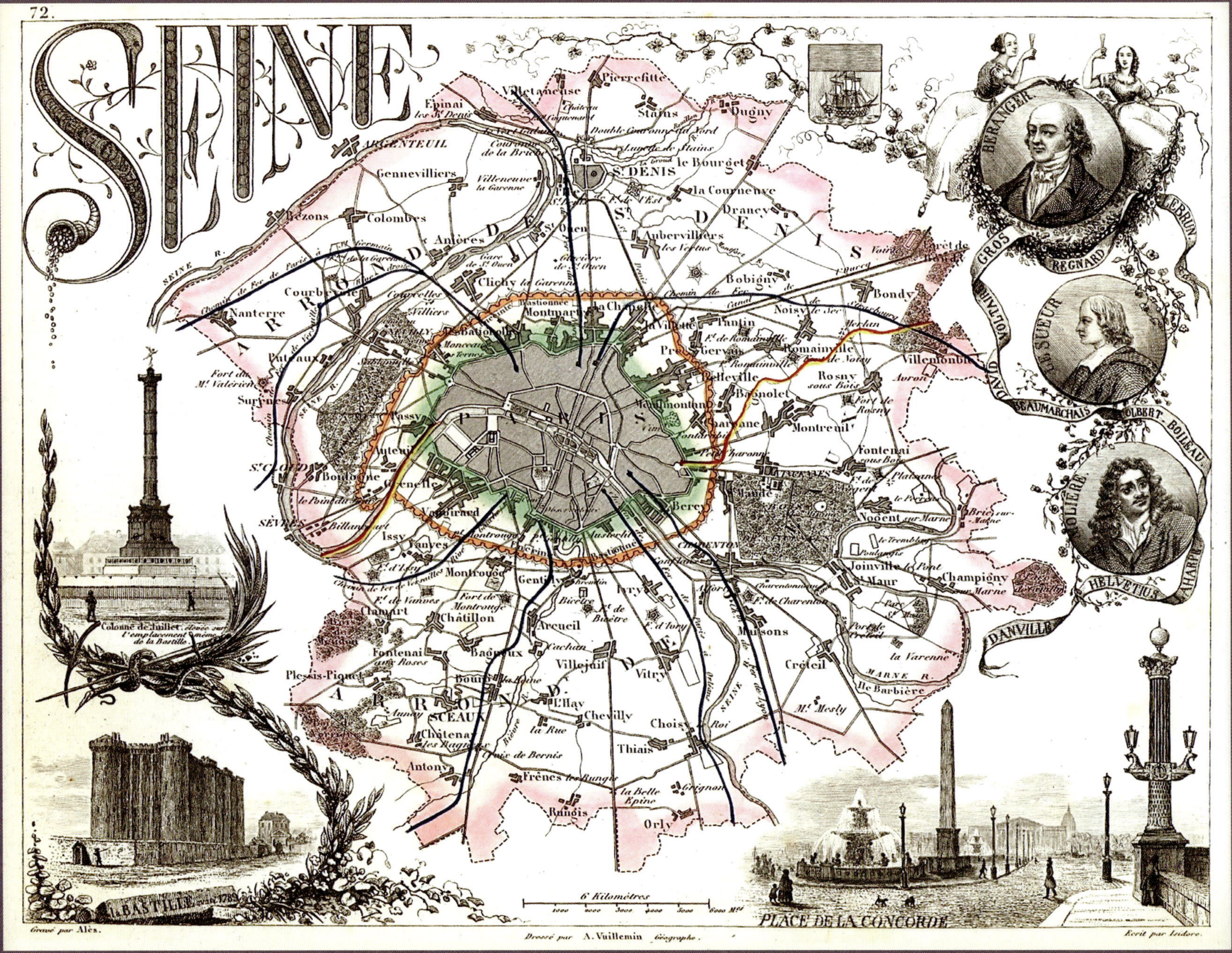

Carte du département de la Seine en 1851.
La France et ses colonies, Atlas illustré, Paris, Migeon éditeur, 1851.

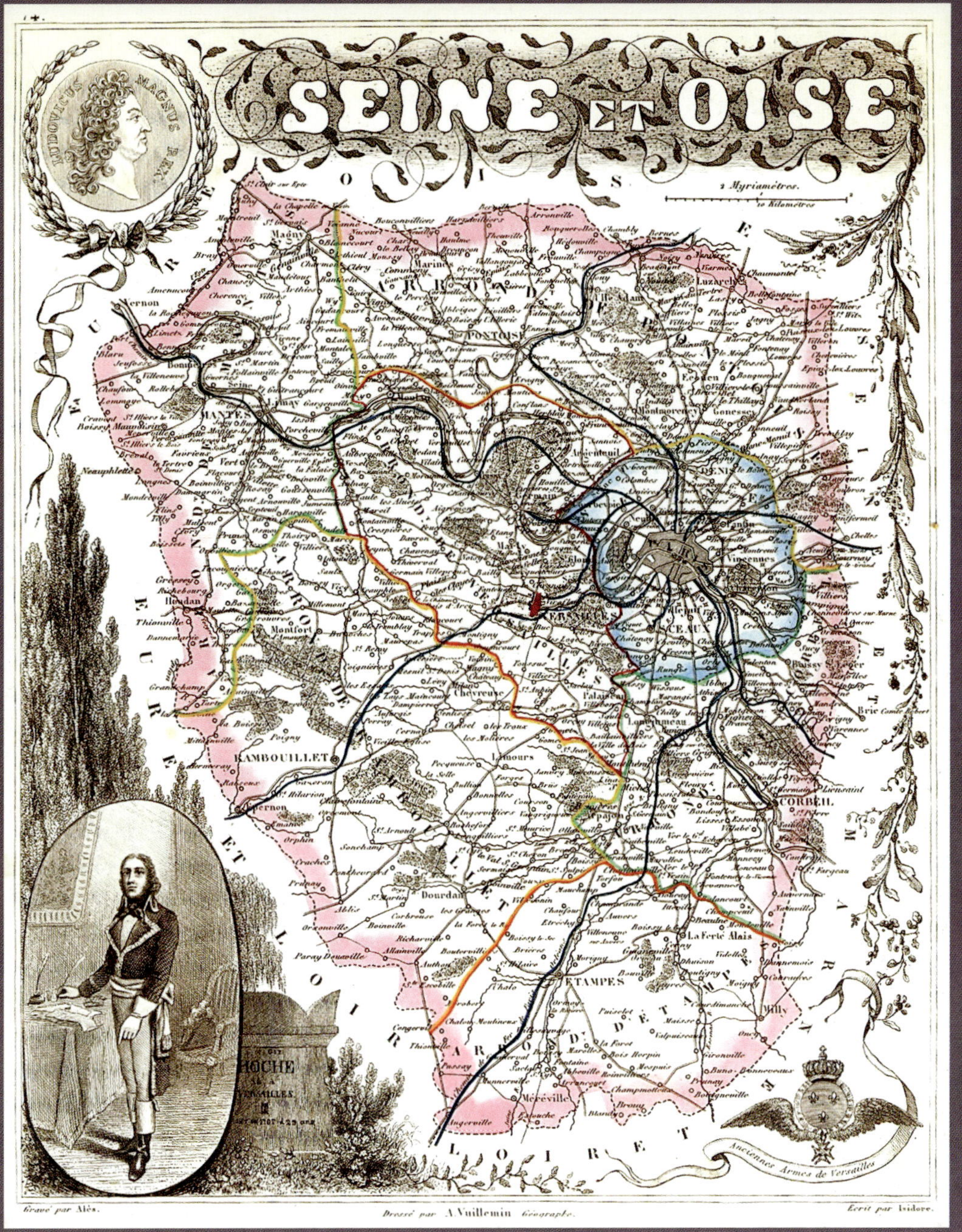

Carte du département de la Seine-et-Oise en 1851.
La France et ses colonies, Atlas illustré, Paris, Migeon éditeur, 1851.

Le premier âge de l'assainissement a suivi une logique ségrégative avec pour mots d'ordre : protéger Paris et sa riche première boucle de la Seine. Ce premier âge est d'abord une histoire d'évacuation des eaux sales ; leur traitement n'est pas encore une priorité au grand dam des riverains des cours d'eau pollués. Éloigner la souillure de la Ville Lumière et la répandre sur des terres d'épandage, telle était la vocation première du réseau d'égout des années 1850-1900, densifié par les services de la préfecture de la Seine sous la direction d'Eugène Belgrand. Cet éloignement des eaux souillées n'est toutefois plus tenable avec l'urbanisation de la banlieue parisienne. D'autres alternatives, d'autres procédés d'épuration doivent être importés de l'étranger et appliqués à l'agglomération parisienne. La capitale, en adoptant une posture isolationniste, aurait subi les conséquences sanitaires de l'imprévoyance administrative et de l'envahissement des déchets urbains. Elle ne pouvait continuer à empiéter sur les communes de banlieues, à leur imposer ses eaux usées sur plus de 5 000 hectares de terres d'épandages, ses vidanges sur la voirie municipale de Bondy et sur les décharges privées de banlieues, ses morts dans ses cimetières *extramuros*, ses fous, ses mendiants dans ses maisons suburbaines d'internement, sans accepter des contreparties financières et techniques.

Dans l'esprit d'une majorité de conseillers municipaux de la capitale, la réalisation d'un réseau d'assainissement d'intérêt général exemplaire, cofinancé par les Parisiens, devait rejaillir sur l'image attractive de leur capitale, ville « *colonisatrice* » de la banlieue certes, mais bientôt, ville bienfaitrice et instigatrice de la modernité urbaine[28]. La circulation des expériences et la propagation des commodités urbaines, incarnée par le désenclavement, l'hygiène publique et la diffusion des savoirs et des techniques, ont pris leurs marques à Paris avec la construction des routes et des égouts, avec l'éclairage public, la création du métro ou encore avec la mise en place du téléphone[29]. À la veille de la Grande Guerre, ce droit à la ville moderne et assainie doit, désormais, aller plus loin. Telle est l'ambition affichée par le projet interdépartemental d'assainissement de l'agglomération parisienne adopté en 1911.

De la fondation du département de la Seine à la création du Siaap

L'agglomération parisienne a produit à la fois des identités communales fortes, érigées en réaction à l'expansionnisme de la capitale, et des politiques d'intégration urbaine à plus grande échelle, qui se déploient dans les limites du département de la Seine, le plus petit de France[30]. Ses frontières administratives, fixées sous la Révolution française, recouvrent de 1790 à 1968, année de sa suppression, un territoire exigu de 476 km^2, composé de 81 communes. Ce département réunit la grande capitale à une ceinture de communes suburbaines, identifiées à la Seine banlieue, dont la population n'a cessé de croître au point de dépasser la ville mère au milieu des années 1960. Au cours du XIXe et XXe siècles, Paris a ainsi fini par sortir de ses murs, former des faubourgs qu'elle annexe en 1859, et déborder sur les communes de la première couronne, jadis rurale.

L'urbanisation a rapproché les territoires parisiens et suburbains du département de la Seine, mais le régime politique de ce territoire, placé sous une étroite tutelle, déroge au droit commun. La capitale et le conseil général de la Seine sont soumis à un statut particulier. La capitale, à la différence des autres communes françaises, n'a pas de maire ; elle est représentée, jusqu'en 1977, par un président du conseil municipal dont l'existence n'est qu'honorifique et protocolaire. Quant au réel pouvoir exécutif du département la Seine, il est comme celui du conseil municipal de Paris, incarné par deux préfets : le préfet de la Seine et le préfet de Police.

---

28. François Caron, Jean Dérens, Luc Passion, Philippe Cebron de Lisle (dir.), *Paris et ses réseaux : naissance d'un mode de vie urbain XIXe-XXe siècles*, Paris, Bibliothèque historique de la ville de Paris, 1990 ; Jacques Dupâquier (dir.), *Histoire de la population française*, tome 3, *de 1789 à 1914*, tome 4, *de 1914 à nos jours*, Paris, PUF, 1988.

29. Konstantinos Chatzis, « L'Europe du XIXe siècle : une dynamique d'intégration technique ? », *Histoire et Sociétés. Revue européenne d'histoire sociale*, n° 21, mars 2007, p. 6-59 ; Bernard Lepetit, *Les Villes dans la France moderne (1740-1840)*, Paris, Albin Michel, 1988.

30. Emmanuel Bellanger, « Aux origines du Grand Paris », en corédaction avec Annie Foucaut et Mathieu Flonneau, *in Paris sous l'œil des chercheurs*, Paris, Belin, 2008, p. 153-173.

Cette singularité polico-administrative n'a pas pour autant empêché le conseil général de la Seine de se distinguer en créant des politiques publiques ambitieuses d'hygiène sociale, d'équipements et d'infrastructures. Sans moyens financiers suffisants, la Seine banlieue s'en remet à l'assemblée départementale et aux services techniques de la direction des travaux de Paris pour assurer le traitement de ses eaux usées. Entre coopération territoriale et coopération technique, la question de l'assainissement s'affirme comme le moteur d'une dynamique et d'une conscience politique intercommunale et interdépartementale. Alors qu'elle pensait avoir mis en place un système pérenne, la capitale se trouve confrontée, elle aussi, dès les années 1920 à l'insuffisance de ses installations d'assainissement et à l'impossibilité d'en accroître la capacité sans s'entendre avec les élus de la Seine banlieue et de la Seine-et-Oise.

Chemin faisant, après une longue période d'inertie, le développement, à partir des années 1950, du réseau d'évacuation et de traitement des eaux usées fait du département de la Seine l'institution de régulation du Plus Grand Paris. L'extension des collecteurs, l'ouverture en 1940 d'Achères I, devenue un mastodonte de l'épuration, et la construction de nouvelles stations d'épuration au lendemain de la création des villes nouvelles, profitent à l'ensemble de l'agglomération parisienne. Les élus de Plus Grand Paris ont accepté de confier au service technique de la ville de Paris la coordination de plus en plus étroite de leurs services d'assainissement communaux, intercommunaux et départementaux. Ces réalisations mettent à l'honneur l'invention d'une politique publique restée longtemps inédite en France : l'interdépartementalité. Son histoire est le fil conducteur de cet ouvrage qui décrit la lente élaboration des politiques publiques d'assainissement qui desservent une population de plus de 8 millions d'âmes. L'étude de ses réseaux techniques devient le support d'une histoire des institutions et de la vie politique de l'agglomération parisienne[31].

C'est précisément l'ambition de ce livre que de décrypter une facette peu connue de l'histoire politique de l'urbanisation. Il expose les conflits de légitimité et d'intérêts qui divisent les acteurs publics et les populations des territoires composites et ségrégés de la région francilienne. Il révèle aussi la mutualisation et les compromis à l'œuvre dans la gouvernance urbaine. Il se veut, enfin, une contribution à l'histoire de l'impact des pollutions sur la décision publique et s'efforce ainsi de faire de l'environnement un objet d'histoire[32].

31. Denis Bocquet, « Les réseaux d'infrastructures urbaines au miroir de l'histoire : acquis et perspectives », *Flux*, n° 65, 2006, p. 6-16. ; Robert Descimon, Jean-Frédéric Schaub, Bernard Vincent (dir.), *Les Figures de l'administrateur. Institutions, réseaux, pouvoirs en Espagne, en France et au Portugal XVIe-XIXe siècle*, Paris, Éditions de l'EHESS, 1997.
32. Geneviève Massard-Guilbaud, « Pour une histoire environnementale de l'urbain », *Histoire urbaine*, n° 18, 2007, p. 5-21.

PREMIÈRE

PARTIE

Aux origines de la politique d'assainissement du département capitale du Second Empire à la Belle Époque

Assainir la Ville Lumière au temps d'Haussmann

Avec le Second Empire commence une nouvelle ère pour l'assainissement parisien. Une véritable politique publique est élaborée à partir des années 1850. Elle opère une refonte complète des usages, des systèmes et des pratiques d'épuration. Soutenus par Napoléon III, empereur des Français, les artisans de cette politique ont pour nom Georges-Eugène Haussmann, nommé préfet de la Seine le 22 juin 1853, et Eugène Belgrand, un ingénieur des Ponts et Chaussées de renom[1]. Ces deux hauts fonctionnaires, l'un administrateur, l'autre technicien, se connaissent pour avoir travaillé ensemble lorsque le baron Haussmann occupait les fonctions de préfet de l'Yonne entre 1850 et 1851.

Eugène Belgrand, placé à la direction du service de la navigation sur la Seine entre Paris et Rouen, devient en mars 1854 un proche conseiller du préfet de la Seine en charge de l'étude du service des eaux et de la dérivation des sources des vallées de la Somme et de la Soude. Nommé, au cours des années 1850 et 1860, chef puis directeur des eaux et de l'assainissement au sein du service des travaux de Paris, cet expert de premier rang, fin connaisseur de l'histoire de l'eau, va incarner la conception et la mise en œuvre d'un système d'assainissement remarquable[2].

Des techniques novatrices au service d'impératifs politiques et hygiénistes

La mise en œuvre d'un système d'assainissement rationnel s'inscrit dans un projet global de transformation de l'espace parisien souhaité et incarné par Napoléon III[3]. L'Empereur, qui a vécu plusieurs années d'exil à Londres, fut très impressionné par la modernité de la capitale anglaise, restructurée par la Révolution industrielle. La capitale londonienne est devenue une référence européenne en matière d'embellissement, d'hygiène et d'aménagement[4]. Elle est, à la différence de Paris, une cité aérée, qui dispose d'un réseau d'assainissement souterrain et de grands parcs de ressourcement. Lorsque Napoléon III est élu président de la République le 18 décembre 1848, légitimé par le suffrage universel masculin, il a le dessein d'un grand projet pour la ville de Paris appelée à devenir, selon ses désirs, la capitale de l'Empire et la plus belle cité d'Europe. La ville, insoumise et rebelle, se doit de tourner la page de son passé révolutionnaire. Elle doit s'imposer comme l'épicentre attractif de la puissance industrielle française[5].

Les transformations de Paris réalisées sous le Second Empire opèrent une restructuration profonde de son espace urbain

---

1. Françoise Choay, Bernard Landau, Vincent Sainte-Marie Gauthier (prés.), *Baron Haussmann. Mémoires*, Paris, Le Seuil, 2000.
2. Eugène Belgrand, *Les Travaux souterrains de Paris*, Paris, Dunod, 1875 ; Eugène Belgrand, *Historique du service des eaux depuis l'année 1854 jusqu'à l'année 1874*, Paris, Dunod, 1875.
3. Georges Dupuy, Georges Knaebel, *Assainir la ville, hier et aujourd'hui*, Paris, Dunod, 1982, p. 15.
4. Konstantinos Chatzis, « Eaux de Paris, eaux de Londres : quand les ingénieurs de la capitale française regardent outre-Manche, 1820-1880 », *Documents pour l'histoire des techniques*, hors série n° 1, mai 2010, p. 175-184 ; Jean-Luc Pinol (dir.), *Histoire de l'Europe urbaine*, t. 2, *De l'Ancien régime à nos jours*, Paris, Le Seuil, 2003.
5. Jeanne Gaillard, *Paris, la ville (1852-1870)*, Paris, L'Harmattan, 1997.

avec le remodelage du centre de la capitale, la rénovation urbaine de quartiers insalubres, le percement de grands axes de circulation, l'ouverture d'espaces verts en périphérie et l'annexion totale ou partielle de 24 communes de la banlieue parisienne[6]. Sous l'effet des grands travaux, le centre de Paris, alors populaire, subit un brutal bouleversement de sa sociologie avec la diminution d'une partie importante de sa population contrainte de se déplacer dans les arrondissements et les communes périphériques[7].

Au-delà de l'œuvre urbanistique, les travaux imposants entrepris dans la seconde moitié du XIXe siècle sous l'autorité du préfet Haussmann renforcent la ségrégation sociale, la spécialisation des territoires et l'extension du tissu économique[8]. La refonte du système d'assainissement s'inscrit dans un contexte d'adaptation de la ville à la concurrence que se livrent les capitales de la vieille Europe[9]. L'assainissement de Paris, au même titre que l'architecture et la culture, devient un enjeu d'attractivité et de faire-valoir lors des expositions universelles qui se tiennent dans la ville capitale[10]. Or, dans les premières décennies du XIXe siècle, le système d'assainissement parisien est jugé inadapté aux enjeux majeurs de mobilité et de salubrité publique. Le ruissellement des eaux usées et pluviales sur la chaussée et l'engorgement des caniveaux d'évacuation transforment les rues en bourbier malodorant et mortifère. Ils constituent une gêne considérable pour la circulation, au moment où la croissance démographique et l'essor industriel et commercial de la capitale contribuent à intensifier les déplacements des Parisiens dans des proportions jusqu'ici inconnues[11]. Entre 1836 et 1866, en l'espace d'une génération, la capitale a vu son nombre d'habitants doubler passant de 909 126 à 1 825 274. L'organisation et la gestion des voies de communication tendent ainsi à jouer un rôle de plus en plus central dans le fonctionnement de l'espace urbain parisien.

Dès le début du XIXe siècle, d'importants travaux de voirie sont entrepris. Ils visent principalement à évacuer l'eau hors des voies de communication, afin de faciliter la circulation des hommes, des marchandises et des capitaux[12]. L'ère moderne épouse une conception de la ville en réseaux insufflée par la professionnalisation des services techniques et la diffusion des savoirs, des méthodes et des pratiques[13]. L'important est d'assainir et d'unifier Paris par l'établissement de voies cohérentes de circulation, en surface et sous terre, à l'instar du premier maillage d'égouts conçu par Henry-Charles Emmery dans les années 1830. La multiplication des trottoirs et la modification du profil des rues – qui voient les chaussées fendues, dotées d'un caniveau central, progressivement remplacées par des chaussées bombées pourvues de caniveaux latéraux – participe à la rationalisation des mobilités et à la diffusion des innovations[14].

Le renouveau a toutefois ses limites. L'imperméabilisation des voies, au cours des années 1820-1850, se révèle une mesure

---

6. Florence Bourillon, *Les Parisiens et la modernisation de la ville au XIXe siècle. Évaluer, transformer et construire la ville*, mémoire pour le diplôme d'habilitation à diriger des recherches, Université Paris 12-Val-de-Marne, 2000.

7. Jean-Luc Pinol, Maurice Garden, *Atlas des Parisiens de la Révolution à nos jours*, Paris, Parigramme, 2009, p. 24-29.

8. Denis Woronoff (dir.), *Les Images de l'industrie de 1850 à nos jours*, Paris, Comité pour l'histoire économique et financière de la France, 2002.

9. Simon Texier, *Paris contemporain. De Haussmann à nos jours, une capitale à l'ère des métropoles*, Paris, Parigramme, 2005.

10. Christophe Charle, *Paris fin de siècle, culture et politique*, Paris, Le Seuil, 1998 ; Isabelle Chalet-Bailhache, Bertrand Lemoine, Pascal Ory, *Paris et ses expositions universelles, architectures 1855-1937*, Paris, Éditions du patrimoine, 2009.

11. Dominique Larroque, Michel Margairaz, Pierre Zembri, *Paris et ses transports, XIXe-XXe siècles. Deux siècles de décisions pour la ville et sa région*, Paris, Éditions Recherches, 2002.

12. Fernand Bournon, *Histoire de Paris. Monuments. Administration. Environs de Paris*, Paris, Armand Colin, 1888.

13. Konstantinos Chatzis, « L'Europe du XIXe siècle : une dynamique d'intégration technique ? », *Histoire et Sociétés. Revue européenne d'histoire sociale*, n° 21, mars 2007, p. 6-59 ; Bernard Lepetit, *Les Villes dans la France moderne (1740-1840)*, Paris, Albin Michel, 1988.

14. Sabine Barles (dir.), *Analyse rétrospective du système Seine*, rapport de synthèse 1998-2001 du programme PIREN-Seine, Paris, UMR CNRS 7619 Sisyphe, 2002, p. 13 ; Jochen Hoock, Bernard Lepetit (dir.), « Histoire et propagation du nouveau », *in La Ville et l'innovation en Europe 14e-19e siècles*, Paris, Éditions de l'EHESS, 1987, p. 7-28.

palliative qui aggrave les ruissellements incontrôlés et les risques d'inondations et de stagnations des eaux de pluie en limitant leur infiltration dans le sol. « *Le premier facteur incontestable d'imperméabilisation réside dans l'adoption des trottoirs en 1818.* [...] *en 1838, on en compte déjà 120 km courant à Paris.* [Un autre facteur,] *le macadam gagne Paris, couvre déjà 100 hectares de chaussées en 1857, culmine à 200 ha en 1872*[15]. » Sous le Second Empire, les pouvoirs publics tentent de résoudre ces risques majeurs en s'attaquant à leur source. La réduction des volumes d'eau qui inondent les voies devient une priorité. Le décret-loi du 26 mars 1852, relatif aux rues de Paris, stipule ainsi dans son article six que « *toute construction nouvelle dans une rue pourvue d'un égout devra être disposée de manière à y conduire les eaux pluviales et ménagères. La même disposition sera prise pour toute maison ancienne en cas de grosses réparations et, en tout cas, avant dix ans*[16] ».

Les travaux d'Haussmann s'inscrivent dans la continuité des travaux esquissés au début du siècle. Paris n'est ni la seule, ni la première ville en Europe à s'engager sur la voie d'une politique d'assainissement. Sous l'effet de la densification urbaine, le problème de l'évacuation des eaux, en particulier des eaux pluviales, est devenu au cours du XIXe l'une des préoccupations majeures des grandes villes européennes[17]. Ainsi, pour ne citer que quelques exemples, Hambourg réalise son réseau d'assainissement à l'occasion de la reconstruction de la ville après le grand incendie de 1842. Londres constitue en 1848 une *Metropolitan Commission of Sewers* et engage entre 1858 et 1865 une grande campagne de construction d'égouts, tandis qu'aux États-Unis, Brooklyn entreprend dans ces mêmes années la construction de son réseau d'égouts[18].

Pour comprendre l'intérêt que portent les élites urbaines à la salubrité des villes, il convient de souligner l'imprégnation dans la société civile des théories hygiénistes[19]. Leur impact sur la pratique de la médecine est prépondérant. L'imaginaire médical de l'époque rend en effet la promiscuité urbaine responsable de la dégradation de l'état de santé des Parisiens et de l'aggravation de leur mortalité. « *Ainsi, de 1882 à 1891, le taux de mortalité est encore de 23,8 ‰ à Paris, quand il n'atteint que 22,5 ‰ pour l'ensemble de la France*[20]. » L'urbaphobie trouve sa source dans le surpeuplement et le développement anarchique des villes industrielles[21]. La peur des « *classes dangereuses* », de la « *ville délétère* » serait l'expression de « *l'état pathologique* » de la France urbaine du XIXe siècle[22]. L'assainissement de l'eau, un impératif hygiéniste, devient une exigence politique mise au service de l'urbanité et du contrôle social des citadins. « *Depuis de nombreuses années, scientifiques, médecins, ingénieurs et architectes dénoncent la malpropreté de la capitale et insistent sur la nécessité d'utiliser de puissants courants d'eau et d'air pour la nettoyer et l'assainir. Le canal de l'Ourcq, dont la construction est entreprise dès 1802 sous la direction de l'ingénieur des Ponts et Chaussées Pierre-Simon Girard, est destiné à satisfaire ces objectifs*[23]. »

Les eaux doivent s'écouler sans entrave afin de ne pas altérer leur environnement. L'eau stagnante, croupissante et odorante, est accusée de corrompre l'air en lui transmettant des germes

15. Sabine Barles, *La Ville délétère, Médecins et ingénieurs dans l'espace urbain, XVIIe-XIXe siècle*, Seyssel, Champ Vallon, 1999, p. 231, 247.
16. Décret du 26 mars 1852, *Bulletin des lois*, 10e série, 514, n° 3914.
17. Paul M. Hohenberg, Lees Lynn Hollen, *La Formation de l'Europe urbaine, 1000-1950*, Paris, PUF, 1992.
18. Kontantinos Chatzis, *La Pluie, le métro et l'ingénieur : contribution à l'histoire de l'assainissement et des transports urbains, XIXe-XXe siècles*, Paris, L'Harmattan, 2000, p. 216.
19. Patrice Bourdelais (dir.), *Les Hygiénistes, enjeux, modèles et pratiques (XVIIIe-XXe siècles)*, Paris, Belin, 2001.
20. Sabine Barles, *La Ville délétère..., op. cit.*, p. 16.
21. Arnaud Baubérot, Florence Bourillon (dir.), *Urbaphobie. La détestation de la ville*, Pompignac-près-Bordeaux, Bière, 2009 ; Yannick Marec (dir.), *Villes en crise ? Les politiques municipales face aux pathologies urbaines (XVIIIe-XXe siècle)*, Paris, Créaphis, 2005.
22. Louis Chevalier, *Classes laborieuses et classes dangereuses à Paris pendant la première moitié du XIXe siècle*, Paris, Perrin, 1958.
23. Sabine Barles (dir.), *Analyse rétrospective du système Seine, op. cit.*, p. 10.

Une ancienne rue de Paris, pavée, avec sa chaussée fendue, son égout et son caniveau central.

Londres, Fleet Street, construction d'un égout, 1845.

POST
OFFICE

infectieux. La salubrité de l'espace urbain est désormais conditionnée à l'évacuation rapide des eaux souillées, hors de la ville, par le truchement de canalisations enterrées qui préservent l'air inhalé de toute contamination[24]. Sous le magister du préfet Haussmann, l'assainissement des eaux de Paris est intimement lié à la distribution d'une eau saine en abondance[25]. Les Parisiens, pour la plupart d'entre eux, s'approvisionnent en puisant dans les fontaines et en utilisant les services des porteurs d'eau. L'eau de la Seine et du canal de l'Ourcq, achevé en 1822, sert autant les besoins domestiques que le lavage des rues[26]. Mais sous la pression démographique, les quantités disponibles sont devenues insuffisantes et de qualité médiocre.

En 1848, la fusion par arrêté ministériel du 21 juin du service du pavé et du service des eaux et des égouts en une unique direction, le service des travaux de Paris, amorce l'élaboration d'une politique transversale de l'assainissement. Les services techniques de cette omnipotente direction ciblent trois objectifs : alimenter la capitale en eau de sources, améliorer sa qualité et développer le raccordement direct des habitations[27]. En théorie, la Seine ne doit plus être l'exutoire presque exclusif des eaux usées de la capitale[28]. Ces trois projets sont complémentaires. L'amélioration de la qualité des eaux de la Seine requiert la construction d'un système d'assainissement, de collecte et d'évacuation des eaux souillées, dont le volume sera démultiplié par la refonte et la modernisation du réseau de la distribution de l'eau[29].

Selon les principes de l'ingénierie moderne, initiée à l'École nationale des ponts et chaussées, créée en 1747, et à l'École polytechnique, fondée en 1794, le fonctionnement rationalisé des canalisations d'égout impose de la fluidité[30]. La circulation de grandes quantités d'eau est indispensable à la salubrité des canalisations. L'adduction en eau de la capitale et la construction d'un réseau d'assainissement sont deux impératifs d'une même ambition[31]. En 1854 et 1858, devant le conseil municipal de Paris, le préfet de la Seine aime à se présenter comme l'artisan attendu et incontournable de la modernisation de la Ville lumière. Pour le baron Haussmann, « *amener l'eau sur un point donné, la distribuer dans toute la ville, et l'introduire dans chaque demeure, ce n'est résoudre encore qu'une moitié du problème ; l'autre moitié consiste à ménager à cette eau, après l'emploi, une issue commode et régulière.* [...] *Après avoir recherché le meilleur moyen d'assurer une distribution normale à Paris, j'aurai donc cru laisser ma tâche inachevée si je ne m'étais occupé aussi de la canalisation de ses rues*[32] ».

Concevoir et réaliser un réseau d'égouts exemplaire

Les travaux d'assainissement de la capitale s'intensifient dans les années 1850 sous la conduite de Jules Dupuit, directeur du service des travaux de 1851 à 1856 et initiateur de la

24. Louis Dorré, *L'Infection de Paris et de la banlieue*, Paris, Imprimerie veuve Renou, Molde et Cock, 1883 ; Grégoire Ichok, *La Mortalité à Paris et dans le département de la Seine*, Paris, L'Émancipatrice, 1937.
25. Philippe Cebron de Lisle, *L'Eau à Paris au XIXe siècle*, Paris, Association générale des hygiénistes et techniciens municipaux, 1991.
26. Direction des travaux de la ville de Paris, *Recueil de pièces concernant les eaux, les canaux et l'assainissement*, t. 1, *Canaux de l'Ourcq et Saint-Denis*, Paris, Imprimerie Chaix, 1880.
27. Eugène Belgrand, *Recherches statistiques sur les sources du bassin de la Seine qu'il est possible de conduire à Paris*, Paris, Imprimerie de Vinchon, 1854 ; Eugène Belgrand, *Monographie des eaux de source de la banlieue de Paris*, Paris, Imprimerie de Dubuisson, 1855.
28. Sabines Barles, « L'invention des eaux usées : l'assainissement de Paris de la fin de l'Ancien régime à la Seconde Guerre mondiale », *in* Christoph Bernhardt, Geneviève Massard-Guilbaud (dir.), *Le Démon moderne : la pollution dans les sociétés urbaines et industrielles d'Europe,* Clermont-Ferrand, Presses universitaires Blaise Pascal, 2002, p. 129-156.
29. Direction des travaux de la ville de Paris, *Recueil de pièces concernant les eaux, les canaux et l'assainissement*, t. 2 et 3, *Assainissement*, Paris, Imprimerie Chaix, 1883.
30. Antoine Picon, Konstantinos Chatzis, « La formation des ingénieurs français au siècle dernier : débats, polémiques et conflits », *L'orientation scolaire et professionnelle*, n° 3, septembre 1992, p. 227-243.
31. François Caron, Jean Dérens, Luc Passion, Philippe Cebron de Lisle (dir.), *Paris et ses réseaux : naissance d'un mode de vie urbain XIXe-XXe siècles*, Paris, Bibliothèque historique de la ville de Paris, 1990.
32. Georges-Eugène Haussmann, *Premier mémoire sur les eaux, in* Préfecture de la Seine, *Documents relatifs aux eaux de Paris*, Paris, Imprimerie administrative Paul Dupont, p. 54-55.

Le baron Haussmann (1809-1891)

Né à Paris le 27 mars 1809, affilié à une famille qui a servi l'Empereur Napoléon 1er, Georges-Eugène Haussmann, haut fonctionnaire de 1831 à 1870, incarne le parcours exemplaire de la préfectorale. Nommé le 19 mai 1831 secrétaire général de la Vienne, ce grand commis de l'État enchaîne son tour de France des préfectures : la Haute-Loire et le Lot-et-Garonne en 1832, l'Ariège en 1840, la Gironde en 1841. Sa disgrâce en février 1848 n'est que de courte durée. En janvier 1849, il retrouve son titre de préfet du Var. Suivent l'Yonne en 1850, la Gironde de nouveau en 1851, jusqu'à la consécration ultime : sa nomination le 22 juin 1853 à la tête de la plus puissante préfecture de France, la préfecture de la Seine, un État dans l'État, qu'il dirigera jusqu'en janvier 1870[33]. Sa position sociale lui vaut d'être nommé à la dignité de grand officier de la Légion d'honneur en 1856, d'accéder à la fonction de sénateur en 1857, de décrocher la même année son titre de baron et d'intégrer l'Académie des Beaux-Arts en 1867.

Dans l'opinion, le baron Haussmann reste associé à la transformation de la capitale sous le Second Empire, pour le pire et pour le meilleur. Pour ses hagiographes, il est l'homme de l'assainissement, de l'embellissement, de la modernisation et du désenclavement de Paris. Pour ses détracteurs, républicains et savants, il incarne son embourgeoisement, l'expropriation des petits propriétaires, la spéculation immobilière, l'exil des plus pauvres et l'indifférence de la capitale à l'égard des maux des communes environnantes, victimes de nuisances de plus en plus intolérables[34]. L'homme de l'annexion de la petite banlieue s'en défendra dans son mémoire du 11 mars 1859. *« Il n'est pas admissible que la capitale de France soit composée d'une partie centrale, administrée avec unité, soumise à un certain régime financier, qui assure convenablement ses services municipaux, ouverte et reliée par un bon système de voies publiques, protégée par une police vigilante, et d'une zone extérieure* [...] *abandonnée à autant de faibles administrations locales* [...][35]. »

Resté fidèle au bonapartisme après l'avènement de la IIIe République, élu député de la Corse de 1877 à 1881, Haussmann consacrera les dernières années de sa vie à la rédaction de ses mémoires. Il décédera le 11 janvier 1891 et sera inhumé à Paris au cimetière du Père-Lachaise.

33. Archives nationales, *Le Personnel de l'administration préfectorale 1800-1880*, Paris, Centre historique des archives nationales, 1998, p. 379.
34. Maurice Halbwachs, *Les Expropriations et le prix des terrains à Paris (1860-1900)*, thèse de droit de l'Université de Paris, 1909 ; Pierre Larousse, « Haussmann (Georges-Eugène, baron) », *in Grand dictionnaire universel du XIXe siècle*, tome 17, Paris, Larousse, 1873, p. 1369.
35. Georges-Eugène Haussmann, *Mémoire sur l'extension des limites de Paris présenté au conseil municipal de Paris le 11 mars 1859.* Cité par Florence Bourillon, Annie Fourcaut, commissaires de l'exposition *1860 agrandir Paris*, Ville de Paris, septembre 2010.

modernisation de la gestion des eaux parisiennes[36]. Dans l'esprit du décret-loi de 1852, le système d'assainissement conçu par Belgrand repose sur la construction de canalisations enterrées sous les voies publiques. Les eaux usées doivent être soustraites de la vue du citadin. Leur évacuation, opération triviale, doit s'effectuer sans troubler l'image attrayante et « *mystérieuse* » que la ville impériale souhaite donner d'elle. La dissimulation de ces opérations techniques apparaît comme un élément central du projet d'assainissement du préfet Haussmann : « *Les galeries souterraines, organes de la grande cité, fonctionneraient comme ceux du corps humain, sans se montrer au jour ; l'eau pure et fraîche, la lumière et la chaleur y circuleraient comme des fluides divers dont le mouvement et l'entretien servent à la vie ; les sécrétions s'y exécuteraient mystérieusement et maintiendraient la santé publique sans troubler la bonne ordonnance de la ville et sans gâter sa beauté extérieure*[37]. »

Le programme d'assainissement imaginé par Belgrand est conçu à l'échelle de la capitale. La ville de Paris est divisée en trois zones, Nord, Centre et Sud, qui, suivant la topographie de la ville, forment trois bassins versants. Pour chacune de ses zones, selon son étendue, un ensemble d'égouts de formes et de sections variables conduit les eaux usées du bassin jusqu'à un collecteur principal dont la fonction est d'évacuer, hors de Paris, les eaux qu'il reçoit. Le système d'assainissement construit à partir des années 1850 n'est plus conçu comme une addition de canalisations indépendantes, mais comme un véritable réseau structuré et hiérarchisé qui se distingue par une vingtaine de types de galeries souterraines, depuis les égouts élémentaires d'un mètre de section jusqu'aux grands émissaires dont le diamètre dépasse les cinq mètres.

Les égouts de la zone centre couvrent la majeure partie de la rive droite jusqu'aux boulevards extérieurs. Ils acheminent l'ensemble des eaux vers le collecteur d'Asnières réalisé entre 1857 et 1861. Longeant les quais depuis la place de la Concorde, ce collecteur sort de Paris pour déboucher à Clichy-la-Garenne, au grand désarroi de sa population, où il déverse dans la Seine ses eaux polluées[38]. Rive gauche, un autre collecteur, lui aussi établi sur les quais, recueille les eaux usées du sud de Paris et, après avoir traversé la Seine en siphon sous le pont de l'Alma, rejoint le collecteur d'Asnières à la hauteur de Levallois-Perret. Les eaux usées de la rive gauche déversées à Clichy y retrouvent celles drainées par le collecteur d'Asnières. Enfin, pour les quartiers hauts du nord de la capitale, essentiellement composés de faubourgs annexés le 1er janvier 1860, le réseau de Belgrand s'appuie sur une canalisation déjà existante, le collecteur du Nord, pour conduire les eaux jusqu'à Saint-Denis où elles se déversent à leur tour dans la Seine. En 1895, un quatrième grand collecteur, dit de Clichy, est construit de la place de La Trinité jusqu'à Clichy-la-Garenne pour soulager les collecteurs d'Asnières et de la rive gauche en voie de saturation. Le réseau des collecteurs s'étend encore à la veille de la Grande Guerre, avec l'édification, à partir de 1912, du collecteur de l'ouest parisien.

Ainsi raccordés à ces collecteurs généraux, les égouts de la capitale sont solidaires les uns des autres et forment un réseau unifié supposé protéger les parties basses de la ville des risques d'inondations. Leur vocation est de se prémunir du reflux des eaux souillées lors des crues saisonnières de la Seine. Les deux principales exigences liées à la construction du réseau – protéger les chaussées et assainir la Seine dans sa traversée de

36. Konstantinos Chatzis, « Jules Dupuit, ingénieur des Ponts et Chaussées », *in* Yves Breton, Gérard Klotz, *Jules Dupuit, œuvres économiques complètes*, Paris, Économica, 2009, p. 615-692.
37. Georges-Eugène Haussmann cité *in* Roger-Henri Guerrand, *Les Lieux, histoire des commodités*, Paris, La Découverte, 1997, p. 112.
38. Eugène Belgrand, Alfred Durand-Claye, Adolphe Mille, *Avant-projet d'un canal d'irrigation à l'aide des eaux d'égout de Paris entre Clichy et la partie nord-est de la forêt de Saint-Germain, département de Seine-et-Oise. Enquête. Rapport des ingénieurs de la ville de Paris, 4 juillet 1876*, Paris, Gauthier-Villars, 1876 ; Jean Pardies, *Essai sur l'évolution d'une ville de banlieue : Clichy-la-Garenne*, thèse de l'Institut d'Urbanisme de l'Université de Paris, 1929.

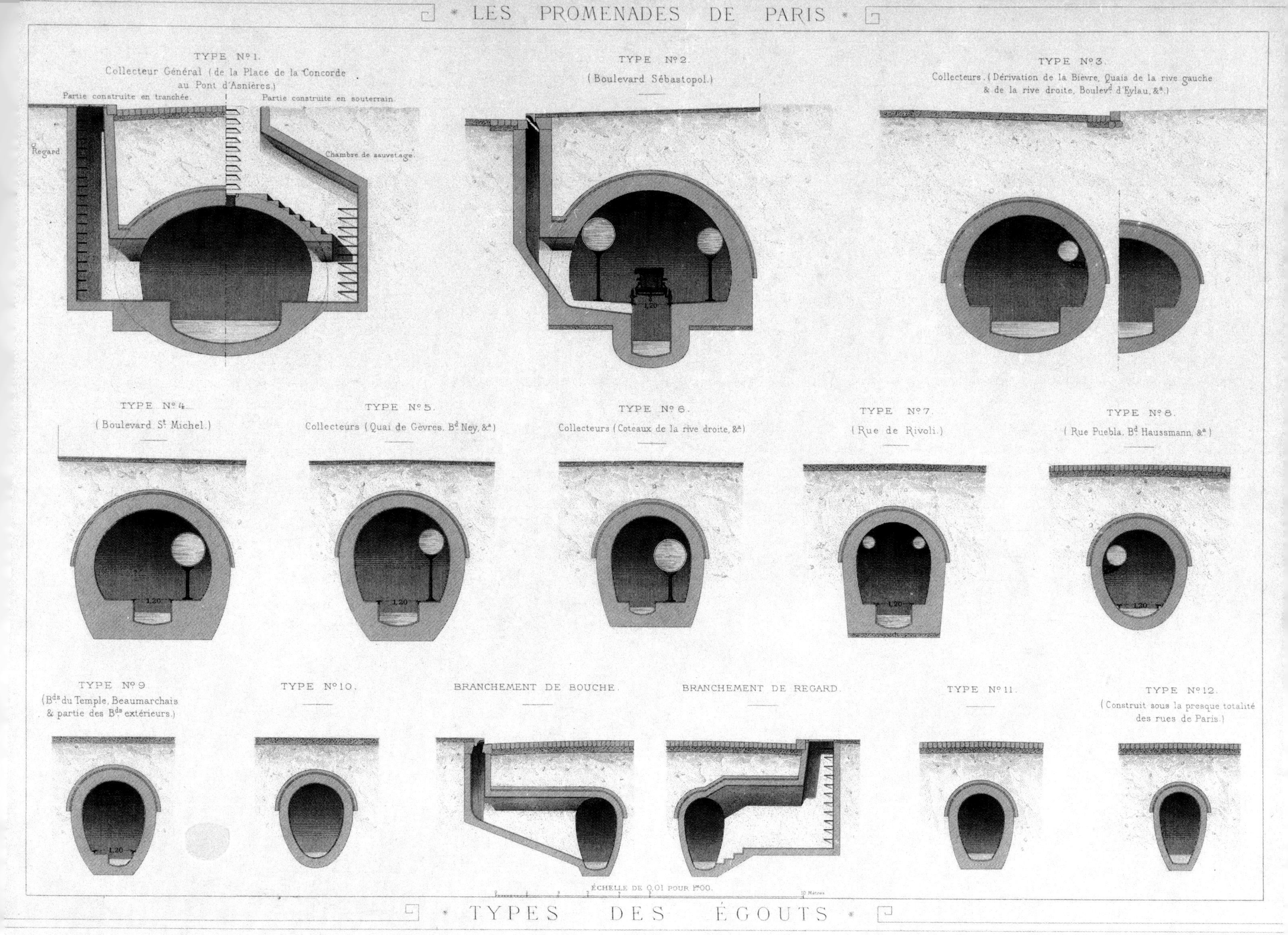

Les égouts de Paris.
Dureau, Hochereau et Labeyrie, *Les Promenades de Paris par Alphand*, 1868.

Le réseau des cinq grands collecteurs conçu par Eugène Belgrand et ses successeurs pour drainer l'ensemble des eaux usées parisiennes hors de la capitale. À l'exception du collecteur Nord, ces ouvrages aboutissent à Clichy-La-Garenne où ils se déversent directement dans la Seine à partir de 1861.
© SIAAP

Le boulevard de Sébastopol à la fin du XIXe siècle.

Dans l'égout sont installées les canalisations d'eau potable, de gaz et d'air comprimé. L'égout est doté de « trottoirs » – les banquettes – qui permettent aux égoutiers de circuler aisément pour assurer l'entretien et la réparation des différentes canalisations. Cette gravure met en avant la rationalisation de la ville avec la séparation des multiples voies de circulation : les piétons sur les trottoirs, les voitures et les omnibus sur la chaussée, les eaux et le gaz dans le sous-sol.

© DR / Collection particulière

Paris – semblent ainsi satisfaites, mais au plus grand mépris de sa proche banlieue, bientôt décrite par Louis-Ferdinand Céline sous les traits du « *paillasson* » de la Ville lumière[39].

Les égouts parisiens construits selon les plans de Belgrand sont, en outre, investis d'un rôle nouveau de galeries techniques, faire-valoir des réalisations des ingénieurs de la capitale[40]. Ces galeries accueillent les services urbains essentiels aux commodités et au confort des Parisiens les mieux lotis : canalisations d'eau usée, d'eau potable, de gaz ou d'air comprimé. Le déploiement des égouts offre l'illustration parfaite de la conception de la vie urbaine moderne sous le Second Empire. Ces différents équipements appartiennent à un même système d'organisation des réseaux techniques placé sous la tutelle des administrateurs de la plus puissante préfecture de France et sous l'autorité du corps des ingénieurs des Ponts et Chaussées de la ville de Paris qui, depuis le décret du 13 octobre 1851, exercent leur monopole sur les services des eaux et du pavé de la capitale[41]. Les égouts de Belgrand et d'Haussmann constituent en quelque sorte une seconde ville souterraine qui double et seconde la cité élevée en surface. La mise en œuvre de ce nouveau système d'assainissement s'accompagne d'une transformation des techniques de construction des égouts. À n'en pas douter, l'enjeu est politique. La pollution, ce « *démon moderne* » refoulé en banlieue, doit être chassée de la capitale pour préserver autant l'environnement que la paix sociale dans une capitale imprégnée de son passé révolutionnaire[42]. Son prestige et son embellissement en dépendent[43]. Dans cette perspective, les services techniques de la ville de Paris se doivent de mettre fin aux défaillances des vieux égouts poreux qui souillent le sous-sol parisien et contaminent ses nappes phréatiques et ses puits. Leur entretien a été longtemps négligé provoquant le dépôt et la fermentation des matières en décomposition. Le curage régulier des égouts est institué dès le Premier Empire, mais le manque d'eau, dont souffre alors Paris, rend la tâche difficile et dangereuse[44].

Au service de la voie publique de Paris depuis 1848, Adolphe Mille, ingénieur formé à l'École polytechnique et à l'École nationale des ponts et chaussées, utilise la volumineuse étude menée au début des années 1820 par le médecin hygiéniste Alexandre Parent-Duchâtelet pour légitimer les réalisations haussmanniennes[45].

> « *Les galeries étaient à peine assez hautes pour qu'un homme se tînt debout. Le radier en pavé disjoint, les murs souvent en matériaux tendres ; peu de regards, et fermés par des plaques pleines que l'air ne traversait pas ; le méphitisme arrivait avec l'acide carbonique, l'ammoniaque, l'hydrogène sulfuré, avec l'odeur d'égout sui generis, fade et tiède, avec l'odeur des vidanges, des œufs pourris des pièces anatomiques en décomposition.* […] *Presque partout une crasse épaisse garnissait les parois inférieures au niveau de l'eau ; les champignons poussaient au-dessus, les rats pullulaient au milieu des matières organiques. L'asphyxie menaçait les brigades de curage* […][46]. »

---

39. Louis-Ferdinand Céline, *Voyage au bout de la nuit*, Paris, Gallimard, 2001 (1932) ; Louis-Ferdinand Céline, *Bagatelles pour un massacre*, Paris, Denoël, 1937.
40. Bertrand Lemoine, Marc Mimram, *Paris d'ingénieurs*, Paris, Picard/Pavillon de l'Arsenal, 1995 ; Konstantinos Chatzis, *La Pluie, le métro et l'ingénieur : contribution à l'histoire de l'assainissement et des transports urbains XIXe-XXe siècles*, L'Harmattan, Paris, 2000.
41. Konstantinos Chatzis, Georges Ribeill, « L'espace des carrières des ingénieurs de l'Équipement dans le public et le privé, 1800-2000 », *Revue française d'administration publique*, n° 116, 2005, p. 651-670 ; Alphonse Debauve, *Les Travaux publics et les ingénieurs des Ponts et Chaussées depuis le XVIIe siècle*, Paris, Veuve C. Dunod, 1893.
42. Christoph Bernhardt, Geneviève Massard-Guilbaud (dir.), *Le Démon moderne : la pollution dans les sociétés urbaines et industrielles d'Europe*, *op. cit.*
43. Adolphe Alphand, *Les Promenades de Paris : histoire, description des embellissements, dépenses de création et d'entretien des Bois de Boulogne et de Vincennes, Champs-Elysées, parcs, squares, boulevards, places plantées, études sur l'art des jardins et arboretim*, 2 vol., Paris, Rotschild, 1867-1873.
44. Adolphe Mille, *L'Assainissement des villes par l'eau, les égouts, les irrigations*, Paris, Dunod, 1886, p. 270.
45. Alexandre Parent-Duchâtelet, *Essai sur les cloaques ou égouts de la ville de Paris*, Crevot, 1824 ; Bernard Landau avec le concours de Valérie Astrie, « Notice biographique », *in* Bernard Landau, « La fabrication des rues de Paris au XIXe siècle : un territoire d'innovation technique et politique », *in* http://archivue.pagesperso-orange.fr/textes/rues-paris1.html.
46. Adolphe Mille, *L'Assainissement des villes…*, *op. cit.*, p. 112.

Pour rompre avec cette insalubrité, son mentor Eugène Belgrand défend un réseau dont les canalisations sont accessibles. Les galeries, du plus petit égout aux grands collecteurs, disposent d'une section à hauteur d'homme pour y circuler debout. Les anciens égouts sont agrandis. La surveillance et l'entretien du réseau d'assainissement et des autres services urbains peuvent ainsi être assurés à fréquence régulière par des brigades de curage d'égoutiers dont le nombre s'est considérablement accru. De 24 ouvriers sous le Premier Empire, les effectifs passent à 250 en 1856[47]. Le curage devient une opération de plus en plus mécanisée. La conception du réseau d'égout, qui repose sur un écoulement gravitaire des eaux, participe à la salubrité des galeries. L'extension de l'adduction en eau de la ville de Paris permet d'équiper les égouts en réservoirs de chasse qui larguent des flots d'eau salubre pour assainir le réseau souterrain. Sous Belgrand, sont inventés également des instruments efficaces de curage dont les plus emblématiques sont les bateaux-vannes, les wagons-vannes et les boules de curage. Les galeries sont enfin dotées de nombreux regards qui permettent une aération continue des égouts et diminuent les risques d'asphyxie et d'explosion par l'accumulation de gaz.

Des années 1850 aux années 1870, 430 kilomètres d'égouts sont construits. La canalisation de Paris avance à grand pas[48]. L'assainissement de la capitale selon les conceptions de l'hygiène moderne entre dans les « *mœurs citadines*[49] ». Cette œuvre imposante de construction du réseau d'égout fait l'objet d'une véritable campagne publicitaire, organisée par la ville de Paris et le service municipal

47. Adolphe Mille, *L'Assainissement des villes...*, *op. cit.*, p. 112.

48. Pierre-Yves Mauguen, « Les galeries souterraines d'Haussmann. Le système des égouts parisiens, prototype ou exception ? », *Annales de la recherche urbaine*, n° 44-45, décembre 1989, p. 163-175.

49. Roger-Henri Guerrand, *Mœurs citadines. Histoire de la culture urbaine XIXe-XXe siècles*, Paris, Quai Voltaire, 1992.

L'ingénieur Adolphe Mille.
© ENPC

Boule de curage inventée sous le Second Empire.

D'un diamètre légèrement inférieur à la galerie, la boule de curage roule dans la canalisation suivant l'inclinaison gravitaire. Le débit de l'eau dans cet étroit passage est alors augmenté, ce qui a pour effet de chasser les sables au-devant de la boule.

Descente de la boule pour le nettoyage des égouts au siphon de la Concorde vers 1920.
© Jacques Boyer / Roger-Viollet

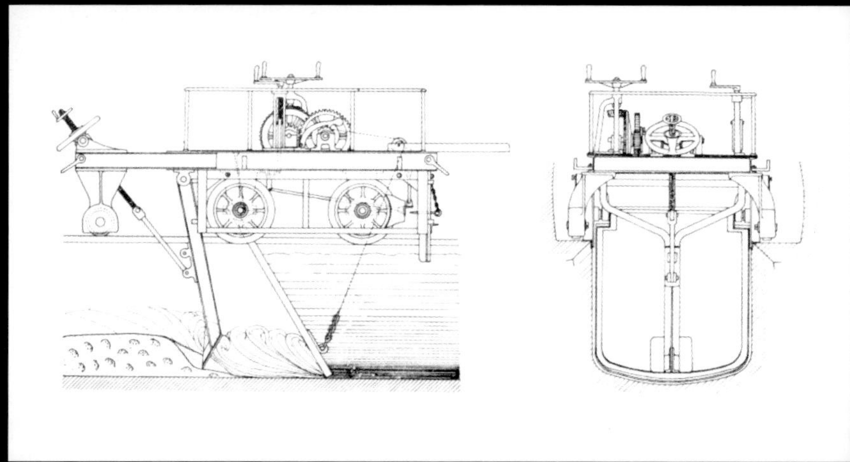

Schéma de bateau-vanne.

© DR / Collection particulière

Wagon-vanne inventé sous le Second Empire.

Le wagon-vanne agit selon le même principe que la boule de curage, en utilisant la force de l'eau. C'est une sorte de barrage mobile qui provoque des « chasses » dans les canalisations pour faire avancer les sables.

Bateau-vanne © Roger-Viollet

Les égouts vus par Nadar en 1860 : technique et propreté.
Vue intérieure d'une galerie, wagonnet ou barque.
© Ministère de la Culture - Médiathèque du Patrimoine, Dist. RMN / Félix Nadar

Vue intérieure d'une galerie, tuyauterie et wagonnet.
© Ministère de la Culture - Médiathèque du Patrimoine, Dist. RMN / Félix Nadar

des égouts[50]. Eugène Belgrand lui-même commande au photographe Nadar, portraitiste des célébrités et des élites parisiennes, une série de photographies des nouveaux égouts à la gloire de la politique d'assainissement de la capitale. Ces clichés, pris au début des années 1860, livrent un univers technique et moderne de la salubrité imprégné des conceptions hygiénistes de l'époque, caractérisées par la circulation de l'air et de l'eau. Les clichés donnent à voir une représentation captivante des sous-sols parisiens à mille lieues de la vision romantique des *Misérables* de Victor Hugo paru en 1862.

Ainsi immortalisés et mis en scène, les égouts de Paris deviennent une curiosité mondaine et touristique. Ils font la fierté des édiles et de leurs collaborateurs. Ils représentent le symbole du rayonnement de la capitale, exalté par le progrès scientifique et positiviste. Les égouts du Second Empire ne sont plus ces « *cloaques* » décrits par Parent-Duchâtelet. Au contraire, comme le souligne Adolphe Mille, non sans une pointe d'orgueil, « *cette transformation d'un service, réputé jusque-là repoussant, frappa vivement l'attention publique. Les égouts devinrent une des merveilles de la capitale. Il fallut organiser des trains de plaisir pour montrer aux curieux la ville souterraine. Pas un étranger de distinction, pas un souverain ne venait à Paris sans demander la faveur d'une descente aux égouts, et chacun sortait plein d'admiration pour la Ville, l'administration et l'ingénieur*[51] ».

Les premières visites publiques sont organisées à l'occasion de la tenue à Paris de l'Exposition universelle de 1867. Les visiteurs, installés dans des wagonnets et dans des bateaux, ces fameux « *trains du plaisir* » d'Adolphe Mille, parcourent les grandes canalisations parisiennes. À en croire les rapports annuels rédigés par le service de l'assainissement, ces promenades d'un nouveau genre, organisées plusieurs fois par mois au printemps et durant l'été, recueillent un franc succès :

« *Il y a eu, en 1897, 13 visites publiques qui ont eu lieu généralement le deuxième et le quatrième mercredi de chaque mois depuis Pâques jusqu'au milieu d'octobre ; 9 524 cartes ont été distribuées. Comme toujours, malgré ce nombre considérable de places offertes, il n'a pas été possible de satisfaire à toutes les demandes qui ne cessent de se produire en nombre plutôt croissant*[52]. »

Le public profane se dispute le réseau avec les ingénieurs, les hauts fonctionnaires, les notables, les gens du monde venus de province et de l'étranger. Des voyages d'études à caractère technique sont ainsi organisés pour honorer et diffuser le savoir-faire de la ville de Paris en matière d'adduction et d'assainissement de son espace urbain.

La reconnaissance d'Eugène Belgrand et des hommes de l'assainissement

La politique de transformation de Paris menée sous le patronage du préfet Haussmann s'accompagne d'un développement sans précédent des services administratifs et techniques de la préfecture de la Seine. Créé en 1848, le service des travaux de Paris est structuré en trois divisions, étroitement imbriquées, des eaux, des égouts et du pavé, bientôt rebaptisé voie publique et promenades. Le 28 février 1856, un arrêté préfectoral réorganise ce service des travaux en trois sections : le service de la voie publique, celui des eaux et des égouts et celui des promenades et plantations, respectivement confiés à Homberg, Belgrand et Alphand. Ces trois services sont placés sous l'autorité d'un directeur, Zoroastre Michal, successeur de

50. *Nos édiles. Le Conseil municipal. Annuaire illustré, municipal et administratif de la Ville de Paris et du département de la Seine*, par Ernest Gay, puis sous la direction de Paul Robert, puis d'Edouard Combes, puis de Brunel et Cie, Paris, *La Nouvelle revue française*, puis *La Cité* (années 1895, 1900-1904, 1904-1908, 1908-1912, 1913, 1914, 1921, 1922, 1923, 1924, 1925, 1926, 1933, 1935-1941).
51. Adolphe Mille, *L'Assainissement des villes…*, *op. cit.*, p. 145.
52 Archives du Siaap, *Notes à l'appui du compte des dépenses de l'exercice 1897*, p. 164.

PARIS-MEMENTO

LES ÉGOUTS DE LA VILLE

La visite des égouts est une des curiosités de la grande Ville que tout étranger ne peut se dispenser de voir.

La promenade ne manque pas de pittoresque; les visiteurs sont transportés dans des wagons et dans des bateaux assez confortables, actionnés par des tracteurs électriques, au milieu de galeries spacieuses, brillamment éclairées à l'électricité, très largement ventilées, n'offrant qu'une légère odeur *sui generis,* un peu fade, mais parfaitement supportable, même pour des organes olfactifs délicats. De nombreuses plaques indicatrices renseignent les visiteurs sur le parcours suivi, sur les diverses galeries rencontrées, sur la nature des canalisations, etc. Le voyage dure environ une demi-heure; il comprend deux sections, l'une qui part du quai du Louvre, près de la rue de ce nom, et qui se termine au Châtelet; on la parcourt en bateau vanne; l'autre qui va du Châtelet aux Arts et Métiers (rue Saint-Martin), par les collecteurs du Centre et Sébastopol; elle est parcourue en wagon. Le trajet se fait dans les deux sens et les visiteurs sont convoqués soit au Louvre, soit rue Saint-Martin. Autrefois, l'itinéraire comprenait le trajet du Châtelet à la Madeleine par les collecteurs Sébastopol et Rivoli et par celui d'Asnières, qui passe sous la rue Royale; c'est la construction de la ligne métropolitaine n° 1 qui a rendu nécessaire cette modification de parcours

Les visites ont lieu les 2e et 3e mercredis de chaque mois, d'avril en septembre inclus. En cas d'orage ou de menaces d'orage, la visite peut être supprimée. Le nombre des visiteurs est limité : pour obtenir des cartes d'entrée, il faut s'adresser à la Direction administrative des Travaux (Hôtel de Ville) ou au Service technique des Egouts et de l'Assainissement, 9, place de l'Hôtel-de-Ville.

« Paris-memento », une nouvelle sortie attractive qui rivalise avec celle des catacombes : la visite des égouts de Paris.
Le conseil municipal de Paris 1913, Journal municipal *La Cité.*

Visite des égouts de Paris en wagonnet en 1903.
Détail d'une vue stéréoscopique.

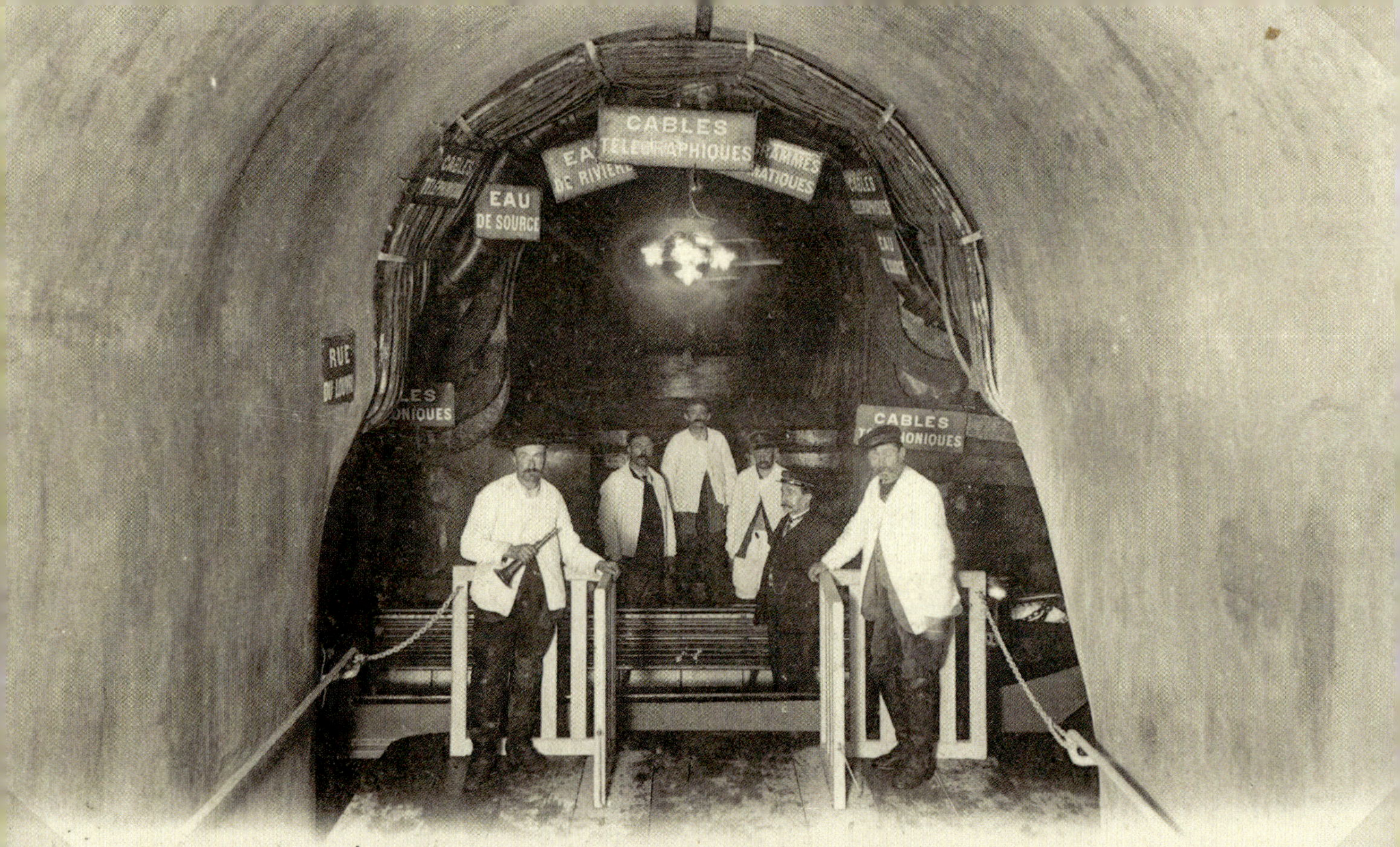

618 PARIS — Les Égouts — Avant le départ pour la Visite. — LL.

VISITE DES ÉGOUTS

Eugène Belgrand, la figure tutélaire.
© ENPC

Jules Dupuit. Nommé en 1859 inspecteur général du corps des Ponts et Chaussées, ce dernier voit son service gagner en compétences et en marge d'action. En imposant cette concentration administrative, le préfet Haussmann renforce son contrôle sur les services techniques.

En janvier 1860, l'extension des limites de la capitale, en application de la loi du 16 juin 1859 qui porte à vingt le nombre d'arrondissements parisiens, marque un tournant dans l'histoire des services techniques de la ville de Paris. L'annexion intégrale de onze communes et celle, partielle, de treize autres aboutissent à l'intégration de plus de 350 000 nouveaux Parisiens[53]. Paris fait mieux que doubler sa superficie et s'agrandit de 4 365 hectares. Dans ce nouveau périmètre d'action, le conseil municipal de Paris gagne 24 nouveaux membres et le préfet de la Seine obtient du préfet de Police, par décret du 10 octobre 1859, la dévolution de nouvelles compétences, de l'éclairage au nettoiement des rues, en passant par la gestion des vidanges et le curage des égouts[54]. L'annexion et le transfert de prérogatives donnent lieu à une nouvelle organisation des services techniques de la capitale qui a pour conséquence de restructurer le service des eaux et des égouts et celui de la voie publique en deux sous-divisions, la première couvrant le centre de Paris, la seconde, les arrondissements périphériques. Ces modifications successives de l'organigramme reflètent une croissance continue des effectifs du service des travaux. Le nombre de conducteurs des ponts passe ainsi de 11 en 1851 à 41 en 1855 et de 80 en 1859 à 131 en 1864[55].

Le ministre secrétaire d'État au département de l'Intérieur, Claude-Alphonse Delangle, ancien président de la commission

53. Madeleine Fernandez-Leveau, *La Dernière enceinte de Paris 1840-1970*, thèse de troisième cycle de l'Université de Paris VII, 1983.
54. « La Direction des travaux. Organisation et attributions. Fonctionnement des services », *in Le Conseil municipal, nos édiles, annuaire illustré municipal et administratif de la ville de Paris et du département de la Seine*, Paris, Publication du journal municipal *La Cité*, s.d. 1926, p. 159.
55. Bernard Landau, « La fabrication des rues de Paris au XIXe siècle… », art. cit.

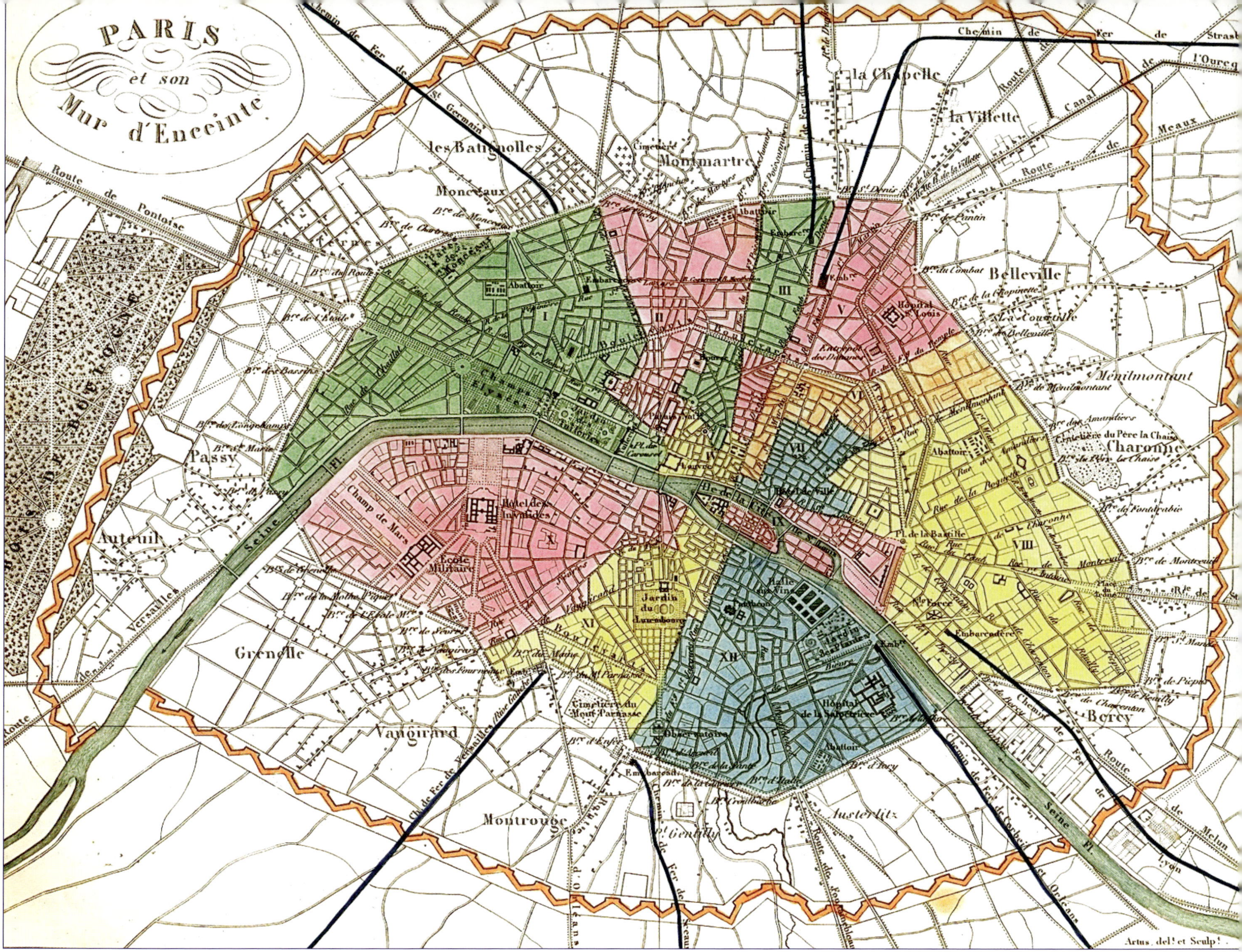

Carte de 1851 préfigurant l'annexion de 1859 jusqu'à l'enceinte de Thiers construite au début des années 1840.
Paris passe de 12 à 20 arrondissements et de 3 438 à 7 802 hectares.
La France et ses colonies, *Atlas illustré*, Paris, Migeon éditeur, 1851.

municipale et départementale du département de la Seine et de la ville de Paris, justifie en des termes oniriques, dépourvus de toute distance critique, la volonté de l'Empereur guidé dans ses choix par son préfet de la Seine, Haussmann :

« *La nécessité de faire de Paris une ville une, pour la salubrité, la beauté et l'ordre, ne s'est pas montrée à aucune époque d'une manière aussi éclatante. Paris s'embellit, s'assainit chaque jour, avec une rapidité que les plus hardis n'avaient pas entrevue. Les rues étroites et obscures disparaissent pour faire place à de larges voies, pleines d'air et de soleil ; et Paris, qui est déjà la plus élégante, la plus belle capitale de l'Europe, en sera bientôt la plus salubre. Voilà ce qui s'accomplit, sous l'heureuse et féconde impulsion de l'Empereur, mais ce qui ne pourrait se réaliser avec une administration dépourvue de force et d'unité. Tout cela plaît au peuple ; car la civilisation, l'art, l'ordre, c'est la joie du pauvre, non moins que celle du riche*[56]. »

En 1867, la centralisation administrative s'accentue encore à la faveur de la promotion de l'ingénieur en chef des Ponts et Chaussées, Eugène Belgrand, au grade d'inspecteur général des Ponts et Chaussées. L'arrêté préfectoral du 13 avril 1867 réorganise désormais les travaux de Paris autour de deux directions. Adolphe Alphand hérite des commandes de la voie publique, des promenades et des plantations lorsque qu'Eugène Belgrand devient le directeur des eaux et des égouts en charge de trois sections, celle de l'eau et des dérivations, celle des égouts et celle de la Bièvre et des canaux. Sa direction a désormais la maîtrise de tous les chaînons du traitement de l'eau, de la source aux champs d'épandage, de la surface aux tréfonds[57]. Sa longévité aux commandes de cette direction de l'eau et des égouts, aussi stratégique que vitale, est remarquable. Eugène Belgrand occupera cette fonction jusqu'à sa mort survenue à Paris, la ville de sa consécration, le 8 avril 1878[58]. La construction du réseau d'assainissement qu'il conçoit « *constitue pour l'époque une innovation technique sans précédent empreinte d'une part d'utopie*[59] ».

---

56. Extrait de Mathieu Flonneau, « 1859 construire une unique ville », *in* Annie Fourcaut, Emmanuel Bellanger, Mathieu Flonneau, *Paris/banlieues…*, *op. cit.*, p. 80.
57. Bernard Landau, « La fabrication des rues de Paris au XIXᵉ siècle… », art. cit.
58. Joseph Bertrand, *Éloge historique d'Eugène Belgrand lu dans la séance publique de l'Institut de France le 1er mars 1880*, Paris, F. Didot et Cie, 1880.
59. Bernard Landau, « La fabrication des rues de Paris au XIXᵉ siècle… », art. cit.

La ville de Paris assainie, sa banlieue reléguée

La transformation de la capitale a un prix. Le budget annuel de la ville de Paris a été porté durant la période haussmannienne de 66 millions de francs à 225 millions. 845 millions de francs furent empruntés[60]. En réaction à cette inflation budgétaire, Jules Ferry mène une vive campagne contre les *Comptes fantastiques d'Haussmann* accusé d'avoir dilapidé les finances de la capitale[61]. La réalité est moins tranchée. Les dépenses publiques ont bel et bien permis l'assainissement et la rénovation urbaine de la grande ville[62]. Cette politique centralisée, dirigiste et quelque peu autoritaire, de transformation de la capitale menée sous le Second Empire a indéniablement conduit à épurer Paris et à améliorer son réseau de distribution d'eau. Mais cette politique a manifesté peu d'attention à l'égard de la banlieue en pleine métamorphose démographique et industrielle[63]. Seuls les territoires annexés en 1860 ont bénéficié des largesses de la Ville lumière. Les communes de la Seine banlieue au nombre de 78 à la fin de la Belle Époque, qui composent avec la capitale le département de la Seine, restent les parents pauvres du financement des politiques publiques de désenclavement et d'assainissement[64]. Loin de contribuer à la pénétration du progrès dans les cités suburbaines, le réseau des égouts de Paris a, au contraire, rejeté en banlieue la pollution qui souillait auparavant ses rives et ses rues. Dépréciées, les banlieues sont négligées par la puissance publique, le conseil municipal de Paris et le conseil général de la Seine, et l'instance politique du département[65].

Aux sources du contentieux Paris/banlieues

La pollution de la Seine exacerbe l'animosité des communes de banlieue contre la capitale, ombrageuse et sans égard pour ses marges. À partir des années 1860, les relations entre la ville de Paris et ses voisines deviennent de plus en plus conflictuelles. Les sujets de discordes sont nombreux. La « *colonisation funeste* » du territoire suburbain, plus de 300 hectares transformés en cimetière parisien extra-muros, le bannissement en banlieue des dépôts de mendicité, des hospices, des asiles et des prisons, le manque d'effectifs de police, les défaillances des transports collectifs gérés par la commission mixte des omnibus et tramways de la ville de Paris et du conseil général, l'absence d'écoles supérieures et

60. Pierre Larousse, « Haussmann (Georges-Eugène, baron) », *in Grand dictionnaire universel du XIXe siècle*, tome 17, Paris, Larousse, 1873, p. 1369.
61. Jules Ferry, *Comptes fantastiques d'Haussmann. Lettre adressée à MM. les membres de la Commission du Corps législatif chargés d'examiner le nouveau projet d'emprunt de la ville de Paris*, Paris, Le Chevalier, 1868.
62. Florence Bourillon, « Grands travaux et dynamisme urbain : Paris sous le Second Empire », *in* Alain Faure, Alain Plessis, Jean-Claude Farcy (textes réunis par), *La Terre et la cité, mélanges offerts à Philippe Vigier*, Paris, Créaphis, 1994, p. 139-166.
63. John Merriman, *Aux Marges de la ville. Faubourgs et banlieues en France. 1815-1870*, Paris, Le Seuil, 1994 ; Françoise Soulignac, *La Banlieue parisienne. Cent cinquante ans de transformations*, Paris, La Documentation française, 1993.
64. Emmanuel Bellanger, « Agrégation de la banlieue municipale et implantation des services publics : des logiques de repli communal aux logiques de cohésion urbaine des années 1850 à la Grande Guerre », *La Région parisienne industrielle et ouvrière. Cultures et recherches,* DRAC Île-de-France, n° 9, 2005, p. 45-79.
65. Alain Faure, « Un faubourg, des banlieues ou la déclinaison du rejet », *Genèses*, n° 51, juin 2003, p. 48-69.

professionnelles, le sort réservé aux malades de banlieue, le déclassement de la zone en 1898, la progression régulière des dépenses obligatoires de sécurité, d'hygiène ou de santé publique ou encore l'installation d'établissements classés dangereux dans des zones d'habitation mobilisent l'ensemble des municipalités de banlieue[66].

Ces dernières s'unissent pour la défense de leurs intérêts communs en pétitionnant et en adressant des vœux aux préfets, aux conseillers municipaux de Paris, aux conseillers généraux et aux parlementaires du département. Leurs prises de position publiques en appellent à une véritable solidarité parisienne. Dès la fin du XIXe siècle, des délibérations municipales réclament une meilleure alimentation en eau et en énergie, de nouvelles canalisations de gaz et une meilleure desserte des services publics des impôts et des postes, télégraphes et téléphones. Elles exigent des ressources fiscales à la hauteur des enjeux de reconversion démographique de leur territoire et un allégement des charges financières qui pèsent sur leurs administrations.

L'assainissement général de la Seine et de la Marne est un des plus anciens sujets de dissension entre les élites municipales parisiennes et les populations des départements de la Seine et de la Seine-et-Oise. Au moment où les beaux quartiers de la capitale s'assainissent et se modernisent, les communes suburbaines deviennent les réceptacles des rebuts de l'activité industrielle « *dangereux, insalubres et incommodes*[67] ». La politique de relégation, en banlieue, des établissements indésirables est ancienne. Elle remonte à l'ordonnance du 12 février 1806, dont les dispositions, d'abord limitées au département de la Seine, sont étendues par décret du 15 octobre 1810 à l'ensemble du pays. Ces textes visent à éloigner les industries les plus dangereuses des espaces à forte densité urbaine. Mais la prescription des périmètres de protection est sélective[68]. La réalité est à l'image de la ségrégation urbaine. Les communes en voie d'urbanisation, à l'instar de Saint-Ouen contrainte d'accueillir en 1897 la Société anonyme des engrais complets, échappent à cette réglementation.

« *Le pouvoir préfectoral se montre ambivalent : chargé de faire respecter la loi sur les établissements classés, il trouve ici une solution au problème de l'évacuation des immondices parisiennes.* […] *La préfecture de la Seine et le préfet de police considèrent d'un œil bienveillant l'implantation en banlieue de ces usines destinées à traiter les ordures parisiennes* […]. *L'essentiel est que le centre soit propre*[69]. »

Les établissements classés ont pour pendant les voiries parisiennes, ces dépotoirs à ciel ouvert qui pullulent dans les environs de Paris. L'emblématique voirie de Bondy est à ranger parmi les activités indésirables refoulées par la capitale[70]. À la fin des années 1810, la ville de Paris a acquis une trentaine d'hectares à cheval sur les communes de Bondy et d'Aulnay pour y cantonner un dépotoir municipal destiné aux vidanges des parisiens. Dans la seconde moitié du XIXe avec l'urbanisation de la région – Bondy est passé de 800 à 4 500 habitants entre 1856 et 1896 –, cette voirie devient source de tension entre les communes de la banlieue nord-est et la municipalité parisienne. Dès les années 1870, la pollution des marais inquiète le corps médical relayé par les élus locaux interpellés par leurs

66. Emmanuel Bellanger, « Les conseils municipaux de banlieue contre Paris et l'État », *in* Annie Fourcaut, Emmanuel Bellanger, Mathieu Flonneau (dir.), *Paris/banlieues…*, *op. cit.*, p. 118-121 ; Alain Faure, « Autorités publiques et implantation industrielle en agglomération parisienne (1860-1914) », *in* Danièle Voldman (dir.), « Région parisienne, approches d'une notion (1860-1980) », *Cahiers de l'IHTP*, n° 12, octobre 1989.
67. André Guillerme, Anne-Cécile Lefort, Gérard Jigaudon, *Dangereux, insalubres et incommodes, paysages industriels en banlieue parisienne*, Seyssel, Champ Vallon, 2004.
68. CARAN, F/14/15427, établissement de périmètres de protection contre les eaux d'égout dans les communes de Seine-et-Oise riveraines de la Seine, 1900-1910.
69. André Guillerme, Anne-Cécile Lefort, Gérard Jigaudon, *Dangereux, insalubres et incommodes*, *op. cit.*, p. 234-235
70. Eugène Belgrand, *Transformation de la vidange et suppression de la voirie de Bondy. Achèvement des égouts et emploi de leurs eaux dans l'agriculture. Mémoire de l'inspecteur général des Ponts et Chaussées, directeur des eaux et des égouts*, Paris, Imprimerie de C. de Mourgues frères, 1875.

administrés. Cette pollution se fait ressentir sur les communes de Seine-et-Oise (Le Raincy, Livry, Aulnay-les-Bondy, Coubron...) et de la Seine (Bondy, Drancy, Romainville...), incommodées par les émanations fétides et les vagues d'infections provoquées par l'accumulation et la stagnation des immondices de la capitale. Leur traitement chimique, leur distillation, leur assèchement et leur transformation en poudrette ne suffisent pas à rassurer les populations et leurs édiles qui pétitionnent sans relâche.

En 1867, pas moins de 28 communes de banlieue s'élèvent contre cette installation jugée dangereuse. En 1881, un « *comité de Résistance* » se constitue sous la présidence du député de Saint-Denis, Camille Sée. Les banlieusards, les Bondynois en tête et leur influent maire, Philéas Collardeau, président de la Conférence des élus de la Seine banlieue, ont la nette impression que la ville de Paris veille au bien-être de ses administrés en sacrifiant le leur[71]. Exploitée par la compagnie de vidange la plus puissante du département, la société Richer fondée en 1847 et devenue en 1869 la compagnie Lesage, puis à partir de 1872 par la société générale des engrais de Paris, la voirie municipale de Bondy voit, au cours des années 1870, sa rentabilité financière s'effriter avec la mise en place du tout-à-l'égout et la perte d'attractivité des matières qu'elle cherche à écouler auprès des agriculteurs. Dans les années 1880, elle ne reçoit plus que 20 à 30 % des vidanges de la capitale[72]. Elle devra *in fine* sa disparition à un incendie survenu en août 1900. Les nuisances se sont déplacées. De nombreux dépotoirs, d'initiative privée, destinés aux *excreta* parisiens se sont multipliés en banlieue ; plus de 40 voiries sont dénombrées et soulèvent les mêmes protestations[73].

Un sujet récurrent d'appréhension et de discorde : la pollution de la Seine

Le système d'assainissement parisien du Second Empire devient très vite un nœud conflictuel qui fédère, contre les prétentions de la capitale, les édiles suburbains des départements de la Seine et de la Seine-et-Oise. À partir de 1858 et la mise en marche du collecteur d'Asnières, les eaux usées de la rive droite de Paris sont rejetées à la hauteur du pont de Clichy. La pollution de la région s'aggrave en 1866, lorsque le collecteur de la rive gauche est à son tour opérationnel. En aval de la Seine, aux limites de Saint-Denis, c'est le nord de la banlieue qui subit à son tour les nuisances du collecteur du Nord, construit par le département de la Seine pour déverser les eaux usées des quartiers de Belleville, Charonne et Montmartre, ainsi que le trop-plein des déchets parisiens de la voirie de Bondy. Dès le milieu des années 1860, les eaux usées parisiennes provoquent une pollution du fleuve qui déclenche la colère des communes riveraines de la Seine. En 1866, Argenteuil, Bezons, Carrières-Saint-Denis, Houilles, Herblay, La Frette, Montigny-Lès-Cormeilles, Saint-Germain-en-Laye, Sannois et Sartrouville prennent des délibérations de protestation pour condamner les rejets de ces collecteurs.

La délibération du conseil municipal d'Argenteuil, le 13 novembre 1866, fait état des « *eaux putréfiées* » qui se déversent en Seine et « *cause la destruction du poisson*[74] ». Les conseillers municipaux accusent ces eaux corrompues d'être responsables de l'augmentation des épidémies de fièvre. Les griefs formulés à l'encontre de la ville de Paris illustrent les rapports très tendus entre la capitale et sa banlieue. La commune d'Argenteuil considère « *que s'il était nécessaire*

---

71. Emmanuel Bellanger, « Lorsque Paris infectait la banlieue : la "Voirie de Bondy" », *in* Annie Fourcaut, Emmanuel Bellanger, Mathieu Flonneau (dir.), *Paris/banlieues, op. cit.*, p. 97-100.
72. Sabine Barles, *L'Invention des déchets urbains, op. cit.*, p. 75-83, 189.
73. Gérard Jacquemet, « Urbanisme parisien : la bataille du tout-à-l'égout à la fin du XIXe siècle », *Revue d'histoire moderne et contemporaine*, octobre-décembre 1979, p. 508.
74. CARAN, F/14/12405, délibération du conseil municipal d'Argenteuil, 13 novembre 1866. On notera que la commune de Carrières-Saint-Denis est rebaptisée au début du XXe siècle Carrières-sur-Seine.

d'exécuter pour l'assainissement de la Capitale les travaux qui ont amené l'état des choses actuel, il ne serait pas juste que cet assainissement fût pour les habitants des communes suburbaines une cause d'insalubrité qui serait pour elles une véritable calamité[75] ».

Trois années passent et la situation ne connaît aucune amélioration. Le conseil général de Seine-et-Oise, renouvelle les protestations émises en 1866 et s'adresse directement au ministre des Travaux publics. En novembre 1869, une conférence de conciliation réunit des ingénieurs du service départemental de la navigation de la Seine et du service des travaux de Paris, dont Adolphe Mille et Alfred Durand-Claye, spécialistes de l'exploitation agricole des eaux d'égout. Cette conférence laisse espérer une solution à moyen terme avec le développement de l'épandage. Mais cette alternative ne répond pas à l'urgence. La conférence est ressentie par les résidents des communes affectés par la pollution comme un véritable camouflet. Si le rapport reconnaît que leurs « *plaintes sont provoquées par un mal dont l'existence ne saurait être niée* », ses conclusions tendent à atténuer la responsabilité de la capitale dans la souillure du fleuve[76]. Dans leur rapport interne, les services parisiens n'hésitent pas à dédouaner la Ville lumière et à la présenter en bienfaitrice de la banlieue. Pour justifier leur droit à polluer le fleuve, les services de l'assainissement parisien se rangent derrière des principes de droit commun, de légalité et de réalité :

> « *Les faits suivants résultent des procès-verbaux des conférences et du rapport des ingénieurs : L'état d'altération des eaux du fleuve ne doit pas être attribué à la construction des collecteurs ; il était préexistant et devenait intolérable dans les années très sèches, exactement comme aujourd'hui. Ainsi en 1858, avant la mise en service du collecteur général, l'eau du fleuve au mois d'août devint fétide depuis Paris jusqu'à Poissy.* [...] *Les collecteurs généraux ont amélioré considérablement la situation.* [...] *Ils ont débarrassé la Seine d'immondices dans toute la traversée de Paris et la banlieue entre le Point-du-Jour et les ponts d'Asnières, c'est-à-dire dans la partie du territoire où la population est incontestablement la plus dense ;* [...] *même les riverains d'aval ont profité dans une certaine mesure de la construction des collecteurs puisque, s'il est constant que les eaux de la rive droite sont plus altérées, il est avéré aussi que celles de la rive gauche sont plus pures et qu'ainsi les eaux refoulées par les pompes à feu d'Épinay, de Marly sont incomparablement meilleures qu'avant la construction des collecteurs.*
>
> *Néanmoins, on ne peut nier l'altération des eaux du fleuve due à l'existence même de Paris, inconvénients largement rachetés par les avantages du voisinage de la Capitale de la France, cela est évident* [...]. *Dans la réponse au Ministre, il importe avant tout d'établir que la Ville de Paris a le droit de jeter ses eaux d'égouts dans la Seine. Ce droit n'est que la conséquence de la disposition législative qui oblige le fond inférieur à recevoir les eaux du fond supérieur. Toutes les agrégations humaines en ont usé et il n'a jamais été contesté par personne* [...]. *La Ville de Paris elle-même a dû subir la conséquence de ce principe.* [...] *On comprend immédiatement la conséquence de l'abandon de ce principe ; si par exemple la ville de Paris était condamnée à clarifier ses eaux d'égout avant de les déverser en Seine, elle s'opposerait par la même raison au déversement des eaux des populations d'amont dont l'effet commence à être sensible et à altérer la pureté du fleuve. La grande ville industrielle qui se construit hors des fortifications sur le territoire d'Ivry et de Maisons-Alfort devrait, dès aujourd'hui, aviser aux moyens de perdre ses déjections liquides, et, il faut bien le reconnaître, cela ne serait pas facile. Toute cette riche banlieue serait immédiatement frappée de*

75. CARAN, F/14/12405, délibération d'Argenteuil du 13 novembre 1866.
76. CARAN, F/14/12405, rapport de la commission du 24 novembre 1869.

dépréciation ; même à l'aval de Paris comment les usines de Clichy, d'Aubervilliers se sauveraient-elles de la ruine si on les obligeait à clarifier leurs eaux avant de les jeter dans les égouts et de là dans la Seine ? La Ville de Paris paraît disposée à faire de grands sacrifices pour utiliser ses eaux d'égout ; mais si elle ne réussit pas, elle rentrera dans le droit commun et personne ne saurait lui contester le droit de déverser ses eaux dans le fleuve[77]. »

Les plaintes légitimes des communes de banlieue sont ainsi balayées d'un revers de main. Le ton quelque peu condescendant adopté par les ingénieurs parisiens en dit long sur le manque de considération que les élites de la capitale portent sur leurs marges suburbaines. Le discours du corps des ingénieurs de la ville de Paris et de la préfecture de la Seine se fait l'écho d'incontestables contraintes réglementaires, administratives et financières. Mais le système de défense de ces « *hommes d'art* », inventeurs et entrepreneurs du progrès, se retranche surtout derrière une posture corporatiste qui laisse poindre le sentiment du devoir accompli[78]. À Paris, en province, à l'étranger, le réseau d'assainissement parisien n'est-il pas salué comme l'un des plus performants au monde ? Cette reconnaissance n'apporte toutefois aucune réponse aux préoccupations immédiates de dizaines de milliers d'habitants des communes de banlieues de la Seine et des communes rurales de la Seine-et-Oise aux prises au quotidien avec la dégradation de leur environnement. Dans les cités résidentielles, coquettes et bourgeoises, les propriétaires y voient avec désolation l'effondrement de la rente foncière de leurs biens immobiliers[79]. L'appréhension des riverains du fleuve pollué est, de plus, renforcée par les prises de positions alarmistes du monde des hygiénistes. Auteur de plusieurs études, au cours des années 1860 et 1870, sur l'altération des eaux de la Seine, Félix Boudet, membre du conseil d'hygiène publique et de salubrité du département de la Seine, leur donne raison. Leur colère n'est « *que trop fondée ; en effet, tandis que les eaux de la Seine, au Pont d'Ivry, avant son entrée dans l'enceinte de Paris, contenaient, d'après mes analyses de 6 à 17 centièmes de milligramme d'ammoniaque par litre et 9 centimètres cubes d'oxygène, je trouvais dans les mêmes eaux prises à Asnières et à Saint-Ouen, en aval du collecteur des proportions d'ammoniaque de 513, 284 et 232 centièmes de milligramme et des quantités d'oxygène réduites à 6 et même 4 centimètres cubes seulement par litre*[80]. »

Cette pollution, d'abord limitée à la rive droite de la Seine, ne tarde pas à s'étendre. L'accroissement de la population parisienne – Paris atteint les 2,3 millions d'habitants en 1881 –, l'extension des égouts de Paris, la multiplication du raccordement des habitations collectives au réseau d'assainissement et l'ouverture du collecteur de la rive gauche sont les principales causes de l'augmentation de la pollution de la Seine qui sévit sur des kilomètres. Le fleuve est pollué ; il charrie des débris de toutes natures et s'envase l'été lorsque son débit est faible et que la fermeture du barrage de Bezons, pour les besoins de la navigation, le transforme en un lac d'eau stagnante qui ralentit la dilution et l'éloignement des eaux usées. Les dépôts de sables, de vases et de matière en suspension finissent aussi par entraver la navigation[81]. Selon les témoignages autorisés de médecins et d'agronomes, les eaux et rives du fleuve infectées deviennent des plus inhospitalières tant la saleté et la puanteur imprègnent les lieux et détruisent l'écosystème[82].

77. CARAN, F/14/12405, Note de l'inspecteur général de la conférence du 23 décembre 1869 sur la projection en Seine des eaux d'égout de la ville de Paris.
78. Antoine Picon (dir.), *L'Art de l'ingénieur constructeur, entrepreneur, inventeur*, Paris, Éditions du Centre Pompidou, 1997.
79. Albert Thomas, *Espaces libres et fortifications*, Paris, Librairie du Parti socialiste, 1911.
80. Félix Boudet, « Rapport du 23 octobre 1874 à Monsieur le préfet de Police sur l'altération des eaux de la Seine par les égouts collecteurs d'Asnières et du Nord et sur son assainissement », *in* Préfecture de la Seine, *Assainissement de la Seine. Épuration et utilisation des eaux d'égouts. Pièces annexes*, Paris, 1876, p. 4.
81. Sabine Barles, *L'Invention des déchets urbains, op. cit.*, p. 84.
82. André Gastinel, *Les Égouts de Paris. Étude d'hygiène urbaine*, Paris, Henri Jouve, 1894 ; Paul Vincey, *L'Assainissement de la Seine et les champs d'épandage de la ville de Paris*, Paris, Société nationale d'agriculture de France, 1910.

ENVASEMENT DU LIT DE LA SEINE.

MINISTÈRE
DES TRAVAUX PUBLICS

PONTS ET CHAUSSÉES

Service de la Navigation de la Seine
(3.me Section)

Vu, pour être adressé à la Commission d'assainissement de la Seine.
Paris, le 18 Novembre 1874
L'Ingénieur en Chef
Signé : Krantz

Dressé par l'Ingénieur soussigné
Paris, le 17 Novembre 1874
Signé : A Pesson

Vu, pour être annexé au rapport de la Commission en date de ce jour.
Le 12 Décembre 1874.
Le Rapporteur *Signé*: Durand Claye
Le Président *Signé* : C. Kleitz

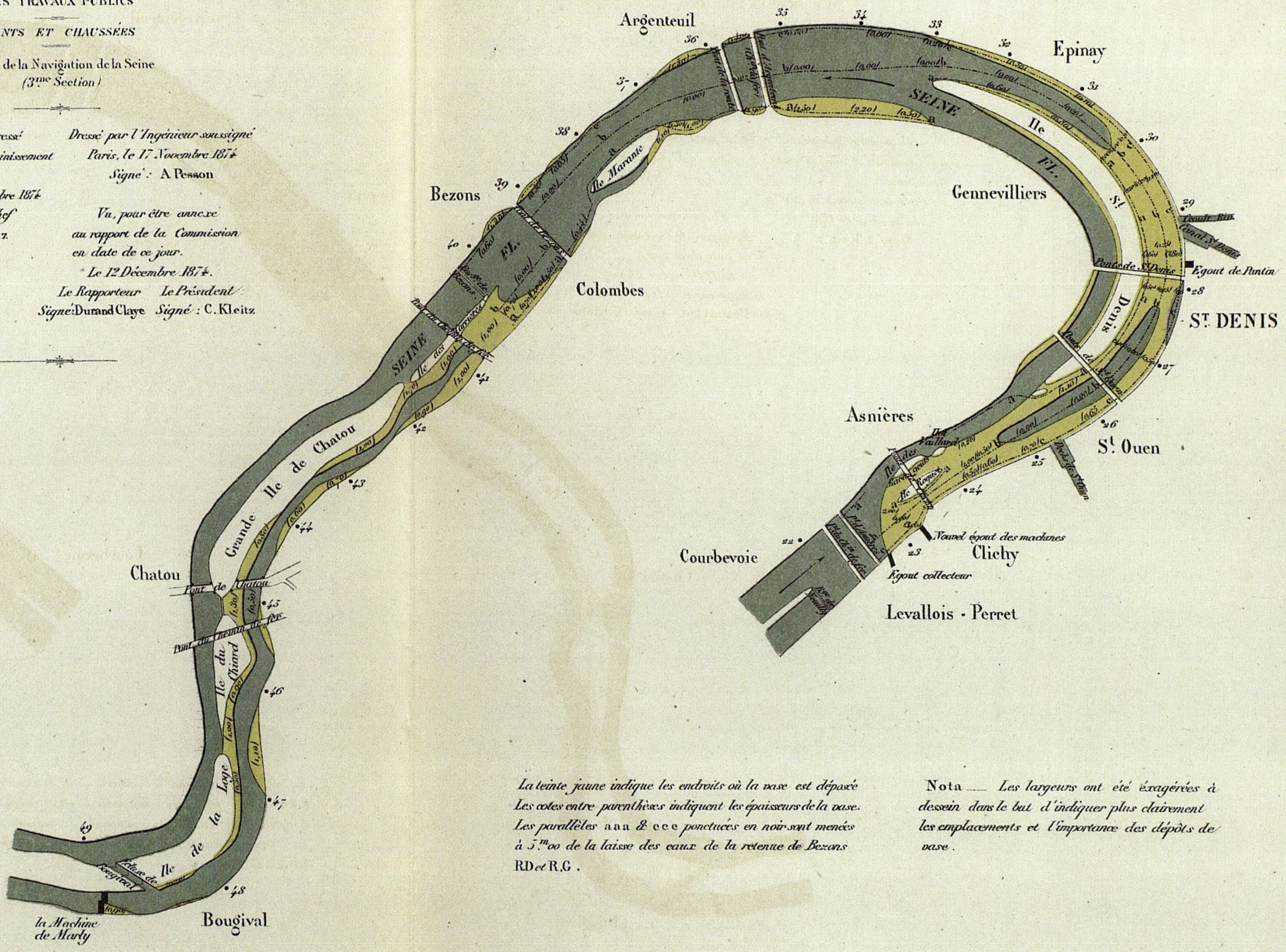

La teinte jaune indique les endroits où la vase est déposée
Les cotes entre parenthèses indiquent les épaisseurs de la vase.
Les parallèles a a a *&* c c c *ponctuées en noir sont menées à 5.^{m}00 de la laisse des eaux de la retenue de Bezons* R.D *et* R.G .

Nota — *Les largeurs ont été exagérées à dessein dans le but d'indiquer plus clairement les emplacements et l'importance des dépôts de vase.*

par P. Méa
Gauthier-Villars, Editeur; Paris.
Imp. Monrocq. Pa

L'envasement (en jaune) du lit de la Seine en 1874.

Carte dressée en novembre 1874 par les ingénieurs du service de la navigation de la Seine à destination de la Commission d'assainissement de la Seine.

« La Nymphe de la Seine. »
Prémonition de la pollution des fleuves par Albert Robida dans son livre d'anticipation *Le Vingtième siècle. La Vie électrique* de 1883.

Du Second Empire à la IIIe République : entre continuité et désunion

En 1870, le régime politique a changé. L'avènement de la IIIe République, consolidée par les lois constitutionnelles de 1875, annonce l'instauration de nouvelles libertés individuelles, collectives et institutionnelles[83]. Le mouvement de reconnaissance des conseils généraux et des municipalités s'engage. Les communes de banlieue bénéficient de la charte municipale du 5 avril 1884 qui investit leur conseil et leur premier magistrat d'importants pouvoirs de délibération et d'exécution[84]. La ville de Paris reste, elle, soumise à un régime d'exception. La répression sanglante de la Commune, en 1871, a renforcé la défiance du pouvoir central à l'encontre des Parisiens. Sans incarnation mayorale, le conseil municipal de Paris et son président, renouvelé chaque année, demeure sous l'emprise d'un pouvoir tutélaire bicéphale, incarné par le préfet de la Seine et le préfet de Police.

En novembre 1883, le chantre des libertés et de l'ordre républicain, Pierre Waldeck-Rousseau, ne déclarait-il pas à la Chambre des députés :

> « *Qu'une ville quelconque se soustraie à la loi de l'État, que Toulon ouvre ses ports à l'étranger, que Lyon s'insurge, que la Vendée tout entière se soulève, et la France reste la France ; mais que dans Paris règne l'émeute ou l'insurrection, qu'il s'y produise les journées de thermidor, de brumaire, de juillet 1830, de février 1848, du 2 décembre 1851, du 4 septembre 1870 et du 18 mars 1871, et la révolution de Paris devient une révolution ou une contre-révolution dans toute la France.* [...] *Une ville à elle seule qui compte plus de 2 millions d'habitants, qui est un département, qui comprend plus de 20 arrondissements, qui dispose de forces incomparables, ne peut pas être administrée comme le premier des villages ou comme la dernière des petites villes*[85] ? »

L'administration parisienne et son corps d'ingénieurs des Ponts et Chaussées tireront sans conteste profit de cette dépendance du pouvoir local au pouvoir central. Les attaques des élus de gauche à l'hôtel de ville contre l'absence de contrôle démocratique, l'opacité de l'organisation préfectorale et l'omnipotence de la haute administration n'y feront rien[86]. Jusqu'en 1977 et l'élection du maire de Paris, l'autorité administrative prévaudra sur la légitimité démocratique[87].

Dans le domaine de la planification, du désenclavement et de l'assainissement du département capitale, la IIIe République ne remet pas en cause la politique de grands travaux du préfet Haussmann[88]. Bien au contraire, elle les célèbre, les expose – c'est le cas notamment à l'Hôtel Le Peletier de Saint-Fargeau de mai à octobre 1910 – et inscrit son action dans une continuité[89].

Cette continuité se manifeste dans le maintien des hommes et des structures administratives et techniques en charge de la gestion et de la transformation de la capitale. En juin 1871, le préfet de la Seine, Léon Say, accorde à Alphand la direction technique et administrative de l'ensemble des bureaux et des services actifs, plus de 5 000 agents, de la direction des travaux de Paris de la préfecture de la Seine[90]. Sous son magister, les ingénieurs des Ponts et Chaussés confortent leur rang social et leur position dans l'organigramme des directions techniques de la ville de Paris[91]. Le décret du 26 novembre 1876 réaffirme le

---

83. Maurice Agulhon, *La République*, t. 1, *L'élan fondateur et la grande blessure (1880-1932)*, Paris, Hachette, 1997 ; Véronique Antomarchi, *Politique et famille sous la IIIe République 1870-1914*, Paris, L'Harmattan, 2000.
84. Jean-Pierre Gaudin, *L'Avenir en plan. Technique et politique dans la prévision urbaine 1900-1930*, Seyssel, Champ Vallon, 1985.
85. Délibération parlementaire de la Chambre de députés du 6 novembre 1883, p. 2270.
86. Yvan Combeau, *Paris et les élections municipales sous la Troisième République. La scène capitale dans la vie politique française*, Paris, L'Harmattan, 1998.
87. Florence Haegel, *Un Maire à Paris. Mise en scène d'un nouveau rôle politique*, Paris, Presses de Sciences Po, 1994.
88. Alain Cottereau, « Les débuts de la planification urbaine dans l'agglomération parisienne », *Sociologie du travail*, n° 4, 1969, p. 362-392.
89. Marcel Poëte, Etienne Clouzot, Gabriel Henriot, *La Transformation de Paris sous le Second Empire, exposition de la Bibliothèque et des travaux historiques de la ville de Paris*, Paris, P. Dupont, 1910.
90. Préfecture du Département de la Seine, Direction des travaux de Paris, *Arrêtés d'organisation du 30 juin 1871*, Paris, Imprimerie Veuve Poitevin, 1871.
91. Christophe Charle, *Histoire sociale de la France du XIXe siècle*, Paris, Le Seuil, 1991 p. 250-253.

principe de leur détachement. Placé sous l'autorité du conseil général des Ponts et Chaussées, ces derniers sont perçus par une partie des élus comme imposés et non pas choisis par l'assemblée parisienne. Cette situation ne peut que cristalliser les tensions entre le pouvoir central et la représentation politique sous dépendance préfectorale[92].

Sous la République comme sous le Second Empire, l'administration de la capitale reste hiérarchisée et centralisée. La direction des eaux et des égouts du service des travaux, confié à Alphand jusqu'à sa mort le 6 décembre 1891, est rebaptisée direction des eaux et du service de l'assainissement. En 1887, cette dernière est finalement scindée en deux services. Le premier, le service technique des eaux, canaux et dérivations, est dirigé par Félix Humblot, polytechnicien et ingénieur des Ponts et Chaussées, entré en 1867 au service municipal de Paris. Le second, le service technique de l'assainissement, est confié à Georges Bechmann, assisté de l'ingénieur-conseil, Adolphe Mille[93].

Au lendemain de la mort d'Alphand, l'arrêté préfectoral du 15 avril 1892 opère une coupure fondamentale entre Paris et la Seine banlieue. L'organisation technique des politiques d'assainissement se sectorise et se complexifie. La capitale continue ainsi de relever de la direction des travaux, mais sa banlieue est rattachée au bureau des travaux publics du département et des communes et au bureau des travaux de l'État et du département. Ces deux services se retrouvent ainsi distraits de la direction des travaux de Paris et rattachés à la direction des affaires départementales qui exerce sa tutelle sur toutes les communes suburbaines de la Seine[94]. En 1894, la distinction entre la capitale et la Seine banlieue est parachevée par le rattachement du service vicinal du département de la Seine de la direction des travaux de Paris au service ordinaire du département de la direction des affaires départementales. Le bureau des travaux publics du département et des communes, dirigé par Eugène Magné de Lalonde, et les services ordinaire et vicinal du département, longtemps dirigés par Eugène Mayer, ingénieur en chef des Ponts et Chaussées, détiennent en Seine banlieue les leviers des travaux d'assainissement.

En position de monopole dans le département de la Seine, les ingénieurs des Ponts et Chaussées se font les artisans de l'attractivité de Paris dans le concert des capitales. La capitale, siège régalien de la puissance publique, a mobilisé ce grand corps d'État dans les chantiers éphémères et ostentatoires des expositions universelles de 1867, 1878, 1889 et 1900. Ces festivités internationales consacrent la nouvelle position dans la société française des ingénieurs, promoteurs du progrès et de la technique. Dans le cadre de la préparation de l'Exposition de 1900 qui doit attirer plus de 50 millions de visiteurs, Félix Humblot a la lourde responsabilité, confiée par le préfet Justin de Selves, de mener à bien l'exécution des travaux d'alimentation en eau potable de la capitale avant l'afflux des touristes étrangers et provinciaux[95].

Dans un tout autre registre, les plaintes des banlieusards contre la ville de Paris s'inscrivent elles aussi dans la continuité. Les vœux de leurs assemblées départementales et communales exprimés sous le Second Empire n'ont toujours pas été entendus et satisfaits. La détermination des élus locaux reste cependant intacte et les rapports de force, sous la IIIe République, leur sont désormais plus favorables. Les maires ne sont plus désignés par le gouvernement, mais élus par leur conseil municipal depuis la loi du 28 mars 1882. Leur réaction contre les empiétements de la capitale a gagné en audience et entraîne, sur les recommandations du conseil

---

92. Bernard Landau, « La fabrication des rues de Paris au XIXe siècle : un territoire d'innovation technique et politique », *in* http://archivue.pagesperso-orange.fr/textes/rues-paris1.html.
93. Félix Humblot, *Rapport documents et procès-verbaux des séances de 1897 à 1900 de la Commission technique des eaux, Direction administrative de la voie publique et des eaux et égouts, Service technique des eaux et de l'assainissement*, Paris, Imprimerie L. Pochy, 1901 ; Bernard Landau avec le concours de Valérie Astrie, « Notice biographique », *in* Bernard Landau, « La fabrication des rues de Paris au XIXe siècle : un territoire d'innovation technique et politique », art. cit.
94. Georges Lemarchand, *Proposition relative à la réorganisation, à l'extension et à l'unification de la Direction administrative des travaux et à l'organisation d'un contrôle effectif des Assemblées municipale et départementale*, 12 avril 1919, n° 22, p. 18-19.
95. Bernard Landau, « La fabrication des rues de Paris au XIXe siècle… », art. cit.

d'hygiène publique et de salubrité du département et sur l'injonction du gouvernement, la constitution de commissions chargées d'enquêter sur le degré de pollution de la Seine.

Le rapport du conseil d'hygiène de 1874 a conforté la position des édiles. Il relève les plaintes des teinturiers de Clichy « *qui exposent que leurs produits sont salis par les eaux de la Seine, à tel point qu'ils craignent d'être obligés de cesser leurs travaux*[96] ». Vingt-deux pêcheurs de Villeneuve-la-Garenne affirment, dans une pétition datée du 7 juin, que les boues du collecteur d'Asnières ont fait disparaître le poisson du fleuve depuis le mois d'avril. Ces affirmations sont corroborées par les rapports de l'ingénieur du département, Foulard. En visite sur les bords de Seine entre Rueil, Argenteuil, Chatou et Bougival, ce dernier découvre un fleuve couvert de poissons morts. Le 18 juin, le commissaire de police d'Asnières constate, à son tour, que les berges de sa commune aménagées à grands frais par la municipalité pour embellir la ville, sont souillées par les boues parisiennes.

De son côté, la commission instituée le 22 août 1874 par le ministère des Travaux publics pour évaluer le niveau de pollution de la Seine dresse un tableau de la pollution accablant :

> « *En amont de Paris, dans la traversée de la capitale ainsi qu'entre les fortifications et Asnières, la Seine présente un aspect satisfaisant, au moins à la simple inspection superficielle. Le progrès accompli par la grande œuvre de la canalisation de Paris et des collecteurs se manifeste d'une manière évidente.* […] *Les poissons vivent dans toute la largeur de la rivière ; des végétaux d'ordre élevés poussent sur les berges ; le fond de la Seine est formé de sables blancs.* […]
>
> *En aval du pont d'Asnières, la situation change brusquement. Sur la rive droite de la Seine, se trouve le débouché du grand collecteur de Clichy. Un courant considérable d'eau noirâtre sort de ce collecteur et s'épanouit en Seine en formant une courbe parabolique.* […] *Cette eau est d'un aspect répugnant ; elle est chargée de débris organiques de toutes sortes : légumes, bouchons, poils, cheveux, cadavres d'animaux domestiques, etc. Elle est ordinairement recouverte d'une couche de matière graisseuse* […]. *Une vase grise, mélangée de débris organiques, s'accumule le long de la rive droite* […] *; elle est le siège d'une fermentation active qui se traduit par des bulles innombrables de gaz venant crever à la surface de l'eau ; pendant une grande partie de l'année, et spécialement au moment des fortes chaleurs, ces bulles atteignent des dimensions considérables (de 1 m à 1 m 50 de diamètre).* […] *Tous ces phénomènes se produisaient en 1870 sur la seule rive droite du fleuve* […]. *Aujourd'hui le second bras est complètement envahi*[97]. »

En réaction à cette description inquiétante, la commission d'experts composée de représentants du ministère des Travaux publics, de la préfecture de police et de la préfecture de la Seine ne peut que se rendre à l'évidence et conclure, sans tergiverser, que « *l'étude de l'état du fleuve montre clairement quelles sont les causes prédominantes de l'infection du fleuve : ces causes sont évidemment l'afflux des eaux d'égout de Paris*[98] ». La réalité ne peut plus être niée. Les différentes institutions politiques, administratives et techniques des départements de la Seine et de la Seine-et-Oise doivent désormais s'entendre pour préserver la Seine des vagues de pollutions qui défigurent l'image radieuse et paisible que donnent d'elle les peintres impressionnistes[99].

96. Félix Boudet, « Rapport du 23 octobre 1874 à Monsieur le préfet de Police… », art. cit., p. 2-3.

97. Ministère des Travaux publics, « Rapport du 12 décembre 1874 de la commission chargée de proposer les mesures à prendre pour remédier à l'infection de la Seine aux abords de Paris », *in* Préfecture de la Seine, *Assainissement de la Seine. Épuration et utilisation des eaux d'égouts. Documents administratifs*, Paris, 1876, p. 95-96.

98. Ministère des Travaux publics, « Rapport du 12 décembre 1874… », art. cit., p. 96.

99. Béatrice de Andia (dir), *La Seine et Paris*, Paris, Action artistique de la ville de Paris, 2000 ; Jean Beaudoin, *Paris/Seine, ville fluviale. Son histoire des origines à nos jours*, Paris, La Martinière, 1993.

Un enjeu de cohésion : parfaire l'épandage parisien et protéger les fleuves

Au tournant des années 1860-1880, les protagonistes de l'assainissement mesurent le long chemin qu'il reste à parcourir pour mettre en œuvre un système d'assainissement commun à l'ensemble de l'agglomération parisienne. Si la canalisation de la capitale a permis d'embellir et de désenclaver la ville, le système mis en place par Haussmann et Belgrand n'a pas pour autant réglé la question majeure du traitement des eaux usées. Le problème de la pollution de la Seine et le problème de l'épuration des eaux-vannes excrémentielles, ô combien sensibles, restent entiers. Les solutions proposées par la direction des travaux de la préfecture de la Seine suscitent toujours des réactions d'une très vive hostilité qui divisent autant les milieux scientifiques, politiques et techniques, que les populations, tant à Paris qu'en banlieue et dans les communes rurales de la Seine-et-Oise.

Le recours à l'épandage : une solution miracle ?

L'épuration agricole des eaux usées coïncide, sous le Second Empire, avec l'objectif d'étendre et de moderniser le réseau d'égouts parisien. Des expériences sont entreprises dès les années 1850. L'homme lige de ces opérations est Adolphe Mille, polytechnicien et ingénieur des Ponts et Chaussées au service de la ville de Paris depuis 1848. Missionné en 1854 pour conduire une étude sur le système d'égout des grandes villes anglaises, Adolphe Mille en revient acquis à la cause du tout-à-l'égout et de l'épandage agricole. Chargé du dépotoir de la Villette mis en service en 1849 et de la voirie de Bondy où se concentre et transite une partie des excréments parisiens, il œuvre à la promotion de ces nouveaux procédés de traitement des déchets urbains. Son implication est à l'origine de sa nomination à la direction du service d'études et des travaux sur les égouts et l'assainissement du département de la Seine, spécialement créé à sa demande en 1867 pour observer l'efficience de l'irrigation agricole. Sa notoriété est à son comble lors de l'Exposition universelle de Paris où ses travaux sont salués par un jury international[100]. Épaulé dans sa tâche par un brillant adjoint, Alfred Durand-Claye, comme lui polytechnicien et ingénieur des Ponts et Chaussés passionné par l'assainissement des eaux, Adolphe Mille, nommé inspecteur général en 1873, dirige avec conviction le service d'essai des eaux d'égout d'Achères, le grand projet d'assainissement de la ville de Paris[101]. Ce grand projet avait pris deux directions. La première, l'épuration chimique par sulfate d'alumine, trop coûteuse, est

100. Edmond Huet, Adolphe Mille, *Alimentation en eau potable et assainissement des villes*, Paris, P. Dupont, 1867.

101. Alfred Durand-Claye, *L'Assainissement de la Seine*, Paris, Imprimerie Chaix, 1885 ; Bernard Landau avec le concours de Valérie Astrie, « Notice biographique », *in* Bernard Landau, « La fabrication des rues de Paris au XIXe siècle : un territoire d'innovation technique et politique », art. cit.

vite abandonnée au profit de la seconde, l'épuration par épandage. L'épandage des eaux usées est une pratique ancienne utilisée en Europe depuis le Moyen-Âge, en Espagne dans la région de Valence, en Italie dans la région de Milan ou encore en Flandres et dans le nord de la France d'où Adolphe Mille est originaire. Cette pratique vise à fertiliser les cultures[102]. À l'instar de l'ingénieur des Mines promis à une belle carrière gouvernementale, Charles de Freycinet, auteur en 1870 d'un ouvrage de référence, *Principes de l'assainissement des villes,* les ingénieurs de la ville de Paris prennent conscience de l'efficacité et de la rentabilité du système d'irrigation des matières excrémentielles[103]. L'épuration par épandage a un quintuple avantage ; elle permet d'irriguer des terres agricoles aux eaux d'égout, d'apporter des engrais aux cultures, de réaliser une filtration des eaux usées à travers le sol, d'épargner la Seine d'une partie des déchets urbains et, enfin et surtout, de préserver la santé des Parisiens.

Des expériences d'épandage sont d'abord menées dans les années 1850 dans la zone des fortifications au bord de l'Ourcq et autour de Bondy, puis à Clichy sur un petit terrain d'un hectare. Devant le succès de ces expériences, les ingénieurs parisiens décident de tester ce procédé à plus grande échelle. La ville de Paris acquiert six hectares de terrains dans le hameau des Grésillons sur le territoire de Gennevilliers[104]. La culture de ces terrains irrigués par les eaux d'égout parisiennes est confiée à des agriculteurs dans le but de démontrer l'intérêt économique de l'épandage et de les convaincre d'appliquer ce système d'irrigation. Les résultats obtenus sont prometteurs. D'après Adolphe Mille, la vingtaine de cultivateurs pionniers qui acceptèrent l'épandage sur leurs arbres fruitiers et leurs cultures maraîchères « *firent double récolte, vendirent bien leurs produits à la Halle et exposèrent à la Société d'horticulture, qui s'intéressa à eux et leur donna des récompenses. Pendant la sécheresse de l'été, leurs voisins, pour sauver leurs récoltes et ranimer leurs plantes, demandèrent aussi les eaux, transformant leurs habitudes* [...]. *Dès la fin de 1869, il y avait 25 hectares qui, librement, pratiquaient l'irrigation.* [...] *La curiosité s'éveillait, la colonie nouvelle s'appelait, non pas la voirie, mais le Jardin modèle, et le préfet, s'intéressant à son œuvre, ne dédaignait pas d'y amener l'Empereur*[105] ».

Outre l'intérêt financier, l'épandage permet au conseil municipal de Paris de se racheter une réputation en vantant la création en banlieue de Jardins modèles dressés en contre-exemple des décharges municipales et privées.

Dès 1870, au vu des résultats obtenus, le ministère des Travaux publics enjoint la ville de Paris à prolonger et à intensifier ses expériences d'épuration des eaux usées. L'expérience s'interrompt avec la guerre franco-prussienne, mais l'épandage reprend, s'étend et se perfectionne dès 1872. À cette date, 50 hectares sont irrigués par les égouts de la capitale ; plus de 80 hectares le sont l'année suivante et près de 120 hectares en 1874. Les terres agricoles de Gennevilliers, sablonneuses et pauvres qui réclament des engrais, se prêtent à merveille à l'irrigation. Considérée comme « *la plus grosse des mines d'engrais françaises* », la ville de Paris, de son côté, investit pour rendre ses eaux souillées attractives et les écouler sans difficultés[106]. À partir de 1869, à ses frais, elle améliore et modernise l'écoulement des eaux d'égout jusque dans les champs en construisant à Clichy une usine de relèvement. De leur côté, les agriculteurs de la plaine de Gennevilliers trouvent, avec ce procédé, un engrais non seulement gratuit mais surtout d'usage simple grâce à l'établissement, par le service de l'assainissement de la ville de Paris, d'un maillage de bouches d'eau.

---

102. Sabines Barles, « Entre artisanat et industrie : l'engrais humain à Paris au XIXe siècle », *Cahiers d'histoire et de philosophie des sciences,* n° 52, 2004, p. 187-201.
103. Charles de Freycinet, *Principes de l'assainissement des villes, comprenant la description des principaux procédés employés dans les centres de population de l'Europe occidentale pour protéger la santé publique*, Paris, Dunod, 1870. Cité par Sabines Barles, *L'Invention des déchets urbains*..., *op. cit.*, p. 88.
104. Jacques Nieszporek, Michel Ratard, *L'Épandage et la culture maraîchère dans la plaine de Gennevilliers*, Gennevilliers, Imprimerie municipale, 1990.
105. Adolphe Mille, *L'Assainissement des villes*, *op. cit.*, p. 195.
106. Sabine Barles, *L'Invention des déchets urbains*..., *op. cit.*, p. 75.

Le Jardin modèle de la ville de Paris, à Gennevilliers à la limite du territoire d'Asnières.

Le Jardin modèle est l'un des premiers sites où furent expérimentées, puis pratiquées, les cultures à l'eau d'égout par les ingénieurs municipaux de la ville de Paris. Cette carte postale hagiographique, qui montre une famille au grand air et un homme s'apprêtant à boire l'eau épurée par les cultures, exalte le cadre plaisant et salubre dans lequel sont pratiqués les épandages.

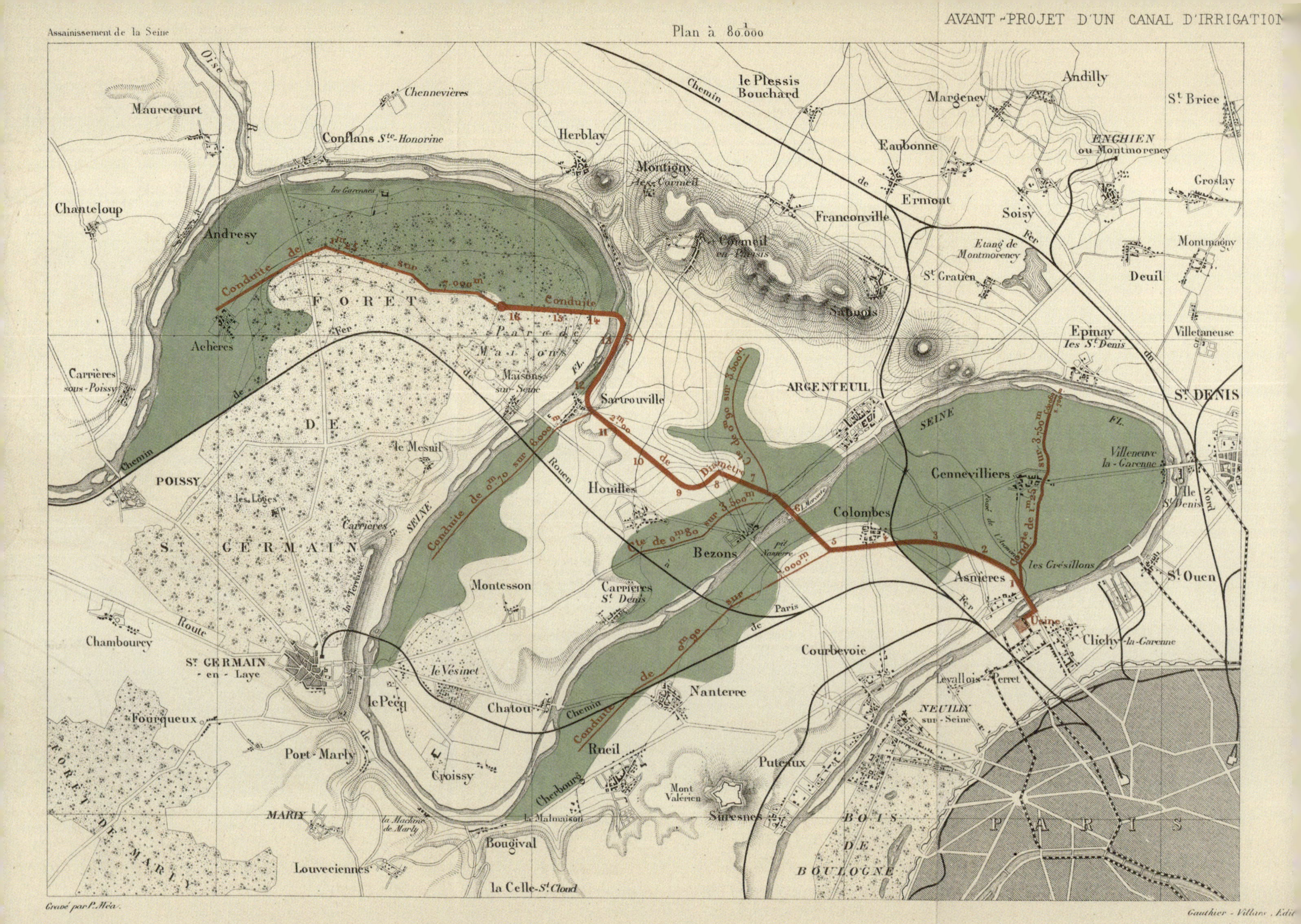

Le projet d'extension des épandages de 1875 avec l'indication des zones d'irrigation aux eaux d'égout (en vert) et des principales canalisations des eaux usées (en rouge).

Pour prometteuse qu'elle soit, l'expérience de Gennevilliers reste cependant limitée et ne suffit pas à régler le problème de la pollution de la Seine. Dans les premières années de la IIIe République, les plaintes des riverains et de leurs édiles se sont multipliées. Les autorités ministérielles voient dans l'épandage une issue à l'escalade de la contestation et à sa radicalisation politique. Le rapport de la commission créée en 1874 par le ministère des Travaux publics pour remédier aux infections des eaux de la Seine se prononce en ces termes en faveur de l'épuration des eaux usées par épandage :

> « *Pour remédier à l'infection de la Seine par les eaux des collecteurs de Paris, le moyen le plus efficace, le plus économique et le plus pratique consiste dans le déversement de ces eaux par irrigations sur un sol suffisamment perméable. Des cultures très diverses, surtout des cultures maraîchères, trouvent dans ces eaux l'humidité et l'engrais qui leur sont nécessaires. Les expériences faites dans la plaine de Gennevilliers sont entièrement concluantes pour démontrer non seulement la puissante végétation produite par les arrosages, mais encore leur innocuité sous le rapport de la salubrité, ainsi que la parfaite épuration des eaux qui arrivent à la rivière après avoir traversé un sous-sol naturellement perméable ou convenablement drainé*[107]. »

Les conclusions de la commission sont approuvées par le conseil général des Ponts et Chaussées, l'instance représentative du corps, le 28 juin 1875, puis adoptées le 24 juillet par le ministère des Travaux publics. Suivant l'avis de ses experts, la tutelle ministérielle prescrit à la ville de Paris le développement du traitement des eaux usées par infiltration des sols perméables, considéré comme « *le plus efficace, le plus économique et le plus pratique de tous les moyens actuellement connus*[108] ». Ces conclusions légitiment la phase expérimentale des épandages d'eaux d'égout désormais officiellement consacrés. Elles ouvrent une nouvelle période d'extension du procédé ponctuée d'âpres conflits entre les représentants des intérêts de la capitale et ceux des communes de Seine banlieue et de Seine-et-Oise.

Le projet de 1875 : ingénieurs parisiens contre médecins et élus de banlieue

Suivant les conclusions de la commission de 1874, Adolphe Mille et Alfred Durand-Claye présentent devant le conseil municipal de Paris, en juin 1875, un avant-projet pour l'épuration par épandage de l'ensemble des eaux d'égout. Cet avant-projet prévoit la construction d'un canal d'adduction des eaux d'égout entre Clichy et la forêt de Saint-Germain. Six branches secondaires se détachent de ce canal principal vers Gennevilliers, Nanterre, Carrières-Saint-Denis, Argenteuil, Sartrouville-Le Pecq et Achères. En forêt de Saint-Germain, le canal principal projette d'alimenter 1 200 hectares de terres exploitées par la ville de Paris. Les ingénieurs des Ponts et Chaussées affichent leur ambition. Leur réseau d'irrigation doit atteindre une superficie de 6 600 hectares, soit vingt fois la superficie des cimetières parisiens *extra-muros*[109]. Cet avant-projet est adopté par le conseil municipal de Paris le 2 mars 1876.

Bien que validé par l'assemblée parisienne, l'avant-projet d'Adolphe Mille et d'Alfred Durand-Claye est loin d'avoir gagné la partie. Depuis les premières expériences des années 1860, le principe d'épuration par épandage des eaux usées suscite de nombreuses craintes et mobilise une opposition tenace qui, loin d'accepter les décisions municipales et ministérielles, se manifeste avec force à partir des années 1870. Cette question fait l'objet d'un débat passionné opposant les ingénieurs du service municipal de l'assainissement, soutenus par l'administration préfectorale, aux médecins hygiénistes

107. Ministère des Travaux publics, *Rapport de la commission chargée de proposer les mesures à prendre pour remédier à l'infection de la Seine aux abords de Paris*, *op. cit.*, p. 132-133.
108. « Avis du conseil général des Ponts et Chaussées », *in* Préfecture de la Seine, *Assainissement de la Seine. Épuration et utilisation des eaux d'égouts. Documents administratifs*, *op. cit.*, p. 135.
109. Emmanuel Bellanger, *La Mort, une affaire publique*, Paris, les Éditions de l'Atelier, 2008.

pastoriens et aux représentants des communes « *colonisées* », ou en voie de l'être, par l'épandage de la ville de Paris. Ce procédé est plébiscité par les techniciens de la puissante direction des travaux de la préfecture de la Seine, qui ont su rallier à leur cause le préfet Haussmann, un temps réservé, et son directeur Belgrand convaincu par l'expérience de Gennevilliers. Cet engouement technique et administratif est motivé par des raisons géopolitiques – préserver Paris de la pollution –, économiques, financières et sanitaires, mais il butte sur de nombreuses résistances.

La ville préindustrielle du XVIIIe siècle a, en effet, négligé la gestion de ses déchets urbains. Si, à Paris, au XIXe siècle, leur production par habitant reste stable – de l'ordre de 300 à 400 litres par an – leur volume n'a cessé de croître et de s'étendre à de nouvelles matières avec l'augmentation de la population parisienne[110]. La récupération s'est imposée comme le mode dominant d'exploitation des rebuts. Les chiffons permettent la production de papier, tandis que les sous-produits de la boucherie (os, graisse) entrent dans la fabrication du suif, des colles et, dans une moindre mesure, du savon. Même les gadoues, boues issues du nettoyage des rues, sont utilisées pour engraisser les cultures dans les environs de Paris. Les vidanges des maisons et la salubrité des voies publiques « *participent alors d'une forme de mutualisme ville-campagne*[111] ».

Essentielles à l'agriculture périurbaine pour leur valeur fertilisante, ces eaux et ces gadoues sont dotées d'une réelle valeur économique. Dans le contexte de croissance démographique que connaît le département de la Seine, les engrais représentent un élément de première importance pour le développement d'une agriculture qui nourrit la capitale et ses banlieues industrielles et résidentielles. La guerre de 1870 et le siège de Paris ont contribué à renforcer l'obsession de la tutelle gouvernementale et préfectorale de pouvoir, en toutes circonstances, approvisionner ce territoire, stratégique et rebelle. L'épandage en est la meilleure garantie. Dans l'esprit du corps des ingénieurs, il est jugé d'autant plus essentiel à la salubrité de la Seine et des habitations parisiennes que son développement préfigure la mise en place du tout-à-l'égout qui est, à ses yeux, la clef de voûte de l'hygiène publique.

L'optimisme avant-coureur des ingénieurs de la préfecture de la Seine est loin d'être partagé par la communauté médicale qui manifeste, dans son ensemble, une vive hostilité à l'égard de l'irrigation à l'eau d'égout. Parmi les médecins, il n'y a pas d'unanimité contre l'épandage, mais nombreux sont ceux qui considèrent cette technique comme présentant des dangers réels pour la santé des populations vivant à proximité des champs irrigués et pour celle des consommateurs de denrées cultivées aux eaux usées[112]. Le savoir médical de cette seconde moitié du XIXe siècle repose encore sur des conceptions néo-hippocratiques qui attribuent au sol et à l'air un rôle prépondérant dans la transmission des maladies. Le sol souillé de matières infectes et putrides, à travers ses exhalaisons délétères, est rendu responsable de la corruption de l'air qui transmettrait ses miasmes et condamnerait les populations aux fièvres. Pasteur lui-même s'oppose aux épandages qui, selon lui, provoqueraient l'accumulation de germes propageant de graves maladies dont celle du charbon[113].

Le cas de Gennevilliers, dont près de 200 hectares sont irrigués à la fin de l'année 1875, semble leur donner raison. Des craintes se manifestent concernant l'insalubrité des champs et la santé des populations riveraines. En octobre 1874, 414 Gennevillois adressent une pétition à l'Assemblée nationale pour réclamer l'arrêt des irrigations à l'eau d'égout au motif que « *s'il est vrai que les eaux d'égout ont amené la fertilisation de la plaine des Grésillons, il n'est*

110. Sabine Barles, *L'Invention des déchets urbains*, *op. cit.*, p. 97.

111. Sabine Barles, « Experts contre experts, les champs d'épandage de la ville de Paris dans les années 1870 », *Histoire Urbaine*, 2005/3, n° 14, p. 69.

112. Sabine Barles, *La Ville délétère. op. cit.*

113. Claire Salomon-Bayet (dir.), *Pasteur et la révolution pasteurienne*, Paris, Payot, 1986.

pas moins vrai qu'il en est résulté des inconvénients graves pour les habitants et propriétaires voisins, dont les caves et carrières à sables et à cailloux ont été inondées, dont les usines, elles aussi inondées, ont subi des périodes de chômage forcé et dont les puits enfin ont été contaminés par les eaux d'égouts[114] ».

Le 24 décembre 1874, le conseil municipal de Gennevilliers défère devant le conseil de préfecture le traité qu'elle a pourtant signé 17 mois plus tôt avec la ville de Paris l'autorisant à poursuivre pendant dix années ses irrigations[115]. La municipalité se plaint d'une recrudescence de fièvres paludéennes et d'une importante épidémie de dysenterie durant l'été 1874. En vertu de l'article 4 du traité, « *la commune de Gennevilliers reste dans la plénitude de ses droits pour pouvoir réclamer* [l'interruption] *du déversement des eaux d'égout sur la Commune, dans le cas où l'insalubrité et l'incommodité des dites eaux viendraient à être reconnues*[116] ». Afin de démontrer le lien de ces maladies avec l'irrigation à l'eau d'égout, la ville missionne trois médecins, Danet, Bastin et Garrigou-Désarènes. Leur rapport rendu en août 1875 recense, sur une population de moins de 2 000 habitants, 69 cas de fièvres intermittentes entre 1873 et le début de l'été 1875 ainsi que 30 cas de dysenterie survenus en deux mois au cours de l'été 1874. Leurs conclusions ne font pas dans la nuance ; elles condamnent sans détour l'irrigation parisienne.

> « *1° La façon dont les eaux d'égout de la ville de Paris ont été déversées dans la plaine de Gennevilliers, depuis trois ans, a transformé une partie de cette plaine en un marais artificiel.*
>
> *2° L'absorption par voie digestive de l'eau des puits de Gennevilliers viciée par son mélange souterrain avec les eaux d'égouts a probablement contribué à développer dans cette commune, pendant l'été 1874, l'épidémie de dysenterie qui a duré trois mois.*
>
> *3° Les miasmes émanant de ce marais ont certainement engendré à Gennevilliers la fièvre paludéenne qui y existe maintenant à l'état endémique.*
>
> *4° Il est de la plus urgente nécessité que des mesures immédiates soient prises pour faire cesser une insalubrité aussi manifeste et aussi dangereuse*[117]. »

Dans la même période, la ville de Paris organise sa défense et fait réaliser sa propre enquête par le docteur Georges Bergeron « *à l'effet de bien établir si quelques-uns des habitants de Gennevilliers ont été réellement atteints de fièvres paludéennes et si ces fièvres reconnaissent pour cause le déversement des eaux d'égout*[118] ». Ses conclusions sont diamétralement opposées à celles formulées par ses trois confrères :

> « *1° Sur une population de plus de deux mille habitants, et pendant trois années, nous ne comptons à Gennevilliers que vingt-sept malades atteints de la fièvre paludéenne. Ils demeurent tous près les uns des autres et pour ainsi dire porte à porte, dans un coin du pays très près des conduites d'égout de la commune et de la mare dite d'évaporation, très loin des Grésillons. La cause d'insalubrité est toute locale ; le foyer est là où tous ces gens demeurent. À quoi doit-on attribuer la fièvre ? Aux crues de la Seine qui auraient amené l'eau dans les caves, ou plutôt aux marais qui entourent Gennevilliers ? Double cause également admissible.*

---

114. « Pétition d'octobre 1874 des habitants de Gennevilliers à l'Assemblée nationale contre les irrigations », *in* Préfecture de la Seine, *Assainissement de la Seine. Épuration et utilisation des eaux d'égouts. Annexes*, *op. cit.*, p. 42.
115. « Traité du 16 juillet 1873 entre la Ville de Paris et la Commune de Gennevilliers », *in* Préfecture de la Seine, *Assainissement de la Seine. Épuration et utilisation des eaux d'égouts. Annexes*, *op. cit.*, p. 37-39.
116. « Traité du 16 juillet 1873… », *in* Préfecture de la Seine, *Assainissement de la Seine…*, *op. cit.*, p. 38.
117. « Des résultats de l'irrigation de la plaine de Gennevilliers par les eaux d'égout de la ville de Paris, étude par MM. Danet, Bastin et Garrigou-Désarènes, 15 août 1875 », *in* Préfecture de la Seine, *Assainissement de la Seine…*, *op. cit.*, p. 103-104.
118. Georges Bergeron, *Enquête sur l'origine des fièvres paludéennes observées à Gennevilliers pendant les années 1874 et 1875 et attribuées par les habitants de cette commune aux irrigations faites dans la presqu'île avec les eaux d'égout de Paris, août 1875*, Paris, J. Broise et Courtier, 1875, p. 62-69.

2° Si l'imprégnation des terres par l'eau des égouts était la cause réelle des fièvres contractées par les habitants de Gennevilliers, ce ne sont pas eux seulement qui devraient être atteints de fièvre mais surtout les habitants des Grésillons, qui vivent au milieu même des irrigations. Aucun d'eux n'est malade, et cependant ils sont là nuit et jour, à tous moments, lorsque la rosée tombe et lorsque s'élèvent les brouillards du soir.

La conclusion s'impose d'elle-même : l'irrigation du territoire des Grésillons par les eaux d'égout n'a pas pu donner la fièvre aux habitants de Gennevilliers[119]. »

La nocivité ou l'innocuité des épandages demeurent un sujet à controverse et les médecins eux-mêmes s'opposent sans que les responsabilités ne soient clairement établies. Le conflit trouve finalement une issue en 1881 sous la forme d'un compromis. Le maire de Gennevilliers, Pierre-Édouard Pommier, à la longévité politique remarquable – il est conseiller municipal depuis 1869 et maire de 1876 à 1892 – a tenu tête aux prétentions de la ville de Paris et des services techniques de la préfecture de la Seine[120]. L'intérêt de la population de sa commune, du bourg, des hameaux et des exploitations agricoles, n'a pas été sacrifié. La longue procédure administrative a trouvé son épilogue. La ville de Gennevilliers a su tirer parti de la situation. Un nouveau traité est signé qui proroge pour douze ans le précédent. En contrepartie, Gennevilliers obtient de la ville de Paris des garanties concernant l'utilisation des terres d'épandage : suppression des mares, achèvement du drainage des terrains irrigués, couverture des rigoles, plantation d'arbres en bordure des routes et établissement d'un périmètre de protection autour du hameau de La Garenne. Elle contractualise également le versement au budget communal d'une somme de 10 000 francs – conséquente pour l'époque –, la construction de cinq fontaines pour les habitants de la ville et le règlement par la capitale d'une dette contractée auprès du département de la Seine. Autant de compensations qui atténuent les nuisances que subit cette « *cité champignon* » en pleine reconversion urbaine passée, en moins d'une décennie, de 1 897 âmes en 1872 à 3 245 en 1881. Ce nouveau traité illustre surtout les rapports complexes de dépendance réciproque qui se nouent entre Paris et ses banlieues.

Entre craintes et espoirs, les communes de banlieue divisées

L'adoption du projet parisien d'extension des épandages jusqu'en forêt de Saint-Germain, au cours de l'été 1875, suscite l'opposition des communes de la Seine-et-Oise. Soumis à une enquête publique en 1876, ce projet est rejeté par la plupart des municipalités. Dans la grande couronne parisienne, 27 communes consultées sur 32 émettent une protestation officielle et reçoivent le soutien de leur conseil général. En quelques semaines, une pétition recueille 8 500 signatures. Dans le département capitale, en Seine banlieue, le conseil municipal de Nanterre s'oppose, lui aussi, à l'unanimité, à l'étalement des irrigations ; à Colombes et Asnières, le projet est également condamné. L'insalubrité des irrigations est le principal motif allégué par ses opposants, du simple particulier au notable. On craint, comme à Gennevilliers, que les zones d'irrigation ne se transforment en marais insalubres et que les puits soient contaminés par l'exhaussement de la nappe phréatique. Aux motifs sanitaires s'ajoutent surtout la crainte et le refus des propriétaires de voir leurs biens fonciers se déprécier. Dans le département encore à dominante rurale de la Seine-et-Oise, la mobilisation est très forte et l'opposition au projet d'épandage s'y durcit lorsque le conseil municipal de Paris s'oriente vers l'adoption du tout-à-l'égout. Pour les communes placées aux premières loges, le tout-à-l'égout représente une menace intolérable. Leurs terres agricoles

119. Georges Bergeron, *Enquête sur l'origine des fièvres paludéennes observées à Gennevilliers... op. cit.*, p. 69.

120. Louis Bloch, *Conseillers et maires de la Seine. Biographies des conseillers municipaux de Paris, conseillers généraux, maires et adjoints de Paris, conseillers d'arrondissement, maires et adjoints de la Seine*, Paris, Marpon et Flammarion, 1889.

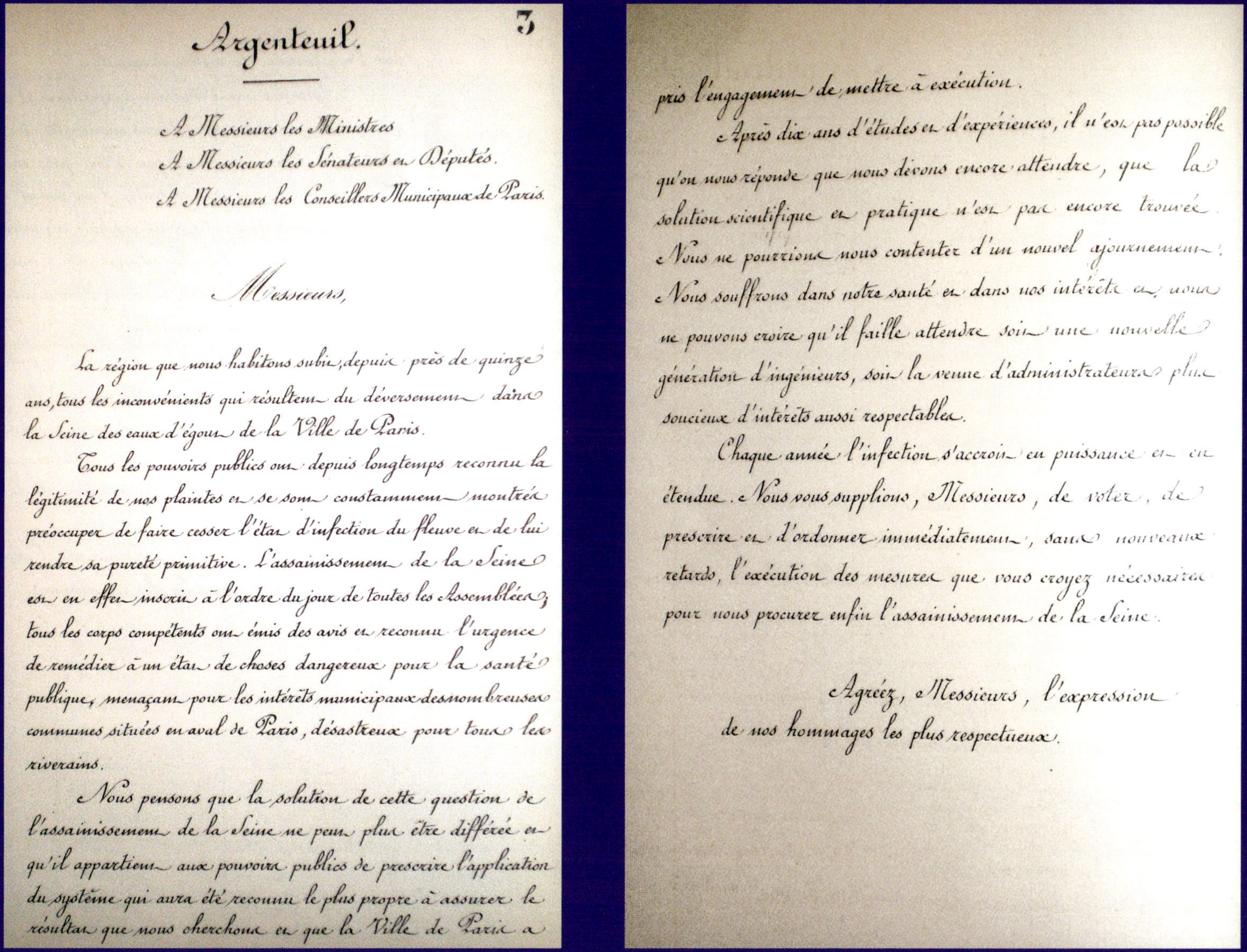

Argenteuil. 3

A Messieurs les Ministres
A Messieurs les Sénateurs et Députés.
A Messieurs les Conseillers Municipaux de Paris.

Messieurs,

La région que nous habitons subit, depuis près de quinze ans, tous les inconvénients qui résultent du déversement dans la Seine des eaux d'égout de la Ville de Paris.

Tous les pouvoirs publics ont depuis longtemps reconnu la légitimité de nos plaintes et se sont constamment montrés préoccupés de faire cesser l'état d'infection du fleuve et de lui rendre sa pureté primitive. L'assainissement de la Seine est en effet inscrit à l'ordre du jour de toutes les Assemblées ; tous les corps compétents ont émis des avis et reconnu l'urgence de remédier à un état de choses dangereux pour la santé publique, menaçant pour les intérêts municipaux des nombreuses communes situées en aval de Paris, désastreux pour tous les riverains.

Nous pensons que la solution de cette question de l'assainissement de la Seine ne peut plus être différée et qu'il appartient aux pouvoirs publics de prescrire l'application du système qui aura été reconnu le plus propre à assurer le résultat que nous cherchons et que la Ville de Paris a pris l'engagement de mettre à exécution.

Après dix ans d'études et d'expériences, il n'est pas possible qu'on nous réponde que nous devons encore attendre, que la solution scientifique et pratique n'est pas encore trouvée. Nous ne pourrions nous contenter d'un nouvel ajournement. Nous souffrons dans notre santé et dans nos intérêts et nous ne pouvons croire qu'il faille attendre soit une nouvelle génération d'ingénieurs, soit la venue d'administrateurs plus soucieux d'intérêts aussi respectables.

Chaque année l'infection s'accroit en puissance et en étendue. Nous vous supplions, Messieurs, de voter, de prescrire et d'ordonner immédiatement, sans nouveaux retards, l'exécution des mesures que vous croyez nécessaires pour nous procurer enfin l'assainissement de la Seine.

Agréez, Messieurs, l'expression de nos hommages les plus respectueux.

Une pétition en 1883 pour l'assainissement de la Seine.

seraient alors recouvertes d'une eau souillée par des matières excrémentielles. En 1879, les collectivités locales de la Seine-et-Oise organisent un front uni. Elles interpellent le ministre des Finances, Léon Say, sénateur du département élu depuis 1876 par les édiles en rébellion, afin qu'il enterre le projet de convention négocié entre l'État et la ville de Paris pour la cession des terrains de la forêt de Saint-Germain[121].

L'opposition dans les communes n'est cependant pas unanime. En novembre 1874, une pétition circulant à Gennevilliers, Clichy, Asnières et Saint-Ouen recueille 300 signatures en faveur de la prolongation et de l'extension des irrigations. Les pétitionnaires – cultivateurs, horticulteurs et maraîchers – présentent l'épandage comme la seule alternative à la pollution de la Seine. L'intensité du mouvement d'opposition aux irrigations à l'eau usée varie selon la structure sociologique dominante de la commune. Les villes de Maisons-Laffitte, Mesnil-le-Roi ou Carrières, à vocation résidentielle, perçoivent l'épandage comme une menace pour leur tissu périurbain coquet et très recherché par les classes aisées soucieuses de sauvegarder leur entre-soi bourgeois[122]. Le rapport de la commission d'enquête du département de la Seine soulignait déjà en 1876 que « *la pureté de l'air, la salubrité des coteaux* [ont fait] *la fortune de ces villages, en y appelant toute une population bourgeoise recrutée surtout à Paris*[123] ». Dans les communes rurales, la proximité du grand marché de la capitale, conjuguée à la gratuité de l'engrais parisien, constitue, au contraire, une source d'enrichissement.

Dans leur défense de l'épandage, les travailleurs de la terre sont soutenus par les populations riveraines de la Seine indisposées par la pollution de leur fleuve. En 1883, une série de 17 pétitions émanant d'une vingtaine de communes recueille près de 8 000 signatures adressées « *à Messieurs les Ministres, à Messieurs les Sénateurs et Députés, à Messieurs les Conseillers municipaux de Paris* ». Ces pétitionnaires de Clichy, Levallois, Bezons, Argenteuil, Chatou, Croissy et bien d'autres villes encore, soulignent « *l'urgence de remédier à un état de choses dangereux pour la santé publique, menaçant pour les intérêts municipaux des nombreuses communes situées en aval de Paris et désastreux pour tous les riverains* ». Ils réclament l'adoption rapide du projet d'épuration par épandage à Achères : « *Nous vous supplions, Messieurs, de voter, de prescrire et d'ordonner immédiatement, sans nouveau retard, l'exécution des mesures que vous croyez nécessaires pour nous procurer enfin l'assainissement de la Seine*[124]. » La ville de Clichy, la plus exposée au rejet des eaux usées dans le fleuve, avait exprimé son soutien au projet des épandages dès l'enquête publique de 1876. Elle faisait alors partie des rares communes à approuver le programme parisien. La pollution de la Seine, subie depuis plus de deux décennies par les riverains, a fini de rallier à la cause de l'épandage de plus en plus de communes situées dans le premier cercle suburbain peu concernées par l'extension des champs d'épandage.

La ligne de démarcation entre les communes opposées et celles favorables à l'épandage est poreuse. Les communes rurales et les communes de banlieues se retrouvent ainsi divisées entre celles, en voie d'industrialisation et de résidentialisation, qui souhaitent rejeter au-delà de leurs frontières les eaux d'égout de la capitale et celles, plus éloignées de Paris, qui disposent d'importantes réserves foncières convoitées par le service d'assainissement de la capitale.

La mise en chantier contestée de l'épandage à grande échelle

Alors que le ministère des Travaux publics s'est prononcé pour les épandages dès 1875, la loi défendue devant les parlementaires

121. Gérard Jacquemet, « Urbanisme parisien : la bataille du tout-à-l'égout… », art. cit., p. 505-548.
122. Michel Pinçon, Monique Pinçon-Charlot, *Sociologie de la bourgeoisie*, Paris, La Découverte, 2000.
123. « Rapport de la commission d'enquête de la Seine sur l'avant-projet d'un canal d'irrigation de Clichy à la forêt de Saint-Germain », *in* Préfecture de la Seine, *Assainissement de la Seine…*, *op. cit.*, p. 70.
124. Archives départementales, VO3 711.

par Alphand, qui autorise Paris à développer ses terres d'irrigation, n'est promulguée que quatorze ans plus tard, le 4 avril 1889. Ses opposants ne désarment pas pour autant. La presse s'est également emparée du sujet, le plus souvent pour condamner les épandages. Le 3 avril 1875, le journal *Le XIXe siècle* titre : « *La ville de Paris a-t-elle le droit de sacrifier Gennevilliers ? Voilà la question.* » En 1877, le journal d'opinion, *Le Temps*, publie à son tour une série d'articles hostiles aux épandages[125]. En 1889, alors que la loi est en discussion au Parlement, le conseil général de Seine-et-Oise proteste avec véhémence dans sa délibération du 10 janvier[126]. L'assemblée départementale rappelle que, depuis douze ans, elle n'a cessé de s'opposer au projet parisien « *injuste et exorbitant* » qui ne vise qu'à « *empoisonner* » ses terres. Le gouvernement est accusé, ni plus, ni moins, d'abandonner « *la province* » au profit de la capitale et d'autoriser la ville de Paris à réaliser une opération lucrative au détriment des habitants de la Seine-et-Oise, dont une majorité d'élus s'identifient à des provinciaux plutôt qu'à des banlieusards. Le département de la grande couronne se prononce, sans succès, pour un projet alternatif et utopique, la construction d'un canal conduisant les eaux usées parisiennes jusqu'à la mer.

Le projet parisien d'épuration des eaux d'égout par épandage adopté par le Parlement a reçu le soutien inébranlable des ingénieurs des Ponts et Chaussées qui mettent en évidence les prouesses de leur savoir-faire placé au service de l'intérêt de la capitale et de l'appareil d'État.

> « *Experts placés au cœur de l'action au sein des services techniques structurés et renforcés par Haussmann, ils ont toujours une longueur d'avance sur leurs détracteurs : méthode rodée, capacité d'expérimentation, vernis scientifique. Les supputations des médecins sur le paludisme sont alors de peu de poids, leurs propositions alternatives peu réalistes quand ils se mêlent de tuyaux*[127]. »

Quant à la proposition de construction d'un canal jusqu'à la mer, qui n'a pas été validée par leurs corps de métier, elle est tout simplement jugée irrecevable pour des raisons tout à la fois techniques et financières.

En 1889, après quatorze ans de débats, le projet d'épandage entre enfin dans sa phase de réalisation. L'opposition de la Seine-et-Oise et les préventions des médecins ont conduit à le modifier et à réduire son ampleur. Alors que le service d'assainissement comptait, en 1875, sur une superficie d'irrigation de 6 600 hectares absorbant 50 000 m^3 d'eaux d'égout par hectare et par an, la loi du 4 avril 1889 limite à 40 000 m^3 la dose maximale d'irrigation. Elle n'autorise l'irrigation que sur des terres cultivées et réduit de 1 200 à 800 hectares la superficie des terrains domaniaux, propriété de la ville de Paris, la rendant ainsi davantage dépendante de l'agriculture locale. La loi de 1889 s'efforce d'autre part de rassurer les communes de Seine-et-Oise en instituant une commission de surveillance des champs d'épandage de la ville de Paris, qui a obligation de rédiger un rapport d'information tous les six mois sur l'état de salubrité des terres d'irrigation. La place de la Seine-et-Oise au sein de cette commission est cependant réduite. Composée de cinq membres, la commission ne compte qu'un seul représentant du département, les autres membres étant nommés par le conseil général de la Seine, les ministères de l'Agriculture et des Finances et le comité consultatif d'hygiène publique de France.

Déclaré d'utilité publique par la loi du 4 avril 1889, l'aqueduc d'Achères, qui conduit les eaux d'égout parisiennes depuis l'usine de Colombes construite en 1892 jusqu'aux champs d'épandage de la forêt de Saint-Germain, est ouvert le 7 juillet 1895[128]. L'irrigation peut commencer dans les

---

125. Gérard Jacquemet, « Urbanisme parisien : la bataille du tout-à-l'égout... », art. cit., p. 505-548.
126. CARAN, F/14/15422, délibération du conseil général de Seine-et-Oise du 10 janvier 1889.
127. Sabine Barles, « Experts contre experts, les champs d'épandage de la ville de Paris dans les années 1870 », art. cit., p. 67.
128. Service de l'assainissement, *Travaux d'assainissement de la Seine. Construction de l'aqueduc d'Achères : vues prises pendant l'exécution des travaux*, Paris, Préfecture de la Seine, 1895.

L'usine de Colombes : septembre 1900, fondations de l'usine B, terrassement de galerie des eaux de condensation.

Les usines de Clichy, Colombes et Pierrelaye

L'usine de Clichy est construite en 1869 afin de refouler une partie des eaux usées parisiennes sur les champs d'épandage de Gennevilliers. En 1872, elle connaît une première extension avant d'être reconstruite et agrandie en 1880 pour satisfaire la demande des agriculteurs de Gennevilliers.

En 1895, de nouvelles transformations sont réalisées afin d'envoyer la majeure partie des eaux usées parisiennes vers la nouvelle usine de Colombes, dont la première tranche, l'usine A, est inaugurée en 1895, en même temps que l'aqueduc d'Achères. Une seconde tranche, l'usine B, est construite après 1900. Les deux usines de Clichy et de Colombes pompent les eaux usées parisiennes pour les renvoyer dans l'émissaire général. Ces usines permettent l'alimentation des terrains d'Achères, de Carrières-Triel et d'une partie de Méry-Pierrelaye. Dans cette dernière région, la partie haute du plateau est alimentée par l'usine élévatoire de Pierrelaye mise en service en 1899.

L'usine de Clichy.
© DR / Collection particulière

L'usine de Pierrelaye.
© DR / Collection particulière

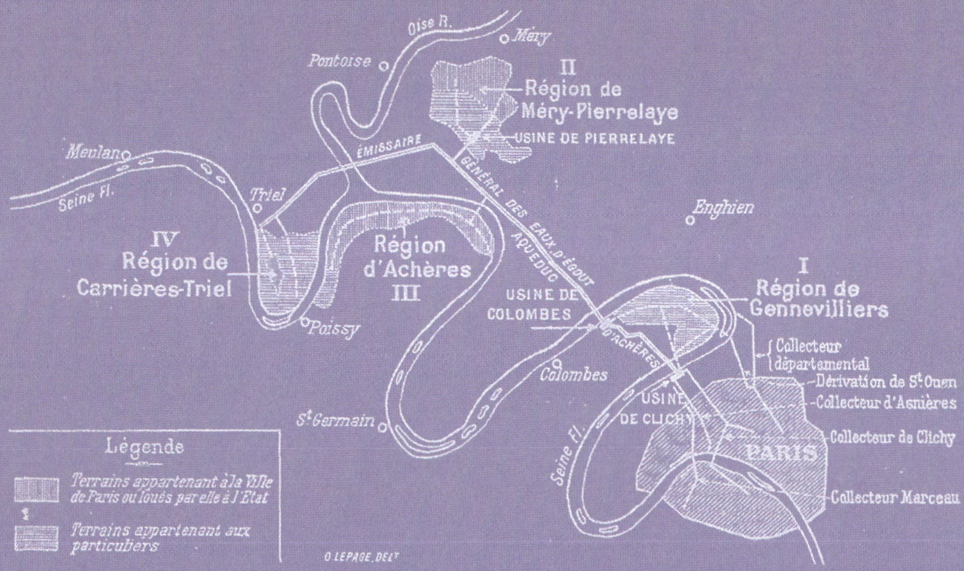

L'extension des épandages en Seine banlieue et dans la Seine-et-Oise entre 1895 et 1903.

Entre 1895 et 1900, la superficie des champs d'épandage a plus que triplée, passant de moins de 1 000 hectares à 3 400 hectares. Les champs de Gennevilliers sont alimentés en eaux usées par les usines de Clichy et de Colombes et par le collecteur départemental du Nord. Les champs d'Achères, de Méry-Pierrelaye et de Carrières-Triel sont alimentés depuis l'émissaire général par une série de branches secondaires. L'émissaire général des eaux d'égout s'étend sur plus de 20 kilomètres depuis l'usine élévatoire de Pierrelaye mise en service en 1899.

Carte extraite de Paul Vincey, *L'Assainissement de la Seine et les champs d'épandage de la ville de Paris,* Paris, Société nationale d'agriculture de France, 1910.
© BAdV / Roger-Viollet

différentes fermes du domaine parisien. En 1895, Paris a pu épandre quelque 4,6 millions de mètres cubes d'eaux usées ; le volume atteint 59,2 millions de mètres cubes quatre ans plus tard. Progressivement, les épandages s'étendent à des cultures agricoles dites « *libres* » appartenant à des agriculteurs. Au tournant du siècle, ces propriétés privées autour du domaine parisien représentent près de 300 hectares.

Face aux limites du volume d'irrigation des terres d'épandage imposées par la loi de 1889, le service d'assainissement de la ville de Paris se résout à étendre ses champs d'épandage. Dès 1893, le conseil municipal autorise l'extension de l'aqueduc vers Triel et Méry-sur-Oise et l'année suivante, il acquiert le domaine des Fonceaux en forêt de Saint-Germain. Ces opérations sont déclarées d'utilité publique en 1896 et, dès 1899, les irrigations commencent dans les régions de Méry-Pierrelaye et Carrières-Triel. À la fin du XIXe siècle, l'épandage parisien s'étend sur près de 4 000 hectares dont 2 500 sont la propriété de la ville. 143 millions de mètres cubes d'eaux d'égout sont ainsi écoulés.

À la veille du XXe siècle, la ville de Paris est convaincue d'être enfin en mesure de résoudre le traitement de ses eaux usées. La qualité des eaux de la Seine connaît une amélioration notable saluée dès 1899 par treize communes de Seine-et-Oise, riveraines du fleuve, qui font connaître, dans un recueil de lettres transmis par leur conseil général au préfet de la Seine, leur satisfaction devant les travaux entrepris par la ville de Paris[129]. Le maire de Bougival constate ainsi que sa cité « *semble renaître à une nouvelle existence depuis un an surtout, étant donné la grande amélioration des eaux du fleuve qui ne dégagent pour ainsi dire plus de mauvaises odeurs. Le poisson y revient en abondance et les promeneurs paraissent ne plus craindre de fréquenter les bords du fleuve. Les commerçants en sont à enregistrer de magnifiques journées au cours de la saison estivale et les villas se sont très bien louées*[130] ». À Croissy-sur-Seine, Conflans-Sainte-Honorine et Carrières-Saint-Denis, on se félicite du retour des canotiers. La Seine n'est certes pas cristalline, le maire de Bezons signale

129. Bougival, Croissy-sur-Seine, Chatou, Bezons, Conflans-Sainte-Honorine, Carrières-Saint-Denis, Saint-Germain-en-Laye, Carrières-sous-Poissy, La Frette, Les Mureaux, Le Pecq, Poissy et Argenteuil.
130. CARAN, F/14/15421, lettre du maire de Bougival du 5 octobre 1899.

Le parc agricole d'Achères.
© SIAAP

qu'« *il coulerait toujours dans la Seine des matières fécales* », celui de Carrières-Saint-Denis souligne qu'« *il reste encore beaucoup à faire pour l'épuration des eaux* », mais les communes sont unanimes à constater l'amélioration sensible de leur environnement[131].

À l'instar du Jardin modèle de Gennevilliers et du circuit touristique des égouts parisiens, le parc agricole d'Achères et sa plus importante ferme en forêt de Saint-Germain font l'objet d'une publicité orchestrée par le service municipal de l'assainissement. Des visites sont organisées entre mai et octobre qui exaltent les bienfaits et l'innocuité des épandages. Désenclavé par le chemin de fer, le parc paysager d'Achères devient, si l'on en croit les services techniques de la ville de Paris, un lieu de dépaysement très prisé. En prévision de l'Exposition universelle de 1900, le parc se doit d'être un faire-valoir où se presseront les ingénieurs, les hygiénistes et les médecins[132].

« *Les jardins et pépinières du Parc, ainsi que les plantations d'alignement le long des routes et chemins, en parfait état d'entretien, sont maintenant un lieu de promenade pour les visiteurs que les facilités de voyage et de transport, accordées par la Compagnie de l'Ouest, rendent chaque dimanche de plus en plus nombreux.* […] *Dans un but de vulgarisation et de démonstration, quatre carrés ont été exclusivement réservés aux cultures de légumes et de certaines plantes agricoles de manière à permettre aux visiteurs de se rendre compte de la puissance de végétation qu'il est possible d'obtenir avec les eaux d'égout*[133]. »

Mais n'en déplaise aux promoteurs de ces campagnes de communication, tous ne partagent pas cet enthousiasme. En 1899, Paris est confrontée à la colère d'autres communes de Seine-et-Oise. Après la Seine, l'Oise est à son tour polluée. Alors que les irrigations ont commencé à Méry-Pierrelaye et Carrières-Triel à la fin de l'été, Saint-Ouen-l'Aumône le 7 octobre, Maurecourt le

131. CARAN, F/14/15421, lettres des maires de Bezons et Carières-Saint-Denis des 12 et 13 octobre 1899.
132. « Exposition du service technique des eaux et de l'assainissement au pavillon de la Ville de Paris de l'Exposition universelle internationale », *Journal officiel de la République française* du 13 juin 1900 ; *Catalogue de l'Exposition spéciale de la Ville de Paris et du département de la Seine à l'Exposition universelle internationale de Paris en 1900*, Paris, Imprimerie Chaix, 1900.
133. Direction administrative de la voie publique et des eaux et égouts de la ville de Paris, *Notes à l'appui du compte des dépenses de l'exercice 1899*, Paris, 1900, p. 193.

7 novembre, Auvers-sur-Oise le 15 novembre protestent contre le déversement dans l'Oise d'eau non épurée en provenance des champs d'épandage[134]. En décembre, les habitants de Pontoise adressent à la ville de Paris une pétition dans laquelle ils protestent contre la formation de « *mares stagnantes, l'inondation permanente des bas-fonds et l'empoisonnement des sources et des puits* [...] *qui contaminent la rivière*[135] ». À proximité du domaine des Grésillons, soixante-treize cultivateurs et propriétaires de Carrières-sous-Poissy saisissent le conseil de préfecture. Les eaux sont devenues « *troubles, nauséabondes et chargées de matières organiques* ». « *Dans ces hameaux de petite villégiature, les exposants ont eu beaucoup à souffrir des mauvaises odeurs et des émanations nuisibles de l'eau à la sortie des bouches.* [...] *les eaux ont formé en plusieurs endroits sur le territoire de Denouval, hameau d'Andrésy, Carrières-sous-Poissy, les Grésillons-Bellevue, hameau de Carrières, des mares stagnantes qui ont atteint jusqu'à 4 000 mètres de superficie*[136]. » Plusieurs médecins et vétérinaires constatent encore au printemps 1900 que les animaux refusent de boire l'eau des puits à Andrésy et Carrières.

À Méry et Carrières, les irrigations parisiennes ont démarré dans la précipitation et avec trop d'intensité. Le réseau de drainage, nécessaire à l'évacuation des eaux épurées, est incomplet et défectueux. Son insuffisance provoque des remontées des nappes phréatiques et des inondations. Les terrains de Méry-Pierrelaye sont peu adaptés aux irrigations. Leur relief marqué entraîne la formation de mares stagnantes et la capacité de filtration des sables de Beauchamp se révèle insuffisante. Ces dysfonctionnements ravivent les tensions. L'Assemblée nationale et la presse s'en emparent. À l'hiver et au printemps 1900, députés de Paris et députés de Seine-et-Oise s'invectivent. Au cours de la séance du 9 avril, Maurice Berteaux, maire de Chatou et député depuis 1893, accuse la capitale de ne respecter ni la lettre ni l'esprit de la loi de 1889. L'administration parisienne et son ancien préfet, Eugène Poubelle en fonction de 1883 à 1896, auraient fait preuve de « *détachement hautain* » à l'égard des communes de la Seine-et-Oise[137]. Les représentants de la grande couronne, détracteurs de l'attitude dominatrice de la ville de Paris et de son corps préfectoral, ne réclament pas pour autant l'interruption définitive des irrigations. Ils se font les défenseurs de la santé et du bien-être de leurs administrés. « *Notre requête est d'ailleurs bien modeste. Nous estimons que la Ville de Paris ne peut pas rester enfermée et comme emmurée dans la région où elle pratique ses épandages. Nous ne lui demandons pas de renoncer à ce système*[138]. »

Cet épisode marque un tournant dans l'histoire des épandages parisiens. Les dysfonctionnements des champs d'irrigation constituent un terrain de conflit persistant entre Paris et les communes de la Seine et de la Seine-et-Oise. Pour autant, après avoir longtemps bataillé contre les épandages, les édiles de la petite et de la grande couronne sont désormais de plus en plus convaincus de l'utilité agricole et économique des eaux usées parisiennes. L'épandage, tout en améliorant la qualité des eaux de la Seine, a contribué à renforcer les liens de dépendance économique entre la partie agricole de la Seine-et-Oise, les communes de la Seine banlieue et la capitale. Cet épisode présage de nouvelles difficultés auxquelles la ville de Paris sera confrontée dans les décennies suivantes, difficultés liées à la gestion et à l'insuffisance chronique des surfaces d'irrigation des eaux usées de la capitale.

---

134. CARAN F/14/15426, délibérations de Saint-Ouen-l'Aumône, Maurecourt et Auvers-sur-Oise des 7 octobre et 7 et 15 novembre 1899.

135. Archives du Siaap, pétition des habitants de Pontoise citée par Maurice Berteaux lors de son discours du 9 avril 1900 à l'Assemblée nationale, discours repris par le journal *Le Réveil* du 12 avril 1900.

136. Archives du Siaap, pétition de cultivateurs et propriétaires de Carrières-sous-Poissy au conseil de préfecture de Seine-et-Oise.

137. Jeanne-Hélène Jugie, *Poubelle-Paris. La collecte des ordures ménagères à la fin du XIXe siècle*, Paris, Larousse, 1993.

138. Archives du Siaap, discours de Maurice Berteaux du 9 avril 1900 à l'Assemblée nationale.

La « *bataille du tout-à-l'égout* »

L'acceptation à Paris de tout-à-l'égout suit, entre les années 1880 et 1900, un « *long et laborieux parcours technique et politique*[139] ».

« *Tandis que Bruxelles autorise dès 1857 l'écoulement des résidus dans les égouts de la ville et que Berlin impose à ses résidents le raccordement au réseau d'égouts dès 1873-74, les édiles municipaux français rencontrent de nombreuses difficultés lorsqu'il s'agit de remplacer le système des fosses d'aisances par l'évacuation des matières à l'égout. À la fin du XIX*e *siècle, alors que la question est évoquée lors des congrès internationaux d'hygiène tenus à Paris, Turin ou Genève, et que les hygiénistes reconnaissent les effets de ces aménagements sur les taux de mortalités des villes européennes ayant adopté ce système, la plupart des villes françaises ne substituent le tout-à-l'égout au système des fosses fixes qu'à partir des années 1890*[140]. »

À Paris, après des années de conflits et d'atermoiements, les ingénieurs des services techniques sortent victorieux du bras de fer qui les opposait aux adversaires de l'épandage. Ce succès représente une avancée majeure dans l'histoire de l'assainissement de la capitale. Une question reste cependant en suspens, celle du devenir des vidanges et des eaux excrémentielles. Si le décret-loi de 1852 a rendu obligatoire l'écoulement des eaux ménagères et pluviales à l'égout, les eaux-vannes continuent de faire l'objet d'une collecte et d'une évacuation séparées selon l'antique système si décrié des vidanges[141].

« *Les vidanges sont en effet de plus en plus diluées par les eaux domestiques ; leur traitement est difficile ; toujours plus nombreuses, elles motivent un trafic gênant et insalubre dans une ville déjà congestionnée par l'essor de la circulation.* [De son côté] *la canalisation souterraine de Paris entraîne une augmentation du débit des égouts. Ceux-ci collectent dès les années 1860 des matières organiques en abondance, qu'elles proviennent des maisons (eaux ménagères) ou des rues. Jusqu'à l'avènement de la poubelle en 1884, boues et immondices sont en effet déposées en tas sur la chaussée, et imparfaitement collectés ; s'y ajoutent les crottins (bien qu'ils soient en partie ramassés et très prisés pour les cultures spéciales) et autres déjections d'une multitude d'animaux qui sillonnent les rues de la capitale : on y compte 80 000 chevaux en 1880*[142]. »

Les vidanges, un système « *barbare* »

Les vidanges étaient comparées, par le préfet Haussmann, à un système « *onéreux* » et « *barbare*[143] ». Dans la seconde moitié du XIXe siècle, la fosse fixe, rendue en théorie obligatoire depuis le XVIe siècle, est la norme la plus répandue à Paris. En 1880, 70 000 maisons et immeubles sur les 80 000

139. Bernard Landau, « La fabrication des rues de Paris au XIXe siècle... », art. cit. ; Pierre-Yves Mauguen, « Les galeries souterraines d'Haussmann. Le système des égouts parisiens, prototype ou exception ? », art. cit., p. 163-175.
140. Estelle Baret-Bourgoin, « Gouvernance urbaine et batailles du tout-à-l'égout : les difficultés des villes françaises à la fin du XIXe et au début du XXe siècle », résumé des communications, *Quatrième table ronde internationale d'histoire de l'environnement urbain*, Paris, 16-18 novembre 2006.
141. Eugène Miotat, *Assainissement des égouts et des habitations : suppression complète de la vidange*, Paris, Ducher, 1881.
142. Sabine Barles (dir.), *Analyse rétrospective du système Seine, op. cit.*, p. 13, 20.
143. Georges-Eugène Haussmann, *Mémoire sur les eaux…, op. cit.*, p. 75.

▲

Vidange d'une fosse mobile en 1820 : le tonneau à excréments.

La gravure illustre – non sans provocation – la pratique du « tout-à-la-rue ». En l'absence d'égout, les eaux ménagères sont déversées dans les cours des maisons, sur les chaussées ou jetées par les fenêtres.

Musée d'hygiène de la ville de Paris © Jacques Boyer / Roger-Viollet

Vidange d'une fosse fixe. ▶

© DR / Collection particulière

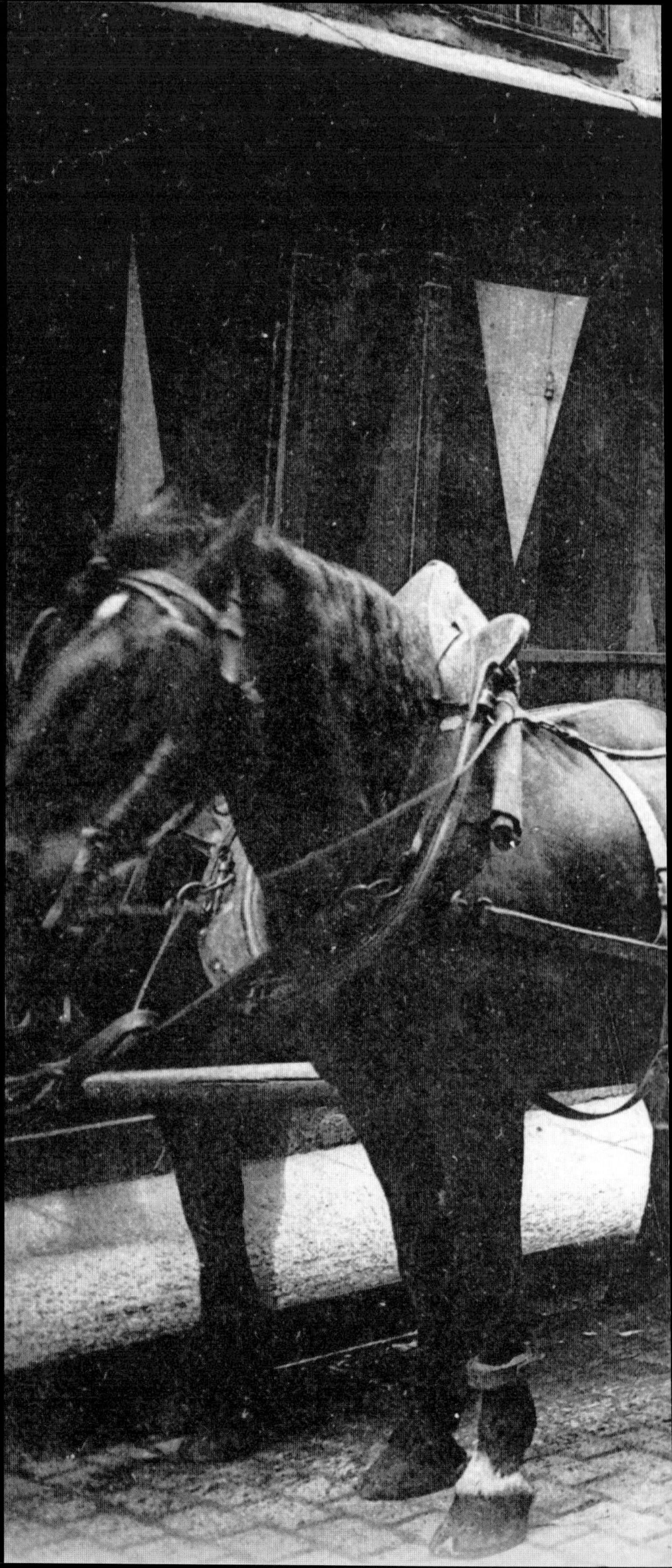

903. Une Rue de Paris à 4 heures le matin
Ça porte bonheur J. H.

que compte la capitale sont dotés de fosses creusées dans le sous-sol[144]. D'autres habitations, beaucoup moins nombreuses, sont équipées de fosses dites mobiles comparables à des tonneaux à excréments. Les tuyaux de chute du premier comme du second système sont souvent mal ventilés, perméables et dépourvus de siphon. La fosse fixe, supposée étanche, laisse, quant à elle, s'échapper fréquemment en surface une partie de ses déchets répandant des odeurs fétides qui constituent un grand sujet d'appréhension dans « *l'imaginaire social* » du XIXe siècle[145]. Ce sujet soulève des mises en garde des milieux hygiénistes et du monde des ingénieurs[146]. Plusieurs ouvrages, dont celui de l'ingénieur de l'École centrale des arts et manufactures, maire d'Arcueil de 1878 à 1887, Émile Raspail, prennent pour titre évocateur *Les Odeurs de Paris*[147].

Dans les années 1840, un nouveau système, appelé tinette-filtre, est inventé. Il sépare les liquides des solides. Les solides sont accumulés dans la tinette à vidanger, tandis que les liquides sont écoulés directement à l'égout. Deux ordonnances de police de 1850 et 1851 autorisent ce système en rendant toutefois obligatoire la désinfection des liquides avant leur rejet à l'égout. À partir de 1859, l'écoulement direct à l'égout, sans désinfection préalable, est toléré avant d'être autorisé en 1867 sous certaines conditions. Les maisons munies de tels appareils doivent établir leur branchement à l'égout, s'abonner aux eaux de la ville de Paris, combler leurs anciennes fosses fixes et payer une redevance annuelle par tuyau de chute. Le système des tinettes-filtres connaît alors un certain succès mais ne représente qu'une amélioration mineure par rapport aux autres systèmes.

L'inconvénient majeur de ces systèmes d'assainissement privatifs réside dans l'obligation de les vidanger à fréquence régulière. Ces opérations sont malodorantes, coûteuses pour les propriétaires – 8 à 10 francs le mètre cube dans les années 1840[148] – et de manutention délicate. Leurs convois nauséabonds, qui empruntent les rues de Paris jusqu'au dépotoir municipal de la Villette, mécontentent la population et inquiètent les médecins hygiénistes. Les banlieusards des communes environnantes subissent également ce trafic qui dessert la voirie de Bondy, les décharges des compagnies privées de vidange et les nombreuses usines qui transforment ces matières en engrais. Aux yeux de l'administration préfectorale et de ses services techniques, ces convois apparaissent de plus en plus intolérables et anachroniques pour une capitale européenne qui défend son rang international et incarne les prétentions mondaines du Tout-Paris.

> « *Qui ne connaît pas les inconvénients des procédés défectueux, nous pourrions dire barbares, employés pour l'extraction des matières des fosses ? Qui n'a vu ces lourds et sordides tonneaux encombrant la voie publique, roulant à grand bruit leur infect contenu au milieu de nos rues ? Qui n'a senti les effluves qui s'exhalent des pompes ou des véhicules ? Lorsqu'on vide les fosses d'une maison, c'est tout le quartier qui est réveillé par le tapage nocturne des vidangeurs, affecté péniblement par les mauvaises odeurs et exposé à l'absorption d'un air profondément vicié*[149]. »

144. Gérard Jacquemet, « Urbanisme parisien : la bataille du tout-à-l'égout... », art. cit., p. 505-548.

145. Alain Corbin, *Le miasme et la jonquille : l'odorat et l'imaginaire social, XVIIIe-XXe siècle*, Paris, Flammarion, 1982.

146. *Assainissement de Paris : les odeurs de Paris et les systèmes de vidanges (tout-à-l'égout, canalisation spéciale)*, Paris, Société française d'hygiène, 1882 ; Commission d'études des odeurs de Paris, *Rapport préliminaire sur les causes des émanations odorantes de Paris et de la banlieue par M. le Dr. Adrien Le Roy des Barres*, Préfecture de police, Paris, Imprimerie Chaix, 1896.

147. Jules Brunfaut, *Les Odeurs de Paris : assainissement*, Paris, J. Baudry, 1880 ; Aimé Girard, *Les Odeurs de Paris* (extrait du *Moniteur scientifique* de février 1881), Saint-Denis, Imprimerie de A. Damotte, 1881 ; Émile Raspail, *Des Odeurs de Paris*, Paris, Veuve P. Larousse, 1880 ; Francisque Sarcey, *Les Odeurs de Paris : assainissement de la Seine*, Paris, Gauthier-Villars, 1882 ; Louis Veuillot, *Les Odeurs de Paris*, Paris, Palmé, 1867.

148. Sabine Barles, *L'Invention des déchets urbains...*, *op. cit.*, p. 67.

149. Nicolas Bourneville, *Rapport sur l'utilisation agricole des eaux d'égout de Paris*, Impressions parlementaires, n° 4040, 1885, p.10.

Toutes ses nuisances, inhérentes au système des fosses, ne sont plus acceptées par les Parisiens et les banlieusards. Les voiries privées, situées à l'extérieur des fortifications, se sont multipliées depuis leur autorisation en 1851. Les usines de traitement des déchets urbains ont connu le même essor. En 1880, pas moins de 300 usines de vidange et de traitement des matières à l'est de Paris sont dénombrées par le ministère de l'Agriculture et du Commerce[150]. Ces décharges font scandale. Dans les voiries, les matières fécales sont d'abord entreposées dans des bassins de décantation à ciel ouvert où s'opère la séparation des liquides et des solides. Les solides y sont ensuite séchés, toujours à l'air libre, avant de subir une phase de fermentation qui propage à plusieurs centaines de mètres à la ronde, en particulier les jours de forte chaleur, des odeurs infectes.

Dans les années 1880, Paris est la seule grande capitale à conserver ce système de traitement des matières. À Londres, le tout-à-l'égout est pratiqué depuis la fin des années 1850 et à Bruxelles depuis la fin des années 1860. Berlin l'a rendu obligatoire en 1874[151]. Le tout-à-l'égout est pourtant envisagé dès le début des travaux d'Haussmann et de Belgrand. En 1854, Adolphe Mille est chargé par le préfet de la Seine d'une mission d'étude du système d'assainissement londonien[152]. L'ingénieur revient d'Angleterre sous les traits d'un farouche partisan du tout-à-l'égout. Mais à Paris, l'opposition reste tenace. Haussmann et Belgrand continuent de voir en ce procédé une source d'insalubrité. Dans son premier *Mémoire sur les eaux* de 1854, si le préfet de la Seine condamne les vidanges, il exclut également l'autorisation du tout-à-l'égout[153]. La position du préfet de la Seine et du chef du service municipal des eaux et des égouts est encore ambivalente. Dans ces premières années de fonctionnement, le réseau d'égouts parisien dispose de quantités d'eaux insuffisantes pour déplacer les matières excrémentielles, les fluidifier et nettoyer les canalisations.

Cette question ressurgit avec force à la fin des années 1870. Elle donne lieu à une intense et longue controverse instruite à charge par des médecins, des producteurs d'engrais, des propriétaires d'immeubles et des édiles de communes touchées par les projets d'épandage. Mais au sein de la préfecture de la Seine et des services municipaux, les opinions sur le tout-à-l'égout ont évolué. Le réseau d'assainissement et de distribution des eaux s'est largement développé avec l'augmentation de la consommation d'eau. Entre le début des années 1850 et la fin des années 1880, le volume d'alimentation en eau de la capitale est porté de 150 000 m^3 par jour à 450 000 m^3 en 1875 et 560 000 m^3 en 1889[154]. Le service technique d'assainissement de la ville de Paris peut désormais envisager de faire transiter l'ensemble des eaux-vannes des immeubles parisiens dans son réseau d'égouts.

Ses ingénieurs sont dans leur majorité, à l'image d'Adolphe Mille et d'Alfred Durand-Claye, acquis au système du tout-à-l'égout. Son adoption permettrait enfin de supprimer les fosses, source de nuisances et d'insalubrité, au profit des toilettes dites « *à l'anglaise* » pourvues de chasse d'eau[155]. De son côté, la haute administration ne fait plus obstacle à l'adoption du tout-à-l'égout. Le préfet Haussmann n'est plus aux affaires depuis la chute du Second Empire et après plus

---

150. Ministère de l'Agriculture et du Commerce, *Rapport de la commission des odeurs du département de la Seine*, Paris, 1880.

151. Edmond Badois, Albert Bierber, *L'Assainissement comparé de Paris et des grandes villes d'Europe, Berlin, Amsterdam, La Haye, Bruxelles, Londres. Tout-à-l'égout, canalisation séparée, épandage, traitement chimique, filtrations,* Paris, Chambre syndicale des propriétés immobilières de la ville de Paris, Baudry, 1898.

152. Adolphe Mille, *Rapport sur le mode d'assainissement des villes en Angleterre et en Écosse*, Paris, Vinchon, 1854 ; Adolphe Mille, *Mémoire sur le mode d'assainissement des villes en Angleterre*, Paris, 1855.

153. Georges-Eugène Haussmann, *Mémoire sur les eaux…*, *op. cit.*, p. 69-78.

154. Philippe Cébron de Lisle, Paul Smith, « 1800-1900 : Vers l'abondance », *in* Dominique Massounie, Pauline Prévost-Marcilhacy, Daniel Rabreau, *Paris et ses fontaines. De la Renaissance à nos jours*, Délégation artistique de la ville de Paris, Paris, 1995, p. 44 ; Laure Beaumont-Maillet, *L'eau à Paris*, Paris, Nathan, 1991, p. 194-199.

155. Roger-Henri Guerrand, « Hygiène et démocratie : l'avènement de la chasse d'eau en 1900 », *Les cahiers de la recherche architecturale*, n° 15-17, 1er trimestre 1985, p. 54-59.

Coupe de maison montrant l'installation du tout-à-l'égout à Paris vers 1900.
Musée d'hygiène de la ville de Paris
© Jacques Boyer / Roger-Viollet

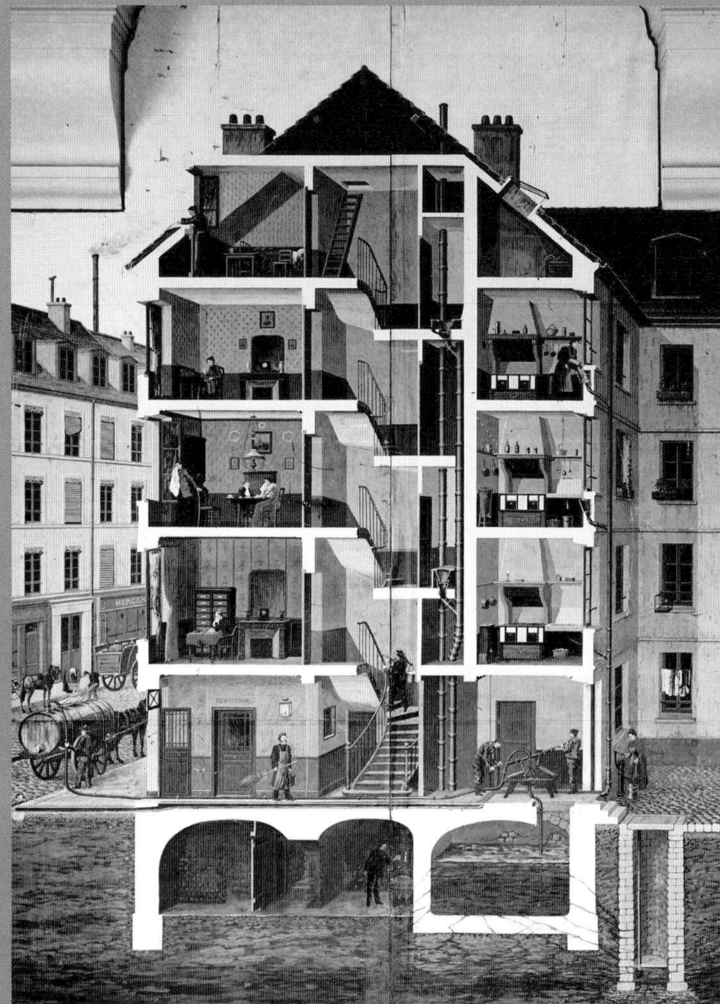

Coupe d'une maison insalubre sans tout-à-l'égout.
Musée d'hygiène de la ville de Paris
© Jacques Boyer / Roger-Viollet

La maison insalubre caricaturée au début du XXe siècle.

La maison salubre est, elle, raccordée au tout-à-l'égout. La gravure fait la part belle aux équipements sanitaires – baignoires, toilettes à l'anglaise – et au luxe bourgeois – piano, domestiques – pour vanter la modernité et le confort symboles du progrès de l'hygiène.

de seize années de bons et loyaux services. Henri Chevreau lui a succédé le 5 janvier 1870 et Eugène Belgrand assure la continuité administrative et technique. Ce dernier, désormais convaincu par les arguments des ingénieurs de son service, finit par plébisciter ce procédé moderne :

« *Supprimez les fosses, pratiquez comme en Angleterre l'écoulement à l'égout, au moins pour les liquides qui représentent 4/5 des matières fécales, vous effacerez cette anomalie étrange qui fait que l'eau, qui vaut à peine 10 centimes lorsqu'elle pénètre pure dans un logement, vaut 8 francs lorsqu'il faut l'extraire. Vous ne verrez plus le propriétaire interdire à son locataire l'eau dans les cabinets. Et rien n'est hideux comme les cabinets communs, sans lavage, sans jour, sans responsabilité. Ils sont cause de la malpropreté de l'ouvrier parisien. Donnez à chaque logement un cabinet qui ne soit qu'à lui et où l'eau soit à portée et la ménagère parisienne arrivera aux habitudes de propreté de la ménagère flamande ou anglaise, et les fera accepter à son entourage*[156]. »

La question du tout-à-l'égout est intimement liée au mode d'épuration des eaux usées. Dans l'esprit des ingénieurs parisiens, le tout-à-l'égout et l'épandage constituent deux faces d'un même système. Le tout-à-l'égout garantit de l'engrais en abondance aux communes nourricières de la capitale lorsque l'épandage garantit en retour l'élimination des eaux d'égouts. Dans les années 1880, durant lesquelles la ville de Paris s'efforce de mettre en place un système d'épuration agricole, le tout-à-l'égout apparaît de plus en plus indissociable et complémentaire du réseau d'irrigation. Sur présentation d'un projet soumis par ses services techniques, le conseil municipal se résout à adopter le 23 juin 1880 une série de résolutions qui, à court terme, rendra obligatoire le raccordement à l'égout des vidanges des habitations.

« *Considérant que l'existence des fosses d'aisances dans la maison constitue une cause permanente d'infection et d'insalubrité ;*

Considérant que le mode actuel de vidange, en outre de ses opérations encombrantes et répugnantes, ne fait que déplacer l'infection et l'insalubrité, et grève la propriété d'une charge très considérable ;

Considérant que l'exemple des villes de Londres et de Bruxelles a démontré pratiquement l'excellence et l'efficacité du système de la vidange à l'égout ;

Considérant que l'envoi des matières de déjection à l'égout rend plus urgente la nécessité, qui s'impose déjà, d'épurer les eaux d'égout et d'achever le réseau souterrain ;

Considérant que le répandage des eaux d'égout sur des terrains perméables est reconnu comme le moyen d'épuration le plus pratique ;

Considérant que les travaux nécessaires pour l'achèvement des égouts et pour l'épuration des eaux donneront lieu à une dépense qui s'élèvera à environ 50 millions de francs et à laquelle il faudra pourvoir au moyen de ressources nouvelles ;

Considérant que ces ressources pourront être créées par l'établissement d'une taxe sur la vidange à l'égout, qui ne sera qu'une juste compensation de l'économie et des avantages que ce mode de vidange procurera à la propriété ;

le Conseil Municipal de Paris délibère qu'il y a lieu de rendre la vidange des déjections fécales et autres à l'égout obligatoire à Paris dans les délais de trois ans pour tous les propriétaires riverains des rues pourvues d'égout ou qui le seraient ultérieurement[157]. »

L'application de cette délibération est conditionnée à l'autorisation, pour la ville de Paris, de prélever une taxe de déversement à l'égout. Le tout-à-l'égout constitue sans conteste un moyen

---

156. Eugène Belgrand dans une note sur la suppression de la voirie de Bondy, cité par Adolphe Mille, *in L'Assainissement des villes…, op. cit.*, p. 162.
157. Archives du Siaap, extrait des délibérations du conseil municipal de Paris du 23 juin 1880.

de financer la modernisation du réseau d'assainissement et la politique d'extension de l'épuration agricole. Pour mettre en place ce programme, l'assemblée parisienne invite le préfet de la Seine à solliciter du gouvernement le vote d'une loi permettant à la capitale de réaliser son ambition. Quatorze années seront nécessaires avant la promulgation des premiers textes réglementaires.

La population parisienne n'est pas associée à la mise en place du dispositif et les milieux scientifiques, parmi lesquels une majorité de médecins et d'hygiénistes, restent campés sur leurs réserves. Le clivage ingénieurs/médecins, qui anime le débat sur les épandages, se polarise sur le tout-à-l'égout. De nombreux médecins français appréhendent une nouvelle menace de propagation des épidémies. Les esprits ont été durablement marqués par les épidémies de 1832-1835 et de 1848-1849. Le corps médical craint que l'air vicié par les déjections ne transporte avec lui les germes du choléra et de la typhoïde. Les égouts ne seraient pas étanches et feraient courir un risque important de contamination des eaux. Leurs craintes semblent fondées. Des épidémies violentes ont sévi dans des villes dotées du tout-à-l'égout. La fièvre typhoïde en Angleterre et en Belgique en 1868 et 1869 aurait été plus meurtrière dans les villes équipées du tout-à-l'égout[158]. Des médecins qui comptent parmi les plus grandes sommités de la science médicale, Paul-Camille-Hippolyte Brouardel, Pabst ou encore Louis Pasteur, affichent des objections contre le tout-à-l'égout au sein de la Société de médecine publique et d'hygiène professionnelle qui, en 1879, réunit une commission pour étudier la question et lors du Congrès international d'hygiène de Genève en 1882, où ils apparaissent isolés parmi les médecins étrangers ralliés en majorité au tout-à-l'égout[159]. En France, Brouardel, Lagneau ou Pasteur se prononcent contre le réseau unitaire d'assainissement et pour une solution alternative, la construction d'une canalisation autonome et étanche pour l'évacuation des eaux-vannes, sans communication avec l'air des maisons. Entre médecins et ingénieurs de la ville de Paris, le consensus se fait uniquement sur la nécessité de supprimer le système des fosses.

De la « *crise des odeurs* » au tout-à-l'égout facultatif

Une série d'événements survenue à partir du début des années 1880 provoque le ralliement progressif des Parisiens et des milieux médicaux au tout-à-l'égout. Survient à Paris, durant l'été 1880, « *la crise des odeurs* ». Sous l'effet de la chaleur, les ordures qui souillent la voie publique dans certains quartiers et surtout les décharges et les industries qui exploitent ces rebuts dégagent des odeurs épouvantables qui se répandent au cœur de la capitale. La presse se déchaîne contre ces émanations ; les Parisiens y voient le prélude à une infection généralisée de leur ville. La typhoïde n'a-t-elle pas sévi avec force en 1880 ? Dans les années suivantes, d'autres épidémies meurtrières frappent encore la capitale : la typhoïde de nouveau en 1882, puis le choléra en 1884[160].

La crise des odeurs provoque la constitution, par le ministère de l'Agriculture et du Commerce, d'une commission des odeurs, réunissant onze savants réputés, parmi lesquels Louis Pasteur, chargée d'enquêter et de dresser un inventaire précis des causes de l'insalubrité dans le département de la Seine[161]. Cette commission rend, le 30 juin 1881, son rapport. Ses conclusions sont défavorables au tout-à-l'égout accusé d'avoir propagé des épidémies depuis plusieurs

158. Gérard Jacquemet, « Urbanisme parisien : la bataille du tout-à-l'égout... », art. cit., p. 512.

159. Henri Napias (préface de Paul-Camille-Hippolyte Brouardel), *L'Étude et les progrès de l'hygiène en France de 1878 à 1882*, Paris, Société de médecine publique et d'hygiène professionnelle, 1883. Cité par Gérard Jacquemet, « Urbanisme parisien : la bataille du tout-à-l'égout... », art. cit., p. 513 ; Anne Rasmussen, « L'hygiène en congrès (1852-1912) », *in* Patrice Bourdelais (dir.), *op. cit.*, p. 213-239.

160. Gérard Jacquemet, « Urbanisme parisien : la bataille du tout-à-l'égout... », art. cit., p. 522-527.

161. Commission d'études des odeurs de Paris, *Rapport préliminaire sur les causes des émanations odorantes de Paris et de la banlieue, op. cit.*

19 ANNÉE. — N° 953 | PARIS ET DÉPARTEMENTS : 15 CENTIMES | 2 OCTOBRE 1892

BUREAUX A PARIS
5, Rue Saint Joseph, 5
ABONNEMENTS
UN AN.......... 10 fr.
SIX MOIS.......... 5 fr.
ÉTRANGER LE PORT EN SUS
Distribution dans les kiosques chez les libraires et marchands de journaux

LE DON QUICHOTTE

Rédacteur en Chef : Ch. GILBERT-MARTIN

ANNONCES
LES ANNONCES SONT REÇUES
A PARIS
5, rue Saint Joseph, 5
Annonces.......... 1 50
Réclames.......... 2 »

PROJET DE STATUE, par GILBERT-MARTIN.

La presse contre le tout-à-l'égout.

La une du journal satirique *Le Don Quichotte* : allégorie de la mort et du choléra.

années à Paris[162]. Elles reprennent à leur compte les arguments du corps médical sur l'étanchéité défectueuse des canalisations qui contaminerait l'air et l'eau. Trois ans plus tard, l'épidémie de choléra qui frappe la capitale en novembre et en décembre ravive le front uni des adversaires du tout-à-l'égout.

Les services techniques de la ville de Paris ne désarment pas. Une commission technique est nommée en octobre 1882 par le préfet de la Seine, Louis Oustry[163]. Elle est composée d'inspecteurs généraux des Ponts et Chaussées, d'ingénieurs civils, d'hygiénistes, d'architectes, de membres de la commission des logements insalubres et d'ingénieurs en chef des Ponts et Chaussées et des Mines[164]. Alphand, Durand-Claye, les hygiénistes Bourneville, Brouardel, Marié-Davy et l'ingénieur civil fondateur en 1865 de l'École centrale d'architecture, Émile Trélat, y siègent. Elle a pour mission de rechercher le mode d'évacuation des matières fécales le plus conforme aux lois de l'hygiène. Ses membres se prononcent en juillet 1883 en faveur du tout-à-l'égout. Ils fondent leurs conclusions, rédigées par Alfred Durand-Claye, sur des études comparées des égouts de Paris, de Bruxelles, de Londres et d'Amsterdam. Les travaux de cette commission semblent sceller la victoire des ingénieurs. Un modèle de projet de loi et de règlement relatifs à l'assainissement de Paris est présenté au conseil municipal qui les adopte en avril 1884[165]. Ce projet prévoit d'imposer aux propriétaires parisiens le tout-à-l'égout et l'abonnement aux eaux de Paris, conditions indispensables à la salubrité du système et à son financement. Soumis à enquête publique au mois de mai, le projet recueille une majorité d'avis favorables au tout-à-l'égout : 4 851 contre 435. Un arrêté préfectoral du 10 novembre 1886 autorise désormais les propriétaires des habitations situées en bordure de voies équipées de collecteurs à bateau, à rail ou de réservoirs de chasse, à écouler leurs vidanges directement à l'égout[166]. Cet arrêté préfectoral n'impose aucune obligation ; le tout-à-l'égout reste facultatif, mais ses défenseurs ont franchi une étape essentielle dans la reconnaissance et la diffusion de ce système moderne d'assainissement urbain.

Les débats sur le tout-à-l'égout sont scientifiques mais aussi partisans. Ils se politisent et opposent des groupes sociaux aux intérêts divergents. Ses opposants ne s'avouent pas vaincus. Ils se font entendre dans l'hémicycle de l'Hôtel de Ville dont la composition reflète un pluralisme politique[167]. La ligne de fracture entre les opposants et les partisans du tout-à-l'égout n'est pas bien délimitée. À la fin des années 1880, le front du refus agrège des élus de gauche. Mais le renversement politique s'opère au début des années 1890. Les élus de sensibilité conservatrice et libérale se posent alors en avocat des droits des propriétaires parisiens qui s'alarment du coût qu'engendrera la mise en place du tout-à-l'égout. Ces derniers se mobilisent. *La Chambre des propriétaires*, le journal de leur corporation, multiplie les articles dénonçant l'arbitraire municipal et la toute-puissance des services techniques de la capitale[168].

Les propriétaires ne sont pas les seuls à se mobiliser. Le tout-à-l'égout menace directement l'activité des usines de

162. Gérard Jacquemet, « Urbanisme parisien : la bataille du tout-à-l'égout… », art. cit., p. 511-515.

163. *Résolutions votées par la commission technique de l'assainissement de Paris et résumé des travaux de la commission* (extrait des *Annales industrielles* du 19 août 1883), Paris, E. Bernard et Cie, 1883.

164. Commission technique de l'assainissement de Paris, « Résumé des travaux et résolutions adoptées », *Annales des Ponts et Chaussées*, mémoire n° 80, tome 9, septembre 1885, p. 458-476 ; Émile Trélat, *La Salubrité*, Paris, Flammarion, 1899.

165. Préfecture de la Seine, Direction des Travaux, *Projet de règlement et projet de loi relatifs à l'assainissement de Paris. Résultats de l'enquête ouverte conformément à la délibération du Conseil municipal en date du 11 avril 1884*, Paris, 1884. Cité par Gérard Jacquemet, « Urbanisme parisien : la bataille du tout-à-l'égout… », art. cit., p. 516.

166. Gérard Jacquemet, « Urbanisme parisien : la bataille du tout-à-l'égout… », art. cit., p. 517.

167. Michel Offerlé, « Mobilisation électorale et invention du citoyen. L'exemple du milieu urbain français à la fin du XIXe siècle », *in* Daniel Gaxie (dir.), *Explication du vote. Un bilan des études électorales en France*, Paris, Presses de la FNSP, 1989 (1985), p. 149-174.

168. Gérard Jacquemet, « Urbanisme parisien : la bataille du tout-à-l'égout… », art. cit., p. 538.

vidange. Dès 1880, craignant la fermeture de leurs établissements, les vidangeurs contribuent à propager la peur du tout-à-l'égout. En cette fin du XIXe siècle, pour freiner l'adoption de ce procédé moderne d'assainissement des villes, ce puissant groupe de pression, entrepreneurs de marchés publics, joue de son influence auprès des élus locaux avec lesquels ils gèrent, au quotidien, l'élimination des déchets urbains qui ne peuvent être traités sans leur concours[169]. Mais décrié par l'administration préfectorale et concurrencé par le tout-à-l'égout et l'épandage, le système des vidanges parisiennes « *hérité de la ville préindustrielle* » est de plus en plus compromis[170]. Elles disparaîtront dans les années 1930 avec le raccordement de 90 % des immeubles parisiens au tout-à-l'égout[171].

La loi du 10 juillet 1894 ou le tout-à-l'égout rendu obligatoire

En avril 1889, la loi autorisant la ville de Paris à épandre ses eaux d'égouts en forêt de Saint-Germain ne lui a pas permis de disposer des moyens financiers nécessaires aux travaux d'adduction et d'aménagement des champs d'irrigation. Le service municipal d'assainissement est contraint d'élaborer un programme de financement inspiré de la loi du 24 juillet 1891 qui a autorisé la ville de Marseille à percevoir une taxe d'assainissement pour réaliser son réseau du tout-à-l'égout rendu obligatoire. Consacrée au paiement des intérêts d'emprunt contracté pour construire le réseau marseillais, cette taxe de vidange est assise sur le revenu net imposé des immeubles. Dans le même esprit, le programme parisien prévoit de gager l'emprunt nécessaire à la réalisation de ses travaux sur le produit d'une taxe municipale sur les tuyaux de raccordement à l'égout, payée par les propriétaires de résidences riveraines des voies pourvues d'égouts[172]. Afin de tirer le meilleur profit de cette taxation pour financer l'infrastructure, le tout-à-l'égout serait rendu obligatoire.

Débattu au conseil municipal en 1892, ce programme est adopté le 24 mars 1893 et donne lieu à la présentation d'un projet de loi, dès le mois de juin, à la Chambre des députés. La loi relative à l'assainissement de Paris et de la Seine par le tout-à-l'égout, votée par 412 voix contre 83 à la Chambre et 210 voix contre 26 au Sénat, est promulguée le 10 juillet 1894[173]. Combattue par les députés de la Seine-et-Oise mais soutenue avec détermination par le préfet de la Seine, Eugène Poubelle, en poste depuis octobre 1883, et par son proche collaborateur, l'ingénieur des Ponts et Chaussées Georges Bechmann, elle autorise la ville à contracter un emprunt de 117 millions de francs gagé sur une taxe annuelle pour rembourser ses créances et faire face à l'augmentation de ses dépenses d'entretien du réseau. Cet emprunt est destiné à trois grands chantiers : l'adduction et l'élévation des eaux d'égouts jusqu'aux terres d'irrigation, l'acquisition et l'aménagement de ces terres et l'achèvement du réseau d'égout et du réseau d'adduction et de distribution d'eau potable.

L'article 6 de la loi impose à la ville de Paris un délai de cinq ans pour mettre en œuvre l'épandage de ses eaux d'égout. Ce faisant, la loi du 10 juillet 1894 parachève celle du 4 avril 1889 en donnant enfin à la capitale de l'épandage les moyens de ses ambitions. Une dernière précision importante est apportée par l'arrêté réglementaire d'application du 8 août 1894. Ce texte oblige les propriétaires à s'abonner aux eaux de la ville de Paris afin d'assurer la fluidité de son

169. Xavier Bezançon, *Essai sur les contrats de travaux et de services publics. Contribution à l'histoire administrative de la délégation de mission publique*, Paris, LGDJ, 1999.
170. Sabine Barles, *L'Invention des déchets urbains…*, *op. cit.*, p. 189-192.
171. Sabine Barles, « Assainissement en région parisienne. Évolution historique et durabilité », *in* J.-C. Olivia, Bruno Tassin, Daniel Thévenot, Gilles Varrault, *Eau dans la ville et développement durable*, Paris, Presses de l'ENPC, 2002, p. 51-63.
172. Délibération du conseil municipal de Paris du 27 janvier 1892.
173. Roger-Henri Guerrand, *Mœurs citadines, op. cit.*, p. 45.

système d'assainissement et l'équilibre financier de son réseau de distribution en assurant en particulier de confortables marges bénéficiaires à la Compagnie générale des eaux (CGE) qui assure depuis 1860 la commercialisation de ce service[174].

Cette loi intervient près de quinze ans après le premier vote du conseil municipal en faveur du tout-à-l'égout. La bataille fut longue et difficile. L'épidémie cholériforme de 1892, au moment des débats au conseil municipal et à la Chambre des députés, a conforté les partisans du tout-à-l'égout dans leur combat pour la salubrité urbaine. Les travaux du docteur Étienne-Jules Marey, qui, dès 1884, mettent en évidence les véritables causes de la propagation du choléra, ont innocenté les égouts parisiens accusés des pires maux depuis le Second Empire[175]. Les attaques restent cependant vives parmi les propriétaires qui contestent les arrêtés préfectoraux de réglementation du tout-à-l'égout pour atteinte au droit de propriété et excès de pouvoir. La bataille n'est plus scientifique, elle est devenue judiciaire. Mais les actions engagées par le syndicat des propriétaires relèvent aussi d'un conflit d'intérêt entre propriétaires et locataires[176]. Elles sont finalement désavouées par le Conseil d'État le 24 décembre 1897 et par les locataires, eux-mêmes, qui plébiscitent de plus en plus le confort moderne du raccordement de leur habitation au tout-à-l'égout.

Selon le rapport présenté à l'Exposition universelle de 1900, l'obligation du tout-à-l'égout se serait en réalité accompagnée d'une baisse des coûts supportés par les propriétaires. À Paris, la construction des égouts est payée par l'ensemble des contribuables contrairement à d'autres villes et les taxes liées aux pratiques d'assainissement antérieures tendent à diminuer ou à disparaître. Les particuliers devaient ainsi payer une redevance pour le curage de leurs canalisations reliant leurs immeubles au réseau d'égout. Suite à l'arrêté préfectoral du 16 juillet 1895, ces galeries deviennent inaccessibles de l'extérieur ; elles ne sont plus envahies de déchets, ne sont plus obstruées et ne nécessitent plus de curage. D'autre part, les redevances pour l'écoulement à l'égout des liquides des tinettes filtrantes tendent à disparaître avec la généralisation du tout-à-l'égout. Reste aux propriétaires à payer la taxe de vidange frappant l'évacuation à l'égout des matières liquides et solides assise sur le revenu net imposé des immeubles. Cette mesure de salubrité publique n'aura finalement pas été aussi défavorable aux propriétaires[177].

« *Objet de débats animés, la question du tout-à-l'égout mobilise de nombreux acteurs.* [...] *Ardemment désirés par les uns et refusés par les autres, ces projets suscitent des conflits souvent violents, le tout-à-l'égout éveillant fantasmes et craintes de toutes sortes. Si les administrations municipales s'opposent parfois aux autorités nationales soucieuses de l'application de la législation sur le régime des eaux, elles doivent également faire face à de multiples résistances locales.* [...] *Aux arguments des édiles, des ingénieurs, des médecins, et de certains citadins, convaincus que ce système est le meilleur moyen de garantir la salubrité des maisons et de l'environnement urbain, s'opposent ceux des propriétaires, des sociétés de vidange, voire de certains hygiénistes, mais également ceux des populations situées en aval des fleuves souillés. Craintes à l'égard de la stagnation excrémentielle, refus de la perte d'engrais, inquiétudes relatives à la pollution des rivières, coût pour les propriétaires des immeubles raccordés, tels*

174. Émile Tréhu, *Des pouvoirs de la municipalité parisienne en matière d'assainissement. L'application de la loi du 10 juillet 1894 sur l'assainissement de Paris et de la Seine*, thèse pour le doctorat de la Faculté de droit de l'Université de Paris, Paris, Girard et Brière, 1905.

175. Étienne-Jules Marey, *Les Eaux contaminées et le choléra. Mémoire présenté à l'Académie de médecine dans sa séance du 14 octobre 1884*, Paris, G. Masson, 1884.

176. Magri Susanna, « Les propriétaires, les locataires, la loi. Jalons pour une analyse sociologique des rapports de location, Paris 1850-1920 », *Revue française de sociologie*, n°37-3, 1996. p. 397-418.

177. *Exposition universelle de 1900. Préfecture du département de la Seine. Direction administrative de la voie publique et des eaux et égouts. Notice sur le service des eaux et de l'assainissement de Paris*, Paris, Librairie polytechnique, Béranger, 1900.

sont les discours des opposants qui, associés à certaines démarches, entravent les actions municipales. Les édiles locaux entendent pourtant répondre, par une prise en charge progressive de l'immondice, à une forte demande sociale[178]. »

Dans les années qui suivent l'adoption de la loi fondatrice du 10 juillet 1894, le succès du tout-à-l'égout à Paris ne se dément pas. Son développement suit un rythme d'environ 2 000 immeubles équipés par an. En 1894, 5 444 immeubles sont reliés au tout-à-l'égout, 12 475 en 1897 et 16 852 en 1899. Ces 16 852 immeubles ne représentent encore qu'une faible partie des habitations parisiennes. La capitale compte encore plus de 54 600 fosses fixes, près de 13 000 fosses mobiles et 27 000 tinettes-filtres. Mais le tout-à-l'égout connaît un essor éclatant dans la décennie suivante. Entre 1899 et 1900, plus de 6 000 nouveaux immeubles sont raccordés et près de 6 000 supplémentaires le sont entre 1900 et 1901[179]. « *En 1910, seize ans après le vote de la loi, 48 450 immeubles étaient branchés sur le tout-à-l'égout, il en restait 36 500 à équiper*[180]. » La capitale doit encore attendre quelques années pour qu'une majorité d'immeubles parisiens entre dans la modernité du tout-à-l'égout. Au milieu des années 1920, près de 60 000 d'entre eux sur 85 000 existant à Paris en sont pourvus[181]. Seulement 30 % des immeubles restent encore équipés du système désuet de la fosse[182].

En un siècle, le réseau d'égout de la capitale a connu une formidable extension. En 1800, il ne mesurait que 26 kilomètres ; sous le Second Empire, il atteint les 163 kilomètres

178. Estelle Baret-Bourgoin, « Gouvernance urbaine et batailles du tout-à-l'égout… », art. cit.

179. Gérard Jacquemet, « Urbanisme parisien : la bataille du tout-à-l'égout… », art. cit., p. 543.

180. Roger-Henri Guerrand, *Mœurs citadines, op. cit.*, p. 46.

181. « La Direction des travaux. Organisation et attributions. Fonctionnement des services », *in Le conseil municipal, nos édiles, annuaire illustré municipal et administratif de la ville de Paris et du département de la Seine*, Paris, Publication du journal municipal *La Cité*, 1926, p. 169.

182. Louis Duteil, *Rapport au conseil municipal sur l'application de la loi spéciale du 13 août 1926 sur l'assainissement de Paris et de la Seine*, n° 82, 1928.

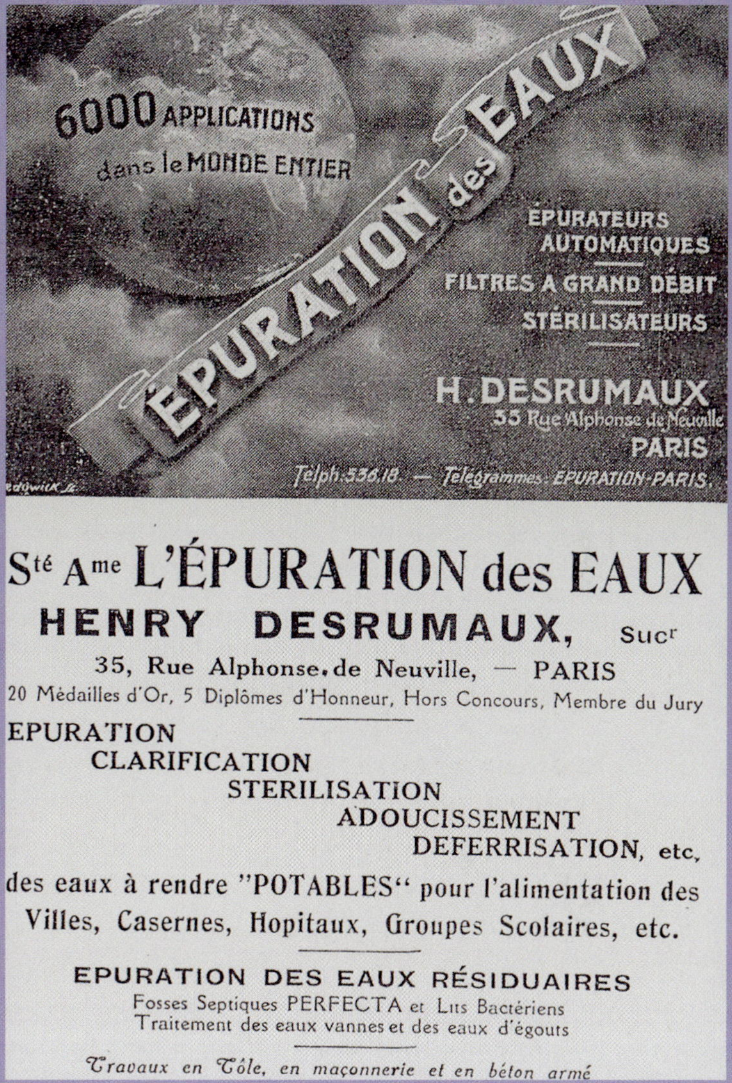

Publicité en 1913 pour l'épuration des eaux : fosses septiques, traitement des eaux-vannes et des eaux d'égout.
Le conseil municipal de Paris, *Annuaire illustré* de 1913, Paris, Publication du journal municipal *La Cité*.

en 1864. La IIIe République n'est pas en reste. En 1870, le réseau de la capitale s'étend sur 204 kilomètres. Il atteint 294 kilomètres en 1877[183]. Le réseau fait la fierté des ingénieurs des Ponts et Chaussées et de l'édilité parisienne. Il gagne en extension à chaque nouvelle célébration des expositions universelles de Paris. Seule la mobilisation générale, le 2 août 1914, met fin temporairement à cet élan. Au 1er décembre 1923, la longueur totale des égouts parisiens atteint 1 247 kilomètres. Ce réseau unitaire du sous-sol affiche l'ambition de couvrir l'ensemble des voies parisiennes. Il intègre, outre les égouts, les canalisations d'eau auxquelles s'ajoutent 422 kilomètres de conduites d'air comprimé et déjà 14 000 kilomètres de lignes téléphoniques[184].

Un nouveau modèle social : l'égoutier

Un nouveau modèle social de l'administration de la ville de Paris et du département de la Seine s'affermit au tournant des années 1880-1890. Immortalisé dans les années 1950 par Robert Doisneau, l'égoutier est une figure historique et emblématique du mouvement ouvrier des services publics de la fin du XIXe siècle[185]. L'obligation du tout-à-l'égout légitime la professionnalisation et la reconnaissance statutaire de ce métier essentiel à la vie urbaine. L'égoutier entretient et nettoie les canalisations d'assainissement sous la voirie et dans les usines de relèvement, de pompage et bientôt d'épuration des eaux usées. Il soulève les plaques d'égout, retire les sables et les déchets solides, sécurise les passages des piétons. L'égoutier maîtrise les techniques hydrauliques et de plus en plus mécanisées de l'entretien du réseau d'eaux usées.

Le passage du curage des égouts de la préfecture de Police à la préfecture de la Seine, en 1859, n'a pas entraîné de profond changement en matière d'organisation du service de l'assainissement très hiérarchisé et personnalisé. Le chef d'équipe, responsable de 11 à 12 égoutiers, reste chargé de recruter ses hommes. Ceux-ci peuvent être soit des commissionnés, à qui le travail est garanti tous les jours, soit des auxiliaires embauchés par intermittence[186]. Avec l'augmentation du traitement des volumes d'eaux usées, les crédits financiers accordés au nettoyage des égouts augmentent et le nombre d'égoutiers suit le même mouvement. Ils sont 550 en 1878, 580 en 1879, 800 en 1882, 900 en 1884. Le millier d'égoutiers est allègrement dépassé lorsque le tout-à-l'égout est rendu obligatoire.

Le changement essentiel intervient à la fin des années 1880. Il est lié à la création en 1887 d'un puissant syndicat professionnel et aux choix politiques du conseil municipal de Paris. En 1888, dans un contexte de dépression économique, les élus radicaux et socialistes s'accordent pour stabiliser l'emploi des égoutiers dans l'intérêt de la bonne marche du service de l'assainissement. La ville met fin à la sous-traitance et rationalise le recrutement de son personnel à qui elle octroie un véritable statut de l'égoutier. Leur syndicat s'enorgueillit d'avoir obtenu la journée de travail de 9 heures, un jour de repos par semaine et une limitation à 10 % du nombre de travailleurs étrangers dans les effectifs. L'embauche est désormais soumise à des conditions : une limite d'âge, une visite médicale et un stage avant la titularisation. Se met ainsi en place une fonctionnarisation du métier avec son système de promotion interne. Aux yeux de l'administration, le statut a pour avantage de fidéliser le personnel et de l'attacher à ses missions de service public. Les relations avec les ingénieurs des Ponts et Chaussées, qui appartiennent à un autre monde

183. Ministère de l'Intérieur, *Rapport présenté au ministre de l'Intérieur et des Cultes sur la situation financière et matérielle des communes en 1877*, Paris, Imprimerie nationale, 1881, p. 188-189 ; Adolphe Alphand (dir.), *Les Travaux de Paris (1789-1889) : atlas dressé sous l'administration de M. E. Poubelle, Préfet de la Seine*, Paris, Imprimerie nationale, 1889.
184. « La Direction des travaux… », art. cit. p. 171.
185. Robert Doisneau, *Recueil de photographies originales*, Paris, Circa, 1950. Photographies d'égoutiers consultables à la Bibliothèque nationale de France.
186. Hélène Frouard, *Aux Origines du Syndicat interdépartemental de l'assainissement de l'agglomération parisienne, Inventaire de recherche*, Paris, Centre d'histoire sociale du XXe siècle/Cité de l'Eau, 2009.

Les égoutiers.
© SIAAP

social, s'inscrivent dans un esprit de coopération. Les égoutiers sont, en quelque sorte, leurs bras armés dont ils ne peuvent se passer.

De leur côté, les égoutiers investissent leur syndicat à l'occasion de la mise au chômage, pendant deux mois, du personnel auxiliaire. Dirigé par le socialiste Jules Larminier, secrétaire de rédaction de *L'Écho des travailleurs municipaux,* ce syndicat est essentiel dans la formation d'un esprit de corps, alors que le travail est sectorisé et se fait par équipes sans lien entre elles[187]. Le syndicat contribue à la revalorisation sociale du métier d'égoutier et joue un rôle important dans le mode de recrutement où les solidarités familiales, les considérations sociales et les affinités politiques et syndicales renforcent l'endogamie et la cooptation[188]. La protection des travailleurs du sous-sol parisien, exposés à une activité insalubre et dangereuse du fait notamment du risque des fuites de gaz ou de pluies soudaines, devient le fer de lance de l'action et de l'engagement militants[189]. Dès janvier 1898, le syndicat crée son périodique de ralliement et de mobilisation sociale, *Le Réveil de l'assainissement. Organe des ouvriers égoutiers de la ville de Paris et de l'assainissement*[190].

Une remise en cause du nouveau statut se produit lorsque les élus de droite se retrouvent, à partir de 1900, majoritaires au conseil municipal de Paris et cherchent à interdire aux égoutiers, assimilés à des fonctionnaires, le droit syndical. Le rapport de force est favorable aux égoutiers et l'obligation de la continuité du service public pousse l'administration préfectorale à maintenir la paix sociale et à négocier un compromis. Le *statu quo* est dès lors conservé. Les hauts fonctionnaires de l'assainissement sont en effet attachés à leurs missions. L'ingénieur Georges Bechmann parvient ainsi, à partir de 1902, à s'opposer aux tentatives de privatisation partielle de l'assainissement. En accord avec le syndicat des égoutiers, les ingénieurs de la ville de Paris et leurs hiérarchies défendent une vision municipale et un savoir-faire, qui lui est propre, de la gestion des égouts[191]. Au sortir de la Grande Guerre, le syndicat obtiendra un nouveau statut des égoutiers consacrant de nouveaux acquis sociaux, dont la retraite à 50 ans après 20 ans de service dans une période où leur espérance de vie est limitée.

---

187. Jules Larminier, *Le Syndicat des ouvriers égoutiers de la ville de Paris*, Paris, s.n., 1905.

188. Emmanuel Bellanger, « Le personnel communal ou l'empreinte du territoire : construction d'un groupe, politisation et sociabilité municipale en banlieue parisienne (1880-1950) », *in* Emmanuel Bellanger, Jacques Girault (dir.), *Villes de banlieues. Personnel communal, élus locaux et politiques urbaines en banlieue parisienne au XX**e* *siècle*, Paris, Créaphis, 2008, p. 151-189.

189. « Rapport présenté par la section des égoutiers du Syndicat général de travailleurs municipaux et départementaux de la Seine sur les conditions du travail des égoutiers de la banlieue de Paris », *in Quatrième congrès de l'hygiène et de la sécurité des travailleurs et des ateliers*, Paris, L'émancipatrice, 1909, p. 154-161.

190. *Le Réveil de l'assainissement. Organe des ouvriers égoutiers de la ville de Paris et de l'assainissement* ["puis" *des ouvriers égoutiers et de l'assainissement de la ville de Paris*], janvier 1898-décembre 1935.

191. Hélène Frouard, *Aux origines du Syndicat interdépartemental de l'assainissement de l'agglomération parisienne, op. cit.*, p. 30.

Les prémices d'une politique d'assainissement départementale

La Seine banlieue, qui encercle Paris de ses 80 communes suburbaines, subit dans la seconde moitié du XIXe siècle une profonde mutation urbaine et économique[192]. Ce territoire se reconvertit en une mosaïque de banlieues maraîchères, résidentielles et manufacturières à la sociologie populaire, bourgeoise ou plus entremêlée[193]. Sa croissance démographique dépasse celle de la capitale. Entre 1866 et 1896, la Seine banlieue est ainsi passée de 325 600 à 797 178 habitants. Lorsque le taux annuel d'accroissement démographique peine, entre 1866 et 1896, à dépasser les 1 % à Paris, ceux des deux arrondissements suburbains de Sceaux et de Saint-Denis se surpassent avec 3,9 % d'augmentation par an pour le premier et près de 6 % pour le second[194]. Ce mouvement d'urbanisation et d'industrialisation sans précédent donne à ce territoire sa dimension ségrégée. Au moment où Paris se modernise, assainit son espace urbain et repousse, après avoir annexé ses faubourgs, une partie de sa population la moins aisée vers la banlieue, les municipalités suburbaines doivent faire front aux multiples besoins de leur population densifiée et renouvelée par la mobilité résidentielle des Parisiens, par l'exode rural et l'apport démographique de l'immigration.

Les conseils municipaux de banlieue se retrouvent sur tous les fronts[195]. Ils doivent bâtir des équipements scolaires, percer et viabiliser de nouvelles voies, assister leurs administrés et faire progresser l'hygiène, la santé et la salubrité publique[196]. L'assainissement relève de leurs compétences. Mais les potentialités financières de la plupart des communes de la Seine banlieue sont limitées en comparaison à celles de la ville de Paris. Cette déficience se conjugue avec une incapacité technique. Conscientes des limites de leurs prérogatives, dès la fin du XIXe siècle sous le régime municipal de la loi fondamentale du 5 avril 1884 défendue par le ministre de l'Intérieur Pierre Waldeck-Rousseau, partisan résolu des libertés associatives et syndicales, les communes suburbaines se lancent dans des dynamiques de coopérations intercommunales codifiées par la loi du 22 mars 1890 et sa circulaire d'application du 10 août 1890[197]. L'enjeu est de mutualiser leurs compétences et de peser de tout leur poids sur les grands groupes industriels – les Pompes funèbres générales, les compagnies du gaz, de l'électricité et de l'eau – pour obtenir les conditions les plus avantageuses dans les contrats de concession des monopoles publics. Avant-guerre, le syndicat intercommunal du gaz, le premier grand syndicat de l'agglomération parisienne, est

192. Jean-Paul Brunet, « Constitution d'un espace urbain : Paris et sa banlieue de la fin du XIXe siècle à 1940 », *Annales ESC*, n° 3, mai-juin 1985, p. 641-659 ; Alain Faure (dir.), *Les Premiers banlieusards. Aux origines des banlieues de Paris 1860-1940*, Paris, Créaphis, 1991.

193. Léandre Vaillat, « Métamorphose de la banlieue », *L'Illustration* du 5 octobre 1935.

194. Françoise Soulignac, *La Banlieue parisienne. Cent cinquante ans de transformations*, *op. cit.*, p. 28.

195. Emmanuel Bellanger, « Des municipalités sur tous les fronts ou l'histoire d'une reconnaissance précoce », *in* Emmanuel Bellanger, Jacques Girault (dir.), *Villes de banlieues… op. cit.*, p. 7-18.

196. Pierre Guillaume, « L'assistance entre État et collectivités locales en France au XIXe siècle », *Sociologie santé*, n° 11, 1994, p. 31-44.

197. Loi sur les syndicats de communes du 22 mars 1890, *Journal officiel* du 27 mars 1890.

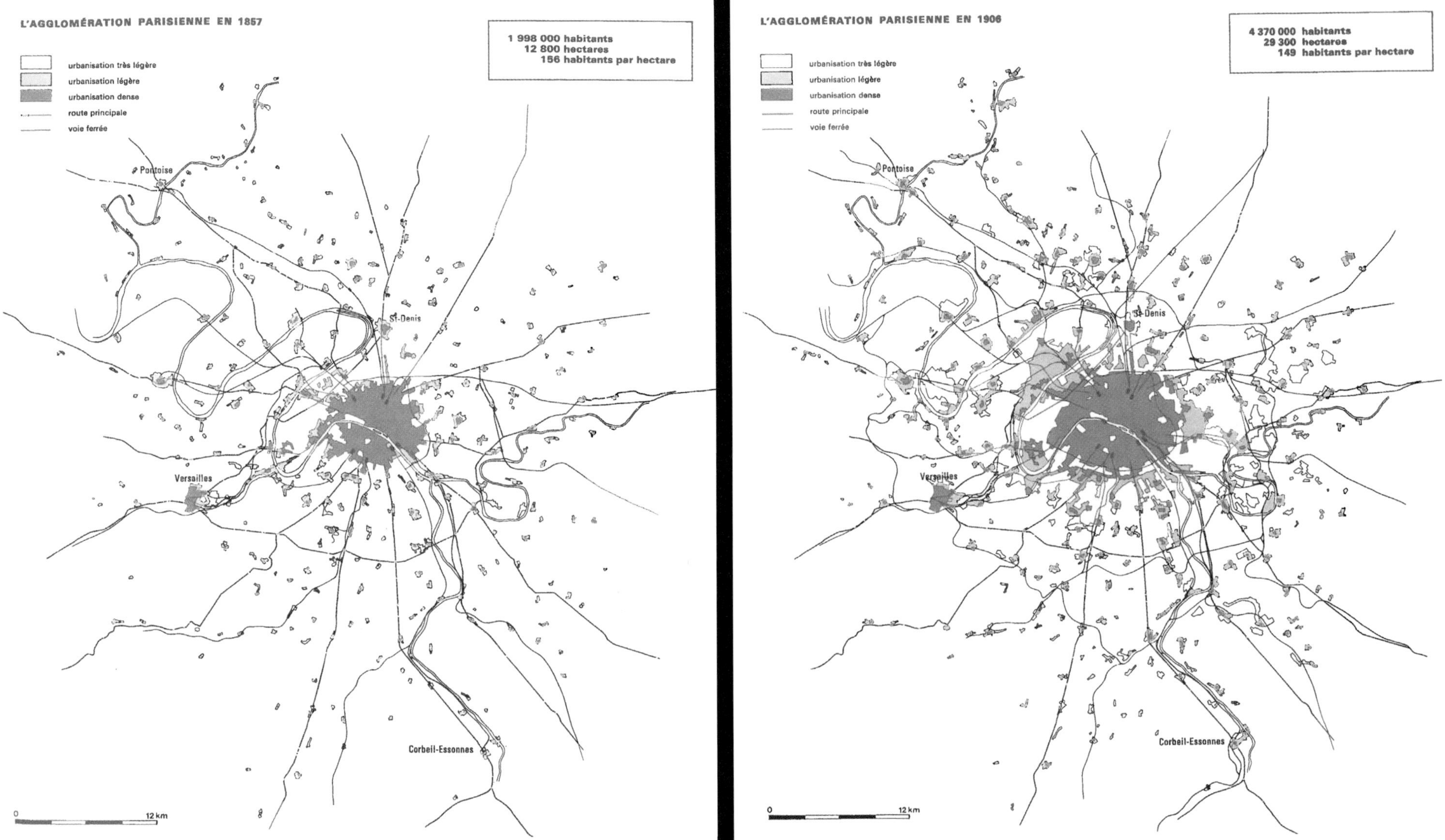

Croissance urbaine de l'agglomération parisienne entre 1857 et 1906.
Cartes extraites de Jean-Pierre Lecoin (dir.), « L'occupation du sol en Région Île-de-France », *Cahiers de l'IAURIF*, n° 48-49, Paris, 1977.

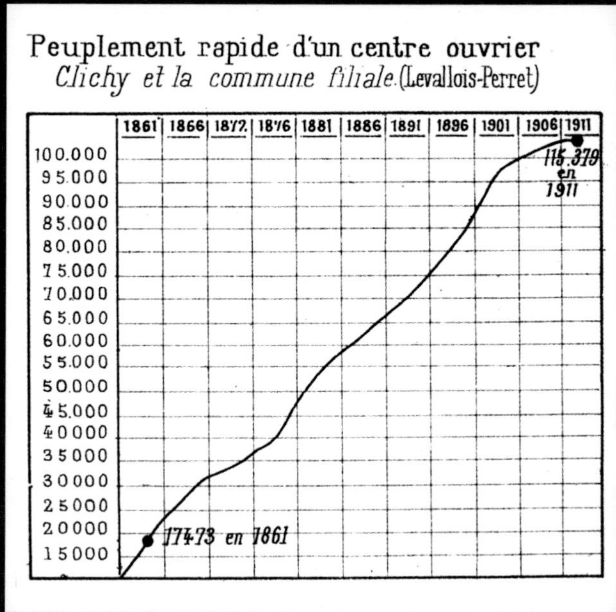

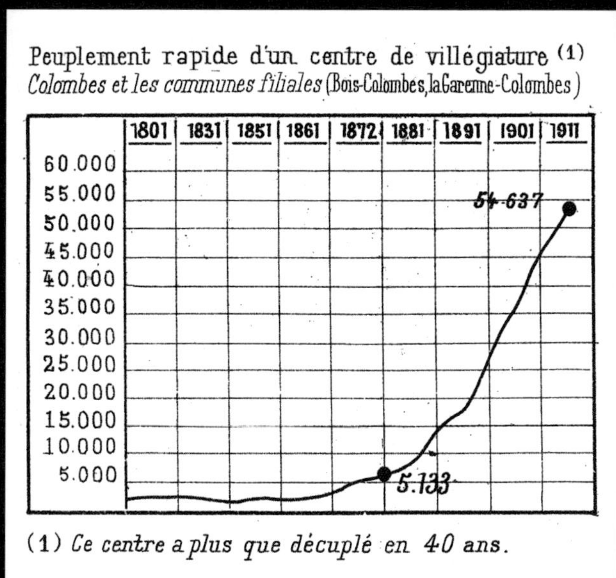

Des villes champignons en banlieue parisienne des années 1860 aux années 1910.
Commission d'extension de Paris de la préfecture de la Seine, *Aperçu historique*, Paris, Imprimerie Chaix, 1913.

institué en 1903 ; il est suivi par celui des pompes funèbres en 1905. Leur périmètre d'intervention est susceptible de couvrir, à court terme, les 371 kilomètres carrés de la Seine banlieue, lorsque la capitale enfermée dans ses fortifications ne s'étend que sur 105 kilomètres carrés[198].

Si les municipalités de la Seine banlieue s'accordent pour mutualiser le financement de certains égouts d'assainissement, comme celui traversant Noisy-le-Sec, Romainville, Bobigny et Pantin, ces initiatives restent cantonnées à quelques communes[199]. Le domaine de l'assainissement reste à l'écart des coopérations intercommunales. La méfiance à l'égard des entreprises privées qui polluent leur territoire imprègne l'esprit des édiles et aucune d'elles ne dispose ni du savoir-faire des services techniques de la ville de Paris, ni des ressources financières suffisantes, pour prendre à sa charge l'élaboration, la construction, l'entretien et la gestion du réseau d'égouts suburbains encore en friche. Soumise à une rude concurrence, la solidité de ces sociétés privées d'épuration des immondices reste précaire[200]. Dans ce contexte, sans le concours de l'État, de l'administration préfectorale et de ses grands corps, le chantier de l'assainissement des banlieues ne peut être pris en charge par des élus locaux inexpérimentés et suspectés, à tort, d'immobilisme[201].

Une situation sanitaire déplorable, un assainissement chancelant

Dans les dernières décennies du XIXe siècle, le réseau d'assainissement des communes de la Seine banlieue est carentiel et

198. Emmanuel Bellanger, « La mort laïcisée, neutralisée et rationalisée : municipalisation des pompes funèbres, syndicalisation des communes et magistère mayoral en banlieue parisienne au XXe siècle », *in* Patrick Weil (dir.), *Politiques de la laïcité au XXe siècle*, Paris, PUF, 2007, p. 417-439 ; Juliette Aubrun, « "Gaz à tous les étages". L'intercommunalité au service du public en banlieue parisienne (1901-1914) », *in* Emmanuel Bellanger, Jacques Girault (dir.), *Villes de banlieues…*, *op. cit.*, p. 85-95.
199. Archives de Pantin, délibération du 20 décembre 1901.
200. Stéphane Frioux, « Villes et entreprises : acteurs de l'assainissement urbain en France (fin XIXe-milieu XXe siècle) », *Histoire urbaine*, dossier « Ville et environnement », n° 18, avril 2007, p. 125-140.
201. Lion Murard, Patrick Zylberman, « Experts et notables, les bureaux municipaux d'hygiène en France (1879-1914) », *Genèses*, n° 10, janvier 1993, p. 53-73.

le plus souvent inexistant dans les petites communes du département. Cette situation renforce l'état sanitaire déplorable de ce territoire sous pression démographique[202]. En 1892, l'ingénieur en chef du service ordinaire et vicinal du département constate que « *la situation hygiénique des communes du département laisse, en général, beaucoup à désirer*[203] ». Sur le terrain, la série de monographies des communes de banlieue réalisée entre 1896 et 1906 montre des situations très contrastées selon les villes[204]. Certaines communes sont encore totalement dépourvues d'égouts, à l'instar de Bobigny, une cité encore peu peuplée mais en forte croissance démographique ; elle comptait à peine 1 000 habitants en 1881, contre près de 1 700 en 1896. Bourg-la-Reine, avec ses 3 650 habitants en 1896, totalise moins de 1 500 mètres de canalisations sur l'ensemble de son territoire alors que Châtillon, pour une population sensiblement inférieure, dispose de 3 000 mètres d'égouts.

Certaines communes, densément peuplées, possèdent déjà un réseau d'assainissement développé. À la fin du XIXe siècle, Asnières et Aubervilliers, respectivement 24 317 et 27 332 habitants au recensement de 1896, sont ainsi équipées d'une vingtaine de kilomètres de canalisations contre moins de 4 000 mètres dans les années 1870. Dans l'attente du tout-à-l'égout réalisé sur le modèle parisien, le maillage des égouts de la banlieue s'étend progressivement dans les cités les plus dynamiques et attractives du département capitale[205]. Dès la fin du Second Empire, les municipalités, qui investissent le plus dans l'assainissement de leur territoire, appartiennent toutes au premier cercle suburbain ceinturant Paris.

Dans une banlieue parisienne en pleine reconversion urbaine, le problème de l'assainissement ne se pose pas qu'en termes de longueur de canalisation. En 1892, l'ingénieur départemental déplore dans certaines cités l'absence totale de planification et d'ordonnancement rationnel des égouts communaux : « *Quelques communes de la banlieue possèdent déjà des réseaux assez importants qui s'accroissent chaque année de nouvelles branches. Malheureusement, ces travaux sont projetés et votés le plus souvent sous l'impression du moment et sans qu'on se préoccupe de suivre un plan rationnel*[206]. » Bien souvent, les canalisations s'interrompent brusquement au milieu ou au bout d'une voie pour déverser directement leurs eaux usées dans leur environnement immédiat. Les égouts sont rarement organisés en réseau ; ils se réduisent plus généralement à une somme de points d'évacuation des eaux souillées établis sans cohérence au gré de la densification et de l'étalement de la commune. L'ingénieur regrette ainsi l'absence quasi générale de « *système complet d'évacuation des eaux usées* » qui contribue à créer de véritables « *foyers d'infection*[207] ».

Seules quelques communes parviennent à ébaucher un véritable système de gestion des eaux usées sur le modèle parisien. La commune de Clichy figure parmi ces pionnières. Son premier magistrat est un médecin soucieux de diffuser l'hygiène dans sa cité. Conseiller municipal depuis 1881, maire de 1886 à 1900, le docteur Paul Hellet s'était distingué devant la commission d'hygiène de l'arrondissement de Saint-Denis pour son rapport sur les causes de la fièvre typhoïdique qui sévit dans l'agglomération parisienne en 1884[208]. Homme d'influence, compétent sur les questions

---

202. Grégoire Ichok, *La Mortalité à Paris et dans le département de la Seine*, *op. cit.*
203. Archives de Paris, D4S1 1, *Rapport de l'ingénieur en chef du département pour l'année 1892*, p. 71.
204. Les 78 communes de la Seine banlieue ont fait l'objet d'une monographie de la collection l'*État des communes à la fin du XIXe siècle, publié sous les auspices du conseil général. Notice historique et renseignements administratifs*, Montévrain, Imprimerie typographique de l'école d'Alembert, 1896-1906.
205. Service des ponts et chaussées du département de la Seine, *Conduites d'égouts* (cartes pour chacune des 77 communes suburbaines du département de la Seine), Paris, L. Wuhrer, 1900.
206. Archives de Paris, D4S1 1, *Rapport de l'ingénieur*, *op. cit.*, p. 72.
207. Archives de Paris, D4S1 1, *Rapport de l'ingénieur*, *op. cit.*, p. 71.
208. Jean Pardies, *Essai sur l'évolution d'une ville de banlieue : Clichy-la-Garenne, op. cit.*

Les égouts dans les vingt plus importantes communes de la Seine en 1870 et 1877[209]

	Longueur en mètres des égouts en 1870	Longueur en mètres des égouts en 1877	Population en 1872	Population en 1880
Asnières	2 800	3 000	6 231	8 278
Aubervilliers	- -	3 600	8 366	14 340
Boulogne	**6 855**	**11 599**	**17 343**	**21 556**
Charenton-le-Pont	40	264	7 141	8 822
Clichy	**7 820**	**7 825**	14 366	17 354
Colombes	2 184	2 184	3 678	6 640
Courbevoie	3 190	4 525	9 453	11 934
Issy-les-Moulineaux	3 700	**5 950**	7 774	9 484
Ivry-sur-Seine	811	1 449	9 966	15 247
Levallois-Perret	**7 404**	**7 664**	**15 763**	**22 744**
Montreuil-sous-Bois	2 235	3 884	9 235	13 607
Neuilly-sur-Seine	2 713	3 181	**16 277**	**20 781**
Nogent-sur-Marne	- -	2 700	4 976	7 559
Pantin	**5 200**	**6 570**	12 337	13 665
Puteaux	295	295	9 100	12 181
Saint-Denis	1 238	3 409	**31 993**	**34 908**
Saint-Ouen	230	230	5 804	11 255
Vanves	2 500	3 400	7 926	8 812
Vincennes	855	1 346	17 064	18 243
Paris	**204 700**	**294 464**	**1 825 274**	**2 269 023**

de santé publique, l'édile obtient en compensation des nuisances que la capitale fait subir à sa commune la collaboration active du service ordinaire et vicinal du département de la Seine pour mettre en place et améliorer la qualité de son réseau d'égouts. Le recours au service départemental illustre à ce titre l'incapacité des communes à faire face seules au problème de l'assainissement.

Selon l'ingénieur départemental, l'assainissement des communes de la Seine banlieue pâtit de l'absence d'obligation pour les propriétaires de raccorder leurs habitations au tout-à-l'égout pour l'écoulement des eaux ménagères et pluviales[210]. Le décret-loi du 26 mars 1852 prévoyait que ses dispositions rendues obligatoires à Paris pourraient être étendues à toutes les villes de banlieue qui en feraient la demande. Mais, au début de l'année 1900, seules 34 communes suburbaines ont adopté cette mesure de salubrité : Clichy, Saint-Denis et Neuilly en 1859, Clamart et Ivry en 1861, Puteaux en 1862, Saint-Ouen et Fontenay-sous-Bois en 1865, Nanterre, Suresnes et Vincennes en 1866, Aubervilliers en 1867, Pantin et Levallois-Perret en 1868, Vanves en 1880, Le Pré-Saint-Gervais en 1889, Choisy-le-Roi, Nogent-sur-Marne et Créteil en 1891,

209. Ministère de l'Intérieur, *Rapport présenté au Ministre de l'Intérieur et des Cultes sur la situation financière et matérielle des communes en 1877,* Paris, Imprimerie nationale, 1881, p. 188-189.

210. Archives de Paris, D4S1 1, *Rapport de l'ingénieur*, *op. cit.*, p. 71.

Gentilly, Montrouge et Les Lilas en 1892, Fontenay-aux-Roses, Noisy-le-Sec et Saint-Mandé en 1894, Courbevoie en 1895, Châtillon-sous-Bagneux, Maisons-Alfort et Sceaux en 1896, Arcueil-Cachan en 1897, Bourg-la-Reine, Romainville et Saint-Maur-des-Fossés en 1898 et Bondy en 1900[211].

À la veille de l'ouverture de l'Exposition universelle de 1900, qui fait la part belle à la politique d'assainissement de la capitale, moins de la moitié des communes du département de la Seine est engagée dans cette mise en réseau de l'assainissement suburbain. Si, parmi ces cités figurent quelques-unes des plus peuplées de la Seine banlieue, Saint-Denis, Clichy, Aubervilliers, Issy, Levallois, Pantin, Neuilly et Vincennes, d'autres tout aussi importantes n'ont toujours pas adopté cette réglementation d'hygiène publique. En 1902, Asnières (31 336 habitants en 1901) et Boulogne (plus de 44 400 habitants en 1900) qui disposent de dizaines de kilomètres de canalisation n'ont pas encore rendu l'écoulement à l'égout obligatoire dans leur cité. Les villes de Colombes (23 000 habitants) et d'Issy-les-Moulineaux (16 600 habitants) suivent leur exemple[212]. Sans nul doute, l'investissement est lourd pour des villes au maillage d'égouts carentiel, confrontées à des priorités plus urgentes, telles que la viabilisation de leurs routes et l'équipement de leur territoire en établissements scolaires rendu obligatoire par l'adoption des lois Ferry en 1882. Au tournant des années 1870-1880, les communes de la Seine banlieue s'étaient ainsi distinguées dans la mise en œuvre d'importants programmes de construction d'écoles publiques à hauteur de 5,4 millions de francs : un record national pour l'époque[213].

Départementaliser le réseau d'assainissement pour soutenir la banlieue

Lorsque les élus locaux délibèrent sur l'insalubrité de leur territoire et sur la pollution de la Marne, de l'Oise et de la Seine, le quant-à-soi communal n'a aucun sens. Le problème de la pollution est posé à l'agglomération parisienne tout entière. Interpellée par les difficultés des communes de banlieue, le conseil général de la Seine, représentant la population et les intérêts des collectivités locales, apporte son aide logistique et financière aux cités suburbaines[214]. Il participe à l'assainissement des communes de banlieue qui souscrivent des abonnements auprès des services techniques départementaux pour l'entretien et le curage de leurs égouts[215]. Cette aide n'est cependant pas suffisante et le département prend conscience de l'inadaptation des lois sur l'hygiène au cas spécifique des banlieues. La législation relative à l'assainissement fait en effet de ce service urbain une compétence strictement communale. La loi du 14 septembre 1789 sur la constitution des municipalités a confié au maire le pouvoir de réglementation en matière sanitaire, tandis que la loi du 16 septembre 1807 précise, dans son article 35, que les travaux de salubrité sont à la charge exclusive des communes[216].

Cette législation est en contradiction formelle avec la situation des territoires agglomérés à forte densité urbaine. La mise en place d'un système d'assainissement cohérent et efficace ne peut être réalisée à l'échelle communale. La bonne échelle est celle de l'agglomération. Or, la réglementation sanitaire conforte le morcellement de l'action publique.

---

211. CARAN, F/2/2708, application aux communes du décret du 26 mars 1852 relatif à l'écoulement obligatoire à l'égout des eaux pluviales et ménagères.

212. Archives de Paris, fonds Perotin, 10445 217.

213. Les 662 communes du Nord dépensent moins de 5,1 millions de francs, les 904 communes du Pas-de-Calais, 2,2 millions, et les 264 du Rhône, 1,8 million. Ministère de l'Intérieur, *Situation financière et matérielle des communes en 1877*, *op. cit.*, p. 23.

214. Marcel Vialla, *L'Aide financière de l'État et du département aux communes*, thèse de l'Institut d'Urbanisme de l'Université de Paris, 1944.

215. Archives de Pantin, délibération du 22 novembre 1901.

216. Gabriel Daty, *La Loi du 5 avril 1884 sur les municipalités*, Paris, Librairie du Recueil Sirey, 1943 ; Lucien Vallette, *La Loi municipale du 5 avril 1884*, Paris, Garnier, 1935.

Elle favorise les égoïsmes communaux et la tendance de certaines municipalités, Paris en tête, à rejeter leur pollution sur le territoire du voisin. La quasi-totalité des égouts de banlieues se déverse ainsi dans la Seine, dans la Marne ou dans d'autres rivières du département. Seules quelques communes situées en aval de la capitale et dont le territoire est traversé par les collecteurs parisiens ont su négocier, à l'instar de Clichy et de Levallois, le droit de raccorder une partie ou la totalité de leurs égouts au réseau de la capitale.

Devant de telles négligences et un tel morcellement des politiques d'assainissement, le département de la Seine décide, à partir des années 1880, non plus d'aider mais de suppléer l'incapacité des communes, en élaborant pour leur compte un réseau d'assainissement commun à l'ensemble du territoire de la Seine banlieue. Dans cette perspective, deux projets successifs sont discutés, le premier en 1884-1885, le second à partir de 1892. Ces deux projets, qui ne concernent que les communes de la Seine banlieue, reposent sur le principe d'une solidarité départementale. Leur but est d'établir et d'exploiter un réseau d'intérêt général qui a vocation à traiter et à évacuer les eaux usées, collectées par le réseau communal, vers des installations d'épuration exploitées par le département de la Seine pour le compte des communes de banlieue.

Le projet de 1884-1885 divisait les communes du département en deux zones, l'une en amont de Paris et l'autre en aval. Pour la zone située en amont, les ingénieurs du département avaient prévu la construction d'un réseau de collecteurs desservi par une usine unique, construite au confluent de la Seine et de la Marne, et destinée à refouler les eaux usées vers des champs d'épandage aménagés dans la plaine de Créteil. Pour la zone située en aval, les eaux devaient être refoulées vers l'usine municipale de Clichy avant d'être dirigées, avec les eaux usées parisiennes, sur les champs d'épandage de Gennevilliers[217]. Ce projet, qui ne sera jamais réalisé par manque de ressources et de consensus politique, est modifié pour donner naissance au deuxième projet départemental de 1892. Le contexte marqué par une nouvelle épidémie de choléra est porteur. Il signale, une fois de plus, l'urgence de préserver de la pollution les eaux des rivières consommées comme eau potable par la population du département de la Seine[218].

Dans ce deuxième projet, les communes du département sont réparties en trois groupes : un premier groupe de communes situées en amont de Paris, un deuxième groupe comprenant les communes localisées entre les fortifications parisiennes et la ville de Clichy et enfin un troisième groupe rassemblant toutes les communes en aval de Clichy. Pour le premier groupe, si l'épuration des eaux est toujours prévue sur des champs d'épandage aux abords de Créteil, les ingénieurs départementaux estiment désormais plus judicieux de construire non plus une mais quatre usines de refoulement à Alfortville, Créteil, aux Fonds-de-Beauté et à Choisy-le-Roi. Concernant le deuxième groupe de communes, le projet initial n'est guère modifié ; les eaux usées doivent être déversées dans le réseau parisien et épurées à Gennevilliers ; tandis que celles du troisième groupe, en aval de Clichy, sont appelées à être refoulées à partir d'une nouvelle usine à construire au lieu-dit de La Briche à Épinay-sur-Seine afin d'être épandues dans les environs de Bondy et du Bourget.

Pour évaluer ce projet et étudier les rapports des services techniques, le conseil général institue en son sein une commission des eaux et de l'assainissement. À la différence du projet avorté de 1884, le programme de 1892 est partiellement réalisé pour la zone en amont de Paris. Cette zone représente une priorité pour les conseillers municipaux de Paris ultra-majoritaires à l'assemblée départementale et soucieux de préserver le cadre de vie de leurs administrés au risque de détériorer celui des banlieusards. Depuis 1834, les

217. Félix Launay, « Le drainage de la plaine de Gennevilliers », *Annales agronomiques*, t. 18, 1892.
218. Léon Paris, *Rapport au nom de la commission des eaux et de l'assainissement sur l'assainissement du département de la Seine*, 8 juin 1914, p. 4.

représentants de la banlieue ne sont en effet que huit au conseil général face aux 80 représentants des quartiers de la capitale. Au XIXe siècle, le conseil général est « *plus parisien que départemental*[219] ». Le décollage démographique et économique de la Seine banlieue incitera néanmoins le gouvernement à augmenter la représentation de la Seine banlieue. Sous la IIIe République, le nombre d'élus suburbains passe ainsi en 1893 à 21 conseillers généraux[220].

Au grand dam des élus parisiens, les eaux usées de ces communes situées en amont de Paris continuent de polluer la Seine dans sa traversée de la capitale. Les captages d'eau potable d'Ivry et de Saint-Maur destinés à l'alimentation des Parisiens ne sont pas épargnés. L'usine d'Alfortville, construite par la ville de Paris, qui avait un moment escompté épandre une partie de ses eaux usées dans le voisinage de Créteil, est rachetée par le conseil général de la Seine et aménagée pour refouler les eaux usées de Maisons-Alfort et d'Alfortville vers des terrains loués par le département à l'Assistance publique. Les épandages commencent sur ces terrains dès octobre 1895. Ils concernent une surface et des volumes d'eau encore peu importants (2 150 000 m^3 en 11 mois sur environ 80 hectares). Ils suscitent en revanche, avant même leur commencement, une levée de boucliers.

Le premier projet départemental de 1884-1885 avait provoqué une série de délibérations des communes voisines des terrains prévus pour l'épandage des eaux usées[221]. En 1893 au moment où le second projet est discuté au conseil général et en 1894 lors de l'enquête publique, une quinzaine de communes des départements de la Seine et de la Seine-et-Oise, parmi lesquelles Créteil, Alfortville, Maisons-Alfort, Valenton, Villeneuve-Saint-Georges, s'oppose aux projets d'irrigation de la plaine de Créteil. Les motifs de protestations sont similaires aux griefs formulés, quelques années auparavant, par les communes de Seine-et-Oise et du nord de la Seine banlieue à l'encontre des projets parisiens d'épandage de Gennevilliers. Les communes craignent les mêmes maux : la transformation des terres agricoles en marais insalubres, la propagation de maladies et la contamination des puits et des sources d'alimentation en eau.

Les protestations des communes de banlieue ne mettent pas en accusation le conseil général de la Seine, mais une fois de plus, la ville de Paris accusée d'être le véritable instigateur du projet départemental. Ainsi, Saint-Maur-des-Fossés condamne, le 15 février 1894, le « *projet d'épandage des eaux d'égout de la ville de Paris sur les territoires de la banlieue* », tandis que Charenton considère « *qu'il est contre toute équité que la banlieue de Paris soit le réceptacle de toutes les ordures et de toutes les immondices de la capitale*[222] ». Ces délibérations reflètent la défiance et l'animosité qui animent les relations Paris/banlieues depuis le Second Empire. Le sentiment d'être traitées comme le dépotoir de la capitale leur est devenu insupportable. Si ces oppositions perdent de leur intensité dans les années qui suivent l'entrée en service des champs d'épandage, le sentiment de relégation de la banlieue, lui, reste bien ancré et se transmet de génération en génération. Pour l'heure, le projet de 1892 n'est que partiellement réalisé essentiellement pour des raisons financières. Le département avait en effet sollicité une aide de l'État à hauteur de 1,9 million de francs qui lui est en partie refusée en vertu de l'article 35 de la loi du 16 septembre 1807 stipulant que les travaux de salubrité sont à la charge exclusive des communes[223].

219. André Guillerme, Gérard Jigaudon, Anne-Cécile Lefort, *Dangereux, insalubres et incommodes*, *op. cit.*, p. 161.
220. Maurice Félix, Eugène Raiga, *Le Régime administratif…*, *op. cit.*, p. 92-93.
221. Archives de Paris, D2S8 1.
222. Archives de Paris, D2S8 1, délibération des communes de Saint-Maur-des-Fossés et Charenton du 15 février 1894.
223. Léon Paris, *Rapport au nom de la commission des eaux… art.cit.*, p. 6.

Georges Bechmann, Léon Boreux et Anatole Hétier, de grands techniciens au service du Grand Paris.

Georges Bechmann.
© ENPC

Léon Boreux.
Portrait extrait de la collection *Nos édiles, 1904-1908.*
© BAdV / Roger-Viollet

Anatole Hétier.
Portrait extrait de la collection *Nos édiles, 1904-1908.*
© BAdV / Roger-Viollet

Les pionniers du Grand Paris de l'assainissement

Ces deux premiers programmes d'assainissement portés par le département de la Seine constituent une étape majeure dans l'ébauche du système d'assainissement de l'agglomération parisienne. En prévoyant l'intervention du département en lieu et place des communes, ces programmes opèrent une redéfinition des rôles respectifs des différents acteurs publics du département capitale. Le conseil général de la Seine est ainsi appelé à s'imposer comme l'institution représentative du Grand Paris dont les missions de régulation et de redistribution des richesses, au profit des communes les plus pauvres, les plus enclavées, les plus sous-équipées, contribuent à pacifier les relations Paris/banlieues[224]. La prise en charge par le conseil général de l'assainissement des communes suburbaines constitue une innovation dans l'histoire des institutions locales. Bien que le terme « agglomération », pour désigner l'ensemble des communes du département capitale, ne soit pas encore utilisé par ses administrateurs, cette politique est l'une des premières tentatives d'intégration urbaine de la banlieue parisienne.

Paris et la Seine banlieue sont de plus en plus dépendantes l'une de l'autre. La pollution et les catastrophes naturelles n'ont pas de frontières. Elles se moquent des découpages administratifs. Confrontés aux sinistres de la pollution, les élus locaux, les ingénieurs de la ville de Paris et ceux du service ordinaire et vicinal du département, qui élaborent les projets d'assainissement, prennent conscience de l'interpénétration

224. Émile Cacheux, *Le Grand Paris, conférence*, Association française pour l'avancement des sciences, 1916, *in* Franz Schrader, « L'évolution des cités : à propos d'ouvrages récents », *Annales de géographie*, n° 139, 1917, p. 1-14.

des territoires et des effets pervers de la sectorisation des politiques publiques. En dépit de la coexistence de deux systèmes d'assainissement, celui de Paris d'une part et celui de la banlieue de l'autre, l'interaction des deux réseaux commence à prendre corps à la fin du XIXe siècle. Le programme départemental de 1892 prévoit ainsi que « *la ville de Paris doit recevoir dans ses usines, refouler et épurer les eaux usées d'un certain nombre de communes du département. Par ailleurs, elle doit écouler dans les collecteurs départementaux une partie de ses eaux d'égout*[225] ».

À la fin des années 1870, Paris bénéficie déjà d'une infrastructure d'égouts de plus de 294 kilomètres d'étendue répartie sur 7 000 hectares, tandis que la Seine banlieue n'affiche qu'une soixantaine de kilomètres d'égouts sur un territoire quatre fois plus grand. Dans ces années 1870-1880, les édiles des municipalités limitrophes de Paris délibèrent en faveur du raccordement de leur cité au réseau d'assainissement parisien en vertu du droit à la salubrité de leurs administrés[226]. De fait, le sort de ces deux territoires est bel et bien scellé à mesure que les ouvrages d'assainissement de la capitale « *colonisent* » la banlieue[227]. Dans cette entreprise d'accession de la banlieue à un réseau d'aisances et de commodités urbaines se conjuguent tout à la fois le génie sanitaire des hygiénistes, l'idéal réalisateur des ingénieurs des grands corps d'État et les aspirations au progrès et à la santé publique des élus suburbains[228].

Depuis les grands travaux haussmanniens, les services techniques du département de la Seine constituent le nœud opérationnel de la mise en œuvre de grands projets urbains qui couvrent des domaines aussi importants que la voirie, les adductions en eaux, en gaz, l'assainissement ou l'organisation du traitement des ordures ménagères. Aux commandes de cette rationalisation se trouvent trois hauts fonctionnaires des services techniques de la préfecture de la Seine dont les prérogatives s'étendent sur les communes suburbaines du département : Léon Boreux, chef de la voie publique et de l'éclairage, Georges Bechmann, chef des eaux et de l'assainissement, et Anatole Hétier, directeur des services départementaux. Tous trois ont été élèves ingénieurs de l'École des ponts et chaussées dans les années 1860, les deux derniers étant également polytechniciens. Georges Bechmann intègre à 30 ans, en juin 1878, le service des travaux de Paris, Anatole Hétier, tout particulièrement chargé de la voirie, du service hydraulique, des tramways et du conseil d'hygiène du département, le suit en 1886 à l'âge de 44 ans, tandis que Léon Boreux, le plus âgé des trois, est nommé à la préfecture de la Seine en 1889 à l'âge de 45 ans[229].

Ces trois techniciens de la préfecture de la Seine sont des hommes de dossiers qui collaborent et suppléent l'inexpérience d'élus parisiens et suburbains, sensibilisés aux questions de santé publique. Chargé de la défense du grand collecteur d'Asnières durant le siège de Paris en 1870-1871, licencié en droit, sorti second de l'École des ponts et chaussées où il enseignera, Georges Bechmann, ancien ingénieur en chef des eaux à l'Exposition de Paris de 1889, est devenu un des plus grands spécialistes français de l'assainissement. En 1894, Georges Bechmann défend au titre de commissaire du gouvernement le projet de loi relatif à l'assainissement du département de Seine à la Chambre des députés et au Sénat. Cosmopolite et homme de relations, il

225. Archives de Paris, D4S1 2, *Rapport de l'ingénieur en chef du département pour l'année 1896*, p. 230.
226. Archives de Pantin, d'Aubervilliers et du Pré-Saint-Gervais, registre des délibérations, années 1870-1880.
227. CARAN, F/14/15424, extension de l'émissaire général vers Achères : construction des aqueducs d'Achères et de Gennevilliers (1889-1913).
228. Emmanuel Bellanger, *Administrer la « banlieue municipale » : activité municipale, intercommunalité, pouvoir mayoral, personnel communal et tutelle préfectorale en Seine banlieue des années 1880 aux années 1950*, thèse d'histoire contemporaine, Département d'histoire, Université Paris 8, 2004.
229. Notices biographiques et organigrammes du *Conseil municipal, Nos édiles, Annuaire illustré municipal et administratif de la ville de Paris et du département de la Seine, 1900-1904*, p. 378-380 ; *1904-1908*, p. 435-437, *1908-1912*, p. 445-446.

est membre de la commission des expositions internationales de Paris de 1889, de Moscou, de Chicago, d'Anvers, de Bruxelles et de nouveau de Paris en 1900. Il est à ce titre gratifié de prestigieuses décorations internationales – commandeur de François-Joseph d'Autriche, du Dragon de l'Annam, officier de Léopold de Belgique – qui s'ajoutent à ses distinctions françaises de l'ordre de la Légion d'honneur et du Mérite agricole[230].

L'intégration de la préfecture la plus convoitée de France consacre l'apogée d'une carrière vouée à la haute fonction publique. Georges Bechmann en est l'archétype. Il fut tour à tour en fonction dans l'Isère en 1870, le Finistère en 1871, la Seine-Inférieure en 1872, puis en mission à l'étranger avant d'être attaché au service municipal de la ville de Paris où il fut affecté dans le service des machines élévatoires et distributrices des eaux en remplacement de Félix Humblot. Nommé ingénieur en chef en 1886, il occupe les postes de chef du service des eaux en 1887, de chef du service des égouts et de l'assainissement en 1888, puis de directeur des eaux et de l'assainissement en 1899. Son nom reste associé à la diffusion du système du tout-à-l'égout et à l'extension de l'épuration par le sol des eaux d'égout dont le parc agricole d'Achères est la plus grande réussite. À titre plus anecdotique, Georges Bechmann supervisa l'élaboration en 1901 du cahier des charges de l'adjudication des chasses d'eau dans les services préfectoraux du département de la Seine[231].

En conflit avec sa hiérarchie, Georges Bechmann est, à sa demande, mis en congé le 1er juillet 1905 pour diriger la société privée du chemin de fer électrique du Nord-Sud de Paris[232]. Retraité en 1913, il poursuit ses recherches sur l'assainissement, la distribution de l'eau et l'aménagement des agglomérations urbaines.

« Il crée en 1918 avec Léon Eyrolles un bureau spécialisé dans les techniques sanitaires, l'Office spécial d'ingénieurs consultants, qui s'associe avec des architectes et des géomètres pour constituer en 1919 l'Union urbaniste, bureau d'études chargé de concevoir les plans de villes en application de la loi du 14 mars 1919, dite loi Cornudet [...][233]. »

Sous la IIIe République, selon une logique administrative centralisée et hiérarchisée qui prend ses racines dans la gestion haussmannienne du département de la Seine, faite d'annexion, de mises sous tutelle et de patronages, ces hauts fonctionnaires deviennent les promoteurs des grands projets d'aménagement de l'agglomération, associant les arrondissements parisiens aux communes de la périphérie. Anatole Hétier maîtrise d'autant mieux les limites administratives et le morcellement de ce département capitale qu'il a dressé lui-même les cartes de l'ensemble des communes de la Seine banlieue. La longévité professionnelle de ces trois techniciens est également un gage de suivi rigoureux des dossiers et d'affermissement des relations avec les notabilités parisiennes et suburbaines.

La dynamique d'agglomération du département de la Seine, territoire ô combien contrasté et ségrégé, est intimement liée au dépassement du repli communal. La volonté politique de rapprocher les entités urbaines composites de la banlieue parisienne est signalée dans les procès-verbaux des tournées officielles des préfets de la Seine dans les deux arrondissements suburbains de Saint-Denis et de Sceaux. À défaut d'annexer, comme en 1859, toutes les communes de la Seine

---

230. *Nos édiles, 1904-1908*, Paris, Publications du journal municipal *La Cité*, s.d., p. 436 ; Georges Bechmann, *Salubrité urbaine, distributions d'eau, assainissement*, Paris, Baudry, 1888 ; Georges Bechmann, *Notice sur le service des eaux et de l'assainissement de Paris, Exposition universelle de 1900*, Paris, C. Béranger, 1900.

231. *Fourniture des appareils automatiques pour chasses d'eau dans les égouts, du 1er octobre 1901 au 30 septembre 1904, cahier des charges et bordereau des prix, adjudication du 7 septembre 1901*, Paris, Imprimerie Prissette, 1901.

232. Bernard Landau, avec le concours de Valérie Astrie, « Notice biographique », *in* Bernard Landau, « La fabrication des rues de Paris au XIXe siècle... », art. cit.

233. Viviane Claude, « Technique sanitaire et réforme urbaine : l'association générale des hygiénistes et des techniciens municipaux, 1905-1920 », *in* Christian Topalov (dir.), *Laboratoires du nouveau siècle. La nébuleuse réformatrice et ses réseaux en France, 1880-1914*, Paris, Éditions de l'EHESS, 1999, p. 269-298.

Des élus locaux promoteurs de l'hygiène sociale et de l'assainissement.

Léon Paris, élu parisien socialiste, de 1900 à 1925, solidaire de la banlieue parisienne.
Portrait extrait de la collection *Nos édiles, 1904-1908.*
© BAdV / Roger-Viollet

Philéas Collardeau, maire de Bondy et président de la commission stratégique des routes et de l'assainissement du conseil général de la Seine.
Portrait extrait de la collection *Nos édiles, 1904-1908.*
© BAdV / Roger-Viollet

Auguste Marin, maire de Saint-Maur-des-Fossés de 1908 à 1940 et membre influent de la commission mixte des eaux et de l'assainissement du Grand Paris.
Portrait extrait de la collection *Nos édiles, 1904-1908.*
© BAdV / Roger-Viollet

banlieue, le pouvoir tutélaire s'efforce de composer avec leurs représentants au conseil général de la Seine. Ces derniers sont les artisans incontournables des coopérations Paris/banlieues. Ils s'appuient sur un puissant groupe de pression, le Groupe des conseillers généraux de la banlieue pour la défense des intérêts du département[234]. Ce groupe, constitué à la fin des années 1880, a pour secrétaire Octave Allaire, conseiller général radical de Neuilly-sur-Seine, élu de 1881 à 1884 et de 1887 à 1890[235]. Cette communauté d'intérêts est par la suite dirigée par le conseiller général de Boulogne, Léon Barbier qui préside la commission mixte des omnibus et tramways en 1901 et est élu président du conseil général de la Seine en 1905.

La politique d'influences de ce groupement se resserre sur un axe principal : obtenir des présidences ou des vice-présidences dans les sept commissions stratégiques du conseil général[236]. Ce groupe, dominé par les radicaux-socialistes, parvient ainsi à faire élire Philéas Collardeau, maire de Bondy de 1876 à 1892 et de 1896 à 1908, à la tête de la deuxième commission départementale, celle des routes et des égouts. L'obtention de cette présidence est essentielle pour les élus de la Seine banlieue car elle est le bras financier du désenclavement de leurs communes et du classement de leurs routes dans la voirie départementale. Cette commission s'engage surtout dans la reconnaissance d'un véritable service départemental d'assainissement qui cofinance la réalisation du réseau d'égouts

234. Auguste Bailly, *La Banlieue de Paris devant le Parlement. Démonstration de la nécessité de séparer le conseil général de la Seine d'avec le conseil municipal de Paris*, Paris, Paul Dupont, 1890.

235. Louis Bloch, « Notice biographique d'Octave Allaire », *Conseillers et maires de la Seine. op. cit.*

236. La première commission est chargée des immeubles départementaux, la deuxième des routes et des égouts, la troisième de l'assistance publique, la quatrième des beaux-arts, la cinquième de l'instruction publique, la sixième des finances et la septième de la police et des prisons. *Nos édiles, 1904, op. cit.*, p. 74 ; *Nos édiles, 1911*, *op. cit.*, p. 363.

suburbain[237]. L'édile de Bondy est épaulé par son vice-président, Eugène-Victor Carmignac, conseiller général depuis 1896 du canton de Sceaux et partisan déterminé des solidarités intercommunales et départementales[238].

Auguste Marin, maire de Saint-Maur-des-Fossés de 1908 à 1940, inscrit son action publique dans la continuité de celle de ses prédécesseurs, Philéas Collardeau et d'Eugène-Victor Carmignac, comme lui de culture républicaine, radicale et radicale-socialiste, une mouvance politique qui domine l'assemblée départementale et les conseils municipaux de la banlieue parisienne. Membre de la deuxième commission permanente des routes et des égouts du département dès son élection au conseil général en 1909, Auguste Marin en devient l'inamovible président durant l'entre-deux-guerres, légitimé par ses fonctions de vice-président puis de président de l'assemblée départementale en 1912 et 1921. C'est surtout son expérience de maire d'une ville d'eau, dont la régie municipale est décrite comme un modèle du genre, qui place l'édile de Saint-Maur-des-Fossés au cœur du système des commissions de l'eau et de l'assainissement de l'agglomération parisienne. Désigné en 1908 vice-président de la commission mixte départementale des eaux et de l'assainissement du Grand Paris, il collabore avec les représentants de la deuxième commission du conseil général et ceux de la sixième commission de l'hygiène, des eaux et de l'assainissement du conseil municipal de Paris.

Le fonctionnement de cette commission mixte de la ville de Paris et du conseil général de la Seine est essentiel pour comprendre l'institutionnalisation de la politique d'assainissement à l'échelle départementale. Elle est le lieu de la formalisation des compromis entre élus de banlieue et élus parisiens aux engagements partisans souvent opposés. Sa composition, relativement stable, rassemble des conseillers généraux devenus des spécialistes de la gestion publique des eaux potables et des eaux souillées. S'y distingue son respectable président, le socialiste Léon Paris. Issu d'une famille de dix enfants, arrivé à Paris en 1877 comme simple charron, ce militant formé au syndicalisme ouvrier est élu, sans interruption de 1900 à sa mort en 1925, conseiller municipal du 19e arrondissement[239]. Cet élu d'un des quartiers les plus populaires de Paris, le quartier de la Villette, que rien ne prédiposait à l'administration de la capitale et du département de la Seine, est désigné, dès 1904, secrétaire du conseil municipal, vice-président de la commission du Port de Paris, vice-président de la commission du métropolitain et surtout président de la commission mixte des eaux et de l'assainissement de la ville de Paris et du département de la Seine[240]. Cet édile, élu à la présidence du conseil général en 1915, incarne la conversion politique des élus socialistes, fidèles aux souvenirs de la Commune de Paris, en de véritables administrateurs aguerris aux contraintes de la gestion publique des services d'intérêt général[241].

Le socialiste Léon Paris a pour vice-président le modéré Georges Lemarchand, conseiller municipal du 4e arrondissement de Paris élu en 1908 sous l'étiquette de l'Alliance démocratique, une formation de centre-droit créée en 1901. Très tôt, parmi ses collègues de toutes sensibilités politiques, Georges Lemarchand est considéré comme un incontournable expert de la distribution et de l'assainissement des eaux de l'agglomération parisienne. Il tire sa légitimité de ses anciennes fonctions d'agent technique du contrôle de la direction des travaux de Paris de la préfecture de la Seine[242].

237. Emmanuel Bellanger, *Administrer la « banlieue municipale »*, *op. cit.*

238. *Nos édiles, 1904-1908, op. cit.*

239. Jean Raumond, « Notice de Léon Paris », *in Dictionnaire biographique du Mouvement ouvrier français*, Paris, Les Éditions de l'Atelier, CDrom.

240. *Nos édiles, 1921, op. cit.*, p. 226-227.

241. Michel Offerlé, « Illégitimité et légitimation du personnel politique ouvrier avant 1914 », *Annales ESC*, n° 4, juillet-août 1984, p. 681-713.

242. *Nos édiles, 1935-1941, op. cit.*, p. 377-378.

La Belle Époque est également marquée par l'entrée dans la vie politique départementale d'une figure du Grand Paris de l'entre-deux-guerres, Henri Sellier, élu en septembre 1910, à l'âge de 26 ans, conseiller général. Représentant du canton de Puteaux, le jeune édile, défenseur des intérêts de la banlieue parisienne et de ses communes populaires, est bientôt nommé, en pleine guerre, au poste stratégique de rapporteur général du budget de l'assemblée départementale, où il se forge au métier d'administrateur des collectivités locales. Au tournant des XIXe et XXe siècles, le conseil général et la commission mixte des eaux et de l'assainissement deviennent ainsi les instances délibératives des arbitrages et des conciliations entre élus parisiens et suburbains du Grand Paris[243]. Force est de constater que les élus suburbains de la Belle Époque, bien que minoritaires à l'assemblée départementale, ont gagné en reconnaissance.

La « *nébuleuse réformatrice* » : du Musée social aux associations d'hygiénistes et de techniciens

Le grand dessein d'encadrement social, technique et administratif du département capitale est incarné par une « *nébuleuse* » de réformateurs formés aux principes de l'ordre et du solidarisme républicains[244]. La Belle Époque est marquée par la pénétration des techniques sanitaires qui mettent autant l'accent sur la nécessité d'assainir l'espace privé, l'hygiène corporelle et l'habitation, que l'espace public, de plein air et souterrain[245]. Cette émulation intellectuelle et professionnelle a pour port d'attache le Musée social, un haut lieu de la réforme fondé en 1894. En 1908, s'y agrège une section d'hygiène urbaine et rurale présidée par Jules Siegfried, un parlementaire philanthrope ancien maire du Havre.

Cette section est animée par de nombreux administrateurs parisiens parmi lesquels se retrouvent Paul Strauss, conseiller municipal de Paris dès 1883, sénateur de la Seine de 1897 à 1936 et président de la Ligue contre la mortalité infantile, Léopold Bellan, élu conseiller municipal radical-socialiste en 1893 et président de l'assemblée parisienne en 1910 et Ambroise Rendu, conseiller municipal de Paris depuis 1896, très actif dans le domaine du logement ouvrier. Y sont associés des professionnels experts de l'administration parisienne : Paul Juillerat, chef du bureau administratif des services d'hygiène responsable du casier sanitaire de Paris, Louis Bonnier, directeur des services d'architecture, des promenades et plantations, de la voirie et du plan, sans oublier l'ingénieur Alphonse Gaston Colmet-Daage, directeur du service municipal des eaux et de l'assainissement[246]. Cette section d'hygiène urbaine et rurale participe au grand débat sur l'aménagement de la capitale et de ses banlieues. En son sein, Georges Bechmann dirige dès 1908 une sous-commission d'étude de la planification des villes qui inspirera une proposition de loi de Jules Siegfried défendue en novembre 1912 à la Chambre des députés. La section d'hygiène urbaine et rurale joue de son influence sur les projets de déclassement et de reconversion de la zone et des fortifications[247].

Le Musée social pose les fondements de l'État providence adossé à l'action de proximité et de cohésion des collectivités

243. Emmanuel Bellanger, « "Je t'aime contraint et forcé". Des maires, des amicales, des syndicats et une préfecture en banlieue parisienne (1880-1950) », *in* Danielle Tartakowsky, Françoise Tétard (dir.), *Syndicats et associations en France. Concurrence ou complémentarité ?*, Rennes, Presses Universitaires de Rennes, 2006, p. 129-137.

244. Christian Topalov (dir.), *Laboratoires du nouveau siècle…*, *op. cit.*, 1999.

245. Gustave Jourdan, « De l'Assainissement des habitations dans la ville de Paris » (Congrès international d'hygiène et de démographie à Paris en 1889), *in Compte rendu publié par le Secrétariat du Congrès*, Paris, Bibliothèque des Annales économiques, 1890, p. 353-372 ; Ferdinand Marié-Davy (ed.), *Assainissement et salubrité de l'habitation. Compte-rendu des travaux du deuxième congrès international tenu à Genève du 4 au 10 septembre 1906*, Paris, Jules Rousset, 1906.

246. Janet Horne, « L'antichambre de la Chambre : le Musée social et ses réseaux réformateurs, 1894-1914 », *in* Christian Topalov (dir.), *Laboratoires du nouveau siècle…*, *op. cit.*, p. 130.

247. Marie Charvet, *Les Fortifications de Paris. De l'hygiénisme à l'urbanisme, 1880-1919,* Rennes, Presses universitaires de Rennes, 2005 ; *La Ligue pour les espaces libres, l'assainissement et les sports, Déclassement des fortifications et conversion de la zone en espaces libres*, Paris, Pierre Roger et Cie, 1910.

locales[248]. La ville de Paris, la plus riche de France, surreprésentée dans les instances de la réforme urbaine, se veut à l'avant-garde de l'hygiénisme républicain. Le 6 novembre 1912, Léon Bourgeois, ministre du Travail, auteur d'un essai philosophique sur la solidarité, rend hommage à son action lorsqu'il vient inaugurer, aux côtés de l'élu parisien et ministre de l'Intérieur, Théodore Steeg, le nouveau musée d'hygiène de la ville de Paris[249]. Institué en 1908 sur le rapport du spécialiste de l'assainissement de Paris, Georges Lemarchand, ce musée permanent est ouvert dans l'ancien presbytère de l'église Saint-Leu, boulevard Sébastopol, où il doit recueillir les collections sanitaires du dépotoir de la Villette, dont les terrains doivent être vendus[250]. Ce lieu se décline en sept sections : l'hygiène urbaine et ses réseaux, l'hygiène de l'habitation, la prophylaxie des maladies contagieuses, l'hygiène des collectivités, l'hygiène des halles et des marchés, l'hygiène des transports et l'hygiène sociale[251].

Des sociétés professionnelles investissent également cette nébuleuse réformatrice de la IIIe République. En 1905, l'Association générale des hygiénistes et des techniciens municipaux (AGHTM) et l'association des architectes et ingénieurs voyers du département de la Seine voient le jour. Elles sont rejointes en 1911 par la Société française des architectes urbanistes (SFAU), placée sous l'égide du Musée social[252]. Ces groupements professionnels se posent en promoteur de la rationalisation urbaine, partisans d'une législation sur la santé publique et les plans d'aménagement, d'embellissement et d'extension des villes[253]. La plus en vue, l'AGHTM – présidée par Georges Bechmann de 1912 à 1919 et parrainée par Jules Siegfried, l'ingénieur des Ponts et Chaussées Émile Cheysson cofondateur du Musée social et les médecins Paul Brouardel et Albert Calmette – s'attache dans sa revue *La Technique sanitaire et municipale* à étudier les questions d'assainissement, d'adduction en eau et d'hygiène publique pour mieux exercer son lobbying et sa médiation entre les milieux industriels et le monde politique. En pleine guerre, cette association interprofessionnelle, composée en majorité de techniciens, cherche à renforcer son assise et à médiatiser son action publique en organisant du 25 mai au 15 août 1916 une exposition sur la ville idéale, assainie et planifiée, « *La cité reconstituée*[254] ».

La Société française des architectes urbanistes œuvre, elle aussi, à la promotion de l'aménagement urbain. Elle participe aux travaux de la commission administrative d'extension de Paris, créée en 1911 sur la proposition du 31 décembre 1910 de Louis Dausset, conseiller du 3e arrondissement depuis 1900 et ancien président de l'assemblée parisienne. Cette commission a vocation, pour la première fois, à penser en des termes politiques et plus solidaires la gestion de l'agglomération parisienne. Une partie de ses membres, composée d'architectes urbanistes, d'ingénieurs, d'administrateurs, d'élus, se retrouvera, en 1917, dans le comité de l'Institut d'histoire, de géographie et d'économie urbaines du département de la Seine, lieu de réflexion et d'appréhension des maux de l'agglomération parisienne, dirigé par Marcel Poëte, conservateur et secrétaire de la commission du Vieux Paris[255].

À la Belle Époque toujours, deux autres associations concernées par la réforme municipale vont véritablement s'attacher

---

248. Giovanna Osti, « La section d'hygiène urbaine et rurale du Musée social », *in* Katherine Burlen (dir.), *La banlieue oasis. Henri Sellier et les cités-jardins, 1900-1940*, Saint-Denis, Presses universitaires de Vincennes, 1987, p. 59-66 ; Janet Horne, *Le Musée social. Aux origines de l'État providence*, Paris, Belin, 2004.

249. Léon Bourgeois, *Essai d'une philosophie de la solidarité*, Paris, F. Alcan, 1902.

250. *Nos édiles, 1925*, *op. cit.*, p. 666.

251. *Nos édiles, 1913*, *op. cit.*, p. 178.

252. Viviane Claude, *Faire la ville. Les métiers de l'urbanisme au XXe siècle*, Marseille, Parenthèses, 2006.

253. Viviane Claude, « Technique sanitaire et réforme urbaine : l'association générale des hygiénistes et des techniciens municipaux, 1905-1920 », art. cit., p. 269-298.

254. Louis Gaultier, *Rapport sur l'exposition de la cité reconstituée, esthétique et hygiène*, Paris, Association générale des hygiénistes et techniciens municipaux, 1917.

255. Commission d'extension de Paris de la préfecture de la Seine, *Aperçu historique*, Paris, Imprimerie Chaix, 1913.

à transcender le repli communal et à promouvoir des politiques de coopération à l'échelle du Grand Paris. La première, l'Amicale professionnelle des secrétaires de mairie de la Seine, est créée en 1862 sous les auspices intéressés du baron Haussmann et de la préfecture de la Seine. La seconde, l'Union des maires de la Seine (UMS), est instituée en février 1909 à l'initiative du premier magistrat de Boulogne, Paul Lagneau. L'Union est l'héritière de la conférence des élus suburbains fondée au tournant des années 1870-1880 avec pour mission de défendre les intérêts de la banlieue parisienne. Ces deux groupements participent, d'une part, à l'élaboration de compromis entre la tutelle préfectorale et le pouvoir local parisien et, d'autre part, à l'uniformisation de la pratique municipale, intercommunale et départementale. C'est dans ce cadre professionnel et protocolaire que les premiers projets de départementalisation de la politique d'assainissement de l'agglomération parisienne sont élaborés[256].

256. Emmanuel Bellanger, « Aux origines du Grand Paris », en corédaction avec Annie Foucaut et Mathieu Flonneau, *in Paris sous l'œil des chercheurs*, Paris, Belin, 2008, p. 153-173.

Élus, ingénieurs et agriculteurs, tous unis pour la salubrité du Grand Paris ?

À la Belle Époque, la situation de l'assainissement dans l'agglomération parisienne connaît de sensibles améliorations mais reste, de loin, très insatisfaisante. En dépit de la mise en place des champs d'épandage censée parachever son système d'épuration, la ville de Paris est encore incapable de traiter l'ensemble de ses eaux usées et de ses immondices. De son côté, le département de la Seine peine à réaliser son programme d'assainissement. La donne politique a cependant changé avec le développement des coopérations engagées entre le conseil municipal de Paris, le conseil général du département de la Seine et les communes de la Seine banlieue. Les limites des conflits territoriaux se sont peu à peu déplacées. Les tensions restent ardentes entre l'agglomération parisienne, désormais désignée sous l'expression évocatrice du Grand Paris, et la Seine-et-Oise, cette grande couronne qui subit les nuisances non seulement de la grande ville, mais également, de plus en plus, de sa proche banlieue.

La pollution des fleuves encore et toujours

L'article 6 de la loi du 10 juillet 1894 relative à l'assainissement de Paris et de la Seine par le tout-à-l'égout avait fixé un délai de cinq ans pour achever les travaux du système d'épandage de la totalité des eaux d'égout de la capitale. Avisée, la ville de Paris organise en grande pompe, le 8 juillet 1899, une cérémonie de clôture de ses collecteurs d'eaux usées qui se déversent encore dans la Seine à la hauteur de Clichy. La cérémonie est dirigée par Louis Lucipia, président du conseil municipal de Paris et Justin de Selves, préfet de la Seine, tous deux patronnés par Pierre Baudin, ministre des Travaux publics, et Jean Dupuy, ministre de l'Agriculture. Louis Lépine préfet de police et ancien préfet de Seine-et-Oise, Léon-Marie Piettre, président du conseil général de la Seine, ainsi que le sous-préfet de Pontoise représentant la préfecture de Seine-et-Oise, honorent de leur présence cette parade trompeuse. Le discours du président du conseil municipal glorifie le « *tour de force* » accompli par ses services. Pour le préfet de la Seine : « *désormais le déversement des eaux d'égout de Paris dans la Seine déjà fortement réduit prend complètement fin et la contamination qui, depuis de si longues années provoquait la juste anxiété des populations riveraines, passe à l'état de souvenir*[257] ».

Les mots sont catégoriques, mais la réalité semble démentir ce discours d'autosatisfaction. Comme le rapporte le journal *Le Temps* dans son édition du 12 juillet 1899, la fermeture du collecteur d'Asnières qui polluait la Seine n'est que de courte durée :

> « *On applaudit aux discours officiels, on regarda curieusement manœuvrer le treuil qui sert à lever ou à baisser les lourdes portes ; puis chacun s'en alla, satisfait, mais pressé, car un orage menaçait et déjà de lourdes gouttes de pluie commençaient à tomber. Il était temps, car encore un quart*

257. CARAN, F/14/15424, *Bulletin municipal officiel de Paris et du département de la Seine*, 10 juillet 1899.

d'heure et les invités auraient assisté à un spectacle stupéfiant. Les mêmes ouvriers qui, tout à l'heure, avaient fermé le collecteur, s'occupaient à le rouvrir. Ce fut chose vite faite, et de nouveau les flots de boues et d'immondices, s'échappant de l'égout, coupèrent d'une bande noire les eaux plus claires de la Seine[258]. »

En cause, un orage qui éclate et surcharge le réseau parisien incapable de faire face à ce flot d'eau soudain.

Cette fermeture du collecteur est loin d'être accidentelle. En 1914, de l'aveu même de Georges Lemarchand, rapporteur au conseil municipal du budget du service des égouts, la cérémonie de clôture du collecteur d'Asnières ne fut en fait que « *pure comédie administrative et technique, car l'ouverture bouchée aux yeux du public avait été rétablie dans le fond de la Seine*[259] ». Au quotidien, malgré les obligations légales, les déversements directs des égouts dans la Seine se poursuivent et s'amplifient comme l'attestent les comptes rendus d'activité des services techniques publiés dans les *Notes à l'appui du compte* produites chaque année par le service municipal de l'assainissement. Le volume d'eaux usées rejeté n'est connu avec précision qu'à partir de l'année 1901[260]. Dans les années précédentes, ils font l'objet de simples évaluations qui, en l'absence de tout appareil de mesure, sont peu fiables. En 1902, les collecteurs parisiens déversent dans la Seine 40,3 millions de mètres cubes d'eaux d'égout non épurées. En 1904, les 65,7 millions de mètres cubes sont atteints soit environ 23 % du volume total des eaux d'égout de la capitale et en 1911 le seuil emblématique des 100 millions de mètres cubes, soit près de 32 % du volume total, est franchi[261]. L'épandage est loin de répondre aux attentes et dans ces conditions la pollution du fleuve ne cesse de s'aggraver.

L'augmentation des volumes d'eaux souillées déversés dans la Seine est la conséquence directe de l'accroissement important du débit des collecteurs provoqué par l'augmentation de la consommation d'eau et le développement du tout-à-l'égout. Entre 1900, plus de 22 000 immeubles, contre 5 444 en 1894, sont raccordés au tout-à-l'égout. En 1913, 52 053 immeubles parisiens, plus de la moitié d'entre eux, en sont pourvus[262]. La consommation d'eau, qui a connu une forte croissance au tournant des deux siècles, passant de 551 000 m^3 par jour en 1897 à 647 890 m^3 en 1900, continue sa progression à un rythme toujours soutenu dans la décennie suivante, 680 512 m^3 en 1905, 940 470 m^3 en 1912[263].

Dans ce contexte, les conflits qui opposent les communes riveraines de la Seine à la capitale ne peuvent que perdurer. Les plaintes des communes se multiplient, notamment pendant l'été, lorsque le débit du fleuve est plus faible. Durant le seul mois d'août, plus d'une vingtaine d'entre elles proteste sans succès et en appelle à la médiation du gouvernement pour obliger Paris à respecter la loi[264]. Le conflit renforce la solidarité des cités de la grande banlieue. Le 5 août 1905, Mesnil-le-Roi se prononce pour la constitution d'un syndicat intercommunal avec pour mission d'intenter à la ville de Paris et à son tuteur, l'État, « *toutes actions utiles à l'effet de faire cesser un état de chose qui non seulement pour la population riveraine est une cause de préjudice considérable, mais qui constitue encore un véritable danger public*[265] ». De leur côté, les restaurateurs attaquent la ville de Paris devant le

258. *Le Temps*, 12 juillet 1899, cité par Maurice Bertaux, député de Seine-et-Oise, lors d'une interpellation à l'Assemblée nationale, le 9 avril 1900, repris par le journal régional *Le Réveil*, 12 avril 1900.
259. Georges Lemarchand, *Rapport au conseil municipal sur le budget du service des égouts en 1914, historique du service et propositions relatives*, imprimé n° 153, 21 décembre 1913, p. 301.
260. CARAN F/14/12405. En 1901, le préfet de la Seine demande aux services parisiens en charge de l'assainissement d'équiper les canaux d'appareils mesureurs de débit.
261. Archives du Siaap, *Notes à l'appui du compte*, années 1904, 1906 et 1912.
262. Gérard Jacquemet, « Urbanisme parisien : la bataille du tout-à-l'égout... », art. cit., p. 543.
263. Archives du Siaap, *Notes à l'appui du compte*, années 1897, 1900, 1905 et 1912.
264. CARAN, F/14/15420.
265. CARAN, F/14/15420, délibération de Mesnil-le-Roi, 5 août 1905.

Fermeture en 1899 du collecteur de Clichy-la-Garenne.
© SIAAP

conseil de préfecture de Seine-et-Oise au motif qu'ils subissent un lourd préjudice avec l'exil des touristes et des pêcheurs[266]. Le conseil général de Seine-et-Oise soutient ses communes en interpellant le préfet de la Seine et le ministère des Travaux publics. Le ton est accablant à l'égard des « *pouvoirs publics* » qui « *n'ont tenu aucun compte des protestations des riverains et des délibérations prises au sujet de l'empoisonnement de la Seine*[267] ».

L'insuffisance chronique des champs d'épandage

En contradiction formelle avec le discours hagiographique et officiel de l'ingénieur de la ville de Paris, Félix Launay, l'augmentation des déversements dans la Seine des eaux d'égout non épurées révèle depuis 1895 une insuffisance chronique de l'épuration de la capitale. L'extension des surfaces d'épandage n'a pas pu absorber la totalité des eaux usées[268]. L'assainissement de la capitale est jugé préoccupant par les ingénieurs de la préfecture de la Seine. En 1901, la ville de Paris dispose pourtant de 5 300 hectares de terres d'irrigation. Propriétaire de 1 560 hectares, elle utilise également 3 740 hectares de cultures appartenant à des agriculteurs. Mais le volume des eaux d'égout de la capitale, en augmentation constante depuis une vingtaine d'années, ne peut qu'inquiéter l'ingénieur en chef de l'assainissement, Félix Launay, qui s'en remet à ses supérieurs hiérarchiques afin qu'ils prennent, ni plus, ni moins, des « *résolutions viriles* » :

> « *En 1903, en supposant que les projets d'extension, dont nous avons saisi l'Administration et qui sont autorisés en principe, reçoivent très prochainement l'approbation définitive et soient entrepris sans tarder, la superficie des champs d'épandage sera portée à 6 070 ha permettant d'assurer l'épuration de 665 000 m^3 en moyenne par jour. La situation serait donc, à ce moment, sinon excellente, du moins satisfaisante, mais, dès l'année suivante, on se retrouverait de nouveau dans un état d'infériorité qui appelle dès maintenant des mesures urgentes.* [...] *Nous insistons pour que la question soit mûrement examinée par l'Administration et nous rappelons de nouveau la conclusion de notre rapport du 20 avril dernier : la situation est grave et doit être signalée dans le plus bref délai à M. le Préfet de la Seine. L'heure des résolutions viriles a sonné ; tout atermoiement aura des conséquences funestes*[269]. »

Les projets d'extension des irrigations concernent l'aménagement de trois sites, le domaine du Picquenard, d'une superficie de 200 hectares situés entre Poissy et Achères, l'extension de l'épandage sur 220 hectares à l'est de la région de Méry-Pierrelaye vers les hameaux de Bessancourt et de Taverny et enfin un projet d'irrigation de 530 hectares sur le plateau de Conflans-Sainte-Honorine. Or, si le domaine du Picquenard, acquis par la ville de Paris en 1901, est mis en service dès 1907, les autres projets d'extension ne verront jamais le jour à la plus grande satisfaction des communes de Seine-et-Oise qui ont bataillé pour préserver leur statut de cité de villégiature[270].

À défaut d'étendre son emprise sur les nouvelles terres qu'il convoitait, le conseil municipal de Paris adopte en 1908 un nouveau plan d'assainissement pour acquérir de nouvelles surfaces en d'autres lieux et augmenter la puissance de ses usines de pompage des eaux d'égout de Clichy et de Colombes. La construction d'un nouvel émissaire est également programmée afin d'acheminer plus d'eau vers ses

266. CARAN, F/14/15420, rapport de l'ingénieur de l'assainissement de la Seine, 25 septembre 1905.
267. Archives du Siaap, délibération du conseil général de Seine-et-Oise, 24 août 1905.
268. Félix Launay, « Les champs d'épandage de la ville de Paris et le parc agricole d'Achères », *Revue d'hygiène*, n° 12, 1897, p. 5-13. Cité par Annie Fourcaut, « Les égouts de Paris dans les champs d'épandage de banlieue », *in* Annie Fourcaut, Emmanuel Bellanger, Mathieu Flonneau (dir.), *Paris/banlieues. Conflits et solidarités*, *op. cit.*, p. 112-114.
269. CARAN, F/14/15426, rapport du 5 juin 1901 de l'ingénieur en chef de l'assainissement sur l'extension des irrigations.
270. CARAN, F/14/15426, délibérations des conseils municipaux de Taverny du 21 janvier 1901, Bessancourt du 23 décembre 1900, Eragny du 25 octobre 1900 et pétition des habitants de Conflans-Sainte-Honorine d'octobre 1900.

champs d'irrigation[271]. Dès 1909, la ville achète le domaine de La Haye, 270 hectares près des Mureaux. Ce nouvel émissaire n'est cependant pas réalisé et l'aménagement du domaine d'épandage de La Haye est interrompu par le déclenchement de la Première Guerre mondiale.

Les champs d'épandage atteignent leur extension maximale en 1906 avec 5 340 hectares, mais dès 1909 ces terres d'irrigation diminuent ; en 1913, les champs n'occupent plus que 5 093 hectares. Cette déperdition concerne principalement la région de Gennevilliers qui, en pleine extension urbaine et industrielle, connaît une baisse importante de son activité agricole et perd, entre 1904 et 1913, près de 200 hectares de cultures à l'eau d'égout. En 1904, la Société d'éclairage, de chauffage et de force motrice est ainsi devenue propriétaire de 60 hectares pour y installer son usine ; la Compagnie du Nord a racheté 25 hectares et l'État, lui-même, projette d'acquérir une centaine d'hectares destiné au port de Gennevilliers. L'avenir des irrigations dans cette commune du premier cercle suburbain est compromis. Le conseiller municipal de Paris, Barthélemy Robaglia, rapporteur sur les projets d'extension de l'épandage, programme, dans un délai de vingt ans, la disparition complète des champs de Gennevilliers[272].

Dans la région de Méry-Pierrelaye, les terres d'irrigation ont elles aussi diminué de plus de 150 hectares suite à l'établissement de périmètres de protection autour des zones urbanisées voisines des épandages[273]. Ces périmètres imposés, après enquête et avis des conseils municipaux, par décret du 11 avril 1896 déclarant d'utilité publique l'extension des irrigations dans cette région, sont établis à Beauchamps, Pierrelaye, Saint-Ouen-l'Aumône, Triel, Andrésy et Carrières-sous-Poissy par décrets des 8 septembre 1907, 20 juin 1908 et 20 janvier 1910. Les 6 070 hectares projetés par les services techniques de l'assainissement ne seront jamais atteints et les espoirs du service d'assainissement de la ville de Paris, qui se polarisaient sur l'acquisition de nouvelles réserves foncières en Seine-et-Oise, sont déçus.

En application de la loi du 4 avril 1889 qui limite les épandages d'eaux d'égout à 40 000 m^3 par hectares et par an, la ville de Paris dispose en 1906 d'une capacité maximale d'épuration de 213,6 millions de mètres cubes pour un volume total d'eaux d'égout à traiter de 276,2 millions de mètres cubes. À la veille de la Grande Guerre avec la diminution des terres d'irrigation, le décrochage entre les capacités d'épuration et les besoins réels de la capitale et des communes de banlieue raccordées à son réseau s'est accentué. Seuls 203,7 millions de mètres cubes sont épurés en 1913 pour un volume d'eaux d'égout total de 304,5 millions de mètres cubes[274].

Non seulement les capacités d'épuration sont insuffisantes, mais les champs d'épandage sont également sous-exploités. En 1902, 226,5 millions de mètres cubes d'eaux d'égout ont été irrigués, correspondant au plus important volume de l'histoire des épandages. Ce volume représentait par hectare une moyenne 42 700 m^3 supérieure au seuil autorisé par la loi du 4 avril 1889. En 1903 et 1904, les volumes d'eau répandus sont encore légèrement supérieurs à la limite légale mais, dès 1906, ils connaissent une forte diminution, 37 700 m^3 en 1906 et 35 000 m^3 en 1912. Cette sous-exploitation atteste des dysfonctionnements du système d'épuration par épandage et des désaccords patents entre les agriculteurs et les ingénieurs de l'assainissement.

---

271. Léon Paris, *Rapport au nom de la 6e commission sur un projet d'emprunt de 125 millions pour le service des eaux*, rapport au conseil municipal, n° 107, 5 décembre 1908.

272. Barhélémy Robaglia, *Rapport au nom de la 6e commission sur la situation et les besoins du service municipal de l'assainissement de la Seine et sur le prolongement de la location des terrains des domaines des Fonceaux et du Parc agricole d'Achères*, rapport au conseil municipal, n° 39, 25 juin 1913.

273. CARAN, F/14/15427.

274. Archives du Siaap, *Notes à l'appui du compte*, années 1906 et 1913.

Évolution des volumes et des surfaces d'épandage de la ville de Paris (1899-1913).

Après une période d'extension dans les dernières années du XIXe siècle, les surfaces d'épandage commencent à diminuer dès les années 1910. Cette diminution concerne exclusivement la région de Gennevilliers, en pleine croissance urbaine et industrielle. Les doses maximales légales d'irrigation (40 000 m^3/ha/an) n'ont été atteintes qu'au tournant du siècle. Après 1901, les volumes épandus diminuent alors même que les surfaces destinées à l'irrigation continuent de croître, puis se stabilisent. L'année 1910 est une année exceptionnelle, marquée par la crue centennale de la Seine qui a profondément perturbé les épandages et le service de l'assainissement. Dès les premières années du XXe siècle, les volumes d'eaux usées épandus sont largement inférieurs à l'ensemble des volumes collectés. Un constat s'impose : les volumes d'eau rejetés sans traitement dans les fleuves et les rivières ne cessent d'augmenter.

Années	Régions	Surfaces irriguées (ha)			Volume épurés (moyenne en m^3/ha/an)	Volumes collectés	Volumes rejetés sans traitement en rivière (m^3/an)
		Domaines	Cultures libres	Total			
1899	Gennevilliers	5	895	900	49 001 000		
	Achères			1000	59 177 000		
	Méry-Pierrelaye	500	200	700	17 300 000	*	*
	Carrières-Triel			800	17 486 000		
	Ensemble			**3400**	**142 964 000 (42 048)**		
1901	Gennevilliers	5	895	900	40 140 000		
	Achères	1000	300	1300	71 245 000		
	Méry-Pierrelaye	460	985	1445	48 079 000	*	*
	Carrières-Triel	85	865	950	42 781 000		
	Ensemble	**1550**	**3045**	**4595**	**202 245 000 (44 014)**		
1909	Gennevilliers	6	808	814	34 771 000		
	Achères	1200	156	1356	56 376 000		
	Méry-Pierrelaye	500	1510	2010	56 984 000	**266 413 000**	**84 712 000**
	Carrières-Triel	91	859	950	33 569 000		
	Ensemble	**1797**	**3333**	**5130**	**181 700 000 (35 419)**		
1910	Gennevilliers	6	798	804	17 549 000		
	Achères	1200	156	1356	48 635 000		
	Méry-Pierrelaye	500	1510	2010	48 080 000	**217 892 000**	**75 992 000**
	Carrières-Triel	91	859	950	27 634 000		
	Ensemble	**1797**	**3323**	**5120**	**141 898 000 (27 714)**		
1913	Gennevilliers	6	717	723	26 780 000		
	Achères	1200	166	1366	70 448 000		
	Méry-Pierrelaye	500	1510	2010	59 423 000	**304 508 000**	**113 417 000**
	Carrières-Triel	92	857	950	34 439 000		
	Ensemble	**1798**	**3250**	**5093**	**191 090 000 (37 520)**		

* Aucun appareil de mesure du débit des collecteurs n'est installé avant le printemps 1901. Les volumes d'eaux usées collectés sont inconnus avant cette date.
Archives du Siaap, *Notes à l'appui du compte, 1895-1922.*

Agriculteurs et ingénieurs : des intérêts divergents

Le système des champs d'épandage repose sur la coexistence de deux types d'exploitations agricoles, les « *cultures libres* », propriétés privées d'agriculteurs, et les domaines, propriétés de la ville de Paris, exploités en majorité par des fermiers sous contrat. Ces derniers assurent une fonction essentielle de régulation du système en absorbant les eaux usées que les cultivateurs n'utilisent pas. Le système des épandages, qui en théorie constitue un système vertueux permettant d'épurer les eaux d'égout tout en fertilisant les terres cultivées, est en réalité pris dans une inextricable tension entre les besoins saisonniers de l'agriculture et ceux intangibles de l'épuration de Paris. Les besoins des cultures en irrigation et en engrais sont en effet par nature variables et soumis à des critères de rentabilité. Comme le soulignent en 1912 avec dépit les ingénieurs parisiens : « *Les cultivateurs n'ont qu'un seul souci : faire une culture rémunératrice et non une culture absorbante*[275]. »

Les productions maraîchères présentent l'inconvénient d'absorber de faibles quantités d'eau durant les périodes les plus critiques de l'assainissement, l'hiver et le début du printemps. Or, le débit des collecteurs est plus important durant les saisons humides. Le réseau d'égout parisien est un système unitaire dont les volumes d'eau n'ont cessé d'augmenter à la fois sous la pression des eaux ménagères, des eaux-vannes et des eaux de pluie, mais aussi sous la pression des eaux du nettoiement des voies parisiennes devenu, en vertu de la loi du 26 mars 1873, un service municipal performant. À la veille de la Grande Guerre, plus de 10 millions de mètres cubes d'eau sont ainsi utilisés pour la propreté de Paris. Les agriculteurs ont, de plus, bien d'autres contraintes que celle des services techniques de la préfecture de la Seine. Ils refusent de noyer leurs cultures pour satisfaire les besoins d'épuration de la capitale. Entre janvier et mars, les cultures libres n'absorbent quotidiennement qu'entre 237 600 et 346 800 m^3 contre 410 000 et 431 700 m^3 entre juin et septembre[276].

Les domaines de la ville de Paris doivent corriger ces fluctuations, mais sur le terrain, le service municipal de l'assainissement déplore les mêmes pratiques.

> « *Les concessionnaires, comme les autres cultivateurs utilisant les eaux d'égout, n'ont, ainsi que nous le faisions remarquer l'année dernière, qu'un seul souci : faire une culture rémunératrice et non une culture absorbante.* [Dans la région d'Achère,] *dans les terrains loués au concessionnaire, la culture de pommes de terre hâtives et les cultures maraîchères tiennent une place prépondérante et sont un obstacle à la réception des eaux pendant la période dite « critique » s'étendant du 15 février au 15 juin.* [...] *Une importance beaucoup trop grande est donnée par le concessionnaire aux secondes cultures qui constituent une entrave sérieuse aux irrigations pendant l'automne et l'hiver.* [Sur le domaine municipal des Grésillons dans la région de Carrières-Triel,] *la culture de pommes de terre hâtives couvre presque toute la surface louée (82 hectares sur 85 hectares) ; cette situation est intolérable*[277] ».

Dès 1876, la commission d'enquête du département de la Seine sur le premier projet parisien d'irrigation avait souligné les conflits d'intérêts entre l'épuration et l'agriculture et averti la ville de Paris qu'une épuration fondée sur l'utilisation agricole des eaux d'égout nécessitait des surfaces d'épandage beaucoup plus importantes que celles prévues dans le projet initial.

> « *Il est indispensable de traiter une question plus délicate, sur laquelle cependant la commission s'est formée une opinion bien déterminée : c'est la question de l'utilisation par l'agriculture des principes fertilisants contenus dans les*

275. Archives du Siaap, *Notes à l'appui du compte*, 1912, p. 351.
276. Archives du Siaap, *Notes à l'appui du compte*, 1906.
277. Archives du Siaap, *Notes à l'appui du compte* 1906, p. 182-184.

◀ **Ouvriers agricoles dans un champ d'artichauts.**

Image transmise par le Musée de l'Éducation du Val-d'Oise.

Le domaine de la Haute-Borne.

▼

La ferme de Fromainville.
© SIAAP

La ferme du Picquenard.
© SIAAP

La ferme de la Haute-Borne.
© SIAAP

Messieurs les membres de la commission consultative des champs d'épandage.

Le 26 mai 1905, les membres de la commission consultative des champs d'épandage de la ville de Paris, fondé par arrêté préfectoral du 7 juin 1904, se mettent en scène lors d'une visite des terres d'irrigation. Ce cercle très masculin, composé de hauts fonctionnaires, de professeurs de l'Institut agronomique et de conseillers municipaux est présidé par le directeur des Travaux de Paris.

eaux d'égout. [...] Pour utiliser les eaux d'égout, il faut irriguer, et, pour les épurer, il faut encore irriguer. L'usage agricole et l'épuration semblent devoir être résolus par les mêmes procédés. Toutefois leurs solutions diffèrent sur un point essentiel : c'est que l'une exige dix à vingt fois plus de superficie que l'autre. En général, on ne tient pas un compte suffisant de cette différence pourtant bien grande ; on en vient à les confondre, et, finalement, on applique à l'une des données pratiques qui appartiennent à l'autre[278]. »

La commission concluait que Paris aurait besoin de plus de 6 000 hectares, les trois quarts de la superficie de la capitale, pour réaliser l'assainissement de ses eaux. Le système des épandages devait accorder la priorité à l'épuration et non à l'agriculture. Or, avec un système reposant pour l'essentiel sur l'irrigation de terres agricoles privées (3 700 hectares contre 1 800 pour les domaines), c'est précisément le contraire qui fut pratiqué.

Optimiser l'exploitation des domaines : vers une épuration « *hors-sol* »

Pour remédier au primat porté à l'agriculture et à l'échec de sa politique d'extension de ses réserves foncières, la ville de Paris se lance dans la rationalisation de l'exploitation de son domaine d'épandage. Elle modifie ainsi à plusieurs reprises le cahier des charges de ses concessionnaires afin de leur imposer des conditions d'affermage plus sévères. Les ingénieurs de l'assainissement obtiennent ainsi un assolement plus approprié aux besoins de l'épuration aux eaux d'égout[279]. Des sanctions sont désormais prévues en cas de non-respect des clauses du contrat.

En 1907, le conseil municipal, sur les rapports de la commission consultative des champs d'épandage, opte pour une expérience plus prometteuse. L'assemblée parisienne décide d'exploiter en régie directe son nouveau domaine du Picquenard. Cette alternative permet aux ingénieurs de mener, sans entraves, toutes les expériences nécessaires à la recherche de meilleurs procédés d'épandage. Une ferme modèle est mise en place pour former les cultivateurs à l'usage des eaux d'égout les plus performants. L'exploitation en régie doit permettre de tester à grande échelle l'irrigation intensive expérimentée depuis 1903 sur une dizaine d'hectares du domaine des Fonceaux dans la région d'Achères. L'enjeu est d'épandre des quantités d'eaux d'égout très supérieures au seuil légal sur un sol vierge libéré des contraintes de l'agriculture. Cette expérience se révèle positive et démontre qu'il est ainsi possible d'épandre à l'hectare jusqu'à quatre fois la dose annuelle maximale autorisée de 40 000 mètres cubes[280].

Afin de répondre à sa double vocation d'expérimentation et de ferme modèle, le domaine du Picquenard est divisé en deux zones. La première est aménagée pour y pratiquer des irrigations intensives sur sol nu pendant toute la période critique d'octobre à mai ; la seconde est destinée aux prairies et à la culture du fourrage irrigué en abondance pour nourrir le cheptel de vaches laitières qui alimente notamment la Maison départementale de Nanterre, le plus important dépôt de mendicité de la ville de Paris concentrant plus de 3 500 pensionnaires[281]. Cette expérience d'assolement et d'élevage bovin est censée prouver aux concessionnaires l'intérêt de concilier une agriculture rémunératrice avec les impératifs de l'assainissement.

L'aménagement du domaine du Picquenard, opérationnel dès 1908, est pensé dans une perspective plus générale de réorganisation des autres domaines parisiens. Le 11 juillet 1913, à l'occasion du renouvellement des concessions, le conseil

278. Préfecture de la Seine, *Rapport de la commission d'enquête de la Seine sur l'avant-projet d'un canal d'irrigation à l'aide des eaux d'égout entre Clichy et la forêt de Saint-Germain*, Paris, 1876, p. 37-38.

279. Archives du Siaap, *Notes à l'appui du compte*, 1906, p. 184.

280. *Rapport de l'ingénieur en chef du service technique des eaux et de l'assainissement du 28 mai 1907*, joint en annexe au *Rapport au nom de la 6e commission sur l'exploitation en régie du domaine du Picquenard*, présenté par Ernest Moreau, n° 130, 21 décembre 1907, p. 11.

281. Emmanuel Bellanger, « 1897, Paris relègue ses mendiants en banlieue », *in* Annie Fourcaut, Emmanuel Bellanger, Mathieu Flonneau (dir.), *Paris/banlieues. Conflits et solidarités*, *op. cit.*, p. 109-111.

municipal décide de repenser l'exploitation du parc agricole des Fonceaux sur la base des irrigations intensives. Les terrains les plus perméables sont désormais retirés aux fermiers de novembre à mai et transformés par le service municipal en terre d'irrigation intensive. Bien que ces irrigations soient contraires à la loi de 1889 qui fixe le seuil des 40 000 m^3 et n'autorise l'épandage que sur des terres mises en culture, ces terrains réservés doivent permettre, pense-t-on, d'épurer 135 000 m^3 supplémentaires par jour[282]. Ce nouveau type d'exploitation modèle bénéficie d'un régime dérogatoire autorisé à titre expérimental par la commission consultative des champs d'épandage pour une durée limitée de trois ans[283]. Dans les faits, les irrigations intensives continueront d'être pratiquées jusqu'à la fin des années 1940[284].

La pratique des irrigations intensives permet d'augmenter les quantités d'eau épandues dans des proportions qui restent limitées. En 1913, leurs volumes, maintenus depuis 1909 à près de 180 millions de mètres cubes, frôlent à peine les 191 millions de mètres cubes. Cette augmentation est pour l'essentiel absorbée par les champs d'Achères qui reçoivent 70,5 millions de mètres cubes en 1913 contre 59,6 millions l'année précédente. Les volumes déversés à Gennevilliers et dans les régions de Méry-Pierrelaye et Carrières-Triel diminuent ou restent sensiblement identiques. La Première Guerre mondiale et l'immédiat après-guerre vont accentuer les difficultés de l'exploitation intensive des terres d'épandage. La pénurie de charbon pèse sur le fonctionnement des usines de pompage tandis que la mobilisation de la main-d'œuvre réduit l'activité agricole.

Cette réforme n'est qu'un pis-aller qui ne peut satisfaire les services de l'assainissement. La recherche d'une alternative à l'épuration par épandage anime les ingénieurs des Ponts et Chaussées, à l'instar de leur supérieur, Félix Launay, digne héritier de l'âge d'or des années Belgrand. Des missionnés sont envoyés étudier les méthodes d'épuration en usage à l'étranger[285]. L'Angleterre, où depuis les années 1890 se pratique une épuration dite biologique, devient un modèle[286]. Les procédés biologiques reposent sur « *l'épuration des eaux d'égout par les bactéries sans l'intervention d'aucune action mécanique ou physique et sans l'addition d'aucun réactif chimique* ». Au lieu d'utiliser les bactéries naturellement présentes dans le sol, ces nouveaux procédés font appel « *à la décantation et la séparation des résidus solides non putrescibles (sable, graviers, scories, charbon, débris de fer, de pierre, etc.), à la dissolution des matières organiques par fermentation anaérobie en fosse septique* [et à] *la transformation des matières organiques dissoutes en nitrites et en nitrates par oxydations sur lits bactériens et aérobies*[287] ».

En 1900, Félix Launay se rend à Hampton, Londres, Leeds et Manchester. Il revient à Paris convaincu du bien-fondé de ces nouvelles méthodes d'épuration. L'épuration biologique est considérée comme un levier d'appoint à l'épandage pendant les périodes d'hiver et de printemps. Dès 1901, le service municipal de l'assainissement commence à construire une première station biologique aux Fonds-de-Vaux dans le parc agricole de Méry-Pierrelaye. Cette station entre en service en 1907 et est suivie par l'ouverture d'une seconde en 1912 dans

282. Barhélémy Robaglia, *Rapport, au nom de la 6e commission sur la situation…, op. cit.*
283. CARAN, F/14/15421, *Rapport de la commission consultative des champs d'épandages*, 1913.
284. Archives du Siaap, *Notes à l'appui du compte*. Ces documents mentionnent la pratique des irrigations intensives jusqu'à la fin des années 1940. Les *Notes à l'appui du compte* de 1949 précisent : « *Jusqu'au 11 novembre 1947 la Ville de Paris disposait, comme régulateurs, de terrains réservés qui étaient irrigués en régie du 1er novembre au 1er juin de l'année suivante. Ces terrains ont été incorporés dans les nouvelles locations à partir du 11 nov. 1947* ».
285. Bernard Landau, « Techniciens parisiens et échanges internationaux », *in* André Lortie (dir.), *Paris s'exporte. Architecture modèle ou modèles d'architectures*, Paris, Picard/Éditions du Pavillon de l'Arsenal, 1995, pp. 205-215.
286. Léon Paris, Eugène-Victor Carmignac, *Rapport au nom des délégations de la 6e commission du conseil municipal et de la commission départementale des eaux et de l'assainissement chargées d'étudier l'épuration biologique des eaux d'égout et les fours d'incinération en Angleterre et en Écosse (août 1908), op. cit.*
287. CARAN, 10/4382, Félix Launay, *Rapport sur l'épuration bactérienne des eaux d'égout. Mission en Angleterre (novembre 1900)*, Direction administrative de la voie publique et des eaux et égouts de la préfecture de la Seine, Service technique des eaux et de l'assainissement, Paris, Imprimerie Courtier, 1901, p. 1.

Visite en 1908 de la station expérimentale d'épuration du Fonds-de-Vaux de Méry-Pierrelaye par les membres de la 6e commission de l'hygiène, des eaux et de l'assainissement du conseil municipal de Paris.
Photographie extraite du rapport du 11 février 1909 de l'ingénieur de l'assainissement de la Seine Loewy.

la région de Carrières et Triel. Mais ces deux stations ne sont qu'expérimentales et leur contribution à l'assainissement des eaux parisiennes reste marginale. La station du Fonds-de-Vaux ne peut épurer qu'à peine 1 000 à 1 200 m^3 d'eau par jour, soit à peine 0,2 % du volume total des eaux usées à traiter. Ce nouveau procédé ne joue pas un rôle de premier plan dans l'assainissement de la capitale. « *L'épuration bactérienne des eaux d'égout reste, jusqu'en 1905-1906, relativement confidentielle, en France, avant que des articles de plus en plus nombreux dans la presse technique ne diffusent ses principes*[288]. » Dans l'esprit des ingénieurs et des élus parisiens, les stations d'épuration ne sont qu'un supplétif qui ne remet pas en cause la légitimité historique de l'épandage agricole mis en place dans les années 1860 par les pères tutélaires de l'assainissement de la Ville lumière. Félix Launay dans la conclusion de son rapport fait preuve de nuance et de diplomatie :

> « *Ce n'est pas à dire qu'à Paris, il y ait lieu de modifier ce qui a été fait, l'épuration par le sol conservant son incontestable supériorité ; mais les procédés nouveaux nous semblent appelés néanmoins à y jouer un rôle important* […]. *Nous entrevoyons, en effet, que l'épuration bactérienne pourrait, à divers points de vue, devenir l'auxiliaire indispensable et le régulateur de l'épandage*[289]. »

Le constat est pourtant formel. Le système des épandages, jugé de moins en moins performant, est de plus en plus menacé par le « *débordement de la ville* » et le « *desserrement industriel* » qui métamorphosent la banlieue parisienne[290]. Entre 1835 et 1906, la surface urbanisée de l'agglomération parisienne est ainsi passée de 11 400 à 29 300 hectares. Entre 1870 et 1906, le rythme de croisière de l'urbanisation atteint les 236 hectares par an[291]. En l'espace d'un recensement, entre 1906 et 1911, Paris a atteint près de 2,9 millions d'habitants. La capitale a gagné, en cinq ans, 124 000 habitants, la Seine banlieue 180 000 et la Seine-et-Oise 67 000[292]. Devant l'irrésistible densification et étalement de l'agglomération parisienne, les protagonistes de l'assainissement continuent de vivre dans le mythe d'une heureuse complémentarité entre la ville et sa campagne. Ils associent toujours les eaux usées à un puissant moteur économique indispensable à l'approvisionnement alimentaire de Paris. Cette analyse n'a pas perdu de sa pertinence, mais elle ne peut en aucun cas infléchir l'urbanisation de la Seine banlieue et de la Seine-et-Oise. Le déclin des champs d'épandage est inéluctable.

288. Stéphane Frioux, *Les Réseaux de la modernité…*, *op. cit.*, p. 516.
289. CARAN, 10/4382, François Launay, *L'Épuration bactérienne des eaux d'égout…*, *op. cit.*, p. 36.
290. Pierre Merlin, *Les Banlieues des villes françaises*, Paris, La Documentation française, 1998.
291. Jean-Pierre Lecoin, « L'occupation du sol de la région parisienne », *Cahiers de l'IAURIF*, 1977. Cité par Sabine Barles, *L'Invention des déchets urbains…*, *op. cit.*, p. 156-159.
292. Maurice Zimmermann, « Les recensements en 1910 et 1911 », *Annales de Géographie*, n° 115, 1912, p. 86-91.

Un nouveau programme d'assainissement pour la Seine banlieue

La ville de Paris n'est pas la seule institution confrontée au problème de l'assainissement. Le département de la Seine, tuteur des communes de la Seine banlieue, est aux prises avec des difficultés bien plus urgentes. Ses projets élaborés dans les années 1880-1890 n'ont été que partiellement réalisés alors que la population suburbaine n'a cessé d'augmenter. À la veille de la Grande Guerre, plus d'un million de banlieusards vivent dans le département capitale sans jouir des agréments du réseau parisien de distribution et d'épuration des eaux. Les disparités entre la capitale et la France rurale ne doivent pas masquer les inégalités criantes entre Paris et ses banlieues[293]. Dans la Seine banlieue, le retard dans l'adduction en eau et dans le raccordement au réseau d'assainissement reste important[294]. Pour autant, l'assise politique de l'institution municipale s'est renforcée sous l'effet des dynamiques intercommunales, des coopérations départementales, des péréquations et des subventions de l'État. La IIIe République se pose désormais en gardienne de la solidarité nationale[295]. En province, pour unifier son territoire et le pacifier, la République s'attache à reconnaître le pouvoir local en lui octroyant une charte départementale en 1871 et une charte municipale en 1884 qui codifient ses prérogatives. Dans sa circulaire du 15 mai 1884 relative à l'application de la loi du 5 avril 1884, le ministre de l'Intérieur, Pierre Waldeck-Rousseau, évoque pour les communes « *l'exécution et l'entretien d'ouvrages dont chacune doit profiter, tel un pont destiné à relier leurs rues ou leurs chemins, une digue indispensable pour protéger leurs territoires, un canal nécessaire soit pour assainir ou irriguer les terres comprises dans leurs circonscriptions, soit pour fournir aux habitants l'eau dont ils ont besoin*[296] ». À la différence du maire des champs, le maire des villes devient un édile bâtisseur qui se doit, de par la loi, de protéger, de viabiliser et d'assainir son territoire.

Dans l'agglomération parisienne, ces dispositions libérales sont appliquées, à quelques prérogatives près, aux communes de la Seine banlieue et de la Seine-et-Oise ; la ville de Paris et le conseil général de la Seine sont en revanche les seules institutions locales à déroger au droit commun. Le pouvoir municipal et départemental du Grand Paris n'est pas pour autant totalement muselé. Pour preuve, au début du XXe siècle, après plus de dix ans de débat, la charte sanitaire du 15 février 1902 sur la protection de la santé publique est votée sous la présidence du Conseil de Pierre Waldeck-Rousseau. Ce texte fondamental de codification sanitaire, applicable selon la loi du 7 avril 1903 à la ville de Paris et au conseil général de la Seine, oblige les maires à édicter sous forme d'arrêtés un règlement communal en vue de déterminer, dans le domaine de l'assainissement des villes, « *les prescriptions destinées à assurer la salubrité des*

293. Jean-Luc Pinol, « Les finances des petites villes dans la France des années 1930 », *Cahiers d'histoire*, XLIII, 3-4, 1998, p. 603-627.
294. Ministère de l'Intérieur, Direction de l'administration départementale et communale, *La Situation financière des communes de France et d'Algérie en 1913*, Melun, Imprimerie administrative, 1914.
295. Colette Bec, *Assistance et République. La recherche d'un nouveau contrat social sous la IIIe République*, Paris, L'Atelier, 1994 ; Bruno Dumons, Gilles Pollet, « Espaces politiques et gouvernements municipaux dans la France de la IIIe République. Éclairage sur une sociogenèse de l'État contemporain », *Politix*, n° 53, mars 2001, p. 15-32.
296. Circulaire du ministre de l'Intérieur du 15 mai 1884.

maisons et de leurs dépendances, des voies privées closes ou non à leur extrémité, des logements loués en garni et des autres agglomérations quelle que soit leur nature, notamment les prescriptions relatives à l'alimentation en eau potable ou à l'évacuation des matières usées[297] ».

Ce texte pionnier n'est toutefois pas très contraignant. Il n'oblige pas les communes urbaines à réaliser un réseau d'égout rationnel et à organiser le traitement de leurs ordures ménagères. Les municipalités doivent attendre les recommandations du conseil supérieur d'hygiène publique et la première circulaire ministérielle du 19 avril 1905 pour que des instructions leur soient données sur la réalisation des réseaux d'égouts. Si cette loi et ses décrets d'application créent de nouvelles obligations pour les communes, ils ne leur accordent pas de ressources financières suffisantes pour assainir leur territoire en voie d'urbanisation. Alors que la ville de Paris a obtenu en 1894 le droit d'imposer à ses propriétaires une taxe d'écoulement à l'égout, les communes de banlieue devront attendre l'adoption de la loi Niveaux du 13 août 1926 pour être autorisées à établir de nouvelles taxes. Mais à défaut d'ordonner et de financer une politique nationale d'assainissement des villes françaises, la charte de 1902 a sans conteste le mérite de sensibiliser les élus locaux à l'ensemble des questions d'hygiène et de santé publique. Chemin faisant, elle conforte l'émulation édiliaire et scientifique autour de la question centrale de la salubrité des grandes agglomérations posée au début du XIXe siècle avec l'adoption des premiers textes réglementaires sur les établissements classés dangereux, insalubres ou incommodes[298].

La banlieue pollue aussi

Dans le département capitale, l'inachèvement du projet départemental d'assainissement voté en 1892 par le conseil général produit des effets pervers. La montée en puissance du tout-à-l'égout dans les communes de la Seine banlieue et l'absence de raccordement obligatoire au réseau d'épandage de la capitale, au demeurant saturé, ne font qu'aggraver la pollution des cours d'eau. En 1905, le ministère des Travaux publics prescrit des instructions aux deux départements les plus affectés, la Seine et la Seine-et-Oise. Les services ordinaires et vicinaux des deux préfectures sont tenus de recenser le nombre, la nature, l'emplacement et l'origine de tous les déversements dans la Seine et dans la Marne afin d'établir les responsabilités respectives de la capitale et des communes de la Seine banlieue et de la Seine-et-Oise dans la pollution des fleuves et des rivières. Les ingénieurs missionnés remettent leurs conclusions durant l'été 1907. Une fois de plus, la capitale est mise devant ses responsabilités. Selon les experts, les déversements parisiens représentent plus de la moitié du rejet des eaux usées. Mais les résultats de l'enquête démontrent également que les communes de la Seine banlieue, victimes dans les décennies précédentes de la pollution parisienne, sont devenues, à leur tour, des pollueurs responsables de 33 % des déversements d'eaux souillées. L'eau usée suburbaine est même jugée plus insalubre que l'eau des égouts de Paris.

« [Dans] *les communes* [suburbaines] *insuffisamment pourvues d'eau d'alimentation : les déversements ont peu d'importance mais les liquides résiduaires rejetés dans le fleuve sont au maximum de leur concentration. D'autre part, les égouts, qui durant l'hiver sont maintenus dans un état de propreté relative par des pluies fréquentes, s'encombrent en été de détritus solides que la fermentation putride transforme en matières immondes. Vient un orage et tous ces débris sont entraînés par le courant dans la Seine, où cette débâcle détermine une infection accusée par des odeurs intolérables au voisinage des embouchures des égouts.* […] *Les 1 800 m^3 de déversements journaliers équivalent peut-être, au point de vue de la contamination du fleuve, à 10 000 ou 20 000 m^3 d'eau sortant d'un collecteur parisien ou départemental*[299]. »

297. *Journal officiel* du 19 février 1902.
298. Stéphane Frioux, « Villes et entreprises : acteurs de l'assainissement urbain en France », art. cit., p. 132.
299. CARAN, F/14/15420, Avis des ingénieurs en chef du 8 juillet 1907 sur les déversements d'égouts.

Avant même que les responsables de cette pollution ne soient authentifiés, les conseillers généraux du département de la Seine avaient adopté le 16 janvier 1902 une délibération restée sans effet prônant l'interdiction de tout déversement d'immondices dans la Seine[300]. Pour prévenir la corruption du fleuve, des demi-mesures avaient été prises par les autorités de tutelles. Le tout-à-l'égout fut interdit dans les cités dont les égouts se rejetaient dans les cours d'eau, mais il restait toléré dans les communes de banlieue rattachées au réseau parisien, en aval de la capitale[301].
La signature par le conseil municipal de Paris, le 12 juillet 1900, et le conseil général de la Seine, le 14 novembre 1900, d'une convention pour l'épuration des eaux usées avait prévu que le département envoie vers l'usine municipale parisienne de Colombes les eaux usées des communes de la Seine banlieue situées entre les fortifications et Clichy. Ces eaux devaient ensuite être épandues à Achères, Méry-Pierrelaye et Carrières-Triel. Dès 1901, le département engageait une partie des travaux nécessaires à l'application de cette convention en construisant deux usines à Suresnes et à Courbevoie ainsi qu'un ensemble de collecteurs destinés à refouler les eaux départementales vers l'usine municipale de Colombes. Les travaux furent achevés en 1905 mais cette convention ne fut que partiellement appliquée, la ville de Paris se révélant incapable de prendre en charge les eaux suburbaines dans des installations déjà insuffisantes pour les seules eaux parisiennes. En aval de la capitale, aucune nouvelle commune ne fut rattachée au réseau parisien. Les usines de Suresnes et de Courbevoie restèrent inutilisées et les égouts de banlieue continuèrent à s'écouler dans la Seine. Dans une missive adressée aux maires de la Seine banlieue, le préfet de la Seine fut dès lors contraint, en 1908, de réitérer l'interdiction formelle et totale du tout-à-l'égout[302].

La Seine banlieue est pour ainsi dire tenue de vivre sous le régime des fosses et des vidanges. Cette situation est, comme à Paris dans les années 1880, critiquée par ses habitants. Dès 1902, suite à la première interdiction du tout-à-l'égout, et plus encore à partir de 1908, les communes suburbaines connaissent un développement important des fosses septiques qui apparaissent comme le meilleur compromis entre le tout-à-l'égout et les fosses à l'ancienne dépourvues de tout dispositif de traitement des eaux usées. Le procédé des fosses septiques, moins archaïque, repose quant à lui sur la fermentation anaérobie des matières recueillies censée permettre une neutralisation au moins partielle de l'insalubrité des excréments avant leur rejet à l'égout ou dans des puisards.
Dès 1905, la multiplication de ces systèmes inquiète les services techniques du département qui demandent leur interdiction[303]. Ces systèmes sont estimés peu fiables. En l'absence d'une surveillance et d'un entretien régulier, leur usage entraîne l'écoulement dans des égouts de banlieue souvent défectueux de liquides souillés qui accentuent l'insalubrité des canalisations et représentent un réel danger pour les ouvriers chargés de leur entretien. Le monde médical estime en outre que les fosses septiques ne constituent en aucun cas un progrès pour l'hygiène des habitations puisque, contrairement au tout-à-l'égout, ces fosses ne disposent d'aucune isolation protégeant la maison de leurs émanations[304].
Le 11 décembre 1905, le préfet de la Seine sollicite un rapport du conseil d'hygiène publique et de salubrité du département sur l'interdiction des fosses septiques. Le conseil, se rangeant à l'avis des ingénieurs départementaux, se prononce en juin 1906 en faveur de la suppression des fosses septiques dans le département de la Seine[305]. La banlieue serait-elle

300. Archives de Paris, D1S8 3, délibération du conseil général de la Seine du 16 janvier 1902.
301. Archives de Paris, D1S8 3, correspondances entre le Préfet de la Seine et les ingénieurs du service ordinaire et vicinal (1901-1902).
302. Archives de Paris, D1S8 3, lettres du Préfet aux communes de la Seine, 1908.
303. Archives de Paris, D1S8 3, rapport commun des ingénieurs ordinaires sur l'emploi de fosses septiques de divers systèmes et le déversement d'eaux-vannes dans les égouts, 31 octobre 1905.
304. Archives de Paris, D1S8 3, conseil d'hygiène publique et de salubrité du département de la Seine.
305. Archives de Paris, D1S8 3, rapport du conseil d'hygiène publique et de salubrité du département de la Seine, 1er juin 1906.

condamnée à vivre avec les fosses à l'ancienne ? Une solution de compromis est finalement adoptée par la préfecture de la Seine en 1910 en vue de réglementer l'établissement et l'usage des fosses septiques[306]. Cette ordonnance signée le 1er juin 1910 édicte une série de normes pour les nouvelles installations qui doivent faire l'objet d'une déclaration préalable à leur construction, être accessibles et ne pas comporter de puisard absorbant.

Officiellement, l'exploitation de ces fosses est soumise à un certificat de conformité après vérification de l'installation par des délégués de la préfecture de police. L'usage des installations existantes est aussi réglementé. Il est soumis à l'obtention d'un certificat après déclaration en mairie. Dans les faits, comme le relèvera dans l'immédiat après-guerre la commission de vérification des fosses septiques créée au sein du conseil d'hygiène et de salubrité du département, cette ordonnance est impossible à appliquer et le contrôle des maires reste inopérant faute de personnel assermenté suffisant pour surveiller les fosses de leurs communes dont le parc résidentiel se densifie et s'étale[307]. Les fosses septiques polluantes ont encore un avenir en banlieue parisienne.

Promouvoir l'épuration biologique

Les champs d'épandage ont montré les limites de leur propriété absorbante. Les surfaces sont insuffisantes et les perspectives d'extension sont contrariées par l'urbanisation. Dans ce contexte, le département tente de poursuivre son action en faveur de la construction d'un réseau d'assainissement pour la banlieue. Depuis l'élaboration du programme des années 1890, les terrains prévus pour l'épandage des eaux usées dans les environs d'Aulnay et de Bondy ont été lotis et le système d'assainissement prévu pour les territoires compris entre les fortifications et Clichy a été abandonné. Si le département a bel et bien achevé en 1905 la construction de deux usines de refoulement à Suresnes et à Courbevoie, les installations parisiennes sont, elles, toujours dans l'incapacité de traiter l'ensemble des eaux usées de la Seine banlieue.

Devant cette succession d'échecs, le maire de Maisons-Alfort, Amédée Chenal, conseiller général de la Seine de 1900 à 1909, s'avoue pessimiste dans son rapport de décembre 1904.

> « *On ne peut plus croire à la possibilité d'établir de nouveaux champs d'épandage dans le département de la Seine ou dans un rayon assez rapproché ;* [les espaces libres sont de plus en plus rares et] *le prix moyen, relativement élevé des terrains, rend fort onéreux les frais de premier établissement*[308]. »

Le système d'épandage est bel et bien en sursis, mais les élus et les ingénieurs de la ville de Paris se refusent à l'évidence. Le conseil général de la Seine semble plus lucide ; il organise des voyages d'études en Angleterre et en Allemagne pour étudier de nouveaux moyens d'épuration ; élus et techniciens sillonnent l'Europe et affermissent leur collaboration[309]. Une délibération importante est prise le 5 juillet 1905 ; le conseil général autorise la construction d'une station d'épuration expérimentale au Mont-Mesly, à Créteil, destinée à tester enfin l'épuration sur des lits bactériens.

Deux ans plus tard, le 5 juillet 1907, un projet d'assainissement rapporté par le conseiller municipal et conseiller général de Courbevoie, Louis Parisot, chimiste microbiologiste de profession, est présenté à l'assemblée départementale. Comme les précédents, ce projet prévoit la substitution du département aux communes pour réaliser les travaux et exploiter les ouvrages d'assainissement. Confiant dans les résultats obtenus par la station du Mont-Mesly, ce projet valide l'épuration biologique. Reprenant l'architecture du programme élaboré en 1892, il

306. Archives de Paris, D1S8 3.
307. Archives de Paris, D1S8 3, Compte rendu des séances du conseil d'hygiène publique et de salubrité du département de la Seine, séance du 9 juin 1922.
308. Amédée Chenal, *Rapport au nom de la commission des eaux et de l'assainissement sur un projet d'épuration bactérienne des eaux d'égout dont la dépense serait gagée sur fonds d'emprunts*, n° 25, 19 décembre 1904, p. 2-3.
309. CARAN, F/14/15419, missions d'ingénieurs à l'étranger (1873-1910).

divise les communes de la Seine banlieue en trois régions chacune dotée d'un ensemble de collecteurs et de stations d'épuration. La station de Mont-Mesly agrandie est censée couvrir le territoire suburbain au sud de Paris ; le site prévu à Achères est programmé pour desservir les communes situées en aval de Paris entre les fortifications et Clichy, tandis que les autres cités comprises entre Clichy et les limites septentrionales du département doivent être réparties entre les trois stations projetées à La Courneuve, Saint-Denis et Stains.

De l'aveu même des ingénieurs, le coût pour les finances publiques d'un tel projet est difficile à déterminer. Les recherches sur l'épuration bactérienne et l'industrialisation du système sont encore trop peu avancées pour que l'on puisse évaluer avec précision le montant de l'investissement. De même, la prévision des volumes d'eaux à canaliser et à traiter est impossible à prévoir pour les communes suburbaines en croissance démographique dont le réseau d'égout n'est souvent qu'embryonnaire. Le rapport de Louis Parisot prévoit un doublement de leur population dans les trente prochaines années. Compte tenu de ces incertitudes, la commission de l'assainissement du conseil général renvoie le projet pour un supplément d'étude. Elle autorise toutefois l'administration préfectorale à engager des négociations avec l'État et la ville de Paris sur le projet d'assainissement général du département de la Seine. Ces pourparlers concernent à la fois la cession et la location des terrains à Achères sur lesquels le conseil général envisage d'édifier sa station d'épuration et le montant de la participation financière de l'État au projet départemental[310].

Le 3 décembre 1909, ce programme, après de nouveaux voyages d'études sur le fonctionnement de l'épuration bactérienne en Angleterre, en Autriche et en Allemagne, est à nouveau présenté au conseil général[311]. Peu de changements ont été apportés, si ce n'est l'abandon de la station d'épuration de la Courneuve et une réévaluation du coût du programme. L'assemblée adopte alors deux résolutions, l'une invitant l'administration supérieure à prévoir le financement d'un budget d'investissement de 72,5 millions de francs, l'autre l'invitant à poursuivre ses négociations avec la ville de Paris et l'État. L'inondation de janvier 1910 vient alors rappeler l'urgence d'un compromis à trouver sur l'assainissement de l'agglomération parisienne entre les différentes institutions locales qui la composent, le conseil municipal de la capitale, les municipalités de banlieues et le conseil général de la Seine, cette assemblée du Grand Paris où se nouent les ententes intercommunales et interdépartementales.

L'inondation de 1910 : Paris/banlieues unies dans un même combat ?

Entre les 20 et 22 janvier 1910, la Seine est sortie de son lit[312]. L'inondation, d'une ampleur exceptionnelle, tient à l'amoncellement des crues de la Seine, de la Marne, de l'Yonne, du Loing et du Grand Morin. Les terres rurales gelées et les sols des villes imperméabilisés n'ont pu absorber les surplus d'eau pluviale qui glisse dans les fleuves. En quelques jours, la continuité du service public est compromise dans les quartiers et les communes inondées. La plupart des réseaux de navigation, d'assainissement, d'électricité, de gaz, de distribution d'eau potable, d'énergie à air comprimé, de communication téléphonique et de transports collectifs, bus, tramways et métropolitains, sont paralysés en totalité ou partiellement. La saturation des égouts et l'interruption du ramassage des ordures ménagères font craindre une vague d'épidémie. L'étendue de l'inondation centennale de 1910 bouleverse pendant de longues semaines la vie quotidienne des communes riveraines des fleuves[313].

---

310. Louis Parisot, *Rapport au nom de la commission des eaux et de l'assainissement sur l'établissement d'un programme avec épuration biologique des eaux d'égout pour l'assainissement de la Seine et de la Marne*, n° 13, 5 juillet 1907.
311. Léon Paris, Eugène-Victor Carmignac, *Rapport au nom des délégations…* , *art.cit.*
312. Edmond Maillet, F. Nouailhac-Ploch, « La crue extraordinaire de la Seine en janvier 1910 », *Annales de géographie,* n° 104, mars 1910, p. 113-119.
313. *Paris sous les eaux*, documentaire de Michel Royer, France 5, 2004, 55 minutes.

◀ **L'inondation centennale de 1910.**

Les ordures ménagères déversées dans la Seine en aval du viaduc d'Auteuil le 27 janvier 1910.
© UB / Roger-Viollet

Rue inondée pendant la crue de 1910.
© DR / Collection particulière
▼

Plus de 20 000 immeubles parisiens et 30 000 maisons de banlieue sont sinistrés.

Dans la capitale, le 28 janvier 1910, la crue a atteint au pont d'Austerlitz un pic de 8,62 mètres[314]. En Seine banlieue, en amont de Paris, les villes les plus touchées sont Ivry-sur-Seine, Charenton-le-Pont, Vitry-sur-Seine, Saint-Maurice, Alfortville, Bonneuil-sur-Marne, Créteil, Orly, Choisy-le-Roi, Saint-Maur-des-Fossés, Champigny-sur-Marne, Joinville-le-Pont, Nogent-sur-Marne, Le Perreux-sur-Marne et Bry-sur-Marne. En aval, Boulogne, Clichy, Neuilly-sur-Seine, Levallois-Perret, Courbevoie, Suresnes, Puteaux, Issy-les-Moulineaux, Saint-Ouen, L'Île-Saint-Denis, Saint-Denis, Épinay-sur-Seine, Gennevilliers, Colombes et Nanterre ne sont pas épargnées[315]. Dans le nord-ouest du département, les habitants les plus affectés sont ceux résidant sur la presqu'île de Gennevilliers. Au total, sur les 77 communes de la Seine banlieue, pas moins d'une trentaine doit affronter la montée des eaux. Les villes situées en aval de Paris sont d'autant plus touchées par le sinistre, qu'elles sont victimes de l'écoulement et de l'étalement des eaux usées et des ordures ménagères de la capitale. L'élimination des immondices dans les usines parisiennes de traitement des déchets est inopérante. Toutes, à l'exception de celle de Romainville, sont situées en zones inondables. Dès lors, les immondices ont pour seule issue le fleuve. Les ordures sont jetées des ponts directement dans la Seine. La distribution d'eau potable est également perturbée. Elle oblige les municipalités et les compagnies concessionnaires à mettre en place des bornes-fontaines alimentées par l'Oise et des citernes remplies d'eau puisée dans le canal de l'Ourcq. Dans le département de la Seine, plus de 200 000 citadins sont frappés par la « *Grande crue* ».

À partir du 28 janvier 1910, la Seine amorce doucement sa décrue. Après l'inondation, le pire est à venir ; les ennemis sont désormais la boue et la peur des contaminations. Avec le reflux de l'eau, les services municipaux de la voirie et les compagnies de sapeurs-pompiers doivent aider les habitants à rendre salubres leurs habitations. Les services préfectoraux de désinfection sont également sur les rangs. Le domaine communal doit être libéré de tous les encombrants et le lit de la Seine doit être nettoyé. Il faut repaver les rues, restaurer les réseaux de canalisation et résoudre le problème crucial de l'élimination des ordures ménagères.

Le choc psychologique provoqué par l'inondation a au moins eu une conséquence heureuse. Il solidarise les maires de la Seine banlieue et les élus parisiens. L'entraide entre communes compense les lendemains difficiles. À Paris, Ambroise Rendu, conseiller municipal et président de la 7e commission permanente du conseil général chapeautant la préfecture de Police et ses services d'hygiène, est l'une des personnalités parisiennes les plus investies dans la lutte contre les inondations[316]. En Seine banlieue, l'Union des maires de la Seine, tout juste fondée en 1909, qui fédère l'ensemble des communes suburbaines du département, fait pression sur les pouvoirs publics afin qu'ils les protègent d'un pareil fléau en s'engageant dans une politique de grands travaux. À l'instar de Laurent Rondu, premier magistrat de Choisy-le-Roi de 1901 à 1919, les élus mesurent parfaitement l'imbrication des échelles administratives et politiques source de dysfonctionnements[317]. L'État est appelé à assumer ses responsabilités de tuteur des collectivités locales, à compenser leurs déficits budgétaires et à indemniser les sinistrés. Cette conception solidariste des politiques publiques est défendue au conseil général de la Seine et dans les conseils d'arrondissement de Sceaux et Saint-Denis.

L'inondation de 1910 met à l'épreuve la réactivité des services publics face à des situations d'extrême dépendance des

---

314. Archives de Pantin. 1327-1328. Inondations et orages : organisation des secours et demande d'indemnité à l'État et la préfecture (1910).

315. *La Banlieue parisienne inondée : crue de janvier 1910*, Paris, A. Noyer, 1910.

316. Paul Robert, *Le Conseil municipal, annuaire illustré des édiles de la Ville de Paris, 1913*, Paris, Publications du journal municipal *La Cité*, 1913, p. 155 ; Marc-Ambroise Rendu, *1910, Paris inondé*, Paris, Hervas, 1997.

317. Laurent Rondu, *Les Inondations de 1910. Les Moyens de parer à de nouveaux désastres*, Choisy-le-Roi, Imprimerie E.M. Chambes, 1912.

populations. Les pouvoirs publics réagissent en créant, le 9 février 1910, une commission des inondations rattachée au ministère de l'Intérieur et des cultes et dirigée par le polytechnicien et ingénieur des Ponts et Chaussées, Alfred Picard, ancien ministre de la Marine. La commission s'évertue à tirer des leçons de la calamité sans parvenir à s'accorder sur les financements et les moyens de prévention à mettre en œuvre[318]. Dans le département capitale, l'ingénieur de la ville de Paris, Léon Boreux, dresse, au nom de la commission des inondations, un plan des zones inondées par la crue de 1910 comparées aux précédentes crues[319]. Mandaté par la commission municipale et départementale des inondations du Grand Paris, Louis Dausset, met en évidence dans son rapport le destin scellé des cités de la Seine banlieue et de la capitale face aux inondations[320]. Fils d'un ancien conducteur des Ponts et Chaussées, l'édile parisien, fin connaisseur des rouages de l'administration préfectorale, parle en homme averti qui a la confiance des services techniques de la ville de Paris.

Des commissions d'enquêtes, réunissant édiles et techniciens, sont mises en place en vue d'établir des plans de préservation des zones urbaines[321]. La commission départementale du Port de Paris et des inondations est composée d'élus parisiens, de conseillers généraux des communes de banlieue ayant enduré les conséquences de cette catastrophe. Ces élus sont les plus ardents partisans d'une intervention d'ampleur des pouvoirs publics et d'une action commune du conseil général et du conseil municipal de Paris afin de protéger les zones urbanisées, riveraines de la Seine et de la Marne[322]. L'élévation des digues, mais surtout la création de barrages de rétention d'eau en amont des cours d'eau trouvent un large écho dans les mondes de l'édilité parisienne et suburbaine[323]. S'il doit y avoir de nouveau des terres inondées, autant préserver celles à forte densité ou à urbanisation rapide du Grand Paris dont la valeur foncière est sans commune mesure comparable avec celle des bourgs ruraux. C'est bien le département de la Seine, l'épicentre politique et économique de la France, qu'il convient de protéger même au risque de froisser les intérêts des départements de province.

Le programme d'assainissement de 1911

Au début du XXe siècle, si la performance du réseau parisien est reconnue, l'assainissement de la banlieue parisienne est carentiel. L'inondation de 1910 a mis en évidence la nécessité d'adopter un programme départemental de gestion de l'eau dans l'agglomération parisienne. Le projet d'assainissement du conseil général de la Seine est de nouveau discuté devant l'assemblée du Grand Paris au printemps 1911, dans une version que ses rapporteurs espèrent définitive. Le projet contient, en plus d'un volet technique et financier, un règlement fixant les modalités de coopération des différents acteurs du programme, les municipalités et le département de la Seine. Cette nouvelle mouture n'a pas pour but l'approbation immédiate du programme. Elle vise surtout le lancement de la procédure d'enquête publique.

Les mesures techniques sont exposées aux conseillers généraux, le 11 avril 1911, par le spécialiste de l'assainissement de la capitale, Léon Paris. Le programme de 1911 a quelque peu évolué par rapport au projet initial[324]. Les projets de

---

318. Commission des inondations du ministère de l'Intérieur et des Cultes, *Rapports et documents divers*, Paris, Imprimerie nationale, 1910.

319. Commission des inondations, *Plan de Paris indiquant les zones inondées par la crue de 1910 et rappelant les zones d'inondation superficielle de 1658*, Paris, Louis Wuhrer, s.d.

320. Louis Dausset, *Rapport général au nom de la commission municipale et départementale des inondations*, Paris, Imprimerie municipale, 1911.

321. Archives de Neuilly-sur-Seine, B. 234, dossier : « Ordonnance du 30 janvier 1910, concernant les mesures d'assainissement à prendre dans les communes du département de la Seine à la suite des inondations ».

322. Délibération du conseil général du 27 décembre 1919 et du conseil municipal de Paris des 7, 12 et 13 juillet 1919, *in Nos édiles, 1921*, *op. cit.*, p. 254.

323. Georges Lemarchand, *Étude générale. 1° sur l'organisation technique, administrative et fiscale du port de Paris, 2° sur la navigation, 3° sur les inondations,* Commission du Port de Paris, de la navigation et des inondations du conseil général de la Seine, Paris, Imprimerie municipale, 1921.

324. Léon Paris, *Rapport au nom de la commission départementale des eaux sur l'assainissement du département de la Seine*, n° 10, 11 avril 1911.

stations de La Courneuve, Stains et Saint-Denis sont abandonnés. L'épuration des eaux départementales est concentrée sur deux stations, celle de Mont-Mesly et celle d'Achères. Ces installations sont prévues pour une population de 1,5 million d'habitants qui, selon les prévisions des services départementaux, doit être atteinte dans les années 1920[325]. Les études tablent sur 400 000 m^3 d'eaux usées à traiter par jour, 300 000 m^3 par la station d'Achères et 100 000 m^3 par la station du Mont-Mesly dont la capacité théorique d'épuration est encore, en 1911, inférieure à 20 000 m^3 par jour.
Le règlement administratif et financier a précédé le rapport technique. Il est présenté le 17 mars par l'homme de lettres, conseiller municipal de Paris, Armand Grébauval[326]. L'article premier de l'avant-projet organise le cadre de l'action départementale selon des modalités semblables à celles envisagées à la fin du XIXe siècle. Il autorise le conseil général à se substituer aux municipalités suburbaines pour l'exécution, l'entretien et l'exploitation de tous les ouvrages destinés à la protection de la Seine et de la Marne. Ce règlement spécifie, en outre, la nature des travaux qui entrent dans le cadre du programme et fixe la répartition des dépenses générales. Les travaux pris en charge par le département concernent les « *collecteurs, galeries, usines, conduites de refoulement et de drainage et autres ouvrages ou installations ayant pour but de recueillir, refouler et épurer les eaux d'égout se déversant en Seine et en Marne dans l'étendue du département de la Seine* », auxquels s'ajoutent les égouts d'intérêt général ou intercommunal recevant les eaux de plusieurs cités[327]. En sont exclus les égouts communaux réalisés par les municipalités de la Seine banlieue qui doivent être construits avec l'accord des services techniques du département afin d'assurer la cohérence du réseau d'intérêt général.

Les dépenses générales d'assainissement comprennent les frais d'intérêt et d'amortissement des travaux effectués par le département ainsi que les coûts de surveillance, d'entretien et d'exploitation des infrastructures. Ces opérations sont à nouveau évaluées à 72,5 millions de francs. Les communes, responsables légales de l'assainissement, sont appelées à supporter la plus grande part du financement à hauteur de 60 millions. C'est au département, exécuteur du programme, qu'il incombe d'emprunter ces fonds garantis par les municipalités qui seront autorisées à taxer leurs administrés et leurs industriels. Ces 60 millions sont à répartir au prorata du nombre d'habitants dont les eaux usées se déversent dans les égouts du réseau d'intérêt général[328]. Le département prend à sa charge les 12,5 millions de francs restant. L'État est sollicité pour la cession gratuite de ses deux collecteurs latéraux et des terrains d'Achères indispensables à l'installation d'une des deux stations d'épuration du programme de 1911. Rapporteurs du projet, les conseillers municipaux de Paris sont en première ligne dans le processus de validation des grands travaux du département. Majoritaires à l'assemblée départementale, les représentants des Parisiens, qui financent les trois quarts du budget départemental, ne s'opposent pas au cofinancement de l'assainissement de la Seine banlieue.

La reconnaissance du département

Le projet d'assainissement du département de la Seine se révèle être bien plus qu'un simple programme technique et financier. Les deux rapports présentés devant le conseil général, en mars et en avril 1911, consacrent la légitimité du département dans le domaine crucial de l'assainissement de l'agglomération parisienne. La commission mixte des eaux, de l'hygiène et de l'assainissement du conseil général de la Seine et du conseil municipal de Paris a mis

325. Archives de Paris, D1S8 7, *Notice sur l'avant-projet d'assainissement général de la Seine et de la Marne, dressée par l'ingénieur des Ponts et Chaussées J. Arnaud*, mars 1911, p. 5.
326. Armand Grébauval, *Rapport au nom de la commission départementale des eaux et de l'assainissement, sur un projet d'emprunt pour l'achèvement de l'assainissement de la Seine et de la Marne*, n° 7, 17 mars 1911.
327. Archives de Paris, *Avant-projet de règlement*, D1S8 7.
328. Archives de Paris, *Avant-projet de règlement*, D1S8 7.

Ouvrages d'assainissement et ouvrages projetés par le département de la Seine dans le cadre du programme de 1911.

en évidence l'inadaptation, pour les zones intercommunales à forte concentration démographique, des dispositions des lois des 16 septembre 1807 et 15 février 1902 fixant les obligations des municipalités en matière d'épuration urbaine. Cette législation est non seulement inefficace mais elle constitue un véritable obstacle à la rationalisation des réseaux d'épuration. Les communes sont dans l'incapacité d'assurer l'assainissement de leur territoire, « *non seulement parce que leurs ressources financières n'égalent pas toujours leurs besoins, mais aussi parce que, dans les conditions où elles se trouvent placées, aucune solution rationnelle et scientifique ne peut être étudiée et réalisée*[329] ».

Ces arguments ne sont pas nouveaux. Les municipalités de la Seine banlieue – qui ont, pour les plus importantes d'entre elles, créé un octroi communal – ne peuvent financer seules la réalisation de leurs canalisations d'égout. Elles ne peuvent bénéficier dans leurs mairies de l'expertise d'ingénieurs communaux et sont contraintes de s'en remettre au service ordinaire et vicinal des ingénieurs des Ponts et Chaussées du département. Ces considérations avaient déjà, en 1885 et 1892, motivé l'élaboration des premiers projets d'assainissement du conseil général. Dans l'énoncé de ses principes fondateurs, le projet de 1911 est bien plus ambitieux. Il dépasse le domaine de l'assainissement pour aborder la question centrale de l'organisation statutaire et politique du département capitale. Sur cette question sensible, qui renvoie aux souvenirs de l'annexion de la petite banlieue en 1860, Léon Paris va jusqu'à évoquer la transformation de son département en une seule et même commune de droit commun. Sa réflexion annonce celle du socialiste Henri Sellier qui promeut, en 1915, les fondements d'une solidarité, effective et efficiente, entre Paris et ses banlieues[330].

> « *Tandis que le département des Landes, par exemple, compte 293 397 habitants, sur une superficie de 936 404 hectares, soit 31 habitants par kilomètre carré, le département de la Seine est peuplé de près de 4 millions d'habitants agglomérés sur 48 088 hectares, soit 8 026 par kilomètre carré. Les importantes cités que compte notre département sont donc très rapprochées les unes des autres, et ce rapprochement multiplie les risques de contamination réciproque.*
>
> *Somme toute, le département de la Seine ne sera bientôt plus qu'une commune : l'augmentation continue de la population, non point seulement des grandes villes, mais même des petites agglomérations, fait disparaître peu à peu les espaces libres qui les séparaient et qui se couvrent de construction au point que dans quelque vingt ans notre département tout entier ne formera plus qu'une seule cité, dont les quartiers seront séparés par des jardins ou des terrains de culture, appelés à se restreindre chaque jour.* [...]
>
> *Le département, de création plus récente que la commune, a remplacé les anciennes provinces comme intermédiaire entre la commune et l'État. Il a eu quelque peine à se dégager des anciennes traditions provinciales qui avaient pénétré profondément note pays, et son rôle n'a point encore pris toute l'ampleur qu'on peut légitimement attendre. Mais, peu à peu, ce rôle s'étend, et les interventions du département dans l'organisation collective deviennent plus nombreuses et plus importantes : les progrès des transports en commun, ceux aussi de la houille blanche, élargissent le champ de son action et la proximité des agglomérations, dans la Seine par exemple, l'obligent à intervenir dans les questions d'assainissement.* [...]
>
> *Le législateur avait cru pouvoir confier aux communes* [à travers les lois du 5 avril 1884 et du 15 février 1902] *le soin de prendre toutes les mesures intéressant la salubrité publique.* [...] *L'intention du législateur était louable ; mais il est à craindre que, dans un très grand nombre de communes, la loi de 1902 n'ait pas plus d'action et d'efficacité que n'en*

329. Léon Paris, *Rapport au nom de la commission départementale des eaux... op. cit.*, p. 2.
330. Henri Sellier, *Les Banlieues urbaines et la réorganisation administrative du département de la Seine*, Paris, Marcel Rivière et Cie, 1920 (1915).

eut la loi de 1884. [...] *Dans tous les cas, il nous apparaît que le législateur a eu surtout en vue, comme il arrive trop souvent, les communes des départements autres que la Seine, où les agglomérations importantes sont rares et séparées les unes des autres par une distance de plusieurs kilomètres. Mais il semble n'avoir pas envisagé suffisamment la situation particulière du département de la Seine* [...].

Le Parlement, par des lois récentes sur la petite propriété et le bien de famille, vient d'affirmer la nécessité pour chaque citoyen d'une démocratie d'avoir un minimum de propriété, mis par la loi à l'abri des revers de fortune. Dans le même ordre d'idées, ne peut-on dire que chaque commune, chaque département, doit posséder un minimum de propriété et d'outillage pour mener à bien la tâche qui lui est confiée et pour assurer la vie, le développement rationnel de la population qui se meut dans ses limites ?

En France, ces conditions élémentaires de vie et de développement, si simples et cependant si efficaces, sont quelque fois négligées, au détriment à la fois des intérêts particuliers des citoyens et des intérêts généraux du pays. Dans l'organisation rationnelle de la vie collective, qui se fait chaque jour plus nécessaire, le département de la Seine ne saurait rester en arrière[331]. »

Au-delà de l'entreprise de légitimation de l'œuvre du conseil général de la Seine, un territoire d'exception, Léon Paris formule les principes d'une refonte du régime administratif du département de la Seine lui permettant d'assumer un rôle nouveau et décisif dans l'aménagement de l'agglomération parisienne. Si les termes même de « *Grand Paris* » ou d'« *agglomération parisienne* » n'apparaissent pas dans sa prise de position, le sentiment d'appartenance des communes de la Seine à un même système urbain transparaît. La mise en œuvre d'une politique publique d'assainissement s'imbrique dans une politique plus large de gouvernance institutionnelle du Grand Paris[332]. La réalisation par à-coups et tâtonnements du projet départemental d'assainissement réside précisément dans le décalage entre les besoins des populations suburbaines en matière d'équipements et les marges d'action enchevêtrées et limitées offertes par la législation aux collectivités locales sous tutelle du département capitale.

Pour la réalisation de son programme d'assainissement, le département de la Seine se trouve dans une situation délicate. Sans compétence formellement reconnue en matière d'assainissement, il ne peut exiger des Parisiens et des banlieusards de nouvelles impositions ; le conseil général n'est éligible à aucune taxe d'assainissement. Or le programme de 1911 à un coût – 72,5 millions de francs – qui ne peut être supporté par les seules ressources du département. Comme le prévoit l'article 16 du projet de règlement édicté dans le rapport de Léon Paris, les municipalités sont seules autorisées, après le vote d'une loi, à créer de nouvelles taxations pour la mise en œuvre d'un service public à caractère communal. Le caractère communal de l'assainissement constitue un obstacle qu'il est du devoir des élus du Grand Paris de supprimer. En mars 1913, la lettre de cadrage du projet d'assainissement de la Seine et de la Marne, dressée par les ingénieurs départementaux, souligne que le programme d'assainissement est « *une œuvre intercommunale pour laquelle le département ne sert que d'agent d'exécution*[333] ». Cette voie légale est l'unique moyen pour mobiliser les financements nécessaires aux travaux.

La seconde difficulté tient à la réaction des communes de banlieue. Leurs finances locales pourront-elles supporter un emprunt de 60 millions de francs fixé par les services préfectoraux sans

331. Léon Paris, *Rapport au nom de la commission départementale des eaux...*, *op. cit.*, p. 2-4.
332. Émile Cacheux, *Le Grand Paris*, Association française pour l'avancement des sciences, 1916, p. 85-130 ; Michel Dendias, *Le Gouvernement local. La centralisation et la décentralisation administrative*, Paris, Librairie du Recueil Sirey, 1930.
333. « Notice relative au projet d'assainissement de la Seine et de la Marne », *in* Léon Paris, *Rapport au nom de la commission départementale des eaux...*, *op. cit*, p. 13.

consultation des élus ? L'administration du département de la Seine est, en ce début du XXe siècle, chose délicate. Le contentieux est lourd et ancien entre les communes de la Seine banlieue, la ville de Paris et le conseil général[334]. Les communes de banlieue ont forgé leur unité dans le combat contre leur assujettissement aux intérêts de la grande ville. L'assemblée départementale a longtemps été perçue comme le faire-valoir des autorités de tutelle et des élus de la capitale ; mais les rapports de force ont changé avec l'entrée, en 1909, sur la scène politique départementale d'un nouvel acteur reconnu, l'Union des maires de la Seine. Cette puissante amicale d'élus étend ses revendications à la défense des prérogatives et des finances communales[335]. Dans cette nouvelle configuration politique, les conditions de réalisation et de financement du programme d'assainissement prévues par les services techniques et financiers de la préfecture semblent compromises.

Conseiller municipal du quartier de la Villette, une ancienne commune de la petite banlieue annexée en 1860 qui a subi les nuisances du dépotoir de la Villette, Léon Paris, rapporteur du projet, a conscience de la force d'opposition que représente l'Union des maires de la Seine. Avec conviction, il s'efforce d'apaiser les tensions et de garantir l'intégrité des compétences communales. Son discours panégyrique sur l'histoire des libertés communales encense leur capacité à dépasser l'esprit de clocher au profit de la concorde intercommunale et de l'intérêt général. L'élu du Paris populaire se plaît ainsi à prendre pour exemple la création, en 1903, du syndicat intercommunal du gaz, considéré comme une réussite exemplaire des communes de la Seine banlieue.

> « [...] *Nous n'entendons pas contester le rôle important que peut jouer dans la vie administrative, économique et sociale, la commune, cellule initiale de la vie collective. Les communes ont derrière elles un passé glorieux, depuis l'époque où elles se sont constituées lentement, sur les ruines de la féodalité. Elles ont été les premières cellules d'organisation de la vie en commun : c'est dans leur sein que se sont posées pour la première fois dans le monde moderne les questions d'hygiène, de sécurité, d'alimentation collective ; que l'homme moderne a fait l'apprentissage de la vie publique et de la démocratie, qu'il a appris peu à peu à substituer à l'égoïsme étroit de l'individu, de la famille, du groupement des intérêts particuliers, la notion féconde de la solidarité et de la discipline sociale.*
>
> *Au cours des dernières années, le rôle des communes dans notre pays n'a point diminué et un très grand nombre de lois récentes sont venues faire appel à leur esprit d'initiative et de réalisation pratique. Tout récemment encore, les communes du département de la Seine ont montré dans la question du gaz les avantages que les populations peuvent retirer de l'association et de la collaboration des municipalités pour la solution des problèmes édilitaires, qui se posent chaque jour plus nombreux et plus pressants*[336]. »

Mais, n'en déplaise à Léon Paris, les communes de la Seine banlieue s'estiment toujours lésées. Sous la direction de leur Union, elles contestent leur marginalisation dans le processus d'élaboration du programme d'assainissement de l'agglomération parisienne que la préfecture de la Seine leur demande pourtant de financer.

Un acteur politique incontournable : l'Union des maires de la Seine

Une majorité de conseillers généraux a adopté les rapports de Léon Paris et Armand Grébauval sur le programme d'assainissement du département de la Seine de 1911. L'enquête publique est lancée dès le mois de juillet dans les deux départements de la Seine et de la Seine-et-Oise qui doivent

334. Emmanuel Bellanger, « "Je t'aime contraint et forcé". Des maires, des amicales, des syndicats et une préfecture en banlieue parisienne (1880-1950) », art. cit., p. 129-137

335. Emmanuel Bellanger, *Administrer la « banlieue municipale » : activité municipale, intercommunalité, pouvoir mayoral, personnel communal et tutelle préfectorale en Seine banlieue des années 1880 aux années 1950*, *op. cit.*, 2004.

336. Léon Paris, *Rapport au nom de la commission...*, *op. cit.*, p. 3.

accueillir les installations d'épuration. Dans le département capitale, les résultats de l'enquête se concluent à la fois par l'acceptation du volet technique du programme et à la fois par le rejet du projet de règlement et de ses modalités financières. Le rapport du 8 octobre 1912, dressé par le service ordinaire et vicinal du département de la Seine sur les résultats de l'enquête publique, constate que « *les conseillers municipaux de ces communes, appelés à délibérer sur le projet, ont pris presque tous une délibération identique*[337] ». Les délibérations, prises à l'initiative de l'Union des maires de la Seine, ne présentent pas d'opposition de principe au programme départemental d'assainissement. Elles reconnaissent même son utilité. Le projet est ainsi qualifié d'« *œuvre de salubrité du plus haut intérêt qui apparaît non seulement comme utile, mais même comme nécessaire* ». Les communes de la Seine banlieue, tenues à l'écart de la négociation du programme, n'en exigent pas moins que « *le département, seul qualifié pour entreprendre les travaux d'assainissement général de la Seine et de la Marne, assume seul, sans la participation financière des Communes, la charge de toutes les dépenses occasionnées par l'exécution des dits travaux*[338] ».

Fidèle à l'esprit combatif des magistrats communaux des années 1870-1880, l'Union des maires de la Seine a repris le flambeau de la bataille des élus pour l'assainissement de la Seine et de la Marne[339]. Les enjeux sont importants : lutter contre la pollution, construire de nouveaux collecteurs pour drainer les eaux usées et exécuter, au moindre coût pour leurs budgets exsangues, les ouvrages destinés à recueillir et épurer les eaux des égouts se déversant dans la Seine et la Marne[340]. En 1913, l'Union des maires convoque une conférence intercommunale sur ce sujet qui alarme les populations riveraines des fleuves et les entreprises vivant de l'exploitation de l'eau fluviale, à l'instar des blanchisseries[341]. De ce positionnement unanime des édiles, il ressort que la qualité de l'environnement a un prix que les élus suburbains se refusent à payer. Pour les maires, le projet d'assainissement, exposé par les ingénieurs des Ponts et Chaussées des services préfectoraux, doit être réalisé aux frais du seul département et de la ville de Paris, qui a pollué sans retenue leur territoire durant des décennies. Les municipalités se refusent à lever de nouvelles taxes de déversement au tout-à-l'égout, alors même que les communes les plus excentrées du département ne sont pas encore raccordées aux réseaux d'intérêt général d'assainissement. Elles craignent surtout le coût prohibitif de ces travaux d'aménagement. Les prévisions initialement fixées en 1907 à 72,5 millions de francs sont, selon l'Union, revues à la hausse dès février 1913.

Face à ce front uni des maires de banlieue, les services techniques du département ne s'avouent pas vaincus, mais leur posture est désormais plus réaliste et conciliante. Les motifs de l'opposition de la Seine banlieue étant essentiellement financiers, les ingénieurs rapporteurs de l'enquête publique estiment que les principes généraux du programme n'ont pas été remis en cause. La commission d'enquête adopte un compromis en associant désormais les communes de la Seine banlieue à l'élaboration du projet d'assainissement. Une réunion de conciliation est organisée entre les ingénieurs des Ponts et Chaussées, des représentants du conseil général et le bureau de l'Union des maires de la Seine, composé de magistrats des grandes villes suburbaines du département. Durant cette consultation, l'Union propose divers amendements

337. Archives de Paris, D1S8 7, *Rapport sur les résultats de l'enquête*, rédigé par les ingénieurs Verrière et Viennot du service ordinaire et vicinal du département de la Seine, 8 octobre 1912, p. 1.
338. Archives de Paris, D1S8 7, délibération type adoptée par les communes, citée par le *Rapport sur les résultats de l'enquête*, rédigé par les ingénieurs Verrière et Viennot, du service ordinaire et vicinal du département de la Seine, 8 octobre 1912, p. 1.
339. Archives de Pantin, 1259, Union des maires de la Seine.
340. Archives de Pantin, délibération du 25 février 1913.
341. Les archives de l'Union des maires de la Seine sont dispersées dans les différentes communes de la banlieue parisienne. Une partie importante de ce fonds est conservée aux archives municipales de Pantin et de Saint-Denis.

qui ne bouleversent pas l'économie du projet. Elle obtient que les communes puissent bénéficier d'une plus grande liberté dans l'établissement des taxes et des redevances qu'elles imposeront aux propriétaires et aux industriels. L'Union réclame également la création d'une commission de contrôle, composée de conseillers généraux, de maires de la Seine banlieue et de représentants de l'administration préfectorale. Elle veut à tout prix que sa place dans les négociations des programmes d'assainissement de l'agglomération parisienne soit reconnue et instituée.

Le projet de règlement ainsi modifié peut dès lors être de nouveau présenté aux communes de la Seine banlieue. En 1913, après la tenue d'une conférence intercommunale, les municipalités suburbaines sont une majorité à suivre les directives du bureau de l'Union des maires[342]. 61 communes sur 78 émettent un avis favorable[343]. Quinze autres ne se prononcent pas ou se déclarent en accord avec le nouveau projet tout en formulant des réserves. Seules deux communes le refusent et rejettent toute participation financière : Clichy, qui estime que le projet n'aura aucun effet sur les déversements des collecteurs parisiens au voisinage de ses berges et Villejuif qui craint de devoir payer, en dépit des démentis du conseil général, pour les pensionnaires de l'asile d'aliénés et de l'hospice de la ville de Paris établis sur son territoire.

En grande couronne, les positions sont plus tranchées. Aucun compromis ne semble envisageable. L'enquête publique de la Seine-et-Oise a abouti à un rejet massif du projet par une majorité de communes. Devant cette franche hostilité, la commission départementale du conseil général émet un avis défavorable. Le projet ne constituerait tout au plus qu'« *un expédient* » au problème de la pollution de la Seine. Elle dénonce l'installation d'une station d'épuration à Achères où la ville de Paris rejette déjà ses eaux usées sur les champs d'épandages qui selon ses détracteurs empoisonnent l'atmosphère. Pour ses membres, « *on ne saurait accepter l'aggravation des servitudes* [...][344] ». Au risque d'ajourner une fois de plus le lancement du programme, le département de la Seine se voit contraint de modifier son projet et de trouver un nouvel emplacement pour sa station en aval de Paris. Le projet de construction de la station d'Achères est abandonné au profit de deux nouvelles stations prévues dans la Seine banlieue, à Colombes et à Gennevilliers, qui ne verront jamais le jour.

L'assainissement : un enjeu politique de compromis

Ces multiples péripéties ont mis à l'épreuve la réalisation du programme d'assainissement du département de la Seine. À l'issue d'une seconde enquête publique, un nouveau rapport, plus conforme aux desiderata des communes de la Seine banlieue, est soumis en juin 1914 aux conseillers généraux de la Seine. L'assemblée départementale adopte définitivement le 8 juillet les clauses techniques et financières du programme d'assainissement de l'agglomération parisienne. Mais le déclenchement de la Grande Guerre, en août 1914, vient interrompre la réalisation du projet. Du Second Empire à la fin de la Belle Époque, les conflits d'intérêt entre la capitale, sa banlieue et sa grande couronne ont témoigné de résistances et d'égoïsmes municipaux. Pour autant, l'idée d'un Grand Paris de l'assainissement chemine dans l'esprit d'une majorité d'édiles parisiens et banlieusards.

Les élus locaux sont de plus en plus nombreux à admettre la nécessité de départementaliser la mise en réseaux des égouts, la mise en œuvre des politiques de protection des fleuves et l'épuration des eaux souillées par l'activité humaine, domestique et industrielle. Les élus socialistes de la Belle Époque sont à la pointe de ce combat départemental. Leur action s'inscrit dans la filiation de leur camarade, grand témoin de l'action publique locale, le docteur Paul Brousse, conseiller municipal

342. Archives de Paris, D1S8 7, rapport commun des ingénieurs suite à la deuxième enquête, novembre 1913.

343. La Seine banlieue ne compte que 78 communes. Les communes de Cachan et de Villeneuve-la-Garenne n'ont pas encore pris leur indépendance.

344. Archives de Paris, D1S8 7, conclusions de la commission d'enquête de Seine-et-Oise, rapport commun des ingénieurs suite à la deuxième enquête, novembre 1913.

de Paris de 1887 à 1907, président de l'assemblée parisienne en 1905 et député de la capitale de 1906 à 1910. Ce partisan de l'éradication des fortifications, de la suppression des octrois et de la défense de l'hygiène publique, conçoit le département capitale comme un laboratoire de diffusion du progrès social. Il a pour condisciple Léon Paris, spécialiste des politiques de l'eau et de l'assainissement, défenseur comme lui d'un socialisme réformateur.

En 1912, fidèle à ces deux figures charismatiques du conseil de Paris et du conseil général de la Seine, le programme du parti socialiste Section française de l'Internationale ouvrière (SFIO) pour les élections cantonales et municipales de mai 1912 affiche ses ambitions pour la Seine banlieue. Les républicains d'obédience radicale ou de centre-droit ne sont plus les seuls à revêtir la posture de l'élu négociateur, bâtisseur et aménageur de la banlieue parisienne[345]. La fédération socialiste du département de la Seine, réunie en congrès les 12 et 26 mars 1911, s'est convertie au socialisme municipal sous l'autorité d'Henri Sellier, élu de Puteaux et de Suresnes et de son maître à penser, Albert Thomas, un fils de boulanger devenu conseiller municipal de Champigny-sur-Marne en 1904, maire de sa commune natale de 1912 à 1919, conseiller général du Grand Paris de 1908 à 1919, député de la Seine de 1910 à 1921, ministre durant la Grand Guerre et premier directeur du Bureau international du travail (BIT).

Dans son projet départemental pour les « *travailleurs de la banlieue* », il n'est plus question d'accorder la priorité « *au combat contre le capitalisme et l'État bourgeois*[346] ». Les candidats socialistes se doivent de composer avec leurs adversaires afin « *d'apporter des transformations profondes à l'organisation administrative* » du département. Ils se doivent, en militant responsable, de promouvoir la « *départementalisation des services publics* », de créer des hospices départementaux, d'œuvrer à une véritable péréquation fiscale entre le département et les communes, de construire en banlieue un réseau départemental d'égouts semblable à celui de Paris et de réaliser un « *plan départemental d'extension* » plus équilibré et plus juste[347]. L'aménagement et l'assainissement de la Seine banlieue sont classés parmi les priorités politiques des représentants du mouvement ouvrier.

Les élus de la SFIO rejoignent le concert des maires et des conseillers généraux de la Seine banlieue partisans d'un développement concerté de l'agglomération parisienne marquée par les plaies de la paupérisation et de la ségrégation urbaine. De plus en plus d'élus, de cultures politiques et d'origines sociales souvent opposées, partagent une même ligne de conduite : œuvrer à la départementalisation des services urbains au sein des commissions du conseil général et des commissions mixtes des assemblées parisienne et départementale. La départementalisation est le seul moyen de soulager les municipalités d'une partie de leurs dépenses d'investissements et de transférer la réalisation des infrastructures intercommunales aux hauts fonctionnaires préfectoraux et aux ingénieurs des Ponts et Chaussées. L'assainissement général du département est, selon ces élus, l'une des toutes premières prérogatives municipales à départementaliser. Relayant les prises de position de l'Union des maires de la Seine, ces magistrats soutiennent les politiques de cohésion urbaine qui préfigurent l'adoption de la loi Cornudet de 1919, la première loi d'urbanisme, sur les plans d'aménagement, d'extension et d'embellissement (PAEE) des villes de France de plus de 10 000 habitants et de toutes les communes du département de la Seine[348].

Le programme d'assainissement du Grand Paris constitue une première étape dans la politique d'aménagement de

345. Patricia Dogliani, *Un laboratoire de socialisme municipal, France 1880-1920*, thèse de doctorat, Université de Paris VIII, 1991 ; Florent Lazarovici, « Réformer la ville par l'action publique. Albert Thomas et les fortifications de Paris », *in* Arnaud Baubérot, Florence Bourillon (dir.), *Urbaphobie. La détestation de la ville*, *op. cit.*, p. 303-318.

346. *L'Émancipation* du 2 avril 1912.

347. *L'Émancipation* du 2 avril 1912.

348. Viviane Claude, *Les projets d'aménagement, d'extension et d'embellissement des villes (1919-1940). Sources et questions,* Paris, Ministère de l'Équipement, du Logement et des Transports, DRI, rapport, novembre 1990.

l'agglomération parisienne. Cette politique départementale encore à l'état d'ébauche contribue à l'émergence d'une dynamique de coopération entre les différents acteurs, élus ou professionnels, de l'intervention publique locale. Cette dynamique s'organise autour d'un pilote, le département de la Seine qui, d'une part, négocie avec les communes et le conseil général de Seine-et-Oise et, d'autre part, institue une collaboration technique entre le service de l'assainissement de la ville de Paris et le service départemental des ponts et chaussées et des chemins vicinaux du département de la Seine.

Le projet d'assainissement départemental des années 1890 reposait déjà sur une coopération entre le conseil municipal de Paris et le conseil général de la Seine. Le service municipal de l'assainissement avait à charge d'épurer les eaux usées d'une partie des communes suburbaines limitrophes de la capitale ; les services du département, pour la partie en amont et au sud de Paris devaient, eux, accueillir dans leur réseau une fraction des eaux souillées des 12e et 13e arrondissements. Cette coopération avait trouvé un début de consécration avec la signature, en 1900, d'une convention sur l'épuration signée entre le conseil municipal de Paris et le conseil général de la Seine. Appliqué partiellement, ce texte de compromis traduisait les dispositions des élites urbaines à coopérer dans l'intérêt général.

Avant la signature de cette convention, les tractations étaient bilatérales. Elles se limitaient à la ville de Paris et à quelques municipalités suburbaines. Elles n'impliquaient pas encore la médiation de l'assemblée départementale. Les accords entre la ville de Paris et certaines communes de banlieue sur le déversement de leurs eaux usées dans les collecteurs parisiens s'apparentaient à un geste de réparation de la grande ville à l'égard des cités de banlieue aux prises avec les empiétements des infrastructures d'épuration de la capitale. « *Considérant que* [...] *ces travaux prouvent avec la dernière évidence que la ville de Paris veut faire de Clichy le centre de ses opérations d'assainissement* », le conseil municipal, en dédommagement du collecteur parisien de Clichy, obtint ainsi l'autorisation pour ses habitations riveraines de déverser à titre gratuit leurs eaux usées[349]. La capitale devait également établir à ses frais les branchements et les prolongements des égouts parisiens.

Après la signature en 1900 de la première convention de collaboration entre la ville de Paris et le département de la Seine, la coopération entre ces deux institutions s'affermit. Alors que la capitale cherche à étendre la superficie de ses champs d'épandage et que le département élabore un nouveau programme d'assainissement fondé sur l'épuration bactérienne, les deux services d'assainissement de la préfecture de la Seine travaillent à coordonner et à mutualiser leurs infrastructures. Le projet départemental d'assainissement défendu par l'élu de la Seine banlieue, Louis Parisot, au conseil général en 1907 prévoyait ainsi que « *l'épuration départementale* [...] *serait réalisée d'entente avec le conseil municipal et combinée avec les travaux que la ville de Paris doit exécuter* [...]. *Le projet de ces travaux, qui a été dressé par les ingénieurs du service municipal, d'accord avec leurs collègues du département, prévoit dans ce but le renforcement des usines municipales de Clichy et de Colombes et la construction de nouveaux émissaires ; ce projet, en un mot, assurerait le relèvement des eaux d'égout et leur évacuation vers Achères, de sorte que les ingénieurs du département n'auraient qu'à construire et à exploiter les installations biologiques nécessaires à l'application du nouveau mode d'épuration*[350] ».

Cette entente devait être scellée par une nouvelle convention. Sa signature devait marquer une étape supplémentaire dans l'entreprise de réconciliation de la capitale, de sa banlieue et de sa grande couronne. Le contentieux restera toutefois vivace. La Seine-et-Oise, le nouvel épicentre des nuisances parisiennes, jouera – non sans raison – les trouble-fête. L'exécution du projet départemental sera retardée par son opposition virulente et la Première Guerre mondiale finira par

349. CARAN, F/14/15426, délibération de Clichy-la-Garenne du 19 janvier 1894.
350. Louis Parisot, *Rapport au nom de la commission...*, *op. cit.*

ajourner sa réalisation. Mais le chantier de l'assainissement a avancé en première couronne, la ville de Paris a voté les crédits nécessaires à l'exécution d'une partie des travaux et la puissance des usines de Clichy et Colombes est renforcée, à partir de 1909, pour traiter les eaux usées suburbaines.

Du côté de la grande couronne, les relations entre les deux départements de la Seine et la Seine-et-Oise se décrispent sans pour autant se pacifier. Les premières tentatives de coopération sont anciennes ; elles remontent à la fin du XIXe siècle. Le programme élaboré dans les années 1880 par le département de la Seine prévoyait déjà qu'un certain nombre de communes de la Seine-et-Oise puissent déverser et faire épurer leurs eaux d'égout dans le réseau départemental. Seules les communes de Seine-et-Oise concernées par l'assainissement de la capitale étaient visées ; le département de Seine-et-Oise, trop influent, fut écarté des négociations.

Ces tentatives de rapprochement sont de courtes durées. Les intérêts du département le plus riche de France prennent le dessus sur la solidarité interdépartementale. Les relations entre la Seine et la Seine-et-Oise s'exacerbent de nouveau. En 1907, lors de la présentation publique du programme d'assainissement du département de la Seine, la Seine-et-Oise est mise en accusation pour son inertie.

> « *Cette opération* [...] *montrera aux Pouvoirs publics que le département de la Seine s'occupe activement, en ce qui le concerne, de l'assainissement du fleuve et se trouve par conséquent, fondé à demander qu'au lieu de se borner à des plaintes répétées, les départements voisins imitent son exemple. À cet égard, vous n'ignorez pas, Messieurs, que le département de la Seine-et-Oise contribue pour une large part à la contamination de la Seine* [...]. *Il serait désirable que les sacrifices considérables que s'imposent la ville de Paris et le département de la Seine pour assurer l'hygiène publique en améliorant le régime de la Seine, ne soient pas rendus vains par l'inertie de nos voisins qui ne manquent jamais de nous attribuer la responsabilité d'un état de fait dont ils sont pour partie les auteurs*[351]. »

Cette cristallisation des oppositions et des rancœurs ne peut durer. La recherche de compromis, sous l'autorité des préfectures de la Seine et de la Seine-et-Oise, s'impose. Sous la pression de l'étalement urbain, la bonne échelle des politiques d'assainissement est désormais celle de l'agglomération parisienne dans ses limites réelles qui s'étendent à la grande couronne. En 1911, l'attitude condescendante des instances politiques du Grand Paris à l'égard de la Seine-et-Oise s'infléchit. Les rapports publics du conseil général de la Seine ne pointent plus la responsabilité du département voisin dans la pollution des cours d'eau. Le programme d'assainissement souligne désormais l'importance de collaborer avec les collectivités locales de la Seine-et-Oise. Les motifs de ce revirement sont, à l'évidence, à rechercher dans la géographie fluviale du bassin parisien, l'étalement urbain et l'interdépendance des institutions locales de la Seine et de la Seine-et-Oise.

Les modalités de la coopération ont, elles aussi, évoluées depuis les années 1880. En 1911, le projet de règlement du programme d'assainissement du département de la Seine ouvre la perspective d'une véritable coopération interdépartementale entre la Seine et la Seine-et-Oise. Le conseil général de la grande couronne, qui n'est pas soumis au régime d'exception de la tutelle du Grand Paris et qui dispose d'une marge d'action politique plus importante, devient un interlocuteur reconnu. Il est investi du pouvoir de négocier la répartition des coûts et des responsabilités du grand chantier de l'assainissement de l'agglomération parisienne. Ce réchauffement des relations du Grand Paris et de la grande couronne reste cependant fragile et laborieux. Plusieurs décennies seront encore nécessaires avant l'institutionnalisation d'une entente interdépartementale de la Seine et de la Seine-et-Oise.

351. Louis Parisot, *Rapport au nom de la commission...*, *op. cit.*, p. 4.

DEUXIÈME

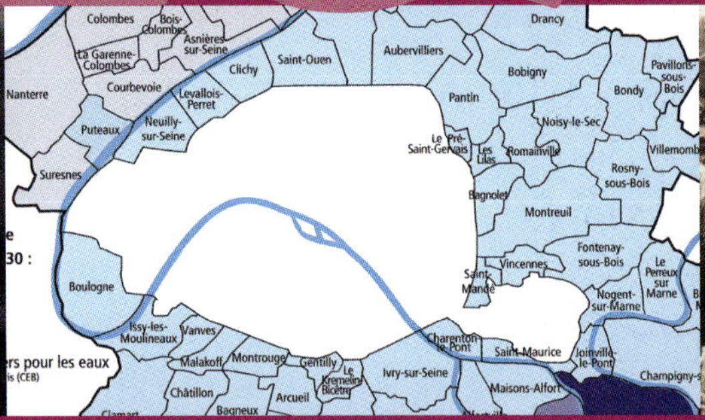
Colombes
Bois-Colombes
Asnières-sur-Seine
La Garenne-Colombes
Clichy
Saint-Ouen
Aubervilliers
Drancy
Bobigny
Bondy
Pavillons-sous-Bois
Nanterre
Courbevoie
Levallois-Perret
Pantin
Puteaux
Neuilly-sur-Seine
Noisy-le-Sec
Le Pré-Saint-Gervais
Les Lilas
Romainville
Suresnes
Rosny-sous-Bois
Bagnolet
Montreuil
30 :
Fontenay-sous-Bois
Vincennes
Saint-Mandé
Le Perreux sur Marne
Boulogne
Nogent-sur-Marne
Issy-les-Moulineaux
Vanves
Charenton-le-Pont
Saint-Maurice
Joinville-le-Pont
rs pour les eaux
Malakoff
Montrouge
Gentilly
Le Kremelin Bicêtre
Ivry-sur-Seine
Maisons-Alfort
Châtillon
Arcueil
Bagneux

PARTIE

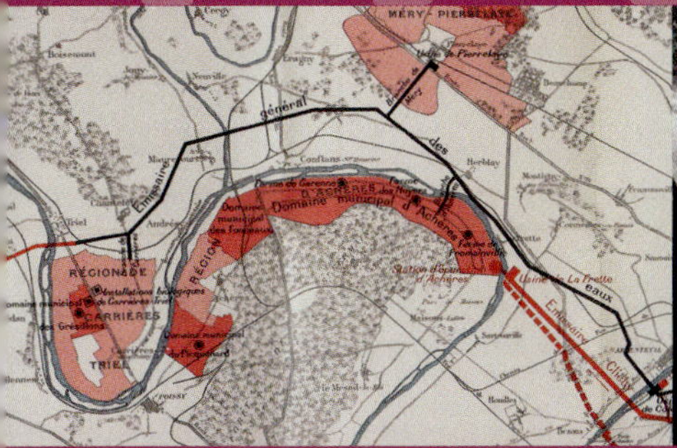

L’invention d’une politique publique : l’interdépartementalisation de l’assainissement des années 1920 aux années 1930

Le « *tournant* » des années 1920

Le déclenchement de la Première Guerre mondiale bouleverse le fonctionnement du réseau d'assainissement parisien et vient interrompre la réalisation du projet départemental de 1911, adopté par le conseil général de la Seine le 8 juillet 1914 à quelques semaines de la mobilisation générale. La guerre met à l'épreuve les institutions locales qui organisent le ravitaillement de leur population et s'efforcent de maintenir la continuité des services publics[1]. La Grande Guerre a solidarisé les élus locaux confrontés au rationnement de leur cité et à la lutte contre la vie chère[2]. En période d'exception, les collectivités municipales et départementales deviennent des institutions providences qui œuvrent à satisfaire les besoins vitaux de leurs administrés et à maintenir la paix sociale. Elles interviennent dans un contexte politique marqué par des poussées de fièvre révolutionnaires et par l'exacerbation des tensions sociales dont l'agglomération parisienne est l'épicentre[3]. La Grande Guerre s'illustre par une montée en puissance, inédite par son ampleur, de la brutalité des sociétés contemporaines. En France, le conflit fait plus d'un million et demi de morts et plus de quatre millions de blessés. Proportionnellement à sa population, la France est le pays où les pertes humaines ont été les plus élevées.

Assainir en temps de guerre

À Paris, la mobilisation générale et les pénuries de charbon ont entraîné une diminution drastique de l'épuration des eaux usées. Dès septembre 1914, la mobilisation a restreint la main-d'œuvre qui travaille notamment sur les champs d'épandage. À partir de l'hiver 1916, la pénurie de charbon limite le fonctionnement des usines de relèvement qui acheminent les eaux usées parisiennes vers les terres agricoles. Sur décision du ministère des Travaux publics, la marche des usines de relèvement est considérablement ralentie ; elle est même arrêtée les jours de crue[4]. Leur fonctionnement normal n'est rétabli qu'à partir du printemps pour assurer les besoins en eaux et en engrais des cultures. Cette décision est appliquée durant toute la durée du conflit et se prolonge dans l'immédiat après-guerre. Le service d'assainissement de la préfecture de la Seine est contraint de privilégier l'alimentation sélective de la production agricole au détriment de l'épandage régulier des eaux usées. La Seine, redevenue le principal exutoire de la pollution de l'agglomération parisienne, est la grande victime de cette situation de pénurie.

La guerre fait également passer au second plan l'exécution des projets élaborés à la Belle Époque. Le prolongement de l'émissaire général jusqu'aux Mureaux et l'aménagement du domaine de La Haye pour l'extension des irrigations ne sont plus d'actualité. Le département, conscient de l'urgence que revêt la réalisation de son programme d'assainissement, n'entend pas pour autant abandonner sa mise en chantier. Le 12 avril 1916, le conseil général émet le vœu de relancer au plus vite l'assainissement général de la Seine et de la Marne. Le 8 juillet 1916, le projet départemental d'assainissement est transmis au ministère des Travaux publics pour avis du Comité

1. Pierre Darmon, *Vivre à Paris pendant la Grande Guerre*, Paris, Fayard, 2002 ; Thierry Bonzon, *Les Assemblées locales parisiennes et leurs politiques sociales pendant la Grande Guerre (1912-1919)*, thèse de doctorat d'histoire de l'Université Paris 1, 1999.
2. Maurice Félix, *Les Municipalités pendant la guerre*, Paris, Berger-Levrault, 1917 ; Louis Rolland, *L'Administration locale en temps de guerre*, Paris, M. Giard, 1915-1918.
3. Jean-Marie Mayeur, Mathias Bernard, « La Troisième République (l'entre-deux-guerres) », *in* Louis Fougère, Jean-Pierre Machelon, François Monnier (dir.), *Les Communes et le pouvoir de 1789 à nos jours*, Paris, PUF, 2002, p. 443-475 ; Jean-Louis Robert, *Les Ouvriers, la patrie et la révolution, Paris, 1914-1919,* Paris, Les Belles lettres, 1995.
4. Archives de Paris, VO3 69.

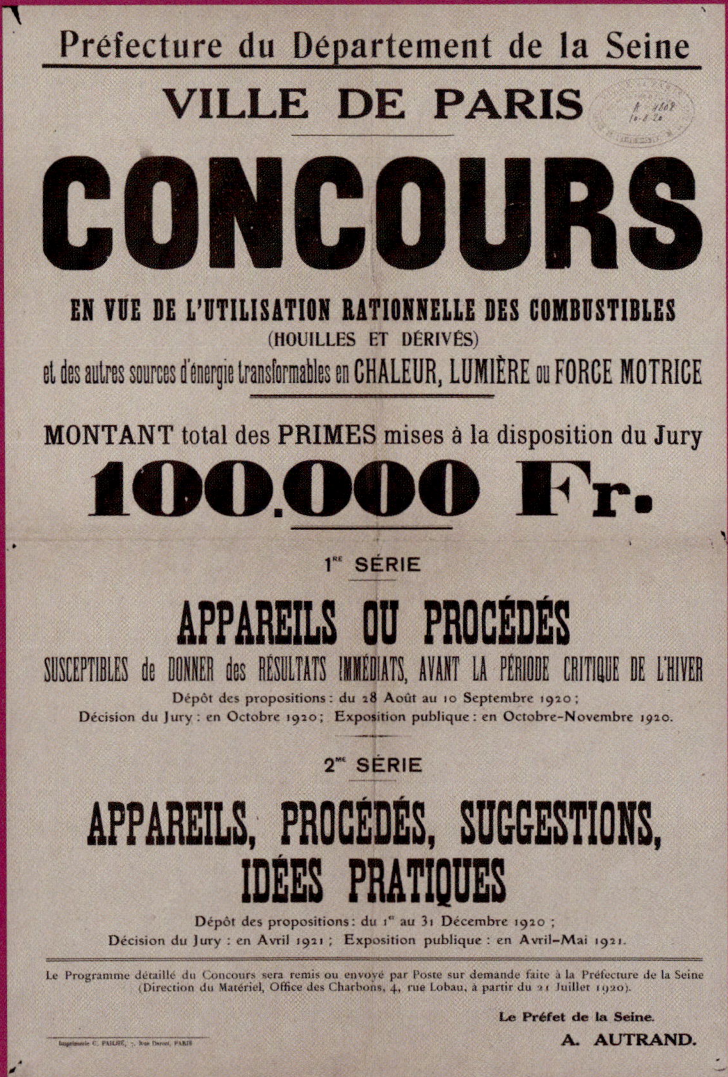

Concours de la préfecture de la Seine de 1920 pour lutter contre la pénurie de combustibles.
© SIAAP

supérieur d'hygiène publique de France. La déclaration d'utilité publique, préalable à l'exécution des travaux, est attendue avec impatience. Mais ces démarches restent vaines, aucune réalisation ne sera entreprise avant la fin du conflit, ni à Paris, ni en Seine banlieue, ni en Seine-et-Oise.

Les édiles du Grand Paris doivent attendre le début des années 1920 pour être entendus des pouvoirs publics. Ces années 1920 constituent un tournant majeur dans l'histoire des politiques publiques du département de la Seine. Cet infléchissement touche aussi bien la gestion des eaux usées que celle des ordures ménagères. « *C'est en effet à ce moment que les tendances industrielles, agricoles et urbaines* […], *esquissées depuis les années 1880, se confirment. Agriculture et industrie n'ont plus besoin des matières premières urbaines et les efforts pour en améliorer la qualité, le conditionnement et la distribution s'avèrent vains*[5]. » L'assainissement des villes passe désormais par la rationalisation, la modernisation et l'industrialisation à grande échelle de toute la chaîne de traitement des déchets urbains. Au sortir de la Grande Guerre, la priorité des politiques urbaines est donnée à la reconstruction des régions sinistrées et à l'aménagement, l'équipement et le désenclavement de l'agglomération parisienne dont la population n'a cessé de croître[6]. Le département de la Seine se retrouve ainsi au centre des débats qui animent les assemblées politiques, municipales, départementales et parlementaires, les associations de la réforme urbaine, le Musée social en tête, et les corporations professionnelles d'ingénieurs et d'administrateurs communaux et préfectoraux.

Une nouvelle donne démographique et urbaine

Pour les départements de la Seine et de la Seine-et-Oise, l'équipement, l'aménagement et l'assainissement de l'agglomération parisienne relèvent d'un impératif. La petite et la grande

5. Sabine Barles, *L'Invention des déchets urbains, France : 1790-1970,* Seyssel, Champ Vallon, 2005, p. 203.
6. André Savoye, *La vie quotidienne dans la banlieue nord et nord-ouest de Paris pendant la Grande Guerre*, thèse de doctorat d'histoire de l'Université Paris IV, 2007.

Image de lotissements défectueux de l'entre-deux-guerres en Seine-et-Oise.
© Collection particulière/ARPE-Conseil général du Val-d'Oise

couronne, entre les recensements de 1921 et 1926, ont gagné respectivement 252 000 et 215 000 habitants. Leur population a augmenté de 16 et 23 % en seulement 5 années. Le territoire de l'agglomération reste sans conteste le plus attractif de France ; 507 000 étrangers y vivent, soit un quart de la population migrante française[7]. Un fait majeur s'est, de plus, produit au recensement de 1926 ; pour la première fois dans l'histoire de la région parisienne, la population confondue de la Seine banlieue et de la Seine-et-Oise – 2 894 500 habitants, des banlieusards pour la majorité – a dépassé le nombre de Parisiens.

Entre 1931 et 1936, la tendance se confirme, la Seine banlieue et la Seine-et-Oise dépassent le seuil emblématique des 3,5 millions d'habitants. Entre le dénombrement de population de 1921 et celui de 1936, le bond démographique a dépassé un million d'habitants. Le fait social nouveau tient à l'infléchissement de la croissance démographique de la capitale. Paris subit une très grave crise du logement étudiée par le rapporteur du budget du conseil général de la Seine, le socialiste Henri Sellier[8]. Cette crise, conjuguée à l'embourgeoisement de la capitale et au dépeuplement de son centre, entraîne une érosion de son nombre d'habitants au profit de ses banlieues ; entre 1921 et 1936, la capitale accuse une perte de plus de 110 000 Parisiens ; ce solde négatif ne cessera de s'accentuer dans les décennies suivantes.

La poussée démographique suburbaine accélère la reconversion urbaine des communes de tradition rurale de la petite et de la grande couronne. Elle renforce les maux de la civilisation urbaine, la ségrégation, les carences des services publics, le sous-équipement et la sous-administration des territoires. Dans la région parisienne, « *près de 2 000 hectares sont urbanisés chaque année entre 1920 et 1935. La surface urbanisée, qui était passée de 11 400 à 29 300*

7. Maurice Zimmermann, « La population de la France d'après le recensement du 7 mars 1926 », *Annales de géographie,* tome 36, n° 202, 1927, p. 328-335.
8. Henri Sellier, *La Crise du logement et l'intervention publique en matière d'habitation populaire dans l'agglomération parisienne*, Paris, Éditions de l'OPHBM du département de la Seine, 1921 ; Françoise Souillac, *La Banlieue parisienne, cent cinquante ans de transformations,* Paris, La Documentation française, 1993, p. 32.

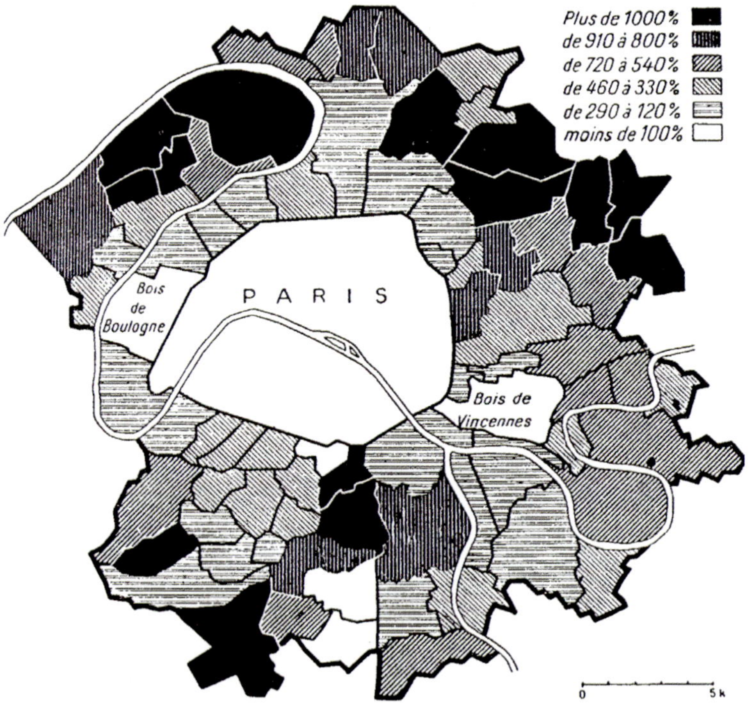

Augmentation de la population du département de la Seine de 1876 à 1931.
Les communes les plus excentrées du département, dont Gennevilliers, la « *capitale de l'épandage* » à la Belle Époque, sont les plus affectées par la croissance démographique et la fièvre pavillonnaire.
Carte extraite de Albert Demangeon, *Paris, la ville et sa banlieue*, Paris, Bourrelier et Cie, 1933.

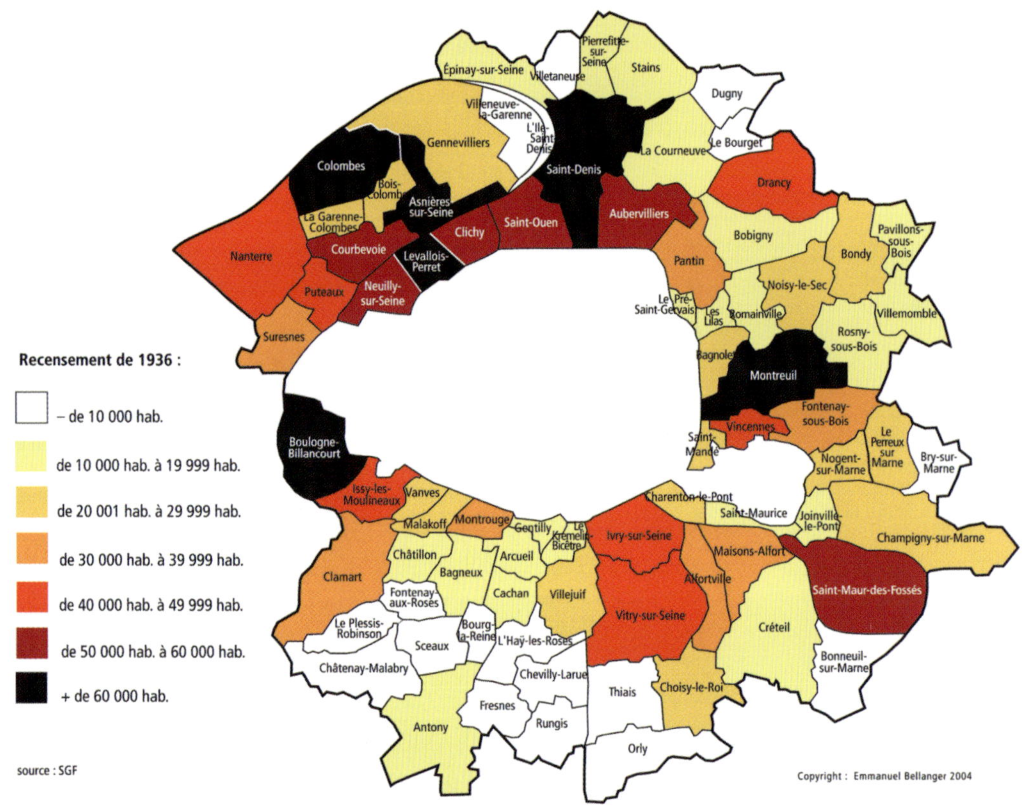

Nombre d'habitants des communes de la Seine banlieue au recensement de 1936.
Carte extraite de Emmanuel Bellanger, *Administrer la « banlieue municipale »*, thèse de doctorat d'histoire, 2004.
© Emmanuel Bellanger

hectares entre 1835 et 1906 [...] double entre 1920 et 1935 où elle atteint 57 000 hectares[9] ». Le département de la Seine ne compte à lui seul que 48 000 hectares ; à la fin des années 1930, sa superficie agricole ne s'étend plus que sur 16,6 % de son territoire contre 33,3 % en 1906[10]. L'agglomération parisienne est désormais criblée de pavillons construits de façon anarchique, le plus souvent enclavés et sans raccordement aux réseaux d'assainissement et d'alimentation en eau, en gaz et en électricité. Le choix de la petite maison, le rêve d'une majorité de citadins d'origines rurales, a un coût social très élevé qui tient à l'absence ou à la déficience d'infrastructures.

Dans les années 1920, ces zones pavillonnaires prennent le nom peu envié de « *lotissements défectueux*[11] ». En région parisienne, ces zones s'étendent sur 185 000 parcelles, sur un total estimé en France à 210 000. Plus de 300 communes de l'agglomération parisienne sont concernées. 504 lotissements se situent en Seine banlieue, 1 625 en Seine-et-Oise et 250 en Seine-et-Marne. Près de 700 000 personnes y vivent. Le phénomène est d'ampleur et l'implication des élus locaux, des parlementaires et des autorités de tutelle est très attendue. Deux lois sont votées ; la loi du 19 juillet 1924, qualifié de « *charte des lotissements* », place les élites municipales au cœur des dispositifs de négociation des opérations de lotissement. Elle tente d'imposer un contrôle sur leur extension en instituant une commission d'aménagement du département de la Seine. Elle est suivie d'une seconde loi, la loi Sarraut du nom du ministre de l'Intérieur Albert Sarraut, promulguée le 15 mars 1928, qui étend les prérogatives des élus et le financement de l'État afin de viabiliser et d'assainir ces nouveaux quartiers représentés par des associations syndicales de mal lotis.

En application de la loi du 15 mars 1928, une caisse d'aménagement des lotissements défectueux doit être créée dans chaque département. Mais cette caisse existe déjà depuis décembre 1924 dans le département de la Seine. La préfecture de la Seine et l'assemblée départementale – à l'initiative de deux élus de cité pavillonnaire, Auguste Mounié, maire radical-socialiste d'Antony de 1912 à 1940, et Jean-Marie Clamamus, maire communiste de Bobigny de 1919 à 1944 – ont devancé l'État en instituant une caisse de prêts, supervisée par Robert Lainville, haut fonctionnaire préfectoral à la sous-direction des affaires communales, pour aider les municipalités à financer leurs travaux[12]. Présidé par le préfet de la Seine, Paul Bouju, le bureau de cet organisme bailleur de fonds est composé du secrétaire général de la préfecture, d'un directeur des services techniques et de six représentants du conseil général, dont Henri Sellier, le secrétaire général de l'Union des maires de la Seine, premier magistrat de Suresnes depuis 1919, épaulé d'un ancien contrôleur des services préfectoraux de l'assainissement, Émile Cresp, maire socialiste indépendant de Montrouge et d'un cheminot communiste, Jean Chardavoine, maire de Stains, commune aux prises avec les lotissements défectueux[13].

Le département capitale a anticipé les demandes sociales. Sa réactivité a été rendue possible par son système de péréquation qui lie les municipalités suburbaines au conseil général de la Seine et aux services préfectoraux[14]. La direction des affaires départementales, dont l'action

9. Jean-Pierre Lecoin, « L'occupation du sol de la région parisienne », *Cahiers de l'IAURIF*, 1977. Cité par Sabine Barles, *L'Invention des déchets urbains...*, *op. cit.*, p. 160-161.

10. Sabine Barles, *L'Invention des déchets urbains...*, *op. cit.*, p. 162.

11. Annie Fourcaut, *La Banlieue en morceaux. La crise des lotissements défectueux en France dans l'entre-deux-guerres*, Paris, Créaphis, 2000.

12. Henri Descamps, « Les résultats de la loi Sarraut pour l'aménagement des lotissements défectueux », *Urbanisme*, n° 21, décembre 1933, p. 370.

13. *Le Conseil municipal. Nos édiles. Annuaire illustré municipal et administratif de la ville de Paris et du département de la Seine 1935-1941*, Paris, Publications du Journal municipal *La Cité*, 1941, p. 457.

14. Georges Bisson, « Les lotissements dans la région parisienne », *Urbanisme*, n° 21, décembre 1933, p. 366.

publique couvre l'ensemble du territoire de la Seine banlieue, sa sous-direction aux affaires communales, les services techniques des ponts et chaussées et les secrétariats généraux des mairies sont placés au cœur du dispositif de résorption des lotissements défectueux. Un service spécifique est créé en mai 1930 pour coordonner les chantiers des associations syndicales. Comparé à la Seine-et-Oise, le département de la Seine, d'urbanisation plus ancienne, se trouve moins affecté par la crise des lotissements que son proche voisin. Seules 39 communes de la Seine banlieue, sur plus de 300 en région parisienne, auront recours aux aides publiques de l'État. En 1933, à l'heure des premiers bilans, la grande couronne a reçu plus de 65 % des fonds débloqués par le ministère de l'Intérieur pour l'aménagement des lotissements représentant plus de 430 millions de francs ; la Seine banlieue 16 % ; la Seine-et-Marne et les banlieues de province moins de 19 %. La région parisienne absorbe ainsi les neuf dixièmes de l'effort financier consenti par la puissance publique. Plus que le département de la Seine, la Seine-et-Oise est considéré comme un département neuf, épicentre de la politique d'aménagement des lotissements défectueux[15].

15. Henri Descamps, « Les résultats de la loi Sarraut pour l'aménagement des lotissements défectueux », art. cit., p. 372.

Pour un département de la Seine plus solidaire, plus efficace, plus grand

L'expérience des lotissements défectueux de l'entre-deux-guerres est essentielle pour comprendre l'évolution de l'état d'esprit des élus locaux et la mise en œuvre de nouvelles politiques publiques départementales, subventionnées par l'État et cofinancées par des fonds de péréquations des collectivités locales. Les représentants de la puissance publique « *envisagent davantage le partage des responsabilités pour construire le devenir de la région parisienne* [et] *l'intégration à la civilisation urbaine des classes populaires, dont celles qui "campent dans les colonies de bicoques"*[16] ». La résolution de la crise des lotissements défectueux a mis en évidence l'importance du traitement de l'assainissement à l'échelle de l'agglomération parisienne. L'assainissement ne se borne pas aux seules limites du département de la Seine. L'extension des réseaux d'égouts, leur raccordement à des collecteurs, l'épuration des eaux usées et, au final, la sauvegarde des fleuves et de leur environnement relèvent d'un intérêt supra-communal. Mais l'efficience de la politique publique d'assainissement reste conditionnée à l'élaboration et à l'acceptation de compromis entre les départements de la région parisienne. Cette « *union sacrée* » est difficile à sceller ; elle butte sur l'imprévoyance de l'État, sur le contexte récurrent de la crise des finances locales, sur la prégnance de l'esprit de clocher de certaines communes qui rechignent à partager leur richesse et sur les rapports de forces qui s'expriment au sein des assemblées départementales[17].

L'extension de Paris

Depuis l'annexion de 1860, la nécessité de forger, entre la capitale et ses périphéries, un espace urbain unifié suscite débats et controverses. En pleine discussion du programme départemental d'assainissement, la préfecture de la Seine avait validé, en 1911, la création de la commission de l'extension dont les conclusions étaient restées lettre morte[18]. Chargée de « *trouver une solution au développement matériel et moral* » du département capitale, cette commission avait publié en 1913 deux rapports attribués par Louis Bonnier et Marcel Poëte, dans lesquels elle constatait le débordement de « *l'agglomération parisienne bien au-delà de ses fortifications* » : « *la banlieue qui les environne se peuple de plus en plus.* [...] *Certaines communes y sont devenues de véritables villes et des villes importantes.* [...] *Un tel développement de la banlieue n'est pas près de se ralentir*[19] ».

L'urbanisation du département de la Seine, identifié au Grand Paris, conduisait ses rapporteurs à prôner l'édification d'un « *Plus Grand Paris* », couvrant la frange urbanisée de la Seine-et-Oise,

16. Annie Fourcaut, « Solidarité nationale et crise régionale : la loi Sarraut (1928) », *Les cahiers de l'IHTP*, n° 12, octobre 1989, p. 13-24.
17. Georges Assemat, *La Crise des finances communales et départementales. Essai sur la réforme des impositions locales*, Paris, Berger-Levrault, 1930.
18. Pierre Casselle, « Les travaux de la commission d'extension de Paris (1911-1913) », *in* Florence Bourillon, Annie Fourcaut (dir.), *1860 : Agrandir Paris,* Paris, Comité d'histoire de la ville de Paris, à paraître.
19. *Rapport de la commission d'extension de la préfecture de la Seine, Considérations techniques préliminaires*, Paris, Imprimerie municipale, 1913, cité par Mathieu Flonneau, « 1913. Le département, échelle de la planification », *in* Annie Fourcaut, Emmanuel Bellanger, Mathieu Flonneau, *Paris/banlieues, op. cit.*, p. 143.

dont les politiques publiques seraient coordonnées par le département de la Seine :

« *Le Plus Grand Paris, son réseau de rues, de routes, de chemins de fer, de tramway, d'égouts, de canalisations d'eau, ses maisons et ses cours, ses jardins publics ne doivent pas se former au hasard, sans direction d'ensemble, sans coordination et notamment sans liaison entre les deux parties de l'agglomération, encore séparées aujourd'hui par les fortifications.* […] *Or, il existe un "Grand Paris", constitué à l'avance, pourvu d'une organisation administrative complète.* […] *Le département de la Seine paraît fournir le cadre naturel d'un plan d'extension : celui qu'Haussmann avait déjà entrevu il y a une soixantaine d'années*[20]. »

La question du Grand Paris investit véritablement les devants de la scène politique départementale à la faveur des discussions et de l'adoption de deux lois. La première, la loi Cornudet du 14 mars 1919, impose un plan d'aménagement, d'embellissement et d'extension (PAEE) aux villes de plus de 10 000 habitants et à l'ensemble des communes du département de la Seine qui forment entre elles une agglomération. Le rapporteur de cette loi n'est autre que le parlementaire de Seine-et-Oise de 1898 à 1936, Honoré Cornudet des Chaumettes, qui avait, en 1899, critiqué l'épandage des eaux d'égout parisiennes en grande couronne et fit admettre le principe d'une indemnité négociée et payée par la ville de Paris aux communes traversées par ses canalisations[21]. Au bureau de l'extension de Paris, créé et dirigé par Louis Bonnier, fondateur du casier archéologique et artistique du département de la Seine, incombe la charge de dresser la plupart des PAEE des communes du département de la Seine[22]. La seconde, la loi du 19 avril 1919 sur le déclassement et la démolition des fortifications et sur l'annexion à Paris de la zone *non aedificandi*, entre 1925 et 1930, codifie l'aménagement de la zone qui s'étend sur plus de 1 200 hectares : 444 hectares d'enceinte fortifiée et 777 hectares de la zone[23].

Ces deux textes de loi ont des conséquences directes sur la perception et les enjeux de l'aménagement et de l'organisation de l'agglomération parisienne. Ces enjeux font écho aux positions d'Henri Sellier, qui, depuis 1912 et la rédaction du programme municipal de la fédération socialiste de la Seine, affirme de concert avec Albert Thomas la nécessité de raisonner à l'échelle du Grand Paris en décloisonnant et en recomposant les frontières administratives. Le maire de Suresnes fait preuve de constance ; il combat toujours avec la même conviction l'égoïsme de certains élus parisiens et banlieusards, y compris dans sa propre famille, rivés sur leur pré carré et opposés au renforcement des prérogatives du département de la Seine, « *seul organisme susceptible d'exercer une coordination efficace*[24] ». Henri Sellier, secrétaire général de l'Union de maires de la Seine, se fait l'ardent défenseur de la départementalisation des politiques publiques d'intérêt général.

« *Départementalisation, ne saurait vouloir dire pour la banlieue, annexion ou absorption par Paris, mais concentration au sein d'une administration aménagée pour cet objet, des services d'intérêt commun, qui ne pourraient être organisés par voie d'association, la mauvaise volonté ou l'incompréhension d'une seule commune suffisant dans cette dernière hypothèse pour entraver la réalisation de projet d'intérêt général.* […] *Si c'est le département au*

20. *Rapport de la commission d'extension de la préfecture de la Seine, Considérations techniques préliminaires*, *op. cit.*, p. 143-144.
21. Jean Jolly, *Dictionnaire des parlementaires français (1889-1940)*, Paris, PUF, 1960. Notice consultable sur le site de l'Assemblée nationale.
22. Laurence Bassières, « Quand la commission du Vieux Paris inventait la banlieue : le Casier archéologique et artistique, 1916-1928 », *in Paris et ses banlieues de 1789 à nos* jours, actes du 9e colloque des Bords de Marne, septembre 2010, à paraître ; Viviane Claude, *Les projets d'aménagement, d'extension et d'embellissement des villes (1919-1940), Sources et questions*, Paris, Ministère de l'Équipement, du Logement et des Transports, 1990.
23. Emmanuel Bellanger, « Paris s'agrandit encore : annexion de la zone et déclassement de l'enceinte fortifiée », *in* Annie Fourcaut, Emmanuel Bellanger, Mathieu Flonneau, *Paris/banlieues…*, *op. cit.*, p. 160-164.
24. Procès-verbaux des séances du conseil général de la Seine, séance du 28 juin 1922, p. 124.

contraire qui intervient, il crée la solidarité entre tous les éléments de l'agglomération ; cette solidarité implique l'association non seulement entre les éléments pauvres de la famille que constituent les communes de banlieue, mais aussi avec la partie riche qu'est la ville de Paris, et qui contribue légitimement, en proportion de sa puissance financière, à des charges qui intéressent l'ensemble du corps social[25]. »

En 1920, dans la préface qu'il accorde à la profession de foi de son camarade Henri Sellier, sur *Les Banlieues urbaines et la réorganisation administrative du département de la Seine*, le député de la Seine Albert Thomas s'élevait, lui aussi, contre « *l'esprit de clocher* », « *l'esprit de canton* » et « *l'esprit d'arrondissement* » des élus.

« *Plus qu'avant-guerre, la réorganisation administrative s'impose. Elle s'impose d'autant plus que le problème actuel des banlieues dépasse singulièrement l'imagination et les loisirs des conseillers municipaux de nos communes. Dans une immense agglomération comme celle de la Seine, il faut que toutes les compétences soient utilisées chacune à leur place. Il faut une grande administration centrale pour tout le département. Il faut, dans chaque coin, l'utilisation intelligente des bonnes volontés et des dévouements. Henri Sellier a décrit dans ses grandes lignes l'organisation nouvelle qui doit être instituée : un conseil général élu par un mode de scrutin qui place les problèmes généraux au premier plan des préoccupations de l'Assemblée, qui abolisse l'esprit de canton ou d'arrondissement, qui gère à la fois les services de la ville de Paris et des communes suburbaines, qui englobe en un mot le conseil municipal, le conseil général et, dans une certaine mesure, les conseils municipaux des communes.* [...] *Le système est simple. Il est dicté par les nécessités économiques et sociales.* [...] *Une situation exceptionnelle exige une organisation exceptionnelle. Mais sa conception ne peut être inspirée par ces scrupules politiques, par cette peur de la grande cité révolutionnaire qui faisait créer naguère pour Paris un régime d'exception. Elle doit être inspirée seulement par la nécessité d'une bonne organisation administrative*[26]. »

Au conseil général de la Seine, l'entente des élus parisiens et suburbains a pourtant connu de réelles avancées depuis les années 1900 et les épreuves partagées de l'inondation de 1910 et de la Grande Guerre. Les intérêts de la banlieue sont mieux pris en compte par les conseillers municipaux de Paris. Les conseillers généraux de la Seine banlieue, dont une majorité siège dans les municipalités, ont vu leur représentation politique se renforcer. La loi du 29 mai 1925 a porté leur nombre à 40, contre 22 en 1908, et la loi du 10 avril 1935 a consolidé leur assise en leur octroyant 10 sièges supplémentaires[27]. Le déséquilibre entre Parisiens et banlieusards au sein de l'assemblée départementale reste important – 90 élus parisiens représentant 2,8 millions d'habitants contre 50 élus banlieusards représentant 2,1 millions d'habitants – mais des majorités politiques en faveur des politiques départementales d'intégration urbaine se dessinent et finissent par transcender les clivages partisans et territoriaux[28].

Professionnaliser les mairies pour mieux coordonner les politiques publiques

L'entre-deux-guerres marque à ce titre le raffermissement du sentiment d'appartenance à un même territoire, le départe-

25. Procès-verbaux des séances du conseil général de la Seine, séance du 28 juin 1922, p. 267.

26. Albert Thomas, « préface », *in* Henri Sellier, *Les Banlieues urbaines et la réorganisation administrative du département de la Seine*, Paris, Marcel Rivière et Cie, 1920.

27. Paul Beaussier, François Debidour, Edgard Laparra, *Le Régime administratif et financier de la ville de Paris et du département de la Seine, d'après Maurice Félix*, tome 3, *Le conseil municipal de la ville de Paris, le conseil général du département de la Seine, les communes suburbaines*, Paris, La Documentation française, 1958, p. 143-147.

28. Emmanuel Bellanger, « "Je t'aime contraint et forcé". Des maires, des amicales, des syndicats et une préfecture en banlieue parisienne (1880-1950) », *in* Danielle Tartakowsky, Françoise Tétard, *Syndicats et associations en France. Concurrence ou complémentarité ?*, Rennes, Presses universitaires de Rennes, 2006, p. 129-137.

ment de la Seine, que le président de la commission de l'assainissement, Léon Paris, appelait de ses vœux en 1908. Ce sentiment d'appartenance est porté par trois institutions de réflexion et de formation professionnelle : l'Institut d'histoire, de géographie et d'économie urbaines, l'École des hautes études urbaines (EHEU) et l'École nationale d'administration municipale (ENAM)[29].

L'Institut d'histoire, de géographie et d'économie urbaines est l'organisme pivot. Sa commission administrative, instituée par arrêté préfectoral du 15 décembre 1917, compte dans ses rangs les figures tutélaires, intellectuelles et politiques du Grand Paris. Le préfet de la Seine, Marcel Delanney, son secrétaire général, et le président du conseil municipal de Paris, Adrien Mithouard, sont entourés d'experts : Marcel Poëte, directeur de l'Institut ; Albert Demangeon, professeur de géographie à la faculté des lettres de l'Université de Paris ; Louis Bonnier, inspecteur général des services techniques d'architecture et d'esthétique de la préfecture de la Seine, commissaire général des expositions ; Léon Jaussely, architecte en chef du gouvernement et professeur à l'École nationale des beaux-arts ; Paul Juillerat, chef honoraire du bureau d'hygiène de la ville de Paris ; Georges Risler, président de la section d'hygiène urbaine et rurale du Musée social, l'institution de référence des réformateurs ; sans oublier l'incontournable Henri Sellier, engagé sur tous les fronts de la réforme du Grand Paris[30].

Deux écoles de formation aux métiers d'urbanistes et d'administrateurs de villes sont créées sous les auspices de cet institut[31]. Le 9 juillet 1919, le conseil général de la Seine, sur proposition d'Henri Sellier, fonde l'EHEU quelques mois après l'adoption des lois sur les PAEE et le déclassement des fortifications et de la zone militaire. Un enseignement public des questions urbaines « *enseignement scientifique, utilitaire et vulgarisateur* » appliqué à « *l'étude des villes, leur aménagement, leur embellissement, leur extension, leur organisation administrative, économique et sociale* » y est professé[32]. Cette école obtient une reconnaissance universitaire en 1924 lorsqu'elle obtient le titre d'Institut d'urbanisme de l'Université de Paris (IUUP)[33].

L'EHEU donne naissance à une seconde institution de formation fondée en 1922. À l'origine simple cours de perfectionnement administratif, elle devient, en 1929, l'École nationale d'administration municipale. Cette école « *utilitaire* », fondation du département de la Seine, est née de la volonté conjointe d'Henri Sellier, de ses collègues de l'Union des maires de la Seine et de la direction des affaires départementales de la préfecture de la Seine, de professionnaliser l'administration municipale suburbaine. Dans les années 1920-1930, elle joue un rôle pionnier dans la formation des employés de mairie ; elle contribue à uniformiser les politiques locales et à promouvoir les coopérations intercommunales. Ses enseignants sont issus des cadres de la haute fonction publique préfectorale. La promotion des diplômées de l'ENAM est rapide. En dix ans, des années 1920 aux années 1930, le nombre de secrétaires généraux de mairie diplômés de cette école est ainsi passé pour le département de la Seine de 17 à 43. Toutes les grandes cités de la Seine banlieue ont nommé à la direction de leurs services ces cadres bien formés, expérimentés et unis dans leur groupement corporatiste créé en 1931, l'Association des anciens élèves de l'ENAM. Ce décollage se produit également dans les communes urbaines de la Seine-et-Oise. La promotion de ces diplômés dans l'agglomération parisienne favorise les médiations et les ententes entre collectivités locales et autorités de tutelle[34].

---

29. Gérard Chevalier, « L'entrée de l'urbanisme à l'Université. La création de l'Institut d'urbanisme (1921-1924) », *Genèses*, n° 39, juin 2000, p. 98-120.
30. *Nos édiles, 1921, op. cit.*, p. 336-337.
31. Viviane Claude, *Faire la ville. Les métiers de l'urbanisme au XXe siècle*, Marseille, Parenthèses, 2006.
32. *Nos édiles, 1921, op. cit.*, p. 464.
33. Rémi Baudoui, *La Naissance de l'École des hautes études urbaines et le premier enseignement de l'urbanisme en France des années 1910 aux années 1920*, Paris, École d'architecture Paris-Villemin/ARDU/ Université Paris 8, 1988.
34. Emmanuel Bellanger, « L'École nationale d'administration municipale : Des "sans-grade" devenus secrétaires généraux », *Politix*, 53, mars 2001, p. 145-171.

Les réalisations intercommunales et départementales du Grand Paris

Ce changement dans l'esprit des élus locaux et de leurs proches collaborateurs, plus disposés à composer avec leurs homologues, favorise une dynamique sans précédent de coopération intercommunale. Pas moins d'une dizaine de syndicats intercommunaux sont créés dans les années 1920-1930. Certains vont jusqu'à étendre leur périmètre d'action aux communes de Seine-et-Oise. La Première Guerre mondiale, sous l'effet des problèmes tarifaires soulevés par l'inflation, par le désengagement des capitaux privés et par l'impérieuse nécessité de maintenir l'activité des compagnies d'électricité, de gaz, d'eau ou de transport, a modifié en profondeur le rapport de force entre élus et entreprises privés. L'État et les collectivités locales ont dû injecter des fonds publics pour soutenir et maintenir l'activité déficitaire des compagnies.

Cette situation a renforcé l'interdépendance des finances communales et départementales. Les budgets des municipalités suburbaines ont été maintenus en équilibre grâce aux aides financières du conseil général de la Seine et du conseil municipal de Paris. Cette mutualisation des ressources a rapproché les élus entre eux. Au début des années 1920, le mouvement de coopérations intercommunales, amorcé au début du XXe siècle avec la création du syndicat du gaz et celui des pompes funèbres, s'est amplifié. Le syndicat intercommunal de la banlieue de Paris pour les eaux est institué en décembre 1922 par arrêté préfectoral ; il s'ouvre à partir de 1923 aux communes de Seine-et-Oise et de Seine-et-Marne[35] ; celui de l'électricité est fondé en janvier 1924 et est rejoint, dix ans plus tard, par la ville de Paris. Les années 1930 amplifient ce mouvement avec la création en 1934 du syndicat des eaux de la presqu'île de Gennevilliers, en 1937 du syndicat du personnel communal et en 1939 du syndicat de l'octroi, cet impôt indirect sur la consommation, très impopulaire, matérialisé par ses bureaux et ses barrières à la sortie des communes[36]. Sur des échelles plus restreintes, des hospices et des hôpitaux intercommunaux sont également ouverts à Pantin, Fontenay-sous-Bois et Créteil.

La départementalisation des politiques publiques constitue le second levier du déploiement des services publics d'intérêt général. Le budget du conseil général de la Seine, passé d'une centaine de millions de francs avant-guerre à plus de 1,3 milliard en 1931, est le plus important des départements français[37]. Il est pourvu aux trois quarts par la dotation de la ville de Paris qui cofinance ainsi l'intégration des communes de banlieue aux réseaux de services publics. Cette péréquation Paris/banlieues est ancienne ; elle remonte à la création en 1817 d'un fonds prélevé sur les recettes de l'octroi destiné à la viabilisation et l'équipement des communes suburbaines du département capitale.

Par l'intercession du conseil général de la Seine, cette solidarité financière Paris/banlieues s'étend à plusieurs domaines d'intervention. Le premier est dévolu à l'office départemental du placement et de la statistique du travail, institué en octobre 1915 avec pour mission de mobiliser la main-d'œuvre et de rationaliser son emploi à l'échelle de l'agglomération. Cet office rompt avec les formes traditionnelles d'assistance des bureaux de bienfaisance communale en instituant un droit à l'allocation chômage. Au moment de la grande crise du début des années 1930, dans le département de la Seine, la région la plus industrielle de France avec celles du Nord et de l'Est, ce dispositif assure sa fonction d'amortisseur et de régulateur social[38].

35. Georges Gérard, *Activité du syndicat intercommunal depuis sa création en 1923 jusqu'en 1939*, Paris, Syndicat des communes de la banlieue de Paris pour les eaux, 1939.

36. Léon Pichonnat, *L'Octroi de la région parisienne, recherches sur son développement, sa suppression ou son maintien*, thèse de l'IUUP, 1943.

37. Jean Raymond-Laurent, *Paris, sa vie municipale. Vers le Plus Grand Paris*, Paris, Librairie des Juris-classeurs, 1931, p. 66-70.

38. Nicolas Baverez, *Chômages et marchés du travail durant les années 1930*, thèse de doctorat d'histoire de l'Université Paris 10, 1986 ; Nicolas Baverez, « Chômage des années 1930, chômage des années 1980 », *Le Mouvement social*, n° 154, janvier 1991, p. 107 ; Robert Salais, « La formation du chômage moderne dans les années 1930 », *Économie et statistique*, mai 1983, p. 15-28.

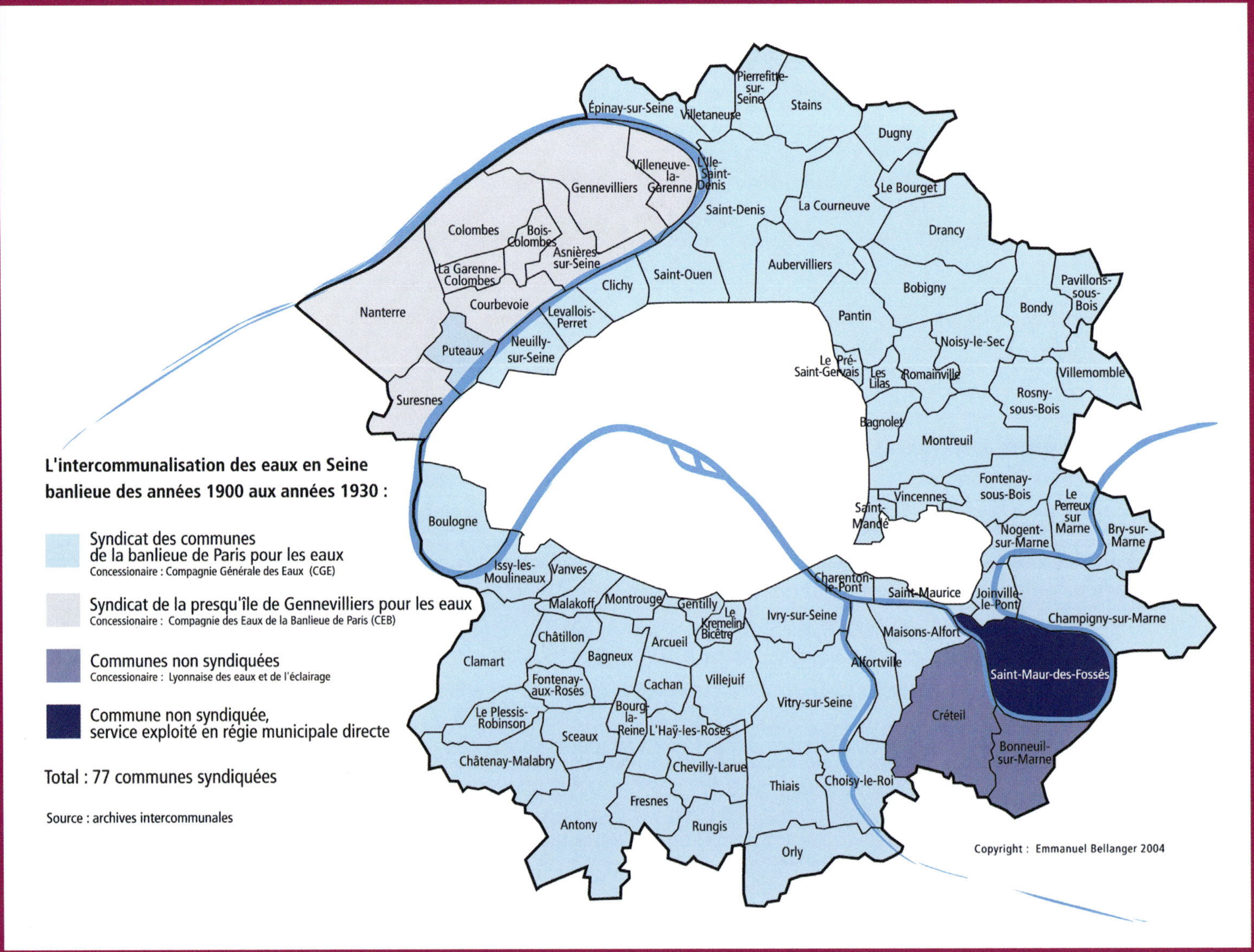

L'intercommunalité de l'eau dans la Seine banlieue des années 1900 aux années 1930.

À la fin des années 1930, le syndicat des communes de la banlieue de Paris, le plus puissant de France fondé en 1922, regroupait 68 communes de la Seine banlieue, 67 communes de Seine-et-Oise et 4 communes de Seine-et-Marne. Le syndicat de la presqu'île de Gennevilliers, le deuxième du département de la Seine, fondé en 1934, fédérait 9 communes de la Seine banlieue. Seule la commune de Saint-Maur-des-Fossés exploitait en régie directe le service public de l'eau.

Carte extraite de Emmanuel Bellanger, *Administrer la « banlieue municipale »*, thèse de doctorat d'histoire, 2004.
© Emmanuel Bellanger

Communes desservies par la Compagnie générale des eaux, délégataire du syndicat des communes de la banlieue de Paris pour les eaux, fondé en 1922.

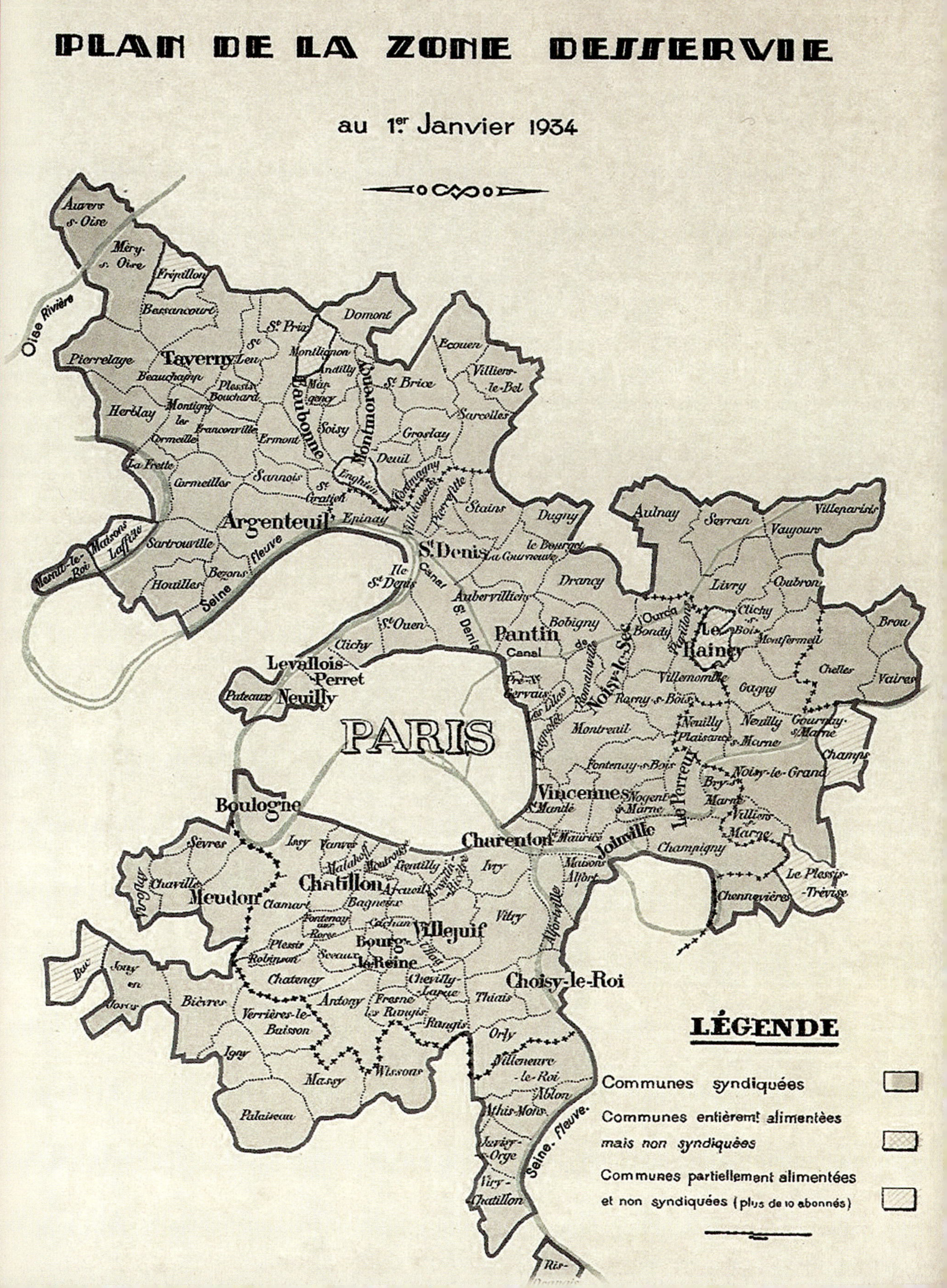

Henri Sellier (1883-1943)

Le bienfaiteur de la banlieue parisienne.
Ministre de la Santé publique du premier gouvernement du Front Populaire.

Issu de la petite bourgeoisie berrichonne, né d'un père contremaître et d'une mère commerçante, Henri Sellier se distingue par de brillantes études. Licencié en droit en 1906, il passe avec succès le concours de rédacteur du ministère du Travail ; il y est rapidement nommé chef de bureau. Mais c'est l'engagement politique au sein du mouvement coopératif et de la Section française de l'Internationale ouvrière (SFIO) qui convertit ce fonctionnaire en un véritable administrateur dont la notoriété transcendera les frontières nationales.
Conseiller général de la Seine de 1910 à 1941, rapporteur du budget de l'assemblée départementale de 1916 à 1920, maire de Puteaux par intérim de 1914 à 1918, maire de Suresnes de 1919 à 1941 et sénateur de 1935 à 1942, Henri Sellier a été un des plus actifs animateurs de l'Union internationale des villes, fondée en 1913, et de la Fédération internationale de l'habitation et de l'urbanisme[39].
Secrétaire général de l'Union des conseillers municipaux socialistes de la banlieue à partir 1919, Henri Sellier est la cheville ouvrière et le porte-voix des élus de la SFIO. Il est également l'inamovible secrétaire général d'un groupe de pression incontournable de la vie politique départementale, l'Union des maires de la Seine (UMS) fondée en 1909, et ce, jusqu'à sa révocation, en mai 1941 par le régime de Vichy, de ses fonctions de premier magistrat communal.
Président du conseil général de la Seine de 1927 à 1928, il sera également nommé ministre de la Santé publique du Front populaire. Henri Sellier se fait surtout remarquer par son investissement dans les politiques publiques du département de la Seine. Il devient le défenseur d'un Grand Paris, solidaire à l'égard des communes de la banlieue. Dans cette perspective, il fonde en 1915 l'office départemental d'HBM et l'office du placement et de la statistique, suivi en 1918 de l'office d'hygiène sociale.
Henri Sellier se pose également en artisan de la professionnalisation des mairies. En 1919, il est l'instigateur de la fondation de l'École des hautes études urbaines rebaptisée, en 1924, Institut d'urbanisme de l'Université de Paris (IUUP), où il enseigne ; et en 1922, il contribue à la création de l'École nationale d'administration municipale, financée par le conseil général de la Seine. Secrétaire général du comité de direction de la revue *Urbanisme*, Henri Sellier présidera plusieurs congrès et délégations à l'étranger.
Témoin d'une époque brutalisée par deux guerres mondiales, Henri Sellier restera surtout et avant tout un homme passionné d'action publique, au service des banlieues[40].

39. *Nos édiles, 1935-1941*, *op. cit.*, p. 371-372.
40. Emmanuel Bellanger, *Naissance d'un département et d'une préfecture dans le « 9–3 ». De la Seine banlieue à la Seine-Saint-Denis : une histoire de l'État au XXe siècle*, Paris, La Documentation française, 2005.

Au cours des années 1930, grâce au relais de ces services, plus de 8 % de la population active départementale perçoit une allocation de chômage.
Le second champ de départementalisation est celui des habitations à bon marché (HBM), ancêtres du logement social. Pour corriger les effets durables de la crise du logement et de l'urbanisation tentaculaire de l'agglomération parisienne, l'assemblée départementale et le conseil municipal de Paris décident la création, en 1914 et 1915, de deux offices publics d'HBM. Entre les années 1920 et 1930, plus de 40 000 logements salubres sont bâtis dans des cités-jardins ou sur l'ancienne zone déclassée, entre la capitale et sa banlieue. Ces offices mettent également en place des structures de contrôle social qui préfigurent la généralisation, après-guerre, des services d'assistantes sociales des municipalités[41]. Le troisième domaine de départementalisation est celui de l'office d'hygiène sociale fondé en 1918. Cet office est le promoteur en banlieue d'une vingtaine de dispensaires et de six écoles de plein air. Ces trois institutions sociales du placement des chômeurs, du logement à bon marché et de l'hygiène publique sont placées sous l'autorité d'Henri Sellier, leur fondateur, qui confirme sa stature d'homme politique spécialiste des réformes sociales et urbaines de l'agglomération parisienne[42]. Les politiques sociales du conseil général s'étendent également à la construction d'hôpitaux départementaux ouverts à Clichy en 1934 ou à Bobigny en 1935.
La dynamique de départementalisation des politiques publiques couvre d'autres services publics à la dimension sociale moins prononcée, mais qui agissent sur la cohésion urbaine : la politique de planification confiée au bureau d'études de l'extension de Paris créé en 1921 ; la politique de traitement des ordures ménagères exploitée en régie intéressée par la société de traitement industriel des résidus urbains (TIRU) fondée en 1923 avant d'être départementalisée à partir de 1933 ; la politique d'électrification des routes ; le programme de défense contre les inondations et surtout les politiques interdépartementales d'assainissement de l'agglomération parisienne, institutionnalisées au début des années 1930[43].

La grande couronne délaissée

Si une certaine concordance de vue existe entre les élus parisiens et suburbains du département de la Seine, la configuration politique en Seine-et-Oise est plus complexe. Le découpage annulaire de ce département témoigne d'une réelle incohérence. Dépourvue de centralité, la grande couronne encerclant le Grand Paris n'a pas l'homogénéité urbaine du département capitale. Elle est composée de plus de 690 communes : des communes urbaines agglomérées au département de la Seine, des communes périurbaines de plus en plus nombreuses et des communes rurales qui résistent encore au débordement de la grande ville. L'urbanisation et le développement économique de l'agglomération parisienne n'ont pas donné lieu à la formation d'un pouvoir d'agglomération structuré et reconnu. Des centaines d'institutions locales se chevauchent et interfèrent sur l'élaboration et la mise en œuvre des politiques publiques : trois préfectures, avec à leur commande le préfet de la Seine, le préfet de police et le préfet de Seine-et-Oise, les conseils généraux de la Seine et de la Seine-et-Oise, le conseil municipal de Paris, les 80 municipalités de la Seine banlieue et les 695 municipalités de la Seine-et-Oise.

41. Berthe Leymarie, *L'Organisation sociale des cités jardins du Grand Paris*, thèse de l'IUUP, 1926 ; Germaine Bardy, *Le Service social dans les HBM et notamment à l'office public d'HBM du département de la Seine*, thèse de l'IUUP, 1938.
42. Henri Seillier, Auguste Bruggemann, *Le Problème du logement, son influence sur les conditions de l'habitation et l'aménagement des villes*, Paris, PUF, 1927 ; Henri Sellier, *La Lutte contre la tuberculose dans la région parisienne 1896-1927. Le rôle de l'office public d'hygiène sociale,* Paris, Éditions de l'OPHS du département de la Seine, 1928.
43. Ces politiques font l'objet de long développement dans les pages suivantes.

Louis Dausset (1866-1940)

Un conseiller municipal de Paris qui n'ignorait pas la banlieue.

Agrégé de l'Université, Louis Dausset fut conseiller municipal modéré du 3e arrondissement de Paris de 1900 à 1921, président du conseil municipal de Paris de 1901 à 1902, président du conseil général de 1919 à 1920 et sénateur de la Seine de 1920 à 1927. Il fut également un partisan de l'Institut d'urbanisme de l'Université de Paris et un partisan de la professionnalisation et de la rationalisation des administrations municipales suburbaines. Sa notoriété était à son comble, lorsqu'il fut nommé, en 1928, par le ministère de l'Intérieur, président du Comité supérieur d'aménagement et d'organisation générale de la région parisienne (CSAORP). Pour les conseillers généraux suburbains, Louis Dausset « *fut un de ces Parisiens qui n'ignoraient pas la banlieue ; il lui assignait un rôle important dans l'aménagement économique et démographique du département.* » Louis Dausset s'est toujours opposé au repli de la capitale[44]. Il mesurait que la résorption des maux de l'agglomération parisienne, confrontée à une croissance démographique exponentielle, ne pouvait se concevoir qu'au niveau intercommunal, départemental, interdépartemental et régional.

Le problème majeur reste celui de la coordination, à l'échelle de l'agglomération parisienne, des services publics d'intérêt général, qu'ils soient intercommunaux, départementaux ou interdépartementaux. Les problèmes des transports, de l'adduction et du raccordement aux réseaux d'énergie, d'eau et d'assainissement, obligent les collectivités locales à formaliser des ententes. Durant toute la période de l'entre-deux-guerres, Henri Sellier – soutenu par deux sénateurs, l'un socialiste, André Morizet, maire de Boulogne-Billancourt, l'autre modéré, Louis Dausset, conseiller municipal de Paris – prône l'organisation de grands services publics d'équipement et d'aménagement, unifiés et gérés par un organisme supra-communal garant de l'intérêt général de l'agglomération parisienne.

La création, par décret du 24 mars 1928, du comité supérieur d'aménagement et d'organisation générale de la région parisienne (CSAORP) devait être le signe d'une reconnaissance politique de l'agglomération parisienne[45]. Ce comité, présidé par Louis Dausset et composé de 91 membres aux profils très hétérogènes, était censé permettre la réalisation d'un plan d'aménagement de la région parisienne (PARP), prescrit par la loi du 14 mai 1932 et applicable à 656 communes concentrant plus de 6,3 millions d'habitants[46]. La réalité déjoua cet optimisme ambiant. Cet organe, couvrant une superficie de 3 800 km^2 délimitée par un rayon de 35 kilomètres autour de Notre-Dame de Paris, ne fut que consultatif, sans aucun pouvoir décisionnel[47].

Le 14 mai 1934, Louis Dausset se veut pourtant optimiste lorsque le premier plan d'aménagement régional, confié à l'urbaniste Henri Prost, est remis au ministre de l'Intérieur, le

44. Louis Dausset, « À propos de l'aménagement de la Région parisienne », *Urbanisme*, n° hors-série, mars 1932, p. 19-20.
45. Martine Morel, « Le Baptême législatif de 1932 », *in* Danièle Voldman (dir.), *Région parisienne. Approches d'une notion 1860-1980*, *op. cit.*, p. 25-38.
46. Charles Zieseniss, « Les projets d'aménagement de la région parisienne », *Annales de géographie,* tome 49, n° 277, 1940, p. 28-34.
47. *Urbanisme*, n° 4, juillet 1932, p. 116.

André Morizet (1876-1942)

Maire socialiste de Boulogne-Billancourt de 1919 à 1942 et sénateur de la Seine de 1927 à 1942.

Partisan du Plus Grand Paris, André Morizet défend, dans les années 1920 et 1930, une politique ambitieuse d'aménagement de la région parisienne. Avec Henri Sellier, Louis Dausset et François Latour, il prône une profonde réorganisation administrative et politique du département de la Seine. Dès 1926, André Morizet, alors conseiller général, soutient la formation d'une conférence interdépartementale de l'assainissement entre élus du Grand Paris et élus de la Seine-et-Oise. Il laissera son nom à la loi du 10 avril 1932 sur l'interdiction des fumées toxiques dans les agglomérations et celle 12 mai 1932 qui renforce les prérogatives du département de la Seine.

radical-socialiste Albert Sarraut. Le projet de planification régionale dessine les routes, les espaces libres, les sites protégés et les zones urbanisées. Les réseaux des services publics des eaux, de l'électricité, de l'assainissement, des ordures ménagères, des transports et du gaz sont planifiés et mettent en évidence « *la nécessité de sortir du cadre municipal*[48] ». Selon le président Dausset, « *le plan renferme toutes les améliorations exigées pour l'équilibre parfait d'une grande cité et de ses satellites : réserves d'air pour les poumons de l'agglomération tout entière, vastes artères pour la circulation d'une immense population constamment nourrie d'un sang nouveau, espaces libres réservés aux divers services publics* [...], *rien n'a été négligé de ce qui doit, dans le présent et à l'avenir, assurer le bien-être des habitants de la région parisienne*[49]. »

Cet enthousiasme officiel est de courte durée. La plupart des élus sont satisfaits de voir enfin reconnu le principe d'une solidarité interdépartementale et régionale, qui induit le renforcement du système de péréquation entre les territoires riches et les territoires pauvres. Ils déchantent cependant rapidement. Ce plan n'a pas à sa tête une autorité de commandement capable de mobiliser les ressources financières et de convaincre les élus et les fonctionnaires des préfectures, et des administrations centrales du bien-fondé d'un tel projet d'urbanisme interdépartemental, dont la réussite impose une autorité politique transversale chapeautant les différentes directions administratives et techniques des services de l'État. Déposé en 1934, le PARP, qui n'intéresse que la banlieue et exclut Paris, n'est toujours pas approuvé au début de l'année 1939. À défaut de pouvoir agir sur l'aménagement de la grande couronne, le président du CSAORP, Louis Dausset, se résout à n'agir que sur le département de la Seine. En 1934, il affirme : « *l'essentiel* [est] *désormais d'organiser le Grand Paris et non de l'étendre davantage*[50] ».

Le Plus Grand Paris solidaire d'Henri Sellier, Louis Dausset et André Morizet, intégrant la grande couronne, peine à se formaliser. C'est un aveu d'échec pour les élus du département de la Seine qui défendent la constitution d'un véritable

48. Charles Zieseniss, « Les projets d'aménagement de la région parisienne », art. cit., p. 31.
49. *Urbanisme*, n° 41, décembre 1935-janvier 1936.
50. Louis Dausset,« Préface du plan d'aménagement de la Région parisienne », *Urbanisme*, n° 41, décembre 1935-janvier 1936, p. 11.

pouvoir d'agglomération. Tout n'est pas pour autant perdu. À défaut de voir se structurer une seule et unique instance politique du Plus Grand Paris, l'interdépartementalisation de la politique d'assainissement va montrer la voie d'une coopération possible entre les départements de la région parisienne. André Morizet, qui, dans son livre *Du Vieux Paris au Paris moderne,* appelle de ses vœux, à l'instar d'Henri Sellier, le transfert de la gestion des grands services urbains au département de la Seine, a été partiellement entendu. Cet admirateur du « *génial* » Haussmann, selon ses termes, nommé en novembre 1936 à la tête du CSAORP, n'obtiendra pas la suppression du conseil municipal de Paris, qu'il compare à une « *ville mammouth*[51] ». Mais à défaut de pouvoir remplacer l'omnipotente assemblée parisienne par des conseils municipaux d'arrondissement, semblables à ceux des communes, André Morizet parvient à renforcer les pouvoirs du conseil général de la Seine en inspirant l'adoption de la loi dite Morizet du 12 mai 1932 qui rapproche le régime administratif du département capitale de celui des autres départements[52]. La charte départementale du 10 août 1871 est désormais applicable au département de la Seine à l'exception de certains articles[53].

51. André Morizet, *Du Vieux Paris au Paris moderne. Haussmann et ses prédécesseurs*, Paris, Hachette, 1932.

52. *Journal officiel* du 14 mai 1932, p. 5037.

53. À l'exception des articles 2, 4, 21, 29, 45, 63, 68 et du titre VI. Paul Beaussier, François Debidour, Edgard Laparra, *Le Régime administratif et financier de la ville de Paris et du département de la Seine*, tome 1, *op. cit.*, p. 201-202.

Rationaliser l'assainissement et protéger la Seine : une priorité ?

La plupart des élus de la banlieue parisienne, praticiens de l'action publique locale, s'accordent sur l'existence de deux fractures territoriales : la première, entre Paris et les communes champignons de la Seine banlieue ; la seconde, entre le riche département de la Seine et son voisin, le département de la Seine-et-Oise, resté longtemps sous influence rurale, mais désormais en proie à une expansion urbaine exceptionnelle. Les membres de la commission mixte des fortifications et de la commission des habitations ouvrières et du plan d'extension de Paris, composées de représentants du conseil municipal de la capitale et du conseil général de la Seine, sont de plus en plus conscients de la gravité des déséquilibres urbains[54]. Georges Lemarchand, Louis Dausset, Ambroise Rendu, Henri Sellier ou Léon Paris, qui siègent dans ces commissions, s'évertuent à promouvoir des compromis et des ententes intercommunales qui transcendent les découpages administratifs et les oppositions partisanes. L'assainissement de l'agglomération parisienne s'inscrit dans un contexte de changement des pratiques édilitaires, de professionnalisation des administrations municipales et de transformation des politiques publiques locales.

Unifier les services techniques du Grand Paris : un combat difficile

Dans le domaine des politiques d'assainissement, les années 1920 et 1930 sont marquées par la volonté de dépasser l'opposition centre/périphérie. Il est désormais urgent de rompre avec l'existence de deux systèmes d'épuration qui morcellent le Grand Paris : celui performant de la capitale et celui chancelant de la Seine banlieue. Depuis les années 1890, le conseil général s'efforce de corriger les défaillances des communes suburbaines en réalisant un réseau départemental d'assainissement. La capitale, de son côté, a longtemps négligé le projet départemental de collecte et d'épuration des eaux usées suburbaines. La direction générale des travaux de Paris et la direction des affaires départementales – avec à leur tête les influents hauts fonctionnaires, Malherbe et Jouhannaud – ont jalousement défendu leurs prérogatives au détriment de l'intérêt général de l'agglomération parisienne.

En 1919, Georges Lemarchand, vice-président de la commission mixte départementale des eaux et de l'assainissement, s'inquiétait des effets de cette coupure sur la cohésion urbaine du Grand Paris :

> « *Jusqu'à présent, les différents services n'ont agi que séparément, n'ayant entre eux que des relations intermittentes, des échanges de vue plus ou moins complets, et parfois même affectant de s'ignorer mutuellement. De cette organisation désunie et parfois contradictoire, qu'en est-il résulté sinon des pertes de temps, des fausses manœuvres, des doubles emplois, des insuffisances de réalisation dommageables à nos finances aussi bien qu'à la prospérité de l'industrie et du commerce*[55]. »

54. *Nos édiles, 1921*, *op. cit.*, p. 66, 254.

55. Georges Lemarchand, *Proposition relative à la réorganisation, à l'extension et à l'unification de la direction administrative des travaux et à l'organisation d'un contrôle effectif des assemblées municipale et départementales*, rapport au conseil municipal, n° 22, 12 avril 1919, p. 2.

Les conséquences de ce bicéphalisme administratif et technique sont préjudiciables à la bonne marche du service public de l'assainissement. L'unité de direction des services techniques du département de la Seine n'a toujours pas été scellée ; elle doit être imposée par les deux instances politiques du Grand Paris légitimées par le suffrage universel : le conseil municipal de la capitale et le conseil général de la Seine. Dès le mois d'avril 1919, une proposition relative à la réorganisation, à l'extension et à l'unification de la direction administrative des travaux est soumise aux élus.

> « *Les multiples travaux de la ville et du département doivent être de plus en plus groupés dans un programme collectif et répartis selon un plan concordant, qu'ils soient spéciaux aux ingénieurs ou aux architectes, qu'ils soient municipaux ou départementaux, ou même qu'ils relèvent d'organismes annexes tels que l'assistance publique* […], *ou concernent la voie publique, les égouts, les eaux, la navigation, le métropolitain, les transports, l'épuration biologique, la voirie, l'éclairage, l'hygiène, les carrières, les bâtiments publics, les bâtiments d'écoles, les hôpitaux, les casernes, les dispensaires, les prisons, les habitations à bon marché, les jardins, les cimetières, les entrepôts, etc.*[56]. » Le rapport de Georges Lemarchand propose que « *l'ensemble des services techniques* […] *soient rattachés sous une administration générale unique*[57]. »

Quelques mois plus tard, le 31 décembre 1919, une nouvelle délibération est adoptée par le conseil municipal et le conseil général. Elle témoigne de la volonté politique des élus d'unifier et de rationaliser les services techniques de l'agglomération parisienne : « *Il n'y a plus lieu de s'arrêter à la vieille distinction de l'*intra-muros *et de l'*extra-muros, […] *il convient de grouper les affaires en s'attachant uniquement à leur nature. Qu'il s'agisse d'égouts collecteurs, de stérilisation des eaux, de tramway de pénétration ou de canalisation d'éclairage, Paris ne doit plus s'enfermer dans son isolement, mais au contraire offrir son aide empressée aux communes suburbaines*[58]. » Cette concentration par grands secteurs d'intervention publique est une étape primordiale pour fusionner et départementaliser les services techniques de l'assainissement du Grand Paris.

Cet appel des élus parisiens et suburbains à plus d'efficacité et de cohérence dans la gestion des affaires départementales est entendu par le préfet de la Seine, Auguste Autrand, qui autorise la création, le 23 avril 1919, d'une direction de l'extension de Paris supervisée par Pierre Doumerc[59]. Dans la foulée, le conseil municipal de la capitale et le conseil général de la Seine lancent, dans l'esprit de la loi Cornudet, un concours d'idées pour l'aménagement du Plus Grand Paris. Cette planification urbaine, confiée à l'architecte Léon Jaussely qui obtient avec Roger-Henri Expert et Louis Sollier le premier prix du concours pour « *l'extension de Paris et l'aménagement de la région parisienne* », reste malheureusement virtuelle et sans impact réel sur l'aménagement de la capitale et de ses banlieues[60].

Cette création n'en est pas moins significative de l'évolution des mentalités du corps préfectoral, représentant l'ensemble des collectivités locales et des maires du Grand Paris qui, dans leur très grande majorité, ont confié l'élaboration du PAEE de leur commune à un seul et même service préfectoral, le bureau de l'extension de Paris placé sous l'autorité de Louis Bonnier, l'un des pères fondateurs des institutions et des écoles professionnelles de la réforme urbaine : l'Institut d'histoire, de

56. Georges Lemarchand, *Proposition relative à la réorganisation...*, *op. cit.*, p. 3.
57. Georges Lemarchand, *Proposition relative à la réorganisation...*, *op.cit.*, p. 62.
58. Georges Lemarchand, *Proposition ayant pour objet de rattacher, en vue de l'unité de méthode, de la réduction de l'effectif du personnel et d'une bonne administration, à la direction générale des travaux, certains bureaux techniques qui dépendent encore de la Direction des affaires départementales*, rapport au conseil municipal, n° 125, octobre 1920.
59. *Nos édiles, 1925, op. cit.*, p. 265.
60. Charles Zieseniss, « Les projets d'aménagement de la région parisienne », art. cit., p. 28-29.

géographie et d'économie urbaines et l'École des hautes études urbaines[61]. Sous l'impulsion du bureau de l'extension et de la commission consultative d'aménagement du département de la Seine, institué par arrêté préfectoral du 10 janvier 1925, le dépassement du cadre communal et la nécessité de coordonner les politiques urbaines s'affermissent.

À cet égard, la composition de cette commission présidée par les préfets de la Seine et de Police reflète les interconnaissances tissées entre le corps préfectoral, les directeurs d'administrations, les personnalités qualifiées de la société civile (architectes, ingénieurs, universitaires, médecins-hygiènistes, représentants de la Chambre du commerce et membres de groupements associatifs dont Georges Benoît-Levy de l'association des cités jardins de France ou Léandre Vaillat de la société française des urbanistes) et les élus locaux (des socialistes Henri Sellier, Eugène Fiancette et André Morizet aux conservateurs François Latour, conseiller municipal de Paris, Ernest Billet, maire d'Asnières et Léon Eyrolles, maire de Cachan, en passant par le communiste Georges Marrane et les modérés, Georges Lemarchand, Pierre Champion, maire de Nogent-sur-Marne, et Auguste Mounié, maire d'Antony[62]).

Malgré ces avancées politiques, culturelles et structurelles, l'unification des services techniques ne progresse que trop lentement aux yeux des édiles investis dans les politiques d'assainissement. En octobre 1920, Georges Lemarchand constate avec regret que seuls les services des travaux d'architecture du département ont été départementalisés[63]. Le conseil municipal de Paris réclame de nouveau que soit enfin « *réalisé le front unique technique par la réunion, sous les ordres d'un directeur général, de l'ensemble des services techniques de la ville de Paris et du département de la Seine*[64] ». Il ne peut que déplorer, impuissant, le manque de cohésion des projets d'assainissement épars et non coordonnés qui sont pourtant, de l'avis même du corps des ingénieurs des Ponts et Chaussées, indispensables à la salubrité de l'agglomération parisienne.

Les rapports des commissions se suivent et se ressemblent ; tous s'alarment de l'absence d'unité de méthode entre Paris et le département ; tous réclament la levée des barrières administratives qui rendent la coopération si difficile entre les services de la ville de Paris et ceux du département. Exemples à l'appui, Georges Lemarchand constate, quelque peu désabusé, que lorsque les services techniques du département réalisent des expériences d'épuration biologique qui engagent également le devenir des Parisiens, les ingénieurs de la ville de Paris « *ne sont autorisés à suivre les travaux et les essais de leurs collègues du département de la Seine qu'en qualité de simples visiteurs*[65] ». Entre directions et services techniques, les échanges d'informations sur l'épuration biologique donnent ainsi lieu à de fastidieuses sollicitations qui entravent la rationalisation et la coordination des politiques d'assainissement.

Le front uni des conseillers généraux du département de la Seine

La politique des grands travaux du département de la Seine n'a pas d'unité de commandement et la dilution des services techniques du Grand Paris engendre une succession de dysfonctionnements qui ont une vertu, inattendue et salutaire, celle de fédérer les conseillers généraux du Grand Paris engagés dans le grand chantier de l'assainissement du département de la Seine. Cette situation bureaucratique aberrante,

61. *Nos édiles, 1921, op. cit.*, p. 366-367.
62. *Nos édiles, 1935-1941, op. cit.*, p. 475-476.
63. Georges Lemarchand, *Proposition ayant pour objet de rattacher en vue de l'unité de méthode..., op. cit.*
64. Georges Lemarchand, *Proposition ayant pour objet de réaliser le front unique technique entre les services de la ville de Paris et ceux du département de la Seine*, rapport au conseil municipal, n° 76, 23 octobre 1922, p. 7.
65. Georges Lemarchand, *Proposition ayant pour objet de réaliser le front unique technique..., op. cit.*, p. 5

Georges Lemarchand

Conseiller général de 1908 à 1941, artisan incontournable de l'interdépartementalisation de l'assainissement.

Georges Lemarchand est à l'assainissement et à l'alimentation en eau du Grand Paris ce qu'Henri Sellier est à l'organisation politique de l'agglomération parisienne[66]. Républicain modéré, conseiller municipal du 4e arrondissement de 1908 à 1941, Georges Lemarchand est un ancien agent technique du contrôle des travaux de Paris. Par son expérience professionnelle, cet homme de réseau maîtrise tous les rouages des services techniques de la ville de Paris et du département de la Seine. Ses pairs l'ont élu président du conseil municipal de Paris de 1928 à 1929 et rapporteur général du compte au conseil général et au conseil municipal de Paris de 1908 à 1935, deux fonctions politiques stratégiques de médiation entre l'administration préfectorale et les édiles du Grand Paris.

Président de la commission de contrôle technique des travaux de la ville de Paris et de la commission mixte du conseil général des eaux, de l'assainissement, de l'hygiène, des ordures ménagères, de la navigation et des inondations, il est l'un des experts les plus reconnus des politiques publiques du Grand Paris[67]. Membre de la 6e commission (hygiène, eaux et assainissement) du conseil municipal et de la 2e commission (routes et assainissement) du conseil général, il joue de son influence politique pour sceller des compromis entre élus de banlieue et élus de la capitale. Membre de droit de la commission scientifique d'études et de surveillance des eaux d'alimentation et de l'assainissement, Georges Lemarchand se passionne également pour la question des transports au titre de rapporteur général de la commission du métropolitain[68].

Georges Lemarchand fut également désigné par le conseil général de la Seine pour siéger au Comité supérieur de l'aménagement et de l'organisation générale de la région parisienne aux côtés de Louis Dausset, d'Henri Sellier, d'André Morizet, de Georges Marrane, maire communiste d'Ivry et de François Latour, tous fervents défenseurs d'une solidarité Paris/banlieues.

Surnommé le « *Bénédictin de l'Hôtel de Ville* », en hommage à l'intensité monacale de son dévouement pour le bien commun, Georges Lemarchand ne cessera de se consacrer à la politique des réseaux de la distribution d'eau et de l'assainissement de la région parisienne, aux procédés de stérilisation, au développement du Port de Paris et à la programmation de barrages-réservoirs contre les inondations et les étiages des fleuves[69].

66. Georges Lemarchand, *L'Eau que l'on boit à Paris*, Paris, Dunod, 1931.
67. *Nos édiles, 1935*, *op. cit.*, p. 80.
68. Édouard Combes, *L'Action de Georges Lemarchand, membre et ancien président du conseil municipal de Paris, conseiller général de la Seine, pour l'aménagement de la banlieue…*, Paris, Librairies-Imprimeries réunies, 1938.
69. *Nos édiles*, 1919, *op. cit.*, p. 80.

qui inspirera des caricatures à l'image du célèbre *Topaze* de Marcel Pagnol mise en scène en 1928 à Paris au théâtre des variétés, provoque en effet un front uni de la plupart des élus qui siègent dans les différentes commissions parisiennes et départementales de l'assainissement, des commissions politiques, administratives et techniques où se rencontrent et s'apprivoisent conseillers généraux, hauts fonctionnaires et ingénieurs[70].

Pas moins de trois commissions politiques importantes traitent de la question de l'assainissement. La 6e commission des eaux, des égouts, de la navigation et de l'hygiène du conseil municipal de Paris est présidée, de 1912 à la fin des années 1930, par le radical Louis Peuch, élu du 3e arrondissement. Cet élu de Paris depuis 1908, fils de cultivateurs devenu un instituteur hussard noir de la République, est épaulé dans sa tâche par les spécialistes de l'assainissement que sont Léon Paris et Georges Lemarchand. Louis Peuch conforte sa position et son autorité politiques en présidant également jusqu'en 1935 la commission du Port de Paris et des inondations. Dans ses différentes fonctions, il milite en faveur de la protection du Grand Paris contre les inondations et en faveur de l'alimentation en eau de source de la capitale et de sa banlieue.

La 2e commission du conseil général des routes et des égouts est présidée par le maire de Saint-Maur-des-Fossés, Auguste Marin, et coanimée par ses vice-présidents, Émile Brisson, maire de Nogent-sur-Marne de 1907 à 1919, et Eugène Fiancette, conseiller municipal socialiste SFIO du 19e arrondissement de 1913 à 1940. Ce dernier gagne la sympathie des élus de banlieue en œuvrant durant la Grande Guerre au ravitaillement du département de la Seine. À la chambre des députés dès 1924, puis au sénat à partir de 1936, il se distingue en défendant les propositions de lois sur l'aménagement de la région parisienne et sur l'assainissement des grandes villes. La troisième et dernière commission politique du département de la Seine en charge de l'assainissement, à la tête de laquelle Georges Lemarchand fut tour à tour vice-président, puis président à la mort de Léon Paris en 1925, agrège les membres des deux précédentes commissions ainsi que le président de la commission de surveillance des épandages. Cette commission paritaire, dite commission mixte départementale des eaux et de l'assainissement, qui a étendu son influence depuis la Belle Époque, est sans conteste la plus importante des trois. En son sein s'élaborent et se scellent les ententes entre élus de Paris et élus de banlieues[71].

Cette ramification au demeurant complexe du régime des commissions n'entrave pas la formalisation d'une unité de vue entre les conseillers généraux du Grand Paris. Ces élus, bien que souvent minoritaires, peuvent ainsi affirmer des positions convergentes et écoutées dans les différentes commissions et les conseils spécialisés, administratifs et techniques, où ils sont nommés (le conseil d'hygiène et de salubrité du département de la Seine, la commission d'hygiène et de salubrité des arrondissements de Saint-Denis et de Sceaux, la commission administrative d'étude du Port de Paris, la commission scientifique de l'épandage de la ville de Paris, le comité supérieur d'aménagement et d'organisation générale de la région parisienne) et qui ont pour thème transversal la gestion publique de l'eau et de l'assainissement.

Les délibérations concordantes des trois commissions politiques de la ville de Paris et du conseil général de la Seine, placées sous le magister de Georges Lemarchand, et le lobbying des élus exercé dans les instances techniques constituent un atout maître dans le processus d'unification et de coordination des politiques d'assainissement de l'agglomération parisienne, de l'écoulement des eaux souillées au tout-à-l'égout jusqu'à l'épuration agricole et biologique, en passant par les dispositifs de

70. Marcel Pagnol, *Topaze*, pièce en quatre actes, Paris, Théâtre des Variétés, octobre 1928.
71. *Nos édiles, 1921*, *op. cit.* ; *Nos édiles, 1925*, *op. cit.* ; *Nos édiles, 1935*, *op. cit.*

surveillance sanitaire des eaux potables et des eaux usées. Cette convergence joue un rôle essentiel dans l'élaboration d'une entente interdépartementale entre les départements de la Seine, la Seine-et-Oise et la Seine-et-Marne.

Des terres d'épandage en déclin et des cours d'eau toujours plus pollués

Si la signature de l'armistice, le 11 novembre 1918, marque la fin de la Première Guerre mondiale, elle n'est pas synonyme d'un retour à la normale de l'activité des services publics. Le système d'épuration de l'agglomération parisienne fonctionne toujours au ralenti et la désorganisation des équipements d'épuration se prolonge. Concrètement, le fonctionnement des usines de relèvement est suspendu au rétablissement de l'approvisionnement en combustible. Le déversement dans la Seine de la totalité des eaux usées de la capitale a des conséquences désastreuses sur l'environnement. Sans égard pour les communes riveraines du fleuve, en 1918, 1919 et 1920, les rejets des eaux usées sont maintenus en totalité ou par intermittence[72].

Au début de l'année 1921, la pénurie de charbon se résorbe peu à peu ; les usines d'incinération de la ville de Paris réservent en priorité leur production d'énergie aux équipements de relèvement des eaux[73]. Le ministère des Travaux publics peut, dès lors, mettre un terme à l'autorisation de déverser les eaux usées dans la Seine. En théorie, dans le langage administratif, la ville de Paris est désormais censée épurer la totalité des rejets de ses égouts sur ses champs d'épandage. Mais aucune institution n'est dupe. Il ne s'agit ici que d'un vœu pieux. Les capacités épuratoires de Paris, déjà insuffisantes à la veille du conflit, le demeurent en 1921. L'extension des champs d'épandage, programmée avant-guerre, n'a pas été réalisée. Les réactions ne se font pas attendre. La pollution de la Seine déclenche de nouveau la colère des communes riveraines du fleuve[74]. Même le Touring Club de France, une association créée en 1890 à Neuilly-sur-Seine pour promouvoir le développement du tourisme, se joint au mouvement de protestation conduit par le député de Seine-et-Oise, André Tardieu, ancien ministre des Régions libérées, et les représentants du conseil d'arrondissement de Versailles.

La situation s'est aggravée sous la pression du débit des collecteurs. Restés stables, autour de 300 millions de mètres cubes d'eaux usées de 1913 à la fin de la décennie, les volumes rejetés sans traitement s'accroissent avec la reprise de l'activité industrielle et la poursuite de la croissance démographique. En 1923, les déversements dans le fleuve approchent les 115 millions de mètres cubes, plus du tiers de la totalité des eaux collectées. L'année suivante, ils dépassent les 120 millions alors que le débit des collecteurs est descendu de 315 à 287 millions de mètres cubes. En 1925, le débit des collecteurs poursuit sa lente diminution – 283 millions de mètres cubes –, mais les rejets dans la Seine, eux, ne cessent d'augmenter. Plus de 135 millions de mètres cubes d'eau souillent désormais la Seine, ses affluents et leurs rives[75].

Cette situation intolérable résulte d'une baisse quasi continue des volumes d'eau utilisés pour l'irrigation des terres d'épandage. Leurs surfaces restent pourtant stables jusqu'à la fin des années 1920. Mais certains sites ont perdu des dizaines, si ce n'est des centaines d'hectares. Entre 1922 et 1929, à Gennevilliers, une centaine d'hectares d'épandage a été urbanisée ; les volumes d'eau épandus passent de 30 millions de mètres cubes, en 1922, à 20 millions, en 1929. Dans la région de Carrières-Triel, les cultures irriguées par les eaux d'égout ont régressé de 150 hectares en deux années

72. CARAN, F/14/15426, correspondance entre le préfet de la Seine et le ministre des Travaux publics, janvier à novembre 1921.
73. Sabine Barles, *L'Invention des déchets urbains…*, *op. cit.*, p. 187.
74. CARAN, F/14/15426, pétition du Touring Club de France au ministère des Travaux publics, 9 mai 1921 ; lettre du député de Seine-et-Oise André Tardieu au ministre des Travaux publics, juin 1921 ; délibération du conseil d'arrondissement de Versailles, 1er août 1921 ; délibération du conseil municipal de Rueil, 7 septembre 1921.
75. Archives du Siaap, *Notes à l'appui du compte*, 1923, 1924 et 1925.

seulement, entre 1923 et 1924. Les volumes d'eau utilisés par l'épuration agricole connaissent des fluctuations à la baisse : 59 millions de mètres cubes en 1922, 50 millions en 1923, 45 millions en 1929. Dans la région d'Achères, la baisse est moins nette, mais elle s'amorce à son tour à partir de 1923[76].

Les réformes entreprises avant-guerre, la rationalisation de l'exploitation des domaines de la ville de Paris et la mise en place de l'irrigation intensive s'avèrent, sinon inefficaces, du moins largement insuffisantes pour assurer l'épuration complète des eaux parisiennes. La diminution des volumes d'eaux d'égout utilisés en agriculture témoigne du changement profond des pratiques agricoles. La ville de Paris a beau céder gratuitement ses eaux d'égout, les agriculteurs sont de moins en moins disposés à les utiliser pour enrichir leurs cultures. Les engrais de synthèse, chimiques et industriels, apparus à la fin du XIXe siècle, concurrencent sérieusement les eaux d'égout dont les performances ont été minimisées par les agronomes[77]. Plus faciles à utiliser et mieux dosés pour les besoins de l'agriculture, ces engrais minéraux sont préférés aux engrais organiques. Cette désaffection pour les eaux usées s'accentue à partir des années 1930 avec la mise au point d'une nouvelle génération d'engrais encore plus efficaces. Les fumures parisiennes ne disparaissent pas pour autant : les épandages se maintiendront après les années 1950, alors même que la ville de Paris instaure en 1947 une redevance pour l'exploitation de ses eaux usées. Après avoir tenté en vain de faire reculer la municipalité parisienne, les agriculteurs finiront par accepter cette nouvelle redevance afin de maintenir l'irrigation de leur terre.

La capitale n'est pas la seule responsable de la dégradation de l'environnement. En Seine banlieue, là où les entreprises classées insalubres sont désormais les plus nombreuses, la situation de l'assainissement ne s'est pas améliorée. Les communes suburbaines sont confrontées à un réseau d'égouts sommaire et mal entretenu. La planification coordonnée de ce maillage sous-terrain d'épuration de la banlieue parisienne n'est pas encore engagée. En 1918, une correspondance abondante entre les ingénieurs du service ordinaire, vicinal et hydraulique du département de la Seine et les préfets de Police et de la Seine, décrit des égouts suburbains encombrés et souvent obstrués. La réglementation de la police de la voie publique n'est pas respectée et les canalisations finissent par recevoir une part importante des résidus du nettoyage des rues. De nombreuses compagnies de vidanges sont également accusées de déverser le produit des fosses directement dans les canalisations de la Seine banlieue qui, pour la plupart d'entre elles, ne sont pas pourvues du tout-à-l'égout[78].

Une enquête de 1921 sur l'état des déversements d'égouts dans les communes de banlieue, menée par les ingénieurs des travaux publics de l'État, révèle une situation alarmante. Sur les 34 communes qui ont autorisé le tout-à-l'égout sur leur territoire, plus de la moitié continue de déverser les eaux de leurs égouts directement dans les cours d'eau[79]. Les Lilas, Le Pré-Saint-Gervais, Pantin, Malakoff, Montrouge, Châtillon, Gentilly, Arcueil-Cachan qui ne forme encore qu'une seule et même commune, Bourg-la-Reine, Sceaux, Fontenay-aux-Roses, L'Haÿ-les-Roses, Fresnes, Villejuif, Le Kremlin-Bicêtre, Maisons-Alfort et Alfortville rejettent dans la Seine leurs eaux usées ; Fontenay-sous-Bois et Vincennes polluent la Marne.

Le développement des fosses septiques dans les communes de banlieue a renforcé l'insalubrité des eaux. Le conseil d'hygiène et de salubrité du département de la Seine constate en juin 1922, à l'appui d'une enquête, que « *sur 1 234 fosses septiques* [inspectées]*, 12 seulement correspondent aux conditions de l'ordonnance préfectorale et paraissent fonctionner à peu près normalement.* [...] *le fonctionnement de chaque fosse septique défectueuse constitue un réel danger*

76. Archives du Siaap, *Notes à l'appui du compte*, 1929.
77. Sabines Barles, *L'Invention des déchets urbains…, op. cit.*, p. 204.
78. Archives de Paris, D1S8 3, correspondance entre les ingénieurs du service ordinaire, vicinal et hydrolique du département de la Seine et les préfets de la Seine et de Police, 1918.
79. Archives de Paris, D1S8 3, état des communes dans lesquelles le tout-à-l'égout est permis, 29 juin 1921.

▲

Méry-sur-Oise, la Haute-Borne : première toupie à carottes et à pommes de terre installée à la ferme pour le lavage des légumes dans les années 1930-1940.
© Collection particulière/ARPE-Conseil général du Val-d'Oise

▲

Méry-sur-Oise, la Haute-Borne : journalières de la ferme municipale de la ville de Paris occupées à repiquer et biner. Certaines portent la coiffe capote traditionnelle dans les années 1930-1940.
© Collection particulière/ARPE-Conseil général du Val-d'Oise

◀ **Méry-sur-Oise, la Haute-Borne : ouvriers et ouvrières posant dans les champs devant une charrette attelée dans les années 1930.**
© Collection particulière/ARPE-Conseil général du Val-d'Oise

pour la santé publique[80] ». Le conseil recommande avec insistance aux autorités de tutelle de ne plus autoriser l'installation des fosses septiques et « *émet le vœu que le département réalise, dans les délais les plus courts possibles, un réseau complet d'égouts, associé à un système d'épuration biologique des eaux usées avant leur envoi en rivière*[81] ».

Les rejets d'eaux d'égout des collecteurs parisiens et ceux plus diffus, mais tout aussi importants, des égouts de banlieue conduisent à une surexposition de la Seine en passe de devenir un fleuve urbain délétère. Le fleuve est malmené par l'agglomération urbaine qu'il traverse. Les prélèvements de toute nature opérés dans la Seine peuvent s'élever, dans les années 1920, jusqu'à 28 m^3 par seconde – dont 15 m^3 par seconde pour la seule ville de Paris – alors que le débit d'étiage du fleuve atteint difficilement les 35 m^3 par seconde[82]. Dans ces conditions, la dilution des rejets domestiques et industriels est de plus en plus difficile.

Le fleuve a toujours constitué une ressource essentielle à l'activité humaine et économique[83] ; il devient, au sortir de la Grande Guerre, l'exutoire des Parisiens et des banlieusards, du simple petit administré aux grands pollueurs industriels, en passant par un nouvel acteur institutionnel, le service public de nettoiement des voies des municipalités parisienne et suburbaines. À Paris, le service du lavage des rues, des trottoirs et des caniveaux – un service de plus en plus performant exploité en régie directe et employant 3 695 cantonniers ou ouvrières balayeuses – consomme à lui seul en 1925 plus de 17 millions de mètres cubes d'eau rejetés à l'égout[84].

Trouver des financements, un problème récurrent

L'immédiat après-guerre se solde par une explosion des coûts de la main-d'œuvre et des matériaux de construction qui contribue au renchérissement des travaux publics. Les budgets des municipalités et des départements peinent à trouver l'équilibre. Les dépenses de ravitaillement, de santé, de scolarité, d'assistance, de viabilisation des voies et d'adduction en eaux ont explosé pendant les années de guerre et durant les Années folles, de 1920 au déclenchement de la crise de 1929[85]. Les revenus que les municipalités tirent de leur octroi et des nouvelles taxes municipales qu'elles sont autorisées à établir à partir 1926, ne suffisent pas à répondre aux demandes sociales, en particulier dans les cités populaires et pavillonnaires qui ne bénéficient pas des revenus tirés de la patente, un impôt local prélevé sur l'activité économique et destiné à alimenter, depuis la loi du 31 juillet 1917, les budgets départementaux et communaux[86]. La plupart des communes de la Seine banlieue se retrouvent ainsi placées sous la dépendance étroite des subventions de l'État et des autorisations d'emprunts qu'elles contractent principalement auprès de la Caisse des dépôts et consignations, du Crédit foncier et des Caisses d'épargne[87].

La crise des finances locales se traduit par une mise en sommeil des travaux d'assainissement des communes de l'agglomération parisienne, trop coûteux en main-d'œuvre et en matériaux. L'ouverture de ces chantiers ne constitue pas une urgence pour les édiles, dont une majorité reste épargnée par la pollution des fleuves. Dans l'ensemble du pays, sans impulsion et sans financement de l'État, « *l'épuration des eaux résiduaires n'est*

---

80. Archives de Paris, D1S8 3, annexe au compte-rendu des séances du conseil d'hygiène et de salubrité du département de la Seine, 9 juin 1922, p. 2.
81. Archives de Paris, D1S8 3, annexe au compte-rendu des séances du conseil d'hygiène.., *op. cit.*, p. 7-8.
82. Sabine Barles, *La Seine et le métabolisme parisien : l'essor des dépendances capitales XIXe-XXe siècles*, rapport du programme PIREN-Seine, Laboratoire Théorie des mutations urbaines, Institut français d'urbanisme, Université Paris 8, 2009.
83. Isabelle Backouche, *La Trace du fleuve. La Seine et Paris (1750–1850)*, Paris, Éditions de l'EHESS, 2000.
84. « La Direction des travaux. Organisation et attributions. », *in Nos édiles 1925, op. cit.*, p. 158.
85. Georges Assemat, *La Crise des finances communales et départementales, op. cit.*
86. Ministère de l'Intérieur, direction de l'administration départementale et communale, *Situation financière des communes de France et d'Algérie en 1920*, Melun, Imprimerie administrative, 1922.
87. Marcel Vialla, *L'Aide financière de l'État et du département aux communes*, thèse de l'IUUP, 1944.

clairement pas une priorité[88] ». La *Revue d'hygiène et de police sanitaire*, en 1924, observe dans une étude sur l'état de l'assainissement des grandes villes en France que les municipalités préfèrent attendre « *des jours meilleurs* » pour étudier et réaliser leurs projets d'usines d'épuration, dont « *on ne se sait encore quand ils verront le jour*[89] ». Un constat prévaut : « *Les années 1920 sont des années riches en débats financiers, mais relativement pauvres en projets d'amélioration de l'environnement urbain* [...] *beaucoup de projets traînent*[90]. »

L'agglomération parisienne produit 40 % de la richesse nationale, ses collectivités locales sont à ranger parmi celles qui investissent le plus dans les politiques d'équipement en écoles, en bains douches, en dispensaires, en bibliothèques, en marchés couverts ou en habitations à bon marché[91]. Les prérogatives d'assainissement relèvent de leur compétence, mais la priorité donnée au social, les restrictions financières et le projet de départementalisation acté en 1914 ne les incitent guère à investir dans des usines d'épuration. Pour les municipalités de la Seine banlieue, la départementalisation de l'assainissement représente l'assurance d'un cofinancement de leurs installations par les contribuables parisiens.

La crise des lotissements défectueux, conjuguée à la répartition inégale des ressources de la fiscalité locale, vient surtout rappeler aux élus de banlieue leur impuissance face à l'absence de routes et de raccordement à l'eau potable et aux réseaux d'assainissement. Aux nouveaux quartiers champignons, enclavés et sous-équipés, s'ajoutent souvent les zones plus densifiées, d'édification plus ancienne, qui elles aussi ne bénéficient pas des commodités urbaines. Attendue depuis la fin du XIXe siècle, la réalisation d'un réseau d'épuration communal des eaux usées à l'échelle de la Seine banlieue est toujours, au milieu des années 1920, en quête de financement et d'instance de direction et de coordination.

« *L'image d'ensemble qui ressort du quart de siècle qui suit la Première Guerre mondiale n'offre guère de grand bouleversement dans le domaine technique, ni dans le domaine administratif, en matière de génie sanitaire. L'environnement urbain est plus concerné par les questions de maîtrise de l'extension (plans en exécution des lois de 1919-1924) et de résorption de la crise du logement* [...]. *Les villes restent toujours livrées à elles-mêmes dans la conception de leurs projets et ne bénéficient pas d'une accélération conséquente du financement étatique pour l'assainissement* [...][92]. »

Cette analyse très éclairante s'applique à la province ; dans le département capitale, la situation n'est pas tout à fait comparable. La situation sanitaire des communes suburbaines reste certes préoccupante, mais le dépassement de l'esprit de clocher est bel et bien engagé ; la dynamique de coopération de la capitale et de sa proche banlieue n'est pas remise en cause ; le projet d'assainissement du département de la Seine a été validé et de nouvelles méthodes d'épuration biologique ont été expérimentées.

Aux yeux du corps édilitaire parisien et suburbain, l'assainissement devient un problème majeur qui transcende le quant-à-soi des municipalités suburbaines ou des arrondissements de la capitale. Sa réalisation met en jeu : la clarification et la dévolution des compétences des différentes institutions locales, la relance d'un programme d'assainissement annoncé depuis le début du siècle et la poursuite de la concertation dans le but d'instituer une organisation centralisée du programme général de l'assainissement de l'agglomération parisienne.

---

88. Stéphane Frioux, *Les Réseaux de la modernité. Amélioration de l'environnement et diffusion de l'innovation dans la France urbaine (fin XIXe siècle - années 1950)*, thèse de doctorat d'histoire de l'Université Lumière Lyon 2, 2009, p. 430.

89. Frédéric Diénert, « Épuration des eaux d'égout en France. État actuel de la question », *Revue d'hygiène et de police sanitaire*, novembre 1924, p. 1096. Cité par Stéphane Frioux, *Les Réseaux de la modernité…*, *op. cit.* p. 430.

90. Stéphane Frioux, *Les Réseaux de la modernité…*, *op. cit.*, p. 436.

91. Ministère de l'Intérieur, *Situation financière des communes, rapport présenté par l'inspection générale des services administratifs*, Melun, Imprimerie administrative, 1938.

92. Stéphane Frioux, *Les Réseaux de la modernité…*, *op. cit.*, p. 442-443.

Un bassin d'expérimentation des boues activées à la station départementale du Mont-Mesly dans les années 1920.
Rapport sur l'assainissement général du département de la Seine du 10 mai 1926.

Départementaliser et interdépartementaliser la politique de l'assainissement : l'unique recours

Approuvé par le conseil général en 1914, le programme d'assainissement départemental de 1911 ne répond plus, au sortir de la guerre, aux nouvelles exigences de l'administration préfectorale, du conseil général de la Seine et du corps médical énoncées dans les conseils et les commissions d'hygiène du département et des arrondissements de Saint-Denis et de Sceaux. En avril 1916, le projet est soumis à l'expertise du conseil d'hygiène et de santé publique de France. Cette instance consultative, où siègent des sommités de l'Académie de médecine, des hauts fonctionnaires des ministères et des élus, formulent trois réserves de taille[93]. Le conseil estime en premier lieu que les projections du programme d'assainissement élaboré à la Belle Époque par les ingénieurs des Ponts et Chaussées sont dépassées. Prévu pour une population de 1,5 million d'habitants, le programme n'est plus en adéquation avec la réalité démographique du département de la Seine qui, au recensement de 1921, concentre plus de 4,4 millions d'habitants dont 1,5 million établi en banlieue. Le taux de croissance annuelle est un indicateur imparable ; entre 1896 et 1921, il fut supérieur à 3,5 % dans les communes suburbaines contre 0,6 % dans la capitale[94].

La seconde réserve tient à la pertinence même du site choisi pour édifier les équipements d'une épuration moderne des eaux usées. Ces équipements sont projetés à Gennevilliers sur 90 hectares. Jugés trop imposantes, ces nouvelles installations risquent de grever les perspectives de développement urbain et industriel qui s'offrent à cette commune passée, entre 1911 et 1926, de 14 000 à 24 000 habitants. Ce projet contrarie surtout la vocation stratégique de Gennevilliers appelée à devenir le premier port fluvial français. Les avant-projets ont été dressés dès 1917 et leur réalisation semble de plus en plus incompatible avec l'emprise de l'épandage à laquelle s'ajouterait la construction de nouvelles installations d'assainissement. Enfin, le conseil d'hygiène conteste les estimations des coûts de réalisation du programme, sous-évaluées selon ses rapporteurs, en raison de la très forte inflation que connaît la France depuis la guerre. Ces réserves impliquent de profondes modifications du programme initial que doivent discuter, amender et entériner les commissions et le conseil général du département de la Seine.

Le projet départemental de la Belle Époque dépassé

Le 1er juillet 1922, Léon Paris, président de la commission mixte de l'assainissement, présente à ses collègues un nouveau projet qui intègre l'avis du conseil d'hygiène

93. Léon Paris, Auguste Marin, Georges Lemarchand, Barthélémy Robaglia, *Rapport au nom de la commission des eaux, de l'hygiène et de l'assainissement, sur l'assainissement général de la Seine et de la Marne*, n° 17, 1er juillet 1922.

94. Françoise Soulignac, *La Banlieue parisienne, cent cinquante ans de transformations*, Paris, La Documentation française, 1993, p. 32.

publique et de salubrité tout en préservant l'ossature et les principes du programme voté en 1914. Le nouveau programme d'assainissement est désormais prévu pour une population suburbaine de 2,2 millions d'habitants, représentant un volume d'eaux usées estimé à 600 000 mètres cubes par jour[95]. Depuis 1911, d'importants progrès ont été accomplis en matière d'épuration. « *L'épuration biologique artificielle devient la méthode de traitement des eaux usées pour les ingénieurs de l'assainissement et les hygiénistes*[96]. » La nouvelle méthode biologique dite des boues activées, découverte en Angleterre au début du siècle, fait en France l'objet de nombreuses expérimentations dans les années 1920 et 1930 qui nourrissent de grands espoirs dans le monde de l'ingénierie sanitaire.

Le procédé des boues activées repose sur la dégradation des matières organiques contenues dans les eaux d'égout par des micro-organismes aérobies. Ce procédé consiste à favoriser leur développement intensif par une aération continue des effluents à traiter et leur réensemencement ininterrompu à l'aide de boues chargées de bactéries épuratrices. Cette nouvelle technique, expérimentée par les ingénieurs départementaux à la station du Mont-Mesly de Créteil depuis la fin de la guerre constitue l'alternative à l'épuration par le sol. Les expériences du Mont-Mesly démontrent en effet que cette méthode, pour un même volume d'eau traité, représente une source d'économie d'espace. Les installations des boues activées sont beaucoup plus compactes qu'une autre méthode un temps envisagée, celle des lits bactériens, elle aussi importée d'Angleterre où elle fut expérimentée à la fin du XIXe siècle[97].

Les ingénieurs du service ordinaire et vicinal estiment que 45 hectares suffiront au déploiement de ces installations censées traiter, chaque jour, la totalité des 600 000 m^3 d'eaux usées prévue au nouveau programme. Trois stations d'épuration, occupant chacune une surface de 15 hectares, capables d'épurer 200 000 m^3 par jour, sont projetées à Créteil pour le traitement des eaux de la région sud, au Petit-Colombes, à la limite de Nanterre et de Colombes, pour les eaux de la banlieue ouest et enfin à Gennevilliers, en bordure de la Seine, pour les eaux des banlieues nord et nord-est. Le nouveau programme de 1922 comprend aussi l'agrandissement, à plus long terme, des installations de Gennevilliers pour accompagner les prévisions d'augmentation des eaux usées du département de la Seine.

Pour les rapporteurs du projet départemental, Léon Paris, Georges Lemarchand, Auguste Marin, maire de Saint-Maur-des-Fossés et président de la 2e commission du conseil général de la Seine, et Barthélemy Robaglia, vice-président de la 6e commission du conseil municipal, deux régions « *ont toujours été et continueront à être tributaires des collecteurs parisiens*[98] ». Au sud, les communes de la vallée de la Bièvre depuis les Portes d'Italie et de Châtillon, et au nord-ouest les communes de Neuilly-sur-Seine, Levallois-Perret, Clichy-la-Garenne et Saint-Ouen font traiter leurs eaux dans les installations parisiennes d'Achères ou de Gennevilliers. Mais « *les champs d'épandage de Gennevilliers étant appelés à disparaître progressivement, il devenait naturel de prévoir la restitution au département, par la ville de Paris, d'un cube d'eau usée correspondant à celui qui provient des deux régions en question*[99] ». La station de Gennevilliers devait, à terme, occuper une superficie plus importante encore, estimée à 45 hectares, afin d'accompagner la croissance démographique de l'agglomération parisienne et de pouvoir épurer quotidiennement

95. Léon Paris, Auguste Marin, Georges Lemarchand, Barthélémy Robaglia, *Rapport au nom de la commission des eaux…, op. cit.*
96. Sabine Barles, *L'Invention des déchets urbains…, op. cit.*, p. 205.
97. Sabine Barles, *L'Invention des déchets urbains…, op. cit.*, p. 205.
98. Léon Paris, Auguste Marin, Georges Lemarchand, Barthélémy Robaglia, *Rapport au nom de la commission des eaux…, op. cit.*, p. 40.
99. Léon Paris, Auguste Marin, Georges Lemarchand, Barthélémy Robaglia, *Rapport au nom de la commission des eaux…, op. cit.*

600 000 m^3 supplémentaires d'eaux usées. Les rapporteurs du projet ont ainsi cédé sur les 90 hectares initialement défendus dans le programme de 1911 mais, avec 45 hectares d'emprises voués à l'épuration, ils continuent de considérer, contre l'avis du conseil d'hygiène, la ville de Gennevilliers comme l'épicentre de l'assainissement de la Seine banlieue.

Concernant le financement des travaux, le projet de 1922 intègre l'évolution des coûts de la vie, des matières premières et de la main-d'œuvre. La réalisation du programme d'assainissement, évaluée à 72,5 millions de francs à la veille de la Première Guerre mondiale, est désormais estimée à 127,5 millions de francs. L'augmentation est significative, mais toujours insuffisante pour couvrir un tel investissement. Depuis les premiers projets, le financement du programme départemental a toujours constitué un obstacle. Le département n'étant pas autorisé à prélever une taxe affectée à l'assainissement, il reste dépendant de l'emprunt, des subventions de l'État et de la participation financière des communes dont les marges budgétaires d'action sont réduites.

Au début des années 1920, le conseil général réclame sans succès l'établissement d'un régime fiscal compatible avec les nouvelles charges qui pèsent sur le département. Sans fondement juridique, sa demande de création d'une taxe pour les travaux d'assainissement ne peut être acceptée par les autorités de tutelle. Comment, dès lors, financer ce programme ? En 1911, les communes suburbaines s'étaient déjà déclarées réticentes à participer aux dépenses d'investissement. En 1922, l'augmentation de leur contribution paraît inenvisageable ; elle nécessiterait une nouvelle enquête publique dont les conclusions seraient susceptibles de mettre en péril l'ensemble du programme. Le département est ainsi contraint de prendre à sa charge l'essentiel des dépenses supplémentaires en dépit de l'opposition de certains conseillers généraux hostiles à l'alourdissement des dépenses publiques. Sa participation, initialement fixée à 12,5 millions de francs, est portée à 42,5 millions de francs, soit une augmentation de 340 %. L'aide de l'État est requise au titre de la loi sur la protection de la santé publique de 1902, qui stipule que les dépenses d'assainissement seront réparties entre les communes, les départements et l'État, et de la loi du 15 juin 1907 dont l'article 4 autorise un prélèvement de 15 % sur le produit des jeux au profit d'œuvres d'assistance, de prévoyance, d'hygiène ou d'utilité publiques. Le département de la Seine s'estime donc fondé à demander 25 millions à l'État pour la réalisation de son programme d'assainissement. Les rapporteurs du projet soulignent que la puissance publique ne saurait rester insensible au sort du département le plus peuplé de France, sa vitrine touristique et le cœur de sa vie politique et économique.

Présenté aux conseillers généraux le 1er juillet 1922, ce nouveau programme ambitieux, mais dispendieux, n'est discuté qu'en novembre. Il est finalement renvoyé à la commission technique des eaux et de l'assainissement du conseil général pour un supplément d'instruction. Une fois n'est pas coutume, les emplacements des nouvelles stations d'épuration, à Colombes et Gennevilliers, ont jeté le trouble et motivé l'ajournement du vote. Les communes des sites concernées, rejointes par le conseil d'arrondissement de Saint-Denis, la commission du Port de Paris et la commission de l'extension de Paris ont fait part de leurs réprobations ou de leurs réserves. Ces instances sont acquises au projet du port de Gennevilliers qui dynamisera l'économie locale, créera de l'emploi et préservera ce site convoité des nuisances olfactives et des risques de pollution. Tous les regards se tournent désormais vers la grande couronne où le Grand Paris a pris l'habitude d'épandre ses eaux souillées.

Le 21 décembre 1922, le programme d'assainissement révisé est de nouveau présenté aux conseillers généraux. Les projets de stations de Colombes et de Gennevilliers ont été abandonnés, la commission des eaux et de l'assainissement s'est accordée sur un site unique d'épuration pour toutes les communes de la Seine banlieue en aval de Paris. L'heureuse élue est Achères. Cette station, programmée sur les terrains d'épandage de la ville de Paris, ne remet pas en cause l'assainissement par le sol. Moins de 30 hectares d'épandage seraient reconvertis en une station modèle. Quant à l'opposition des communes de Seine-et-Oise, elle est balayée d'un revers de main. Vue de Paris, ce nouveau projet ne présente que des avantages pour les riverains de la grande couronne acclimatés aux eaux usées du Grand Paris : « *Aucun terrain nouveau n'étant englobé, et les stations d'épuration biologique ayant moins d'inconvénients pour le voisinage que l'épandage, on n'aperçoit guère que l'opposition de la Seine-et-Oise puise être sérieusement prise en considération, même si elle devait se manifester encore*[100]. »

Pour réaliser ce programme et afin de réduire autant que possible les coûts de construction, les ingénieurs départementaux prévoient de collaborer avec la ville de Paris, dont les services municipaux ont programmé la construction d'un nouvel ouvrage entre Clichy et la commune de La Frette, à proximité d'Achères. Ce nouvel émissaire mutualisé transporterait les eaux des communes de la Seine banlieue jusqu'à la station départementale d'Achères ; le département de la Seine n'aurait qu'à s'acquitter d'une redevance annuelle. Concernant l'exploitation des installations, le programme de 1922 conserve pour l'essentiel les modalités d'exécution fixées avant-guerre. Les communes de la Seine banlieue restent responsables de la construction de leurs réseaux d'égouts communaux, le programme départemental ne couvrant que le réseau d'intérêt général. La répartition des coûts de construction et d'exploitation repose, elle aussi, sur les mêmes règles : les communes participent à la construction des ouvrages à hauteur de 60 millions de francs tandis que les dépenses d'exploitation seront réparties entre elles au prorata de leur population.

Le pari délicat de la ville de Paris : concilier épandage et épuration biologique

Concernant son propre réseau d'assainissement, le conseil municipal de Paris adopte en décembre 1923 un programme « *pour l'achèvement des opérations en cours et la réalisation des opérations qui s'imposent, de toute urgence, pour les besoins du service des eaux et de l'assainissement*[101] ». La réactivité de la capitale est sans commune mesure avec la lenteur de la délibération du conseil général de la Seine qui doit concilier, dans une approche plus consensuelle, les intérêts des conseillers municipaux parisiens et des conseillers généraux suburbains. Le programme de la capitale prévoit la réalisation de deux tranches successives de travaux. La première, dont l'achèvement est programmé en 1930, prévoit le prolongement du collecteur de l'Ouest, de la place de l'Étoile à Clichy. Ce collecteur est conçu pour évacuer les eaux usées et protéger les arrondissements des crues. La ville de Paris programme également la prolongation de l'émissaire général et l'aménagement du domaine de La Haye, dans la région des Mureaux, pour irriguer 150 000 m^3 d'eau supplémentaires par jour. Cet aménagement, prévu au programme de 1908 et suspendu avec le déclenchement des hostilités, avait été approuvé par le conseil municipal le 10 juillet 1914. Outre la construction d'un nouvel émissaire entre Clichy et La Frette déjà évoqué et destiné à doubler l'émissaire général, le conseil municipal a également validé, dans cette première tranche de grands travaux, l'ouverture, à Achères, d'une station d'épuration biologique d'une capacité de 200 000 m^3 par jour. Comme leurs collègues du département, les ingénieurs du service municipal de l'assainissement de Paris expérimentent depuis la fin des années 1910, à leur plus grande satisfaction, le nouveau procédé d'épuration des boues activées à proximité de l'usine de relèvement

100. Léon Paris, Auguste Marin, Georges Lemarchand, Barthélémy Robaglia, *Rapport modificatif sur l'assainissement général de la Seine et de la Marne*, n° 55, 21 décembre 1922, p. 3.
101. Georges Lemarchand, Barthélémy Robaglia, Jean Colly, Joseph Denais, *Rapport au nom des 6e et 1re commissions, relatif à un projet d'emprunt de 400 millions pour l'achèvement des opérations en cours et la réalisation des opérations qui s'imposent, de toute urgence, pour les besoins du service des eaux et de l'assainissement*, n° 57 bis, 16 décembre 1923.

des eaux de Colombes. La deuxième tranche des chantiers d'assainissement, à échéance plus lointaine – les travaux doivent être achevés dans les années 1940 –, prévoit le perfectionnement du curage et l'aménagement de nombreux collecteurs et égouts à l'intérieur de Paris afin d'assurer au réseau un débit plus important. Le service technique d'assainissement envisage surtout de porter la puissance d'épuration biologique de ses infrastructures d'Achères à 500 000 m^3 par jour.

Ce nouveau programme parisien s'inscrit pour partie dans la continuité des programmes élaborés depuis le début du siècle. En d'autres termes, les ingénieurs des Ponts et Chaussées ne sont pas disposés à renoncer à l'épandage. Ils prévoient au contraire l'extension des irrigations vers les Mureaux. L'amorce d'un changement des pratiques professionnelles et d'une conversion technique se dessine pourtant. Pour la première fois dans l'histoire de l'assainissement de la capitale, un projet d'extension de l'épuration des eaux usées repose sur le développement de l'épuration biologique. L'extension des irrigations ne représente plus que 150 000 m^3 supplémentaires par jour contre 500 000 m^3 pour l'épuration biologique.

Le projet de 1923 entérine le dépassement de l'épuration agricole menacé par l'urbanisation et la concurrence des engrais chimiques. En 1922, Paris aurait eu besoin d'au moins 7 600 hectares pour épandre les 304 millions de m^3 collectés par son réseau d'égouts ; elle ne dispose plus que de 5 093 hectares[102]. La surface nécessaire à l'épandage de la totalité des eaux usées parisiennes est même sous-estimée ; les ingénieurs savent parfaitement que les agriculteurs, soumis à des contraintes saisonnières et économiques, continueront de sous-exploiter l'irrigation à l'eau d'égout. Plus préoccupant encore, le projet d'extension des terres d'épandage à proximité des Mureaux est, dans les années 1920, d'ors et déjà, menacé par l'urbanisation galopante qui lotit la région. À Gennevilliers, c'est le projet du Port de Paris, dont la planification a été confiée entre 1917 et 1920 à Louis Suquet, ingénieur en chef des Ponts et Chaussées du service technique du Port de Paris, et Fulgence Bienvenüe, directeur du service de la voie publique, de l'éclairage et du nettoiement de la ville de Paris, qui menace désormais plusieurs centaines d'hectares de champs d'épandage[103].

Si les ingénieurs parisiens se détournent de l'épandage, leur modèle référentiel depuis les années 1860, c'est bien contre leur gré. En juillet 1926, le rapport de l'ingénieur en chef de l'assainissement de la Seine sur le projet d'extension des épandages aux Mureaux est révélateur de la préférence qu'affiche encore la direction des travaux de Paris.

> « *Le prix de revient de premier établissement par mètre cube d'eau épurée journellement paraît devoir, dans le cas de l'épandage aux Mureaux, atteindre le double environ du prix de revient dans le cas de l'épuration artificielle à Achères* [...], *d'autre part, on peut admettre que les frais d'exploitation seront, dans le premier cas, supérieurs de moitié à ceux correspondant au second* [...] *mais nous pensons qu'il n'y a pas lieu de trop s'attacher à ces considérations, et qu'il convient de donner tout de même préférence à l'épandage*[104]. »

Les ingénieurs du service de l'assainissement ne sont pas seuls à défendre l'épandage ; un certain nombre de conseillers municipaux continuent de condamner l'épuration biologique hors-sol, comparée à « *des procédés* [...] *dans lesquels des richesses considérables sont détruites sans utilité pour personne*[105] ». L'âge d'or de l'épandage est cependant bel et bien révolu. En 1927, un projet alternatif fondé sur

102. Archives du Siaap, *Notes à l'appui du compte, 1923.*
103. *Nos édiles, 1925, op. cit.*, p. 612.
104. Rapport de l'ingénieur en chef de l'assainissement de la Seine, 17 juillet 1926, joint en annexe au *Rapport, au nom de la 6e commission, sur l'épuration des eaux d'égout, l'extension des irrigations dans la région des Mureaux, l'acquisition et l'aménagement des terrains et sa déclaration d'utilité publique présenté devant le conseil municipal de Paris par Jean Colly*, n° 199, 27 décembre 1926.
105. Clément Roéland, *Proposition et vœu tendant à résoudre le problème des eaux usées dans le cadre de la région géographique*, n° 121, 15 octobre 1927, p. 8.

▲

La plaine de Gennevilliers et ses épandages au milieu des années 1920.
© IGN Paris – Archives municipales de Gennevilliers

Reprise des travaux de construction du port de Gennevilliers après la Seconde Guerre mondiale. ▶
© IGN Paris – Archives municipales de Gennevilliers

Dès le début du XXe siècle, l'urbanisation et l'industrialisation gagnent les terres agricoles de Gennevilliers. Les usines de la Société des moteurs Gnome et Rhône, devenue la SNECMA en 1945, sont établies en bordure de la Seine à partir de 1905 tandis qu'entre le pont de chemin de fer et le pont routier, une usine de production d'électricité s'installe en 1920. À la fin des années 1940, les terrains autour des deux premières usines sont entièrement bâtis. Au-delà du pont de chemin de fer et de l'usine d'électricité, les champs ont fait place au port départemental de Gennevilliers.

Construction d'un appareil expérimental d'épuration par les boues activées à Colombes en 1926.
© SIAAP

La station expérimentale en 1937. ▶
© SIAAP

Le centre de recherche sur l'épuration des eaux de Colombes.

Les premières expériences d'épuration biologique des eaux d'égout par le procédé des lits bactériens ont été entreprises par le service municipal de l'assainissement de la ville de Paris à partir de 1901 sur le site du Jardin modèle, à proximité des champs d'épandage de Gennevilliers. Pendant les années de guerre, la ville de Paris décide d'expérimenter le nouveau procédé d'épuration des boues activées découvert quelques années plus tôt en Angleterre. Le site choisi n'est plus le Jardin modèle de Gennevilliers, mais l'usine de relèvement de Colombes qui dispose de la force motrice nécessaire. Colombes devient dès lors un véritable centre de recherche sur le traitement des eaux usées.

Sabine Barles, spécialiste de l'histoire des déchets urbains, souligne que *« les boues constituent, dès la mise en service, un problème. [...] la station expérimentale de Colombes, d'une capacité de 6 000 m³/j, mise en service à d'autres fins en 1915, permet "d'expérimenter les procédés modernes de traitement des eaux usées et d'effectuer des recherches sur la récupération des sous-produits provenant des eaux d'égout*[106]*". On y installe un jardin d'essai de 15 000 m², on y essaye la récupération du gaz, mais rien n'y fait : la boue demeure un casse-tête*[107]*»*.

Les premières expériences dans les laboratoires de l'usine de Colombes se poursuivent dans un ensemble de bassins construits autour de l'usine. Après-guerre, un nouvel appareil, conçu pour l'application des boues activées, est installé à Colombes. En 1924 et 1925, deux nouveaux types d'équipements sont utilisés sous la responsabilité et aux frais des industriels qui les ont développés. Ce n'est qu'à partir de 1927 que la ville de Paris rachète ces installations et mène directement ses expériences.

Durant les décennies suivantes, le centre de Colombes continue d'expérimenter des techniques d'épuration dans la perspective de développer sa station d'Achères. Les équipements se multiplient dans les années 1950 et 1960 ; le centre de recherche de Colombes est désormais plus important que la station d'épuration biologique du Mont-Mesly à Créteil. Les missions de Colombes sont élargies pour répondre aux nouvelles instructions réglementaires édictées en 1949[108]. Dans les années 1950, sont créées des parcelles expérimentales pour optimiser l'exploitation agricole des eaux d'égout.

Aujourd'hui, la direction du développement et de la prospective du Syndicat interdépartemental pour l'assainissement de l'agglomération parisienne continue de mener des activités de recherche et d'expérimentation dans le domaine, notamment, du traitement des eaux résiduaires et de la prévention des odeurs liées à l'activité des stations d'épuration. En 1998, une station, dite de « *nouvelle génération* », compacte et fermée (contrairement aux premières tranches de la station d'Achères qui étaient à ciel ouvert) est inaugurée à Colombes, à proximité de l'ancienne usine de relèvement des eaux, désaffectée et transformée, depuis 2007, en un centre de ressources, de formation et de restitution des évolutions de l'assainissement : la Cité de l'eau et de l'assainissement.

---

106. Pierre Koch, « Direction technique des eaux et de l'assainissement », *Travaux*, n° hors série *Direction générale des services techniques de la ville de Paris*, 1949, p. 133. Cité par Sabine Barles, *L'Invention des déchets urbains…*, *op. cit.*, p. 208.
107. Sabine Barles, *L'Invention des déchets urbains…*, *op. cit.*, p. 208.
108. Ministère de la Reconstruction et de l'Urbanisme, Direction générale de l'urbanisme et de l'habitation, *Instruction technique relative à l'assainissement des agglomérations*, circulaire du 22 février 1949. Cité par Sabine Barles, *L'Invention des déchets urbains…*, *op. cit.*, p. 208.

l'épandage des eaux parisiennes en Champagne est ajourné[109]. La valeur accordée aux eaux usées se tarit et le déclin du « *mutualisme* » ville/campagne s'accélère[110]. La complémentarité, qui lie les intérêts agricoles aux intérêts municipaux, s'est longtemps incarnée dans la composition même des conseils municipaux de la Seine banlieue dominée jusque dans les années 1880-1900 par des dynasties familiales qui ont souvent bâti leur assise sociale et politique sur l'exploitation maraîchère et agricole. Cette complémentarité est progressivement remise en cause par l'urbanisation et l'augmentation des volumes d'eaux usées et d'ordures ménagères[111]. « *À Paris, la production par habitant d'ordures ménagères, assez stable jusqu'en 1884 (environ 1 l/hab/j), augmente de plus de 50 % en volume au cours des trente années qui suivent* [...][112]. » Les terres agricoles de plus en plus éloignées des lieux de production des déchets urbains, l'inflation des coûts d'infrastructure de transport des eaux usées, la crise agricole des années 1900 et la concurrence des engrais chimiques finiront par contrarier l'usage et les débouchés ancestraux des eaux et des gadoues du Grand Paris[113].

La remise en cause de la valeur agricole des eaux d'égout parisiennes a des conséquences directes sur l'attrait des terres d'épandages ; les engrais industriels ont détrôné l'attractivité des boues dont l'usage reste complexe et les débouchés incertains. En 1935, l'ingénieur en chef des Ponts et Chaussées Pierre Koch, inspecteur général adjoint des travaux de Paris et chef de l'assainissement de la Seine, publie un manuel d'assainissement urbain dans lequel il prend ses distances avec la valeur agricole des épandages d'eaux usées.

« *Un sol cultivé exige en général des proportions à peu près égales en poids d'azote et d'acide phosphorique, et des quantités quelque peu supérieures de potasse, de l'ordre de 1 fois ½ les précédentes. On peut encore obtenir des résultats admissibles avec des teneurs un peu plus fortes d'azote et de potasse, jusqu'à 1 fois ½ et 2 fois ½ respectivement le poids d'acide phosphorique. Mais un effluent urbain renferme en proportion moyenne 3 fois plus de potasse et 8 fois plus d'azote que d'acide phosphorique.* [...] *Quelles qu'aient été les modalités employées selon les pays, les époques et les circonstances locales, la collectivité s'est systématiquement trouvée en présence des mêmes écueils : économiques pour ce qui concerne la couverture, au moins partielle, de ses charges ; techniques en ce qui concerne la quantité d'eaux usées traitées par hectare et sa répartition saisonnière, compte tenu des exigences formulées par les hygiénistes*[114]. »

Le service de l'assainissement de la ville de Paris finit par abandonner la primauté donnée à l'épandage. Officiellement, on ne déshonore pas l'action de plusieurs générations d'ingénieurs des Ponts et Chaussées en faveur de l'épuration agricole ; officieusement, on se contente de maintenir l'activité du domaine et des cultures libres irrigués à l'eau d'égout sans s'engager dans l'acquisition de nouvelles emprises au devenir incertain.

Entre 1922 et 1935, si les terres d'épandages de la capitale ont perdu près de 450 hectares, elles s'étendent encore sur plus de 4 650 hectares[115].

---

109. Clément Roéland, *Proposition et vœu tendant à résoudre le problème des eaux usées dans le cadre de la région géographique*, n° 121, 15 octobre 1927, p. 9.
110. Sabine Barles, *L'Invention des déchets urbains...*, *op. cit.*, p. 103-130.
111. Maurice Agulhon, « L'opinion politique dans une commune de banlieue sous la IIIe République. Bobigny de 1850 à 1914 », *in Études sur la banlieue de Paris, essais méthodologiques*, Cahiers de la FNSP, 1950, p. 27-56.
112. Sabine Barles, *L'Invention des déchets urbains...*, *op. cit.*, p. 182.
113. Paul Bernard, *Les Solutions modernes du problème des ordures ménagères et leur application en France*, thèse de l'IUUP, 1926, p. 40.
114. Pierre Koch, *L'Assainissement des agglomérations*, tome 2, *La Protection des milieux naturels et le traitement des effluents urbains*, Paris, Librairie de l'enseignement technique Léon Eyrolles, 1937, p. 173-174.
115. Archives du Siaap. *Notes à l'appui du compte 1935.*

Les précurseurs de l'interdépartementalité

Le projet départemental de 1922, dans l'esprit de celui de 1911, autorise les communes de Seine-et-Oise, avec l'accord du conseil général de la Seine, à raccorder leurs canalisations au réseau général d'assainissement. Les modalités de la coopération avec la Seine-et-Oise restent pratiquement inchangées. Les municipalités de la grande couronne ont à charge, en vertu de leur compétence, de construire leurs égouts en concertation avec les services techniques du département de la Seine afin d'assurer la connexion des réseaux.

Si le projet départemental d'assainissement de 1922 n'innove pas dans la volonté de dépasser le cadre départemental, il se surpasse en défendant pour la première fois la création d'une communauté d'intérêt liant le Grand Paris à sa grande couronne. Chemin faisant, une conception nouvelle de l'organisation institutionnelle et politique de la région parisienne – entendue comme la libre association de départements – s'invente et se formalise. Les rapporteurs du projet, devenus des spécialistes reconnus de l'assainissement urbain, s'érigent ainsi en partisan d'un « *régionalisme empirique* » dont les fondements sont à rechercher dans la *realpolitik* et dans la promotion des libertés départementales.

Ces élus ont conscience que les limites administratives des départements de l'agglomération sont artificielles ; elles ont été dictées en 1790 par des considérations partisanes et géopolitiques qui visaient à encercler le Paris révolutionnaire. Dans les années 1920, la capitale et ses banlieues se sont agglomérées. Pour reprendre les mots des rapporteurs de l'assainissement au conseil général, Léon Paris, Auguste Marin, Georges Lemarchand et Barthélémy Robaglia, « *la ville de Paris étouffe dans ses barrières et le département est lui-même trop enserré dans ses limites* [116] ». La raison voudrait que la capitale, la Seine banlieue et la Seine-et-Oise ne forment désormais qu'un seul et même territoire gouverné par une unique instance politique, administrative et technique, dans l'intérêt du service public. Leur rapport de 1922 est un véritable plaidoyer en faveur de la reconnaissance politique des agglomérations ; il s'oppose à l'étroitesse communale et souligne l'inadaptation des syndicats de communes à la situation du Grand Paris et de la grande couronne. Ce plaidoyer, que défend également Henri Sellier, le plus fervent représentant du solidarisme urbain, est un appel à la création avant l'heure de syndicats de départements.

> « *N'est-ce pas une pointe de régionalisme économique qui perce dans ce projet d'assainissement par la collaboration prévue avec le département de la Seine-et-Oise ? Mais il faut nous comprendre sur le mot lui-même et dire que nous n'entendons pas découper le territoire pour se rapprocher ou s'éloigner des anciennes provinces. Ce que nous entendons par régionalisme économique, c'est la faculté donnée aux communes et aux départements actuels de s'associer sans avoir à tenir compte de leur éloignement ou de leur rapprochement. En l'espèce, il apparaît bien que le cadre du département de la Seine est dépassé une fois de plus. Hier c'était avec les transports, avant-hier c'était avec les dérivations de l'Ourcq, de la Vanne, de la Dhuis, etc., et de l'épandage, aujourd'hui c'est avec l'hygiène, demain ce sera avec l'électricité, l'eau, le gaz, l'administration, les finances. Tout y passera. On pourrait nous objecter que nous avons fait jusqu'à maintenant, et encore actuellement, du régionalisme empirique, sans préparation, sans études et sans méthodes. C'est vrai. Mais si nous faisons du régionalisme empirique, c'est-à-dire dispensé de la faculté de prévoir, c'est parce que l'opinion n'est pas encore gagnée à cette idée, et c'est pour cela qu'il faut en parler. Le régionalisme s'imposera de plus en plus si on veut administrer les collectivités intelligemment, si on veut mettre de l'ordre dans les affaires et ménager le contribuable. L'une des vertus essentielles du régionalisme, c'est de faciliter le développement des grandes cités, d'aider au perfectionnement de l'outillage des grandes agglomérations, de permettre des économies sur les frais de gestion et*

116. Léon Paris, Auguste Marin, Georges Lemarchand, Barthélémy Robaglia, *Rapport au nom de la commission des eaux…*, *op. cit.*, p. 15.

d'administration. En un mot, obtenir de l'impôt son maximum de rendement. Le régionalisme s'oppose à l'égoïsme local [...] *et le véritable régionalisme bien compris c'est d'aller bien au-delà des grandes villes, de faire profiter la petite commune des avantages de la production en grand, de la dégager au plus vite de la lourde fiscalité qu'elle subit, pour qu'elle s'intéresse toujours de plus en plus aux choses indispensables à la vie de ses habitants* [...]. *Ce régionalisme-là a la qualité essentielle d'être toujours très proche des grands intérêts généraux. C'est pour avoir un peu trop oublié ces choses élémentaires que la ville de Paris étouffe dans ses barrières et que le département est lui-même trop enserré dans ses limites. Les lustres ont succédé aux lustres sans que le nécessaire soit fait pour satisfaire aux lois de l'hygiène et de l'économie. Le microbe en a profité pour faire des ravages et son action, espérons-le, a mis fin aux routines et aux hésitations et nous a ramené à une plus juste appréciation des choses.* [...] *il faut voir grand et dépasser la loi de 1884 qui prévoit les syndicats de communes. Ce sont les départements, avec leurs grandes villes et leurs petites communes qu'il faut associer pour amorcer la vie économique nouvelle qui seule est susceptible de remettre la production du pays en équilibre. La région de Paris doit être la plus grande région de France.* [...] *Tout simplement, parce que sa population est la plus intense de tout le pays. En raison de cette intensité, la région doit posséder les moyens de se développer et de se protéger. La population de l'agglomération parisienne est toujours en croissance et la guerre l'a encore accentuée. Ce n'est pas fini ! Le Grand Paris s'agrandira. C'est la conséquence de son développement industriel moderne.* [...] *On continuera à faire des discours, Messieurs, n'en doutons pas. Mais nous, en attendant, agissons. Facilitons la vie de l'agglomération par le prolongement et le développement de nos services municipaux et départementaux. Le microbe est l'ennemi, il faut le détruire*[117]. »

Ce discours est avant-gardiste. Il atteste que les collectivités territoriales, confrontées aux difficultés de gestion des territoires, peuvent précéder et inventer de nouvelles lois. Sous la IIIe République, les élus locaux, député-maire et sénateur-maire, apportent des modifications importantes aux chartes des libertés départementales et municipales de 1871 et 1884. Les conseillers généraux de la Seine se posent ainsi en précurseur de l'interdépartementalité en proposant en octobre et décembre 1921 une forme de coopération qui ne sera reconnue officiellement que cinq ans plus tard par le décret-loi de décentralisation et de déconcentration administrative du 5 novembre 1926. Les assemblées départementales de la Seine et de la Seine-et-Oise tentent ainsi d'organiser une conférence sur l'assainissement. La réunion de cette conférence interdépartementale devra encore attendre quelques années, mais cette tentative de rapprochement constitue une avancée notable dans la reconnaissance politique des coopérations interdépartementales entre le Grand Paris, le mieux doté et le plus peuplé, et la grande banlieue, la plus enclavée, la plus pauvre et la plus sous-équipée.

Les raisons pour lesquelles la conférence interdépartementale ne donne lieu à aucune structuration politique tiennent à des barrières juridiques. À l'instar de la ville de Paris, qui n'est pas autorisée jusqu'au début des années 1930 à adhérer à des syndicats intercommunaux, le département de la Seine est victime de son régime dérogatoire à la loi de 1871 qui lui interdit toute entente avec d'autres conseils généraux. André Morizet, le maire socialiste SFIO de Boulogne-Billancourt, contestera également l'attitude de certains conseillers municipaux parisiens encore opposés à toute perspective d'ententes interdépartementales qui supposent la mise en place, au frais du contribuable parisien, d'un système de péréquation en faveur des départements de Seine-et-Oise et de Seine-et-Marne. « *Il faut probablement voir la raison de ce refus dans le fait que la question* [interdépartementale] *intéresse*

117. Léon Paris, Auguste Marin, Georges Lemarchand, Barthélémy Robaglia, *Rapport au nom de la commission des eaux...*, *op. cit.*, p. 14-16.

surtout la banlieue et que le conseil général de la Seine a désigné les présidents de ses grandes commissions, qui sont presque tous des élus de Paris[118]. »

L'analyse d'André Morizet mérite d'être nuancée. Sur les sept commissions permanentes du conseil général, les élus de la Seine banlieue sont à la tête de la 2e commission des routes, chemins et égouts depuis les années 1890 et à la vice-présidence et au secrétariat de la plupart des six autres commissions. Sans être majoritaireS, ils pèsent sur les délibérations. Pour preuve, les élus parisiens, majoritaires à l'assemblée départementale, ont consenti à la création dès 1915 d'offices départementaux d'HBM, d'hygiène sociale ou de placement des chômeurs ; ils ont également accepté de participer au déploiement et à l'entretien des réseaux de viabilité, de transports et d'assainissement, autant de services publics que la capitale cofinance aux trois quarts du budget départemental[119]. Au lendemain de la Grand Guerre, une nouvelle échelle d'intervention du conseil général de la Seine et du conseil municipal de Paris se dessine ; après celle du Grand Paris qui recouvre les limites exclusives du département capitale, l'agglomération parisienne investit une nouvelle aire, celle du « *Plus Grand Paris*[120] ».

L'État mauvais payeur

À peine élaborés et présentés aux assemblées, les programmes de l'assainissement de Paris et du département de la Seine sont remis en cause. Le projet du conseil général butte sur des difficultés financières. Si les communes suburbaines ont accepté de prendre à leur charge près de la moitié du coût de financement du programme et si le département a fait de considérables efforts en augmentant sa participation de 340 %, l'État, lui, ne semble guère disposé à participer à l'œuvre de salubrité publique du Grand Paris. La subvention de 25 millions que le département de la Seine lui demande au titre de la loi de 1907 sur le produit des jeux est en effet refusée, dès juillet 1923, par le gouvernement Raymond Poincaré qui se prononce pour une augmentation de la participation des communes[121]. Les interventions du préfet de la Seine, Hippolyte Juillard, et de l'élu parisien, Paul Strauss, en sa double qualité de sénateur de la Seine et de ministre de l'Hygiène, ne parviennent pas à lever l'opposition du ministère des Finances. À la fin de l'année 1924, toujours aucun accord n'est intervenu[122].

Le programme d'assainissement de la ville de Paris est lui aussi bloqué. La déclaration d'utilité publique n'est toujours pas obtenue en 1926[123]. La redondance des deux programmes, celui du conseil général de 1922 et celui du conseil municipal de 1923, décrédibilise ces deux projets d'assainissement. Que ces deux institutions s'apprêtent à réaliser, sans concertation, chacune de leur côté, leur propre station d'épuration biologique, en un même lieu, le parc agricole d'Achères, relève d'une véritable incohérence. Cette situation engendrerait une dilution des moyens et des ressources, alors même que les deux services techniques, municipal et départemental, ont prévu de mutualiser leurs efforts pour réaliser un émissaire commun. Au nom de la bonne administration des territoires, ces deux entités administratives se doivent de fusionner leur projet d'usine d'épuration.

Ce dualisme administratif dans la gestion des infrastructures d'assainissement de la capitale et du département de la Seine

118. André Morizet, *Proposition ayant pour objet la reconstitution de la conférence interdépartementale de Seine et Seine-et-Oise*, rapport au conseil général, n° 69, 24 novembre 1926.
119. Jean Raymond-Laurent, *Paris, sa vie municipale. Vers le Plus Grand Paris*, *op. cit*.
120. Albert Guérard, *L'Avenir de Paris. Urbanisme français et urbanisme américain, la beauté de Paris en danger, l'extension, la circulation, l'industrie et Paris port de mer, la charte du Plus Grand Paris*, Paris, Payot, 1929.
121. Archives de Paris, D1S8 8.
122. Archives de Paris, D1S8 8.
123. Jean Colly, *Rapport au nom de la 6e commission, sur l'épuration des eaux d'égout, l'extension des irrigations dans la région des Mureaux, l'acquisition et l'aménagement des terrains et sa déclaration d'utilité publique, rapport en annexe de l'ingénieur en chef de l'assainissement de la Seine du 17 juillet 1926*, n° 199, 27 décembre 1926.

a d'autant moins de sens que depuis les premiers accords scellés à la fin du XIXe siècle entre Paris et certaines municipalités sur l'écoulement des eaux usées suburbaines dans le réseau parisien, le nombre de communes en bénéficiant s'est considérablement accru. En 1925, Antony, Arcueil, Bagneux, Bagnolet, Cachan, Châtenay-Malabry, Châtillon, Chevilly, Clichy-la-Garenne, Fontenay-sous-Bois, Fontenay-aux-Roses, Fresnes, Gentilly, Le Kremlin-Bicêtre, L'Haÿ-les-Roses, Les Lilas, Levallois-Perret, Montreuil, Montrouge, Neuilly-sur-Seine, Pantin, Le Plessis-Robinson, Le Pré-Saint-Gervais, Saint-Mandé, Saint-Ouen, Sceaux, Thiais, Villejuif et Vincennes déversent en totalité ou partiellement leurs eaux souillées dans les égouts et les collecteurs parisiens, soit 29 communes sur les 79 qui composent la Seine banlieue. La ville de Paris reçoit ainsi tous les ans une contribution financière du département pour l'évacuation et l'épuration de ces eaux suburbaines. Cette mutualisation des infrastrctures démontre bien que le système d'assainissement de la capitale est en voie de départementalisation.

C'est pour mettre un terme à l'émiettement des compétences et des financements que les deux assemblées parisienne et départementale, sous l'autorité consensuelle de Georges Lemarchand, demandent, au cours de l'année 1925, l'unification de ces programmes d'assainissement. Le 25 janvier, la commission que préside le conseiller municipal de Notre-Dame, un beau quartier du 4e arrondissement, invite l'administration préfectorale à soumettre au conseil général « *un plan complet d'assainissement général du département de la Seine*[124] ». Quelques mois plus tard, le 15 juillet, le conseil municipal adopte cette résolution dans laquelle il invite à son tour l'administration préfectorale à présenter « *en liaison avec les services techniques du département, un plan complet d'assainissement du département de la Seine*[125] ». Annoncée dans les projets d'unification des services techniques de la ville de Paris et du département de 1919, la départementalisation de la politique d'assainissement franchit une étape essentielle qui jette les bases d'une consécration institutionnelle. En mars 1926, le préfet de la Seine, Édouard Renard, arrête la création d'une commission administrative chargée d'étudier les questions d'assainissement entendues dans une acception large qui englobe l'adduction d'eau, les réseaux d'égouts jusqu'aux ordures ménagères et les fumées d'usines des établissements industriels polluants. Pour asseoir son autorité, cette instance consultative, présidé par le préfet entouré de deux vice-présidents, l'un parisien, Georges Lemarchand, l'autre banlieusard, Auguste Marin, réunit tout ce que le Grand Paris compte d'acteurs publics de la salubrité[126].

Pour la première fois, les élus sont présents en force, y compris les maires de banlieue représentant leur Union et leurs syndicats de communes. Théodore Tissier, le président fondateur des quatre syndicats intercommunaux – du gaz, des pompes funèbres, de l'eau et de l'électricité –, est à la tête de la délégation, accompagné des maires socialistes de Pantin, du Bourget et de Pavillons-sous-Bois, Charles Auray, également député, Antonin Poggioli et Eugène Fischer. Les rapporteurs des budgets de la ville de Paris et du conseil général ainsi que les députés et sénateurs, chantres de la solidarité Paris/banlieues, sont également associés aux travaux de la commission. Souvent adversaires dans la vie politique, Henri Sellier, André Morizet, Eugène Fiancette, Louis Peuch, François Latour rapporteur du budget du département et de la capitale, Gustave Lesesne, député-maire de Saint-Ouen et Auguste Mounié, sénateur-maire d'Antony, s'accordent à défendre la départementalisation de l'assainissement[127]. Les

124. Georges Lemarchand, *Note relative à l'établissement d'un plan général, à réaliser par étapes, pour l'assainissement du département de la Seine et des communes intéressées du département de la Seine-et-Oise ; la préservation de l'eau de la Seine et de la Marne contre la pollution et de la préservation contre les crues*, n° 1, 25 janvier 1925, p. 19.
125. Délibération du conseil municipal de Paris du 15 juillet 1925.
126. Délibération du conseil général de la Seine du 26 décembre 1929.
127. Arrêté préfectoral du 31 janvier 1931

ingénieurs des services techniques municipaux et départementaux chargés des questions d'assainissement sont représentés par le directeur des travaux de Paris, Henri Giraud, les inspecteurs généraux des Ponts et Chaussées et les ingénieurs en chef chargés du service technique des eaux et de l'assainissement. L'autre grande délégation préfectorale, celle de la direction des affaires départementales qui exerce sa tutelle administrative sur les communes de la Seine banlieue, est conduite par son directeur, Jouhannaud. Eugène Mayer, inspecteur général des Ponts et Chaussées chargé du service ordinaire et vicinal du département de la Seine, représente, lui, les ingénieurs de banlieue et le docteur Cambier, chef du service du laboratoire d'hygiène de la ville de Paris, les hygiénistes du département[128]. Ces hauts fonctionnaires sont appelés à dépasser leur esprit de corps et à coopérer dans l'intérêt des habitants du Grand Paris.

La « *machine à compromis* » politico-adimistrative de l'assainissement de l'agglomération parisienne, qui manquait tant au Grand Paris depuis les années 1880, est lancée. Ses effets ne se font pas attendre. Dès le mois de mai 1926, les deux commissions permanentes du conseil général et du conseil municipal dressent un état des lieux de l'assainissement général du département de la Seine et présentent aux conseillers généraux des propositions relatives à la création d'un unique système d'assainissement, commun à l'ensemble du département capitale[129]. Le rapport montre ainsi que la ville de Paris a accumulé des retards dans la modernisation de ses infrastructures. Confrontée depuis plusieurs années à l'insuffisance chronique de ses installations, elle serait en passe de devenir, elle aussi, un parent pauvre de l'assainissement. Paris doit en effet assurer l'épuration quotidienne d'environ 1 million de mètres cubes d'eaux usées ; or, « *les dimensions de* [son] *émissaire ne* [lui] *permettent guère d'épurer dans les étés chauds plus de 800 000 mètres cubes par jour, et l'insuffisance* [des] *moyens d'épuration limite à 450 000 mètres cubes environ le cube dont, en hiver, la ville de Paris peut quotidiennement assurer l'épuration*[130] ».

Du côté de la Seine banlieue, la situation est plus inquiétante ; sur l'ensemble des communes, seule une trentaine procède à l'épuration de ses eaux usées lorsqu'elles ne sont pas directement déversées dans les cours d'eau. Une vingtaine de ces villes est raccordée, totalement ou partiellement, au réseau parisien[131]. S'y ajoutent les communes d'Alfortville, de Maisons-Alfort, d'Ivry-sur-Seine, de Choisy-le-Roi et de Vitry-sur-Seine dont les eaux sont épurées dans les installations du conseil général, sur ses champs d'épandage de Créteil et sur sa station du Mont-Mesly. Toutes les autres communes rejettent leurs eaux souillées directement dans les cours d'eau : 14 dans la Marne, 28 dans la Seine en aval de Paris et 8 dans la Seine en amont de la capitale[132]. Trois d'entre elles se rangent parmi les villes les plus industrielles, les plus polluantes et les plus peuplées de la Seine banlieue au recensement de 1926, année de la présentation du rapport sur l'assainissement général du département de la Seine : Asnières compte 52 609 habitants ; Courbevoie 48 888 habitants et Boulogne-Billancourt, la cité d'André Morizet, 75 559 habitants[133].

Les propositions formulées dans le rapport de 1926 pour mettre un terme à cette situation s'inspirent des dispositions prévues dans le programme parisien de 1923. Cet avant-projet très sommaire, établi par les services parisiens des égouts et de l'assainissement en collaboration avec les ingénieurs du service ordinaire et vicinal du département, repose sur la construction

128. Arrêté préfectoral du 12 janvier 1926.

129. Georges Lemarchand, Louis Peuch, Auguste Marin, Jean Colly, *Rapport au nom de la commission des eaux, de l'hygiène et de l'assainissement du Conseil Général, et de la 6e commission du Conseil Municipal sur l'assainissement général du département de la Seine*, n° 16, 10 mai 1926.

130. Georges Lemarchand, Louis Peuch, Auguste Marin, Jean Colly, *Rapport au nom de la commission des eaux, de l'hygiène et de l'assainissement du Conseil Général…*, p. 116.

131. Antony, Arcueil, Bagneux, Bagnolet, Cachan, Châtenay-Malabry, Châtillon, Chevilly, Clichy-la-Garenne, Fontenay-sous-Bois, Fontenay-aux-Roses, Fresnes, Gentilly, Le Kremlin-Bicêtre, L'Haÿ-les-Roses, Les Lilas, Levallois-Perret, Montreuil, Montrouge, Neuilly-sur-Seine, Pantin, Le Plessis-Robinson, Le Pré-Saint-Gervais, Saint-Mandé, Saint-Ouen, Sceaux, Thiais, Villejuif et Vincennes.

132. Georges Lemarchand, Louis Peuch, Auguste Marin, Jean Colly, *Rapport au nom de la commission des eaux…*, *op. cit.*, p. 23-26.

133. *Annuaire statistique de la ville de Paris et des communes suburbaines de la Seine, Années 1942-1947*, tome 2, Paris, Imprimerie municipale, 1952, p. 704-705.

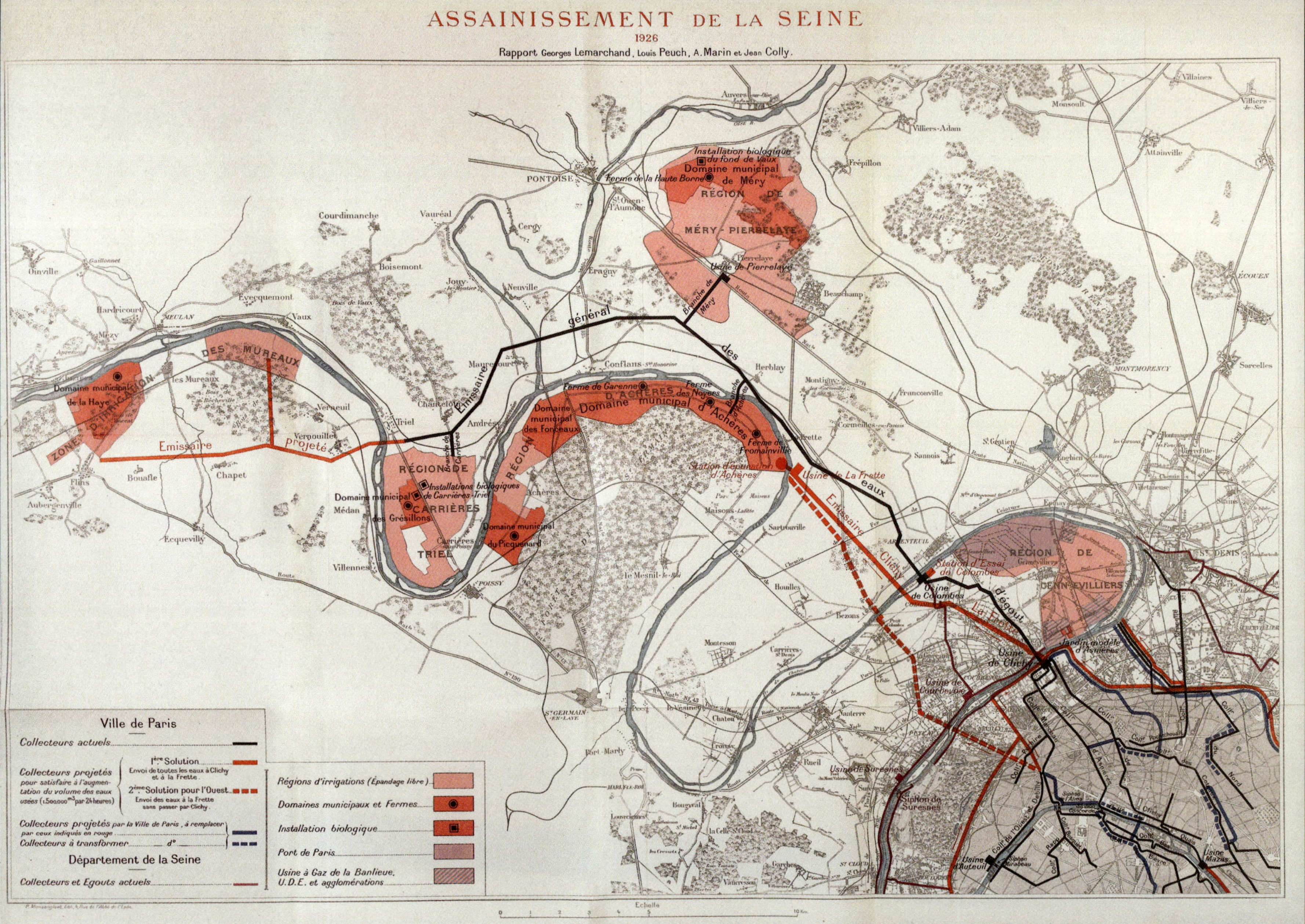

▲

Le projet de 1926 pour l'assainissement de la ville de Paris et du département de la Seine. ▶
Cartes extraites du *Rapport sur l'assainissement général du département de la Seine* du 10 mai 1926.

Le projet de 1926, qui ne sera pas réalisé, s'appuie sur l'extension des épandages dans la région des Mureaux grâce à la prolongation de l'émissaire général et sur la construction d'une station d'épuration dans les environs de La Frette. Pour acheminer les eaux du Grand Paris, deux hypothèses sont envisagées. Dans la première, les eaux usées sont recueillies par deux nouveaux collecteurs ceinturant la capitale à l'est et à l'ouest avant de transiter par l'usine de Clichy. Un troisième collecteur à construire entre Clichy et La Frette les dirige jusqu'à la station. La deuxième hypothèse repose sur la construction d'un collecteur spécifique pour les eaux de la région ouest, qui rejoindraient directement La Frette, sans passer par l'usine de Clichy.

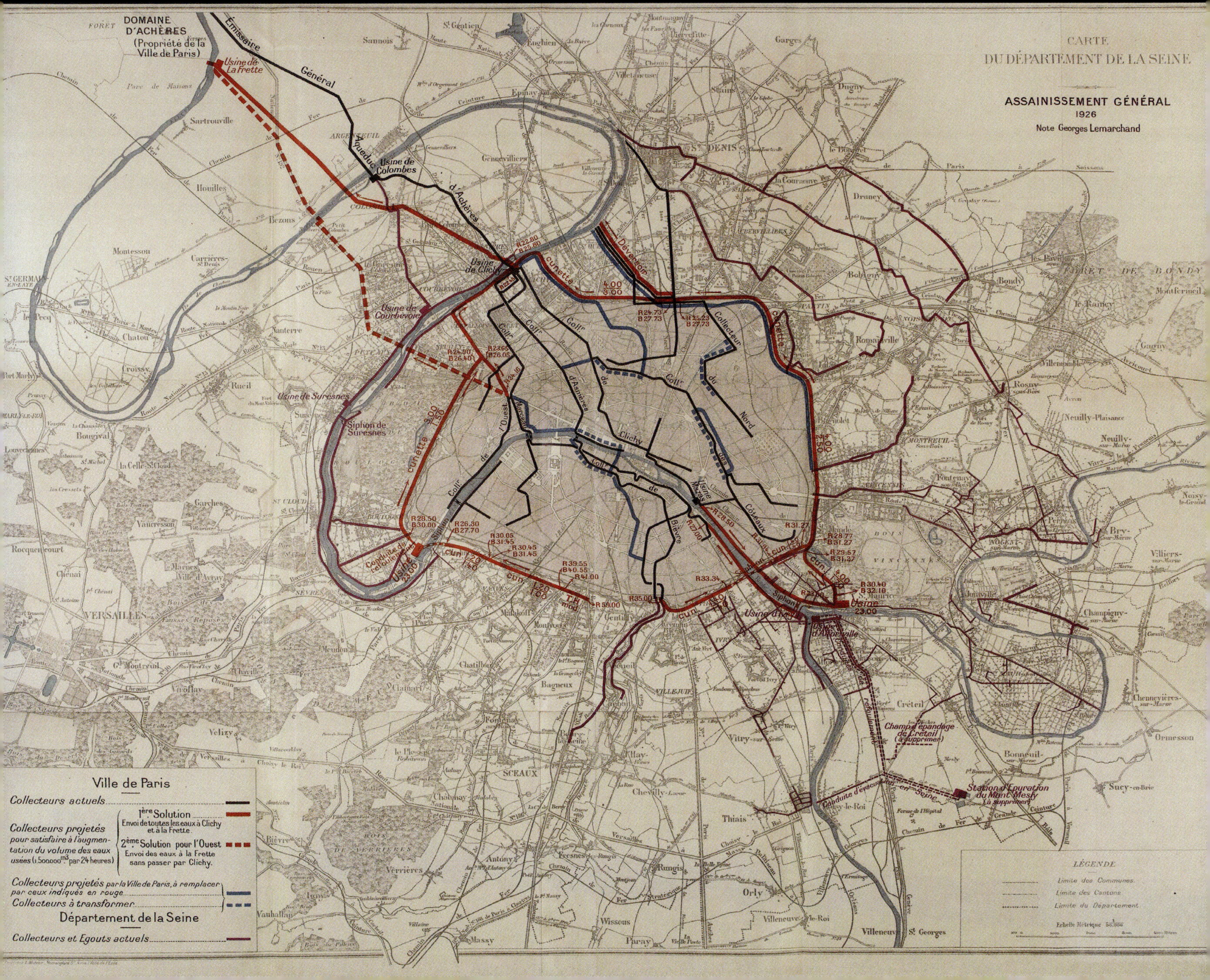

de trois nouveaux émissaires, l'un doublant l'émissaire existant de la ville de Paris entre Clichy et La Frette pour évacuer les eaux du réseau parisien, les deux autres contournant Paris par l'est et par l'ouest pour recueillir les eaux de la banlieue.

Dès 1926, le processus de coopération avec la Seine-et-Oise est relancé. En juillet 1926, l'Union des maires de la Seine rappelle au Conseil général « *l'intérêt essentiel que présente, pour le département tout entier et, en particulier, pour la banlieue, l'étude de toutes les questions d'utilité départementale rentrant dans les attributions des conseils généraux de la Seine et de Seine-et-Oise et, notamment, des questions relatives à la protection de la région parisienne contre les inondations, à l'établissement du plan d'extension de Paris et au développement des communications entre les deux départements*[134] ». Le 24 novembre 1926, André Morizet et quarante conseillers généraux reprennent le flambeau et proposent à leur collègue, à l'initiative de l'Union des maires et de son secrétaire général Henri Sellier, la formation d'une conférence interdépartementale de l'agglomération parisienne[135].

Les élus de banlieue mènent ainsi deux combats indissociables en faveur de la départementalisation et de l'interdépartementalisation des politiques urbaines d'aménagement, d'équipement et d'assainissement de l'agglomération parisienne. La mise en chantier du Plus Grand Paris est réclamée et défendue par une large majorité d'élus, elle reste toutefois suspendue à l'accord et au soutien de l'État et de ses préfectures[136].

Du petit Paris au Plus Grand Paris

La perspective d'interdépartementaliser la politique d'assainissement a suscité de longs débats parfois houleux et des oppositions, moins nombreuses mais plus tranchées. Elle s'est heurtée aux relations de défiance qu'entretiennent encore entre elles la ville de Paris, les communes de la Seine banlieue et le département de la Seine-et-Oise. L'épandage et la pollution des fleuves ont fait date dans la mémoire collective ; elles sont encore sources de conflits. La loi de 1919 sur le déclassement des fortifications et de la zone militaire, devenues propriété de la ville de Paris, au détriment de 21 communes suburbaines et de milliers de zoniers expulsés, a ravivé la peur de l'annexion. Le Grand Paris, délimité au département de la Seine, ne doit en aucun cas reproduire à son tour les précédents de 1859 et 1919, en annexant le Plus Grand Paris, qui enveloppe la grande couronne, sous peine de mettre à mal toute volonté de coopération interdépartementale.

La poussée de l'urbanisation au-delà des limites du département de la Seine contribue néanmoins à rapprocher les institutions locales confrontées aux mêmes maux de la civilisation urbaine : surpeuplement, insalubrité, absence et défaillance des services publics, paupérisation et surmortalité. Les édiles suburbains et les conseillers municipaux de Paris sont parfaitement conscients des dysfonctionnements et de l'inadaptation aux nouvelles réalités urbaines des administrations municipales ; ils s'accordent sur la nécessité de créer des organisations départementales et interdépartementales sectorisées et limitées à des compétences techniques bien définies.

Dans l'esprit de certains Parisiens, la constitution d'une agglomération urbaine plus solidaire et mieux intégrée fait craindre une réaction négative de leurs électeurs peu disposés à financer l'aménagement des banlieues. À cet égard, la séance du 28 juin 1922, qui suit de quelques semaines seulement la présentation du nouveau programme départemental d'assainissement, est révélatrice des oppositions qui agitent l'assemblée délibérative du Grand Paris. Une partie des conseillers municipaux parisiens veut obtenir l'assurance que la participation des communes de la Seine banlieue au financement du nouveau programme sera réévaluée proportionnellement

134. André Morizet, *Proposition ayant pour objet la reconstitution de la conférence interdépartementale de Seine et Seine-et-Oise, op. cit.*
135. André Morizet, *Proposition ayant pour objet la reconstitution de la conférence interdépartementale de Seine et Seine-et-Oise, op. cit.*.
136. François Latour, *Le « Plus Grand Paris » : problème national*, Paris, Imprimerie municipale, 1928.

à l'augmentation du coût de la vie. Les 21 conseillers généraux de la Seine banlieue font bloc pour défendre les municipalités dont ils sont les représentants.

Émile Desvaux, conseiller municipal du 19e arrondissement depuis 1908, conduit l'offensive ; il est rejoint par Georges Lemarchand lui-même. Le rapporteur des questions d'assainissement veut préserver l'équilibre financier du département et ménager la susceptibilité des Parisiens, les plus gros contributeurs du budget du conseil général. Ses déclarations provoquent un tollé, du côté des représentants de la banlieue mais aussi chez certains représentants de Paris. Les élus suburbains appellent la capitale à plus de solidarité, en rappelant que « *plus de deux millions d'habitants tant dans le département qu'en Seine-et-Oise* [...] *participent à la vie économique de la capitale et en dépendent étroitement*[137] ». Ils soulignent, chiffres à l'appui, que certains arrondissements parisiens, comme le 19e arrondissement d'Émile Desvaux, contribuent moins au budget départemental que nombre de communes de banlieue.

Émile Desvaux n'en démord pas ; il tient tête à ses détracteurs en agitant le spectre de l'annexion, synonyme de disparition des municipalités de la Seine banlieue :

> « *Quand vous appartiendrez au Plus Grand Paris, que le principe posé par la loi de 1859 sur l'annexion des communes se sera étendu à l'ensemble des communes du département de la Seine ; quand administrativement et financièrement parlant vous ferez partie de la commune de Paris, il n'y aura plus de distinction entre nous et il sera tout naturel que, même si vous êtes un canton pauvre,* [...] *les quartiers les plus riches viennent aider à l'entretien de vos cantons.* [...] *Il n'en demeure pas moins qu'à l'heure actuelle* [...] *nous ne faisons pas bourse commune et que, si le département, parce qu'il est tuteur moral des communes, grandes et petites, se doit, dans une certaine limite, de venir à leur secours, il ne faudrait tout de même pas que les trop zélés représentants de ces communes au sein du conseil général élargissent chaque jour davantage une politique qui tend à considérer que les communes malheureuses n'ont plus rien à payer et que ce sont les finances départementales qui doivent en faire les frais*[138]. »

L'intransigeance et l'esprit provocateur d'Émile Desvaux ne font pas école dans les rangs de ses collègues parisiens. Georges Lemarchand reste l'homme de compromis et d'urbanité qu'il a toujours su être depuis son élection à l'Hôtel de Ville en 1908. Il reste un partisan de la cohésion des intérêts de la capitale et de ses banlieues. Son flambeau est repris par l'un des plus influents conseillers municipaux de la capitale, François Latour, qui fait de l'aménagement du Grand Paris son cheval de bataille. Ce représentant du quartier de Montparnasse depuis 1919 est de ces élus pédagogues qui œuvrent à l'affermissement des ententes intercommunales et interdépartementales. Il a la confiance des conseillers généraux, parisiens et banlieusards, qui le désignent de 1920 à 1935 rapporteur des deux plus importants budgets des collectivités locales de France, celui de la capitale et celui du conseil général de la Seine[139]. Homme de droite, il se veut un trait d'union entre les territoires composites de l'agglomération parisienne. En juin 1922, face à l'intransigeance de certains, il défend avec conviction le projet d'assainissement du Plus Grand Paris que les Parisiens sont appelés à financer.

> « *Mon intervention aujourd'hui n'a qu'un but : éviter qu'on crée ici à l'égard de ce projet, comme à l'égard de l'ensemble de la politique départementale, une atmosphère de défiance.* [...] *Vous me permettrez de dire qu'en cette matière, s'agissant d'hygiène, ce serait une mauvaise plaisanterie que d'opposer les intérêts de Paris à ceux de la banlieue. Il n'est pas de question sur laquelle la solidarité de l'agglomération parisienne doive être affirmée davantage et ici ; l'intérêt*

137. Procès-verbaux des séances du conseil général de la Seine, séance du 28 juin 1922, p. 122.
138. Procès-verbaux des séances du conseil général de la Seine, séance du 28 juin 1922, p. 105.
139. *Nos édiles, 1935, op. cit.*, p. 195-196.

François Latour

Partisan et concepteur du Plus Grand Paris.

Conseiller municipal de Paris de 1919 à 1947, ce juriste, docteur en droit et avocat à la cour d'appel, devient au début des années 1920 l'un des spécialistes les plus écoutés du Grand Paris. Trois de ses rapports, *Le Plus Grand Paris, problème national* de 1928, *Le Plus Grand Paris, problème d'autorité* de 1930 et *L'Aménagement du Grand Paris, où en sommes-nous ?* de 1934, exposent ses vues sur la réforme de l'agglomération parisienne et la nécessité de mieux coordonner les politiques publiques. Rapporteur du budget de la ville de Paris pendant 13 ans, il sera élu en 1931 président du conseil général de la Seine. Sa compétence le fera désigner vice-président du Comité supérieur d'aménagement créé auprès du ministre de l'Intérieur.

Nos édiles, 1935-1941. © BAdV / Roger-Viollet

de Paris et de la banlieue se confond avec l'intérêt général de la santé publique. Voilà pourquoi il serait inadmissible que de cette discussion se dégageât l'impression que les représentants de Paris entendent chicaner la part que paiera la ville dans une opération qui doit assainir le fleuve, dans la traversée de Paris[140] *!* »

François Latour ne veut pas d'un département de la Seine considéré comme une simple subdivision géographique sans autonomie ; il veut un Plus Grand Paris doté de véritables pouvoirs en matière d'organisation et de planification urbaine[141]. Dès 1922, lors d'une présentation budgétaire au Conseil général, François Latour se prononce pour la création d'une « *région parisienne* » fondée sur « *une profonde et réelle décentralisation* » et sur une mutualisation des services urbains de l'assainissement, du gaz, de l'électricité, de l'eau, des transports, du Ports de Paris et de l'extension de Paris[142]. Ce Plus Grand Paris peut apparaître surdimensionné ; il intègre non seulement la Seine-et-Oise, mais aussi une partie de la Seine-et-Marne, de l'Oise et de l'Aisne « *sur lesquels Paris étend chaque jour son emprise par de multiples tentacules : transports, habitations, grands services édilitaires* [...]. *Ainsi serait, semble-t-il, constituée une région économiquement et géographiquement équilibrée et dont Paris, point de convergence des voies routières, ferroviaires et fluviales, formerait assez sensiblement le centre*[143]. »

Cette position visionnaire d'un élu pourtant étiqueté conservateur est en complète résonance avec celle du socialiste Henri Sellier. À certains égards, elle pourrait même être qualifiée d'essence révolutionnaire, « *les communes ou les quartiers riches* » devant contribuer au bien-être des plus pauvres. Pour François Latour aux commandes du budget de la ville de Paris de 1923 à 1936 :

« *les ressources produites par l'activité économique de l'agglomération, et qui servent de base aux impositions locales, se trouvent parfois concentrées dans certaines communes ou certains quartiers, alors que les charges qu'elle entraîne, tant au point de vue des services de l'hygiène que de ceux d'assistance et d'enseignement, l'afflux sur un territoire déterminé*

140. Procès-verbaux des séances du conseil général de la Seine, séance du 28 juin 1922, *op.cit.*
141. François Latour, *L'Aménagement du Grand Paris, où en sommes-nous ?*, *Étude documentaire*, rapport devant le conseil municipal, n° 47, 1934.
142. François Latour, *Rapport général sur le projet de budget rectificatif de 1922 et sur le projet de budget primitif du département pour 1923*, rapport au conseil général, n° 39, 1922, p. 288.
143. François Latour, *Rapport général...*, *op. cit.*, p. 302-303.

de "Lumpen Prolétariat" ou même de populations ouvrières de condition modeste, sont supportées par les communes qui n'ont pas la possibilité de trouver dans leurs limites administratives les ressources nécessaires pour les compenser. C'est le budget départemental, à défaut d'autre chose, qui tient lieu de budget à cette agglomération aux éléments si divers. On comprend ainsi qu'il offre ce caractère unique en son genre d'être comme un immense registre de comptabilité où viennent s'inscrire des recettes et des dépenses, et dont le rôle est de permettre à la fois une organisation rationnelle des grands services publics et cette péréquation des charges et des ressources que justifie la solidarité économique existant entre les diverses parties de l'agglomération parisienne, la contribution du département en faveur des communes les plus pauvres s'alimentant sur les ressources fiscales fournies par les communes ou les quartiers riches, dont la richesse, en tant qu'elle résulte de la collaboration des efforts, est due en grande partie au travail des populations périphériques[144]. »

De toute évidence, la départementalisation et l'interdépartementalisation trouvent en François Latour un inlassable défenseur :

« *La départementalisation repose sur cette idée qui, peu à peu, s'est fait jour au sein des assemblées municipale et départementale que, dans une agglomération urbaine existent en fait deux catégories de fonctions administratives : celles qui intéressent* [...] *l'agglomération toute entière, et celles qui, au contraire, sont d'ordre exclusivement local. Dans la première catégorie rentrent les grands services généraux pour lesquels la centralisation et l'unité de vues finiront tôt ou tard par s'imposer (transport, distribution de gaz, d'eau, d'électricité, hygiène, enseignement, grande voirie, plan d'aménagement et d'extension, service incendie, enlèvement des ordures ménagères, assainissement) ; dans la seconde, des services correspondant à des besoins d'ordre local (pavage, urinoirs, lavoirs, éclairage, bibliothèques, cimetières, petite voirie, etc.)* [145]. »

Des exemples modèles de coopération

Depuis l'immédiat après-guerre, l'idée d'un Plus Grand Paris de l'assainissement chemine dans les esprits et gagne des ralliements à l'instar de Georges Lemarchand qui ne s'enferme pas dans une vision étroite et conflictuelle des relations Paris/banlieues. Dès 1925, il soutient avec ardeur la réalisation d'un programme d'assainissement commun à Paris et aux communes de banlieue. Son positionnement est influencé par la dynamique générale de départementalisation des grands services urbains des transports collectifs et du traitement des ordures ménagères.

Les transports publics constituent un enjeu de développement économique et d'aménagement urbain fondamental. Ils sont l'un des leviers de l'extension rationnelle de l'agglomération parisienne qui mobilisent ingénieurs, architectes urbanistes et élus locaux. Au sortir de la guerre, la situation financière très tendue dans laquelle se trouvent les compagnies privées – au nombre de 12 au début du XXe siècle, ramené à six en 1910 – qui assurent les transports de surface, bus et tramway, du département, offre au conseil général de la Seine l'occasion de remettre en cause le système défaillant des concessions de la Belle Époque. Dès 1920, la volonté politique de l'assemblée départementale est de coordonner, d'unifier, de moderniser et d'étendre le réseau des transports en commun laissé à l'état d'abandon durant les années de guerre. La réorganisation des transports publics est une priorité politique ; elle devient l'une des premières expériences concluantes de départementalisation d'un service public. La politique des transports est considérée, depuis le vote de la loi Cornudet de 1919, comme un instrument de

144. François Latour, *Note sur un aspect nouveau du problème du Plus Grand Paris : les projets de collaboration entre l'État, la ville et le département*, n° 35, Séance du conseil municipal du 15 avril 1928, p. 50.
145. François Latour, *Note sur un aspect nouveau du problème du Plus Grand Paris...*, *op. cit.*, p. 44-45.

planification de l'agglomération parisienne qui préfigure des ententes interdépartementales avec la Seine-et-Oise.

Un des acteurs de cette politique, le conseiller municipal de Paris, Georges Delavenne, président de la commission départementale des transports en commun, rappelle en 1923, lors du congrès international d'urbanisme de Strasbourg, que « *le conseil général de la Seine se résigna d'abord à racheter toutes les exploitations de transports en commun, puis décida, d'accord avec la ville de Paris de les "départementaliser" en affermant le réseau à une société nouvelle unique*[146] ». La société des transports en commun de la région parisienne (STCRP), une régie intéressée du département, est créée et une convention est signée en septembre 1920, par la ville de Paris, le département de la Seine et l'exploitant[147]. Le département de la Seine assure désormais la maîtrise de l'ensemble des lignes et de leurs tarifs.

Au sein du conseil général, les clivages entre élus de la banlieue et élus parisiens, qui tiennent les rênes de leur métropolitain au périmètre exclusivement municipal jusqu'au début des années 1930, entravent l'extension du réseau suburbain, toujours déficitaire, défaillant et insuffisant[148]. Émile Desvaux, le partisan bien connu de l'isolationnisme parisien, n'est-il pas vice-président de la commission départementale des transports en commun ? Sous son influence, la péréquation Paris/banlieues reste notoirement insuffisante, mais la départementalisation n'est pas pour autant remise en cause. La commission de réorganisation des transports en commun et le comité consultatif des transports en commun, qui réunissent les principaux protagonistes du Grand Paris, contrebalancent les tentatives de repli de la capitale[149] ; ils œuvrent ainsi à étendre la départementalisation des transports à d'autres grands domaines d'intervention publique. Louis Dausset et Georges Delavenne, les présidents, Georges Lemarchand et Auguste Marin, les vice-présidents, Léon Paris, Henri Sellier, François Latour, Louis Peuch et Émile Cresp, le maire de Montrouge, se coalisent et finissent par défendre à l'unisson la départementalisation et l'interdépartementalisation des politiques d'intérêt général[150].

Lors de la séance inaugurale du comité consultatif des transports en commun, le 14 février 1921, son président, sénateur de la Seine, Louis Dausset, met en évidence la position éminente qu'occupe le Grand Paris et les obligations morales et financières qui en découlent. « *L'avenir de la petite et de la grande banlieue de Paris dépend étroitement de l'organisation méthodique et progressive des transports de toute nature, urbains et suburbains.* [...] *La foi que nous avons tous dans nos destinées régionales nous inspirera la volonté unanime de donner à nos travaux l'impulsion et la vigueur exigées par une entreprise où se rencontre l'attrait passionnant que soulève la solution pratique des plus vastes problèmes sociaux.* [...] *Tous doivent du même cœur s'attacher aux réalisations possibles dont dépend, avec la fortune du Grand Paris, le sort de millions d'êtres humains*[151]. » La gestion des eaux usées et des déchets fait sans conteste partie intégrante de ces « *vastes problèmes sociaux* » qui pèsent, en 1921, sur le « *sort* » de plus de 4,4 millions d'habitants du département de la Seine auxquels il convient d'ajouter près d'un million d'habitants de la grande couronne.

L'élaboration du programme général d'assainissement de l'agglomération parisienne bénéficie également du contexte porteur de la départementalisation du traitement des ordures ménagères. François Latour se plaît ainsi à souligner dans ses

146. Georges Delavenne, « La réorganisation des transports en commun du département de la Seine dans ses rapports avec le plan d'aménagement de Paris », *in* Congrès international d'urbanisme, *Où en est l'urbanisme en France et à l'étranger*, Paris, Société française d'urbanisme, 1924, p. 386.
147. Florimond Bonte, *Les Régies intéressées de la ville de Paris et du département de la Seine*, Paris, PUF, 1930.
148. Dominique Larroque, Michel Margairaz, Pierre Zembri, *Paris et ses transports XIXe-XXe siècles. Deux siècles de décisions pour la ville et sa région*, Paris, Éditions Recherches, 2002.
149. *Nos édiles, 1921, op. cit.*, p. 345-348.
150. *Nos édiles, 1925, op. cit.*, p. 56-57.
151. Georges Delavenne, « La réorganisation des transports en commun du département de la Seine dans ses rapports avec le plan d'aménagement de Paris », art. cit., p. 393-394.

rapports au conseil municipal de Paris et au conseil général de la Seine le « *remarquable parallélisme entre le service des égouts et le service des ordures ménagères*[152] ». Sur toutes les questions touchant à la salubrité et à l'assainissement du département de la Seine, une unité d'organisation et d'action s'impose aux différentes institutions locales du Grand Paris et l'administration préfectorale est seule capable de mobiliser un capital financier et technique pour la réalisation d'un programme de gestion rationnelle des déchets urbains[153].

Le traitement des ordures ménagères n'inquiète pas uniquement Paris. Les villes de la Seine banlieue sont contraintes de traiter avec le conseil municipal de la capitale et le département de la Seine pour résoudre le problème de l'élimination de leurs déchets qui ne cessent de gagner en tonnage. Rien que dans la capitale, alors que sa population tend à se stabiliser, le volume de boues et d'immondices par habitant est passé de 411 litres en 1900 à 615 litres en 1922[154]. Dans l'immédiat après-guerre, la ville de Neuilly-sur-Seine est ainsi l'une des premières cités de la Seine banlieue à confier « *l'enlèvement de ses ordures ménagères, boues et résidus de balayage* » à la société concessionnaire de la ville de Paris et à les traiter dans son usine d'incinération de Saint-Ouen[155]. Selon l'inspecteur général adjoint des travaux de Paris, Louis Girard : « *À mesure qu'elles se couvrent d'habitations, les communes de la banlieue parisienne éprouvent de plus en plus de difficultés à évacuer leurs ordures ménagères qu'autrefois elles abandonnaient simplement dans les champs. Elles se tournent chaque jour plus nombreuses vers les usines de traitement parisiennes, et on prévoit que, dans un avenir peu éloigné, toutes seront comprises dans l'organisme d'évacuation créé par la ville de Paris*[156]. »

Les usines d'incinération de l'agglomération parisienne ont vu le jour dans la première décennie du XXe siècle. La ville de Paris, la cité la plus consumériste et la plus polluеuse de France, a initié et conduit ce programme d'élimination moderne des déchets urbains. Son usine de Saint-Ouen est créée en 1896 dans un premier temps pour broyer les ordures en vue de tirer profit des débouchés des engrais agricoles recherchés notamment par la culture betteravière du Nord. Elle est alors concédée à la Société des engrais complets. À cette première usine s'ajoutent celles d'Issy-les-Moulineaux, exploitée à partir de juillet 1904, et de Romainville, ouverte en juillet 1905. Une quatrième usine voit le jour en 1906 à Vitry-sur-Seine. Sa gestion est d'abord concédée à l'entreprise La salubrité urbaine, puis transférée un an plus tard à la Société des engrais complet qui tend à monopoliser le traitement des ordures ménagères de la capitale. En 1910, la création de deux nouvelles usines est décidée par l'administration préfectorale et le conseil municipal de Paris, à Ivry-sur-Seine et Gennevilliers. Cette dernière construction fut abandonnée, mais celle d'Ivry commença à fonctionner en 1912[157].

Dès 1919, le processus de départementalisation de l'enlèvement et du traitement des ordures ménagères suit l'exemple, avec plus de succès, des premières tentatives de départementalisation de l'assainissement esquissées à la Belle Époque[158]. Les conflits Paris/banlieues se sont estompés devant le principe de réalité qui oblige les collectivités locales

152. François Latour, *L'Aménagement du Grand Paris. Où en sommes-nous ?...*, *op. cit.*, p. 28.

153. Roger-Henri Guerrand, « Le problème de l'évacuation des déchets solides à Paris au XIXe siècle », *in* François Caron, Jean Dérens, Luc Passion, Philippe Cebron de Lisle (dir.), *Paris et ses réseaux : naissance d'un mode de vie urbain XIXe-XXe siècles*, Paris, Bibliothèque historique de la ville de Paris, 1990, p. 153-164.

154. Louis Girard, « L'enlèvement des ordures ménagères de l'agglomération parisienne », *in* Congrès international d'urbanisme, *Où en est l'urbanisme en France et à l'étranger*, Paris, Société française d'urbanisme, 1924, p. 354.

155. Archives de Neuilly-sur-Seine, délibération du 15 décembre 1919.

156. Louis Girard, « L'enlèvement des ordures ménagères... », art. cit., p. 367.

157. Le Moal, *De l'incinération des ordures ménagères dans les villes et particulièrement à Paris*, thèse de l'IUUP sous la présidence de François Sentenac, 1927, p. 10-11.

158. « Note [de 1919] sur la départementalisation de l'enlèvement et du traitement des ordures ménagères » et rapport de l'ingénieur en chef du nettoiement de la direction administrative des travaux de Paris de la préfecture de la Seine du 22 novembre 1919, cité par Alain Beltran, Michèle Ruffat, *De la poubelle parisienne à l'écologie active : 80 ans d'histoire de SITA*, Paris, Textuel, 1999.

à s'entendre dans l'intérêt de leurs administrés. Au lendemain de la Grande Guerre, une commission technique pour l'organisation de l'enlèvement et du traitement des ordures ménagères des communes de la banlieue, « *avec le concours des services de la ville de Paris* », est instituée et placée sous le patronage du secrétaire général de la préfecture et de deux sous-chefs de la direction des affaires départementales et de la direction des travaux de Paris, Louis Chaintreuil et Robert Desplaces[159]. La réunion en une seule commission des deux directions préfectorales nodales du Grand Paris démontre qu'il est possible de décloisonner ces grandes administrations. Instituée le 27 décembre 1923, une nouvelle commission dite « *d'extension aux communes de la banlieue des services d'enlèvement des ordures et du nettoiement de la ville de Paris* », réunissant des politiques, des administrateurs et des techniciens, dont François Latour, Eugène Fiancette, Georges Lemarchand et les maires de Saint-Maur-des-Fossés, des Lilas, de Nanterre, de Vanves et de Boulogne-Billancourt en la personne d'André Morizet, parachève ce processus de centralisation de la gestion des déchets domestiques[160].

Sous l'autorité de cette commission, des compromis sont négociés et de nouvelles collaborations entre collectivités locales se profilent. À l'instar de la politique d'assainissement, l'interdépartementalisation des ordures ménagères a précédé le vote de la loi. À la fin des années 1920, 27 communes de la Seine banlieue, contre 15 en 1923, ainsi que quatre communes de la Seine-et-Oise traitent déjà avec la Société de traitement industriel des résidus urbains (TIRU), une régie intéressée qui exploite les usines d'incinération et les gadoues de la ville de Paris transformées en engrais[161]. Dès 1924, la TIRU assure le traitement de 850 000 tonnes de déchets, dont 113 000 tonnes produites en banlieue[162]. En 1928, le conseil général n'a plus qu'à régulariser cette situation de fait en sollicitant le dépôt d'un projet de loi autorisant le département à exécuter ce service public en lieu et place des communes[163]. Ce projet est entériné par la loi du 23 avril 1933. Ces dernières ont l'opportunité, si elle le souhaite, d'adhérer au service départemental. Cette faculté est aussi offerte aux communes de la Seine-et-Oise[164].

L'impulsion politique donnée à la départementalisation s'étend au cours des années 1920 aux infrastructures du Port de Paris et à la planification de nouveaux projets d'intérêt général. Le port de Gennevilliers est l'un des plus emblématiques. Dès 1917, face à la saturation du transport fluvial, le département de la Seine et la ville de Paris ont constitué une commission commune pour étudier un programme de développement du trafic dans la région parisienne. Cette commission reprend l'idée de construire sur la presqu'île de Gennevilliers une infrastructure portuaire reliée par la Seine et par la voie ferrée à la capitale et au reste de l'agglomération. Ce grand projet défendu dès 1911 par la commission administrative de Paris-Port de mer, institué par le ministre des Travaux publics, est étudié par le service technique municipal du Port de Paris créé par délibération du conseil municipal du 30 décembre 1916. Conçue afin que Paris élargisse ses voies d'approvisionnement en matière première et conserve son rang de premier port de France – dont le tonnage est égal à la fin des années 1920 à celui des deux plus grands ports français (Rouen et Marseille) –, cette nouvelle planification urbaine est départementalisée en 1919 et déclarée d'utilité publique par décret du 23 avril 1926[165].

159. *Nos édiles, 1921*, *op. cit.*, p. 360.
160. Arrêtés préfectoraux des 27 décembre 1923 et 20 mars 1926, *Nos édiles, 1935-1941*, *op. cit.*, p. 535.
161. Florimond Bonte, *Les Régies intéressées…*, *op. cit.*
162. « Enlèvement et traitement des ordures ménagères », *in Nos édiles, 1925…*, *op. cit.*, p. 162.
163. Georges Pointel, Jean Fernand-Laurent, *Rapport au nom de la troisième commission sur un mémoire de Monsieur le préfet de la Seine relatif à la départementalisation des ordures ménagères*, rapport au conseil général, n° 59, 1928.
164. François Latour, *L'aménagement du Grand Paris…*, *op. cit.*
165. Jean Raymond-Laurent, *Paris, sa vie municipale. Vers le Plus Grand Paris*, *op. cit.*, p. 280-281.

Fixé le 12 juillet 1922 par délibération du conseil général de la Seine, le programme technique du Port de Paris – un programme ambitieux de désenclavement du Plus Grand Paris – ne valide pas uniquement le projet emblématique de Gennevilliers. Il prévoit la création du port de Pantin sur le canal de l'Ourcq et l'achèvement du port de Bonneuil construit durant la Grand Guerre. Il allonge les écluses du canal de Saint-Denis, en crée de nouvelles. Il améliore l'alimentation en eau et les modes de traction. Il renforce les infrastructures des ports *extra-muros* de Conflans, Charenton et Vitry-sur-Seine et établit de nouveaux bassins[166].

Depuis la calamité centennale de 1910 et les grandes périodes de sécheresse, la politique de lutte contre les inondations et les étiages des fleuves s'organise, elle aussi, à l'échelle départementale et interdépartementale. L'établissement de barrages-réservoirs, visé pour la première fois par décision du ministre des Travaux publics du 8 septembre 1920, est lié à la politique d'assainissement des eaux usées, confrontées au problème récurrent et alterné des inondations et des sécheresses. « *Les barrages-réservoirs en régularisant le régime de la Seine et en augmentant le débit d'étiage permettraient de puiser en Seine le volume supplémentaire nécessaire pour le service public et industriel*[167]. »

Conçus comme une œuvre départementale de protection et d'assainissement du Grand Paris, « *les projets de barrages-réservoirs ont été réactivés par la crue de 1924* [...] *et la nomination en 1925 d'une nouvelle commission confiée à l'inspecteur Dusuzeau* [...]. *Un nouveau projet est adopté par le ministère des Travaux publics en 1926 après avoir été présenté au conseil général du département de la Seine. En 1928 est créée la section des barrages-réservoirs qui dépend du service technique du Port de Paris de la préfecture de la Seine* [...]. *La réalisation des barrages de première urgence est entérinée et les trois premiers construits : ceux du*

166. « La Direction des travaux. Organisation et attributions. Fonctionnement des services », *Nos édiles 1925, op. cit.*, p. 172-173.
167. « La Direction des travaux... », art. cit., p. 175.

Publicité de la TIRU sur ses activités de traitement des déchets urbains.
Nos édiles, 1935-1941. © BAdV / Roger-Viollet

Creusement des deux premières darses du port de Gennevilliers à la fin des années 1920.

Crescent et de Chaumeçon dans le Morvan, celui de Champaubert-aux-Bois dans la Marne. La construction du quatrième, Pannecière-Chaumard (plus tard rebaptisé « Pannecière »), est déclarée d'utilité publique en 1929, mais engagée seulement en 1938 suite à de difficiles négociations avec les riverains et propriétaires fonciers [...] *et achevée en 1950 après une longue interruption due à la guerre. Ces projets sont dirigés par les services techniques de la préfecture de la Seine, co-financés par le département de la Seine et l'État. Ces quatre barrages permettent un apport moyen de 12 m³/s réparti sur les quatre mois d'étiage* [...] *"encore insuffisant pour assurer une bonne dilution des eaux dont les causes de pollution se multiplient avec l'accroissement de la population et le développement des industries"* [...][168] ».

À défaut d'être départementalisés, les trois réseaux d'alimentation en eau potable de la capitale et des communes de banlieue, celui de la ville de Paris et ceux de la Compagnie générale des eaux et de la Compagnie des eaux de la banlieue, concessionnaires des deux plus puissants syndicats intercommunaux des eaux de l'agglomération parisienne, sont eux aussi raccordés. En 1928, le conseil général entérine la connexion de ces trois réseaux, l'un public, les deux autres privés, par un maillage d'interconnexions de portée interdépartementale. Pour les partisans du Plus Grand Paris, dans des circonstances exceptionnelles, telles que la sécheresse, « *la ville de Paris est ainsi en mesure de venir en aide à la banlieue pour lui fournir l'appoint d'eau qui lui est indispensable*[169] ».

Aux transports, aux ordures, aux infrastructures portuaires, aux barrages-réservoirs et à l'alimentation en eau potable s'ajoutent d'autres projets de coopérations départementales. Créée en 1897, la commission du Vieux Paris procède dès 1912 au classement du patrimoine culturel des communes de la Seine banlieue et étend, à partir de 1919, l'inventaire du Casier archéologique et artistique de Paris fondé par Louis Bonnier à toutes les cités du département de la Seine. Les perspectives de départementalisation finissent par intégrer jusqu'à l'octroi des communes de la Seine banlieue. Une commission de départementalisation de l'octroi est créée en 1920 et placée sous le magister du maire radical-socialiste de Nogent-sur-Marne, Émile Brisson, président de la commission spéciale du ravitaillement des communes de la banlieue parisienne élu président du conseil général de la Seine en 1924[170].

La départementalisation de l'assainissement à l'œuvre durant l'entre-deux-guerres est portée par ces politiques de grands chantiers et ce contexte d'émulation technique et politique. L'épreuve de la guerre et la crise urbaine des années 1920 ont contribué à rapprocher les élus parisiens des élus suburbains. La coopération interdépartementale avec la Seine-et-Oise reste plus difficile. Le passif est lourd entre la capitale transfigurée en ville colonisatrice et la grande couronne terre de relégation. La présentation au conseil général de la Seine en mai 1926 de ce qui n'est encore qu'une ébauche de programme d'assainissement déclenche l'opposition des communes riveraines du projet de station d'épuration dans la région de La Frette. Les rapporteurs du projet ont fait preuve de bien peu de considération pour leurs petites cités de Seine-et-Oise en affirmant qu'« *il semble rationnel, vu l'importance* [de la station]*, de l'aménager dans une région où l'on soit déjà habitué au voisinage de l'eau d'égout* » et qu'à cet égard « *l'extrémité en face de La Frette du champ d'Achères dont la ville de Paris est propriétaire paraît* [...] *répondre le mieux à la question*[171] ». Les édiles de Seine-et-Oise protestent « *contre ces procédés d'empoisonnement*

168. Nous présentons ici des extraits de la synthèse historique éclairante de Sabine Barles sur la difficile et laborieuse mise en œuvre des barrages-réservoirs : *La Seine et le métabolisme parisien : l'essor des dépendances capitales XIXe-XXe siècles*, rapport du programme PIREN-Seine, Laboratoire théorie des mutations urbaines, Institut français d'Urbanisme, Université de Paris 8, 2009, p. 13-15. Sabine Barles cite le rapport du Conseil économique dans sa séance du 20 décembre 1955.
169. Jean Raymond-Laurent, *Paris, sa vie municipale. Vers le Plus Grand Paris*, *op. cit.*, p. 117-118.
170. Délibération du conseil général de la Seine du 4 mars et 15 décembre 1920.
171. Georges Lemarchand, Louis Peuch, Auguste Marin, Jean Colly, *Rapport au nom de la commission des eaux...*, *op. cit.*, p. 117.

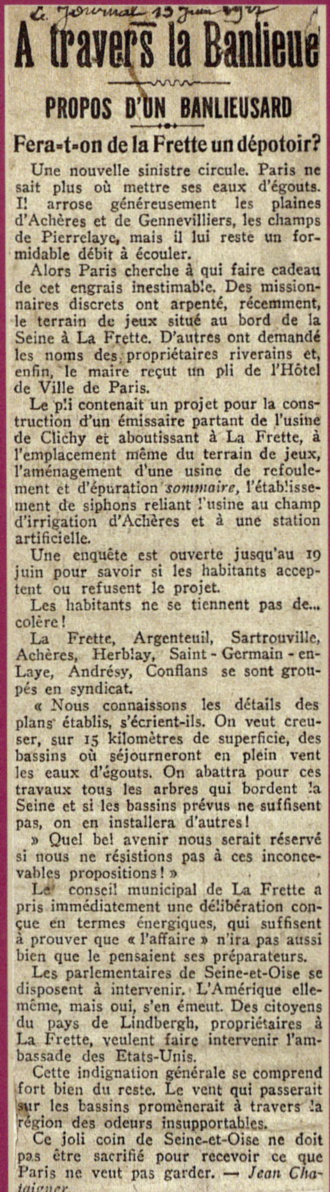

A travers la Banlieue

PROPOS D'UN BANLIEUSARD

Fera-t-on de la Frette un dépotoir?

Une nouvelle sinistre circule. Paris ne sait plus où mettre ses eaux d'égouts. Il arrose généreusement les plaines d'Achères et de Gennevilliers, les champs de Pierrelaye, mais il lui reste un formidable débit à écouler.

Alors Paris cherche à qui faire cadeau de cet engrais inestimable. Des missionnaires discrets ont arpenté, récemment, le terrain de jeux situé au bord de la Seine à La Frette. D'autres ont demandé les noms des propriétaires riverains et, enfin, le maire reçut un pli de l'Hôtel de Ville de Paris.

Le pli contenait un projet pour la construction d'un émissaire partant de l'usine de Clichy et aboutissant à La Frette, à l'emplacement même du terrain de jeux, l'aménagement d'une usine de refoulement et d'épuration *sommaire*, l'établissement de siphons reliant l'usine au champ d'irrigation d'Achères et à une station artificielle.

Une enquête est ouverte jusqu'au 19 juin pour savoir si les habitants acceptent ou refusent le projet.

Les habitants ne se tiennent pas de... colère!

La Frette, Argenteuil, Sartrouville, Achères, Herblay, Saint-Germain-en-Laye, Andrésy, Conflans se sont groupés en syndicat.

« Nous connaissons les détails des plans établis, s'écrient-ils. On veut creuser, sur 15 kilomètres de superficie, des bassins où séjourneront en plein vent les eaux d'égouts. On abattra pour ces travaux tous les arbres qui bordent la Seine et si les bassins prévus ne suffisent pas, on en installera d'autres!

» Quel bel avenir nous serait réservé si nous ne résistions pas à ces inconcevables propositions! »

Le conseil municipal de La Frette a pris immédiatement une délibération conçue en termes énergiques, qui suffisent à prouver que « l'affaire » n'ira pas aussi bien que le pensaient ses préparateurs.

Les parlementaires de Seine-et-Oise se disposent à intervenir. L'Amérique elle-même, mais oui, s'en émeut. Des citoyens du pays de Lindbergh, propriétaires à La Frette, veulent faire intervenir l'ambassade des Etats-Unis.

Cette indignation générale se comprend fort bien du reste. Le vent qui passerait sur les bassins promènerait à travers la région des odeurs insupportables.

Ce joli coin de Seine-et-Oise ne doit pas être sacrifié pour recevoir ce que Paris ne veut pas garder. — *Jean Chataigner.*

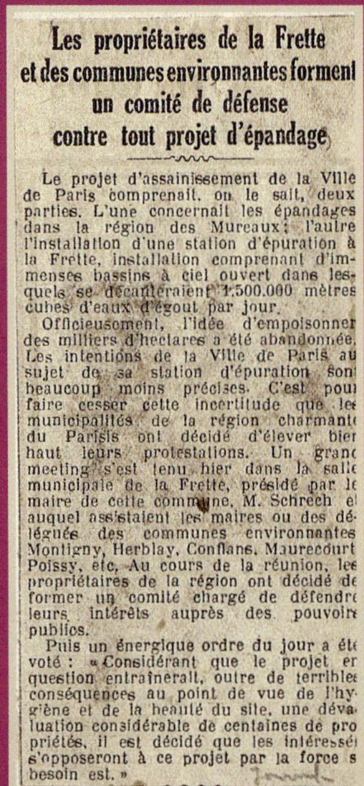

Les propriétaires de la Frette et des communes environnantes forment un comité de défense contre tout projet d'épandage

Le projet d'assainissement de la Ville de Paris comprenait, on le sait, deux parties. L'une concernait les épandages dans la région des Mureaux; l'autre l'installation d'une station d'épuration à la Frette, installation comprenant d'immenses bassins à ciel ouvert dans lesquels se décanteraient 1.500.000 mètres cubes d'eaux d'égout par jour.

Officieusement, l'idée d'empoisonner des milliers d'hectares a été abandonnée. Les intentions de la Ville de Paris au sujet de sa station d'épuration sont beaucoup moins précises. C'est pour faire cesser cette incertitude que les municipalités de la région charmante du Parisis ont décidé d'élever bien haut leurs protestations. Un grand meeting s'est tenu hier dans la salle municipale de la Frette, présidé par le maire de cette commune, M. Schrech et auquel assistaient les maires ou des délégués des communes environnantes Montigny, Herblay, Conflans, Maurecourt, Poissy, etc. Au cours de la réunion, les propriétaires de la région ont décidé de former un comité chargé de défendre leurs intérêts auprès des pouvoirs publics.

Puis un énergique ordre du jour a été voté : « Considérant que le projet en question entraînerait, outre de terribles conséquences au point de vue de l'hygiène et de la beauté du site, une dévaluation considérable de centaines de propriétés, il est décidé que les intéressés s'opposeront à ce projet par la force s'il besoin est. »

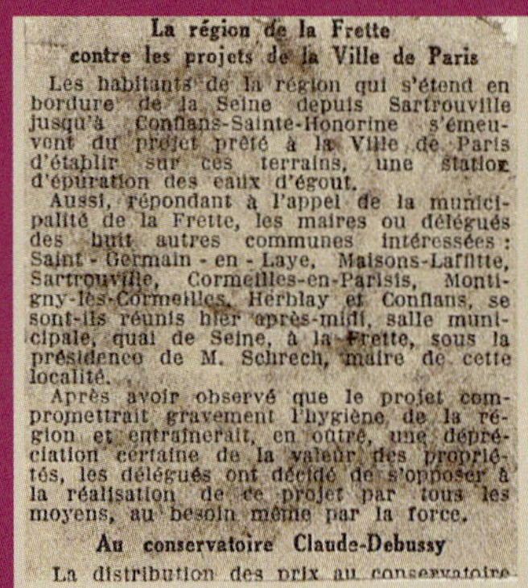

La région de la Frette contre les projets de la Ville de Paris

Les habitants de la région qui s'étend en bordure de la Seine depuis Sartrouville jusqu'à Conflans-Sainte-Honorine s'émeuvent du projet prêté à la Ville de Paris d'établir sur ces terrains, une station d'épuration des eaux d'égout.

Aussi, répondant à l'appel de la municipalité de la Frette, les maires ou délégués des huit autres communes intéressées : Saint-Germain-en-Laye, Maisons-Laffitte, Sartrouville, Cormeilles-en-Parisis, Montigny-lès-Cormeilles, Herblay et Conflans, se sont-ils réunis hier après-midi, salle municipale, quai de Seine, à la Frette, sous la présidence de M. Schrech, maire de cette localité.

Après avoir observé que le projet compromettrait gravement l'hygiène de la région et entraînerait, en outre, une dépréciation certaine de la valeur des propriétés, les délégués ont décidé de s'opposer à la réalisation de ce projet par tous les moyens, au besoin même par la force.

Au conservatoire Claude-Debussy

La distribution des prix au conservatoire

La presse contre le projet d'assainissement de la ville de Paris et du département de la Seine.
Le Petit-Parisien du 14 novembre 1927 et *Le Journal* des 13 juin et 14 novembre 1927.
© SIAAP

systématique en opposition avec les règles élémentaires de l'hygiène », qui mettent en péril le développement urbain de leurs communes ainsi que « *la beauté des sites qui y attire les artistes les plus réputés et de nombreux promeneurs*[172] ». Des pétitions circulent en 1927 à La Frette, à Herblay, à Cormeilles-en-Parisis ainsi qu'une « *protestation des artistes contre le projet de la ville de Paris* », signée de peintres restés fidèles aux bords de Seine, lieu d'inspiration de leurs pères impressionnistes qui, « *au nom de l'art, demandent aux pouvoirs publics de ne pas laisser enlaidir ce pays par une œuvre contraire à l'esthétique autant qu'à la salubrité*[173] ». Peintes entre 1872 et 1878, les toiles de Claude Monet, représentant les bords de la Seine à Argenteuil et à Vétheuil, avaient immortalisé dans l'imaginaire une époque paisible, devenue source de nostalgie, mais une époque bel et bien révolue au sortir de la Grande Guerre.

Des meetings de protestation, que la presse médiatise, sont organisés en 1927. Les communes d'Herblay et de La Frette ainsi que certains journaux régionaux continuent de manifester leur opposition au programme général d'assainissement porté par le département de la Seine[174]. La donne politique a toutefois changé ; ces oppositions restent cantonnées à une minorité de communes de la Seine-et-Oise qui en compte plus de 690. La réalisation du programme général ne sera plus entravée ; ce programme est considéré comme une œuvre d'intérêt général qui prévaut sur les manifestations éparses d'un patriotisme de clocher réduit à l'impuissance. Le tournant des années 1920-1930 consacre la double victoire du Plus Grand Paris sur les intérêts particuliers des défenseurs de la petite propriété, qui appréhendent la dépréciation de leurs biens, et de quelques élus parisiens et suburbains, qui rechignent encore à financer l'œuvre de salubrité de l'agglomération parisienne.

172. Archives du Siaap, délibération du conseil municipal de La Frette, 1927.
173. Archives du Siaap, pétition des artistes contre le projet de la ville de Paris, 1927.
174. Archives du Siaap, *Le Petit-Parisien* du 14 novembre 1927 et *Le Journal* des 13 juin et 14 novembre 1927.

Le programme général d'assainissement de l'agglomération parisienne

Deux nouvelles étapes sont franchies à la fin des années 1920. En 1927, la direction des travaux de Paris crée, au sein du service des eaux et de l'assainissement, une section d'études des grands travaux chargée d'élaborer un programme technique complet. L'année suivante, l'arrêté préfectoral du 19 mars 1928 réorganise les attributions de la direction des affaires départementales et de la direction des travaux[175]. Cet arrêté place sous l'autorité unique de la direction des travaux de Paris et de son directeur, Henri Giraud, l'épuration des eaux d'égout de Paris et des communes de banlieue. Les usines départementales d'Ivry-sur-Seine, d'Alfortville, de Suresnes et de Courbevoie, ainsi que l'établissement du Mont-Mesly sont rattachées à la direction des travaux. Ce mouvement de concentration administrative concrétise la départementalisation discutée depuis la fin du XIXe siècle.

Le processus d'unification n'est pas pour autant totalement achevé. L'exploitation des ouvrages d'épuration est réunie sous l'autorité d'une seule direction administrative et technique, mais les ouvrages continuent de relever de deux entités politiques distinctes, le département de la Seine et la ville de Paris. Le service ordinaire et vicinal du département de la Seine conserve la construction et l'exploitation du réseau de collecte des communes suburbaines[176]. Les avancées n'en sont pas moins réelles ; les administrations ne sont plus aussi cloisonnées ; les conseillers généraux des commissions d'hygiène, d'assainissement, d'équipement et de désenclavement de l'agglomération parisienne sont parvenus à imposer ce mouvement d'intégration ; il ne reste plus qu'à le confirmer.

Des techniciens de l'assainissement à l'avant-garde

Les propositions de la section d'études des grands travaux sont rendues deux ans après sa création. En novembre 1929, le programme technique complet de l'assainissement de l'agglomération parisienne est présenté devant le conseil général de la Seine[177]. Voté les 26 décembre 1929 et 4 juillet 1930, le programme jette les fondements du réseau d'assainissement d'intérêt général attendu depuis la fin du XIXe siècle. Sous l'autorité du polytechnicien, ingénieur général des Ponts et Chaussées, Paul Baratte, chef du service technique des eaux et de l'assainissement, ce programme a été élaboré par une équipe de techniciens dirigée par François Sentenac, inspecteur général du service technique, membre du Conseil supérieur d'hygiène publique de France. Professeur à l'Institut d'urbanisme de l'Université de Paris, François Sentenac, associé à l'œuvre d'Henri Sellier, est un partisan du Plus Grand Paris. Deux autres spécialistes incontournables des techniques

175. Georges Lemarchand, *Note sur l'assainissement général des départements de la Seine et de la Seine-et-Oise et concernant l'ensemble des travaux des grands collecteurs, d'égouts secondaires et de canalisations réalisés depuis 1925*, n° 11, 16 avril 1935, p. 10-11.
176. Articles 2 et 3 de l'arrêté du préfet de la Seine Paul Bouju du 19 mars 1928.
177. Georges Lemarchand, Auguste Marin, Louis Peuch, *Rapport général au nom de la 6e commission départementale des eaux, de l'assainissement, des ordures ménagères et des fumées sur l'assainissement général du département de la* Seine, n° 97, 10 novembre1929-1er mai 1930.

Henri Giraud

Un grand urbaniste, directeur général des travaux de Paris.

Henri Giraud est à la tête d'un des plus importants services préfectoraux du département de la Seine, la direction des travaux. En 1935, cette entité administrative et technique, créée par arrêté du 30 juin 1871, supervisait plus de 9 500 agents publics, dont 8 inspecteurs généraux des Ponts et Chaussées, 20 ingénieurs en chef des Ponts et Chaussées et 8 500 ouvriers. Ses attributions s'étendent à l'architecture, aux promenades, parcs et jardins, à la voirie publique, à l'éclairage, au nettoiement de la capitale, à son métropolitain, aux beaux-arts, au Port de Paris, au service de navigation de la Seine, à l'inspection générale des carrières jusqu'à la protection contre les inondations et l'assainissement du Plus Grand Paris. C'est sous sa direction qu'est élaboré et voté en 1929 et 1930 le programme général d'assainissement de l'agglomération parisienne. Ses compétences couvrent également l'activité des syndicats intercommunaux de la Seine banlieue pour l'eau, le gaz, les pompes funèbres et l'électricité, fondés entre les années 1900 et 1920 et ouverts aux communes de Seine-et-Oise.

Henri Giraud est le successeur de l'illustre Adolphe Alphand, l'ancien collaborateur du préfet Haussmann et grand aménageur du bois de Boulogne et du bois de Vincennes[178]. Il est l'un des animateurs les plus écoutés des différents comités d'études de l'aménagement de la région parisienne institués à partir de 1928. Il fut ainsi, sous le régime de Vichy, nommé secrétaire général de la délégation générale de l'équipement national (DGEN), créée en février 1941, avec pour mission d'impulser la codification des différents textes législatifs d'urbanisme[179].

Henri Giraud décédera en novembre 1942, à quelques semaines de la promulgation de la loi d'urbanisme du 15 juin 1943, souvent présentée comme la « *charte de l'urbanisme* » à laquelle son nom restera associé[180].

© DR – Collection particulière

178. *Nos édiles, 1925*, *op. cit.*, p. 138-179.
179. Rémi Baudoui, *Planification territoriale et reconstruction, 1940-1946*, thèse de doctorat de l'Université Paris 12, Institut d'urbanisme de Paris, 1984.
180. *Urbanisme*, n° 72, octobre-novembre 1941 ; *Urbanisme*, n° 89-90, avril-mai 1943.

François Sentenac et Pierre Koch, les pères du programme général d'assainissement du Plus Grand Paris.

modernes d'épuration, Pierre Clairgeon et surtout Pierre Koch, ingénieur en chef de la section d'études des grands travaux, le soutiennent dans la réalisation du programme général d'assainissement. Au milieu des années 1930, les travaux de Pierre Koch sur le traitement des eaux usées et la protection des milieux naturels – publiés entre 1935 et 1937 par Léon Eyrolles, le maire de Cachan depuis 1929, fondateur de l'École des travaux publics – font de cet ingénieur une personnalité écoutée du monde des entreprises et du monde des élus locaux et des administrations en charge de l'assainissement de leur territoire[181].

Durant plusieurs décennies, l'exécution du programme général restera entre les mains de la même équipe d'experts et de maîtres d'ouvrage. Jusqu'à sa mort, survenue en 1942, Henri Giraud, le directeur général des travaux de Paris, soutient la mise en œuvre de ces grands chantiers. François Sentenac, nommé après-guerre directeur général des services techniques de la préfecture de la Seine, accorde toujours sa priorité à l'assainissement de l'agglomération parisienne en soutenant avec constance Pierre Koch, passé ingénieur en chef de l'assainissement de la Seine dans les années 1930, puis directeur technique des eaux et de l'assainissement. Son condisciple depuis les années 1920, Pierre Clairgeon, ingénieur en chef des grands travaux d'assainissement, sera désigné à son tour directeur général des services techniques dans les années 1960[182]. Cette continuité administrative et technique constitue un atout qui ne sera pas toujours maître dans le processus de validation et surtout de financement des grandes réalisations d'assainissement de l'agglomération parisienne.

Dans sa conception générale, le programme de 1929 s'inspire des programmes départementaux élaborés depuis les années 1880. Ce programme projette un réseau d'assainissement cohérent qui épouse les limites du bassin hydrographique parisien. Dans le contexte de création en 1928 du CSAORP, le programme présenté au conseil général de la Seine en 1929 a été conçu comme l'armature d'un réseau interdépartemental

181. Pierre Koch, *L'Assainissement des agglomérations*, tome 1, *L'évacuation de l'effluent urbain*, tome 2, *La protection des milieux naturels et le traitement des effluents urbains*, tome 3, *Calcul des projets, exécution des ouvrages et établissement des programmes d'assainissement urbain,* Paris, Librairie de l'enseignement technique Léon Eyrolles, 1935-1937.
182. Archives du Siaap, fonds biographique.

d'ampleur régionale. Le raccordement des communes de Seine-et-Oise, tributaires des futures installations d'assainissement du Grand Paris, est programmé dès l'origine. Le rapport aux élus du 10 novembre 1929 précise ainsi que « *le programme général d'assainissement a* [...] *pour objet d'éviter le déversement direct des eaux usées et des eaux-vannes tant dans la Seine que dans la Marne, de même que dans la série des rivières et ruisseaux secondaires. Il doit être conçu également, pour Paris et sa banlieue, dans le but d'écouler le supplément d'eau destiné tant à la consommation qu'aux services publics et industriels.* [...] *Le problème ainsi posé ne doit pas être limité au seul département de la Seine, car, à l'aval comme à l'amont de Paris, plusieurs communes du département de Seine-et-Oise et même de Seine-et-Marne, sans payer aucune rétribution, déversent leurs eaux dans nos collecteurs et égouts départementaux et municipaux. Cette situation* [...] *indique que notre département est en quelque sorte obligé de recevoir ces eaux, de même que le département de Seine-et-Oise, dans sa partie aval, ne peut s'opposer à l'écoulement des eaux usées de la ville de Paris et de sa banlieue*[183] ».

Sont ainsi prévus dans le programme général, les équipements d'épuration des eaux et l'ensemble des grands ouvrages d'évacuation, émissaires et collecteurs, depuis le réseau des communes jusqu'aux infrastructures d'assainissement. Chaque municipalité, y compris la ville de Paris, conserve ses prérogatives sur l'établissement, l'exploitation et l'entretien de son réseau communal, à charge pour elle de se raccorder au maillage départemental. Pour assurer le bon fonctionnement du réseau général, le programme encadre les modalités de connexion et d'équipement des communes en réseau unitaire ou séparatif. La percée des égouts des communes suburbaines doit faire l'objet d'un plan d'ensemble établi en concertation avec les services techniques de la direction des travaux de Paris. Pour optimiser le drainage des eaux pluviales et réduire les risques d'inondation, le programme général comporte également un important volet voué à l'aménagement des cours d'eau de l'agglomération parisienne : rectification du lit de certaines rivières, construction de bassins de rétention des eaux...

Un programme de dimension régionale

Le programme général d'assainissement doit couvrir, selon ses concepteurs, les besoins des quarante prochaines années. Les nouvelles installations d'épuration doivent suivre par tranches successives la progression des effluents urbains[184]. La conception technique du programme repose sur trois principes : la concentration de l'épuration des eaux en un lieu unique, Achères ; l'écoulement gravitaire du réseau jusqu'à la station ; le contournement de Paris pour l'établissement des nouveaux ouvrages de collecte. Le projet départemental de 1911 avait prévu jusqu'à trois sites d'épuration, le programme général de 1929 fait, avec l'unique site d'Achères, le choix de l'indivision.

Ces nouveaux équipements ne remplaceront pas pour autant les installations existantes. Les champs d'épandage, que l'ingénieur en chef des grands travaux d'assainissement du département de la Seine, Pierre Clairgeon, juge « *précieux notamment pour leur grande production de légumes* », doivent continuer leur activité[185]. Seule la station expérimentale du Mont-Mesly, qui ne traite qu'un très faible volume d'eau, est appelée à disparaître. Le site central de l'épuration s'est porté sur une région où la ville de Paris dispose d'un vaste domaine. Sa position géographique facilite l'écoulement gravitaire de la majeure partie des eaux du département et évite ainsi de coûteuses opérations de relèvement. Seules quelques zones, autour d'Alfortville, Boulogne-Billancourt et l'Île-Saint-Denis, nécessiteront des opérations de relèvement pour rejoindre le réseau général.

183. Georges Lemarchand, Auguste Marin, Louis Peuch, *Rapport général au nom de la 6e commission départementale..., op. cit.*
184. Georges Lemarchand, Auguste Marin, Louis Peuch, *Rapport général au nom de la 6e commission départementale..., op. cit.*
185. Archives du Siaap, Pierre Clairgeon, « Notice sur l'assainissement général de l'agglomération parisienne », 27 février 1934.

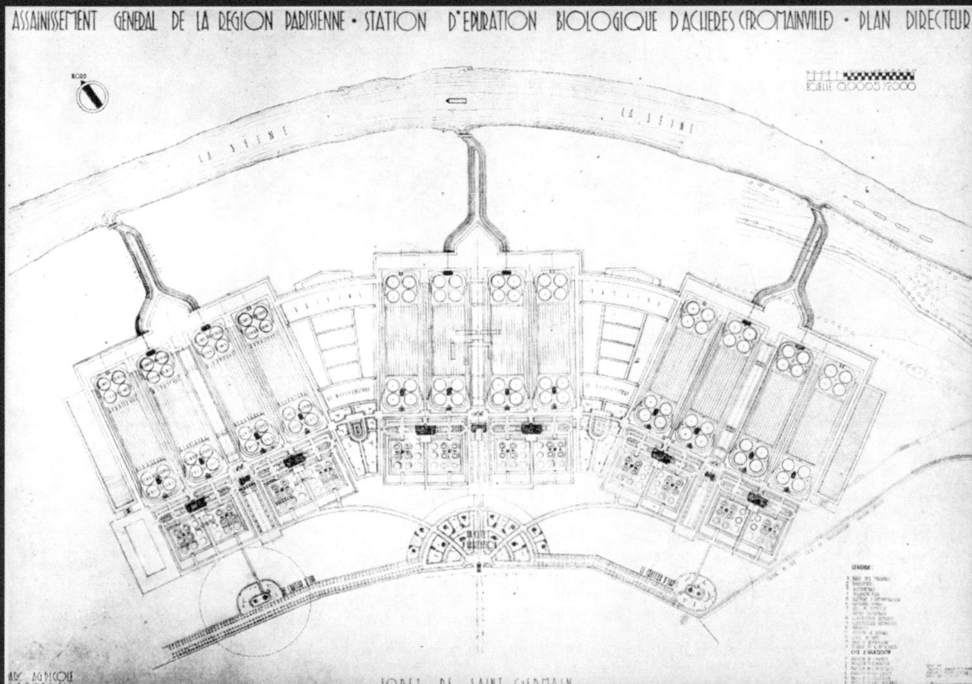

Plan des 12 tranches de la station d'épuration d'Achères prévues dans le programme d'assainissement général de 1929.
© SIAAP

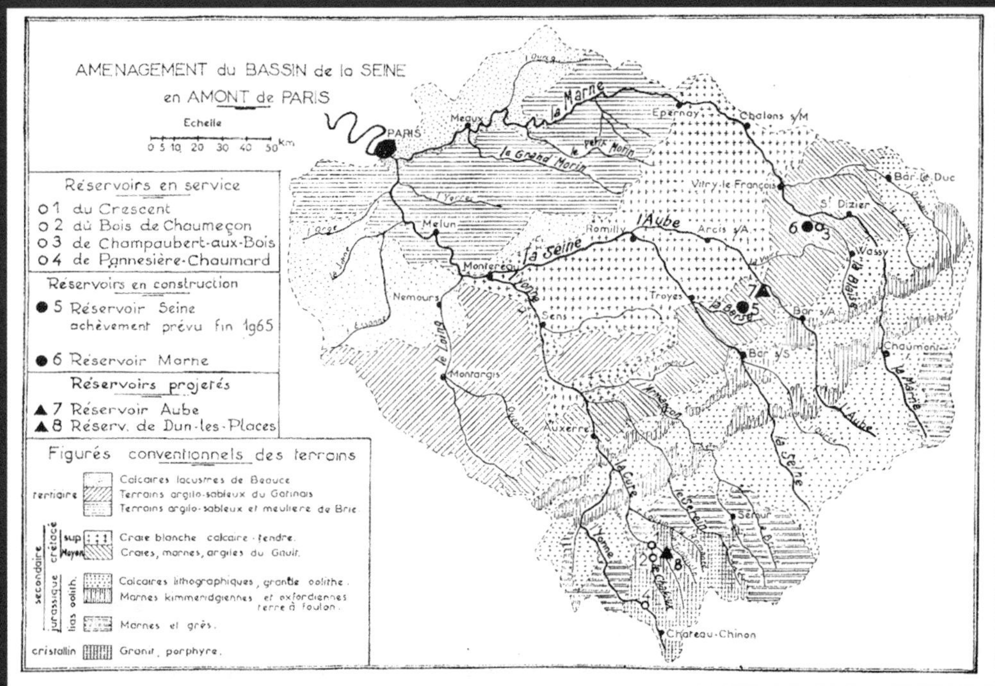

Carte des barrages-réservoirs construits dans les années 1930-1960.
« Ville de Paris-département de la Seine, la direction générale des services techniques de la préfecture de la Seine, ses réalisations 1966 », *Travaux*, février 1966, p. 278.

Concernant le procédé d'épuration, le choix n'est pas encore tranché. Les ingénieurs, qui ont élaboré le programme, admettent qu'il est désormais impossible de développer l'épandage agricole, mais ils mesurent également les limites de l'épuration biologique, expérimentée par les services techniques du département à la station du Mont-Mesly et par les services de la ville de Paris dans ses trois stations de Méry-Pierrelaye, Carrières-Triel et Colombes. Elle ne peut, pour l'heure, être appliquée à grande échelle. En l'état actuel de leurs connaissances, les ingénieurs du service d'études des grands travaux s'en remettent à une combinaison insatisfaisante : l'épandage et l'épuration par le procédé des boues activées, développé à Colombes depuis le début des années 1920. Ce procédé est censé dégager moins d'odeurs, limiter la prolifération d'insectes nuisibles et générer moins de boues que le procédé plus ancien d'épuration par lits bactériens, expérimenté depuis les années 1900.

La station d'Achères doit comprendre 24 tranches, chacune devant épurer plus de 100 000 m^3 d'eaux usées par jour. Au terme de sa construction, sa capacité avoisinerait 2 700 000 m^3. En dépit des incertitudes qui pèsent sur la méthode d'épuration la plus intéressante à adopter, les rapporteurs du programme général, Georges Lemarchand, Auguste Marin et Louis Peuch, font preuve d'un certain optimisme. Les difficultés sont pourtant légion. L'insuffisance chronique du débit du fleuve, particulièrement en période d'étiage, reste la plus préoccupante. Cette situation récurrente a conduit l'État à refuser, en 1924, à la ville de Paris le droit d'augmenter ses prélèvements dans la Seine. Le conseil général réagit et fait voter en 1926 l'exécution d'une série de barrages-réservoirs, adopté par le ministère des Travaux publics, et situés en amont de Paris dans le bassin de la Seine. Trois sont mis en service avant la Seconde Guerre mondiale : Crescent en 1931, Chaumeçon en 1934 et Champaubert-aux-Bois en 1938[186].

Ces volumes d'eau devaient être mis à la disposition du Grand Paris pour soutenir le débit de la Seine et mieux diluer la pollution, les fleuves restant l'exutoire privilégié des eaux usées[187]. Mais l'optimisme des conseillers généraux ne fut pas suivi d'effets ; les élus durent attendre plusieurs décennies avant que le dispositif soit opérationnel.

> « *Des années 1930 aux années 1970, la Seine a ainsi connu ses pires moments en termes de dégradation de la qualité de l'eau en raison de l'insuffisance des équipements d'épuration et de l'augmentation des prélèvements.* [...] *Les premiers barrages-réservoirs ont probablement contribué à une très légère amélioration de la situation, suffisante pour rendre les opérations de potabilisation possibles, mais pas pour préserver le milieu récepteur qui est par ailleurs quasiment absent de la réglementation* [...][188]. »

La position des rapporteurs de l'assainissement, et avec eux celle des ingénieurs, éclaire le contexte technique dans lequel est élaboré le programme général. Le recours aux barrages-réservoirs démontre que le principal but poursuivi reste, sans conteste, celui de l'évacuation fluviale des eaux usées hors de l'agglomération parisienne et à moindre coût pour les finances publiques. Leur épuration demeure un objectif secondaire qui ne se justifie que lorsque la pollution générée par les eaux usées ne peut être diluée et éloignée par le débit des fleuves. Les textes réglementaires eux-mêmes sont très peu contraignants sur l'assainissement des effluents urbains. Les instructions formulées en 1933 par le conseil supérieur d'hygiène publique de France insistent avant tout sur la nécessité d'éloigner les eaux souillées des agglomérations[189]. En pleine retombée sociale de la crise économique de 1929, cette réglementation ne prévoit pas de financement public à la hauteur des besoins d'assainissement des grandes villes et de leurs banlieues.

---

186. Sabine Barles, *La Seine et le métabolisme parisien...*, *op. cit.*, p. 14.
187. Georges Lemarchand, Louis Peuch, Auguste Marin, *Rapport au nom de la commission départementale des eaux, de l'assainissement, des ordures ménagères et des fumées sur l'Assainissement général du département de la Seine*, n° 97, 10 novembre 1929-1er mai 1930, p. 55-56.
188. Sabine Barles, *La Seine et le métabolisme parisien...*, *op. cit.*, p. 13-15.
189. Sabine Barles, *L'Invention des déchets urbains...*, *op. cit.*, p. 208.

Selon le programme de 1929, le transfert des eaux usées du Plus Grand Paris jusqu'à la station d'épuration d'Achères devra être assuré par un réseau de grands émissaires construits en complément de l'émissaire général de la ville de Paris. Ces émissaires recevront les eaux des réseaux communaux en un nombre de points limités, situés au voisinage de la Seine. À ces points de jonction avec le réseau d'intérêt général seront établis des bassins de dessablement, destinés également au traitement de tous les déchets solides. Ces points de raccordement doivent également assurer un déversement immédiat et direct dans le fleuve en cas de saturation des égouts par temps de fortes précipitations.

Pour la construction des émissaires, la solution technique envisagée dans un premier temps fut de construire des ouvrages similaires aux grands collecteurs parisiens de forme ovoïde, visitables et dotés d'une cunette et de banquettes. Pour des raisons économiques et techniques, cette solution sera abandonnée au profit d'ouvrages cylindriques de plus faibles dimensions, l'établissement de bassins de dessablement devant limiter les engorgements et les interventions des égoutiers pour leur entretien. Ces émissaires, nouvelle génération, s'avèrent plus faciles à dédoubler, plus rapides et moins coûteux à construire. Leur trajet le plus direct, de l'amont vers la station construite en aval, milite pour un tracé traversant Paris. Mais le sous-sol de la capitale étant déjà occupé par un maillage resserré de canalisations et de galeries d'égouts, d'alimentation en eau, de métro ou de carrières, le programme général préfère finalement cantonner ces ouvrages aux limites de Paris, selon un éventail convergeant vers la station d'épuration d'Achères. À Paris, seul le réaménagement d'un certain nombre d'équipements est envisagé.

Le programme prévoit trois nouveaux grands émissaires. L'émissaire dédoublé de Sèvres-Achères est appelé à desservir la rive gauche de Paris et les deux boucles inférieures de la Seine en amont d'Achères. Une branche secondaire doit soulager le réseau parisien des eaux usées de la vallée de la Bièvre. L'émissaire Nord Saint-Denis-Achères doit, lui, desservir la boucle supérieure de la Seine entre Argenteuil et Saint-Denis et, enfin, l'émissaire Centre Clichy-Achères a vocation à doubler l'émissaire général de la ville de Paris en évitant les points de relèvement de Clichy et Colombes. L'émissaire Centre Clichy-Achères doit être prolongé vers l'amont par l'émissaire Charenton-Clichy qui, en ceinturant Paris à l'est et au nord, doit évacuer l'effluent de la région de la Marne et celui de la vallée de la Seine rattaché à l'usine de relèvement d'Alfortville.

Les points de départ de ces trois émissaires, à Issy-les-Moulineaux, à Épinay-sur-Seine au lieu-dit La Briche et à Clichy, constituent trois points de convergence des eaux usées de l'agglomération parisienne. Le réseau des collecteurs principaux s'appuie sur ces émissaires afin de recueillir toutes les eaux du département de la Seine. Le programme général est conçu pour limiter le volume des eaux à épurer grâce à l'établissement d'une gestion séparée, lorsqu'elle est possible, des eaux pluviales des eaux ménagères et des eaux-vannes. La gestion des eaux pluviales constitue en effet un problème majeur. Dans le cas d'un réseau dit unitaire, les orages et les pluies abondantes entraînent un accroissement considérable du volume des eaux collectées. Ce volume n'a fait et ne fera qu'augmenter avec l'urbanisation du Plus Grand Paris et l'imperméabilisation des surfaces qui contrarie l'infiltration des eaux de pluie dans le sol. Une conception unitaire du réseau d'assainissement suppose que l'ensemble des ouvrages de collecte puisse supporter les volumes exceptionnels des intempéries.

Pour limiter les coûts, les ingénieurs des Ponts et Chaussées prévoient de scinder le département de la Seine en deux zones, l'une équipée d'un réseau d'assainissement unitaire, l'autre d'un système séparatif pour permettre l'écoulement direct des eaux pluviales dans les cours d'eau. La délimitation de ces deux zones n'est pas encore arrêtée en 1929, mais les principes sont posés. Le réseau du programme général, à l'instar du modèle parisien, doit être surtout un réseau

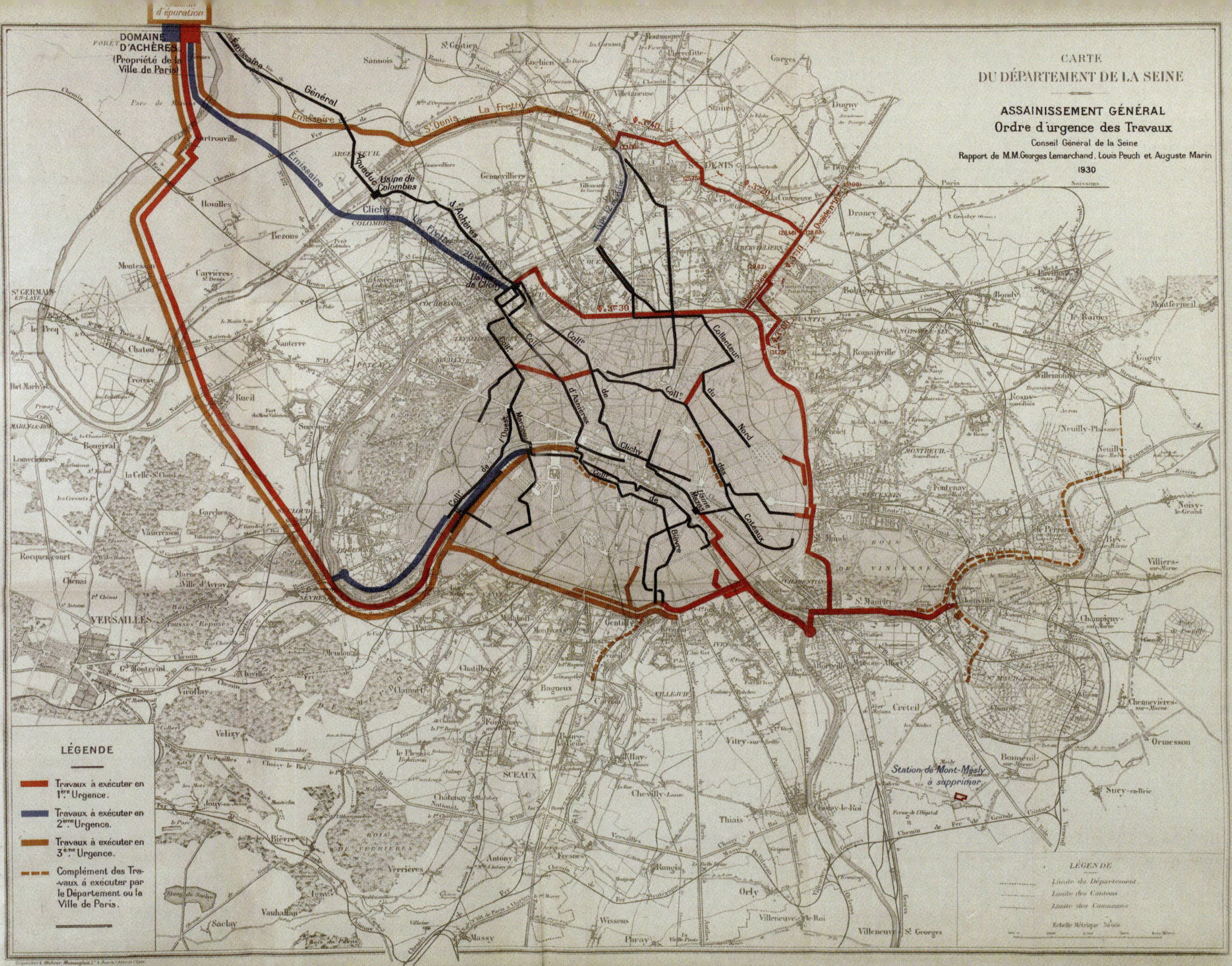

Carte du programme général d'assainissement de 1929.

Le programme général d'assainissement de la Seine et de la Marne est adopté par le conseil général de la Seine les 26 décembre 1929 et 4 juillet 1930. Il est déclaré d'utilité publique le 27 décembre 1935. Les travaux de réalisation sont engagés dès 1931. Les premiers ouvrages achevés sont les trois déversoirs d'orage établis aux portes de Paris, terminés entre 1935 et 1937. En 1935 sont aussi mis en chantier les émissaires Sud, première branche, et Sèvres-Achères. En 1937 commence la construction de l'émissaire Sud, deuxième branche, et de l'émissaire Nord-est. Ces ouvrages ne seront cependant achevés qu'entre 1954 et 1959. La réalisation des autres grands émissaires s'effectue parallèlement à la construction des nouvelles tranches de la station d'épuration d'Achères et s'échelonne entre 1956 et 1993.

Le programme d'équipement de la banlieue parisienne de 1929.

Le programme complémentaire d'équipement de la banlieue comporte la réalisation d'égouts et de canalisations destinés à faire la jonction entre les réseaux communaux et les ouvrages prévus dans le cadre de l'assainissement général du Grand Paris. La carte indique les zones du département de la Seine qui doivent être équipées de réseaux séparatifs.

Carte extraite du *Rapport sur l'assainissement général du département de la Seine*, 1929-1930. © BHdV / Roger-Viollet

unitaire. Mais les régions en amont de Paris, celles en tête de réseau au nord-est de l'agglomération, les plus éloignées de la future station d'Achères, ainsi que la vallée de la Bièvre et la région de Nanterre en raison de son altitude, doivent être équipées en réseaux séparatifs[190]. Ce programme de grands travaux est complété par un programme d'ouvrages secondaires destinés à régulariser les flots du réseau général. Trois importants déversoirs d'orages sont ainsi prévus aux portes de Paris, le déversoir de Châtillon-Bas-Meudon, celui de Bièvre et celui de Vincennes-Charenton.

La réalisation du programme général doit s'échelonner en trois phases sur une vingtaine d'années. La première, évaluée à 525 millions de francs, concerne l'édification des trois déversoirs, considérés comme prioritaires pour lutter contre les inondations, et la construction d'une première tranche de l'émissaire Sèvres-Achères. Deux émissaires de moindre dimension sont programmés : le premier, l'émissaire Sud, entre le pont de Sèvres et le pont Mirabeau alimentant le grand émissaire Sèvres-Achères ; le second, l'émissaire Nord-Est, entre Charenton et Clichy. Une première tranche de la station d'épuration d'Achères, d'une capacité de 100 000 m^3 par jour, est également prévue.

La deuxième phase, d'un coût de 230 millions de francs, comporte notamment l'exécution d'une première tranche de l'émissaire Nord, entre Saint-Denis et La Frette, la prolongation de l'émissaire Sèvres-Achères et la construction d'une nouvelle tranche de la station d'épuration. Enfin, la troisième tranche doit voir s'engager la construction de l'émissaire Centre et l'achèvement de la station d'épuration. Cette troisième et dernière tranche est aussi la plus onéreuse avec un budget prévisionnel de plus de 1,7 milliard de francs. L'ensemble du programme général représente, selon les premières estimations de 1929, un investissement de 2,5 milliards de francs.

Au programme technique du réseau d'intérêt général, s'ajoute le programme d'assainissement de la banlieue, présenté au conseil général en décembre 1929 et juillet 1930, comme un programme indissociable du premier. Ces projets ont « *pour objet de réaliser l'assainissement de toutes les voies nationales, départementales et de grande communication et aussi de permettre aux communes de créer les égouts communaux dont elles ont besoin, en mettant à leur portée des ouvrages départementaux susceptibles d'en transporter les eaux vers les grands émissaires*[191] ». Le programme d'assainissement de la Seine banlieue, étudié par le service ordinaire et vicinal du département en charge de l'assainissement, a été élaboré en accord avec le service des grands travaux qui a dessiné le réseau d'intérêt général.

Adopter le programme et officialiser la collaboration interdépartementale

Par délibérations des 26 décembre 1929 et 4 juillet 1930, le conseil général de la Seine approuve la réalisation du réseau d'assainissement d'intérêt général et le programme complémentaire d'assainissement de la Seine banlieue. Les conseillers généraux pressent l'administration préfectorale de lui présenter un projet financier pour lancer au plus vite les travaux. Le préfet de la Seine, Édouard Renard, est invité à négocier « *sans délai* » une subvention de l'État de 200 millions de francs[192]. Le programme général adopté, le département de la Seine peut s'engager sur la voie de l'institutionnalisation des coopérations interdépartementales. Dans sa délibération du 4 juillet 1930, il exige du préfet la constitution d'une conférence interdépartementale fixant les modalités de la collaboration entre le Grand

190. Georges Lemarchand, Louis Peuch, Auguste Marin, *Rapport sur l'assainissement général du département de la Seine*, *op. cit.*

191. Archives de Paris, 2276W, *Rapport de l'ingénieur en chef des Ponts et Chaussées du service ordinaire et vicinal du département de la Seine sur l'avant-projet d'assainissement de la banlieue*, 23 décembre 1929.

192. Georges Lemarchand, Louis Peuch, Auguste Marin, *Rapport au nom de la commission départementale des eaux, de l'assainissement, des ordures ménagères et des fumées sur l'Assainissement général du département de la Seine*, n° 97, 10 novembre 1929-1er mai 1930, p. 84.

Paris et les communes du département de Seine-et-Oise. Le conseil général de la grande couronne est réactif ; dès le mois d'octobre 1930, il se prononce en faveur de la réunion de cette assemblée de défense des intérêts du Plus Grand Paris.

La conférence se réunit pour la première fois le 19 mai 1931. Elle s'élargit au département de la Seine-et-Marne, lui aussi intéressé par le programme général d'assainissement pour ses zones les plus urbanisées, proches ou en contact, de la Seine-et-Oise. Les conseils généraux de la Seine et de la Seine-et-Oise sont les institutions pivot de l'interdépartementalité. Le département de la Seine est représenté par son préfet, Édouard Renard, entouré des cinq conseillers généraux les plus investis dans le chantier de l'assainissement de l'agglomération parisienne : Georges Lemarchand, président de la commission paritaire Paris/Seine banlieue des eaux et de l'assainissement, Auguste Marin, président de la 2e commission du conseil général de la Seine, Louis Peuch, président de la 6e commission du conseil municipal de Paris et leur vice-président, le communiste dissident Louis Duteil, élu du 15e arrondissement, et l'ancien égoutier socialiste indépendant, maire de Montrouge, Émile Cresp. Les 80 communes de la Seine banlieue sont bien représentées. La haute fonction publique, qui accompagne la délégation politique, est placée sous l'autorité des directeurs Giraud pour les Travaux de Paris, Grimaud pour les affaires départementales et Pignerol pour les Finances. François Sentenac, l'homme du dossier de l'assainissement du Plus Grand Paris, est également convié.

La Seine-et-Oise est, elle aussi, représentée par le corps préfectoral, un directeur d'administration, deux ingénieurs, un conseiller général et deux sénateurs, et non des moindres puisque le rapporteur de la loi de 1919 sur les PAEE des villes françaises, Honoré Cornudet des Chaumettes, maire de Neuville, conduit la délégation politique. La Seine-et-Marne, moins impliquée dans le programme, n'a pu mandater que trois personnalités : le président du conseil général, un de ses collègues et un ingénieur en chef[193]. La conférence s'accorde sur la nécessité d'une entente étroite des trois départements pour la réalisation du système d'assainissement de l'agglomération parisienne ; dans la pratique institutionnelle, cette entente se révélera davantage bilatérale, le département de la Seine-et-Marne restant en retrait dans le processus de négociation.

À l'issue de cette première séance, la création d'une sous-commission technique est décidée. Elle rassemble l'ingénieur en chef du département de la Seine-et-Marne, le directeur des services économiques et les ingénieurs en chef des Ponts et Chaussées et du service vicinal du département de la Seine-et-Oise ainsi que le directeur des travaux de Paris et les inspecteurs généraux chargés des services ordinaires et du service des eaux et de l'assainissement de la Seine banlieue. Cette sous-commission doit déterminer les limites du programme interdépartemental et répartir les dépenses entre collectivités locales ; elle doit aussi se prononcer sur les questions techniques – les procédés d'épuration, le système séparatif ou le système unitaire et la disposition d'ensemble du réseau de collecte – et la coordination des travaux, chaque entité conservant un droit de regard sur les compétences générales de l'assainissement confiées au département capitale.

Péréquation et délégation : deux principes fondamentaux

Un an plus tard, la sous-commission technique a rendu ses conclusions. Elles sont adoptées le 3 juin 1932 par la seconde conférence interdépartementale[194]. Ses conclusions ne concernent que les départements de la Seine et de Seine-et-Oise. La réalisation d'un réseau d'assainissement dans le département

193. Georges Lemarchand, Louis Duteil, Émile Cresp, *Rapport général au nom de la commission des eaux, de l'hygiène, de l'assainissement, des ordures ménagères et des fumées industrielles, sur le projet de convention avec le département de Seine-et-Oise pour l'assainissement de la banlieue*, n° 102, 30 décembre 1932, *annexe n° 2, Compte rendu de la conférence du 19 mai 1931*, p. 14-19.

194. Georges Lemarchand, Louis Duteil, Émile Cresp, *Rapport général…*, *op. cit.*, p. 20-24.

de la Seine-et-Marne, à dominante rurale, ne s'y pose pas avec la même urgence ; sa population, entre les recensements de 1931 et 1936, n'a en effet augmenté que de 3 000 âmes, passant de 406 108 habitants à 409 311[195]. Pour les rapporteurs de la sous-commission, « *l'adhésion du département de Seine-et-Marne* [pourra], *dans l'avenir, compléter l'entente entre les deux autres départements, sans modifications essentielles de l'ossature générale du réseau*[196]. »

La conférence a validé la construction de la station unique d'épuration d'Achères et le maintien des champs d'épandage. Elle affiche l'ambition « *d'un réseau de collecte général pour l'ensemble de la région parisienne*[197] ». La liste des communes de Seine-et-Oise intégrées au programme général est désormais fixée ainsi que les zones de la Seine banlieue et de la grande couronne équipées ou à équiper d'un réseau unitaire ou d'un réseau séparatif. Le programme général couvre 162 communes de Seine-et-Oise représentant 955 065 habitants soit 70 % de la population départementale au recensement de 1931. La pression urbaine s'est déplacée. Pour les élus locaux, la politique d'assainissement du Plus Grand Paris se doit de répondre aux fortes demandes sociales d'hygiène et de santé publique qui se polarisent dans les communes suburbaines et résidentielles. Entre 1921 et 1931, le taux annuel de la croissance démographique de la grande couronne a été supérieur à 4,8 %. En comparaison, à Paris, le taux est désormais négatif et en Seine banlieue, il dépasse toujours les 3,5 %[198]. Le programme général d'assainissement est avant tout une œuvre de salubrité suburbaine. Le tracé et les caractéristiques techniques des raccordements des futurs ouvrages n'ont pas été encore tranchés. Le département de Seine-et-Oise conserve la responsabilité de relier les réseaux de collecte de son territoire au réseau général établi par le département de la Seine. Le département capitale reste, dans la pratique, le chef d'orchestre politique, maître d'œuvre et maître d'ouvrage ; il approuve les connexions entre les deux réseaux et doit veiller à ce que la grande couronne ne reverse dans le réseau général que des eaux usées préalablement dessablées, par ses soins et à ses frais. La sous-commission a établi un budget prévisionnel et proposé une répartition des dépenses générales d'assainissement. Les dépenses d'investissement pour la collecte et le transit des eaux usées ne sont pas prises en compte.

> « *Chacun* [des deux départements] *en effet conserverait à sa charge les dépenses de cette catégorie qui lui incombent normalement, [...] c'est-à-dire, pour le département de Seine-et-Oise, celles qui sont nécessaires pour amener, dans les ouvrages construits ou à construire par le département de la Seine, les eaux provenant de son territoire, et, pour le département de la Seine, celles qui sont ou seront nécessaires pour amener à la station d'épuration les eaux provenant, tant de son territoire que de la partie du territoire de Seine-et-Oise rattachée au réseau d'évacuation de la Seine*[199]. »

Dans l'investissement pour la réalisation du réseau d'intérêt général, financée par le département de la Seine, ne sont comprises que les dépenses d'exploitation et de construction des nouveaux ouvrages, celles liées au relèvement des eaux et celles liées à l'épuration proprement dite, biologique et agricole. Le principe de solidarité entre le Grand Paris et le Plus Grand Paris doit cimenter l'architecture budgétaire du programme général d'assainissement.

> « *Il a paru à la sous-commission qu'il convenait d'adopter une règle simple, de caractère forfaitaire et qui traduit la solidarité que les deux départements établiraient entre eux en mettant, en quelque sorte, en commun l'épuration de leurs eaux usées. La répartition se ferait en prenant pour base la somme des*

195. Françoise Soulignac, *La Banlieue parisienne, op. cit.*, p. 32.
196. Georges Lemarchand, Louis Duteil, Émile Cresp, *Rapport général sur le projet de convention...*, annexe *n°* 6, *op. cit.*, p. 31.
197. Georges Lemarchand, Louis Duteil, Émile Cresp, *Rapport général sur le projet de convention...*, annexe *n°* 6, *op. cit.*, p. 34.
198. Françoise Soulignac, *La Banlieue parisienne, op. cit.*, p. 32.
199. Georges Lemarchand, Louis Duteil, Emile Cresp, *Rapport général au nom de la commission des eaux, op. cit.*, p. 37.

valeurs du centime communal dans toutes les communes intéressées de chacun des deux départements[200]. »

Les fondements de la collaboration interdépartementale entre le département capitale et le département de Seine-et-Oise, institués en 1932, reposent sur deux principes cardinaux : un principe de péréquation et un principe de délégation. Le Grand Paris, dont la valeur additionnelle du centime additionnel communal – l'impôt reversé aux collectivités locales – est la plus élevée de France, est appelé d'une part à cofinancer l'assainissement de la grande banlieue et d'autre part à coordonner et à mettre en œuvre, par délégation de services, le programme général d'assainissement de l'agglomération parisienne[201].

Ces deux grands principes du programme général d'assainissement de l'agglomération parisienne, acceptés dès 1929 par le conseil général de la Seine, sont sanctionnés par la déclaration d'utilité publique du 27 décembre 1935. Ils ont été auparavant ratifiés par la convention interdépartementale approuvée en décembre 1932 par le département de la Seine et en mai 1933 par celui de Seine-et-Oise[202]. Dans la grande couronne, qui fut longtemps en conflit avec la capitale, la convention est adoptée à l'unanimité, le 5 mai 1933, sur le rapport de Pierre Cathala, député de Seine-et-Oise et conseiller général d'Aulnay-sous-Bois depuis 1928. Ancien ministre de l'Intérieur, Pierre Cathala, se range derrière la position de la conférence interdépartementale et du conseil général de la Seine. Il est soutenu dans son entreprise par le sénateur Cornudet et le préfet de Seine-et-Oise, Adrien Bonnefoy-Sibour en poste depuis 1922, qui maîtrise parfaitement le dossier et a obtenu du département capitale l'assurance qu'il n'étende plus ses champs d'épandage.

L'élu de la commune urbaine d'Aulnay-sous-Bois se plaît à souligner que la convention a été négociée « *d'une façon tout à fait brillante et avantageuse pour la Seine-et-Oise.* [...] *Je tiens à déclarer qu'il n'est pas possible d'obtenir au point de vue technique et administratif, des solutions meilleures pour notre département* [...]. *Depuis un an, le conseil supérieur d'hygiène publique de France ajourne systématiquement tous les projets d'assainissement présentés par les différentes communes de Seine-et-Oise en justifiant sa décision par ce motif : "Tant que vous ne serez pas arrivés à un accord d'ensemble avec la Seine pour une organisation régionale de l'assainissement, je n'approuverai pas vos projets". Nous devons saluer, dans la convention qui nous est soumise, le principe de la collaboration des deux départements. Nous devons également retenir que c'est le département le plus riche, le plus puissant, le plus peuplé, qui participe dans la proportion la plus forte à la charge des dépenses communes. Par notre position géographique, nous fournissons au département de la Seine les commodités dont il a besoin, nos populations lui consentent des sacrifices certains. Il a été tenu compte de cette situation et les intérêts de la Seine-et-Oise ont été défendus d'une façon tout à fait remarquable*[203] ».

Interdépartementalité contre intercommunalité

Au milieu des années 1930, Victor Leydet, docteur en droit et secrétaire général de la préfecture de la Haute-Saône, dresse dans sa thèse de doctorat un tableau éclairant du paysage intercommunal de la France de l'entre-deux-guerres. En 1937, le territoire métropolitain compte 2 168 syndicats intercommunaux institués en application de la loi du 22 mars 1890. 24 054 communes, représentant 63 % des 38 009 communes françaises, se sont engagées dans des dynamiques de coopérations[204]. Ces organisations sont à

200. Georges Lemarchand, Louis Duteil, Emile Cresp, *Rapport général au nom de la commission des eaux, op. cit.*, p. 37.

201. Jean-Luc Pinol, « Les finances des petites villes dans la France des années 1930 », art. cit., p. 603-627 ; Jean-Luc Pinol, « Villes "riches", villes "pauvres" dans la France de l'entre-deux-guerres », art. cit., p. 67-82.

202. Pierre Fauveau, « L'assainissement de Paris et de la région parisienne », *in* Hubert Loriferne (dir.), *Quarante ans de politique de l'eau en France*, Paris, Economica, 1987, p. 497.

203. *Rapports du préfet et de la commission départementale et délibérations du conseil général de Seine-et-Oise*, première session ordinaire de 1933, p. 739-749.

204. Victor Leydet, *Le Syndicat de communes*, Paris, Librairie technique et économique, 1937, p. 67.

97 % des syndicats ruraux. La France des villes suit avec plus de réticence ce mouvement. Dans le département de la Seine, la politique de mutualisation des services publics d'intérêt collectif a pris son élan au sortir de la Grand Guerre ; une dizaine de syndicats de commune est créée entre 1922 et 1939 ; leur institution contribue à solidariser les élites locales de banlieue confrontées aux mêmes défaillances de leurs concessionnaires et aux mêmes difficultés de financement de leurs politiques d'équipements.

La politique intercommunale de l'assainissement reste cependant à la traîne. En province comme en banlieue parisienne, l'intercommunalité se polarise sur les services techniques d'électricité et de distribution d'eau. En France, en 1935, seuls 14 syndicats agrégeant 124 communes – soit moins de 0,1 % des syndicats – ont pour compétence l'assainissement ; un nombre dérisoire en comparaison avec les 1 674 syndicats d'électricité regroupant 21 011 communes, 77 % des syndicats et 85 % des communes syndiquées[205]. Les 14 syndicats d'assainissement couvrent en majorité des zones urbaines et périurbaines. Sept sont ainsi implantés dans la grande couronne parisienne, en Seine-et-Oise ; ils regroupent 70 communes soit plus de la moitié des cités engagées dans une entente intercommunale d'assainissement[206].

Réuni à Strasbourg en 1923, le congrès international d'urbanisme et d'hygiène municipale s'était prononcé pour une généralisation des coopérations intercommunales en milieu urbain en vue d'appliquer la législation de 1919 sur l'aménagement des villes. Sous le patronage de la Société française des urbanistes et la présidence d'honneur des ministres de l'Hygiène, de l'Intérieur, des Colonies et des Régions libérées, les professionnels de l'action publique locale défendaient l'institution obligatoire de syndicats intercommunaux d'extension et d'aménagement « *lorsque des communes limitrophes ont des intérêts communs ou lorsque l'extension raisonnable et logique d'une commune doit empiéter sur le territoire d'une commune voisine*[207] ». La planification urbaine des agglomérations devait impérativement passer par le pilotage d'un bureau politique restreint et une coordination technique des grands services urbains dont celui de l'assainissement.

En théorie, la forme juridique du syndicat intercommunal à vocation unique (SIVU) aurait permis à l'agglomération parisienne d'entrer dans le droit commun des coopérations intercommunales codifié en 1890. Cette évidence butte toutefois sur un obstacle majeur : la capitale n'est pas une commune comme les autres. Son statut de municipalité sous double tutelle fait de la ville de Paris une institution mineure qui a moins de pouvoir d'action que les petites communes de la Seine-et-Oise. Cette situation est d'autant plus insensée que les services techniques de la capitale sont considérés comme un modèle de l'épuration urbaine appelé à s'étendre à la proche et la grande banlieue.

Jusqu'en 1932, la législation interdit à la ville de Paris de se concerter avec d'autres communes. Les raisons en sont connues. La capitale est maintenue dans un régime d'exception qui aliène ses libertés municipales. Ces raisons tiennent également à un autre élément, l'élément démographique mis en évidence par un partisan de la départementalisation des services publics de l'agglomération parisienne : Jean Raymond-Laurent. De concert avec Henri Sellier, François Latour, Louis Dausset et André Morizet, ce conseiller municipal du quartier de Saint-Germain-des-Prés, cofondateur du Parti démocrate populaire, un mouvement chrétien-démocrate affilié au catholicisme social, traduit en des termes simples la complexité et l'incohérence de la gouvernance politique du Grand Paris[208].

205. Victor Leydet, *Le Syndicat de communes*, *op. cit.*, p. 71.

206. Avec trois syndicats et 19 communes syndiquées, la Seine-et-Oise est suivie par un autre département en voie d'urbanisation rapide : le Pas-de-Calais. Victor Leydet, *Le Syndicat de communes*, *op. cit.*, p. 72.

207. Congrès international d'urbanisme, *Où en est l'urbanisme en France et à l'étranger*, *op. cit.*, p. 495.

208. *Nos édiles, 1935*, *op. cit.*, p. 135-136.

Jean Raymond-Laurent.

Conseiller municipal du 6e arrondissement, auteur en 1931 d'un playdoyer en faveur de l'interdépartementalisation : « *Vers le Plus Grand Paris* ». Après-guerre, Jean Raymond-Laurent sera élu député MRP (Mouvement républicain populaire) de la Manche et nommé ministre.

© Henri Martinie / Roger-Viollet

« *Quelle place, en effet, occuperait Paris dans un syndicat intercommunal ? L'esprit général des lois sur la matière veut* [...] *que toutes les communes syndiquées soient représentées sur un pied d'égalité, chacune d'elles disposant d'une ou de deux voix ; or, Paris ne saurait admettre un tel mode de représentation, qui ne lui donnerait pas plus d'importance que Rungis ou que Fresnes. Si par contre, on voulait proportionner la représentation, soit à la population, soit au montant des impôts payés, on donnerait à la capitale la majorité absolue des voix, ce que les communes suburbaines ne consentiraient jamais à admettre, d'autant plus que les grandes communes de banlieue, invoquant le même principe, demanderaient à leur tour une représentation plus forte que les petites : on aboutirait ainsi à transformer les syndicats en véritables parlements, alors que les questions généralement techniques qui font leur objet ont intérêt à être traitées par un nombre restreint de délégués compétents* [...].

Malgré tout, la solution présente, qui consiste à laisser Paris à l'écart, nous paraît être un non-sens. Elle méconnaît, en effet, cette solidarité profonde qui, en dépit d'oppositions superficielles qu'on se plaît parfois à exagérer, unit étroitement la capitale et la banlieue. Elle constitue, de plus, une hérésie technique puisqu'elle laisse substituer une dualité des services concentriques, alors que du fait de leur situation centrale, les services parisiens semblent tout désignés, sous réserve de certaines modalités, pour rayonner dans la banlieue. Enfin, si l'on considère que la force contributive de Paris représente les quatre cinquièmes de celle du Département, on voit de quel élément de puissance les syndicats sont actuellement privés, et combien l'efficacité de leur action s'en trouve amoindrie[209]. »

Ce publiciste, vice-président du conseil municipal de Paris, ne voit en 1931 qu'une solution, techniquement la plus adaptée et socialement la plus juste : la départementalisation des services urbains.

« *Par définition même, ses avantages sont essentiellement d'ordre administratif et technique. Mais la départementalisation a par surcroît l'important mérite de réaliser, au même degré que les subventions, la péréquation des recettes et des charges financières entre les collectivités locales.* [...] *Les principaux avantages du système peuvent se définir ainsi : diminution des frais généraux, grâce à la suppression des doubles emplois, à l'institution d'organes communs de direction, de contrôle, d'études, de laboratoires, de contentieux, et surtout à une utilisation plus complète du capital investi – possibilité d'achats en plus grandes quantités, c'est-à-dire à meilleur compte –* [...].

209. Jean Raymond-Laurent, *Paris, sa vie municipale...*, *op. cit.*, p. 266-267.

En résumé, la départementalisation nous paraît être le meilleur procédé de gestion des intérêts communs à l'ensemble de l'agglomération parisienne pour les raisons suivantes : elle assure pour ainsi dire automatiquement la péréquation des charges entre les communes ; elle réalise l'unité de vues et de méthodes indispensable à la gestion des services intéressant l'ensemble de la collectivité ; elle constitue techniquement le procédé le plus rationnel (et, parfois, le seul raisonnablement possible) de gestion du service[210]. »

Le positionnement de Jean Raymond-Laurent, pourtant classé à droite par ses adversaires politiques, démontre que les clivages partisans peuvent être transcendés dans le cadre de la gestion publique de l'agglomération parisienne. Jean Raymond-Laurent ne déclare-t-il pas que « *dans toute grande ville, il y a des quartiers riches et des quartiers pauvres : il est équitable que les premiers paient pour les seconds, puisque leurs facultés contributives sont plus grandes. La départementalisation vise précisément à la péréquation des charges et des ressources des uns et des autres. Elle imposera peut-être des sacrifices à certaines communes, mais ces sacrifices ne sont-ils pas commandés par l'intérêt supérieur de la collectivité, où ces communes jouissent par ailleurs d'une situation économique privilégiée*[211] *?* »

210. Jean Raymond-Laurent, *Paris, sa vie municipale…*, *op. cit.*, p. 270-271.
211. Jean Raymond-Laurent, *Paris, sa vie municipale…*, *op. cit.*, p. 283.

Le « *Plus Grand Paris* » : un cas exemplaire d'entente interdépartementale

L'article 7 de la loi du 14 mai 1932 autorise enfin la ville de Paris à adhérer à des syndicats de communes. La loi du 14 mai 1932 et les décrets du 25 juillet 1935 dressent des perspectives de planification intercommunale[212].

Libéré du carcan tutélaire, le conseil municipal de Paris est autorisé à adhérer au syndicat de l'électricité créé en 1924 par les communes de la Seine banlieue. Mais concernant la politique d'assainissement, plus complexe, plus coûteuse et plus ambitieuse, le choix des élus locaux, parisiens et suburbains, ne peut se porter sur l'intercommunalité.

L'assainissement est une affaire publique aux dimensions interdépartementales. À la différence des syndicats intercommunaux qui ont concédé leur monopole à de puissantes compagnies privées d'alimentation en eau ou de pompes funèbres (CGE, PFG, Lyonnaise des eaux...), la réalisation du programme général ne peut en aucun cas être déléguée à une entreprise d'assainissement. Aucune n'est capable d'assurer ce service public sur un territoire aussi vaste et avec des investissements aussi lourds. La coopération Paris/banlieues dans le domaine de l'assainissement ne peut reposer que sur l'action publique des services techniques du département de la Seine et de la Seine-et-Oise. Pour soutenir la formation de véritables régions économiques, l'article 8 de la loi du 5 novembre 1926, autorisant la création des syndicats de département, pose les principes de l'interdépartementalité[213]. La loi du 9 janvier 1930 consacre, trois ans plus tard, ces nouvelles coopérations territoriales en abrogeant le premier texte et en substituant aux syndicats interdépartementaux des « *ententes et organismes interdépartementaux, librement constitués par deux ou plusieurs conseils généraux de départements, même non limitrophes* », investis de la personnalité civile et de l'autonomie financière et administrés par des conseillers généraux élus. Fait notable, la loi de 1930, et son décret d'application du 28 juillet 1931, sont d'emblée applicables au département de la Seine[214].

La « *charte* » interdépartementale de l'assainissement

La convention des départements de la Seine et de Seine-et-Oise, approuvée en octobre et décembre 1933, constitue la charte de collaboration des institutions locales du Plus Grand Paris. Cette charte, conclue pour une durée de 99 ans à compter du 1er janvier 1933, stipule que « *le département de la Seine et le département de la Seine-et-Oise reconnaissent la nécessité d'assurer, par l'entremise du premier, l'évacuation et l'épuration des eaux usées provenant d'un certain nombre de communes de Seine-et-Oise. Cette évacuation et*

212. Jean-Pierre Demouveaux, Jean-Pierre Lebreton (textes présentés par), *La Naissance du droit de l'urbanisme 1919-1935, Grands textes du droit de l'urbanisme*, Paris, Éditions Les Journaux officiels, 2007.

213. Eugène Minot, *Département, conseil général, décentralisation,* tome 1, *Histoire et perspectives d'avenir*, Voiron, La Lettre du Cadre Territorial, 2000, p. 49.

214. Article 1er de la loi du 9 janvier 1930 relative aux ententes et aux institutions interdépartementales, *in Les textes essentiels du droit administratif,* Paris, F. Loviton et Cie, 1934, p. 189.

cette épuration se feront sur la base du programme d'assainissement approuvé par le conseil général de la Seine les 26 décembre 1929 et 4 juillet 1930, programme dont le département de la Seine-et-Oise approuve les dispositions[215] ».

La coopération interdépartementale de l'agglomération parisienne constitue un cas exemplaire dans l'histoire des politiques publiques locales. Cette exemplarité tient à l'importance du nombre d'habitants de ce Plus Grand Paris de l'assainissement. La convention interdépartementale de 1933 englobe les 81 communes du département de la Seine et 162 communes de Seine-et-Oise. Ces 243 communes concentrent 5 842 529 habitants représentant 14 % de la population française au recensement de 1931. L'entente interdépartementale couvre ainsi les besoins de 2 871 039 Parisiens, 2 016 425 habitants de la Seine banlieue et 955 065 habitants de Seine-et-Oise[216].

La convention « *ne crée pas, à proprement parler, une "institution interdépartementale", au sens légal de ce terme.* [Elle] *aménage, par voie contractuelle, les rapports techniques et financiers des deux départements intéressés en matière d'assainissement*[217] ». Le département de la Seine est directement reconnu comme le maître d'œuvre et le principal maître d'ouvrage du système interdépartemental d'assainissement. La loi du 9 janvier 1930 a conforté la majorité des élus du Plus Grand Paris dans leur volonté de dépasser leur patriotisme de clocher. Ils ne sont pas pour autant parvenus à créer une institution interdépartementale investie de la personnalité civile et de l'autonomie financière que leur accordait pourtant, en théorie, l'esprit de la loi de 1930.

L'institution d'une entente interdépartementale de plein exercice aurait pu permettre la formation embryonnaire d'un pouvoir d'agglomération susceptible de corriger le régime d'exception de la ville de Paris et du département de la Seine. Cette coopération interdépartementale du Plus Grand Paris reste en quelque sorte inachevée. Elle ne saisit pas les opportunités offertes par la loi de 1930. Elle n'est pourvue ni d'instance politique élue au suffrage universel direct à l'instar des conseils municipaux ou des conseils généraux, ni de conseil d'administration et de bureau chargés de représenter les intérêts de l'entente interdépartementale comme il en existe pour les syndicats de commune. La légitimité politique des conseillers généraux n'est toutefois pas totalement entravée. Les questions financières, techniques et administratives de l'assainissement du Plus Grand Paris sont toujours discutées et votées par les assemblées élues de la Seine et de la Seine-et-Oise.

En vertu de la convention de 1933, le département de la Seine recevra dans ses collecteurs les eaux dessablées des communes de Seine-et-Oise. Il s'adaptera, selon les zones, au système séparatif ou au système unitaire. « *Le département de la Seine-et-Oise construira, comme il l'entendra, soit sur son propre territoire, soit, le cas échéant, sur celui du département de la Seine, les ouvrages d'évacuation et, éventuellement, de relèvement, nécessaire pour raccorder les réseaux d'égout de son territoire avec le réseau d'évacuation du département de la Seine. Le choix des points de raccordement et les dispositions de détail feront, dans chaque cas particulier, l'objet de conférences préalables entre les services intéressés*[218]. »

---

215. Georges Lemarchand, Louis Duteil, Émile Cresp, *Rapport général au nom de la commission des eaux, de l'hygiène, de l'assainissement, des ordures ménagères et des fumées industrielles, sur le projet de convention avec le département de Seine-et-Oise pour l'assainissement de la banlieue*, n° 102, 30 décembre 1932, *annexe* n° 1, *Convention relative à l'assainissement entre le Département de la Seine et le Département de la Seine-et-Oise*, article 1, p. 9-13.

216. André Cholley, « La population de la France en 1931 », *Annales de Géographie*, n° 234, 1932, p. 638-640.

217. Georges Lemarchand, *Note sur l'assainissement général des départements de la Seine et de la Seine-et-Oise et concernant l'ensemble des travaux de grands collecteurs, d'égouts secondaires et de canalisations réalisés depuis 1925*, imprimé n° 11, 16 avril 1935, p. 42.

218. Article 5 de la *convention relative à l'assainissement entre le département de la Seine et le département de la Seine-et-Oise*.

Répartition du système séparatif (en jaune) et du système unitaire d'assainissement du Plus Grand Paris.

Carte extraite du *Rapport sur le projet de convention avec le département de la Seine-et-Oise pour l'assainissement de la banlieue* du 30 décembre 1932.

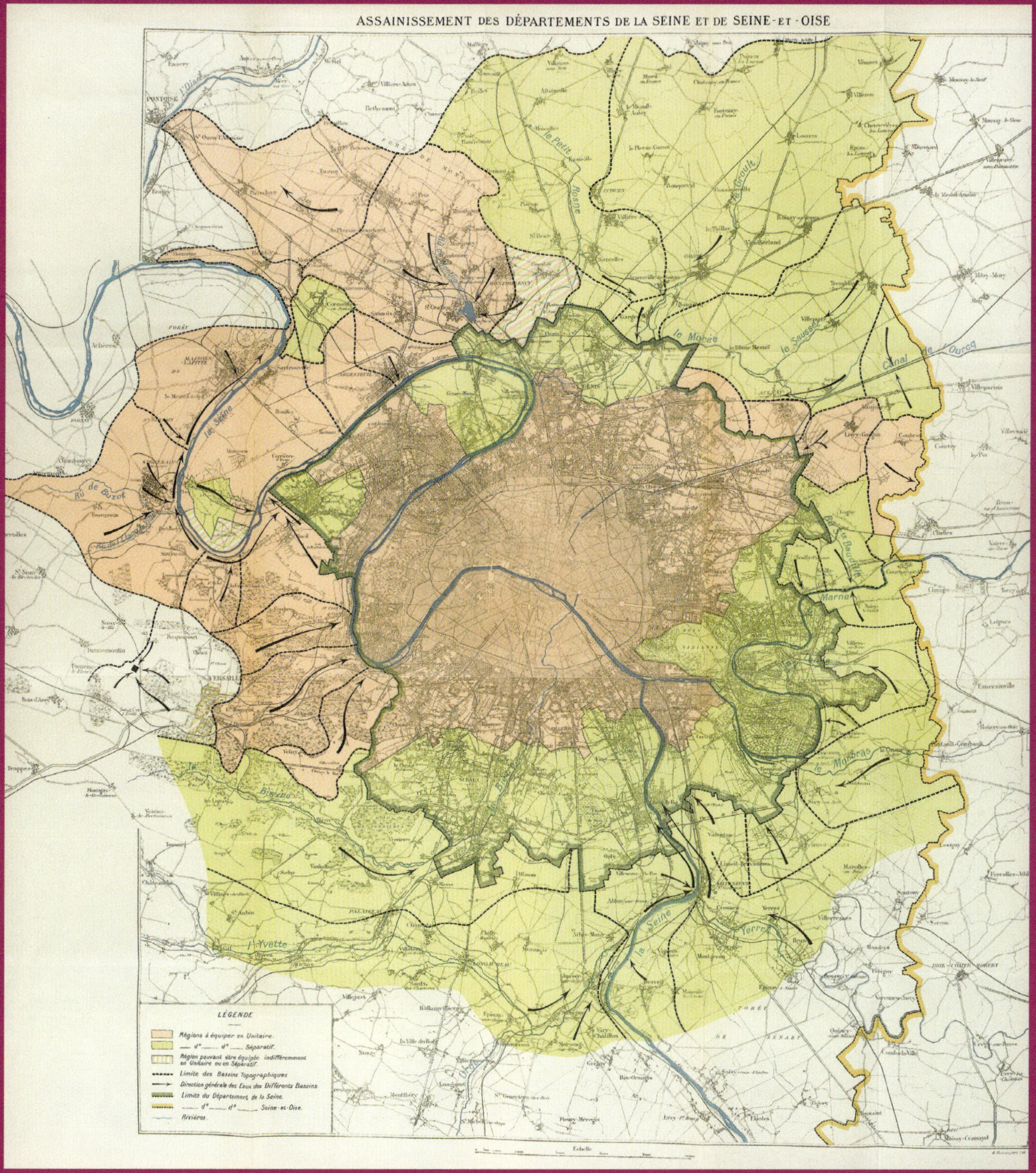

Les 162 communes de Seine-et-Oise desservies par le programme général d'assainissement de 1929 dont une majorité est pourvue du système séparatif des eaux de pluie et des eaux usées.

Ablon, Andilly, Argenteuil, Arnouville-lès-Gonesse, Athis-Mons, Attainville, Aulnay-sous-Bois, Baillet, Beauchamp, Bessancourt, Bezons, Bièvres, Boissy-Saint-Léger, Bonneuil, Bouffémont, Bougival, Bouqueval, Brie, Brunoy, Bures-sur-Yvette, Carrières-sur-Seine, Champlan, Châtenay-en-France, Chatou, Chaville, Chennevières-lès-Louvres, Chennevières-sur-Marne, Chilly-Mazarin, Clichy-sous-Bois, Conflans-Sainte-Honorine, Cormeilles-en-Parisis, Croissy-sur-Seine, Crosne, Deuil, Domont, Draveil, Eaubonne, Ecouen, Enghien-les-Bains, Épiais-lès-Louvres, Épinay-sous-Sénart, Épinay-sur-Orge, Ermont, L'Étang-la-Ville, Ézanville, Fontenay-en-Parisis, Fontenay-le-Fleury, Fourqueux, Franconville, Frépillon, Gagny, Garches, Garges-lès-Gonesse, Gonesse, Gournay-sur-Marne, Goussainville, Groslay, Guyancourt, Herblay, Houilles, Igny, Jouy-en-Josas, Juvisy-sur-Orge, La Celle-Saint-Cloud, La Frette, La Queue-en-Brie, Le Chesnay, Le Mesnil-Aubry, Le Pecq, Le Plessis-Bouchard, Le Plessis-Gassot, Le Plessis-Trévise, Le Raincy, Le Thillay, Le Vésinet, Le-Blanc-Mesnil, Les Loges-en-Josas, Limeil-Brévannes, Livry-Gargan, Longjumeau, Louveciennes, Louvres, Maisons-Laffitte, Mareil-en-France, Mareil-Marly, Margency, Marly-le-Roi, Marnes-la-Coquette, Massy, Mesnil-le-Roi, Meudon, Moisselles, Montesson, Montgeron, Montigny-lès-Cormeilles, Montlignon, Montmagny, Montmorency, Montsoult, Morsang-sur-Orge, Neuilly-Plaisance, Neuilly-sur-Marne, Noiseau, Noisy-le-Grand, Ormesson, Orsay, Palaiseau, Paray-Vieille-Poste, Pierrelaye, Piscop, Port-Marly, Puiseux-les-Louvres, Rocquencourt, Roissy-en-France, Rueil-Malmaison, Saclay, Saint-Brice-sous-Forêt, Saint-Cloud, Saint-Cyr-l'École, Saint-Germain-en-Laye, Saint-Gratien, Saint-Leu-la-Forêt, Saint-Ouen-l'Aumône, Saint-Prix, Saint-Witz, Sannois, Sarcelles, Sartrouville, Saulx-les-Chartreux, Savigny-sur-Orge, Sevran, Sèvres, Soisy-sous-Montmorency, Sucy-en-Brie, Taverny, Tremblay-lès-Gonesse, Valenton, Vaucresson, Vaud'Herland, Vauhallan, Vaujours, Vélizy, Vémars, Verrières-le-Buisson, Versailles, Vigneux-sur-Seine, Villaines-sous-Bois, Ville-d'Avray, Villebon-sur-Yvette, Villecresnes, Villemoisson-sur-Orge, Villeneuve-le-Roi, Villeneuve-Saint-Georges, Villepinte, Villeron, Villiers-le-Bel, Villiers-le-Sec, Villiers-sur-Marne, Viroflay, Viry-Châtillon, Wissous et Yerres.

En application du principe de péréquation, la convention prévoit que le transport des eaux de Seine-et-Oise empruntant le réseau du département de la Seine jusqu'aux installations d'épuration, sera assuré à titre gratuit par le département capitale. Feront seules l'objet d'une participation financière de la grande couronne les dépenses d'épurations « *comprenant l'intérêt et l'amortissement des installations non encore amorties, établies ou à établir à partir de 1933, par le département de la Seine, et, d'autre part, les frais annuels, y compris les frais généraux, de l'exploitation assurée par les services de ce département.* [...] *Ces dépenses seront partagées entre les deux départements au prorata des sommes obtenues en totalisant, d'une part, les valeurs des centimes communaux de toutes les communes du département de la Seine, d'autre part, les valeurs de ces mêmes centimes pour toutes les communes de Seine-et-Oise rattachées ou à rattacher* [...] *au système d'assainissement du département de la Seine.*

Toutefois, pour tenir compte des conditions particulières au département de la Seine-et-Oise, et notamment de l'importance relative des zones de système séparatif sur le territoire de ce département, les centimes des communes de Seine-et-Oise, n'entreront dans le calcul ci-dessus que pour les neuf dixièmes de leur valeur, ceux des communes de la Seine étant pris pour leur valeur entière. Ce calcul sera fait chaque année [...]. *Ces dispositions seront mises en vigueur à partir de 1933. Mais, en raison du délai nécessaire au rattachement de ces ouvrages à ceux du département de la Seine, le département de Seine-et-Oise ne versera effectivement, la première année, que le douzième de sa part contributive normale, la seconde année les deux douzièmes, la troisième année les trois douzièmes, et ainsi de suite, de manière à ne payer sa part intégralement qu'à partir de 1944*[219]. »

La convention de 1933 innove sur un point essentiel : le mode de répartition des dépenses. Alors que les projets de 1911 et 1922 fixaient une répartition des dépenses proportionnelle à la population des communes desservies, la convention met en place une péréquation fondée sur la valeur des centimes communaux. C'est la richesse réelle des communes, et non les volumes d'eaux qu'elles rejettent, qui est prise en compte. En d'autres termes, les « *communes dortoirs* », à forte poussée démographique ne bénéficiant pas ou peu du produit fiscal de la patente, se retrouvent moins imposées que les communes riches. Au conseil général de la Seine, Georges Lemarchand s'est joint à ses collègues parisiens, Henri Sellier, François Latour et Jean Raymond-Laurent, pour défendre ce mode de répartition des dépenses qualifié d'« *œuvre hautement équitable* [...] *due, en définitive, à l'esprit de conciliation, à la volonté de collaboration et d'union, sous l'angle des intérêts généraux de l'agglomération parisienne, qui, au cours des travaux préparatoires, se sont manifestés de part et d'autre*[220] ».

Cette charte interdépartementale consacre bien plus qu'une simple coopération technique entre deux départements ; elle constitue un premier pas dans la reconnaissance des politiques publiques du Plus Grand Paris ; elle se pose en exemple pour les travaux du CSAORP qui tendent à s'enliser.

> « *Sans devoir être nécessairement prise pour modèle dans tous les cas, car il n'est pas évident qu'une même solution soit applicable en toutes hypothèses, la convention* [...] *peut être proposée en exemple, comme une solution tout à fait heureuse, bien adaptée au cas particulier qu'elle concerne, de l'un des problèmes essentiels de l'aménagement de la région parisienne. À ce titre, elle doit retenir l'attention* [...] *du Comité supérieur lui-même*[221]. »

---

219. Article 10 de *la convention relative à l'assainissement entre le département de la Seine et le département de la Seine-et-Oise*.
220. Georges Lemarchand, *Note sur l'assainissement général des départements de la Seine et de la Seine-et-Oise et concernant l'ensemble des travaux de grands collecteurs, d'égouts secondaires et de canalisations réalisés depuis 1925*, imprimé n° 11, 16 avril 1935, p. 43.
221. Georges Lemarchand, *Note sur l'assainissement général...*, *op. cit.*, p. 43.

Un programme réalisé par les services techniques de la ville de Paris

La construction des ouvrages prévus au programme général et au programme complémentaire d'assainissement de la banlieue commence après son adoption par le conseil général de la Seine en décembre 1929 et juillet 1930. Le premier plan est voté le 31 décembre 1930. Les travaux débutent trois ans avant la déclaration d'utilité publique du programme général et deux ans avant la signature de la convention, alors même que les études techniques sur le rattachement des communes de Seine-et-Oise sont encore en discussion. Les premiers ouvrages mis en chantier sont les trois déversoirs d'orages établis aux portes de Paris.

Les services techniques de la ville de Paris sont aux commandes des opérations. En 1929, Georges Lemarchand pensait de bonne foi que le département de la Seine piloterait les travaux pour ménager les susceptibilités des communes suburbaines toujours méfiantes à l'égard de la suprématie de l'administration parisienne. « *Il était implicitement entendu que* [...] *le département se chargerait seul des opérations envisagées, ce qui réglait, pour l'avenir, de la manière la plus simple, la difficile question qu'avait soulevé l'aménagement des rapports de Paris et de la banlieue*[222]. » Cette vue de l'esprit sous-estimait le lobbying et la légitimité technique de la direction des travaux de Paris et de son corps des ingénieurs des Ponts et Chaussées.

La réorganisation des services de l'assainissement du département et de la ville de Paris, opérée en 1928, a reconnu la prédominance de la direction des travaux de Paris et de ses ingénieurs des Ponts et Chaussées sur l'aménagement du Grand Paris. Sous son autorité, trois services interviennent dans la gestion publique des eaux usées : le service technique des eaux et de l'assainissement de la ville de Paris, son service de l'assainissement de la Seine et son service des grands travaux d'assainissement, ancienne section d'étude des grands travaux. Ces deux dernières entités techniques jouent les premiers rôles dans l'élaboration et la mise en œuvre du programme général[223]. La construction des infrastructures de transport des eaux usées est confiée au service des grands travaux et le service de l'assainissement de la Seine dirige la construction des équipements d'épuration au premier rang desquels figure la station d'Achères. Quant aux services de l'assainissement des communes suburbaines, ils restent chapeautés par le service ordinaire et vicinal de la direction des affaires départementales.

La délégation de la politique d'assainissement à la direction des travaux de Paris, le nœud opérationnel des grands chantiers d'intérêt général, fut votée en décembre 1930 par le conseil général. Cette délégation technique s'inspire de la solution déjà adoptée, quelques mois auparavant, pour le prolongement en banlieue des lignes du métropolitain. Pour préserver l'unité de conception et d'exécution de leur projet, les conseillers généraux entendent confier au service municipal des eaux et de l'assainissement de la capitale l'exécution du programme général d'assainissement du département de la Seine et du département de la Seine-et-Oise[224]. Cette délégation se veut transitoire dans l'attente d'une véritable départementalisation des services d'assainissement ; un provisoire qui durera finalement plusieurs décennies. En 1935, Georges Lemarchand dans sa note rétrospective sur l'assainissement du Plus Grand Paris ne peut que constater, impuissant, « *les lacunes* » et « *les imperfections* » de la départementalisation de l'assainissement

---

222. Georges Lemarchand, *Note sur l'assainissement général...*, *op. cit.*, p. 15.
223. *Nos édiles 1921*, *op. cit.*, p. 616.
224. Procès-verbaux des séances du conseil général de la Seine, séance du 29 décembre 1930, p. 854-855 ; Georges Lemarchand, *Note sur l'assainissement général des départements de la Seine et de la Seine-et-Oise...*, *op. cit.*, p. 19.

alors même que cette politique « *constitue la clef de voûte de tout le système*[225] ».

Si le département de la Seine est bel et bien l'artisan de la politique d'assainissement du Plus Grand Paris, il n'en est pas l'opérateur principal. Le conseil général de la Seine noue les compromis entre institutions locales, vote les emprunts et administre les fonds ; la ville de Paris, par l'intermédiaire de ses services techniques, exécute les travaux. Seul le programme complémentaire d'assainissement des communes de la Seine banlieue est réalisé par le service départemental des ponts et chaussées. Pour ce qui concerne la Seine-et-Oise et la réalisation des ouvrages de raccordement au réseau d'intérêt général, les études et les travaux sont placés sous le contrôle du service des Ponts et Chaussées de Seine-et-Oise[226]. Mais en application de la convention de 1933, la réalisation des travaux reste centralisée et subordonnée à un visa de conformité et d'opportunité délivré par le service des grands travaux d'assainissement de la direction des travaux de Paris. Selon cette même convention, le département de la Seine et le service de l'assainissement de la Seine de la ville de Paris prennent également à leur charge, à partir de 1937, l'exploitation de deux stations d'épuration de Seine-et-Oise, celle de Tremblay-Lès-Gonesse et celle d'Aulnay-sous-Bois.

S'endetter pour assainir

La construction des ouvrages d'assainissement démarre rapidement, mais son financement reste précaire. Depuis le début des années 1920, le conseil général n'a de cesse de réclamer une réforme de la fiscalité locale. La loi Niveaux du 13 août 1926 a donné en partie satisfaction au département de la Seine en instaurant une vingtaine de taxes au profit des collectivités. Mais cette loi, en réaffirmant la compétence des communes en matière d'assainissement, a exclu les départements du bénéfice de la nouvelle taxe d'écoulement à l'égout. Si pour Georges Lemarchand, Louis Peuch ou Auguste Marin, cette disposition peut se concevoir « *car, à part le département de la Seine, aucun autre n'a de semblables besoins ;* [pour le département capitale] *il y a là, assurément, une lacune qu'il faudra corriger par une loi spéciale à notre région*[227] ».

Le 26 décembre 1928, le conseil général de la Seine adopte une résolution demandant le vote d'une loi spéciale autorisant l'assemblée départementale à créer une taxe d'écoulement à l'égout. Cette demande n'est pas suivie d'effet ; le gouvernement refuse de soutenir devant l'Assemblée nationale un projet dérogatoire à la charte départementale de 1871. À l'occasion du vote du programme général, le conseil général de la Seine réitère sa demande ; le 30 décembre 1930, une nouvelle délibération est votée « *considérant qu'il est nécessaire de réaliser sans plus tarder l'assainissement de la région parisienne* [et] *que ce travail indispensable entraîne des charges qui ne peuvent être compensées budgétairement que par la création de recettes nouvelles spécialisée* ». Les conseillers généraux réclament à l'administration préfectorale la rédaction d'« *un projet de loi autorisant la perception des taxes jugées indispensables*[228] ». Ce projet sera élaboré mais ne sera jamais voté[229].

Le financement public demeure une pierre d'achoppement entre l'État et les collectivités locales. Pour la première campagne de travaux d'assainissement, délibérée le

225. Georges Lemarchand, *Note sur l'assainissement général des départements de la Seine et de la Seine-et-Oise…*, *op. cit.*, p. 47.

226. *La Direction générale des services techniques de Paris*, Paris, Sciences et industrie, 1958.

227. Georges Lemarchand, Louis Peuch, Auguste Marin, *Rapport au nom de la commission départementale des eaux…*, *op. cit.*, p. 76.

228. Procès-verbaux des séances du conseil général de la Seine, séance du 30 décembre 1930, p. 1265-1266.

229. Georges Lemarchand, Louis Duteil, Émile Cresp, *Rapport général au nom de la commission des eaux, de l'hygiène, de l'assainissement, des ordures ménagères et des fumées industrielles, sur le projet de convention avec le département de Seine-et-Oise pour l'assainissement de la banlieue*, n° 102, 30 décembre 1932, p. 29.

31 décembre 1930, le conseil général a recours à un expédient. Évalué à 40 millions de francs (25 millions pour le programme général et 15 millions pour les ouvrages complémentaires d'assainissement de la banlieue), le premier appel de fonds est prélevé sur l'emprunt départemental de 650 millions destiné à l'aménagement de la zone des forts de deuxième ligne[230]. En 1931, le conseil général invite le préfet Édouard Renard à obtenir des ministères de tutelle l'autorisation d'emprunter 95 millions de francs destinés à rembourser sa dette de 40 millions et à engager la deuxième campagne de travaux d'un montant de 55 millions de francs, dont 20 millions investis dans les opérations d'assainissement de la banlieue. En décembre 1932, un nouvel emprunt de 100 millions de francs est voté pour financer une troisième tranche de travaux. Ces deux emprunts sont gagés sur la création de quatre centimes additionnels spéciaux.

À partir de 1934, le département de la Seine cherche de nouvelles sources de financement. Dans le contexte de crise économique, le gouvernement de Gaston Doumergue décide de mettre en œuvre des programmes de grands travaux destinés à soutenir l'économie et à lutter contre le chômage[231]. Lancé en mai 1934, le Plan Marquet du nom de son instigateur, Adrien Marquet, ministre du Travail et maire de Bordeaux depuis 1925, finance sous forme de prêts à taux réduit de la Caisse des dépôts et consignations, gagés sur le fonds commun des assurances sociales, une série de travaux exécutés par les collectivités locales. Dans le cadre de ce plan supervisé par la commission nationale des grands travaux contre le chômage instituée par décret du 15 mai 1934, les élus se voient promettre un prêt de 700 millions de francs pour le programme d'assainissement de la région parisienne. Ce prêt est finalement limité à 300 millions : 25 millions de francs pour le département de Seine-et-Oise et 275 millions pour le département de la Seine, dont 220 millions pour l'exécution du programme général et 55 millions pour les ouvrages secondaires du plan d'assainissement de la banlieue[232]. Pour compenser la réduction du prêt garanti, l'État autorise le département à emprunter 300 millions de francs à taux bonifié. Mais en 1938, ces emprunts ne sont finalement pas réalisés. Seul celui de 1932, de 100 millions de francs, a permis le financement de la première tranche des grands travaux d'assainissement.

Sous le Front populaire, le conseil général de la Seine a cru, en vain, pouvoir bénéficier du nouveau programme de grands travaux, le Plan Blum, annoncé en août 1936, destiné à compenser l'importante augmentation des prix intervenue et à permettre la réalisation des travaux prévus par le Plan Marquet[233]. Ce plan ne portera finalement pas ses fruits. Dans un contexte de tensions internationales exacerbées, d'autres priorités voient le jour. Le déclenchement de la Seconde Guerre mondiale à l'automne 1939 tarit les sources de financements du programme général. Les chantiers de l'assainissement de l'agglomération parisienne sont ralentis avant d'être bientôt interrompus.

Dans l'histoire de l'assainissement, l'entre-deux-guerres marque un temps de profondes transformations des politiques publiques intercommunales, départementales et interdépartementales. Les réformateurs de la Belle Époque, autour du Musée social et des associations professionnelles d'administrateurs et de techniciens municipaux, avaient jeté les bases de ce mouvement inédit de coopération politique,

230. Georges Lemarchand, *Note sur l'assainissement général…*, *op. cit.*, p. 19.

231. Pierre Saly, « La politique française des grands travaux (1929-1939) fut-elle keynesienne ? », *Revue économique*, n° 31, juillet 1980, p. 706-742.

232. Eugène Fiancette, *Rapport général présenté au nom du comité du budget, du compte et du contrôle sur le projet de budget rectificatif de 1935 et sur le projet de budget primitif pour 1936*, n° 75, 1935, p. 316.

233. *Communication de M. le Préfet de la Seine au conseil municipal et au conseil général relative à l'établissement d'un programme de grands travaux intéressant la région parisienne* du 15 mars 1947.

administrative et technique[234]. La reconnaissance de l'hygiène publique, incarnée par les meneurs d'opinion du Grand Paris – Henri Sellier, Louis Dausset, François Latour, Jean Raymond-Laurent, Georges Lemarchand ou André Morizet – a joué un rôle moteur dans la prise de conscience politique de la nécessaire amélioration du cadre de vie des urbains, parisiens et banlieusards, de plus en plus nombreux.

La sensibilité aux nuisances de la pollution domestique et industrielle s'est intensifiée dans les années 1920 et 1930[235]. La création de grands services urbains d'hygiène du Grand Paris, des dispensaires de lutte contre la tuberculose à l'évacuation des ordures ménagères, est considérée comme un gage de paix sociale qui s'appuie sur le progrès des techniques[236]. Dénoncé dans le milieu des hygiénistes et des ingénieurs, le constat indéniable du « *retard français* » dans la diffusion des politiques publiques d'assainissement des villes, imputé trop facilement aux résistances des élus locaux, est à nuancer pour le cas du Grand Paris et du Plus Grand Paris : « *la capitale demeure le lieu d'expérimentation privilégiée de la nouveauté et le centre névralgique des réseaux de la modernité*[237]. » Dans le domaine public de l'assainissement, le département de la Seine a engagé une collaboration ambitieuse couvrant en 1931 plus de 240 communes et plus de 5,8 millions d'habitants. La grande banlieue est associée, en grand partie, à ce mouvement de coopération ; 162 communes de Seine-et-Oise sont intégrées au programme général d'assainissement de l'agglomération parisienne et 70 sont adhérentes en 1935 d'un syndicat intercommunal d'assainissement.

Les contraintes financières, plus que les contraintes techniques, pèsent sur la mise en chantier de la politique interdépartementale ; la crise des finances publiques n'a pas épargné le Grand Paris. Pour l'assainissement des agglomérations françaises, il n'y a pas eu de grande loi de financement à l'instar de la loi Loucheur de juillet 1928 qui programme la construction de plus de 260 000 habitations à bon marché (HBM)[238]. Devant l'inertie de l'État, les collectivités locales « *ont été les agents du changement, en France comme ailleurs*[239] ». La création du ministère de l'Hygiène, de l'Assistance et de la Prévention sociale, le 27 janvier 1920, n'a pas renversé les priorités sociales des gouvernements de la IIIe République. Les retombées sociales du chômage et les crises politiques qu'elles sous-tendent, inquiètent plus que les retombées de la pollution des fleuves. Les collectivités locales sont, elles aussi, contraintes de faire le choix de l'urgence en privilégiant les investissements dans le réseau d'alimentation en eau potable, le traitement des ordures ménagères et, pour certaines d'entre elles, la construction d'HBM[240].

Le sort des eaux usées apparaît d'autant plus secondaire que leur débouché s'amenuise sans rapporter de ressources aux collectivités. L'historienne Sabine Barles a très bien analysé ce processus qui hypothèque l'avenir des cours d'eau et la préservation de l'environnement des citadins :

---

234. Claude Viviane, *L'Association générale des hygiénistes et techniciens municipaux : école et/ou Lobby 1905-1930*, Paris, Plan Urbain, 1987.

235. Estelle Baret-Bourgoin, *La Ville industrielle et ses poisons. Les mutations de sensibilités aux nuisances et pollutions industrielles à Grenoble 1810-1914*, Grenoble, Presses universitaires de Grenoble, 2005.

236. Émile Mondon, *Assainissement général des villes et des petites collectivités*, tome 1, *Les déchets urbains et la pollution des cités*, Paris, Dunod, 1931.

237. Stéphane Frioux, *Les Réseaux de la modernité…*, *op. cit.*, p. 582.

238. Bastien Pourtout, « La première loi de programmation de logements sociaux : la loi Loucheur et les offices publics d'HBM (1928-1939) », *in* Emmanuel Bellanger, Jacques Girault (dir.), *Villes de banlieues. Personnel communal, élus locaux et politiques urbaines en banlieue parisienne au XXe siècle*, Paris, Créaphis, 2008, p. 109-118.

239. Stéphane Frioux, *Les Réseaux de la modernité…*, *op. cit.*, p. 572.

240. Emmanuel Bellanger, « Les maires et leurs logements sociaux. Des années de fondation à l'âge d'or du grand ensemble (1910-1960) », *Histoire urbaine*, n° 23, décembre 2008, p. 103-115.

« [La] *révolution des engrais a fait perdre tout intérêt aux eaux d'égout. Les conséquences de leur dévalorisation sont dramatiques pour le fleuve et seuls les impératifs de la fourniture d'eau potable motivent une politique de protection qui est celle de la ressource – donc des citadins – et non pas celle du milieu. Les solutions qui sont envisagées reflètent par ailleurs la place prépondérante des ingénieurs des Ponts et Chaussées dans l'administration parisienne et séquanaise* […]. *Confrontés à un problème de qualité – la dégradation de la ressource par les rejets urbains et industriels – les ingénieurs élaborent une réponse en termes de quantités : le soutien d'étiage. La foi en l'auto-épuration caractéristique du premier XX*e *siècle fait le reste : il suffira de diluer la pollution pour la rendre inoffensive*[241]. »

241. Sabines Barles, *La Seine et le métabolisme parisien…*, *op. cit.*, p. 15.

TROISIÈME

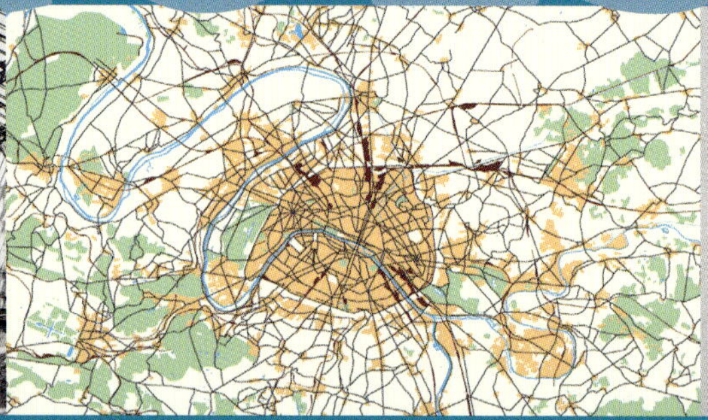

PARTIE

De l'étatisation à la décentralisation des politiques urbaines des années 1940 aux années 1980

La « *mainmise* » de l'État sur l'aménagement du territoire

La Seconde Guerre mondiale constitue une période de rupture. L'instauration du régime de Vichy, le 10 juillet 1940, met un terme à la légalité républicaine. La démocratie parlementaire est muselée ; les libertés locales sont abrogées ; les conseils généraux sont supprimés et les élus locaux sont désormais nommés par le pouvoir central[1]. L'État français, antirépublicain, anticommuniste, antifranc-maçon et antisémite, consacre la supériorité de l'administration sur le politique. État autoritaire, il ne rencontre plus de résistance « *pour faire avaliser des textes qu'il aurait été difficile de soumettre à la procédure parlementaire* [...][2] ». Les politiques locales sont étatisées à l'instar des hôpitaux, des recettes municipales, des services de lutte contre les incendies. L'octroi communal, cette recette si décriée mais essentielle à l'équilibre des budgets des municipalités sous l'entre-deux-guerres, est supprimé en 1943 par le chef du gouvernement, Pierre Laval, maire d'Aubervilliers depuis 1923[3].

La reprise en main des affaires publiques par les hauts fonctionnaires du régime de Vichy se répercute sur la politique des transports. La loi du 26 juin 1941 acte l'unification des transports collectifs parisiens, à partir du 1er janvier 1942, sous l'égide de la Compagnie du chemin de fer métropolitain de Paris (CMP). Le contexte de pénurie renforce plus encore le pouvoir de l'appareil d'État sur la vie économique et sociale de la France occupée. Le ravitaillement et le rationnement, que doivent organiser sur le terrain les collectivités locales, sont contrôlés par la puissance publique placée sous la tutelle et le contrôle étroit de l'armée d'occupation[4]. « *Une telle refonte procédait en réalité de la politique systématique de Vichy, qui entendait extirper de nos codes et de nos mœurs publiques, le vieil esprit républicain pour lui substituer le dogme autoritaire* [...] *de ce régime discrétionnaire*[5]. »

Des ambitions planificatrices

L'aménagement du territoire n'échappe pas à ce mouvement de centralisation et de concentration administrative et technique. Les premières mesures adoptées par le gouvernement de Vichy sont fixées le 11 octobre 1940 avec la création de deux commissariats : le commissariat technique à la reconstruction immobilière, chargé d'établir les projets d'aménagement des communes sinistrées, en lieu et place des mairies et des préfectures et le commissariat à la lutte contre le chômage, chargé d'organiser des programmes de travaux publics à destination des chômeurs dont le nombre culmine à 1 069 567 à la mi-novembre 1940[6]. La direction de ce commissariat est assurée par François Lehideux, ancien directeur général des usines Renault, qui se voit confier

1. Pierre Doueil, *L'Administration locale à l'épreuve de la guerre (1939-1949)*, Paris, Librairie Recueil Sirey, 1950, p. 152-163.
2. Marc Olivier Baruch, *Servir l'État français. L'administration en France de 1940 à 1944*, Paris, Fayard, 1997, p. 59.
3. Emmanuel Bellanger, « Étatiser les services publics communaux », *in De la Seine et de la Seine-et-Oise à la Seine-Saint-Denis : une histoire de l'État au XXe siècle*, Paris, La Documentation française, 2005, p. 49-50.
4. Dominique Veillon, *Vivre et survivre en France, 1939-1947*, Paris, Histoire Payot, 1995.
5. « L'autonomie communale en matière d'urbanisme et de travaux », *Urbanisme*, n° 1, mars 1947, p. 31.
6. Marie-Antoinette Maux-Robert, « Le commissariat à la lutte contre le chômage en zone sud », *Guerres mondiales et conflits contemporains*, n° 206, 2002, p. 121.

quelques mois plus tard la direction de la Délégation générale à l'équipement national (DGEN), créée par la loi du 23 février 1941. Les missions attribuées à la DGEN relèvent d'une vision centralisée et hiérarchisée de l'aménagement du territoire. La loi du 6 avril 1941 relative à l'équipement national charge la DGEN d'établir « *un plan général d'équipement du pays* », de déterminer « *les directives nécessaires à l'exécution de ce plan* » et « *d'assurer la coordination des questions qui intéressent l'urbanisme en général et la construction immobilière*[7] ». Henri Giraud, le directeur émérite des travaux de la préfecture de la Seine, est appelé à collaborer à partir de juin 1941 au fonctionnement du nouvel organisme au titre de secrétaire général jusqu'à sa mort en novembre 1942. Cet ingénieur hors pair, entré au service de la préfecture de la Seine en 1898, cumule cette fonction stratégique avec celle de commissaire aux travaux de la région parisienne qu'il occupe depuis octobre 1940[8]. Selon Henry Puget, conseiller d'État, vice-président du Comité d'aménagement de la région parisienne et auteur régulier de la revue *Urbanisme*, « *il y apporte ses qualités de grand fonctionnaire réalisateur et sa volonté d'aboutir*[9] ».

Deux ans plus tard, la loi d'urbanisme, promulguée le 15 juin 1943, complète et renforce l'unification et la centralisation des politiques d'urbanisme et d'aménagement du territoire. Sous le régime de Vichy, les services de l'État prennent en main l'urbanisme en imposant la création d'une administration centrale qui maîtrise et unifie les projets d'aménagement et renforce la réglementation. Jusque dans les années 1920, à l'exception du département de la Seine, l'aménagement était resté une affaire essentiellement communale. Le contrôle tutélaire s'exerçait sous l'autorité du ministère de l'Intérieur par l'intermédiaire des préfectures. Le décret-loi du 14 mars 1932 relatif à l'élaboration d'un plan d'aménagement de l'agglomération parisienne et, enfin, la loi du 25 juillet 1935 instaurant les projets régionaux d'urbanisme constituaient l'esquisse d'une réglementation d'urbanisme, restée sans réel effet sur la cohésion et la rationalisation de la planification urbaine.

La loi urbaine du 15 juin 1943 nationalise l'aménagement du territoire. Cette prise en main de l'aménagement et de l'urbanisme par les services de l'État est organisée avec la collaboration active d'Henri Giraud et du corps des ingénieurs des Ponts et Chaussées. En application de la loi du 6 avril 1941, la loi de 1943 a été élaborée par les services de la DGEN. Ce texte a été supervisé par André Prothin, ingénieur en chef à la direction des travaux de Paris durant l'entre-deux-guerres, placé à la direction de l'urbanisme et de la construction immobilière de la DGEN[10]. La marque des services techniques de la préfecture de la Seine sur ce texte fondamental est manifeste à la lecture du titre IV de la loi du 15 juin 1943. Ces services sont consacrés ; ils deviennent les seuls aménageurs légitimes du département capitale au détriment du pouvoir local annihilé. Sous le régime de Vichy, « *la volonté de coordonner, de centraliser, d'étatiser* [...], *affecte la structure, les engrenages et le volume de l'appareil administratif ; dans une poussée parallèle, elle est accompagnée, pour la mise en œuvre du système, par un renforcement des sujétions pesant sur les collectivités locales, les particuliers et les administrations mêmes. Plus que jamais l'urbanisme est discipline et contrainte* [...]. *En bref, depuis l'Armistice, l'urbanisme devient davantage une affaire d'État, et dans l'État des organismes nouveaux, actifs, entreprenants, s'y consacrent*[11] ».

Pour la première fois en France, les obligations des propriétaires fonciers sont renforcées à travers notamment la généralisation et l'unification du permis de construire dont les prémices avaient été introduites, à Paris, par le décret de

7. *Journal officiel* du 4 mai 1941, p. 1893.
8. Isabelle Couzon, « La place de la ville dans le discours des aménageurs du début des années 1920 à la fin des années 1960 », *Cybergeo*, n° 37, novembre 1997, p. 7-8.
9. *Urbanisme*, n° 89-90, avril-mai 1943, p. 74.
10. André Prothin, « Vers la mise en application de la loi d'urbanisme », *Urbanisme*, n° 89-90, avril-mai 1943, p. 83-90 ; Benoît Pouvreau, « La politique d'aménagement du territoire d'Eugène Claudis-Petit », *Vingtième Siècle. Revue d'histoire*, 79, juillet-septembre 2003, p. 48.
11. Henry Puget, « Le nouveau droit de l'urbanisme, ses principes généraux », *Urbanisme*, n° 89-90, avril-mai 1943, p. 78.

1852 et, en France, par la loi de santé publique du 15 février 1902 et la loi d'aménagement des villes du 14 mars 1919, modifiée et complétée par celle du 19 juillet 1924. Au début des années 1940, l'État se dote au sein de la DGEN d'une direction nationale de l'urbanisme et de services déconcentrés régionaux placés sous l'autorité d'un inspecteur général de l'urbanisme. La procédure d'expropriation est facilitée. L'État affiche désormais la volonté de maîtriser l'extension et la densification des agglomérations en confiant à la DGEN la responsabilité des projets d'aménagement communaux et intercommunaux, soumis à l'approbation par décret du Conseil d'État[12].

La déclaration d'utilité publique du plan d'aménagement de la région parisienne (PARP) est consacrée sous le régime de Vichy par la loi du 28 août 1941[13]. Avec l'adoption du PARP, le Grand Paris, débattu depuis plus de trente ans, s'efface devant une nouvelle circonscription d'intervention publique : la région parisienne, défendue sous la IIIe République par Henri Sellier et André Morizet[14]. La loi du 28 août 1941 consacre ce territoire plus vaste, tout à la fois urbain et rural, qui agrège dans leur intégralité les départements de la Seine, de la Seine-et-Oise et de la Seine-et-Marne.

L'aménagement de cette région capitale conforte l'initiative et le contrôle de l'État. En février 1941, le CSAORP est supprimé et remplacé par le commissariat aux travaux de la région parisienne. Alors que le CSAORP comportait parmi ses membres douze parlementaires et vingt-huit élus locaux, le commissariat aux travaux est au contraire exclusivement composé de « *technocrates*[15] ». Un comité d'aménagement de la région parisienne (CARP) est également créé en 1943 par l'État français. Son service technique, le service d'aménagement de la région parisienne (SARP), relève directement du délégué général à l'équipement national. L'instauration de ces administrations opérationnelles préfigure une nouvelle pratique de l'aménagement régional mise en chantier dans les années 1950 et 1960. Elle conforte surtout une vision malthusienne de la croissance de l'agglomération parisienne, critiquée et caricaturée par le géographe Jean-François Gravier, expert auprès de la DGEN, qui publiera après-guerre, en 1947, un ouvrage à succès *Paris et le désert français*[16]. Dans l'esprit des années 1940, il dresse un réquisitoire contre l'agglomération parisienne accusée, sans nuance, de monopoliser les fonctions de commandements et de concentrer les richesses de la nation au détriment de la province.

Centralisation administrative et interruption du programme d'assainissement

Au sein de la préfecture de la Seine, la réorganisation de l'ensemble des directions techniques, intervenue au mois d'août 1941, opère un mouvement de concentration administrative au profit de la nouvelle direction générale des services techniques (DGST). Cette institution succède à la direction des travaux de Paris dirigée de 1924 à 1941 par Henri Giraud. La disparition du mot Paris marque un changement d'échelle. Il n'y a plus d'ambiguïté possible, la DGST couvre l'ensemble du département de la Seine et une partie de la Seine-et-Oise dans le cadre des programmes interdépartementaux d'aménagement de l'agglomération parisienne. Sous le régime de Vichy, dans le domaine de la gestion des eaux usées, l'exploitation du réseau départemental de la Seine banlieue, jusqu'alors gérée par le service des ponts et chaussées du département, est rattachée au service des grands travaux d'assainissement de la direction

12. Claude Cottour, *Une Brève histoire de l'aménagement de Paris et de sa région*, Paris, DREIF, 2008, p. 59-60.
13. Danièle Voldman (dir.), *Région parisienne. Approches d'une notion 1860-1980*, Paris, Les cahiers de l'IHTP, n° 12, octobre 1989.
14. Emmanuel Bellanger, « 1936, Le Front populaire au chevet de la région parisienne », *in* Annie Fourcaut, Emmanuel Bellanger, Mathieu Flonneau, *Paris banlieues…*, *op. cit.*, p. 234-237.
15. Danièle Voldman, *La Reconstruction des villes françaises de 1940 à 1944 : histoire d'une politique*, Paris, L'Harmattan, 1997, p. 51.
16. Jean-François Gravier, *Paris et le désert français, décentralisation, équipement, population*, Paris, Le Portulan, 1947.

Le pont d'Argenteuil détruit par le bombardement de juin 1940.
© SIAAP

Le site de Colombes bombardé.

L'usine A de Colombes et sa grande halle sont bombardées par l'aviation des alliés en 1942. Elle sera définitivement détruite en 1954.

© SIAAP

technique des eaux et de l'assainissement de la préfecture de la Seine, dirigé par l'inspecteur général des Ponts et Chaussées, François Sentenac[17]. Ce service, qui s'occupait déjà des ouvrages de collecte des eaux usées construits dans le cadre du programme général du Plus Grand Paris, devient le maillon de l'élaboration et de l'exécution de la politique d'assainissement. L'unification des services d'assainissement du Grand Paris, réclamée par le conseil municipal et par le conseil général depuis 1919, est réalisée sous le régime de Vichy.

Cette concentration administrative n'empêche pas le gel des réalisations d'assainissement de l'agglomération parisienne. La loi du 4 juin 1941 de lutte contre le chômage a bel et bien relancé le programme de grands travaux dont certaines opérations étaient annoncées dans les plans Marquet et Blum de 1934 et 1936. Selon la préfecture de la Seine :

> « *l'activité des services prit une ampleur notable dans le cadre du programme de la loi de 1941 pour la résorption du chômage : le service des égouts* [de Paris] *entreprit certains travaux de grosses réparations sur des ouvrages importants et la construction du déversoir Pascal. Le service de l'assainissement de la Seine paracheva en 1941 la station de traitement d'Achères et engagea l'électrification de l'usine de Pierrelaye. Quant au service des grands travaux d'assainissement, il put non seulement, remettre en route les chantiers de construction des grands émissaires, mais encore adjuger et reprendre les traversées sous-fluviales de l'émissaire Sèvres-Achères à La Frette et à Chatou* [...], *soit 21 chantiers au total*[18] ».

Mais cette embellie sur le marché de l'assainissement fut de courte durée. Le manque de main-d'œuvre dès 1942 et surtout la raréfaction des matières premières provoquée par les conditions drastiques de l'armistice du 22 juin 1940 mettent en péril les politiques d'aménagement et d'assainissement du territoire. Les grands travaux sont suspendus dès 1942 sur ordre des autorités d'Occupation devant lesquelles s'exécute l'administration vichyssoise[19]. Sur une dotation de 448 millions de francs, 213 millions seulement sont dépensés.

À la Libération, dès la fin de l'année 1944, les autorités de tutelle s'efforcent de relancer le programme général d'assainissement. La reprise des travaux se fait à une cadence ralentie. La marche normale des chantiers n'est assurée par les services techniques de la préfecture de la Seine qu'à partir de 1948. Le manque de crédit, conjugué aux effets de la forte inflation, constitue la principale entrave à la reprise des travaux. Jusqu'à la fin des années 1940, les services de l'assainissement sont confrontés à d'autres urgences. La guerre a causé de lourds dégâts sur de nombreuses installations ; reconstruire ce qui a été endommagé ou détruit est la priorité. L'émissaire général qui alimente l'ensemble des champs d'épuration a en effet été touché. Le pont d'Argenteuil, qui supporte les quatre conduites de transport des eaux usées de l'émissaire, fut bombardé à deux reprises : une première fois le 10 juin 1940, entraînant une interruption totale de l'épuration des eaux entre juin et août 1940 et une seconde fois le 26 août 1944. Le service de l'assainissement de la Seine ne dispose plus que de deux conduites, sur les quatre en service avant les bombardements, pour assurer le transport des eaux usées vers les équipements d'épuration.

Les bombardements ont également touché, à des degrés d'intensité divers, plusieurs ouvrages du service de l'assainissement de la Seine : l'aqueduc d'Achères, bien sûr, mais aussi, les dérivations de Saint-Ouen, les canalisations de Gennevilliers, les usines départementales d'Ivry-sur-Seine,

---

17. *Urbanisme*, n° 92, juillet-août 1943, p. 168.

18. Préfecture de la Seine, *L'Œuvre de relèvement dans le département de la Seine depuis la Libération, exposé présenté au conseil municipal de Paris et au conseil général de la Seine lors de leur session de mars 1950*, Paris, Imprimerie municipale, 1950, p. 304.

19. Préfecture du département de la Seine, *Communication de Monsieur le Préfet de la Seine au conseil municipal et au conseil général relative à l'établissement d'un programme de grands travaux intéressant la région parisienne*, n° 1, 15 mars 1947.

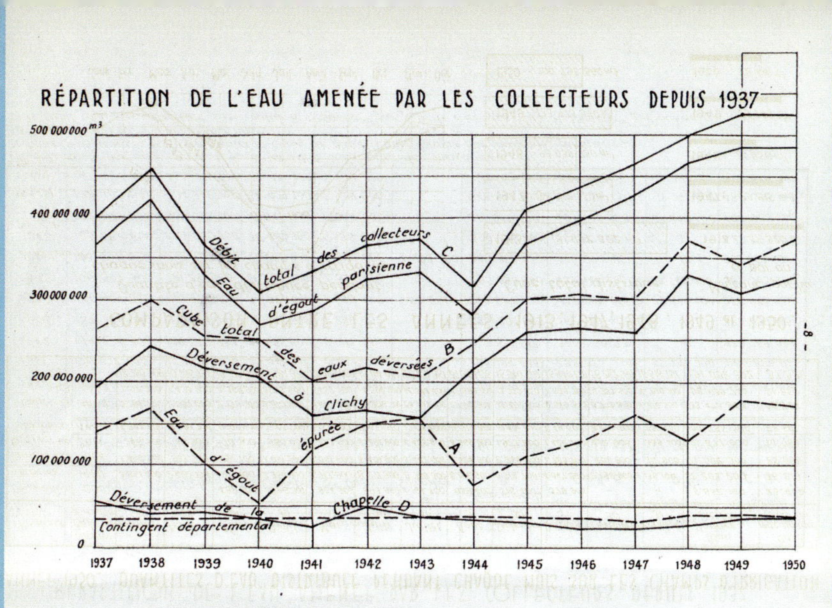

Répartition de l'eau amenée par les collecteurs depuis 1937.

Le débit des collecteurs, qui a baissé durant la guerre, augmente fortement à partir de la fin des années 1940. Dès 1947, les volumes d'eaux usées collectées dépassent ceux d'avant-guerre. Le décrochage entre les quantités d'eaux collectées et les quantités d'eaux épurées ne cesse de s'accentuer.

Notes à l'appui du compte, 1950.
© SIAAP

d'Alfortville et de Colombes jusqu'aux stations d'épurations de Mont-Mesly, Aulnay-sous-Bois et Tremblay-lès-Gonesse. Les destructions ont également affecté, à Paris, les collecteurs du Nord, de la Chapelle, des Poissonniers, des collecteurs latéraux à la Seine et des galeries d'égouts et, en banlieue, deux stations de relèvement d'eaux usées par temps de crue, à Boulogne et à Colombes, sont endommagées[20].

Dans ce contexte de reconstruction, une étape importante dans la réalisation de l'assainissement de la région parisienne a toutefois été franchie avec l'achèvement en 1940 de la première tranche de la station d'épuration d'Achères commencée en 1937. La station, d'une capacité de traitement de 200 000 m^3 par jour, est mise en service à l'automne 1940, mais elle ne fonctionne que de façon intermittente et rarement à plein régime jusqu'au milieu des années 1950, en raison du retard pris dans la réalisation des émissaires qui doivent l'alimenter en eaux d'égout. L'émissaire Sèvres-Achères, commencé en 1935, n'est en effet construit qu'à 70 % tandis que la première branche de l'émissaire Sud, qui constitue son prolongement vers le sud-est de l'agglomération, n'est qu'à moitié réalisée[21]. L'émissaire Nord-Est, commencé sur toute sa longueur, est loin d'être achevé. Quant aux émissaires Saint-Denis-Achères et Clichy-Achères, leur construction n'a pas débuté. La station d'Achères n'est alimentée que par une dérivation de l'émissaire général affecté aux champs d'épandage. Du fait de la pénurie et du rationnement alimentaires, la priorité est donnée à l'irrigation des champs et à la production agricole qui en dépend. La station est dès lors pratiquement arrêtée chaque année de juin à octobre afin de réserver les eaux d'égout aux cultures[22]. Durant les dix premières années de son existence, l'installation d'Achères traite des volumes d'eaux usées compris entre 19,5 et 38,7 millions de mètres cubes par an sur une collecte totale d'eaux d'égout comprise entre 360 et 524 millions de mètres cubes[23]. L'apport de ce nouvel équipement dans l'épuration générale des eaux de l'agglomération reste donc marginal jusqu'au milieu des années 1950. En valeur absolue, compte tenu de l'augmentation de la consommation d'eau dans les années d'après-guerre, les volumes d'eaux usées rejetées sans traitement dans la Seine s'accroissent et passent de près de

20. Préfecture de la Seine, *L'Œuvre de relèvement dans le département de la Seine…*, *op. cit.*, p. 302.
21. Préfecture de la Seine, *Communication de M. le Préfet de la Seine…*, *op. cit.*, p. 31-32.
22. Archives du Siaap, *Notes à l'appui du compte*, 1950, p. 4.
23. Archives du Siaap, *Notes à l'appui du compte*, années 1940 à 1950.

295 millions de mètres cubes en 1945 à plus de 377 millions de mètres cubes en 1950[24]. La destruction du pont aqueduc d'Argenteuil et les lenteurs de sa reconstruction expliquent en partie cette situation catastrophique pour l'environnement qui révèle autant les retards accumulés au cours des années 1930 dans l'achèvement du programme d'assainissement que la défaillance d'un système d'épuration biologique qui a concentré l'essentiel de ses infrastructures sur un unique site : Achères.

Dans l'immédiat après-guerre, seuls des travaux de reconstruction, d'entretien du réseau et des réalisations sociales sont exécutés avec la remise en état des ouvrages et du matériel de curage, l'adduction d'eau des hameaux de la plaine d'Achères et la construction d'abris pour les égoutiers et des logements pour les ouvriers de la ferme du domaine de la Haute-Borne. La reprise du programme général, de ses émissaires en particulier, reste conditionnée aux dotations de l'État et aux capacités d'emprunts du conseil général de la Seine qui affiche l'ambition, en avril et juillet 1949, de réaliser dans un délai de cinq ans plus de 240 kilomètres de canalisations d'assainissement[25].

Paris/banlieues : des inégalités persistantes

Quinze ans après son adoption, la réalisation du programme général a accumulé de tels retards que les départements de la Seine et de Seine-et-Oise se trouvent dans l'obligation de modifier la convention qui les lie depuis 1933. Un avenant est signé par les préfets des deux départements, Paul Haag et Roger Genebrier, le 31 janvier 1951. Il modifie la règle qui déterminait la part contributive de la grande couronne aux dépenses générales d'épuration. L'avenant réévalu à la baisse les sommes dues par le département de Seine-et-Oise pour la réalisation d'ouvrages d'assainissement, en attente ou en voie d'achèvement, dont il n'a pas bénéficié au cours des années 1930 et 1940[26].

Dans le département de la Seine, la situation de l'assainissement est contrastée. En Seine banlieue, une différence notable existe entre les communes proches de Paris et les communes les plus éloignées, toujours confrontées à l'extension de leurs lotissements.

> « *D'une manière générale, dans les communes les plus proches de Paris,* [les réseaux] *sont à peu près complets, mais, sur certains points, appellent un renforcement en raison du développement de l'urbanisation. Par contre, dans les autres communes, de grosses lacunes subsistent encore*[27]. »

Si en 1947, sur ses 80 724 immeubles, Paris n'en compte que 2 452 dépourvus du raccordement direct à l'égout (soit à peine 3 % de son parc immobilier), certaines communes de la Seine banlieue sont encore largement, si ce n'est totalement, dépourvues d'un réseau d'assainissement à l'instar de la commune de Rungis, la plus petite du département de la Seine avec ses 550 habitants au recensement de 1946[28].

Les communes de l'ouest de Seine banlieue sont d'autre part mieux équipées que celles de l'est. Au nord-ouest, les communes dépourvues d'un réseau d'assainissement efficace sont peu nombreuses et au sud-ouest, seules subsistent encore quelques zones à assainir autour du Plessis-Robinson. À l'est, au contraire, en dépit de travaux réalisés depuis le début des années 1930, l'assainissement piétine. Certaines communes, surtout les plus éloignées du réseau parisien, sont encore, à peu de chose près, vierges de tout système d'assainissement. La collecte et l'évacuation des eaux usées ont fait

24. *Annuaire statistique de la ville de Paris et des communes suburbaines de la Seine, Années 1942, 1943, 1944, 1945, 1946 et 1947*, Paris, Imprimerie municipale, 1952, p. 182 ; *Notes à l'appui du compte*, 1950.
25. Délibérations du conseil général de la Seine des 15 avril et 8 juillet 1949.
26. Archives du Siaap, Convention relative à l'assainissement entre le département de la Seine et le département de la Seine-et-Oise, Avenant du 31 janvier 1951.
27. Jean Cros, *Note relative au problème de l'eau dans le département de la Seine*, Paris, Imprimerie municipale, 1949, p. 306.
28. *Annuaire statistique de la ville de Paris et des communes suburbaines de la Seine…*, *op. cit.*, p. 176.

d'importants progrès dans les communes proches de Paris, les plus riches et les plus densément peuplées, mais ces villes – la moitié des villes de la Seine banlieue – ne sont guère plus nombreuses qu'à la fin des années 1930. Elles se situent dans les zones tributaires des ouvrages parisiens à la limite de la capitale (la butte Montrouge, le bassin inférieur de la Bièvre, à Montreuil, au Pré-Saint-Gervais, à Pantin et sur le plateau de Villejuif) et des usines de relèvement d'Ivry-sur-Seine et d'Alfortville qui refoulent les eaux usées vers la station du Mont-Mesly[29]. La majorité des égouts de la Seine banlieue continue de se déverser dans les cours d'eau qui traversent l'agglomération. En 1949, seuls 33 % des habitants de la Seine banlieue bénéficient du tout-à-l'égout, soit environ 700 000 personnes contre 1,4 million qui en sont privées[30]. Au même moment, plus de 96 % des immeubles parisiens jouissent de cette commodité urbaine.

En France, 18 % du parc immobilier a été totalement ou partiellement détruit durant la Seconde Guerre mondiale[31]. Les communes industrielles, cheminotes et aéroportuaires, de la banlieue parisienne ont été les plus affectées. Dugny est rayée de la carte ; Noisy-le-Sec subit de très lourds dégâts à l'instar de certains quartiers d'Asnières, de Saint-Denis, de Saint-Ouen, de La Courneuve, de Colombes, de Bois-Colombes, de Vitry-sur-Seine, d'Ivry-sur-Seine, d'Issy-les-Moulineaux, de Courbevoie, de Créteil, de Maisons-Alfort ou de Boulogne-Billancourt.

À l'heure du bilan, 145 520 logements ont subi une destruction totale ou partielle, auxquels s'ajoutent plus de 890 bâtiments publics[32]. Le réseau d'assainissement de ces villes n'a pas échappé aux destructions. Seuls un investissement massif des pouvoirs publics et le recours à l'emprunt permettraient d'engager de grands travaux de reconstruction et d'équipement.

Dépendance des élus et réglementation sans effet

Dans l'immédiat après-guerre, la situation économique de la France reste difficile ; les transports sont désorganisés ; la production industrielle et agricole s'est effondrée ; le rationnement des populations est maintenu jusqu'en 1947. Cette situation donne lieu à la mise en œuvre par le gouvernement provisoire de la République française et les gouvernements de la IVe République d'une politique de reconstruction et de modernisation fondée sur la planification. Dans cette optique est créé en janvier 1946 le Commissariat général du plan dont le personnel est en partie issu de la DGEN. Le premier plan, le Plan Monnet du nom de son commissaire Jean Monnet, conduit entre 1947 et 1952, est centré de façon très sélective sur six secteurs d'activité : le charbon, l'électricité, le ciment, la modernisation du secteur agricole, les transports et l'acier. Il faut attendre le milieu des années 1950 et le lancement du deuxième plan (1954-1957) pour voir la planification et l'investissement financier de l'État s'étendre aux équipements publics et aux logements.

Dans ce contexte de dirigisme économique, l'aménagement urbain, et notamment les questions liées à l'assainissement, ne constitue pas une priorité. Pour autant, les pouvoirs publics confirment et amplifient l'étatisation des politiques de planification urbaine initiée sous le régime de Vichy. En remplacement de la DGEN, le gouvernement provisoire institue en octobre 1944 un ministère de la Reconstruction et de l'Urbanisme (MRU), confié à l'ingénieur polytechnicien Raoul Dautry. Ce ministère intègre le Commissariat à la reconstruction immobilière, créé par Vichy, et les services en charge des questions d'urbanisme de la DGEN. Le rétablissement de la légalité républicaine a restauré la démocratie locale.

---

29. Jean Cros, *Note relative au problème de l'eau…*, *op. cit.*, p. 302.
30. Jean Cros, *Note relative au problème de l'eau…*, *op. cit.*,, p. 303.
31. Danièle Voldman, *La Reconstruction des villes françaises…*, *op. cit.*, p. 307-317.
32. Préfecture de la Seine, *L'Œuvre de relèvement dans le département de la Seine…*, *op. cit.*, p. 11.

Vue générale de la station d'Achères I achevée.
© SIAAP

La station d'Achères en 1986.
De gauche à droite, on observe les lits de séchage des boues, une unité expérimentale d'épuration, la station Achères II, Achères I, Achères III (à droite les bassins combinés) et Achères IV. Derrière les équipements de traitement des eaux sont implantées les installations de digestion des boues. Au premier plan de la photo, les canaux par lesquels l'eau épurée est rejetée en Seine.
© SIAAP

La station d'épuration d'Achères.

La première tranche de la station d'Achères a été construite entre 1937 et 1940 et mise en service au mois d'octobre 1940. Initialement prévue pour traiter 100 000 m³ par jour, la première tranche couvre finalement une capacité de traitement de 200 000 m³. Dans le courant des années 1960, sa capacité est encore accrue et portée à 300 000 m³. La première tranche comporte différents types d'installations qui constituent autant d'étapes pour l'épuration des eaux et le traitement des boues extraites des eaux usées. Avant d'entamer le processus d'épuration, les eaux usées subissent un premier traitement de dégrillage et de dessablement. Après ce premier traitement mécanique, les eaux usées sont conduites dans les installations d'épuration qui comportent trois phases successives.

Une première étape de décantation primaire opère une séparation des matières décantables. Les eaux usées sont admises dans un ensemble de bassins de grande capacité qui assurent un écoulement très lent afin de faciliter la chute et l'agglutination des particules qui se posent sur les radiers des bassins avant d'être raclées et éliminées.

Une deuxième étape d'aération combine l'agitation des eaux usées, enrichies en boues activées, avec une aération intensive qui provoque une prolifération des micro-organismes aérobies présents dans les eaux d'égout. Leur activité entraîne l'oxydation et la rupture de l'état colloïdal des matières organiques. Les matières organiques présentes dans l'eau résiduaire sous forme dissoute sont transformées en une matière corpusculaire et décantable.

Une troisième étape consiste en une décantation secondaire au cours de laquelle les matières organiques, floculées lors de l'étape précédente, se déposent sous forme de boues au fond des décanteurs. La majeure partie de ces boues est alors réintroduite dans les aérateurs de l'étape précédente afin de multiplier les micro-organismes et d'accélérer le processus d'épuration. Ce sont les boues activées.

En sortant des décanteurs secondaires, les eaux, désormais épurées, sont dirigées vers un collecteur qui les rejette à la Seine. Les boues issues du traitement d'épuration sont traitées dans des digesteurs, sortes de cuves closes chauffées et brassées à l'intérieur desquelles s'opère une fermentation anaérobie. À l'issue de ce processus, les boues sont inertes et inodores. Dans les premières années de fonctionnement d'Achères, ces boues digérées étaient reprises par des pompes qui les refoulaient dans l'émissaire d'alimentation des champs d'épandage afin d'apporter un complément d'engrais aux cultures irriguées aux eaux d'égout. Des lits de séchage ont ensuite été aménagés à proximité de la station pour procéder à la déshydratation d'une partie des boues. Leur digestion s'accompagne d'un dégagement de gaz riche en méthane récupéré et utilisé pour fournir une partie de l'énergie nécessaire au fonctionnement de la station.

Jusque dans les années 1990, les autres tranches de la station sont construites et fonctionnent selon le même principe tout en bénéficiant d'un certain nombre de perfectionnements techniques qui ont notamment permis de réduire la taille des installations et le temps nécessaire au traitement des eaux. Les changements dans le processus de traitement affectent en particulier la gestion des boues d'épuration qui devient un problème majeur et qui suscite l'installation d'unités de traitement de plus en plus perfectionnées : unités de conditionnement thermique, filtres-presses ou centrifugeuses pour déshydrater les boues.

À partir des années 1990, sous la pression de nouvelles exigences réglementaires françaises et européennes sur la qualité des effluents rejetés et la protection des cours d'eau, les stations d'épuration sont contraintes de mettre en œuvre des procédés d'épuration complémentaires destinés notamment à traiter le phosphore, l'azote et les nitrates, qui polluent les eaux. Une unité de clarifloculation, destinée à l'élimination du phosphore, puis une nouvelle unité de traitement des pollutions azotées, sont mises en service à Achères et à Saint-Germain-en-Laye en 2000 et en 2006.

Les représentants des collectivités territoriales sont de nouveau élus par un corps électoral élargi, depuis les élections municipales d'avril 1945, aux femmes devenues électrices et éligibles. Pour autant, les marges d'intervention des élus locaux restent sous l'étroite dépendance du pouvoir préfectoral et des administrations déconcentrées des ministères. Au cours des années 1950 et 1960, les conflits de légitimité et les tensions politiques resteront très vifs entre les représentants du peuple et les grands corps de l'État.

> « *La création du ministère de la Reconstruction et de l'Urbanisme marque le point de départ d'une croissance importante des effectifs de l'État en charge de la question urbaine. En plus de s'impliquer en y affectant de plus en plus de personnels, l'État se met à régler avec une précision accrue les solutions techniques aux problèmes des villes, dont les questions du génie sanitaire.* [...] *Des inspecteurs départementaux d'urbanisme sont en charge des plans d'aménagement ou des projets d'assainissement, désormais pensés dans le cadre de groupements intercommunaux.* [...] *L'implication de l'État, par le biais du MRU, se traduit également par la production accélérée de circulaires et de documents types* [...] *contraignant les municipalités et les entreprises à entrer dans un cadre défini*[33]. »

En février 1949, la publication de l'instruction technique relative à l'assainissement des agglomérations, communément appelée circulaire Caquot, témoigne du nouveau rôle que les services ministériels de l'urbanisme comptent assumer dans la gestion publique de l'eau[34]. Cette réglementation est mise au point au sein du MRU par une commission technique présidée par l'ingénieur des Ponts et Chaussées, directeur technique des eaux et de l'assainissement de la DGST de la préfecture de la Seine depuis 1944, Pierre Koch, auteur de traductions et de manuels de référence sur l'assainissement[35]. Cette circulaire décrit le cahier des charges pour la réalisation des réseaux d'assainissement, depuis la conception jusqu'au calibrage des canalisations, en s'inspirant de l'exemple parisien. Les calculs proposés par la circulaire reposent sur les travaux effectués par l'ingénieur des Ponts et Chaussées, Albert Caquot, au début des années 1940, qui s'était lui-même appuyé sur l'expérience de l'agglomération parisienne. Largement diffusée auprès des services techniques municipaux des communes urbaines, cette circulaire met à l'honneur les techniques d'assainissement du Grand Paris et la standardisation des travaux, gage, selon ses auteurs, de sécurité et de progrès[36]. Cette méthode officielle, en vigueur jusqu'au milieu des années 1970, n'est en réalité pas adaptée à la pluralité des situations locales et aux événements imprévisibles (orages saisonniers, relief marqué...)[37]. Elle est surtout peu contraignante pour les collectivités locales et, en conséquence, ne préserve pas l'environnement des rejets d'eaux usées non traitées.

L'instruction technique de 1949 ne formule aucune obligation sur l'épuration des eaux. Elle ne fait qu'invoquer un « *traitement minimum*[38] ». Quant à la circulaire du 12 mai 1950, qui la complète, « [elle] *précise que le rejet sans traitement n'est tolérable que dans des circonstances tout à fait exceptionnelles*[39] ». Elle « *pose clairement l'objectif sanitaire, mais ne*

33. Stéphane Frioul, *Les Réseaux de la modernité...*, *op. cit.*, p. 444.

34. Ministère de la Reconstruction et de l'Urbanisme, direction générale de l'urbanisme et de l'habitation, *Instruction technique relative à l'assainissement des agglomérations*, circulaire CG 1333 du 22 février 1949.

35. *Bulletin municipal officiel de la ville de Paris* du 27 avril 1975, p. 405 ; Karl Imhoff, *Manuel de l'assainissement urbain traduit et commenté par Pierre Koch*, Paris, Dunod, 1964.

36. Pierre Koch, « Direction technique des eaux et de l'assainissement », *Travaux*, n° hors série *Direction générale des services techniques de la ville de Paris*, 1949, p. 79-156.

37. Gabriel Dupuy, Georges Knaebel, *Assainir la ville hier et aujourd'hui*, Paris, Dunod, 1982, p. 26-36.

38. Ministère de la Reconstruction et de l'Urbanisme, Direction générale de l'urbanisme et de l'habitation, *Instruction technique relative à l'assainissement des agglomérations*, circulaire CG 1333 du 22 février 1949, Paris, 1949, p. 35. Cité par Sabine Barles, *L'Invention des déchets urbains...*, *op. cit.*, p. 208.

39. Stéphane Frioux, *Les Réseaux de la modernité...*, *op. cit.*, p. 525.

fait pas "obligation de l'épuration totale ou partielle des eaux collectées au sujet desquelles il est simplement recommandé de rechercher la meilleure destination finale, déversement en mer, dans un lac, un étang, un cours d'eau sur ou sous le sol"[40] ». Les conséquences à long terme de ces pollutions ne sont pas évaluées et la notion même de préservation du milieu naturel est totalement absente d'un débat qui se focalise pour l'essentiel sur les aspects techniques et sanitaires de l'assainissement[41].

Dans la région capitale, l'initiative locale en matière d'organisation et d'aménagement engagée par le département de la Seine dans les années 1930, reste subordonnée aux initiatives gouvernementales. Le CARP et son service technique, le SARP, créés sous le régime de Vichy, sont maintenus et rattachés au MRU. L'étatisation s'accentue en 1955 lorsqu'un commissaire à la construction et à l'urbanisme pour la région parisienne est nommé pour superviser et coordonner les politiques urbaines. Pierre Sudreau, préfet de son état, exerce au titre de commissaire « *les fonctions de secrétaire général spécialisé à la préfecture de la Seine* [...] *chargé d'une mission générale de mise en œuvre dans l'ensemble de la région parisienne, de la politique de la construction et de l'urbanisme définie par les pouvoirs publics*[42] ». Pour remplir ces missions, il pilote les services préfectoraux et les services départementaux de la Seine, de la Seine-et-Oise et de la Seine-et-Marne et du ministère de la Reconstruction et du Logement (MRL) qui, en 1953, a succédé au MRU. Ce haut fonctionnaire impulse les nouveaux projets de construction de lotissements et de logements collectifs, désignés sous l'appellation de grands ensembles ; c'est encore lui qui approuve leur volet technique de désenclavement et d'assainissement[43]. Les élus locaux se retrouvent ainsi de plus en plus dépossédés des prérogatives que la charte municipale de 1884 leur avait conférées sous la IIIe République.

Parmi ses missions, le nouveau commissaire est notamment chargé de mettre en œuvre la révision du projet d'aménagement de la région parisienne de 1939-1941. Cette révision, esquissée en janvier 1956, est complétée par l'élaboration d'un nouveau Plan d'aménagement et d'organisation générale de la région parisienne, le PADOG, approuvé par décret le 6 août 1960[44]. Cette planification régionale accorde une très nette priorité à la construction de logements[45]. Elle affiche également la volonté de décentraliser une partie des activités économiques de l'agglomération parisienne vers la province en vue de stabiliser sa croissance démographique[46]. La décennie 1950 est en effet marquée par une profonde crise du logement immortalisée par l'appel de l'abbé Pierre en faveur des mal-logés, en février 1954. Cette crise est également stigmatisée par les thèses anti-parisiennes et anti-banlieues de Jean-François Gravier qui influencent les hauts fonctionnaires en charge de l'aménagement du territoire.

Dans ce contexte, l'assainissement de l'agglomération parisienne ne constitue pas la priorité ; le PARP de 1956, comme le PADOG de 1960, ne sont pas suivis d'une politique de grands travaux indispensable au financement du programme général d'assainissement. En 1958, l'inspecteur

---

40. Cité par Sabine Barles, *L'Invention des déchets urbains...*, *op. cit.*, p. 208.

41. Sabine Barles, *La Seine et le métabolisme parisien : l'essor des dépendances capitales XIXe-XXe siècles*, rapport du programme PIREN-Seine, Laboratoire Théorie des mutations urbaines, Institut français d'urbanisme, Université de Paris 8, 2009.

42. Décret n° 55-581 du 20 mai 1955 instituant un commissaire à la construction et à l'urbanisme pour la région parisienne, *Journal officiel de la République française* du 21 mai 1955, p. 5042.

43. Hervé Vieillard-Baron, « Sur l'origine des grands ensembles », *in* Frédérique Dufaux, Annie Fourcaut (dir.), *Le Monde des grands ensembles*, Paris, Créaphis, 2004, p. 45-61.

44. Pierre Lavedan, « Le plan d'aménagement de la région parisienne », *La vie urbaine*, n° 4, octobre-décembre 1961, p. 281-286.

45. Comité d'aménagement de la région parisienne, *Construction et urbanisme dans la Région parisienne en 1958*, Paris, Imprimerie municipale, 1959.

46. Évelyne Cohen, « Expliquer Paris à la télévision : Pierre Sudreau et les problèmes de la construction (1958) », *Sociétés & Représentations*, n° 17, mars 2004, p. 117-127.

général des Ponts et Chaussées, Gaston Vanneufville, directeur général des services techniques de la préfecture de la Seine, s'inquiétait des effets de ce désengagement de l'État : « *Depuis 1946, le montant nominal des subventions promises par l'État pour les travaux des services techniques a été de l'ordre de 4 100 millions. Les subventions réellement accordées n'ont pas dépassé 1 850 millions.* [...] *Il apparaît ainsi que, depuis le dernier conflit, les nécessités d'une conjoncture économique en aggravation constante n'ont permis aux STPS* [services techniques de la préfecture de la Seine] *que des réalisations incomplètes au regard des nécessités d'aménagement et d'équipement des collectivités qu'ils servent*[47]. »

47. Gaston Vanneufville, *La Direction générale des services techniques de Paris : supplément à la revue Travaux*, Paris, Sciences et Industrie, 1958, p. 1-5.

La reprise des grands travaux

La direction générale des services techniques de la préfecture de la Seine est l'un des principaux leviers des politiques urbaines du département capitale. Elle couvre les domaines de l'eau et de l'assainissement mais aussi ceux de la voirie, du réseau métropolitain, du traitement des ordures ménagères, de la lutte contre les inondations et de l'équipement portuaire[48]. La gestion publique de l'eau et des voies de circulation figure parmi ses grandes priorités dictées par une croissance démographique exceptionnelle, soutenue par le baby-boom et l'apport migratoire, et par une augmentation remarquable du nombre de véhicules automobiles sous les Trente Glorieuses[49]. Au 1er janvier 1960, la région parisienne concentre déjà 1,2 million de voitures, soit 22,5 % du parc automobile français[50].

Dans ce cadre de densification et de desserrement urbain, une impulsion nouvelle, politique et symbolique, est donnée à l'agglomération parisienne avec l'individualisation, à partir de 1961, des budgets d'investissement de la ville de Paris et du département de la Seine. Cette adaptation aux besoins de la Seine banlieue repose sur des dispositifs de péréquation qui renforcent l'extension et l'intégration des réseaux techniques du Grand Paris. Entre 1958 et 1965, en moins d'une décennie, le budget d'investissement de la DGST est ainsi passé, en francs constants, de 109 millions à 397 millions[51].

Une croissance démographique exceptionnelle

Les années 1950 à 1970, qui bornent la période des Trente Glorieuses, s'illustrent par l'effritement de la ville industrielle, la tertiarisation de son tissu économique et l'entrée dans un « *deuxième âge de l'étalement urbain*[52] ». La périurbanisation de la région parisienne engendre de graves difficultés de raccordement au réseau d'assainissement. Selon l'Institut d'aménagement et d'urbanisme de la région Île-de-France, l'extension périurbaine s'est produite au rythme annuel de 2 900 hectares entre 1960 et 1975 et de 1 500 hectares entre 1975 et 2000[53]. Si la capitale ne cesse de perdre des habitants – elle passe de 2,8 millions de Parisiens en 1954 à 2,3 millions en 1975 –, la courbe de la population de la proche banlieue et de la grande couronne s'envole. De 1954 à 1975, elle passe de 3,5 millions d'habitants à 5,5 millions ; à elle seule, la Seine-et-Oise a gagné plus de 1,2 million de citadins et la Seine-et-Marne, en voie d'urbanisation rapide, plus de 350 000 habitants[54].

Les soldes migratoire et naturel positifs ont soutenu cette croissance urbaine exceptionnelle. La banlieue parisienne s'est étendue avec ses zones pavillonnaires et s'est élevée avec ses grands ensembles. Les décennies 1950-1970 sont en effet marquées par une politique de construction massive de logements sociaux. Dans la France urbaine, le nombre d'HLM réalisé par an passe de 7 300 en 1950 à 50 000 en 1955.

---

48. *Bulletin municipal officiel de la ville de Paris*, numéro spécial, mars 1967, p. 79.
49. Jean Fourastié, *Les Trente Glorieuses ou la révolution invisible de 1946 à 1975*, Paris, Librairie Arthème Fayard, 1979.
50. INSEE, *Annuaire statistique abrégé de la région parisienne*, Paris, Imprimerie nationale, 1961, p. 25.
51. Pierre Clairgeon, « La direction générale des services techniques de la préfecture de la Seine », *Travaux,* février 1966, p. 4.
52. Sabine Barles, *L'Invention des déchets urbains…*, *op. cit.*, p. 160.
53. *40 ans en Île-de-France, rétrospective 1960-2000*, Paris, IAURIF, 2001, p. 41 ; Pierre Merlin, *Hier, aujourd'hui, demain*, Paris, La Documentation française, 2003, p. 97-98. Cité par Sabine Barles, *L'Invention des déchets urbains…*, *op. cit.*, p. 161.
54. Françoise Soulignac, *La Banlieue parisienne…*, *op. cit.*, p. 36.

Construction dans les années 1960 de logements et d'équipements scolaires dans l'agglomération parisienne

	HLM construits dans le département de la Seine	Total de logements construits dans la Seine	HLM construits en Seine-et-Oise	Total de logements construits en Seine-et-Oise	Nombre de classes du 1er degré construites en région parisienne
1960	14 819	46 647	8 200	30 113	1 348
1961	12 038	44 135	5 377	31 085	1 673
1962	13 412	39 445	6 602	31 615	2 183
1963	11 543	33 772	7 038	31 820	1 393
1964	10 074	36 550	12 058	36 391	1 448
1965	10 950	40 958	11 541	42 146	1 513
1966	11 096	42 577	12 429	48 893	1 709
TOTAL	83 932	284 084	63 245	252 063	11 267

Il atteint les 100 000 logements sociaux en 1959 et dépasse les 150 000 entre 1970 et 1975[55]. Les bidonvilles se développent également dans les années 1960[56]. Ces campements de fortune autoconstruits ont pour principal épicentre la banlieue parisienne ; le ministère de l'Intérieur y recense, en 1961, près de 50 000 personnes réparties sur plus de 120 terrains vagues. Dans la petite couronne ceinturant Paris, deux bidonvilles concentrent à eux seuls plus de 20 000 étrangers : celui de Champigny-sur-Marne où vit une communauté portugaise et celui de Nanterre où se concentrent des Algériens et leurs familles[57]. Cet habitat de fortune ne sera résorbé qu'au début des années 1970 et remplacé par des cités de transit et des grands ensembles, très vite décriés, alors qu'ils assurent un logement digne à ceux qui en étaient jusqu'ici dépourvus.

Sous la pression de l'exode rural, du retour de plus d'un million de rapatriés et de l'apport démographique de l'immigration étrangère, la création des ZUP (zone à urbaniser par priorité), créées en décembre 1958, est censée répondre au manque de logements, à l'enclavement et aux carences d'infrastructures et d'équipements collectifs de ces nouveaux quartiers composés de tours et de barres. Entre la création des premières ZUP en 1959 et l'achèvement des dernières à la fin des années 1960, plus de 800 000 logements sociaux ont été bâtis en métropole, dont près de la moitié dans la région parisienne. Plus de la moitié d'entre eux sont l'œuvre des offices municipaux et départementaux d'HLM[58]. En une décennie, le grand ensemble a pris ses marques dans le paysage de la banlieue parisienne, où 22 ZUP ont été réalisées. Sous les Trente Glorieuses, entre l'extension des zones pavillonnaires, la résorption des bidonvilles, la rénovation urbaine des îlots insalubres des centres-villes et la construction des grands ensembles, l'agglomération parisienne se retrouve confrontée au morcellement, à la ségrégation et à l'étalement de son peuplement[59]. La viabilisation, l'adduction aux réseaux et l'assainissement de ces territoires composites constituent un véritable enjeu de cohésion urbaine et de protection de ses milieux naturels.

55. Antoine Prost, « La périodisation des politiques urbaines françaises depuis 1945 : le point de vue d'un historien », *Bulletin de l'IHTP*, n° 5, 1984, p. 32-47.
56. Claire Levy-Vroelant (dir.), *Logements de passage*, Paris, L'Harmattan, 2000.
57. Marie-Christine Volovitch-Tavarès, *Portugais à Champigny, le temps des baraques*, Paris, Autrement, 1995 ; Abdelmalek Sayad, Éliane Dupuy, *Un Nanterre algérien, terre de bidonvilles*, Paris, Autrement, 1995.
58. Emmanuel Bellanger, « Les maires et leurs logements sociaux. Des années de fondation à l'âge d'or du grand ensemble (1910-1960) », art. cit., p. 103-115.
59. Martine Berger, *Les Périurbains de Paris. De la ville dense à la métropole éclatée ?*, Paris, CNRS Éditions, 2004.

Les directeurs de la DGST de la préfecture de la Seine des années 1940 aux années 1960

François Sentenac

Né en 1885, François Sentenac devient en 1910 ingénieur des Ponts et Chaussées. En 1913, il intègre le service de l'assainissement de la Seine de la préfecture de la Seine. Entre 1924 et 1927, il est successivement nommé inspecteur général adjoint puis inspecteur général à la tête des services techniques des eaux et de l'assainissement de l'agglomération parisienne, érigé en section le 1er mai 1941. François Sentenac, comme la plupart de ses collaborateurs, n'est pas inquiété à la Libération et est nommé en 1944 directeur général des services techniques de la préfecture. Passionné par les techniques modernes d'assainissement, il est à l'origine du développement du centre de recherche expérimental de Colombes. Sa notoriété dépasse les frontières du corps des ingénieurs des Ponts et Chaussées. Entre 1953 et 1956, il est élu président de l'Association générale des hygiénistes et des techniciens municipaux (AGHTM). Jusqu'à sa mort, survenue le 19 août 1973, il occupe également les fonctions de président de la section eau et assainissement du Conseil supérieur d'hygiène publique de France (CSHPF), l'instance d'expertise scientifique et technique placée auprès du ministère de la Santé, et de président de la section eau, assainissement et ordures ménagères du Conseil national des services publics départementaux et communaux (CNSP)[60].

Gaston Vanneufville

Gaston Vanneufville entre dans les services techniques de la préfecture de la Seine au titre d'ingénieur en chef de la section des canaux en 1920. Il est muté en avril 1926 à la tête de la section des égouts de Paris et est successivement, en 1927 et 1933, promu inspecteur général adjoint puis inspecteur général du service technique du Port de Paris. Gaston Vanneufville est nommé directeur technique de la voirie parisienne en février 1942. Du 1er avril 1956 au 31 décembre 1960, il est placé aux commandes de la direction générale des services techniques[61].

Pierre Clairgeon

Pierre Clairgeon, né en 1902, entre en 1923 aux services techniques de la préfecture de la Seine en tant qu'ingénieur. Dès les années 1930, il est désigné ingénieur en chef des grands travaux d'assainissement du département de la Seine, puis adjoint au directeur général des services techniques en 1946. Pierre Clairgeon devient en 1956 directeur technique de la voirie parisienne avec la lourde responsabilité de suivre la mise en chantier du périphérique. C'est en 1961, que Pierre Clairgeon obtient une double consécration professionnelle et sociale en devenant président, jusqu'en 1965, du conseil d'administration de l'AGHTM et directeur général des services techniques. Mort en 1968, il occupera également les fonctions de président de l'Association internationale du nettoiement public[62].

---

60. *Techniques et sciences municipales*, n° 8-9, août-septembre 1973, p. 331.
61. *Bulletin municipal officiel de la ville de Paris*, 25 février 1977, p. 408.
62. *Techniques et sciences municipales*, n° 11, novembre 1968, p. 380-381.

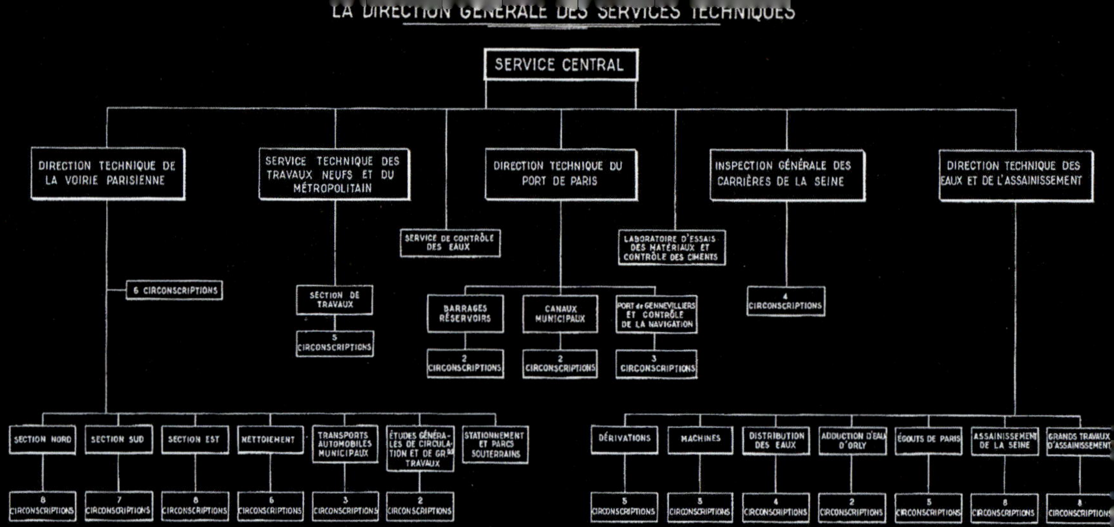

Organigramme de la direction générale des services techniques (DGST) de la préfecture de la Seine en 1966.

« Ville de Paris-département de la Seine, la direction générale des services techniques de la préfecture de la Seine, ses réalisations 1966 », *Travaux*, février 1966, p. 306.

L'envolée du budget d'investissement de la DGST de 1958 à 1965.

Préfecture de la Seine, DGST, *Travaux*, février 1966, p. 4.

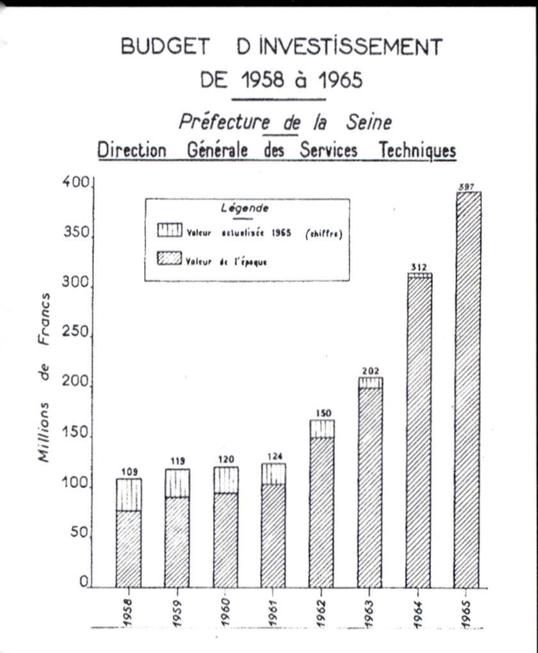

▲

Le Port de Paris.

Le Port de Paris comprend l'ensemble des installations portuaires de l'ancien département de la Seine. Il représente, dans les années 1960, 60 kilomètres de quais répartis sur les 160 kilomètres de berges qu'offrent la Seine, la Marne et les canaux municipaux de la ville de Paris. Le port de Gennevilliers est « la pièce maîtresse » de cet ensemble fluvial et portuaire[63].

La préfecture de la Seine 1967, BMO de la ville de Paris, n° spécial, mars 1967, p. 110.

---

63. Long-Deaquit, La direction technique du Port de Paris, *in La préfecture de la Seine 1967, Bulletin municipal officiel de la ville de Paris*, numéro spécial, mars 1967, p. 109-118.

La population de la région parisienne est égale à la population additionnée des principales villes de France au milieu des années 1960.

« Où va Paris ? », *Morvan Humanisme*, 18-21, décembre 1966 – septembre 1967, p. 10.
© DR – Collection particulière

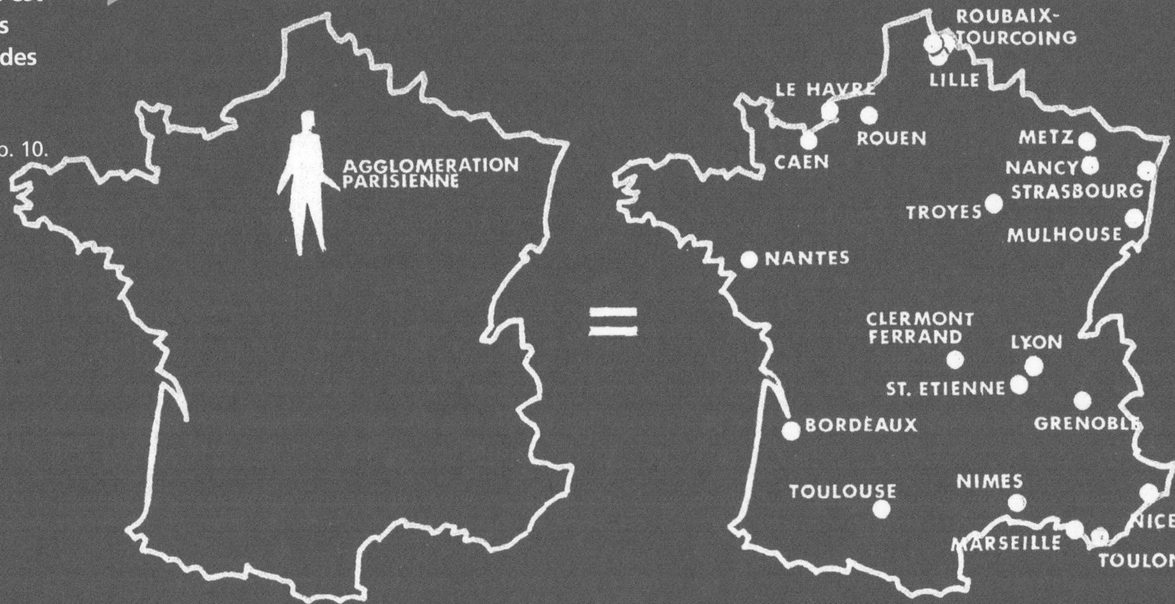

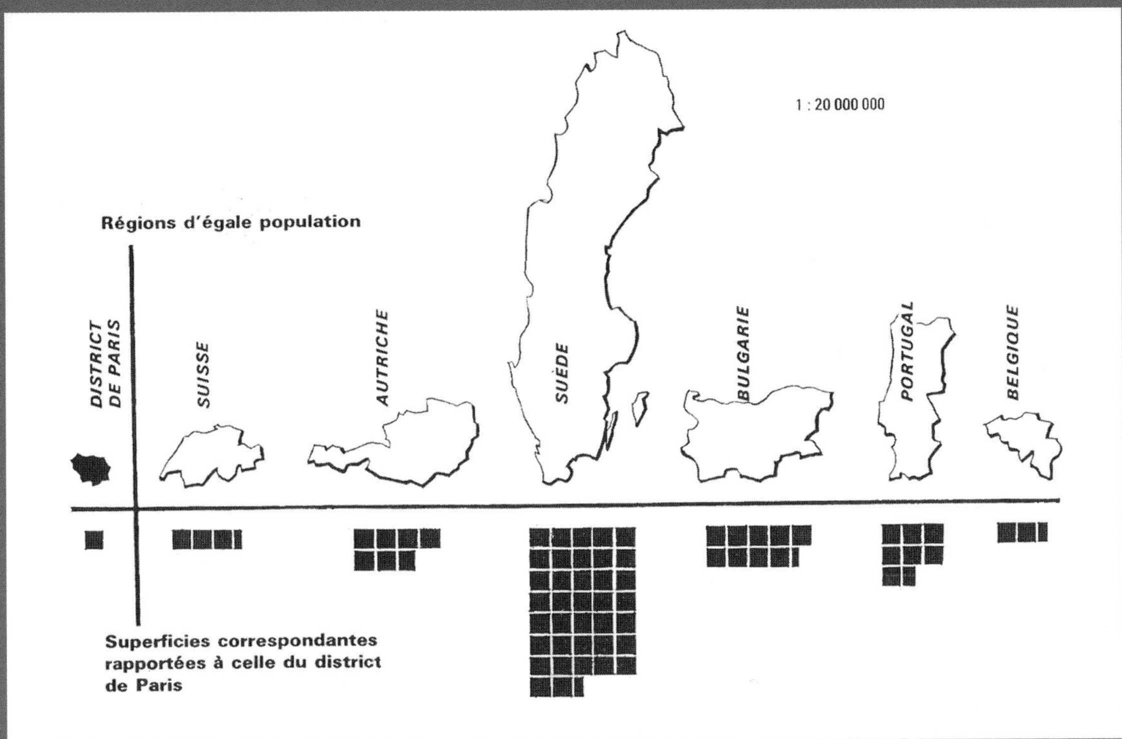

La population du district de la région parisienne est égale à la population de plusieurs pays d'Europe au milieu des années 1960.

« Où va Paris ? », *Morvan Humanisme*, 18-21, décembre 1966 – septembre 1967.
© DR – Collection particulière

▼ 1900

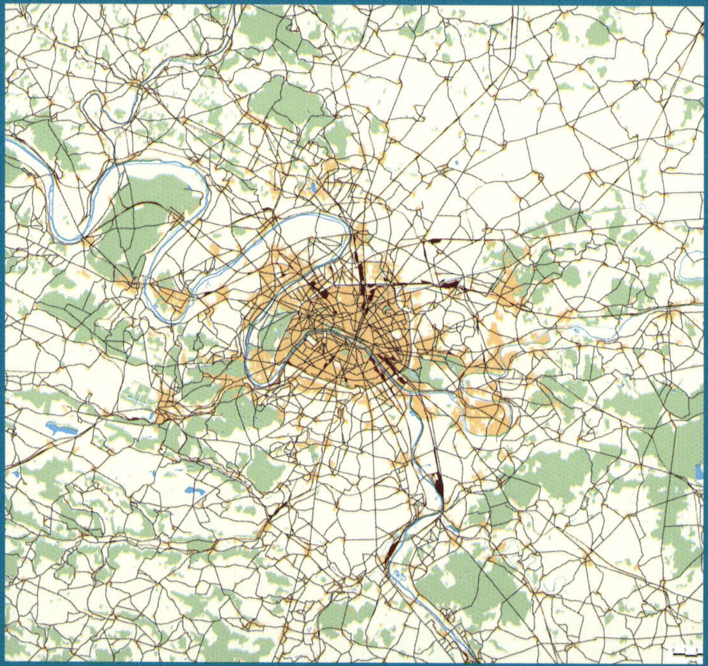

▼ 1960

▼ 1996

Étalement et densification de l'agglomération parisienne au XXe siècle : cartes de 1900, 1964 et 1996.
« Trois siècles de cartographie en Île-de-France », *Cahiers de l'IAURIF*, n° 119, 1997.
© IAURIF

Discours de François Sentenac lors de l'inauguration de l'émissaire Sèvres-Achères le 12 juillet 1954.

A. Cayeux, Préfecture de la Seine, Inauguration de l'émissaire Sèvres-Achères, 12 juillet, Paris, 1954.

Rattraper le retard perdu

Interrompus par la guerre, l'occupation allemande et les années de rationnement de l'après-guerre, les travaux de réalisation du programme général d'assainissement ne reprennent progressivement qu'à la fin des années 1940, à l'instigation du conseil général de la Seine. Une hiérarchisation des opérations d'assainissement est établie[64]. La priorité est donnée à l'achèvement du programme commencé dans les années 1930. Le grand émissaire Sèvres-Achères est inscrit dans les urgences. Il doit alimenter la première tranche de la station interdépartementale opérationnelle depuis 1940. Son achèvement conditionne la mise en marche des équipements d'épuration. La réalisation de deux branches du nouvel émissaire Sud doit également optimiser les capacités de la station d'Achères tout en délestant le réseau d'égouts parisien de la rive droite.

La poursuite du programme suppose la modernisation de nombreux ouvrages, en particulier les bassins de dessablement de l'usine de Clichy, et le réaménagement des réseaux d'assainissement parisiens et départementaux pour mieux drainer les eaux usées vers les grands émissaires. La réfection des égouts du 2e arrondissement de Paris, qui se déversent dans le collecteur saturé des Coteaux, et leur raccordement au futur émissaire Nord-Est sont également inscrits dans les priorités. Pour améliorer les conditions d'exploitation des infrastructures, la construction de nouvelles chambres de dessablement, la mécanisation de l'extraction des sables et l'extension des capacités de traitement de la station d'Achères sont prévues.

Mais en l'absence de financements publics conséquents, les marges budgétaires du département de la Seine restent insuffisantes[65]. Les opérations d'extension de la station d'Achères ne sont pas engagées avant le début des années 1960. Les marges d'action sont limitées, mais la politique d'assainissement général de l'agglomération parisienne parvient néanmoins à afficher quelques réalisations emblématiques. Le 12 juillet 1954, l'émissaire Sèvres-Achères est enfin inauguré par le préfet de la Seine, Paul Haag, et le président du conseil général, Henri Jouy. Cette œuvre interdépartementale, portée par François Sentenac, directeur général des services techniques de la préfecture de la Seine, est également saluée par Roger Genebrier et Antoine Boutonnat, préfet et président du conseil général de Seine-et-Oise[66].

Cet ouvrage de 18,8 kilomètres de long et de 3,75 mètres de diamètre transporte jusqu'à Achères une partie importante des eaux d'égout de la rive gauche de la capitale, celles de la banlieue sud-ouest du département de la Seine et celles d'un large secteur de la Seine-et-Oise. La dérivation de l'émissaire général, qui alimentait la station depuis sa mise en service, n'est cependant pas supprimée ; elle est rétablie lorsque le volume d'eau transitant par l'émissaire général dépasse les besoins de l'épandage agricole. Le nouvel ouvrage apporte une amélioration notable dans l'exploitation des égouts de Paris ; il soulage son réseau et réduit, au niveau de Clichy-la-Garenne, les déversements en Seine. Il annonce surtout la possibilité de raccorder au tout-à-l'égout, totalement ou partiellement, les villes de Clamart, Châtillon, Malakoff, Vanves, Issy-les-Moulineaux, Boulogne-Billancourt, Suresnes, Nanterre, plus de 332 000 habitants de la Seine banlieue, ainsi qu'un large secteur de la Seine-et-Oise, aussi peuplé, compris entre Versailles, Saint-Germain, Maisons-Laffitte, Bezons, Sartrouville et Cormeilles-en-Parisis.

En 1956, la première branche de l'émissaire Sud est achevée. Cette nouvelle canalisation, qui prolonge l'émissaire Sèvres-Achères dans la capitale, recueille une partie

64. Préfecture de la Seine, *Communication de M. le Préfet de la Seine... 1947, op. cit.*

65. Préfecture de la Seine, *Communication de M. le Préfet de la Seine au conseil municipal et au conseil général relative à l'établissement d'un programme de grands travaux intéressant la région parisienne*, n° 1, 1952.

66. *Inauguration de l'émissaire Sèvres-Achères, 12 juillet 1954,* Paris, Préfecture de la Seine, conseil général du département de la Seine, 1954 ; Programme général d'assainissement de la Région, *Mise en service de l'émissaire "Sèvres-Achères" 12 juillet 1954*, Imprimerie Paul Brandouy, s.d.

des eaux parisiennes. La même année, la construction de l'émissaire Saint-Denis-Achères est, à son tour, entreprise. Trois ans plus tard, la deuxième branche de l'émissaire Sud est achevée. Elle concentre les eaux usées de la vallée de la Bièvre et certains apports pluviaux de la banlieue sud-est, tout en allégeant les égouts parisiens de la rive gauche. En juillet 1961, c'est au tour de l'émissaire Nord-Est, d'une longueur de 16,8 kilomètres et d'un diamètre oscillant entre 2,8 et 3,9 mètres, d'être inauguré[67]. D'une capacité de 7 m^3 par seconde à l'amont, où il est le plus étroit, et de 14 m^3 à l'aval, cet émissaire permet de soulager le réseau parisien des effluents d'une partie de la banlieue recueillis aux Portes de Vincennes et de Montreuil jusqu'à l'usine de relèvement de Clichy-la-Garenne. Les habitants du sud-est de la Seine banlieue et ceux d'une partie de la vallée de la Marne doivent toutefois attendre juin 1969 pour que l'ensemble des travaux soit achevé et que leur raccordement au réseau de collecte et d'épuration soit effectif.

Dans le département de Seine-et-Oise, l'assainissement a aussi gagné du terrain. La construction et la mise en service de deux nouvelles stations locales d'épuration attestent des avancées tardives du programme général en grande couronne. La première station, celle du Carré de Réunion à Saint-Cyr-l'École à l'ouest du parc de Versailles, reçoit depuis le 1er septembre 1951 les eaux de Versailles, du Chesnay, de Saint-Cyr-l'École, de Trappes et de Bois-d'Arcy. Ouverte en 1955, la seconde, située dans le quartier d'Athis-Val à Athis-Mons, couvre les villes de Juvisy, Athis-Mons et Orly, une commune de la Seine banlieue qui accueille une partie de l'aéroport du même nom. Conformément à la convention interdépartementale de 1933, ces deux nouvelles stations, construites par les services techniques du département de la Seine-et-Oise, sont exploitées par le service de l'assainissement de la Seine[68]. La station d'Athis-Val, programmée en 1950 à titre provisoire, est supprimée dès 1965 et transformée en station de relevage. Ces eaux usées sont dès lors raccordées à l'omnipotente station d'épuration d'Achères via un collecteur du département de la Seine[69].

Les volumes d'eau traités à Achères ont en effet augmenté à un rythme soutenu au cours des années 1950 et 1960. Grâce à l'achèvement de l'émissaire Sèvres-Achères, la station d'épuration peut traiter, dès 1954, près de 43,5 millions de mètres cubes d'eaux usées contre une moyenne de 25 millions de mètres cubes au cours des 13 années précédentes[70]. Au début des années 1960, avec l'achèvement des deux branches de l'émissaire Sud, la capacité de la station fait plus que doubler[71] ; plus de 90 millions de mètres cubes d'eaux usées sont désormais traités par cet équipement d'exception qui est présenté en 1967 par Jean Olivesi, le directeur technique des eaux et de l'assainissement de la DGST, comme « *la plus importante de l'Europe des Six* [et bientôt] *la plus grande de l'ancien continent tout entier (y compris la Grande-Bretagne et l'URSS)* [72] ».

Au cours de ces années 1950, la station d'Achères supplante ainsi progressivement les champs d'épandage. Elle devient le principal support de l'épuration de l'agglomération parisienne. À partir de 1958, les quantités d'eaux usées qu'elle traite sont désormais supérieures à celles déversées sur les champs d'épandage. En 1958, l'épuration par le sol absorbe 75 millions de mètres cubes d'eaux d'égout contre 78 millions pour l'épuration biologique artificielle d'Achères[73].

---

67. *Programme général d'assainissement de la région parisienne. Mise en service de l'émissaire Nord-Est. Inauguration 3 juillet 1961*, Paris, Imprimerie municipale, 1961.
68. Archives du Siaap, *Notes à l'appui du compte*, 1955, p. 59-60.
69. Virginie Fromon, Bertrand Zuindeau (dir.), *Évaluation de la qualité des cours d'eau : une approche par la méthode des prix hédonistes appliquée à quatre cas d'étude. Cas pratique II : L'Orge,* Comité inter-agences de l'eau, 1999, p. 15.
70. Archives du Siaap, *Notes à l'appui du compte*, 1954, p. 13.
71. Archives du Siaap, *Notes à l'appui du compte*, 1962, p. 13.
72. Jean Olivesi, « La direction technique des eaux et de l'assainissement », *in La préfecture de la Seine 1967, Bulletin municipal officiel de la ville de Paris*, numéro spécial, mars 1967, p. 105.
73. Archives du Siaap, *Notes à l'appui du compte*, 1958.

Vue d'ensemble de la station d'épuration du Carré de Réunion en 1962.

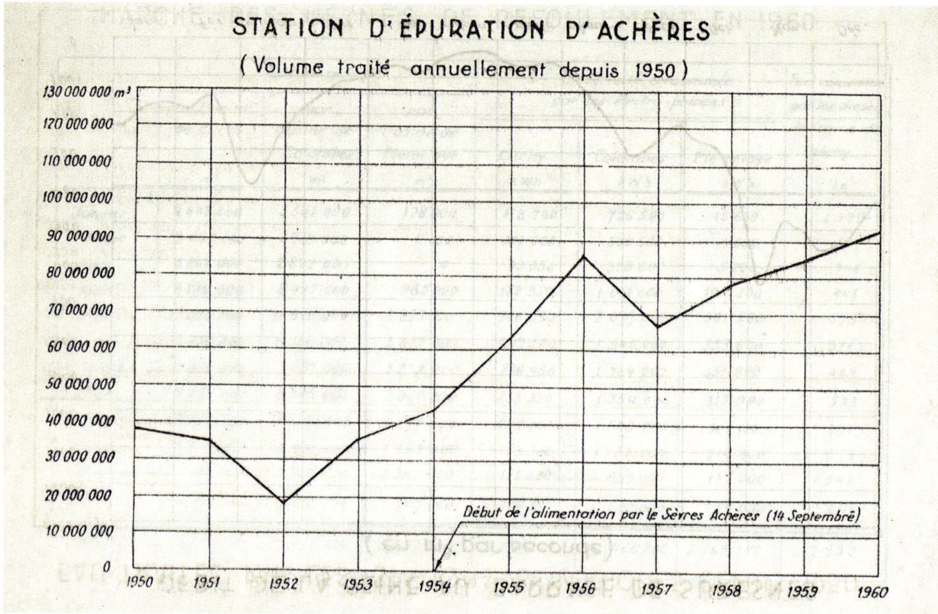

Volumes traités par la station d'épuration d'Achères entre 1950 et 1960.

Cette station, qui représentait à peine 25 % de l'épuration du programme général au début des années 1950, en totalise en moyenne 44 % entre 1958 et 1962. La station du Mont-Mesly ne représente, en revanche, qu'une part infime de l'épuration générale (entre 800 000 et 5 millions de mètres cubes par an entre 1950 et 1962), bien inférieure aux capacités de la station expérimentale de Colombes (entre 7 et 23 millions de mètres cubes par an pour la même période).

Malgré les travaux importants conduits depuis la fin de la guerre, en 1960, *« 40 % seulement des ouvrages d'assainissement prévus au programme général d'assainissement de la région parisienne étudiés depuis de longues années sont exécutés*[74] ». Le discours hagiographique autour de la station moderne d'Achères ne doit pas masquer les carences du programme général. Les volumes traités à Achères ne représentent toujours qu'une part très faible de l'ensemble des eaux collectées. Ils totalisent seulement, selon les années, entre 6 et 9 % des eaux sales avant l'achèvement de l'émissaire Sèvres-Achères en 1954, puis autour de 15 % entre 1960 et 1962[75]. La capacité globale d'épuration de la région parisienne demeure tout à fait insuffisante. Dans les années 1950, les champs d'épandage, la station d'Achères, les stations de Colombes et du Mont-Mesly épurent en moyenne 29 % de la totalité des eaux collectées. Au début des années 1960, malgré le doublement des volumes d'eaux traités à Achères, l'épuration ne dépasse pas la moyenne de 33 % du total des eaux collectées. La Seine reste le principal épicentre des rejets sans traitement des eaux souillées.

Le cas de l'agglomération parisienne ne constitue pas une exception dans la France urbaine de l'après-guerre. Une enquête sur l'alimentation en eau et l'assainissement des communes françaises de plus de 2 000 habitants, publiée en

74. Comité d'aménagement de la région parisienne, *Plan d'aménagement et d'organisation générale de l'agglomération parisienne*, Paris, 1960, p. 74.
75. Archives du Siaap, *Notes à l'appui du compte*, 1955-1958.

État d'avancement du programme d'assainissement de la banlieue en 1957.
© SIAAP

1961 sous l'autorité de la direction générale des collectivités locales (DGCL) du ministère de l'Intérieur, confirme « *l'énorme retard de notre pays en ce qui concerne cet équipement de base pourtant élémentaire de nos cités et du même coup l'importance de l'effort à faire pour améliorer cette situation*[76] ». Cette enquête est très sévère sur l'attitude des pouvoirs publics et des collectivités locales. Elle met en exergue une étude statistique et comparative de l'Organisation mondiale de la santé (OMS), menée au milieu des années 1950 dans 17 pays européens, qui « *fait apparaître pour la France un léger retard en ce qui concerne l'alimentation en eau et un retard bien plus considérable pour l'assainissement*[77] ».

L'enquête de 1961 du ministère de l'Intérieur, qui concerne 30 millions d'habitants sur les 45 que compte la France à la fin des années 1950, révèle que 54 % des Français résidant dans des communes urbaines de plus de 2 000 habitants – hors Paris – sont desservis par un réseau d'assainissement. Mais seuls 13 % d'entre eux, soit 3 850 000 habitants, sont couverts par une station d'épuration. Concernant l'agglomération parisienne – plus de sept millions d'habitants au recensement de 1959 – les données de cette enquête restent fragiles et fragmentaires. D'une part, l'épuration par le sol des champs d'épandage, qui couvre partiellement la capitale et une trentaine de communes de la Seine banlieue, n'est pas prise en compte dans l'enquête, mais surtout, seules trois communes (Antony, Arcueil et Bagneux) sur les 80 communes de la Seine banlieue, sont mentionnées parmi les villes desservies par une station d'épuration. Ce chiffre est bien inférieur à la réalité. Près de la moitié des communes de la petite couronne bénéficie déjà des stations d'Achères, de Colombes et du Mont-Mesly. En comparaison, 31 communes sur les 695 du département de la Seine-et-Oise, plus enclavé et moins bien équipé que le territoire de la Seine banlieue, sont desservies, en totalité ou partiellement, par une station d'épuration.

Cette nuance ne remet pas en cause l'appréciation générale des enquêteurs mandatés par la DGCL du ministère de l'Intérieur qui conclut, à raison, que « *ces chiffres se passent de longs commentaires. Ils prouvent combien est médiocre la situation des communes françaises les plus importantes et donc, en principe, les mieux équipées, dans un secteur capital pour l'hygiène publique et la lutte contre la pollution des rivières comme pour le confort quotidien. Seule l'insuffisance des moyens de financement au cours des années écoulées peut être mise en cause car chacun sait que les efforts des administrateurs locaux pour remédier à cette situation sont constants*[78] ».

76. Direction générale des collectivités locales du ministère de l'Intérieur, *Enquête sur l'alimentation en eau potable et l'assainissement des communes de plus de 2 000 habitants (ville de Paris non comprise). Situation au 1er janvier 1961*, Paris, Comité « Hygiène et Eau », 1961, p. 2.

77. Direction générale des collectivités locales du ministère de l'Intérieur, *Enquête sur l'alimentation en eau potable et l'assainissement des communes..., op. cit.*

78. Direction générale des collectivités locales, Ministère de l'Intérieur, *Enquête sur l'alimentation en eau potable..., op. cit.*, p. 3.

Planification et régionalisation des politiques publiques

L'avènement de la Ve République, à l'automne 1958, marque l'affermissement de la politique nationale de planification et d'aménagement du territoire. Cette politique trouve sa consécration avec la création, en 1963, de la Délégation à l'aménagement du territoire et à l'action régionale, la Datar, confiée le 14 février 1963 à un baron du gaullisme, Olivier Guichard[79]. Placée sous l'autorité directe du Premier ministre, cette administration de mission, à vocation interministérielle, est chargée d'impulser et de coordonner les politiques de planification urbaine du gouvernement. Les années 1960 voient émerger de nouveaux acteurs et de nouvelles institutions dans le paysage politique de la France des Trente Glorieuses[80]. La planification économique et urbaine intègre le domaine de l'eau avec l'adoption, en 1964, de la loi relative au régime et à la répartition des eaux et à la lutte contre leur pollution[81].

Soumettre les élus locaux et régionaliser les politiques d'assainissement

La politique de planification et de la modernisation est une priorité des gouvernements du général de Gaulle, investi des pleins pouvoirs du 2 juin 1958 au 9 janvier 1959. La personnalisation et la longévité du pouvoir régalien ont accentué le dirigisme économique et la territorialisation de l'intervention gouvernementale. La régionalisation des politiques publiques est assise sur de nouvelles circonscriptions administratives et géopolitiques[82]. Dans l'agglomération capitale, ces dernières remettent en cause les prérogatives départementales de la Seine et de la Seine-et-Oise. Durant la première décennie de la Ve République, l'entité régionale gagne en autorité avec la création par décret du 14 mars 1964 d'un corps préfectoral régional[83]. Ces nouveaux territoires ne constituent en aucun cas des collectivités territoriales de plein droit légitimées par le suffrage universel ; elles sont l'expression et l'instrument du pouvoir central. Aux côtés des préfets de région, les Commissions de développement économique régional (Coder), censées assurer la représentation du corps social, ne sont que des organes consultatifs qui ne remettent pas en cause la prépondérance de l'État et de ses services déconcentrés dans la définition des politiques régionales d'aménagement, de développement économique et de programmation des équipements publics[84].
L'agglomération parisienne est un cas à part. Depuis le Second Empire, elle occupe une place singulière dans les reconfigurations politiques successives des institutions locales. La création du district de la région de Paris, le 2 août 1961, conforte cette

79. Institut Charles de Gaulle, « La gestion du territoire », *in De Gaulle en son siècle*, tome 3, *Moderniser la France*, Paris, La Documentation française/Plon, 1992, p. 465-540.
80. Bernard Barraqué, Alexis Nercessian, « Enjeux de l'eau et acteurs territoriaux », *Paris projet, atelier parisien d'urbanisme*, n° 38, novembre 2008, p. 41-49 ; Jean-Charles Fredenucci, « L'urbanisme d'État : nouvelles pratiques, nouveaux acteurs », *Ethnologie française*, tome 37, 2003, p. 13-20.
81. Claude Gleizes, « La Loi sur l'eau et sa mise en œuvre », *in* Hubert Loriferne (dir.), *Quarante ans de politique de l'eau en France*, Paris, Economica, 1987, p. 67-77.
82. Jean-Marie Miossec, *Géohistoire de la régionalisation en France*, Paris, PUF, 2009.
83. Jacques Pelissier, « Régionalisation et déconcentration administrative : rôle du préfet de région », *Économie rurale*, n° 84, 1970. p. 31-36.
84. Serge Antoine, « Réforme administrative et régions économiques », *Économie et humanisme*, n° 118, mai-juin 1959, *in Pour mémoire, revue du comité d'histoire du ministère de l'Équipement, des Transports et du Logement*, n° 5, 2008, p. 34-41.

place singulière qu'occupe ce territoire où se concentrent près de 50 % des recettes fiscales du pays. À l'échelle du Grand Paris, son conseil général ne joue-t-il pas, depuis l'entre-deux-guerres, un rôle essentiel de péréquation et de cohésion urbaine, matérialisé par les réalisations de ses politiques publiques qui se déclinent en cités jardins d'habitations à bon marché, en dispensaires d'hygiène sociale, en équipements hospitaliers, en infrastructures routières, d'assainissement, de transports collectifs, de lutte contre les inondations, d'adduction en eaux ou de désenclavement portuaire[85] ?

Pensé comme le bras armé de l'État dans la région parisienne, le district menace l'existence même du département de la Seine et de sa préfecture. Sa création suscite l'opposition virulente des conseillers généraux du département capitale. En 1959, par ordonnance du 4 février, le Premier ministre Michel Debré avait échoué dans sa première tentative d'imposer aux assemblées locales un district de la région de Paris, dénoncé à l'unisson par les conseillers généraux de la capitale et de la banlieue qui avaient refusé d'y désigner leurs représentants[86]. Mais, après deux années de débats houleux, une modification partielle du projet initial et un rappel à l'ordre des élus gaullistes, la création du district est finalement adoptée. Mis en place à l'été 1961, il impose sa prédominance sur les hauts fonctionnaires de la préfecture de la Seine et sur les élites municipales et départementales. Cet établissement public, doté de l'autonomie financière, est dirigé, depuis sa fondation, par l'inspecteur des finances Paul Delouvrier, nommé délégué général du district, qui marque de son empreinte, jusqu'en 1969, le grand dessein régional. Conforté par le soutien que lui apporte le général de Gaulle, ce haut fonctionnaire, devenu en 1966 le premier préfet de la région parisienne, devient l'homme lige de la planification urbaine et de la réorganisation politique de ce territoire aux limites étriquées en comparaison avec les 21 autres régions métropolitaines[87].

À partir du début des années 1960, le contexte dans lequel se réalise le programme général d'assainissement de la région parisienne change radicalement sous l'impulsion des travaux prospectifs et programmatiques du district. Rattaché au Premier ministre, cet établissement public supervise et coordonne l'aménagement régional dans les départements de la Seine, de la Seine-et-Oise et de la Seine-et-Marne et de leurs 1 305 communes. Son conseil d'administration, composé d'élus dont une majorité est affiliée à l'Union pour la nouvelle République (UNR), le mouvement politique du général de Gaulle, ne contrebalance pas l'autorité du délégué général. Le district dispose d'un levier financier : une nouvelle taxe d'équipement prélevée dans les trois départements représentant près de 7 % des impositions locales en 1967. Avec les autorisations d'emprunts, la taxation régionale et les dotations de péréquation, les capacités financières du district sont passées de plus de 320 millions de francs en 1962 à 700 millions en 1969[88].

Imprégnés de la vision malthusienne de l'aménagement de la région parisienne, héritée des conceptions de Jean-François Gravier, les cadres du district, venus de différentes administrations de l'État, s'efforcent d'encadrer et d'orienter la croissance démographique. Pour Paul Delouvrier, « *il serait vain de vouloir arrêter Paris dans une France en progrès, mais il convient* [...] *d'en régulariser la croissance, sans pour autant contrarier son rôle de cerveau et de cœur de la France*[89] ».

85. Emmanuel Bellanger, *Sceaux et le Grand Paris du patriotisme municipal aux solidarités métropolitaines*, Sceaux, Collection Regards sur Sceaux, 2009.
86. Emmanuel Bellanger, « Démembrer le Grand Paris pour mieux imposer le district de la région de Paris (1959-1964) : l'État contre ses territoires ? », *Espoir*, n° 160, printemps 2010, p. 46-56.
87. Roselyne Chenu, *Paul Delouvrier ou la passion d'agir, entretiens*, Paris, Le Seuil, 1994 ; Bernard Hirsch, *L'Aménagement de la région parisienne (1961-1969). Le témoignage de Paul Delouvrier*, Paris, Institut Paul Delouvrier/Presses de l'ENPC, 2003.
88. Préfecture de la région de Paris, *Sept ans de vie de la région parisienne et de son district, 1962-1969*, Paris, Interprim, 1969, p. 45, 219-239.
89. Délégué général au district de la région de Paris, *Lettre au Premier ministre* du 23 février 1963, *in* Délégation générale au district de Paris, *Avant-projet de programme duodécennal pour la région de Paris*, Paris, Imprimerie municipale, 1963, p. 9-10.

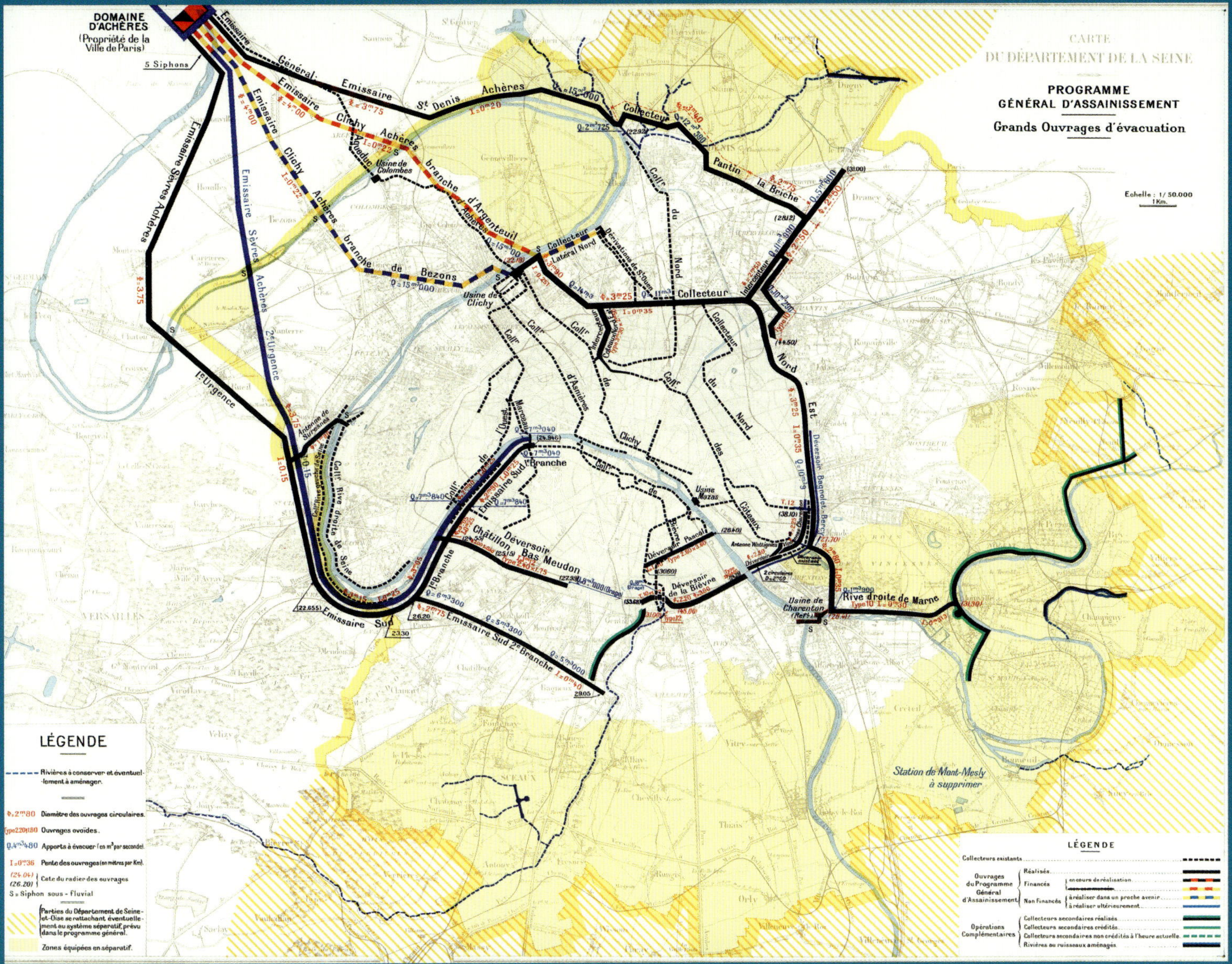

État d'avancement du programme général en 1964.

En 1964, seuls quatre des ouvrages principaux du programme général ont été réalisés : les émissaires Sèvres-Achères, Sud, Nord-Est et Saint-Denis-Achères. Sur les trois restants, un seul est financé, l'émissaire Clichy-Achères, dont la construction débute au cours de l'année 1964.

La planification régionale se donne pour objectif de combler « *les retards considérables que plus de trente années d'investissements insuffisants ont accumulés dans toutes les variétés d'équipements collectifs*[90] ». Dès sa création, le district dresse un bilan des retards accumulés par la région parisienne en matière d'équipements. Ce bilan est transcrit en 1963 dans l'*Avant-projet de programme duodécennal pour la région de Paris*, plus connu sous l'appellation de *Livre blanc*, qui, concernant l'assainissement, juge « *la situation chroniquement déficitaire*[91] ». Le *Livre blanc* constate en effet que « *sur 1 800 000 de mètres cubes d'effluents par jour en moyenne, 400 000 mètres cubes, soit moins du quart, sont correctement traités dans les stations d'épuration* [...] *; 300 000 mètres cubes sont dirigés sur les champs d'épandage* [...] *; le reste, soit plus d'un million de mètres cubes, est déversé directement dans la Seine, en aval de Paris*[92] ».

Ce constat est accablant ; il est à l'image du désengagement de l'État, déploré par les hauts fonctionnaires de la DGST du département de la Seine dans les années 1950. Durant les premières années d'existence du district, la hiérarchie des priorités en matière d'équipements urbains ne change pas. La gestion publique de l'eau, dans toutes ses dimensions, de l'alimentation à l'assainissement, constitue pour la puissance publique une dépense d'investissement secondaire, qu'elle ne peut pas pour autant totalement négliger au moment où elle se lance dans son grand chantier des villes nouvelles. Les actions du district consignées dans le *Livre blanc* de 1963 se polarisent sur le développement des transports ferrés et routiers et sur l'acquisition de réserves foncières. À eux trois, le réseau express régional (RER), la politique foncière et les infrastructures routières absorbent 76 % de son budget entre 1962 et 1968, soit près de 2 milliards de francs[93].

Concernant la gestion locale des eaux usées, le district ne remet pas en cause le cadre interdépartemental du programme général d'assainissement. Son exécution et sa gouvernance ne sont pas régionalisées ; elles restent confiées au département de la Seine. Le rôle du district se limite à une participation financière pour la construction des ouvrages dont le montant n'est pas négligeable. Entre 1962 et 1968, sa contribution dans les équipements urbains de l'eau et de l'assainissement s'élève à 256 millions de francs, son troisième plus important chapitre de dépenses après celui du RER et de l'équipement routier. Ce financement régional peut couvrir jusqu'à 20 % des travaux de l'assainissement, à l'instar de la construction des nouvelles tranches de la station d'Achères ou des grands émissaires.

Du SDAU de 1965 au schéma d'assainissement de 1968 : la fin du monopole d'Achères

Après avoir passé plus d'une décennie à construire exclusivement des ouvrages de collecte des eaux usées, la préfecture de la Seine, qui a conservé ses prérogatives techniques qu'elle est la seule à maîtriser, concentre à partir des années 1960 ses efforts sur la réalisation d'équipements d'épuration. La deuxième tranche de la station d'Achères (Achères II) est lancée à partir de 1962 et mise en service en 1966. L'émissaire Saint-Denis-Achères, qui doit alimenter la nouvelle usine d'épuration, est lui aussi inauguré en avril 1966 par Raymond Haas-Picard, préfet de la Seine, et Georges Suant, président du conseil général de la Seine depuis 1965 et maire d'Antony depuis 1955. L'ouvrage, l'un des plus importants, d'un diamètre intérieur de 3,75 mètres, mesure 12 kilomètres de long, depuis les bassins de La Briche où les eaux sont

90. Délégué général au district de la région de Paris, *Lettre au Premier ministre* du 23 février 1963..., *op. cit.*
91. Délégation générale au district de Paris, *Avant-projet de programme duodécennal*..., *op. cit.*, p. 36.
92. Délégation générale au district de Paris, *Avant-projet de programme duodécennal*..., *op. cit.*
93. Préfecture de la région de Paris, *Sept ans de vie de la région parisienne et de son district*, *op. cit.*, p. 226.

dessablées avant d'être admises dans l'émissaire, jusqu'à la station d'Achères. D'une capacité maximale de 15 m^3 par seconde, cet ouvrage est affecté au transport des eaux parisiennes et des eaux de la banlieue nord et nord-est des départements de la Seine et de Seine-et-Oise, représentant plus d'un million d'habitants[94].

La nouvelle tranche de la station d'épuration est conçue pour traiter 300 000 m^3 par jour, 100 000 m^3 de plus qu'Achères I. Ces installations bénéficient des progrès accomplis depuis la fin des années 1930 dans la technique des boues activées et de l'aération des effluents. Ces progrès ont réduit le temps de séjour des eaux usées dans les bassins d'épuration et la taille des bassins eux-mêmes. Alors que l'aération des effluents nécessite six heures dans les installations d'Achères I, le traitement ne dure plus que deux heures dans celles d'Achères II[95]. La taille des bassins de décantation primaire et secondaire est en revanche augmentée pour mettre en adéquation leur capacité d'épuration avec celle des nouveaux bassins d'aération. La décision est également prise de moderniser la première tranche d'Achères pour porter sa capacité de traitement à 300 000 m^3 par jour. Ces travaux, engagés dans le courant des années 1960, sont achevés au début de l'année 1970. Le site d'Achères est également doté de deux unités expérimentales d'épuration. Avec l'aide du district qui finance entièrement ces nouveaux équipements, deux stations pilotes pouvant traiter chacune 30 000 m^3 par jour, sont construites. Elles entrent en service en 1965.

Pendant la période de réalisation d'Achères II, le district poursuit ses études prospectives sur la région parisienne qui aboutissent à la définition d'un Schéma directeur d'aménagement et d'urbanisme (SDAU) publié en 1965[96]. Le SDAU constitue la trame d'aménagement, d'équipement et de désenclavement de l'agglomération capitale. Il anticipe une maîtrise de la croissance démographique de la région parisienne. Sa population est estimée à 10 millions d'habitants dans les années 1970, 12 millions pour la décennie suivante et de 14 à 16 millions à l'horizon 2000[97]. Pour accompagner ce défi démographique, dont les prévisions se révéleront trop ambitieuses, le schéma préconise l'extension du périmètre de l'agglomération selon deux axes de développement sur lesquels se répartissent les futures villes nouvelles. Ces nouveaux territoires urbains ont vocation à polariser et à ordonner la croissance urbaine de la grande banlieue dépourvue de centralité politique et administrative.

Les nouvelles orientations de cette planification multipolaire remettent en cause les choix qui ont présidé à l'élaboration du programme général d'assainissement. Cette reconfiguration urbaine impose de redéfinir un schéma général d'assainissement adopté en 1968. Ce nouveau schéma ne s'inscrit pas dans la continuité. Il prévoit, certes, d'achever l'ensemble des ouvrages inscrits dans le projet de 1929 et, à terme, de renforcer les capacités du mastodonte d'Achères, mais il innove fondamentalement lorsqu'il remet en cause l'un des principes fondateurs du programme général : celui de la concentration de l'épuration des eaux usées sur une seule et même zone géographique : la région d'Achères. L'extension périurbaine de l'agglomération parisienne et la construction des villes nouvelles induisent une recomposition du maillage des équipements d'assainissement qui épouse celle du peuplement et de l'étalement de l'agglomération parisienne. Le schéma de 1968 propose « *la construction de nouvelles stations d'épuration, au nombre de 5 (quatre en amont de Paris, une en aval) implantées à Lagny et Noisy-le-Grand pour la vallée de la Marne, Evry et Valenton pour la vallée de la Seine amont et Carrières-sous-Poissy pour les zones aval d'Achères.* » Leur réalisation « *pourrait s'échelonner sur une vingtaine d'années, mais 3 des 5 stations nouvelles devraient être entreprises très rapidement.* […] *Les acquisitions de terrains*

94. Département de la Seine, *Émissaire Saint-Denis-Achères. Station d'épuration Achères II. Inauguration le 29 avril 1966*, Paris, Imprimerie municipale, 1966.
95. « La station d'épuration biologique d'Achères », *Documentation sur les ouvrages d'assainissement du syndicat*, Paris, Siaap, 1968-1969, p. 21.
96. Délégation générale au district de la région de Paris, *Schéma directeur d'aménagement et d'urbanisme de la région de Paris*, Paris, District de la région de Paris, 1965.
97. Délégation générale au district de la région de Paris, *Avant-projet de programme duodécennal…*, *op. cit.*, p. 82-84.

Construction de l'émissaire Saint-Denis-Achères entre 1956 et 1966

Construction du 1er lot : le siphon de La Frette.

Mise à l'eau et immersion du tronçon A en juillet 1957 ; les coudes sont maintenus vers le haut en vue de la pose du coffrage en tôle à l'extrémité du coude supérieur. Le coffrage doit permettre la construction *in situ* de la dernière partie du coude supérieur.

© SIAAP

▲

Construction du 3e lot en août 1961 : puits et galerie d'essais.

Essorage des sables de Beauchamp pour l'exécution du branchement inférieur ; galerie drainante dans les marnes et travertins de Saint-Ouen et sondeuse en action pour le forage des tubes filtrants.

© SIAAP

▲

Poursuite de la construction du 3e lot en février 1962.

Puits et galerie d'essais : l'émissaire est revêtu avec des voussoirs préfabriqués.

© SIAAP

sont déjà lancées pour deux d'entre elles et les réservations de terrains nécessaires aux autres figurent dans les différents documents d'urbanisme intéressant les zones desservies[98] ».

Ce nouveau programme a pour mission de rattraper les très fortes disparités qui existent entre le centre de l'agglomération parisienne et sa périphérie en voie d'urbanisation rapide. En dehors du secteur d'Achères, l'assainissement est jugé très en retard en comparaison avec le réseau d'ouvrages d'alimentation en eau. « *La majorité des communes rurales ne possède qu'un réseau rudimentaire et lorsque ces communes possèdent un réseau véritable, le raccordement des habitants à l'égout n'est jamais total*[99] ». Dans la région parisienne, les stations d'épuration en nombre trop faible et de capacité insuffisante se limitent trop souvent à une simple décantation. En 1968, « *le retard est tel que plus de deux millions de mètres cubes d'effluents sont rejetés chaque jour à la Seine sans avoir subi le moindre traitement* », contre un million en 1963[100]. Ce retard et ces inégalités doivent être compensés par des dispositifs de péréquation fiscale mis en place et gérés par le district.

Cette situation tendue donne une réelle légitimité à la mise en œuvre d'un nouveau dispositif général d'assainissement, plus efficace et plus décentralisé, qui rompt dans sa conception et ses principes avec le modèle de la station unique d'Achères de 1929. Ce projet doit permettre de réduire les dépenses de transports des eaux usées réinvesties dans la réalisation d'usines d'épuration de proximité. Le schéma d'assainissement de 1968 est initié sous l'impulsion des bailleurs de fonds, le district de la région parisienne et un nouvel acteur institutionnel, l'Agence financière de bassin (AGF) Seine-Normandie, créée dans le cadre de l'adoption, en décembre 1964, de la première loi de lutte contre la pollution de l'eau[101]. Il met en exergue la nécessité d'une polycentralité de l'épuration adaptée à l'organisation et la planification de la région parisienne dont la population est passée de 6,5 millions d'habitants en 1946 à 9,2 millions en 1968. La grande couronne, la plus concernée par la réalisation du schéma d'assainissement, a le taux de croissance annuelle le plus élevé (plus de 4 %)[102].

Force est de constater que plus de 40 ans après l'adoption du schéma d'assainissement de la région parisienne, les réalisations annoncées n'ont pas entraîné un réel rééquilibrage de la répartition des volumes d'eaux traitées. Au tournant du XXIe siècle, la station d'épuration d'Achères reste le principal épicentre du traitement des eaux usées. En 2009, sa capacité d'épuration journalière s'élevait à 1,67 millions de mètres cubes d'eaux, contre 359 279 m^3 pour l'usine de Valenton, 187 348 m^3 pour l'usine de Colombes, 73 473 m^3 pour l'usine de Triel-sur-Seine et 35 557 m^3 pour l'usine de Noisy-le-Grand[103]. En 1982, plus de 80 % de l'effluent de l'agglomération parisienne, soit 2,1 millions de mètres cubes d'eau par jour, était dirigé vers cet équipement prépondérant. Présentée avec fierté par la direction générale de l'information et des relations extérieures de la ville de Paris comme la plus importante station d'Europe, l'usine d'Achères et ses 250 hectares d'emprises constituent l'équipement modèle de l'assainissement pour plusieurs générations d'ingénieurs qui y ont puisé leurs références et y ont investi leur savoir-faire[104].

La loi de 1964 contre la pollution de l'eau : entre reconnaissance et inefficience

Discutée depuis le 16 octobre 1963 à l'Assemblée nationale, la loi relative au régime et à la répartition des eaux et à la lutte

98. Préfecture de la région de Paris, *Sept ans de vie de la région parisienne…, op. cit.*, p. 160.
99. District de la région parisienne, *Monographie de la région parisienne relative aux problèmes de l'eau*, Paris, Préfecture de la région parisienne, 1968, p. 144.
100. District de la région parisienne, *Monographie de la région parisienne…, op. cit.*, p. 145.
101. Pierre Fauveau, « L'assainissement de Paris et de la région parisienne », *in* Hubert Loriferne (dir.), *Quarante ans de politique de l'eau en France*, Paris, Economica, 1987, p. 498.
102. Françoise Soulignac, *La Banlieue parisienne…, op. cit.*, p. 36.
103. Siaap, *Les Indicateurs techniques et financiers, Rapport annuel 2009*, p. 67.
104. Direction des services industriels et commerciaux de la ville de Paris, *L'Assainissement de l'agglomération parisienne : découvrez comment sont collectées, transportées et épurées des eaux usées,* Paris, Syndicat interdépartemental pour l'assainissement de l'agglomération parisienne, 1982, p. 11.

contre leur pollution est votée, non sans tergiversations, le 16 décembre 1964. Ce texte est promulgué dans un contexte nouveau où la pollution née de la croissance urbaine et de l'accumulation de déchets de la ville industrielle devient un sujet d'appréhension politique[105]. Si la pollution reste secondaire dans l'ordre des priorités parlementaires, ses effets ne peuvent plus être ignorés. Les précédentes générations d'élus, de la Belle Époque et de l'entre-deux-guerres, avaient été marquées par l'empreinte de l'hygiénisme sur l'élaboration des politiques urbaines de santé publique ; celle des années 1960-1970 finit par prendre conscience du retard de la France en matière de protection de son patrimoine, de ses montagnes, de ses fleuves, de ses sites pittoresques et de ses ressources naturelles. Cette prise de conscience est portée par les réactions de certaines catégories de la société civile de plus en plus préoccupées par la dégradation de leur cadre de vie.

Parmi ces composantes, un groupe de pression, qui compte dans les circonscriptions rurales, se fait entendre : celui des pêcheurs. Les associations de pêche et leur Union nationale – fortes de deux millions d'adhérents – manifestent leur colère auprès de leurs parlementaires et des autorités préfectorales devant la pollution récurrente des cours d'eau. Dès « *le 3 janvier 1959, l'Union nationale des fédérations de pêche obtient par voie d'ordonnance la reconnaissance du délit de pollution industrielle par une modification de l'article 434-1 du Code rural.* [...] *Le Code rural est modifié en conséquence et reconnaît explicitement le délit de pollution (article 434-1)*[106]. » Le rapport de force semble être désormais plus favorable aux usagers de la pêche, rejoints par les associations de riverains et les élus locaux confrontés aux vagues répétées de pollution de leur environnement. Pour la première fois, « *l'occasion est ainsi donnée au législateur de dépoussiérer le droit de l'eau dont la loi du 8 avril 1898 a jeté les bases après la révolution industrielle*[107] ».

Les référentiels de la loi sur l'eau de 1964 s'inspirent de la législation, déjà ancienne, sur les établissements classés et la protection des sites naturels et du patrimoine architectural. Les textes sont disparates depuis le premier décret de 1810 réglementant l'activité des manufactures et des ateliers insalubres, incommodes ou dangereux jusqu'aux premières lois de classements des sites de 1906, 1913, 1917, 1930 et 1932[108]. La loi du 2 mai 1930 relative à la protection des monuments naturels et des sites de caractère artistique, historique, scientifique, légendaire ou pittoresque, est restée lettre morte dans ses prétentions à conserver et à classer des sites naturels. L'adoption de la loi du 1er juillet 1957, dont l'article premier met en exergue la notion de « *conservation* » et d'« *évolution des espèces* », marque cependant un timide infléchissement des politiques publiques de protection de la nature en général et de l'eau en particulier[109].

Une fois passés les impératifs de la reconstruction et de la relance économique du pays, les premières inflexions administratives et politiques en faveur d'une gestion plus responsable de la chaîne de l'eau se formalisent, en 1959, autour de la création d'une commission de l'eau au sein du Commissariat au Plan. Ses experts sont associés à la programmation du IVe Plan de développement économique et social (1962-1965), approuvé par la loi du 4 août 1962. Cette commission, devenue en 1961 le secrétariat permanent pour l'étude et la prévention des problèmes de l'eau rattaché au

105. Loi n° 64-1245 du 16 décembre 1964 relative au régime et à la répartition des eaux et à la lutte contre leur pollution, article 1, *Journal officiel de la République française*, 18 décembre 1964, p. 11258-11265.
106. Gabrielle Bouleau, « La contribution des pêcheurs à la loi sur l'eau de 1964 », *Économie rurale*, n° 309, janvier-février, 2009, p 9-21.
107. Alexandre Brun, « Gestion de l'eau en France », *Économie rurale*, n° 309, janvier-février, 2009, p. 4.
108. Christoph Bernhardt, Geneviève Massard-Guilbaud (dir.), *Le Démon moderne : la pollution dans les sociétés urbaines et industrielles d'Europe,* Clermont-Ferrand, Presses universitaires Blaise Pascal, 2002.
109. Loi n° 57-740 du 1er juillet 1957, *Journal officiel* du 2 juillet 1957, p. 6530.

ministère de l'Intérieur et au Commissariat général du Plan, pose le cadre de la Loi sur l'eau du 16 décembre 1964[110].

La lutte contre la pollution de l'eau devient à partir de 1964 une affaire d'État de portée interministérielle[111]. Pour la première fois en France, une loi tente de mettre en place une réglementation unifiée des usages de l'eau. Son titre premier, *De la lutte contre la pollution des eaux et de leur régénération*, rend compte des motivations de la loi au demeurant contradictoires. La loi de 1964 est en effet un texte de compromis qui se fixe comme visée de concilier ce qui peut paraître inconciliable. Son article premier met en évidence des objectifs éclatés d'une gestion intégrée de l'eau. La régénération des ressources en eau et la lutte contre sa pollution doivent, ni plus, ni moins, comme le stipule la loi : « *concilier les exigences de l'alimentation en eau potable des populations et de la santé publique ; de l'agriculture, de l'industrie, des transports et de toutes autres activités d'intérêt général ; de la vie biologique du milieu récepteur et spécialement de la faune piscicole ainsi que des loisirs, des sports nautiques et de la protection des sites ; de la conservation et de l'écoulement des eaux* ».

Novatrice en ce qu'elle formalise, à titre officiel, la lutte contre la pollution des eaux, la loi du 16 décembre 1964 marque un infléchissement dans l'histoire des politiques publiques environnementales. Elle n'est pas qu'un inventaire de bonnes intentions, produit dans un contexte de croissance économique et d'industrialisation des procédés de construction de la ville, du grand ensemble au pavillon[112]. Elle innove en créant des sources de financements sans pour autant contraindre les pollueurs, industriels ou agriculteurs, à changer leurs modes de production.

> « *Paradoxalement,* [la] *reconnaissance législative et réglementaire de la solidarité entre usagers ne signifie pas pour autant une reconnaissance juridique de l'unité de l'eau comme élément naturel,* ou a fortiori *comme milieu vivant. De façon révélatrice, le premier article de la loi ne reconnaît que les différents usages que la puissance publique se donne pour objectif de concilier, faisant figurer les besoins du milieu naturel aquatique parmi une série plus vaste d'activités* [...]. *Une proposition antérieure de rédaction de cet article (disposant que "les eaux superficielles, souterraines, ou eaux de la mer territoriale constituent un bien commun qui appartient au patrimoine national")* [avait été] *ainsi rejetée*[113]. »

La loi de 1964 reste ancrée dans un système de pensée qui conçoit l'eau comme une matière première dont la valeur est avant tout une valeur d'usage que l'on peut dégrader, moyennant le paiement d'une redevance. La notion même de durabilité n'est pas encore ancrée dans la mentalité d'une majorité de Français plus intéressée à la société de consommation qu'à la préservation des écosystèmes[114].

Au niveau national, l'application de la loi sur l'eau se traduit par la mise en place, à partir de 1965, d'une coordination des politiques publiques assurée, dans le cadre de la Datar, par une mission interministérielle rassemblant des représentants des ministères de l'Intérieur, des Finances, des Travaux publics et des Transports, de l'Industrie et de l'Agriculture, de la Santé publique, de la Construction et des représentants du Commissariat général du Plan. Un organisme consultatif, le Comité national de l'eau, est instauré auprès du Premier ministre par décret du 3 septembre 1965. Mais la nouveauté majeure réside surtout dans la création d'instances de conciliation et de gestion de l'eau associant l'administration, les élus et des groupements d'usagers, industriels, agriculteurs,

110. M. Picard, « Les problèmes qui ont conduit à la loi sur l'eau du 16 décembre 1964 » *in* Hubert Loriferne (dir.), *40 ans de politique de l'eau en France*, Paris, Economica, 1987, p. 59-65.

111. Décret n° 65-889 du 21 octobre 1965 relatif à la coordination interministérielle dans le domaine de l'eau.

112. Dominique Barjot, « L'industrie française des travaux publics face à la reconstruction. L'impact du Plan Marshall », *in* René Girault, Maurice Lévy-Leboyer (dir.), *Le Plan Marshall et le relèvement économique de l'Europe*, Paris, Comité pour l'Histoire économique et financière, 1991, pp. 265-282.

113. Jean-Pierre Le Bourhis, *La Publicisation des eaux. Rationalité et politique dans la gestion de l'eau en France (1964-2003)*, thèse pour le doctorat de sciences politiques de l'Université de Paris 1 Panthéon-Sorbonne, 2004, p. 70.

114. Sabine Barles, « Assainissement en région parisienne. Évolution historique et durabilité », *in* J.-C. Olivia, Bruno Tassin, Daniel Thévenot, Gilles Varrault, *Eau dans la ville et développement durable*, Paris, Presses de l'ENPC, 2002, p. 51-63.

pêcheurs ou encore distributeurs d'eau. Le territoire français est divisé en six circonscriptions, indépendantes des découpages administratifs préexistants, (Seine-Normandie, Artois-Picardie, Rhin-Meuse, Loire-Bretagne, Adour-Garonne et Rhône-Méditerranée-Corse) recouvrant les bassins versants des grands fleuves français. La région parisienne est incluse dans un très vaste ensemble de 96 600 km^2, le bassin Seine-Normandie, le plus peuplé des six, qui couvre un cinquième du territoire français, soit plus de 8 600 communes et 29 départements. Pour chaque circonscription est institué un comité de bassin, constitué à parts égales de représentants de l'administration et de représentants d'usagers, d'experts et d'élus. Ce comité est consulté sur la politique de travaux et d'aménagements de la zone qu'il couvre[115].

La loi de 1964 invite la puissance publique à déconcentrer ses services et à sectoriser son intervention. Elle marque un tournant dans la prise de conscience du législateur qui se résout à mettre en place un dispositif national de financement de l'assainissement. Placé sous l'étroite tutelle de l'État, ce système repose sur la création, par décret du 14 septembre 1966, de six agences financières de bassin (AFB), dotées de la personnalité civile et de l'autonomie financière.

> « *En vertu du principe "pollueur-utilisateur-payeur", les agences perçoivent des redevances auprès des utilisateurs en fonction de la pollution qu'ils génèrent ou les prélèvements qu'ils effectuent. Le produit des redevances est ensuite reversé par chaque agence sous forme de programmes d'aide à la lutte contre la pollution des eaux*[116] ».

Chargées de financer ou de cofinancer les ouvrages, les agences financières de bassin deviennent le principal levier de la politique de l'eau. Leur organe exécutif est dirigé par un conseil d'administration composé pour moitié de représentants des administrations et pour moitié de représentants des collectivités locales et des usagers. Dans le cadre d'un programme pluriannuel d'intervention, les agences ont la lourde responsabilité « *d'assurer l'équilibre des ressources et des besoins en eau, d'atteindre les objectifs de qualité fixés par les règlements* [...], *d'améliorer et d'accroître les ressources de sa circonscription et d'assurer la protection contre les inondations*[117] ». Elles disposent d'une capacité de financement fondée sur la perception de redevances qu'elles redistribuent aux maîtres d'ouvrage sous la forme de subventions, de prêts ou d'avances.

> « *Les AFB s'inscrivent par leur conception dans le mouvement modernisateur qu'incarne alors la Datar. Plus spécialisées que cet établissement chargé de l'aménagement du territoire, les AFB doivent promouvoir le développement et l'équipement de la France en stations d'épuration, réseaux d'assainissement et réservoirs de stockage, assurant ainsi la disponibilité et la qualité de la ressource en eau*[118]. »

Ces nouvelles institutions sont dominées par l'État. L'administration détient un tiers des sièges dans les comités de bassin et la moitié au sein des agences financières, mais le Premier ministre nomme le directeur des agences financières et détermine les différentes catégories d'usagers et leur répartition au sein des comités. Cette représentativité sélective souligne la lente émergence d'une gestion concertée des politiques de l'eau entre pollueurs, élus et techniciens[119]. Le témoignage de François Valiron, premier directeur de l'agence de bassin Seine-Normandie, devenu conseiller de la Lyonnaise des eaux, est à ce titre révélateur des conflits de légitimité et d'intérêt qui accompagnent l'application des dispositions de la loi sur l'eau de 1964. Son témoignage atteste de la prégnance des rivalités entre ingénieurs des Ponts et Chaussées, des Mines et du Génie rural, « *trois corps techniques qui briguaient*

115. Loi du 16 décembre 1964 relative au régime et à la répartition des eaux et à la lutte contre leur pollution, *Journal officiel de la République française*, 18 décembre 1964, article 13, p. 11260.
116. Alexandre Brun, « Gestion de l'eau en France », art. cit., p. 4.
117. Article 14 de la loi du 16 décembre 1964, *Journal officiel*, p. 11260.
118. Jean-Pierre Le Bourhis, *La Publicisation des eaux...*, *op. cit.*, p. 71.
119. Dominique Lorrain (dir.), « Gestion de l'eau : conflits ou coopération ? », *Entreprises et histoire*, n° 50, avril 2008.

d'avoir des gens à eux dans chacune des agences[120] ». Les ingénieurs n'en restent pas moins la cheville programmatrice des agences ; ils dressent des monographies et des inventaires de la pollution et ils participent à l'évaluation des principales sources de dégradation de l'environnement et aux négociations avec les élus, leurs associations et les principaux pollueurs, membres du comité de bassin : les industriels de la chimie, ceux de l'agroalimentaire, du lait, de la sidérurgie.

> « *C'était très amusant car chacun reconnaissait qu'il y avait une pollution mais personne ne voulait reconnaître que sa branche était polluante.* [...] *Les acteurs ont appris à se connaître et à travailler ensemble. On a pu trouver des solutions acceptables pour les uns et pour les autres et la période a été extrêmement fructueuse. C'était une période relativement facile parce que les ambitions que l'on s'était données étaient relativement modestes* [...] ; *on ne faisait pas trop peur aux industriels* [...][121]. »

Issues d'un compromis âprement négocié, les premières redevances sont prélevées en 1968. Un constat prévaut selon François Valiron : certaines pollutions, dont l'origine est difficile à établir, sont moins taxées qu'elles ne le devraient eu égard à ce que coûte leur assainissement.

Le témoignage de François Valiron, très critique sur l'attitude des élus et des agriculteurs, mais très indulgent à l'égard des industriels, insiste sur ses rapports « *délicats* » avec les représentants des conseils généraux et ceux du monde agricole. « [...] *Constatant que l'agriculture ne représentait pas grand-chose par rapport à l'action des villes ou des industriels, on a fait pendant plusieurs années une croix sur ce que l'agriculture devait payer.* [Quant aux élus], *ils allaient essayer de donner le moins possible et de récupérer le plus possible*[122]. » Les tensions s'accentuent entre les associations d'élus locaux et les autorités de tutelle des agences de bassin dont les décisions portent atteintes à leurs prérogatives financières. Elles refusent que la loi de 1964 fasse du maire et de sa commune des pollueurs à qui l'on impose des taxes sans concertation. Les redevances des AFB sont jugées inconstitutionnelles et liberticides. L'Association des maires de France, pourtant connue pour son esprit de conciliation, engage un bras de fer avec l'État. Elle soutient « *la grève du paiement* » et obtient, après quatre ans de conflit, un compromis : le redevable ne sera plus la commune, mais son usager. « *Finalement, l'aboutissement du conflit avec les maires a été très bénéfique, parce qu'on a réussi à passer au bout de cinq ans un accord tout à fait valable et réaliste avec l'Association des maires. À partir de 1975, le système a pu fonctionner d'une façon beaucoup plus régulière*[123]. » Seul bémol, mais non des moindres, François Valiron formule une critique très sévère à l'encontre du « *carcan centralisateur administratif* » des années 1970 qui a entravé les décisions prises par le conseil d'administration de l'AFB, présidé par le préfet de la région parisienne, Maurice Doublet, et par le comité de bassin Seine-Normandie, l'assemblée délibérante de la politique de l'eau, présidée par le sénateur Maurice Lalloy de 1967 à 1974, qui ne fut autre que le rapporteur de la Loi sur l'eau de 1964[124].

Sous l'autorité des agences financières et des comités de bassin, la loi du 16 décembre 1964 instaure de nouveaux instruments de gestion et de financement des ressources en eau. Ces instruments, placés sous le contrôle de l'État, de son corps préfectoral et de ses ingénieurs, conforteront les politiques publiques d'assainissement des collectivités territoriales. Les établissements publics administratifs de l'État, maîtres d'ouvrage de la politique de l'eau à l'échelle des bassins, ne verront pas le jour, laissant aux collectivités locales la maîtrise

120. « Propos recueillis auprès de Monsieur Valiron », *in* Hubert Loriferne (dir.), *Quarante ans de politique de l'eau en France*, Paris, Economica, 1987, p. 131-145.
121. « Propos recueillis auprès de Monsieur Valiron », *in* Hubert Loriferne (dir.), *Quarante ans de politique de l'eau en France*, *op. cit.*, p. 133.
122. « Propos recueillis auprès de Monsieur Valiron », *in* Hubert Loriferne (dir.), *Quarante ans de politique de l'eau en France*, *op. cit.*, p. 136.
123. « Propos recueillis auprès de Monsieur Valiron », *in* Hubert Loriferne (dir.), *Quarante ans de politique de l'eau en France*, *op. cit.*, p. 140.
124. « *M. le Préfet Doublet parle des problèmes de l'eau* », *Le Journal de Paris*, actualité régionale, INA, 1974.

des grands travaux d'assainissement. L'agglomération parisienne, qui dispose depuis les années 1930 d'un organisme d'entente interdépartementale, fait figure de pionnier dans la reconnaissance des établissements publics de coopération territoriale. Devenu en 1970, le Syndicat interdépartemental pour l'assainissement de l'agglomération parisienne (Siaap), cette entente interdépartementale sera suivie par la création d'une vingtaine d'Établissements publics territoriaux de bassin (EPTB), « *institués dès la fin des années 1970 à l'initiative des conseils généraux pour pallier le déficit de maîtrise d'ouvrage* [...] *soit sous forme de syndicat mixte (Syndicat mixte d'études et d'aménagement de la Garonne), soit sous forme d'institution interdépartementale (Institution Adour)*[125]. »

Une réforme politique et administrative fondamentale : 1964, la fin du Grand Paris

L'année 1964 est à double titre une année de changement pour l'assainissement de l'agglomération parisienne. La loi du 16 décembre 1964 sur le financement et la coordination des politiques de l'eau est appliquée dans un nouveau cadre institutionnel et géopolitique bouleversé par la réforme fondamentale du 10 juillet 1964. Cette loi met fin à l'histoire du département de la Seine, fort de 81 communes et de près de six millions d'âmes, et à celui de la Seine-et-Oise, ce département champignon aux 695 communes enclavées, sous-administrées, sous-équipées et sous pression démographique[126].

L'opposition de la très grande majorité des conseillers généraux de la Seine, rassemblant plus de 80 % de la représentation départementale, de tous bords politiques, Parisiens et banlieusards confondus, ne parvient pas à empêcher le démembrement du département de la Seine. L'adoption de la loi de 1964 s'achève par la création de sept nouveaux départements : Paris, 105 km^2, désormais enserrée dans ses seules limites municipales, devenue ville et département ; trois départements de la petite couronne (la Seine-Saint-Denis, le Val-de-Marne et les Hauts-de-Seine) et trois départements de la grande banlieue (le Val-d'Oise, les Yvelines et l'Essonne). Dans les Annales de l'agglomération parisienne, la réforme administrative de juillet 1964 constitue une rupture fondamentale car elle désolidarise la capitale de sa proche banlieue[127].

Le conseil général de la Seine n'a pu résister à une décision imposée d'en haut, sans concertation et sans compromis. Un autre choix était pourtant réclamé. Le maire socialiste de Puteaux, président du conseil général de 1959 à 1965, Georges Dardel, défendait, au nom de ses collègues, une autre alternative : l'élargissement du périmètre d'action du département de la Seine aux villes agglomérées de la Seine-et-Oise. Opposés au démembrement du noyau historique du Grand Paris, les conseillers généraux, les maires et leur association, l'UMS, prônaient un renforcement de l'armature des sous-préfectures et des services déconcentrés de l'État, en lieu et place du morcellement en plusieurs départements du Grand Paris. Rangés derrière, Alphonse Le Gallo, député-maire socialiste de Boulogne-Billancourt et président de l'Association des maires de France, ils ne furent pas entendus par le gouvernement de Georges Pompidou et par sa majorité parlementaire.

La réforme de 1964 obéit à une logique administrative et financière – repenser les politiques de péréquations à l'échelle de la région parisienne –, mais elle répond également à une logique politique, plus officieuse : contenir l'influence du parti communiste français, première force politique du département de la Seine en passe de décrocher, comme en 1936 et 1945, la direction du conseil général de la Seine[128].

125. Sylvie Clarimont, « L'évolution des politiques française et espagnole de l'eau. Entre directives communautaires et décentralisation administrative », *Économie rurale*, n° 309, janvier-février, 2009, p. 41-42.

126. Emmanuel Bellanger, « Démembrer le Grand Paris pour mieux imposer le district de la région de Paris (1959-1964)..., *op. cit.*, p. 46-56.

127. Michel Carmona, *Le Grand Paris. L'évolution de l'idée d'aménagement de la région parisienne,* thèse de doctorat de géographie, Université Paris IV, 1979.

128. Emmanuel Bellanger, *Naissance d'un département et d'une préfecture dans le « 9-3 », op. cit.*, p. 89-96.

Paul Delouvrier

Nommé délégué général du district de la région de Paris en août 1961. Premier préfet de la région parisienne de 1966 à 1969.

Paul Delouvrier soutient la réforme administrative du 10 juillet 1964 qui donne naissance à sept nouveaux départements et désolidarise la ville de Paris de sa proche banlieue. Il œuvre à la publication, en 1965, du Schéma directeur d'aménagement et d'urbanisme de la région de Paris. Le nom de ce haut fonctionnaire de la République, ancien inspecteur des finances, est associé à la politique ambitieuse des villes nouvelles et à la réalisation de grandes infrastructures régionales routières et de transports collectifs. Paul Delouvrier a également promu la création de pôles urbains autour des préfectures et des universités des nouveaux départements.

Ce parti, à la tête de 31 communes sur les 80 que compte la Seine banlieue, renforce encore son implantation lors des élections municipales de 1965, en remportant Colombes, Levallois-Perret et Fontenay-sous-Bois. Aussi, force est de constater que le découpage administratif de 1964 prive le parti communiste d'un leadership sur le Grand Paris, tout en lui reconnaissant une légitimité à diriger les nouveaux départements de la Seine-Saint-Denis et du Val-de-Marne, appelés à devenir deux bastions de la « *banlieue rouge*[129] ».

La réforme de 1964 sert surtout le grand dessein de Paul Delouvrier qui œuvre, avec le soutien du général de Gaulle, à l'institutionnalisation du district de la région parisienne[130]. Or, il ne peut y avoir sur un territoire régional aussi étroit deux entités préfectorales rivales, dont la plus ancienne et la plus puissante, la préfecture de la Seine, constitue un état dans l'État, trop ombrageux pour le district de la région parisienne[131]. Pour contrer la puissance du département de la Seine, de sa préfecture et de son conseil général de la Seine, la nouvelle institution régionale, imposée en 1961, a fini par obtenir leur suppression en faisant valoir une logique tout à la fois financière, administrative, technique et politique. La logique administrative et financière est celle du renforcement de la présence de l'État dans la grande banlieue[132]. Le district affiche l'ambition, d'une part, de créer de nouvelles centralités en élevant des préfectures dans des villes nouvelles, présentées comme le contre-modèle des banlieues populaires et d'autre part, d'imposer une meilleure redistribution des richesses entre l'agglomération dense, la plus riche, et la grande banlieue, dont le poids démographique a explosé.

129. Le Val-de-Marne connaîtra une alternance entre 1970 et 1976 avec l'élection du maire gaulliste de Nogent-sur-Marne, Roland Nungesser, et la Seine-Saint-Denis en 2008 avec l'élection du député socialiste Claude Bartolone.

130. Michel Brisacier, *Paris dans la pensée et l'action de Charles de Gaulle*, thèse de doctorat de Science Politique, Université Paris 1, 1986.

131. Ce texte s'appuie sur notre synthèse : Emmanuel Bellanger, *Sceaux et le « Grand Paris » du patriotisme municipal aux solidarités métropolitaines,* Sceaux, Collection Regards sur Sceaux, 2009, p. 77-87.

132. « La réorganisation de la région parisienne », *Administration*, n° 54, 4e trimestre 1965, p. 3-90.

La réforme départementale du 10 juillet 1964 démembre l'ancien département de la Seine et recompose le département de la Seine-et-Oise.
District de la région parisienne, Préfecture de la région Île-de-France.

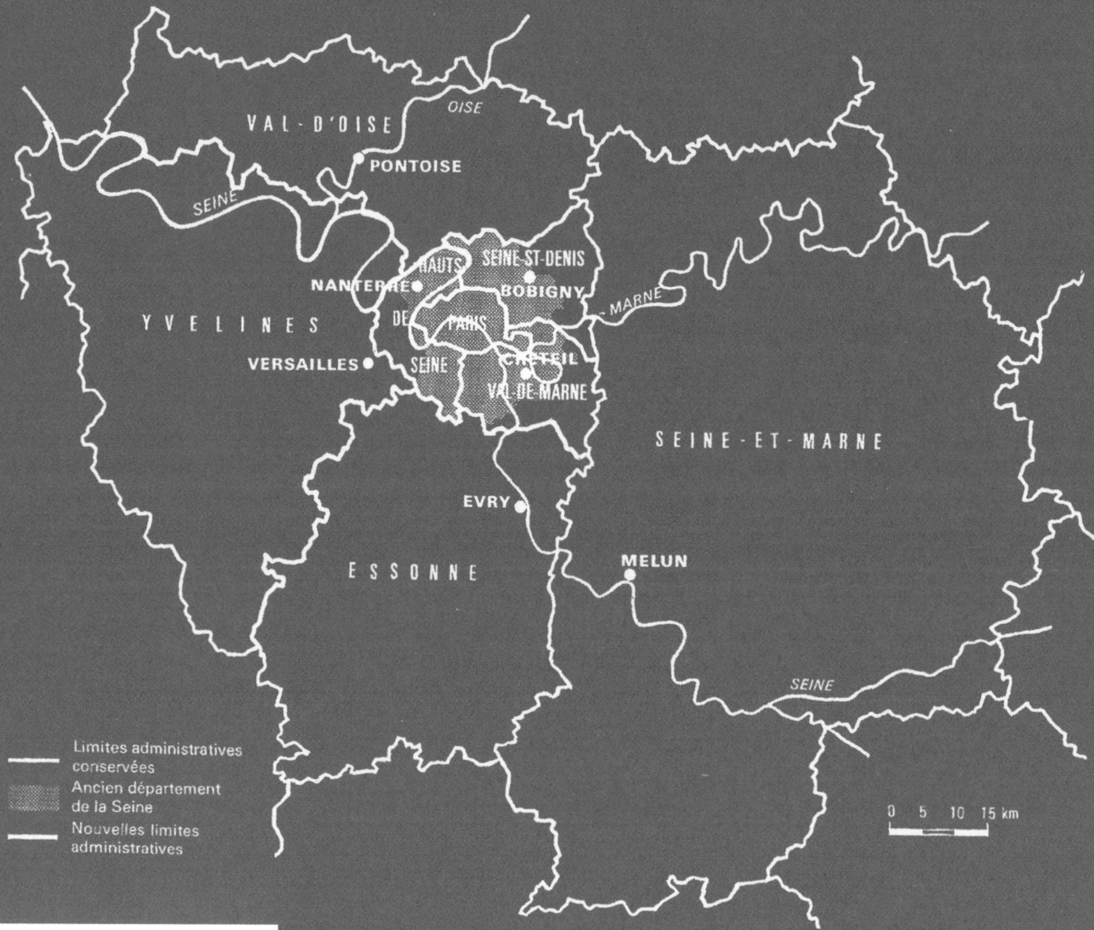

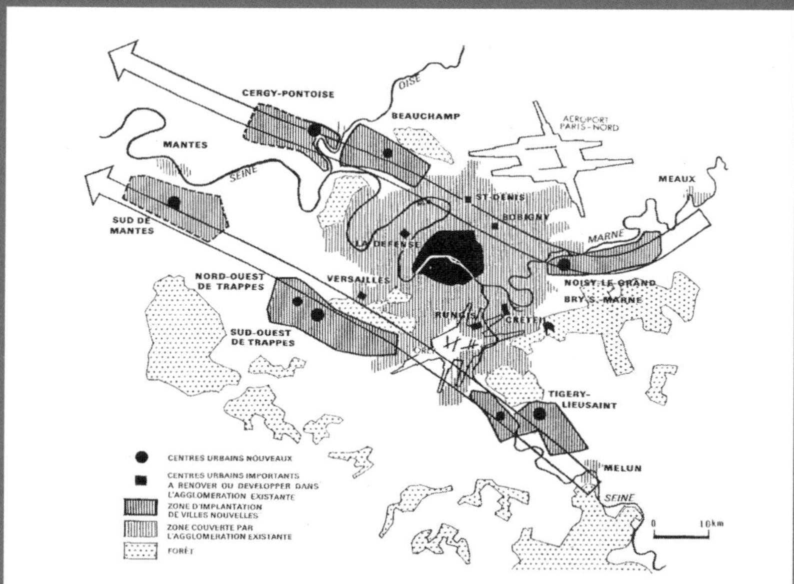

Le Schéma directeur d'aménagement et d'urbanisme de la région de Paris (SDAU) de 1965.
District de la région parisienne, Préfecture de la région Île-de-France.

Ce démembrement a des conséquences directes sur les politiques publiques départementales cofinancées par la ville de Paris. Paul Delouvrier est accusé par les partisans du Grand Paris d'être le nouvel « *Haussmann des banlieues* ». Cette expression est en réalité un contresens historique puisque le préfet de la Seine avait en 1859, à la différence de son lointain successeur, intégré à Paris la petite banlieue pour en faire des arrondissements à deux chiffres, alors que les ingénieurs et les hauts fonctionnaires du district choisissent, au contraire, de désolidariser la proche banlieue de la capitale. Pour un grand nombre d'élus de la grande couronne, le découpage de 1964 est à l'inverse considéré comme un geste de réparation à l'égard de la Seine-et-Oise. Pour s'attacher les faveurs des élus de la grande banlieue, le district a agité le drapeau fédérateur de l'unité et de la solidarité régionales, garantes d'une péréquation financière à grande échelle qui avait tant manqué aux communes urbaines de la Seine-et-Oise durant l'entre-deux-guerres, la période de la Reconstruction et les années 1950-1960.

Sous la Ve République, le pouvoir central impose ainsi un nouveau périmètre, la région parisienne, commandée par un puissant organe de pilotage, le district, dirigé depuis 1966 par un préfet de région. Cette instance se présente comme l'institution en charge de la solidarité régionale. Chemin faisant, c'est une profonde transformation de la conception de l'exercice du gouvernement local qui se met en place[133]. La conception radioconcentrique de l'organisation administrative et politique de l'agglomération parisienne, polarisée sur Paris et sa proche banlieue, laisse désormais place à une structuration du pouvoir local tout à la fois centralisée, *via* le district, et polycentrique, *via* les préfectures des nouveaux départements. Au district incombe la charge d'assurer une fonction régalienne et ordonnatrice de l'aménagement régional ; aux nouveaux départements, celle de promouvoir des politiques publiques locales en lien avec celles des municipalités. Dans le domaine de l'assainissement, la réforme de juillet 1964 donne lieu à une refonte complète du système interdépartemental mis au point au début des années 1930. À l'organisation quelque peu technocratique des politiques d'assainissement de l'agglomération parisienne succède un syndicat interdépartemental de plein droit : le Siaap.

133. Jean Vaujour, *Le Plus Grand Paris,* Paris, PUF, 1970.

Le Syndicat interdépartemental pour l'assainissement de l'agglomération parisienne (Siaap)

Adoptée en juillet 1964, la loi portant réorganisation de la région parisienne est effective au 1er janvier 1968. Dans l'intervalle, les nouveaux départements se mettent progressivement en place autour des préfets délégués. En vertu de l'article 17 de la loi du 10 juillet 1964 et dans l'attente de la dévolution des biens, des droits et des obligations des départements de la Seine et de la Seine-et-Oise, la ville de Paris est reconnue comme l'héritière provisoire de l'organisation interdépartementale de l'assainissement de l'agglomération parisienne déclarée d'utilité publique, trente ans plus tôt, en 1935[134]. Ses services techniques assurent une transition qui se révélera finalement durable et perdurera jusqu'à la fin des années 1990. Au regard des seules prérogatives techniques, la réforme de 1964 ne modifie pas radicalement les conditions d'exploitation de l'assainissement dans la région parisienne. La capitale conserve la gestion de l'ensemble des ouvrages réalisés pour le compte du département de la Seine dans une perspective de desserte interdépartementale.

Entre émulation et déconcentration administratives : la création d'ententes interdépartementales

Le Siaap est conçu dans une période d'émulation administrative, de déconcentration des administrations de l'État, de création de comités techniques (tel le comité technique interdépartemental des transports en février 1969), de comités consultatifs (dont le plus important le comité économique et social de la région parisienne en novembre 1967) et de nouveaux services publics locaux. Le démembrement du département de la Seine donne ainsi naissance à plusieurs institutions intercommunales et interdépartementales. L'office public interdépartemental d'HLM de la région parisienne est créé par décret le 22 décembre 1967 avant d'être à son tour démembré en juillet 1969. Il couvre le parc de logements sociaux de l'ancien office départemental de la Seine, fondé en 1915, et de celui de la Seine-et-Oise, fondé en 1920, bailleurs de plus de 45 000 logements sociaux pour le premier et de plus de 20 000 logements pour le second[135]. Sous l'autorité du district et des ministères de l'Intérieur, de la Jeunesse et des Sports, de l'Économie et des Finances, cinq syndicats mixtes des grandes bases de loisirs de la région parisienne sont également créés en juin et décembre 1968. Ils agrègent la préfecture de région, les nouveaux départements, la ville de Paris et des municipalités de grande banlieue[136].

La réforme de juillet 1964 provoque surtout, dans le domaine de la gestion publique de l'eau, la création, le 16 juin 1969, par arrêté ministériel, d'un syndicat interdépartemental

134. Loi n° 64-707 du 10 juillet 1964 portant réorganisation de la région parisienne, *Journal officiel de la République française*, 12 juillet 1964, p. 6205.
135. *Région parisienne. Organisation territoriale et administrative*, Paris, Journaux officiels, 1971, p. 325-328.
136. Préfecture de la Région parisienne, *Sept ans de vie de la région parisienne et de son district…*, *op. cit.*, p. 71.

Philippe Tollu

Conseiller centriste du 8e arrondissement de la capitale.
Président du Siaap de 1971 à 1972 et 1975 à 1977.
Conseil de Paris, *Notices et portraits de mesdames et messieurs les conseillers de Paris*, Imprimerie municipale, octobre 1972

chargé de l'exploitation des barrages-réservoirs : l'institution interdépartementale des barrages-réservoirs du bassin de la Seine (IIBRBS)[137]. Cette entente interdépartementale a pour mission d'exploiter et de poursuivre le programme de construction des ouvrages de protection contre les inondations et de soutien du débit d'étiage de la Seine et de la Marne. Créée conformément aux dispositions de la loi du 9 janvier 1930 relative aux ententes interdépartementales, l'IIBRBS est dirigée par un conseil d'administration composé de 19 conseillers généraux représentant les quatre nouveaux départements du centre de l'agglomération parisienne, dont la moitié, à l'origine, est issue du conseil de Paris. Les services techniques et administratifs sont assurés par les services techniques de la capitale, chargés depuis les années 1920 de la réalisation des barrages-réservoirs. Sa représentation politique et ses statuts serviront de modèle à la création du Siaap, fondé un an plus tard. Avant que ne soit entérinée la création du Syndicat interdépartemental pour l'assainissement de l'agglomération parisienne, plusieurs options avaient été envisagées par les autorités de tutelle. La puissance publique hésita entre la création d'un établissement public spécialisé sur le modèle du Port autonome de Paris institué par décret du 21 mai 1969, la mise en place d'un office de l'eau et de l'assainissement de l'agglomération parisienne, soutenu par le district en 1966 ou la fondation d'un syndicat interdépartemental régional, proposé par le ministère de l'Intérieur en 1967. Le préfet de Paris, Maurice Doublet, avait défendu ce projet qui fut finalement rejeté par les quatre départements héritiers directs du département de la Seine.

> « *Le conseil de Paris et les conseils généraux de la petite couronne ont entendu constituer un syndicat à quatre qui maintiendrait simplement par voie de convention les accords conclus par l'ancien département de la Seine au bénéfice des communes de l'ancienne Seine-et-Oise*[138]. »

137. *Journal officiel* du 28 juin 1969, p. 6619-6620.
138. Siaap, *Visite de la station d'épuration d'Achères le 4 février 1971*, p. 2.

Alfred-Marcel Vincent

Maire socialiste de Livry-Gargan (1961-1995), spécialiste de la gestion publique de l'eau des années 1960 aux années 1980. Président du Siaap de 1973 à 1975.

Les conseillers généraux sont favorables au maintien d'une entente interdépartementale resserrée, gage d'une continuité politique. Le syndicat interdépartemental de l'agglomération parisienne reste placé sous la seule autorité de la direction générale des services techniques de la ville de Paris qui a donné les preuves de ses compétences. Ce choix d'une alliance territoriale réduite aux quatre départements les plus riches de la région parisienne est validé par délibérations du conseil général de la Seine-Saint-Denis le 18 décembre 1968, du conseil de Paris le 19 décembre 1968, du conseil général du Val-de-Marne le 15 janvier 1969 et du conseil général des Hauts-de-Seine le 13 mai 1969. Par arrêté du ministère de l'Intérieur du 31 août 1970 sur avis du Conseil d'État du 14 mai 1970, le Siaap est créé. Paris, la Seine-Saint-Denis, les Hauts-de-Seine et le Val-de-Marne forment désormais, en vertu de la loi du 9 janvier 1930 et de son décret du 28 juillet 1931, un syndicat interdépartemental, dont les activités sont effectives au 1er janvier 1971.

Sa composition reflète les rapports de forces inégaux entre la capitale et ses départements limitrophes qui, associés, représentent pourtant une population plus importante (2,5 millions de Parisiens en 1968 contre 3 millions de banlieusards). Les élus suburbains devront attendre encore plusieurs décennies pour que l'empreinte historique de la domination politique, technique et financière de la ville de Paris s'estompe. Pour l'heure, en 1970, le siège du syndicat est situé à l'Hôtel de Ville de Paris et son conseil d'administration est composé de 12 conseillers de Paris contre 15 conseillers généraux de la petite couronne.

La concorde prévaut cependant entre élus locaux qui s'accordent sur le principe d'une présidence et d'une première vice-présidence alternées et assurées tous les deux ans par un représentant de Paris et un représentant de la banlieue. Au sein du conseil d'administration et du bureau du Siaap, toutes les composantes politiques participent à la vie syndicale, des élus gaullistes aux élus communistes en passant par les élus socialistes, centristes et indépendants.

Lorsque, le 14 décembre 1970, le préfet de Paris Marcel Diebolt procède à l'installation du premier conseil d'administration du Syndicat, André-Yves Breton, conseiller centriste et président de la 6e commission du conseil de Paris, est élu président du Siaap.

Son premier vice-président, le socialiste Alfred-Marcel Vincent, est un ancien élu de la Seine-et-Oise, spécialiste de la gestion publique de l'eau. Maire de Livry-Gargan depuis 1961 et conseiller général depuis 1964, ce magistrat communal suburbain s'inscrit dans la continuité de ses prédécesseurs qui, à l'instar d'Henri Sellier, ont œuvré à la mise en place des politiques de coopération territoriale Paris/banlieues. Alfred-Marcel Vincent est un homme d'influence qui se retrouve au cœur des institutions régionales de la gestion publique de l'eau. Président du Syndicat intercommunal des eaux de la banlieue parisienne, le Sedif, de 1965 à 1983, il occupe également les fonctions de président de l'Institution interdépartementale des barrages-réservoirs du bassin de la Seine et est désigné, pendant 13 ans, administrateur de l'Agence financière de bassin Seine-Normandie et délégué au Comité national de l'eau. Au sein du Siaap, il détient un record de longévité. Bien que socialiste, Alfred-Marcel Vincent est l'inamovible représentant, de 1970 à 1994, du conseil général de la Seine-Saint-Denis à majorité communiste.

Président du Siaap de 1973 à 1975, il en conserve la vice-présidence du Siaap de sa création, en 1970, à 1973 et de 1985 à 1994[139]. À son image, le bureau du syndicat, son organe exécutif, s'illustre par la stabilité de ses représentants. Aux côtés d'Alfred-Marcel Vincent se retrouvent d'importantes figures régionales de l'agglomération parisienne dont Jacques Carat, maire socialiste de Cachan de 1953 à 1998 et président de l'Union des maires de l'agglomération parisienne, Pierre Lagravère, le premier président du conseil général des Hauts-de-Seine de 1967 à 1970, Louis Bordes, le maire communiste de Stains de 1944 à 1977, vice-président du conseil général de Seine-Saint-Denis et les conseillers de Paris Philippe Tollu, élu centriste du 8e arrondissement, président du Siaap de 1971 à 1972 et de 1975 à 1977, entouré de ses collègues, Albert Chavanac, président du conseil de Paris de 1965 à 1966, Alex Biscarre, conseiller de 1932 à 1977 et Auguste Marbœuf-Reignault, conseiller de 1953 à 1977[140].

Le premier règlement intérieur du syndicat interdépartemental est approuvé par son conseil d'administration le 23 décembre 1970. Le Siaap se voit, dès lors, confier les droits et les obligations que le département de la Seine tenait de la convention du 4 juillet 1933 et de son avenant du 31 janvier 1951. Toujours par voie de conventions signées avec les départements héritiers de l'ancien Grand Paris, entre février 1971 et février 1972, le Siaap doit préserver les acquis de l'entente interdépartementale scellée en 1930 et assurer une mission de service public d'études, de réalisation et d'exploitation des nouveaux ouvrages de transport des eaux pluviales et des eaux usées à compétence interdépartementale.

Une institution née de la réforme du 10 juillet 1964

La réalisation d'une entente interdépartementale de l'assainissement était en réalité inévitable. L'article 9 de la loi du 10 juillet 1964 laissait planer le doute d'une intervention discrétionnaire de l'État en cas de désengagement et de mésentente des nouvelles collectivités départementales. Pour ne pas être, une fois de plus, dessaisis de leurs prérogatives, les conseillers généraux devaient prendre les

139. Syndicat des eaux d'Île-de-France, *Inf'eau : bulletin du syndicat des eaux d'Île-de-France*, n° 48, avril 2000, p. 6.
140. Archives du Siaap, Conseils d'administration de 1970-1995.

devants et affirmer leur unité. La dimension technique du Siaap continue néanmoins de leur échapper. Déléguée aux services techniques et préfectoraux de la ville de Paris, la mise en place des contours de la nouvelle organisation interdépartementale de l'assainissement s'est dessinée entre 1964 et 1970, bien avant que les élus locaux n'entérinent la création du syndicat. La question de la répartition des ouvrages du département de la Seine entre les nouveaux départements est réglée entre 1967 et 1969. La loi du 10 juillet 1964 a précisé dans ses articles 12 et 13 que « *quel que soit le lieu où ils sont situés* [les biens des départements de la Seine et de la Seine-et-Oise] *qui présentent un intérêt interdépartemental eu égard à la nouvelle organisation territoriale de la région parisienne* [seront transférés] *par accord amiable entre les collectivités créées par la présente loi, à l'une d'entre elles ou à une institution interdépartementale*[141] ».

Les ouvrages d'assainissement relèvent, dans leur majorité, de la deuxième catégorie. La liste précise des ouvrages présentant un intérêt interdépartemental est établie par décret du 11 septembre 1967 ; elle comprend la majeure partie des ouvrages du programme général (les grands émissaires de transport des eaux usées, la station d'Achères et celle du Mont-Mesly), ainsi que les collecteurs, égouts élémentaires et canalisations, construits dans le cadre du programme complémentaire d'assainissement de la Seine banlieue élaboré à la fin des années 1920[142]. La plupart des égouts départementaux des 80 communes de l'ancienne Seine banlieue sont finalement dévolus aux nouveaux départements par arrêté du 28 juillet 1969, à l'exception d'une dizaine de collecteurs et d'égouts qui conserve un caractère interdépartemental.

Dans leur majorité, ces ouvrages sont destinés à la collecte et au transport des eaux de plusieurs communes ; ils font le lien entre les réseaux communaux et le réseau d'intérêt général des grands émissaires et des stations d'épuration. Par cet accord, les nouveaux départements acquièrent une compétence en matière d'assainissement. Au tournant des années 1960-1970, les préfectures des Hauts-de-Seine, du Val-de-Marne et de la Seine-Saint-Denis mettent ainsi en place au sein de leurs directions départementales de l'équipement (DDE), qui ont succédé aux services des ponts et chaussées, des services dédiés à l'assainissement, devenus dans les années 1980 les directions départementales de l'eau et de l'assainissement (DEA).

La situation de l'agglomération parisienne reste dérogatoire au droit commun. Les départements de l'agglomération parisienne et leur établissement public de coopération interdépartementale continuent d'exercer des compétences dévolues, en France, par la loi aux communes et à leurs syndicats d'assainissement.

> « *Si l'assainissement est une compétence conférée depuis toujours aux communes, elle est éclatée, dans l'agglomération parisienne, entre plusieurs niveaux de collectivités : collecte et transports des eaux usées vers les collecteurs départementaux par les communes, acheminement vers les collecteurs du Siaap par les départements et épuration des eaux usées par le syndicat*[143]. »

Face à la multiplication des acteurs de l'assainissement, le Siaap occupe une position transversale entre les départements, les communes et les syndicats intercommunaux. Il est la seule institution interdépartementale en mesure de mettre en place une péréquation entre les différents territoires ségrégés de l'agglomération parisienne.

141. *Journal officiel* du 12 juillet 1964, p. 6205.

142. Décret n° 67-791 du 11 septembre 1967 pour l'application aux biens des départements de la Seine et de la Seine-et-Oise qui présentent un intérêt interdépartemental du troisième alinéa de l'article 13 de la loi du 10 juillet 1964, *Journal officiel de la République française*, 22 septembre 1967.

143. Chambre régionale des comptes d'Île-de-France, *Rapport d'observations, Syndicat interdépartemental d'assainissement pour l'agglomération parisienne*, 2010, p. 7.

Ses effectifs ont connu une forte progression. La convention signée, le 16 février 1971, entre la ville de Paris et le Siaap mettait à la disposition de l'organisation interdépartementale 590 agents publics à temps complet ou partiel[144]. L'ensemble du personnel affecté à ces missions interdépartementales continue de bénéficier du statut accordé au personnel de la préfecture de Paris. Pour répondre au cahier des charges et aux directives de plus en plus sévères des autorités de tutelle françaises et européennes, son personnel est multiplié par trois en 40 ans. Cette progression a suivi l'ouverture de nouvelles stations d'épuration et l'agrandissement de la station d'Achères qui concentre, à elle seule, plus de 50 % des effectifs.

Dès sa création, le Siaap s'affirme comme le pivot d'une entente interdépartementale à vocation régionale. En 1967, les départements fondateurs du syndicat avaient refusé la proposition de la préfecture de Paris d'intégrer dans leur conseil d'administration les élus de la grande couronne. Au début des années 1970, ils consentent à signer des conventions de coopération avec le Val-d'Oise, le 16 février 1973, les Yvelines, les 10 avril et 15 mai 1975, et l'Essonne le 18 juillet 1975. Ces conventions reprennent l'essentiel des modalités administratives, techniques et financières de la convention de 1933 concernant le raccordement, la construction et l'exploitation des ouvrages, ainsi que la répartition des coûts de fonctionnement et d'investissement.

L'organisation tripartite de l'assainissement francilien

La réforme départementale du 10 juillet 1964 aboutit à la mise en place d'une organisation de l'assainissement répartie sur trois niveaux d'intervention : le niveau de la commune et des syndicats intercommunaux pour la collecte locale des eaux usées ; le niveau départemental pour la collecte et le transport des effluents communaux jusqu'aux ouvrages d'intérêt général ; le niveau interdépartemental du Siaap pour la mise en œuvre de l'épuration. Ce système, apparemment simple, s'avère dans son fonctionnement beaucoup plus complexe. Cette complexité est liée aux conséquences de la loi du 10 juillet 1964 et à l'histoire même de l'assainissement de la région parisienne et des conditions singulières dans lesquelles il s'est progressivement réalisé.

L'interdépartementalité de l'assainissement sanctionnée par arrêté ministériel d'août 1970 s'inscrit dans la lignée directe de l'organisation des années 1930 structurée autour de la capitale et du département de la Seine. La réforme de 1964 a démultiplié le nombre de conseils généraux du Plus Grand Paris passé de deux à sept ; mais le noyau organisationnel du système d'assainissement continue de reposer sur la ville de Paris. Le Siaap ne dispose pas, jusque dans les années 1990, de ses propres services administratifs et techniques. Dans la continuité du système mis en place dans les années 1920, la ville de Paris assure l'exécution de l'assainissement pour le compte du Siaap. Les modalités de cette coopération Paris/Siaap sont codifiées par la convention du 16 février 1971. La capitale est chargée, pour le compte du syndicat, de la gestion des ouvrages qu'il a hérité du département de la Seine et de la réalisation des nouveaux ouvrages, en concertation avec les directions de l'équipement des départements suburbains[145]. L'ancienne direction technique des eaux et de l'assainissement de la DGST de la ville de Paris a été, en application de la loi de finance de 1965, transformée en direction des services industriels et commerciaux de Paris, à laquelle sont également rattachés le service de contrôle des eaux, la sous-direction des pompes funèbres et des cimetières et le service technique

144. Annexes 1, 2 et 3 de la convention du 16 février 1971.
145. Archives du Siaap, article 2 de la convention entre la ville de Paris et le Siaap du 16 février 1971.

des transports automobiles municipaux de la capitale. Les services techniques des eaux et de l'assainissement sont désormais dissociés et placés sous l'autorité d'un ingénieur général. Les services administratifs et techniques de la ville de Paris sont également chargés sous l'autorité du préfet de Paris, de la préparation et de l'exécution du budget du Siaap[146].

La cohérence de l'assainissement général réclame une gestion unifiée des principaux ouvrages de transport et d'épuration des eaux usées. La capitale retrouve ainsi la pleine responsabilité d'ouvrages, qu'elle avait déléguée en 1930 à l'ancien département de la Seine en vue de concourir à l'assainissement général de l'agglomération parisienne, à l'instar des champs d'épandage et des usines de Clichy et de Colombes. La ville de Paris conserve même, sous certaines réserves, la faculté de mettre fin à l'affectation interdépartementale des équipements dont elle conserve la propriété[147].

La ville de Paris n'est cependant pas seule à assurer la gestion des ouvrages interdépartementaux. Les conventions passées avec les nouveaux départements de la petite couronne associent leur direction départementale de l'équipement à la gestion et la programmation des ouvrages interdépartementaux. Les Hauts-de-Seine et le Val-de-Marne gèrent ainsi la deuxième branche de l'émissaire Sud traversant leur territoire. La mission des DDE du 92, du 93 et du 94 s'étend également à la gestion et la réalisation des ouvrages à caractère interdépartemental situés sur les communes de l'ancienne Seine-et-Oise rattachées à leur département. La réforme de 1964 s'est ainsi traduite par une complexification de l'organisation et de la gestion du service de l'assainissement de la région parisienne. La propriété des ouvrages, la gestion des infrastructures et les dépenses d'exécution des missions de services publics sont désormais partagées entre les différentes collectivités locales et leur établissement public d'assainissement.

Des redevances inflationnistes pour de nouvelles priorités

Les dispositions de la loi de finance de 1965 transforment en profondeur le mode de financement public de l'assainissement des communes. Le paragraphe 3 de l'article 75 de la loi de finance, complété par le décret du ministère de l'Intérieur du 24 octobre 1967 et sa circulaire d'application du 9 novembre 1967, change la donne financière et oblige les communes, les départements de l'agglomération parisienne et leurs établissements publics à mettre en place un nouveau système de prélèvement[148]. Ce dispositif prévoit la fin de la taxe de déversement à l'égout, créée en 1926 par la loi Niveaux, et la mise en place, au 1er janvier 1968, d'un nouveau mode de financement reposant sur la perception d'une redevance. Les motivations qui président à son établissement reposent sur le constat qu'il existe, dans la plupart des communes de France, une disproportion trop forte entre le montant des recettes perçues et le coût réel du fonctionnement et des investissements des services d'assainissement. La réforme financière fait désormais reposer la charge des politiques d'assainissement sur l'usager[149]. Le décret du 24 octobre 1967 stipule en effet que l'usage du service public d'assainissement, quel que soit son mode d'exploitation, concédé ou en régie, donne lieu à la perception d'une redevance.

La nouvelle redevance est assise sur la consommation d'eau de l'usager. Son produit est affecté aux dépenses de fonctionnement du service, y compris les dépenses de personnel,

146. Archives du Siaap, article 6 de la convention du 16 février 1971.

147. Archives du Siaap, article 5 de la convention du 16 février 1971.

148. Décret n° 67 945 du 24 octobre 1967 relatif à l'institution, au recouvrement et à l'affectation des redevances dues par les usagers des réseaux d'assainissement et des stations d'épuration, *Journal officiel* du 26 octobre 1967, p. 10558-10559.

149. Christian de la Malène, *Rapport Général sur le budget primitif pour 1968, le projet de budget modificatif de 1967 et le projet de budget d'investissement de 1968 de la Ville-Département présenté au conseil de Paris*, n° 1, 1967, p. 391.

aux dépenses d'entretien, aux charges d'intérêt de la dette contractée pour l'établissement et l'entretien des installations et aux charges d'amortissement desdites installations. La redevance, ainsi que sa tarification, est établie par l'assemblée délibérante de la collectivité ou de l'établissement public, exploitant ou concédant le service d'assainissement. Pour les agriculteurs des abattements ou des forfaits sont appliqués. Les industriels, commerçants et artisans ont, quant à eux, la possibilité de négocier des coefficients correctifs pour tenir compte des charges particulières qu'imposent leurs activités.

Ces nouvelles dispositions s'appliquent au Siaap. La redevance syndicale est instaurée par délibération du 23 décembre 1970. Effective au 1er janvier 1971, elle est calculée sur le volume d'eau prélevé par les usagers sur les réseaux publics de distribution ou sur les rivières et autres sources privées. La redevance du syndicat interdépartemental est fixée pour 1971 à 0,22 franc, hors taxe, par mètre cube d'eau consommée[150]. En l'espace d'une dizaine d'années, elle augmente considérablement pour s'établir successivement à 0,31 franc en 1974, 0,34 franc en 1975, 0,39 franc en 1979[151]. Dans les années 1980, son montant s'accroît à un rythme bien supérieur à celui de l'inflation. Par délibération du 16 décembre 1983, le Siaap fixe sa redevance, pour l'année 1984, à 0,83 franc par mètre cube, 29 centimes de plus qu'en 1983. Cette augmentation vise à compenser la suppression de l'aide de 42 millions de francs versée par l'agence financière de bassin au Siaap pour le fonctionnement de ses stations d'épuration. Cette nouvelle tarification est refusée par le préfet, commissaire de la République de la région Île-de-France ; elle est ramenée, en application de la loi sur le prix de l'eau du 29 décembre 1983, à 0,76 franc[152]. Au milieu des années 1980, pour financer les programmes d'assainissement de la Seine et à la faveur de la fin de l'encadrement du prix de l'eau, la redevance connaît de nouvelles augmentations importantes : 0,91 franc en 1985 et 0,97 franc en 1986[153].

De son côté, l'agence de bassin Seine-Normandie, dont le budget repose sur deux types de redevances (celles sur les prélèvements d'eau et celles sur la détérioration de sa qualité), consacre une part conséquente de ses ressources à l'assainissement des agglomérations[154]. Au tournant des années 1960-1970, leur masse financière est investie à hauteur de plus de 90 % dans les politiques d'équipements, d'alimentation et de raccordement aux réseaux[155]. Dans le bassin Seine-Normandie, du 1er janvier 1969 au 31 décembre 1976, les aides de l'agence représentent 1,6 milliard de francs sur les 3,5 milliards investis dans la lutte contre la pollution et la distribution d'eau. L'agence consacre plus 1,1 milliard de ses aides à l'assainissement dont un milliard réservé aux seules constructions de stations d'épurations[156].

À partir de 1972, l'agence de l'Eau Seine-Normandie élabore des plans quinquennaux dont les financements orientent l'action du Siaap[157]. « *Bien que l'aval des agglomérations reste un point noir, de nets progrès ont peu à peu été enregistrés en matière d'assainissement urbain et industriel dans un*

150. Archives du Siaap, délibération du 23 décembre 1970.
151. Archives du Siaap, délibérations des 19 décembre 1973, 20 décembre 1974 et 19 décembre 1975.
152. Archives du Siaap, délibération du 14 décembre 1984.
153. Archives du Siaap, délibération du 19 décembre 1985.
154. « Le régime des redevances dans le bassin », *Seine-Normandie*, n° spécial, février 1969.
155. *Le Comité de bassin et l'agence financière de Seine-Normandie : qui sont-ils, où vont-ils ?*, Paris, Société nouvelle Mercure, 1974-1978.
156. *Le Comité de bassin et l'agence financière de Seine-Normandie...*, année 1978, *op. cit.*, p. 14-16.
157. Délégation à l'aménagement du territoire et à l'action régionale. Mission déléguée de bassin, *Projet de livre blanc du bassin Seine-Normandie. Document de travail*, Paris, AFB Seine Normandie, 1970.

contexte d'augmentation de la population urbaine[158]. » Dès 1968, la mission technique de l'eau, qui préfigure la mise en place de l'agence Seine-Normandie, a élaboré un premier plan d'action pour la période 1969-1971[159]. Mais de l'aveu même de l'Agence, les premiers programmes mis en place à sa création se distinguent par une politique du « *tout épuration* » qui conduit en priorité à la réalisation et à l'extension d'équipements d'épuration[160]. Le Siaap, qui constitue de loin le groupement de collectivités locales le plus peuplé (plus de 8 millions d'usagers) de France, bénéficie de ses aides lors de la réalisation de la station de Noisy-le-Grand entre 1972 et 1976 puis lors de la construction de la quatrième tranche de la station d'Achères, entre 1975 et 1978, dont l'Agence a financé 30 % du coût des travaux[161].

À partir de la fin des années 1970, l'agence Seine-Normandie révise sa politique d'aides afin de mieux financer la collecte des eaux usées[162]. Au cours du troisième programme 1977-1981, 20 % des aides, qu'elle accorde au titre de la lutte contre la pollution, sont consacrées aux réseaux de collecte. Ces fonds représentent 70 % des dépenses d'investissement de l'Agence ; 30 % sont consacrés à la préservation des ressources en eau. L'agence refuse désormais de participer au financement de stations d'épuration si aucun plan de raccordement au réseau d'assainissement n'est prévu[163]. En 1983, la création du coefficient de collecte, qui entre dans le calcul de la redevance de pollution domestique, doit permettre de financer les réseaux d'égout encore très largement déficients. L'effort de l'agence financière en direction de la construction et de la rénovation des réseaux a progressé entre 1982 et 1986. Sur l'ensemble du bassin, l'agence investit 2,7 milliards de francs[164].

En intégrant de nouveaux éléments de pollution (matières oxydables, sels solubles et matières inhibitrices, pollution azotée) dans le calcul de ses redevances, l'agence pousse les industriels à s'équiper de dispositifs d'épuration plus complets. Dès le milieu des années 1970, elle les incite, en cofinançant leurs installations d'épurations, à traiter leurs déchets, dont la mise en décharge plus ou moins bien contrôlée, est une cause de pollution des eaux et de destruction du milieu aquatique[165]. Le IVe programme de 1982 à 1986 inaugure un nouveau champ d'intervention pour l'agence, la restauration des cours d'eau, et met en place des zones d'action renforcée pour la lutte contre la pollution, notamment dans l'agglomération parisienne.

Le rôle accru des comités de bassin dans la gestion publique de l'eau, où siège un nombre prépondérant d'élus et d'usagers, contribue à contrebalancer la position acquise par les ingénieurs et les hauts fonctionnaires dans le domaine de l'assainissement depuis la fin du XIXe siècle. De nouvelles priorités s'affirment autour de la protection du milieu naturel.

« La politique française de l'eau est déconcentrée. D'une part, elle est coélaborée par l'Administration, les collectivités locales et les usagers à l'échelle des grands bassins versants. D'autre part, les agences de l'eau favorisent la gestion intégrée de la ressource puisque le système repose sur la mutualisation des moyens financiers, là encore, à

158. Alexandre Brun, « Gestion de l'eau en France », art. cit., p. 5.
159. « Propos recueillis auprès de Monsieur Valiron », *in* Hubert Loriferne (dir.), *Quarante ans de politique de l'eau…, op. cit.,* p. 131-145.
160. *Trente ans d'action sur l'eau en Seine-Normandie : 1964-1994*, Rouen, Agence de l'eau Seine-Normandie, 1994.
161. Siaap, *Le Syndicat interdépartemental pour l'assainissement de l'agglomération parisienne présente ses dernières réalisations : les nouveaux bassins de Clichy, l'émissaire "Clichy-Achères" branche de Bezons, la station d'épuration "Achères-IV"*, Paris, 1978.
162. *Comité de bassin et Agence financière de bassin Seine-Normandie, Compte-rendu d'activité pour la période 1974-1980*, Paris, AFB, 1980.
163. *Trente ans d'action sur l'eau en Seine-Normandie : 1964-1994*, *op. cit.*, p. 22.
164. *Le IVe programme d'intervention de l'agence de bassin Seine-Normandie 1982-1986*, Paris, Agence financière de bassin Seine-Normandie, 1981.
165. *Trente ans d'action sur l'eau en Seine-Normandie : 1964-1994*, *op. cit.*, p. 24-25.

l'échelle des grands bassins. L'État demeure, ceci dit, le maître d'œuvre de cette politique car les agences de l'eau et les autres établissements publics chargés de l'étude et de la surveillance des milieux aquatiques restent placés sous sa tutelle. Le durcissement et la diversification des standards internationaux dans le domaine de l'eau, l'adoption de la Charte européenne de l'eau en 1967 puis la conférence de Stockholm sur l'environnement en 1972, la montée en puissance de l'écologie politique et, enfin, la médiatisation croissante des catastrophes industrielles et naturelles amènent les pouvoirs publics à renforcer leur action en matière de protection de la nature[166]. »

166. Alexandre Brun, « Gestion de l'eau en France », art. cit., p. 5.

Le temps des bilans et des conversions

Trois ans à peine après la mise en service d'Achères II, le 22 janvier 1966, commencent les travaux d'Achères III achevés en 1972. Cette nouvelle tranche de la station d'épuration est alimentée par un nouvel émissaire dont la réalisation, prévue dès l'origine par le programme général de 1929, a fait l'objet d'importantes modifications. Face à la poussée démographique de l'agglomération parisienne, la déclaration d'utilité publique est prise, en octobre 1963, de dédoubler l'émissaire Clichy-Achères en deux branches, l'une dite d'Argenteuil au nord, construite entre 1964 et 1972 et l'autre dite de Bezons au sud, achevée en 1978 avec la quatrième tranche de la station interdépartementale d'Achères.

Un bilan contrasté entre concentration et décentralisation

La nouvelle unité d'Achères III, mise en service en février 1972, dispose d'une capacité de traitement de 900 000 m^3 par jour. Ce volume est une fois et demi supérieur à la capacité d'Achères I et II[167]. Les expérimentations des bassins combinés menées dans les deux stations pilotes d'Achères depuis 1965 ont conduit à adopter un dispositif mixte composé, d'une part, de trois bassins d'aération et de trois bassins de décantation séparés et, d'autre part, de six bassins combinés. Les opérations de traitement final des boues d'épuration font, elles aussi, l'objet d'innovations techniques. En plus des installations de digestion et de dessiccation des boues déjà présentes sur Achères I et II, une unité pilote d'incinération des boues est installée[168]. La question de l'élimination des boues produites par les stations d'épuration biologique constitue un problème récurrent. Dans les années 1960, les boues font l'objet d'une transformation en matière compacte, inerte et transportable, qui facilite leur mise en décharge. Lors de la construction de la troisième tranche d'Achères, cette solution apparaît la plus satisfaisante, en raison notamment des nombreuses carrières exploitées à proximité d'Achères qui permettent leur enfouissement. La valorisation agricole est en revanche compromise ; cette filière d'exploitation se raréfie sous la pression urbaine au moment où les quantités de boues sont, elles, appelées à s'accroître avec l'augmentation des volumes d'eaux usées à traiter.

Les opérations de recomposition du maillage d'égouts et de raccordement au réseau général de collecte et d'épuration se poursuivent parallèlement à la réalisation des nouveaux équipements d'épuration. À partir de 1965, les travaux de raccordement du sud-est de l'agglomération parisienne aux grands émissaires du programme général et à la station d'Achères sont engagés. Ils doivent permettre à cette vaste zone urbaine et périurbaine de bénéficier, plusieurs décennies après la capitale, du tout-à-l'égout. Dans les années 1960, une infime partie de ses eaux usées est traitée par la station d'épuration du Mont-Mesly, le reste se déverse dans la Seine et dans la Marne. Le raccordement de cette zone est tributaire de la construction de l'émissaire Nord-Est relié à l'usine et à l'émissaire de Clichy. Ce raccordement au réseau général suppose de modifier le réseau d'égout existant et de creuser de nouveaux ouvrages pour drainer l'ensemble des eaux vers

167. M. Feuillade, « La troisième tranche de la station d'épuration biologique d'Achères (Achères III) », *in* Siaap, *Documentation sur les ouvrages d'assainissement du syndicat*, *op. cit.*, p. 5.
168. M. Feuillade, « La troisième tranche de la station d'épuration biologique d'Achères (Achères III) », *in* Siaap, *Documentation sur les ouvrages d'assainissement du syndicat*, *op. cit.*, p. 19.

Le chantier d'Achères III.

Avec la mise en service d'Achères III en 1972, la station interdépartementale augmente ses capacités de traitement de 150 %. La nouvelle unité d'épuration est aussi grande qu'Achères I et II réunies.

ce nouvel émissaire Nord-Est. Deux bassins de dessablement sont ainsi construits à Ivry-sur-Seine et Alfortville. Ils constituent deux centres de convergence des eaux de la banlieue sud-est reliés, par un ensemble de collecteurs, à la nouvelle usine élévatoire de Charenton-le-Pont. De cette usine, sont refoulées les eaux usées dans l'émissaire Nord-Est. L'ensemble de ces ouvrages est achevé en quelques années seulement. Le 26 juin 1969, la banlieue sud-est est raccordée au réseau général de collecte et d'épuration de l'agglomération parisienne[169].

En guise de bilan, l'important effort de construction d'ouvrages a permis à l'agglomération parisienne d'augmenter ses capacités d'épuration. En 1960, 186 millions de mètres cubes d'eaux usées sont traités, dont 76 millions par épandage et 110 millions par les stations, sur 595 millions de mètres cubes produits[170]. Après la mise en service d'Achères II, en 1967, plus de 270 millions de mètres cubes sont épurés, dont 71 millions par épandage, sur un total de 667 millions de mètres cubes produits[171] ; le traitement des eaux usées a augmenté de 69 % en sept ans. En 1960, le volume des eaux traitées représente 31 % des eaux collectées par les ouvrages d'assainissement ; en 1967, les équipements d'épuration interdépartementaux traitent désormais 40 % de l'effluent. Pour autant, en valeur absolue, les volumes d'eaux usées rejetés sans traitement ont continué d'augmenter : 397 millions de mètres cubes en 1967 contre 299 millions en 1960. Dans ces circonstances, la mise en service d'Achères III, sous l'autorité du Siaap et des services techniques de la ville de Paris, est très attendue. Alors qu'en 1971, les installations d'épuration, épandage compris, ne traitaient que 42 % des eaux usées collectées ; en 1972 le taux grimpe à 72 % et dépasse les 75 % en 1975.

Les réalisations, prévues dans le schéma de 1968, se poursuivent. En 1978, une nouvelle tranche de la station d'Achères entre en service. Achères IV reçoit 600 000 m^3 d'eaux usées par jour de la nouvelle de la branche de Bezons de l'émissaire Clichy-Achères. Cette branche sud transporte les eaux usées et de petite pluie collectées en divers points de son parcours dans les Hauts-de-Seine, le Val-d'Oise et les Yvelines. La capacité de traitement de la station d'Achères, toutes tranches confondues, dépasse désormais le seuil emblématique des deux millions de mètres cubes d'eaux usées par jour[172].

Aux travaux d'extension de la station d'épuration s'ajoute également la construction d'une nouvelle installation, en amont de Paris, programmée dans le schéma d'assainissement de 1968. La première tranche de la station de Noisy-le-Grand, censée couvrir les besoins de la ville nouvelle de Marne-la-Vallée, est mise en service en 1976. D'une capacité de traitement très modeste – 28 000 m^3 par jour – elle est destinée à l'épuration des eaux d'une quinzaine de communes de la Seine-Saint-Denis et de la Seine-et-Marne[173]. Le dossier technique et financier a été préparé conjointement par la direction des services industriels et commerciaux de la ville de Paris et la direction départementale de l'équipement du Val-de-Marne. Il atteste de la mutualisation des fonds publics. Le Siaap contribue à la réalisation du projet à hauteur de 22 millions de francs sur un coût total de 51,7 millions ; la participation de l'Agence financière de bassin Seine-Normandie s'élève à plus de 13 millions et celle de l'État, au titre de la ville nouvelle, à 8,4 millions. Le bouclage du financement est couvert par le syndicat intercommunal des villes de Brou, Chelles et Vaires pour le drainage des effluents provenant de la Seine-et-Marne[174].

169. « Raccordement des collecteurs d'eaux usées de la banlieue sud-est à l'émissaire Nord-Est », *in* Siaap, *Documentation sur les ouvrages d'assainissement du syndicat, op. cit.*
170. Archives du Siaap, *Notes à l'appui du compte*, 1960, p. 4.
171. Archives du Siaap, *Notes à l'appui du compte*, 1967, p. 4.
172. *Le Syndicat interdépartemental pour l'assainissement de l'agglomération parisienne (Siaap) présente ses dernières réalisations…*, *op. cit.*, p. 2.
173. *Le Syndicat interdépartemental pour l'assainissement de l'agglomération parisienne (Siaap) présente ses dernières réalisations…*, *op. cit.*, p. 1.
174. Archives du Siaap, *Inauguration de la station d'épuration de Noisy-le-Grand, 22 novembre 1976.*

Lors de l'inauguration de la station de Noisy-le-Grand, le 22 novembre 1976, les discours du ministre de la Qualité de la vie, Vincent Ansquer, et du président du Siaap, Philippe Tollu, témoignent des avancées mais aussi des carences du plan d'assainissement général de la région Île-de-France. Le ministre reconnaît que « *l'assainissement du sud-est, des vallées de l'Essonne, de la ville nouvelle d'Évry et d'une partie du Val-de-Marne, reste à faire* ». La « *grande station d'épuration* » de Valenton est attendue pour traiter les effluents de 1,4 million d'habitants. L'État donne sa promesse que « *le montage financier de l'opération et son échéancier sont en cours de mise au point dans un programme d'action prioritaire du VIe Plan*[175] ». Les premiers financements sont annoncés par le ministre pour l'année suivante et le commencement des travaux pour 1978. La station de Valenton n'entrera finalement en service qu'en 1987.

L'inauguration de la station de Noisy-le-Grand est l'occasion pour le président du Siaap, Philippe Tollu, de justifier son action dans un climat nouveau. Des contre-pouvoirs associatifs, à l'instar de celui des pêcheurs, se sont affirmés et interpellent les institutions. L'État lui-même a créé, sous le gouvernement de Jacques Chaban-Delmas, en janvier 1971 un ministère à la Protection de la Nature et de l'Environnement, confié à Robert Poujade, une figure du mouvement gaulliste nommé ministre délégué auprès du Premier ministre[176]. Quelques mois avant l'inauguration des installations de Noisy-le-Grand, la circulaire du ministère de la Santé du 10 juin 1976 relative à l'assainissement des agglomérations et à la protection sanitaire des milieux récepteurs, la loi du 10 juillet 1976 relative à la protection de la nature et celle du 19 juillet 1976 relative aux installations classées pour la protection de l'environnement ont imposé de nouvelles procédures d'études et de contrôle des dangers de la pollution. Les considérations environnementales pèsent davantage sur l'action publique des organismes chargés de la gestion de l'eau. La France compte désormais une dizaine de parcs naturels régionaux créés par décret du 1er mars 1967 ; le conservatoire du littoral a été officialisé par la loi du 10 juillet 1975 et la loi du 10 juillet 1976, rapportée à l'Assemblée nationale par Roland Nungesser, président de l'intergroupe parlementaire de la qualité de la vie et de l'environnement et ancien président du conseil d'administration du district de la région parisienne, a légitimé les actions de conservation des réserves naturelles[177].

La prise de position, protocolaire et privée de distance critique, du conseiller municipal de Paris, Philippe Tollu, reflète le sentiment du devoir accompli tout en pointant des angles morts de la politique d'assainissement de l'agglomération parisienne :

> « *Si j'évoque aujourd'hui ce programme, suivi avec une telle constance, c'est parce qu'il caractérise bien le sens de l'œuvre générale dont notre Syndicat a pris le relais. Elle témoigne de la part des élus locaux, des techniciens de l'administration concernée, d'une prescience véritable, d'une aptitude à concevoir et à réaliser en fonction d'une évolution réelle des besoins. Elle démontre que la notion d'environnement a précédé, pour eux, l'usage généralisé du terme. Car c'est bien de cela qu'il s'agit. Plus que d'un équipement technique, il s'agit d'un facteur fondamental du cadre de vie, de la qualité de l'existence* [...]. *Ce programme, si lourd financièrement, s'inscrit dans le combat général de la sauvegarde, de la régénération des éléments naturels, l'eau, l'air, le sol, les sites avec leur peuplement biologique de toute nature. Ce souci de préservation et de reconquête, nous l'avons apporté dans la conception même de la station* [...]. *Les collectivités*

175. Archives du Siaap, *Inauguration de la station d'épuration de Noisy-le-Grand, 22 novembre 1976*, p. 8.
176. Pierre Lascoumes (dir.), *Instituter l'environnement, vingt-cinq ans d'administration de l'environnement*, Paris, L'Harmattan, 1999.
177. Loi du 10 juillet 1976, *Journal officiel* du 13 juillet 1976, p. 4203-4206.

locales de notre agglomération prennent donc toute leur place dans le combat général pour la sauvegarde et la régénération de l'environnement. Un combat dans lequel elles ont assumé un rôle d'avant-garde, avec près d'une génération d'avance, si l'on songe qu'à la veille de la guerre 1914-1918 Paris traitait la totalité de ses eaux grâce aux champs d'épandage. Un combat qui n'est encore qu'à son début pour l'ensemble de notre pays, puisque 13 % seulement des communes de plus de 2 000 habitants disposent d'installations d'épuration en France. Il s'agit bien d'une œuvre qui déborde le plan régional et atteint la vocation nationale [...].

Nous exprimerons enfin le souhait que cette œuvre puisse rendre à nos cours d'eau une pureté nouvelle. Nous espérons que, par elle, le fleuve, les rivières, qui, avec ses collines, ont conféré sa grâce et sa noblesse au site parisien, échapperont à une dégradation les menant à cette triste condition d'égout à ciel ouvert, qui devient le sort de trop de cours d'eau, dans une civilisation qui se remet en cause elle-même. Nous espérons que les berges de la Seine et de la Marne pourront redevenir un jour ces lieux de promenade et de rêverie, dont les tableaux de nos impressionnistes nous ont laissé une nostalgie qui doit devenir pour nous la source d'une espérance[178]. »

Face à l'équilibre toujours précaire entre contraintes d'épuration et protection de l'environnement, l'extension d'Achères est, une nouvelle fois, envisagée pour porter sa capacité à 2,7 millions de mètres cubes par jour. Mais cette politique de concentration est de plus en plus contestée à partir des années 1980 par les partenaires institutionnels du Siaap, l'Agence de l'eau Seine-Normandie et la région Île-de-France qui lui préfèrent une politique d'essaimage des stations d'épuration défendue dans le schéma de 1968[179]. L'assainissement est de plus en plus confronté aux problématiques environnementales, qui obligent le syndicat interdépartemental à redéfinir sa politique. L'abandon du projet d'Achères V trouve également son explication dans la campagne d'opposition livrée par les riverains inquiets de voir de nouveau s'étendre ce géant de l'épuration. Le projet sera définitivement abandonné en septembre 1990, sous le gouvernement de Michel Rocard qui est également, depuis 1977, maire de la commune voisine de Conflans-Sainte-Honorine.

« *Malgré la mise en service de la station d'épuration d'Achères* [...], *puis ses extensions successives, chaque augmentation de la capacité de traitement est immédiatement dépassée par les volumes à traiter, qu'elle ne rattrape qu'à la fin des années 1980. De ce fait, les rejets directs demeurent très longtemps supérieurs aux rejets d'eaux traitées (23 % en 1946, 43 % en 1971), avec des conséquences non négligeables pour la qualité des eaux du fleuve* [...][180]. »

Au cours des années 1970-1980, les réalisations du syndicat interdépartemental de l'assainissement ont compensé une partie importante du retard de la région parisienne en matière d'épuration des eaux. Ces performances doivent cependant être relativisées. Dans une agglomération où la majeure partie des réseaux d'assainissement a été construite en mode unitaire, les installations d'épuration sont en effet incapables de gérer un afflux soudain d'eau en période d'orage ou de forte pluie, rejeté directement dans les cours d'eau. Après des décennies de polarisation sur l'évacuation des eaux ménagères et eaux-vannes, les années 1970 découvrent le problème de la gestion des eaux pluviales et de la pollution brusque et massive qu'elles engendrent.

178. Loi du 10 juillet 1976, *Journal officiel* du 13 juillet 1976, p. 4203-4206.
179. « Le tout-à-Achères confronté à ses limites », *Débat public, refonte de la Station d'épuration Seine Aval*, Paris, Commission particulière du débat public/Siaap, s.d., p. 10.
180. Sabine Barles (dir.), *Analyse rétrospective du système Seine, op. cit.*, p. 17.

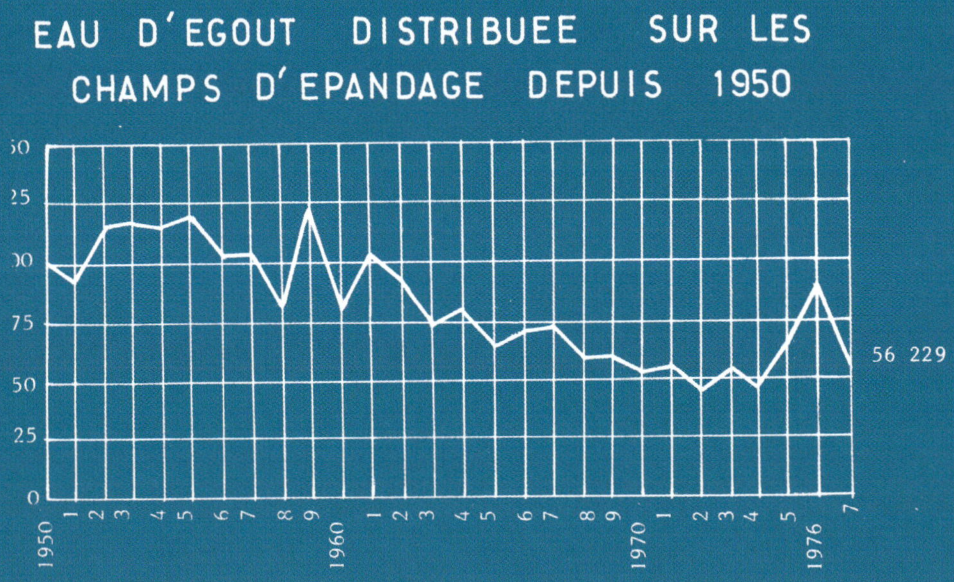

Volumes d'eaux d'égout épandus sur les champs d'épandage entre 1950 et 1975.
Note à l'appui du compte 1975.
© SIAAP

La fin des champs d'épandage ?

La part des champs d'épandage dans le processus d'épuration n'a cessé de diminuer au cours du XXe siècle. Depuis les années 1960, les épandages sont supplantés par l'épuration biologique. Sabine Barles met en lumière ce mouvement inexorable qui suscite nostalgie et résistance.

« *Les* excreta *humains, qui ont perdu toute valeur économique puis toute valeur agricole, ne représentent plus un enjeu suffisant pour justifier une politique volontariste.* […] *L'épandage agricole n'en est pas abandonné pour autant, notamment pour les boues d'épuration, mais les surfaces qui lui sont consacrées diminuent d'année en année. 4 500 hectares en 1949* […]*, 4 040 hectares en 1966* […]*, 2 000 hectares en 1983* […]. *L'épandage ne résiste pas à la pression urbaine et industrielle. C'est pourtant à regret que les services techniques parisiens les voient s'amenuiser. Dans les années 1950 et 1960, ils avancent encore leurs "gros rendements", avec "souvent deux récoltes maraîchères par an", on ajoute que l'épandage "contribue, dans une notable mesure, à l'approvisionnement du marché parisien et* [qu'] *il joue le rôle d'un régulateur des prix". On met en avant son "apport particulièrement précieux"*[181]. »

Entre 1960 et 1965, les épandages utilisent encore entre 71 et 89 millions de mètres cubes d'eaux usées, avec une pointe à 104 millions en 1961. À partir de 1968 jusqu'à la fin des années 1970, les volumes d'eaux usées épandus se stabilisent en moyenne autour de 56 millions de mètres cubes. Ils connaissent cependant une forte augmentation en 1976 ; 81 millions de mètres cubes d'eaux usées sont déversés sur les champs. En cause, l'exceptionnelle sécheresse qui sévit cet été-là[182]. Cette conjoncture exceptionnelle n'entrave pas l'inexorable diminution des surfaces d'irrigation à l'eau d'égout. Le domaine de la ville de Paris s'étend toujours sur plus de 1 700 hectares entre 1960 et la fin des années 1970.

181. Sabine Barles, *La Seine et le métabolisme parisien : l'essor des dépendances capitales XIXe-XXe siècles*, rapport du programme PIREN-Seine, Laboratoire Théorie des mutations urbaines, Institut français d'urbanisme, Université de Paris 8, 2009.
182. Archives du Siaap, *Notes à l'appui du compte*, 1976, p. 8.

Mais ils se contractent dans les décennies suivantes pour atteindre les 1 100 hectares à la fin des années 1990. Le mouvement de régression des surfaces des cultures libres des particuliers, entamé dans les années 1920, est, lui, plus accentué et plus rapide. Entre 1922 et 1945, la culture libre avait perdu 318 hectares. Entre 1945 et 1965, elle perd 663 nouveaux hectares et ne représente plus que 797 hectares à la fin des années 1990, sur une superficie totale d'épandage de 1 902 hectares.

À Gennevilliers, l'urbanisation et l'industrialisation de la ville ont fini par supprimer les terres d'épandage. La ville de Paris a décidé, à partir du 1er janvier 1965, d'interrompre définitivement l'irrigation des 75 hectares de cultures qui subsistent sur la commune. Sous la pression des municipalités d'Asnières et de Villeneuve-la-Garenne, indisposées par l'épuration au sol, cette décision de la direction générale des services techniques de la préfecture de la Seine avait été prise dès 1963, mais elle fut suspendue, deux années durant, sur l'intervention du député maire de Gennevilliers, Waldeck L'Huillier. Ce membre influent de l'Union des maires de la Seine, grande figure du communisme municipal de la banlieue parisienne, prit le parti des 39 derniers agriculteurs de sa commune et obtint à titre provisoire le maintien de la distribution d'eaux d'égout[183].

En 1965, devant l'expansion de l'urbanisation et les nuisances générées par l'activité agricole en milieu urbain, le maire de Gennevilliers doit « *avec regret* » se résoudre à « *la disparition d'une partie de "l'Ancien Gennevilliers" ; l'aménagement de la cité, compte tenu des besoins de la population et dans le cadre du développement général de la région parisienne, rendait inéluctable cette mesure*[184]. » La fin des épandages marque la fin d'une époque. À défaut de maintenir cette activité qui contrarie la conversion économique de la commune, la municipalité s'engage dans une entreprise mémorielle de patrimonialisation des dernières terres d'épandage. Le maire promet aux Gennevillois la publication d'« *un livre très documenté et édité par la municipalité dans quelques semaines sur Gennevilliers. Il traitera très largement des épandages qui, depuis 1869 jusqu'à nos jours, ont permis une agriculture prospère dans la grande plaine devenue maintenant une zone portuaire et industrielle*[185]. » Les maraîchers sont conscients de vivre à Gennevilliers leurs dernières années. L'un d'eux, tout en remerciant le premier magistrat, formule l'espoir que le « *vieux Gennevilliers* » agricole ne soit pas transformé « *en dépôts d'ordures et de friches*[186] ». La désindustrialisation de la banlieue parisienne, amorcée dès la fin des années 1960, lui donnera en partie raison.

La fin des champs d'épandage de l'agglomération parisienne tels qu'ils existaient depuis le XIXe siècle n'intervient cependant qu'au tournant du XXe et XXIe siècles lorsque l'usage des eaux usées à des fins agricoles est interdit sur avis du Conseil supérieur d'hygiène publique de France. Par arrêté préfectoral du 30 avril 2001, la mise sur le marché des cultures maraîchères produites sur les terres d'épandage est prohibée. Des analyses effectuées entre 1996 et 1998, en application de loi sur l'eau du 3 janvier 1992, ont mis en évidence une contamination des sols[187]. La trentaine de maraîchers en activité est délocalisée et indemnisée ; les cultures maraîchères laissent désormais place à des cultures fourragères.

Le Siaap, une organisation transpartisane à dominante masculine

L'histoire de la prédominance des ingénieurs des Ponts et Chaussées de la ville de Paris a marqué l'histoire de l'assainissement de l'agglomération parisienne et de ses institutions

183. Archives municipales de Gennevilliers, F/23/106, lettre de la direction générale des services techniques de la préfecture de la Seine au maire de Gennevilliers, 24 juillet 1964.
184. Archives municipales de Gennevilliers, F/23/106, lettre de la direction générale des services techniques de la préfecture de la Seine au maire de Gennevilliers, 24 juillet 1964.
185. Archives municipales de Gennevilliers, F/23/106, lettre de la direction générale des services techniques de la préfecture de la Seine au maire de Gennevilliers, 24 juillet 1964.
186. Archives municipales de Gennevilliers, F/23/106, lettre de remerciement d'un maraîcher du 28 juillet 1964.
187. Archives du Siaap, dossier réglementaire sur l'institution, n.c.

PARCELLE N 3
EAU ÉPURÉE

Cultures expérimentales de maïs au centre
de recherche de Colombes en 1965.
Malgré la régression des surfaces d'épandage et la diminution des volumes d'eaux usées épandus, l'utilisation agricole des eaux d'égout suscite toujours l'intérêt des ingénieurs de l'assainissement qui continuent de tester les dosages d'eau les plus propices au développement des cultures sur des parcelles expérimentales installées au centre de recherche de Colombes.

Évolution des volumes d'eaux d'égout collectés et traités (1910-2001).

Les volumes d'eaux rejetés en Seine sans traitement ne cessent d'augmenter entre les années 1900 et la fin des années 1960. Cette augmentation résulte d'une augmentation du volume d'eaux collectées qui ne peut être absorbée par les champs d'épandage. À partir des années 1920, leur surface se réduit sous la pression de l'urbanisation. La capacité d'épuration des eaux usées de l'agglomération parisienne reste largement inférieure aux besoins. Entre le milieu des années 1930 et la fin des années 1960, les eaux rejetées sans traitement représentent entre 2/3 et 3/4 des volumes collectés. La tendance s'inverse à partir de 1972, avec la mise en service d'Achères III.
En 1975, les eaux traitées représentent 72 % des eaux collectées. En 1987, la mise en service de la station de Valenton permet au Siaap d'épurer la quasi-totalité des effluents de l'agglomération par temps sec. Mais malgré l'augmentation des capacités de traitement, la gestion des effluents par temps de forte précipitation reste encore insuffisante. Depuis les années 1960, les stations d'épuration traitent plus d'eaux usées que les champs d'épandage. Dans les années 1980, ils occupent encore 3 000 hectares, mais ne traitent plus que 7 % du total des eaux collectées.
Depuis 2000, le Siaap ne pratique plus l'épandage d'eaux usées mais seulement des irrigations à base d'eau traitée.

	Régions	Surfaces irriguées (ha)			Volume épandus en millions de m^3/an	Volumes épurés en station	Volumes collectés	Volumes rejetés sans traitement
		Domaines	Cultures libres	Total	(moyenne en m^3/ha/an)	(moyenne en m^3/ha/an)	(millions m^3/ha/an)	(millions m^3/ha/an)
1910	Gennevilliers	6	798	804	17 549 000			
	Achères	1 200	156	1 356	48 635 000			
	Méry-Pierrelaye	500	1 510	2 010	48 080 000			
	Carrières-Triel	91	859	950	27 634 000	**	217 892 000	75 992 000
	Ensemble	**1 797**	**3 323**	**5 120**	**141 898 000 (27 660)**			
1922	Gennevilliers	6	717	723	32 077 000			
	Achères	1 200	166	1 366	69 640 000			
	Méry-Pierrelaye	500	1 510	2 010	59 550 000	**	304 562 000	114 474 000
	Carrières-Triel	92	857	950	28 819 000			
	Ensemble	**1 798**	**3 250**	**5 093**	**190 087 000 (37 323)**			
1935	Gennevilliers	0	545	545	18 410 000			
	Achères	1 235	250	1 485	56 886 000			
	Méry-Pierrelaye	500	1 510	2 010	39 420 000	**	434 644 000	285 820 000
	Carrières-Triel	95	715	810	27 678 000			
	Ensemble	**1 631**	**3 020**	**4 651**	**142 395 000 (30 615)**			

** Les volumes d'eaux sont inconnus.

Années	Régions	Surfaces irriguées (ha)			Volume épandus en millions de m³/an (moyenne en m³/ha/an)	Volumes épurés en station (moyenne en m³/ha/an)	Volumes collectés (millions m³/ha/an)	Volumes rejetés sans traitement (millions m³/ha/an)
		Domaines	Cultures libres	Total				
1945	Gennevilliers	0	350	350	12 146 000			
	Achères	1 170	250	140	49 117 000			
	Méry-Pierrelaye	500	1 510	2 010	18 274 000	15 957 000	406 000 000	295 551 000
	Carrières-Triel	93	715	808	14 881 000			
	Ensemble	**1 763**	**2 825**	**4 589**	**94 419 000 (20 575)**			
1955	Gennevilliers	0	148	148	4 779 000			
	Achères	1 170	250	1 420	58 832 000			
	Méry-Pierrelaye	500	1 510	2 010	26 714 000	73 892 000	513 000 000	317 653 000
	Carrières-Triel	93	715	808	30 800 000			
	Ensemble	**1 764**	**2 623**	**4 387**	**121 125 000 (27 609)**			
1965	Gennevilliers	0	0	0	0			
	Achères	1 175	135	1 310	21 807 000			
	Méry-Pierrelaye	500	1 490	1 990	12 784 000	92 937 000	615 000 000	462 415 000
	Carrières-Triel	120	537	657	24 734 000			
	Ensemble	**1 795**	**2 162**	**3 957**	**59 325 000 (14 992)**			
1975	Gennevilliers	0	0	0	0			
	Achères	1 156	81	1 237	21 983 000			
	Méry-Pierrelaye	489	1 204	1 693	13 302 000	542 407 000	748 610 000	206 203 000
	Carrières-Triel	120	715	835	25 778 000			
	Ensemble	**1 765**	**2 000**	**3 765**	**61 063 000 (16 218)**			
2001	Achères				7 279 000			
	Pierrelaye		**1 902**		6 337 000	**	**	**
	Triel				6 122 000			
	Ensemble				**19 738 000 (10 377)**			

Archives du Siaap, *Notes à l'appui du compte*, 1895-1975, rapport de synthèse[188].

188. Pour les années 1980 : Pierre Fauveau, « L'assainissement de Paris et de la région parisienne », *in* Hubert Loriferne (dir.), *Quarante ans de politique de l'eau en France*, Paris, Economica, 1987, p. 500.

techniques. En 1967, Pierre Clairgeon, le directeur général des services techniques (DGST) de la capitale, décrivait, sans nuance mais avec conviction, l'autorité et la légitimité de son corps professionnel d'origine.

« *En certains domaines est apparu l'intérêt ou parfois l'absolue nécessité d'organiser des services présentant un caractère intercommunal ou même interdépartemental et tout naturellement les ingénieurs parisiens ont été les instigateurs et sont restés les chefs de file de ces réalisations régionales. Il en est ainsi, notamment, dans les domaines de l'assainissement, du traitement des ordures ménagères, de la lutte générale contre les inondations, de l'équipement portuaire*[189]. »

Cette prédominance des ingénieurs de la DGST de la ville de Paris s'est, en toute logique, maintenue dans l'organisation et la direction technique du Siaap confiée au service d'assainissement de la capitale.

Cette caractéristique s'accompagne d'une seconde tendance lourde : la féminisation laborieuse et sélective des instances dirigeantes du Siaap. Si la représentation du syndicat s'illustre depuis sa fondation, en 1970, par un réel pluralisme de ces composantes politiques, socialistes, centristes, gaullistes ou modérés et communistes, force est de constater que le bureau du syndicat, où s'élaborent ses orientations, ne compte pas de conseillères générales avant juin 1992[190]. Cette résistance à la promotion des élues dans des fonctions de délégation à haute responsabilité n'est en aucun cas une singularité propre au Siaap. Cette situation tient en particulier au mode d'élection – le scrutin uninominal – des conseillers généraux qui a longtemps freiné, à la différence du scrutin de liste municipal ou parisien, l'élection des femmes dans les assemblées départementales. La gestion des syndicats techniques a d'autre part souvent été considérée comme un domaine réservé aux hommes, les femmes étant présumées plus disposées à veiller sur les affaires familiales, sociales ou scolaires des collectivités territoriales. Au tournant des années 1990-2000, plus d'un demi-siècle après que les femmes furent devenues électrices et éligibles, l'adoption des lois sur la parité a amorcé une très lente féminisation du paysage politique et de la gouvernance des collectivités territoriales.

Concernant l'appareil administratif du syndicat, la féminisation a en revanche progressé plus vite. Dans les années 1980, très peu de femmes figuraient dans l'appareil d'encadrement de l'organisation interdépartementale qui assiste le bureau et le conseil d'administration du Siaap. L'organigramme des services de 1982 révèle que le Siaap ne comptait aucune femme dans ses rangs. Il faut attendre la fin des années 1980 pour observer une évolution significative avec l'intégration de six cadres administratifs féminins dans la direction du syndicat interdépartemental, le chef du service financier, la chef du secrétariat, la chef du cabinet du président, une chargée de mission et deux attachées d'administration au cabinet du secrétaire général de la préfecture de Paris et aux ressources humaines et à la communication[191]. Pour autant, la féminisation de la haute administration et des corps d'ingénieurs du syndicat reste à peine engagée.

L'opération « *Seine propre* » : un enjeu environnemental et médiatique

Le programme « *Seine propre* » est lancé dans le cadre du plan État-Région du 17 avril 1984 et du « *contrat particulier relatif à l'eau* » du 25 juin 1985[192]. Ce contrat associe l'État, le conseil régional d'Île-de-France et l'Agence financière de bassin

189. *Bulletin municipal officiel de la ville de Paris*, numéro spécial, mars 1967, p. 79.
190. Archives du Siaap, élections du bureau syndical de 1970 à 1992. Registre des conseils d'administration.
191. Archives du Siaap, délibération du 17 novembre 1988.
192. Les articles 28 à 35 du contrat de plan État-Région d'Île-de-France du 17 avril 1984 sont consacrés à la politique de l'eau.

Seine-Normandie. Le programme Seine propre, dont 70 % des opérations relèvent des prérogatives du Siaap, confirme une évolution majeure : l'intervention grandissante sur le terrain des politiques publiques de la nouvelle collectivité territoriale : la région Île-de-France[193]. Son statut a été consacré par la loi du 6 mai 1976 et, surtout, par le corpus des lois de décentralisation dites Defferre adopté durant le premier septennat de François Mitterrand.

Dans ce contexte d'extension des libertés locales, les lois des 29 juillet 1982 et 24 décembre 1983 ont posé les bases de la planification décentralisée et contractualisée du IXe plan de développement économique et social (1984-1988)[194]. Cette contractualisation sert de cadre au programme Seine propre et se fixe comme objectif l'amélioration des conditions de vie des Franciliens, le soutien à l'économie régionale et la mise en œuvre d'une politique d'équipements collectifs. L'environnement et l'eau sont les deux premiers thèmes prioritaires du contrat de plan État-Région sur les six énoncés par le conseil régional. Le contrat de plan de la région doit financer, outre l'assainissement, deux autres grands axes de la gestion publique de l'eau : la construction du barrage-réservoir de l'Aube et la lutte contre les inondations.

L'adoption du programme Seine propre prolonge d'autres dispositifs mis en place autour des opérations « *rivières propres* », très médiatisées, initiées en 1974 par le ministère de l'Environnement. Ces opérations sont prolongées par la mise en place de contrat de rivière présenté dans la circulaire du 5 février 1981 comme *« un programme de remise en état d'un cours d'eau que les collectivités territoriales, les agences de l'eau et les maîtres d'ouvrage publics ou privés s'engagent à réaliser dans un délai de 5 ans*[195] ».

193. Archives du Siaap, délibération du 10 mai 1985.
194. Albert Mabileau, « La vie des institutions régionales et locales en France », *in Annuaire des collectivités locales*, tome 5, 1985, p. 11-41 ; Stéphan Louis, Edith Merle, « L'expérience des contrats de plan », *in Annuaire des collectivités locales*, tome 5, 1987, p. 47-63.
195. Sylvie Clarimont, « L'évolution des politiques française et espagnole de l'eau… », art. cit., p. 42.

« Nous faisons revivre la Seine », livret de communication du Siaap, 1988.
© SIAAP

Le réseau d'assainissement de l'agglomération parisienne mis à l'honneur, 1979.
© SIAAP

Juillet 1964 : des poissons morts flottant sur la Seine, à Paris, près du Pont des Arts.
© Roger-Viollet

Mai 1976, à Paris, aux abords des berges, des poissons morts par manque d'oxygène.

Dans le même esprit, la loi sur la pêche du 29 juin 1984 revêt également une dimension environnementale de protection des milieux aquatiques. Dans le cadre de la contractualisation et de la mise en place des dispositifs d'évaluation des politiques publiques, « *la concertation entre les acteurs locaux et la définition d'objectifs communs sont posées comme des préalables au versement des aides publiques*[196] ».

L'opération Seine propre doit « *amorcer la réhabilitation de la Seine, de la Marne et de leurs affluents en vue d'assurer une meilleure traitabilité de l'eau pour l'alimentation en eau potable de la région parisienne et de permettre un développement piscicole convenable*[197] ». Parmi les actions à entreprendre dans le cadre de l'assainissement de la région parisienne, le programme prévoit, pour un premier investissement estimé à 2,8 milliards de francs, cinq mesures : « *l'amélioration du transport et du traitement des effluents vers les stations d'épuration, la suppression des rejets directs actuels des eaux polluées, l'optimisation de la gestion du réseau d'assainissement, les opérations de dépollution des eaux pluviales et* [un] *suivi de la qualité des eaux*[198]. »

Sont programmés : la construction de la première tranche et le démarrage de la seconde tranche de la station d'épuration de Valenton et des collecteurs qui s'y rattachent, la réalisation d'une branche Nanterre du collecteur Sèvres-Achères, la modernisation de la station d'Achères, la mise en place d'un pilote pour le traitement de l'azote, la rénovation des stations d'Évry-Corbeil et de Melun, le soutien à la création de nouveaux collecteurs communaux et intercommunaux et la dépollution des eaux pluviales[199]. Le financement de ces politiques de grands travaux repose pour l'essentiel sur les contributions des deux grands bailleurs de fonds que sont l'Agence financière de bassin Seine-Normandie et la région Île-de-France. L'agence doit financer à hauteur de 900 millions de francs ce programme d'assainissement régional. Elle est autorisée à percevoir, à compter du 1er janvier 1985, une redevance spécifique à la région Île-de-France de 11 centimes par mètre cube d'eau consommé. La région apporte, de son côté, 900 millions de francs auxquels s'ajoutent les subventions et les dotations d'équipements de l'État et la participation des autres collectivités territoriales et de leurs établissements publics intercommunaux et interdépartementaux. Dans cette configuration, le Siaap joue un rôle de premier plan au titre de maître d'ouvrage des travaux d'assainissement et d'acteur décisionnel dans le comité de suivi des opérations[200]. Sur l'opération Seine propre, le Siaap a en maîtrise d'œuvre directe plus d'1,5 milliard de francs d'investissements. Pour réaliser le programme, le conseil d'administration du syndicat projette une augmentation de la redevance d'assainissement en francs constants d'environ 30 % sur la période 1984-1995[201].

Dans les années 1980, la protection de l'environnement est devenue un enjeu médiatique. Le contexte a changé. La sensibilité des Franciliens aux questions environnementales s'est accrue. L'émergence des mouvements écologistes a notamment produit dans les années 1970 de nouvelles formes de mobilisation et a contribué à la politisation des enjeux environnementaux[202]. Dans ce nouveau contexte, le Siaap médiatise son action en procédant à des lâchers de poissons dans la Seine, à partir de 1987, sous l'autorité du

196. Alexandre Brun, « Gestion de l'eau en France », art. cit., p. 6-9.
197. Article 1 du contrat particulier relatif à l'eau du 25 juin 1985.
198. Article 2 du contrat particulier relatif à l'eau du 25 juin 1985.
199. Article 2 du contrat particulier relatif à l'eau du 25 juin 1985.
200. Coprésidé par le préfet et le président de la région, le comité de suivi est composé de 23 membres dont 18 élus locaux. Annexe au contrat particulier relatif à l'eau du 25 juin 1985.
201. Archives du Siaap, délibération du 19 décembre 1985.
202. Nathalie Berny, *Les Groupes environnementaux français et l'Union européenne, Enjeux et dynamiques de l'activisme européen des groupes citoyens,* thèse de doctorat en science politique, Université Laval Québec/Université Bordeaux IV, 2005, p. 42-60.

maire de Paris, Jacques Chirac, et du président du Syndicat d'assainissement, Daniel Meraud à la tête de l'entente interdépartementale de 1984 à 2001. En 1988, le Syndicat interdépartemental lance une campagne publicitaire et des initiatives pédagogiques sur le thème « *Nous faisons revivre la Seine* » avec au programme des concours de dessin, la mise en place de classes d'eau et la distribution d'autocollants sur les poissons de la Seine[203]. Sous ce titre consensuel, une publication de communication sur l'institution est largement diffusée. Elle adopte un ton nostalgique et quelque peu messianique qui épouse l'esprit de son temps.

> « *Le Siaap, c'est une équipe soudée et animée d'une même et constante volonté de dépolluer la Seine : en 1970, 20 % des eaux usées de l'agglomération parisienne étaient épurées ; en 1990, 75 % le sont ; en 1994, c'est-à-dire à la fin de l'opération "Seine propre", elles devraient l'être totalement grâce aux nouvelles installations qui auront été mises en service d'ici là, notamment à Valenton et à Achères.* […] *les experts du Siaap se mobilisent pour sauver cette grande dame. Ils sont un millier, qui, depuis 20 ans, s'investissent totalement pour cette entreprise d'un genre assez nouveau. Ils ont en mémoire sa gloire et sa grandeur passées. Quel but pourrait mieux les motiver si ce n'est le rappel du bon temps qu'ont connu nos ancêtres auprès de ce fleuve.* […] *Avec la lente agonie de la Seine, c'est toute une existence qui s'évanouit. La pêche, les baignades, le canotage, la voile, les pique-niques, les guinguettes populaires, les amourettes, tous ces petits mondes se sont assoupis.* […] *Voir la Seine s'asphyxier comme un cœur, c'est laisser tout un corps mourir. Laisserons-nous commettre un tel crime, même si nous n'en portons pas le coup final ?* […] *D'ici quelque temps, si nous ne faisons rien pour cette Seine, nos enfants pourront nous rendre responsables de la mort d'un fleuve. Nous leur sommes redevables. Nous avons hérité d'un passif que nous avons un peu aggravé, léguons-leur un actif.* […] *1984-1994 : 10 ans, c'est le temps que se donne le Siaap pour faire revivre la Seine : une décennie durant laquelle des experts vont aboutir à la concrétisation de leurs projets et vont voir se réaliser leur promesse morale*[204] *!* »

Cette faconde masque une tout autre réalité. La Seine est toujours polluée au tournant des années 1980-1990 et les Franciliens ne s'y baignent pas encore.

---

203. Archives du Siaap, conseil d'administration du 17 novembre 1988.
204. Archives du Siaap, *Nous faisons revivre la Seine*, Paris, [1988], p. 7-8.

Conclusion

Le passage d'une civilisation à dominante rurale à un monde métamorphosé par les révolutions industrielles a produit, au cours des XIXe et XXe siècles, des déséquilibres aux conséquences graves et durables sur l'environnement[1]. Les sols et les écosystèmes aquatiques ont été dégradés sous la pression économique et démographique. La planète s'est densifiée, le climat s'est déréglé, la terre s'est asséchée et l'eau potable s'est raréfiée. Réclamé lors des forums mondiaux de l'eau, depuis les années 1990, par certaines organisations non gouvernementales (ONG), le droit à l'eau et à l'assainissement est loin d'être une exigence reconnue et appliquée ; 6 000 personnes meurent chaque jour de maladies liées au manque d'assainissement[2]. Considérée comme une valeur marchande, l'eau, cet élément pourtant vital, est devenue dans certaines régions de la planète un bien inaccessible. La désertification et la pollution ont accentué l'exode rural, renforcé l'urbanisation anarchique et engendré des tensions, des conflits, des guerres.

L'agglomération parisienne est encore aujourd'hui préservée de ce climat de discorde. Mais elle n'échappe plus aux répercussions sociales de cette nouvelle donne environnementale. La géographe Béatrice Giblin rappelait en 2003, dans un dossier de la revue de géopolitique, *Hérodote*, les titres anxieux de la presse française s'inquiétant à fréquence régulière « *des réserves d'eau déficitaires* » et « *de la menace des nitrates* » qui pèse sur les ressources en eau potable[3]. La presse ne fait ici que relayer ce qu'une majorité de scientifiques s'évertue à décrire depuis une vingtaine d'années. La pollution s'est accumulée, nourrie des rejets de l'agriculture productiviste, de certaines activités industrielles et des pratiques consuméristes dont les mots d'ordre pourraient se résumer à « *produire toujours plus, consommer toujours plus, rejeter toujours plus* ». Pour préserver les écosystèmes, les infrastructures d'élimination des déchets et d'épuration des eaux usées et pluviales n'ont pas été réalisées en nombre suffisant ; elles n'ont pas toujours été modernisées pour traiter les nouvelles pollutions et elles n'ont pas bénéficié de financement de la puissance publique à la hauteur des enjeux de protection de l'environnement[4]. Mais comme le souligne Sabine Barles, « *toutes les villes n'ont pas recyclé avec la même intensité* [...], *toutes n'ont pas abandonné avec autant d'aisance leurs déchets à l'eau, au sol ou à l'air*[5] ». Sabine Barles, qui la première a mis en exergue le poids de l'histoire dans la reconnaissance politique et institutionnelle de l'assainissement, a souligné avec justesse que « *la pérennité de ses infrastructures tient autant à leur nature d'équipements lourds* [...] *qu'aux institutions qui les ont portées :* [...] *l'héritage est aussi institutionnel ;* [...] *la structure du réseau reflète celle de l'institution.* [...] *les services urbains français et notamment de l'eau et de l'assainissement sont très généralement marqués par la longue durée* [...][6] ».

1. Bernard Barraqué (dir.), *Les Politiques de l'eau en Europe*, Paris, La Découverte, 1995 ; Bill Luckin, Geneviève Massard-Guilbaud, Dieter Schott (eds), *Ressources of the city. Contributions to an environmental History of modern Europe*, Aldershot, Ashgate, Urban History Studies, 2005.
2. Henri Smets (dir.), *L'Accès à l'assainissement, un droit fondamental*, Paris, Éditions Johanet, 2010.
3. Béatrice Giblin, « L'eau : une question géopolitique, en France aussi », *Hérodote*, dossier : « Les pouvoirs locaux, l'eau, les territoires », n° 110, 3e trim., 2003, p. 9-28.
4. Bernard Barraqué, Alexis Nercessian, « Enjeux de l'eau et acteurs territoriaux », *Paris projet, atelier parisien d'urbanisme*, n° 38, novembre 2008, p. 41-49.
5. Sabine Barles, *L'Invention des déchets urbains...*, *op. cit.*, p. 263.
6. Sabine Barles (dir.), *Analyse rétrospective du système Seine, op. cit.*, p. 46.

Le poids de l'histoire : de l'entente interdépartementale de 1930 au Siaap de 1970

Sans conteste, l'assainissement de Paris et de son agglomération constitue un cadre historique d'exception[7]. Ce territoire capitale dispose d'une sédimentation d'infrastructures qui a permis de limiter l'impact de la production humaine sur l'environnement. En l'espace de cinq générations, la croissance urbaine a pourtant transformé en profondeur la région parisienne. La mutation des communes rurales en villes suburbaines et périurbaines a donné lieu à la structuration, à partir des années 1920, de grands services publics adossés à des dispositifs de péréquation et de mutualisation financières, techniques et administratives.

« *Si pour l'alimentation en eau potable, la ville de Paris a pu ne tenir que très partiellement compte des agglomérations voisines, il n'en est pas de même en matière d'assainissement. Très vite est apparue la nécessité d'étudier et de réaliser un programme d'assainissement général* [...][8]. » Ce programme d'assainissement général, dont les contours sont esquissés dès 1880, met en évidence la pertinence d'un nouveau périmètre d'action publique : le Plus Grand Paris. Le traitement des eaux usées de l'agglomération parisienne suppose le décloisonnement des frontières communales et départementales. Cette transformation majeure du paysage administratif s'institutionnalise au début des années 1930 et connaît son âge d'or au tournant des années 1960-1980 avec la réalisation des trois dernières tranches de la station d'épuration la plus importante d'Europe, Achères, et la mise en service des stations de Noisy-le-Grand, en 1976, et de Valenton, en 1987. L'ouverture de ce dernier équipement représente une étape importante dans l'assainissement francilien puisqu'il permet de couvrir l'essentiel de la production d'eaux usées par temps sec. Sabine Barles rappelle cependant que « *100 % d'eau traitée ne signifie pas eau traitée à 100 %, les équipements d'épuration ayant des rendements toujours inférieurs* [...][9] ».

Cette politique ambitieuse a été portée par les collectivités locales. Elle a été initiée par les élus du conseil général du département de la Seine, cette assemblée délibérative du Grand Paris où se sont noués les compromis Paris/banlieues. L'étalement urbain autour de la capitale et l'imbrication, dès la fin du XIXe siècle, des réseaux de gaz, d'électricité et d'eau, ont tracé la voie des coopérations intercommunales et interdépartementales d'assainissement. En banlieue parisienne, ces opérations restent fragmentaires à la veille de la Grande Guerre, mais le raccordement au tout-à-l'égout gagne du terrain durant l'entre-deux-guerres et surtout à partir des Trente Glorieuses. Le réseau parisien se pose alors en modèle auquel il convient d'être rattaché, mais seul le département de la Seine, bienfaiteur financier des cités de l'agglomération parisienne, est en mesure de prendre en charge la réalisation de nouveaux ouvrages d'intérêt général raccordés au maillage embryonnaire des égouts communaux.

L'épandage, qui a fait la fierté des ingénieurs des Ponts et Chaussées de la ville de Paris, a rapidement montré ses limites du fait du caractère saisonnier de l'irrigation, de l'augmentation des volumes d'eaux usées et de l'urbanisation des terres agricoles[10]. Pensé pour desservir la capitale, il relève d'une entreprise municipale qui n'a pas de vocation métropolitaine. Le recours à l'épuration biologique conforte au contraire les tenants d'une politique d'assainissement pensée dans les limites d'un Plus Grand Paris, à l'échelle de l'agglomération parisienne. La station d'épuration d'Achères, ouverte en 1940, se veut la clé de voûte « *gigantesque* » de l'entente interdépartementale qui lie la ville de Paris aux départements et aux communes de petite et de grande couronnes[11].

---

7. Sabine Barles, « L'invention des eaux usées : l'assainissement de Paris de la fin de l'Ancien régime à la Seconde Guerre mondiale », art. cit., p. 129-156 ; Catherine Carré, *L'Assainissement et la ville : le cas de l'agglomération parisienne ou la ville dessus-dessous*, thèse de géographie de l'Université Paris IV, 2001.

8. Pierre Clairgeon, « Les grands travaux de Paris », *Journal des communes,* numéro spécial « *Paris district* », mai 1963, p. 21.

9. Sabine Barles, *L'Invention des déchets urbains..., op. cit.,* p. 209.

10. Jacques Lutz, *Les Épandages dans le parc agricole d'Achères*, Paris, Graphein, 2000.

11. Service de l'assainissement de la Seine, *La Station d'épuration biologique d'Achères*, Paris, Documentation technique du bâtiment et des travaux publics, 1957 ; *La Station d'épuration d'Achères*, Paris, Siaap, 1983 ; *Le Monde* du 16 juin 1998.

Fondateurs du réseau parisien, les ingénieurs de la capitale conservent, au sein des services techniques de l'eau et de l'assainissement, leur magister sur l'épuration de l'agglomération parisienne. Créée en 1927, la section des grands travaux d'assainissement est et restera, sous d'autres appellations, le nœud opérationnel de la politique interdépartementale validée en 1929 et 1930 par les élus du conseil municipal de Paris et des conseils généraux de la Seine et de la Seine-et-Oise.

Accusée avec raison d'avoir déversé ses boues et ses immondices sur les communes de la Seine banlieue et de la Seine-et-Oise, la « petite » ville de Paris, étriquée dans ses 105 kilomètres carrés densément peuplés, se résout en quelque sorte à un acte de réparation historique en prenant à sa charge la conduite des affaires interdépartementales dont elle continue de tirer profit. La capitale a empiété sur le territoire des banlieues ; elle a fait fi de l'indignation et de l'exaspération légitimes des habitants sinistrés par la pollution et les activités d'épuration peu ragoûtantes ; elle les a mis devant le fait accompli jusqu'au moment où, enfin, elle a accepté de collaborer avec les municipalités suburbaines et de cofinancer leur réseau d'assainissement.

Les principes de réalité dictés par la recherche d'une épuration rationnelle et optimale des eaux souillées du Plus Grand Paris, imposaient un cadre d'intervention nouveau : l'interdépartementalité. La convention interdépartementale est approuvée en 1933. Mais paradoxalement, alors que la loi sur les ententes interdépartementales est votée dès 1930, l'institutionnalisation du syndicat interdépartemental ne verra le jour qu'en 1970 avec la création du Siaap. Le démembrement du département de la Seine et de la Seine-et-Oise, acté le 10 juillet 1964, a reconfiguré le découpage départemental de la région parisienne ; il a désolidarisé la capitale des 80 communes suburbaines qui composaient avec elle le département de la Seine tout en offrant une légitimité nouvelle aux départements de la région parisienne devenus, par le biais du syndicat interdépartemental, les maîtres d'ouvrage de l'assainissement francilien. Héritier du Grand Paris de la première moitié du XXe siècle, le SIAAP prolonge ainsi, dès sa création, l'expérience des coopérations Paris/banlieues.

L'interdépartementalité dans le paysage de l'assainissement français

Dans le paysage français de l'assainissement, le Siaap, fédérant les départements de Paris, de la Seine-Saint-Denis, du Val-de-Marne et des Hauts-de-Seine, constitue une exception. Son réseau d'intérêt général s'étend sur huit départements et dessert plus de 300 communes de l'agglomération parisienne, dont 180 situées dans les départements franciliens de la grande couronne : le Val-d'Oise, l'Essonne, les Yvelines et la Seine-et-Marne. Leurs communes sont réparties aujourd'hui entre 15 syndicats intercommunaux à vocation unique d'assainissement (Sivu), dont la moitié a été créée durant l'entre-deux-guerres, un syndicat mixte de la Vallée de l'Orge Aval, une communauté de communes, une communauté d'agglomération, celle de Saint-Quentin-en-Yvelynes et deux syndicats d'agglomération nouvelle, celui de Sénart et celui de Marne-la-Vallée. Son périmètre d'intervention intègre également la zone couverte par l'Aéroport de Paris Charles-de-Gaulle où transitent depuis les années 2000 plus de 60 millions de voyageurs par an[12].

Mesurée aux autres régions françaises, l'entente interdépartementale francilienne de l'assainissement reste singulière[13]. Ses infrastructures traitent aujourd'hui près de 2,5 millions de mètres cubes d'eaux usées par jour. Son budget, qui dépassait

---

12. Valérie Bourigault, *Un exemple d'interdépartementalité : le syndicat interdépartemental pour l'assainissement de l'agglomération parisienne*, mémoire de DEA de l'Université Paris 2, 1994, p. 44-45.

13. Daniel Faudry, *La Gestion publique à grande échelle, les syndicats et services départementaux d'eau potable et d'assainissement*, rapport pour le Plan Urbain, Ministère de l'Équipement, du Logement, de l'Aménagement du territoire et des Transports, décembre 1987.

2,3 milliards de francs au début des années 1990, atteint 1,1 milliard d'euros en 2009, dont 604 millions consacrés à la politique d'investissement. Une part importante de ses recettes relève de la participation de la région Île-de-France et de l'agence de l'eau Seine-Normandie. Cette puissance d'investissement est à l'image de la population qu'il dessert, plus de 8,5 millions d'habitants, de ses effectifs importants, 1 700 agents, et du choix de ses administrateurs, entériné dès les années 1920, d'exploiter en régie l'essentiel des infrastructures de collecte, de stockage et d'épuration du service d'assainissement[14]. Cette situation est d'autant plus remarquable que « *la délégation de service public est aujourd'hui la forme dominante de gestion en France puisqu'elle concerne, tous types de contrats confondus, 54 % des communes et, signe de la forte implantation urbaine des opérateurs privés, 71 % de la population*[15] ».

La gouvernance de l'agglomération parisienne relève d'une configuration complexe[16]. Cette complexité tient à l'histoire politique et administrative de ce territoire capitale qui a toujours été soumis jusqu'au milieu des années 1970 à un statut d'exception, dérogatoire aux chartes départementale et municipale de 1871 et 1884. Elle tient également à l'histoire des politiques publiques et de leurs réseaux techniques[17]. L'assainissement est de fait devenu, avec la déclaration d'utilité publique du programme général en 1935, une compétence d'agglomération, politique et technique, dévolue aux services de la préfecture de la Seine et aux conseils généraux du Plus Grand Paris. Loin d'entraver la mise en chantier des politiques d'assainissement, cette gouvernance, partagée entre les ingénieurs, le corps préfectoral et les élus de la ville de Paris, des municipalités et des départements de la Seine et de la Seine-et-Oise, a promu un système de péréquation. Maintenu après la création du SIAAP, ce système est certes complexe, mais il est plus intégré qu'on ne l'imagine, et affiche à son actif un réseau métropolitain d'infrastructures unique en son genre.

Dans la France de la ruralité et des grandes cités provinciales, les coopérations territoriales ont pris d'autres formes, aux périmètres et aux budgets plus limités[18]. En 1988, l'assainissement était ainsi traité par 794 Sivu, 607 syndicats intercommunaux à vocations multiples (Sivom) et 84 districts urbains[19]. À l'échelle de la France, la gestion publique de l'assainissement est elle aussi complexe. Dans les petites communes et de nombreuses villes moyennes, les dispositifs de coopération sont moins bien intégrés et se morcellent entre Sivu, Sivom, syndicats mixtes ou communautés de communes, autant d'organisations qui n'ont pas toujours les moyens de réaliser des équipements d'épurations pour répondre aux normes environnementales[20]. La progression de l'intercommunalité de l'assainissement n'en reste pas moins significative ; elle ne représentait que 0,1 % des syndicats au milieu des années 1930, contre plus 10 % dans les années 1990[21]. Aujourd'hui, « *les instances de deuxième degré auxquelles*

14. Aux usines d'Achères, Colombes, Noisy-le-Grand et Valenton, s'est ajoutée en 2008 l'usine Seine-Grésillons de Triel-sur-Seine (Yvelines). Seule l'exploitation de la station de Valenton est concédée à une société privée. *Redonner à l'eau son futur,* Paris, Siaap, 2009, p. 5-13.

15. Source : IFEN, 2005, chiffres 2001 : Emmanuelle Renaud-Hellier, « Gestions de l'eau et du développement urbain dans l'espace dijonnais : quels modes d'intégration territoriale ? », *Revue Géographique de l'Est,* n° 1-2, 2006, p. 35-46.

16. Philippe Estèbe, Patrick Le Galès, « La métropole parisienne : à la recherche du pilote ? », *Revue française d'administration publique*, n° 107, 2003, p. 345-356 : Philippe Panerai, *Paris métropole, formes et échelles du Grand Paris*, Paris, Éditions de la Villette, 2008 ; François-Mathieu Poupeau, *Le Service public à la française face aux pouvoirs locaux. Les métamorphoses de l'État jacobin*, Paris, CNRS Éditions, 2004.

17. Konstantinos Chatzis, « Histoire de la régulation des réseaux d'assainissement », *in* Bernard Barraqué (dir.), *La Ville et le génie de l'environnement*, Paris, Presses de l'ENPC, 1993, p. 143-166 ; Jean-Marc Offner, « Des réseaux municipaux aux flux métropolitains, évolution », *in* Jean-Pierre Pranlas-Descours (dir.), *Territoires partagés. L'archipel métropolitain*, Paris, Éditions du Pavillon de l'Arsenal/Picard éditeur, 2002, p. 68-72.

18. Emmanuel Négrier, *La Question métropolitaine. Les politiques à l'épreuve du changement d'échelle territoriale,* Grenoble, Presses Universitaires de Grenoble, 2005.

19. Gérard Logié, *L'Intercommunalité au service du projet de territoire*, Paris, Syros, 2000, p. 31.

20. Marie-Christine Bernard-Gélabert, *L'Intercommunalité*, Paris, LGDJ, 2004 (1996), p. 10-11 ; Cour des comptes, *L'Intercommunalité en France*, Paris, Éd. des Journaux officiels, 2005, p. 77.

21. Victor Leydet, *Le Syndicat de communes*, *op. cit.*, p. 67-71.

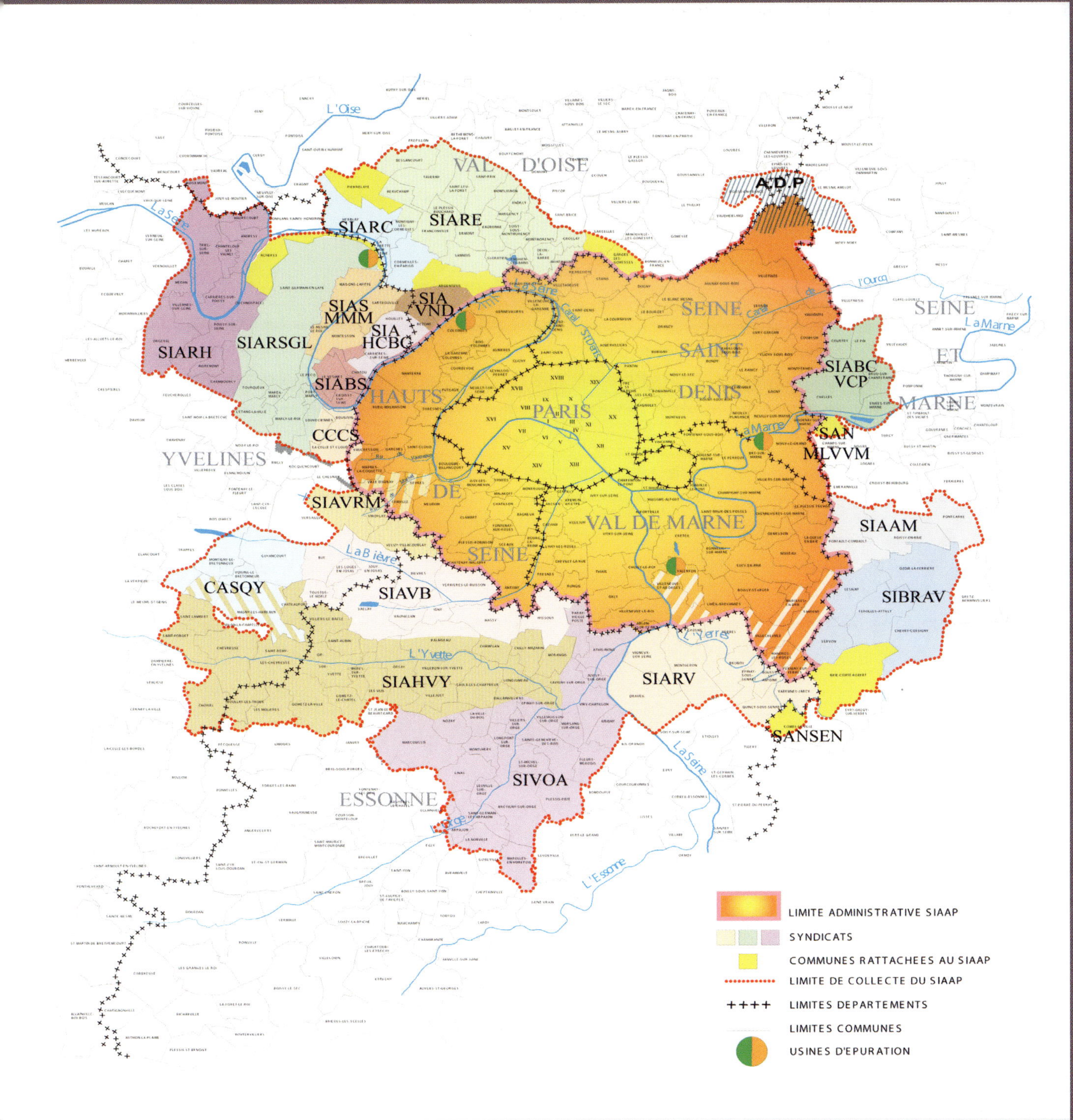

Carte des collectivités territoriales desservies par le Siaap au 1er janvier 2006.
© SIAAP

SANMLVVM : Syndicat d'agglomération nouvelle de Marne-la-Vallée et du Val-Maubuée

CASQY : Communauté d'agglomération de Saint-Quentin en Yvelines

SANSEN : Syndicat d'agglomération nouvelle de Sénart

SIAAP : Syndicat interdépartemental pour l'assainissement de l'agglomération parisienne

SIAAM : Syndicat intercommunal d'assainissement et d'aménagement du Morbras

SIABCVCP : Syndicat intercommunal d'assainissement de la région de Brou, Chelles, Vaires-sur-Marne, Courtry et Le Pin

SIABS : Syndicat intercommunal d'assainissement de la boucle de la Seine

SIAHVY : Syndicat intercommunal pour l'aménagement hydraulique de la vallée de l'Yvette

SIAHCBC : Syndicat intercommunal d'assainissement de Houilles, Carrières, Bezons, Chatou

CCCS : Communauté de communes des Côteaux de Seine

SIARC : Syndicat intercommunal d'assainissement de la région de Cormeilles

SIARE : Syndicat intercommunal d'assainissement de la région d'Enghien

SIARH : Syndicat intercommunal d'assainissement de la région de l'Hautil

SIARVG : Syndicat intercommunal d'assainissement de la région de Villeneuve-Saint-Georges

SIASMMM : Syndicat intercommunal d'assainissement de Sartrouville, Maisons-Laffitte, Le Mesnil-le-Roi, Montesson

SIAVB : Syndicat intercommunal pour l'assainissement de la Vallée de la Bièvre

SIAVND : Syndicat intercommunal pour l'assainissement du Val-Notre-Dame

SIAVRM : Syndicat intercommunal d'assainissement de la vallée du Ru de Marivel

SIBRAV : Syndicat intercommunal de la Brie pour le raccordement à Valenton

SIVOA : Syndicat mixte de la vallée de l'Orge Aval

SRSL : Syndicat de la région de Saint-Germain-en-Laye

ADP : Aéroport de Paris

les communes délèguent la gestion de leurs services, sont [...] *très largement répandues, sous forme de syndicats intercommunaux en milieu rural et, de plus en plus dans les villes grandes et moyennes, dans le cadre des structures intercommunales de type communautaire* [...]. *La compétence eau et assainissement est obligatoire pour les communautés urbaines et optionnelle pour les communautés d'agglomérations telles que définies par la loi Chevènement de juillet 1999. Ainsi, les maires des grandes villes et présidents des communautés urbaines se trouvent au cœur de l'architecture institutionnelle de la gestion urbaine de l'eau*[22]. »

Un nouveau cadre législatif et communautaire

La décentralisation et la nouvelle génération des intercommunalités, nées des lois du 6 février 1995 et du 12 juillet 1999, ont contribué à renforcer le rôle des collectivités locales et de leurs établissements publics de coopération intercommunale (EPCI). La loi sur l'eau de 1992, qui fait de l'eau un « *patrimoine de la Nation* », a légitimé les concertations conduites à l'initiative des élus locaux. Leur représentation dans les instances de Bassins a été renforcée et l'élaboration des schémas d'aménagement et de gestion des eaux (Sage), conçus comme des « *outils de planification contractuels* [...] *laissé à la libre initiative des collectivités locales* » ont conforté cette régulation croisée entre collectivités territoriales, services de l'État et organisations d'usagers[23]. Après celui de 1968, le nouveau schéma directeur d'assainissement pour l'agglomération parisienne a devancé la loi de 1992 ; il est adopté, par le Siaap, en décembre 1991, dans la continuité du programme Seine propre[24].

« *Si nous sommes les meilleurs, encore faut-il en convaincre les autres* », c'est en ces termes que s'exprime en juin 1994 un membre du bureau du syndicat interdépartemental[25]. L'enjeu est important ; la Seine est moins polluée, mais beaucoup reste encore à faire. « *Sur les 125 SAGE répertoriés en France au 1er janvier 2005, seuls 21 étaient effectivement mis en œuvre et 70 se trouvaient en cours d'élaboration*[26]. » L'élaboration par les comités de bassin de schéma directeur d'aménagement et de gestion des eaux (Sdage) est rendue obligatoire par la loi de 1992 et les nouvelles directives communautaires plus contraignantes qui doivent être appliquées au risque de voir la France encore condamnée par la Cour européenne de justice[27]. Le schéma directeur, qui s'impose aux SAGE, « *fixe, de façon concertée, les grandes orientations de la gestion de l'eau à l'échelle du bassin hydrographiques* [et] *est opposable à l'État, aux collectivités territoriales et aux établissements publics*[28] ».

Dans ce nouveau cadre juridique, l'agence de l'Eau Seine-Normandie devient un acteur structurant de la politique de l'eau et le partenaire privilégié du SIAAP. « *D'abord exclusivement économique et financière (prélèvement d'une redevance au nom du principe "pollueur-payeur" et octroi de subventions d'équipement), la mission des agences s'est élargie à la planification avec la loi sur l'eau du 3 janvier 1992*[29]. » Le SDAGE du bassin Seine-Normandie, arrêté en 1996, se fixe comme principal objectif de « *restituer une eau consommable en aval de la région-capitale jusqu'à l'estuaire de la Seine* [...]. *L'objectif "100 % épuration"*

---

22 Emmanuelle Renaud-Hellier, « Gestions de l'eau et du développement urbain... », art. cit., p. 35-46.

23. Sylvie Clarimont, « L'évolution des politiques française et espagnole de l'eau... », art. cit., p. 42.

24. Archives du Siaap, conseil d'administration du 18 décembre 1991.

25. Archives du Siaap, conseil d'administration du 1er juin 1994.

26. Sylvie Duplan, Philippe Blancher, Laure Belmont, « *Gestion de l'eau, entre rapports de force et solidarité* », *Economie et Humanisme*, n° 372, mars 2005, p. 57. Cité par Emmanuelle Renaud-Hellier, « Gestions de l'eau et du développement urbain... », art. cit., p. 35-46.

27. Arrêts des 8 mars 2001, 28 octobre 2004 et 31 janvier 2008 de la Cour européenne de justice.

28. Sylvie Clarimont, « L'évolution des politiques française et espagnole de l'eau... », art. cit., p. 42.

29. Sylvie Clarimont, « L'évolution des politiques française et espagnole de l'eau... », art. cit., p. 42.

[passe désormais] *par une réduction des rejets polluants en Seine par temps de pluie* [...] » qui conforte l'orientation du Siaap dans sa politique de construction de sites de stockage[30]. À la fin des années 2000, le syndicat interdépartemental disposait de huit bassins de stockage d'une capacité de 900 000 m^3.

En région parisienne, l'articulation des différents niveaux d'intervention des collectivités locales reste tributaire du « *développement, historiquement très important, des syndicats intercommunaux et d'un cadre législatif et réglementaire qui n'a pas été conçu pour tenir compte de ses spécificités*[31] ». Héritier de l'entente interdépartementale scellée par convention en 1933, le syndicat interdépartemental d'assainissement opère une médiation essentielle entre l'échelon communal, intercommunal, départemental et régional. Par délégation, cette instance assure ainsi la maîtrise d'ouvrage d'un réseau qui doit s'adapter aux nouvelles normes environnementales encadrées par le ministère de l'Environnement et plus encore par les directives européennes qui ont fixé, en 1991, l'objectif d'atteindre un « *bon état écologique et chimique des eaux en 2015*[32] ».

Un nouvel enjeu : le droit à l'eau assainie et sa tarification sociale

En France, de plus en plus de voix s'élèvent pour condamner l'augmentation constante du prix de l'eau et réclamer la mise en place d'une tarification sociale. En novembre 1997, le journal *Le Monde* soulignait, à l'appui d'un rapport de la Cour des comptes, qu'en France : « *les redevances "ont été multipliées par 2,36 de 1988 à 1994, soit une augmentation moyenne de 22,7 % par an* [...] *alors que le prix de l'eau s'est accru en moyenne de 10 à 15 %"*[33] ». Les usagers dits « *domestiques* », en opposition aux industriels et aux agriculteurs, apportent la plus importante contribution à l'effort de dépollution des eaux. Le chercheur, spécialiste de l'eau, Bernard Baraqué notait ainsi en 2006 qu'en France « *85 % des redevances sont payés par les particuliers alors qu'ils ne prélèvent que 15 % de l'eau. On ajoute en général, qu'ils n'émettent que 30 % de la pollution* [...][34] ».

Dans l'agglomération parisienne, la plus peuplée de France, la situation est différente. Elle tient à la part des eaux domestiques dans les volumes d'eau traités qui s'élève à 85 %[35]. Mais cette particularité ne remet pas en cause le constat que le coût de l'eau assainie n'a cessé d'augmenter, en particulier dans la région francilienne où l'investissement dans la construction et la mise aux normes des infrastructures ne peut que suivre une courbe ascendante. Cette pression financière sur les particuliers est d'autant plus forte que le montant des subventions accordées, par la puissance publique, aux maîtres d'ouvrage n'a pas répondu, loin s'en faut, aux exigences des directives communautaires. « *L'insuffisance des aides accordées aux élus est* [...] *l'une des raisons qui explique que nous n'avons pas construit ni amélioré suffisamment de stations d'épuration. Il est donc impératif de les augmenter*[36]. »

Pour de nombreux élus locaux, à l'instar de Maurice Ouzoulias, conseiller général du Val-de-Marne et président du Siaap depuis 2001, « *l'État n'a cessé de se délester des charges financières qui lui incombent en les transférant à d'autres institutions comme les collectivités locales, les agences de l'eau, etc.*[37] ». Dans ce contexte difficile, l'agence de l'Eau Seine-Normandie a,

---

30. *Le Monde* du 16 juin 1998 ; *Le Bassin de stockage Proudhon*, Paris, SIAAP, 2000.
31. Pierre-Jean Rozet, *Communes, intercommunalités, quels devenirs ?*, Paris, Conseil économique et social, 2005, p. 76.
32. Bérangère Teissonnier-Mucchielli, *L'Impact du droit communautaire sur la distribution et l'assainissement de l'eau en France*, Paris, La Documentation française, 2003 ; Éric Lengereau, « Aux origines du ministère de l'Environnement et du Cadre de vie (1966-1978) », *Pour mémoire, comité d'histoire du ministère*, n° hors–série, septembre 2007, p. 13-16.
33. *Le Monde* du 14 novembre 1997.
34. Chiffre de 2000, Bernard Baraqué, *Demain quel financement pour l'assainissement des eaux usées et la gestion des eaux pluviales ? Quel impact sur la facture d'eau ?*, actes du colloque du 21 juin 2006, Bobigny, Conseil général de la Seine-Saint-Denis, 2006, p. 19.
35. *Redonner à l'eau son futur, op. cit.*, p. 7.
36. Bernard Baraqué, *Demain quel financement pour l'assainissement..., op. cit.*, p. 20.
37. Maurice Ouzoulias, *Demain quel financement pour l'assainissement..., op. cit.*, p. 18.

elle-même, souligné que ses infrastructures de dépollution accusent un retard important dans leur mise en conformité[38]. La dépollution, la désimperméabilisation des zones urbaines et la gestion des eaux de pluie pour contenir le risque d'inondation sont autant de priorités qui contribuent au renchérissement du prix de l'eau. Face à un tel coût social, la réalisation de ces grands travaux milite, selon Maurice Ouzoulias, pour « *le couplage des normes sociales et des normes environnementales*[39] ». Dans un contexte de paupérisation de nos sociétés, les ménages modestes sont non seulement les plus exposés aux pollutions et à la dégradation de leur cadre de vie (promiscuité et insalubrité du logement, saturnisme), mais ils sont également les plus exposés à la précarité et à la vie chère, ce fléau social qui se traduit par l'inflation des loyers, des énergies, de l'eau. « *Toute augmentation du prix de l'eau a ainsi des effets régressifs*[40] ».

En juin 2006, dans le cadre d'un colloque organisé par le conseil général de la Seine-Saint-Denis, Daniel Marcovitch, président de la 4e commission environnementale du conseil de Paris et vice-président du Siaap, avait souligné, qu'il importait de sortir « *du sacro-saint principe "l'eau paie l'eau" : les redevances doivent bien sûr continuer d'aller à l'eau, mais l'eau doit bénéficier d'autres financements*[41] » qui ne peuvent reposer uniquement sur l'usager[42]. L'assainissement relève de la technique, de l'ingénierie, des politiques publiques ; il relève aussi à l'évidence d'une certaine conception du service public lorsqu'une partie de la population n'a plus accès à l'eau potable ou ne peut plus la payer. Cette question de l'exposition des plus pauvres à la pollution de l'eau et au coût de plus en plus élevé de son traitement se pose à l'évidence avec plus de gravité dans les pays du tiers-monde qui connaissent une explosion de l'urbanisation[43].

Depuis la fin des années 2000, une évolution importante est engagée. L'Observatoire des usagers de l'assainissement en Île-de-France (Obusass-IDF), une association créée en 2006, présidée par Alain Outreman le maire d'Achères, ce haut-lieu de l'assainissement francilien, a rédigé, avec le soutien de la Fondation Abbé Pierre et d'associations de consommateurs et de locataires, un manifeste du droit à l'eau. Composées d'acteurs publics de plusieurs sensibilités, ce groupe de pression a exercé un lobbying auprès du gouvernement et des parlementaires pour que soit reconnu dans la loi française ce droit fondamental, qui impose la prise en compte des inégalités territoriales et sociales du prix de l'eau, la garantie de l'équité et la réduction des inégalités. Concrètement, les signataires du manifeste défendent la création d'une « *allocation eau* » prise en charge par les caisses d'allocation familiales[44].

Cette mobilisation s'appuie sur les engagements de la loi sur l'eau et les milieux aquatiques (LEMA) du 30 décembre 2006 qui avait posé le principe, sans l'appliquer, d'un prix de l'eau fixé dans « *des conditions économiquement acceptables par tous*[45] ». Cette mobilisation associative a reçu un écho favorable. Une proposition de loi a été déposée en novembre 2009 par les élus communistes « *visant à mettre en œuvre le droit à l'eau*[46] ». Une récente proposition du président du Comité national de l'eau, le député

---

38. « La Directive eaux résiduaires urbaines à appliquer de toute urgence » http://www.eau-seine-normandie.fr/index.php?id=4444

39. Maurice Ouzoulias, *Demain quel financement pour l'assainissement*..., *op. cit.*, p. 25.

40. Bernard Baraqué, *Demain quel financement pour l'assainissement*..., *op. cit.*, p. 7.

41. Daniel Marcovitch, *Demain quel financement pour l'assainissement*..., *op. cit.*, p. 13.

42. Catherine Carré, José-Frédéric Deroubaix, « L'utilisation domestique de l'eau de pluie révélatrice d'un modèle de service d'eau et d'assainissement en mutation ? », *Flux*, n° 76-77, 2009, p. 26-37.

43. Au début des années 1990, la première action de coopération internationale dans le domaine de l'assainissement fut amorcé par le SIAAP dans le cadre de négociations avec l'Association internationale des maires francophones (AIMF). Archives du SIAAP, conseil d'administration du 10 juin 1992.

44. http://www.obusass-idf.fr/manifeste-droit-eau/texte-complet.htm.

45. Loi n° 2006-1772 du 30 décembre 2006, *Journal officiel* du 31 décembre 2006.

46. Assemblée nationale, treizième législature, proposition de loi du 13 novembre 2009.

UMP André Flajolet, a remis à l'agenda parlementaire cette question majeure de cohésion sociale. Discutée le 1er décembre 2010, elle reprend les critères de l'OCDE qui a établi le seuil du prix de l'eau à 3 % du budget des ménages au-delà duquel son coût devient trop lourd pour les plus démunis. Cette proposition de loi est également l'expression de l'avis unanime des membres du Comité national de l'eau du 15 décembre 2009. Ce comité, composé de représentants de l'État (25 membres), de parlementaires (4), de membres du Conseil économique et social (2), des présidents des comités de bassin, des représentants des collectivités territoriales (51) et d'usagers (51), s'était entendu pour réclamer l'élaboration d'un texte de loi pour l'application du droit à l'eau « *dans des conditions économiquement acceptables par tous* ».

L'adoption du droit à l'eau relève d'une exigence politique et éthique indissociable de la préservation des ressources et des milieux aquatiques. Cette conciliation révèle surtout que l'histoire de l'environnement est étroitement liée à l'histoire sociale et politique de l'humanité. Aussi, le mot de la fin reviendra-t-il à Geneviève Massard-Guilbaud, qui s'est consacrée à l'étude de la pollution dans les sociétés urbaines et industrielles d'Europe. « *Il ne s'agit en aucun cas d'attacher plus d'importance à la nature qu'à l'homme* [...] *mais de ne pas dissocier les deux* [...]. *Les déchets domestiques figurent parmi les dossiers les plus difficiles que les villes aient à gérer. Certes, l'histoire ne fournit à elle seule aucune solution aux problèmes contemporains. Mais nous le savons bien : en mettant les problèmes en perspective et en mettant à jour les processus passés, elle souligne des écueils, dévoile des impasses, aide à des choix mieux informés et, on peut l'espérer, plus judicieux et plus pérennes*[47]. » La préservation de l'environnement est un impératif sanitaire. L'enjeu est essentiel ; il est historique, contemporain et prospectif ; il est tout à la fois environnemental, économique et social[48].

47. Geneviève Massard-Guilbaud, « Pour une histoire environnementale de l'urbain », *Histoire urbaine*, n° 18, 2007, p. 17-21.

48. Pour élargir notre approche à d'autres régions, les travaux de Stéphane Frioux et Marc-Jérôme Hassid constituent des références incontournables. Stéphane Frioux, Marc-Jérôme Hassid, « L'épuration et la gestion des eaux d'égout au XXe siècle dans la France provinciale », *Quatrième table ronde internationale d'Histoire de l'Environnement urbain*, Paris, 16-18 novembre 2006.

TABLE RONDE

Regards croisés sur l'assainissement d'hier et de demain

Quatre administrateurs du Siaap se réunissent après la lecture du livre *Assainir l'agglomération parisienne* pour partager leurs impressions sur l'ouvrage et mettre en perspective les enseignements de l'histoire avec le futur de l'assainissement francilien.

Entretien avec **Maurice Ouzoulias**, Président du Siaap et conseiller général du Val-de-Marne, **Anne Le Strat**, 1re vice-présidente du Siaap, adjointe au maire de Paris, Présidente d'Eau de Paris, **Daniel Marcovitch**, 4e vice-président du Siaap et conseiller de Paris, et **Jacques Martin**, 8e vice-président du Siaap, conseiller général du Val-de-Marne et maire de Nogent-sur-Marne.

■ Quels grands enseignements peut-on retenir du livre *Assainir l'agglomération parisienne* ?

Maurice Ouzoulias : L'ouvrage *Assainir l'agglomération parisienne* est riche en enseignements sur l'histoire de l'assainissement. Selon moi, ce qu'il faut avant tout retenir après avoir lu ce livre, c'est le caractère précurseur de certains personnages. Je veux parler de personnalités comme Eugène Belgrand qui n'ont pas hésité à surdimensionner les égouts car ils pensaient à l'avenir. C'est une leçon pour chacun d'entre nous. Ce que l'histoire nous apprend avant tout, c'est que dans le domaine de l'assainissement, mais aussi d'une manière générale, il ne faut pas avoir une vision étriquée du futur privilégiant le court terme. Au contraire, hier comme aujourd'hui, pour l'assainissement, il faut voir loin. L'Histoire nous apporte toujours une solide expérience et la connaître est une étape importante dans la définition de politiques pour les années à venir. C'est la raison pour laquelle nous avons souhaité que le Siaap, qui vient de fêter ses quarante ans, participe à ce travail de recherche et de réflexion sur l'histoire de l'assainissement.

Daniel Marcovitch : Cet ouvrage met par ailleurs en lumière les évolutions significatives qui ont eu lieu dans le domaine de l'assainissement depuis le XIXe siècle. Il nous présente, entre autres, l'histoire du collecteur d'Asnières et évoque longuement les rejets directs dans la Seine qui étaient la norme à cette époque, malgré la pollution importante qu'ils engendraient. Cet exemple est révélateur de l'évolution considérable qui s'est produite depuis cette époque tant sur le plan des progrès techniques qu'au niveau du changement des mentalités.

Anne Le Strat : En outre, se pencher sur l'histoire de l'assainissement, comme c'est le cas à travers ce livre, au moment du bicentenaire de la naissance d'Eugène Belgrand, et des quarante ans du Siaap, offre une occasion de saluer la vision prospective de grands hommes qui ont pensé, il y a près de deux cents ans, un réseau conçu à la fois pour l'eau et pour l'assainissement. C'est l'occasion de montrer qu'il y a un lien très fort entre le cycle de l'eau potable et celui des eaux usées, et qu'il nous appartient de lier eau et assainissement d'une manière encore plus étroite dans nos politiques. Ce regard sur l'histoire est aussi un vecteur proposé au plus grand nombre pour rendre intelligibles les enjeux liés à l'eau et à l'assainissement tâche nécessaire et difficile d'autant que ces activités constituent essentiellement un patrimoine invisible de réseaux et de conduites le plus souvent dissimulés.

Jacques Martin : Parcourir l'histoire de l'assainissement, c'est aussi s'apercevoir de la persistance des problèmes liés aux cycles de l'eau potable et de l'eau usée. Ce livre m'a permis de réaliser que les problèmes qui nous font face sont bien souvent les mêmes dans une complexité et des exigences accrues que ceux qui se posaient à nos prédécesseurs en 1850. À cette époque, le réseau parisien auquel ont été raccordées quelques communes de banlieue a été créé pour collecter les eaux pluviales et les eaux dites « ménagères ». Aujourd'hui, 160 ans plus tard, on se pose encore la question des gestions séparées ou non des eaux pluviales et usées. Paris a répondu à cette question en optant pour un réseau unitaire pour les deux types d'eaux, mais dans d'autres villes, la gestion séparée n'apporte pas une réponse satisfaisante à la protection du milieu naturel du fait que les eaux de ruissellement, elles-mêmes polluées, sont rejetées sans traitement dans nos rivières des huit départements d'Île-de-France. Les réseaux séparatifs ne répondent pas aux problématiques qui se posaient déjà au XIXe siècle. Ils résultent d'une urbanisation forte entrainant depuis, une plus grande imperméabilisation des sols. Lire l'histoire de l'assainissement dans l'agglomération parisienne nous incite donc à la modestie car on s'aperçoit qu'il y a eu de nombreuses évolutions mais qu'en fin de compte nous n'avons pas complètement répondu à la question initiale qui était d'avoir des réseaux captant les eaux pluviales et les eaux usées afin de ne pas suralimenter le fleuve. Si je pousse la modestie à l'extrême, je dirais que cet ouvrage nous prouve que notre travail est presque insignifiant à l'échelle de l'histoire de l'assainissement, et qu'il a à peu près autant de conséquences que lorsque l'on trempe un doigt dans un verre d'eau et qu'on le retire immédiatement : finalement, la trace que nous laissons n'est pas si importante que nous pourrions le penser !

Protéger la Seine, une motivation multiséculaire pour l'assainissement francilien

■ La Seine, déterminant essentiel des politiques en matière d'assainissement ?

Anne Le Strat : Le récit de ce livre démontre que la Seine a toujours été un élément significatif des décisions prises dans le domaine de l'assainissement. La question de la qualité de ses eaux et de la protection de son milieu a traversé l'Histoire et a été un moteur pour évoluer vers un système d'assainissement toujours plus performant et respectueux de l'environnement. Cette omniprésence de la Seine dans l'esprit des politiques d'assainissement franciliennes perdure aujourd'hui. En tant qu'adjointe au maire de Paris en charge de l'eau, mais aussi en tant que Présidente d'Eau de Paris et vice-Présidente du Siaap, je dois dire que la Seine est un élément central dans toutes nos politiques en matière d'eau et d'assainissement. En effet, la Seine est un point d'approvisionnement en eau, mais c'est aussi un lieu de rejet des eaux usées. Les cycles de l'eau et de l'assainissement étant liés, la qualité de l'eau de la Seine a une incidence évidente sur les services d'eau potable de la région ainsi que sur la confiance que les habitants ont dans l'eau du robinet. C'est la raison pour laquelle la reconquête de la qualité de l'eau de la Seine constitue un enjeu de premier plan dans nos politiques. Des efforts considérables ont d'ailleurs été faits en la matière. On le dit souvent mais ce n'est pas anodin : il y a une vingtaine d'années, il n'y avait que trois espèces de poissons dans la Seine, et aujourd'hui, il y en a trente-trois de recensées ; on y a même pêché un saumon ! Les progrès sont donc énormes en matière de reconquête du milieu.

■ Pourquoi le sentiment de fragilité de la Seine perdure-t-il et comment remédier à cette vulnérabilité ?

Anne Le Strat : La fragilité et la vulnérabilité de la Seine sont deux autres thèmes régulièrement évoqués. Ils sont amplifiés par le fait que la Seine fasse partie d'un environnement très urbanisé et qu'elle soit un petit fleuve, avec un petit débit, contrairement à l'Yonne, au Rhône ou encore à la Loire. C'est la raison pour laquelle la protection de la Seine doit demeurer une priorité pour les années à venir. Le temps économique et le temps social propres à nos sociétés industrialisées ne sont pas toujours conciliables avec le temps du milieu naturel. En outre, même si la question de la qualité de l'eau de la Seine s'est posée il y a bien longtemps, c'est véritablement au cours des trente dernières années qu'il y a eu une réelle prise de conscience. Or, trente ans cela peut sembler long, mais pour le milieu aquatique, c'est en fait très court. Nous avons encore besoin de plusieurs années pour reconquérir la qualité la Seine et ne devons pas oublier que les efforts mis en œuvre n'ont pas permis d'obtenir des acquis qui sont forcément durables. Je pense notamment à toutes les pollutions émergentes qui constituent un défi pour l'avenir du fleuve. L'eau est le traceur par excellence de nos activités économiques et, plus largement, de toutes nos activités humaines : notre impact sur la Seine, qu'il soit positif ou négatif peut donc être considérable.

Afin de tenir compte de cette vulnérabilité, il est nécessaire d'avoir une application encore plus exigente des réglementations sanitaires et environnementales existantes. En outre, je défends le fait que nous devons désormais avoir des politiques beaucoup plus ambitieuses en matière de prévention et qu'au lieu de toujours penser à l'aval du fleuve, nous pensions davantage à l'amont en réduisant les pollutions à la source ou en travaillant davantage sur l'imperméabilisation des sols. Cela permettrait d'avoir des politiques de prévention bien plus adaptées à la protection de la ressource et des milieux naturels et, par conséquent, d'éviter de devoir investir toujours davantage dans des filières de traitement de plus en plus coûteuses et qui seront à terme obsolètes face aux pollutions émergentes. Enfin, il me semble important de réfléchir à notre aménagement urbain en intégrant l'eau dans nos nouveaux projets. Il faut mettre en perspective les approches des ingénieurs avec celles des élus, des urbanistes, des paysagistes, des sociologues, etc, afin d'appréhender la ressource « eau » dans sa multidimensionnalité.

Maurice Ouzoulias : Nous devons en effet faire évoluer nos habitudes en privilégiant une logique plus préventive que curative. On peut comparer cela avec l'ambulance qu'on appelle après un accident, lorsqu'il est bien souvent déjà trop tard. Dans le domaine de l'assainissement je crois profondément qu'il faut vraiment se tourner vers la prévention car dans le cas contraire, les usines deviendront des monstres de technologies très coûteux.

Anne Le Strat : Exactement. D'ailleurs, ce qui me frappe à la lecture de cet ouvrage, c'est que pendant des années les Franciliens ont vécu avec la Seine mais que le fleuve était peu visible et finalement non intégré dans le paysage urbain : on tournait le dos à l'eau. Aujourd'hui, les collectivités territoriales, et pas seulement Paris, cherchent à se réapproprier le fleuve via des projets tels que l'aménagement des voies sur berges par exemple. Et je crois personnellement que si les habitants comme les élus ou les industriels se réapproprient la Seine, ils la respecteront davantage et auront une exigence de préservation des milieux naturels encore plus forte. C'est important car si la longue bataille pour l'hygiène présentée dans ce livre est globalement gagnée, une autre bataille se présente : celle du développement soutenable.

Daniel Marcovitch : Précisément. Il faut faire en sorte que la Seine retrouve sa place au cœur des villes et de Paris en particulier mais aussi de la région et qu'elle conserve un rôle important de moyen de communication entre les différents territoires de l'agglomération.

Le service public de l'assainissement, un élément structurant de l'organisation des territoires

■ Une volonté commune de protéger l'environnement de la Seine : quelles conséquences sur l'organisation des politiques d'assainissement de l'agglomération ?

Jacques Martin : Les similitudes entre les préoccupations des différentes communes de l'agglomération dans le domaine de l'assainissement ont eu des conséquences sur la coordination des politiques d'assainissement et sur la coopération entre les différentes collectivités territoriales. L'histoire de l'assainissement montre en effet que les élus de la région ont depuis longtemps souhaité mettre en place des politiques d'assainissement qui allaient au-delà des frontières de leurs territoires respectifs. Dès les années 1920, il y avait ce désir d'une coordination des territoires. Par exemple, la mise en place d'un plan complet d'assainissement général du département de la Seine a été une grande étape pour l'agglomération. Cette solidarité entre les territoires, a toujours été primordiale au cours de l'Histoire, les communes n'ont pas toutes été logées à la même enseigne concernant l'assainissement. À l'époque du Grand Paris et du Plus Grand Paris, qui allait dans l'esprit des ingénieurs du début du vingtième siècle, au-delà du département de la Seine qui était alors considéré comme le Grand Paris, il y avait aussi « les moins égaux et les plus grands égaux » ! À travers l'histoire, les cantons les plus aisés ont toujours eu des réticences à mutualiser leurs moyens avec les cantons les plus défavorisés. C'est d'ailleurs une problématique très actuelle mais finalement, petit à petit, ces réticences ont été surmontées et la coopération s'est installée.
De nos jours, la coopération entre les territoires se fait à travers des syndicats interdépartementaux. Le Siaap, par exemple, bien qu'étant un héritier de la ville de Paris, a peu à peu pris son indépendance pour mettre les besoins de Paris et de sa périphérie au même niveau et réaliser des investissements qui concernent aujourd'hui huit millions d'habitants.
En matière d'organisation administrative, l'histoire est tout de même faite de cycles. À l'heure actuelle, nous assistons à une sorte de retour en arrière au niveau de la coordination entre les territoires. Il fut un temps où existait une sorte de coordination autoritaire, qui « venait d'en haut » et aujourd'hui, on essaie d'aboutir au même degré de coordination mais par l'initiative et la volonté des élus et des collectivités territoriales. Ce changement est de taille mais on peut légitimement se demander si les grandes avancées de l'histoire de l'assainissement n'ont pas été rendues possibles en grande partie car il y avait une autorité forte, porteuses de projets d'envergure et si demain, les élus parviendront à atteindre par leur travail de coordination volontaire à faire mieux que par le passé ; seul l'avenir le dira.

Daniel Marcovitch : Néanmoins, nous devons prendre conscience que cette coopération entre les différents territoires de l'agglomération parisienne n'a pas toujours été ce qu'elle est aujourd'hui ! Pendant longtemps, la ville de Paris a fait des choix en matière d'assainissement qui ne tenaient aucun compte des intérêts des communes voisines. Par la suite, on a répondu au besoin de coordination des politiques d'assainissement à travers l'annexion des territoires entourant Paris !

Anne Le Strat : D'ailleurs, tout était plus ou moins imposé et provenait de la vision d'un ou de quelques hommes politiques ou ingénieurs. Pour réussir une coordination efficace entre les différents territoires il faut plutôt se poser la question de savoir si l'on est capable de porter ensemble une vision de long terme car c'est véritablement la seule exigence pour les cycles de l'eau et de l'assainissement. Ce sont des visions de long terme qui ont permis de construire un patrimoine et un réseau développés au XIXe siècle et encore utilisés aujourd'hui.

Jacques Martin : Il est vrai que, pendant longtemps, l'annexion des territoires était la condition pour que la ville de Paris accepte la mutualisation des moyens dans le domaine de l'assainissement mais c'est aussi de cette manière que les politiques d'assainissement ont façonné les territoires pour aboutir à l'agglomération telle que nous la connaissons aujourd'hui.

■ Quel impact des politiques d'assainissement sur les territoires de l'agglomération ?

Jacques Martin : Au cours de l'Histoire, les grandes décisions prises dans le domaine de l'assainissement ont eu une grande influence sur les différents territoires de l'agglomération, au-delà des systèmes d'assainissement. Elles ont notamment été à l'origine de l'urbanisation d'une grande partie d'entre eux. Aujourd'hui, les syndicats interdépartementaux comme le Siaap ont aussi un impact sur l'organisation des territoires ; selon moi, ils ont déjà permis de construire le maillage de ce que sera le Grand Paris du XXIe siècle et contribuent chaque jour à répondre à la question du territoire sur lequel doit s'appliquer le service public.

Les coopérations entre les différents territoires sont un moyen de changer le visage de l'agglomération tout entière, qu'il s'agisse de coopérations intercommunales ou interdépartementales. Je pense que la commune doit rester l'élément de base des politiques publiques car elle permet un degré élevé de proximité avec le citoyen. En revanche, le département peut constituer une interface entre les différentes communes et a un rôle important à jouer, du moins tant qu'on ne créera pas de grandes métropoles ou de grandes intercommunalités. Dans l'agglomération parisienne, les élus comprennent réellement qu'ils ont tout intérêt à se coordonner davantage et à travailler d'égal à égal avec Paris. Ainsi, au sein du syndicat Paris Métropole, chaque commune membre aura le même poids, quelle que soit sa taille. Au regard du récit présenté dans ce livre, c'est une petite révolution. Je pense profondément que l'intercommunalité comme l'interdépartementalité joueront un rôle de premier plan dans l'avenir de l'agglomération parisienne, pour ce qui est de l'assainissement bien sûr, mais aussi dans d'autres domaines. Elles feront notamment beaucoup pour réduire l'atmosphère de défiance entre les territoires et influeront par conséquent sur leur structuration ou leur urbanisation. C'est d'ailleurs l'une des forces du service public de pouvoir décider d'orientations générales à grande échelle, même si par la suite la réalisation concrète est effectuée selon la localité par des acteurs différents, dans une logique de proximité avec l'usager.

■ Le rôle du service public : un acteur incontournable de la modernisation de l'assainissement ?

Maurice Ouzoulias : Dans l'histoire de l'assainissement, la décision et les politiques publiques ont toujours été le moteur de l'évolution des systèmes d'assainissement franciliens. Après avoir lu ce livre, on s'aperçoit que le rôle de l'État et du service public a été fondamental. Le service public, parce qu'il est attentif aux besoins des usagers sur le court terme, mais aussi sur le long terme innove sans cesse et est souvent en avance sur son temps. C'est d'ailleurs la raison pour laquelle le service public constitue depuis longtemps l'acteur incontournable de la modernisation de l'assainissement et qu'il est le moteur extraordinaire pour développer l'industrie française, dans le domaine de l'assainissement mais aussi dans le reste de l'économie, ou il a contribué à faire en sorte que les industriels français soient les plus performants au monde. Je pense aux grandes entreprises historiques qui occupent aujourd'hui une place de premier ordre sur la scène industrielle internationale.

Dans ce livre, il est question à de nombreuses reprises du « *Plus Grand Paris* ». C'est la preuve que le service public a depuis longtemps l'ambition de moderniser l'assainissement sur des territoires particulièrement vastes. Même s'il faut se méfier du gigantisme qui peut conduire à perdre le lien de proximité avec les usagers, je crois que le service public sera un pivot du Grand Paris, pas uniquement dans le domaine de l'assainissement. Ce Grand Paris, je le vois comme une coopération de projets, une coordination, un échange qui n'essaierait pas de gommer les spécificités des uns et des autres. Je pense profondément que l'expérience acquise par le service public de l'assainissement en matière de coopération entre les territoires existe dans les autres métiers et doit profiter au projet du Grand Paris, pour le bien de l'agglomération parisienne.

De la coopération interdépartementale à la coopération internationale : l'expérience des acteurs publics au service des pays en voie de développement

■ Dans quelle mesure un grand service public de l'assainissement est-il légitime pour s'engager dans des projets de coopération internationale ?

Daniel Marcovitch : L'un des principaux caractères des politiques interdépartementales d'assainissement est la solidarité créée entre les territoires de l'agglomération. Ainsi, la Seine doit avant tout être un lieu de solidarité, dans la mesure où elle comporte un amont et un aval. L'obligation d'épurer les eaux avant de les rendre au milieu naturel a, entre autres, pour objectif de permettre à ceux qui se situent en aval de Paris d'avoir une eau de qualité suffisante. Les acteurs de l'assainissement ont donc une obligation de solidarité envers les populations riveraines.

Ma conviction est que cette solidarité dans le domaine de l'assainissement ne s'applique pas qu'à la Seine ou à l'agglomération parisienne et doit se développer à l'échelon international. Il n'y a pas d'eau potable s'il n'y a pas d'assainissement. Pendant des décennies, la coopération décentralisée a apporté de l'eau aux populations des pays en développement en oubliant souvent que, dans ces pays, l'eau était de mauvaise qualité parce que l'on ne mettait pas en place les moyens d'éviter les pollutions. Je ne parle pas des effluents industriels ou bien des pollutions engendrées dans les grandes métropoles à travers le monde, mais bien des pollutions dans les petits villages ruraux où, si on ne protège pas les sources, l'eau potable peut très vite manquer. Il y a donc une nécessité absolue de lier eau et assainissement. C'est un devoir pour le Siaap, du fait de son expérience, de le faire comprendre aux pays qui n'en voient pas encore l'importance et de les aider à mettre en place les équipements nécessaires pour le faire. Il est important de faire comprendre aux élus de ces régions, que, même si c'est moins gratifiant, pour ne pas dire rentable

au niveau électoral, d'inaugurer une usine d'assainissement ou construire un réseau d'égouts que personne ne voit, c'est aussi important que d'avoir un système d'eau potable à la pointe de la modernité.
De plus, un grand service public comme le Siaap a le devoir d'être exemplaire au-delà de son périmètre d'action. Aujourd'hui, la plupart des services publics affirment vouloir favoriser le développement durable. Or, celui-ci comporte une forte dimension sociétale qui concerne également l'échelon international à travers la coopération décentralisée.

■ De quelle façon l'expérience du service public pour un système d'assainissement performant et respectueux de l'environnement peut-elle se transmettre à l'international ?

Daniel Marcovitch : Il est clair qu'un service public possédant les moyens matériels techniques et humains du Siaap se doit de travailler à travers le monde avec des services publics qui n'ont pas les mêmes moyens. D'ailleurs la loi française permet aujourd'hui aux services d'eau et d'assainissement de consacrer 1% de leur budget à la coopération décentralisée.
Cependant, il est important de rester dans un système de partenariats, et non dans des politiques d'assistanat ou de paternalisme. Personnellement, je suis très opposé au principe qui consister à dire « nous savons, donc nous allons vous expliquer comment vous devez faire ». Il faut avant tout être à l'écoute des besoins et des expériences des pays avec lesquels nous collaborons. Nous devons savoir en permanence nous adapter au contexte local ; les techniques ne sont pas automatiquement transposables d'un pays à l'autre, voire d'une région à l'autre. Ainsi, il serait absurde d'expliquer aux élus comment construire une station d'épuration dans un village où il n'y a pas de réseau voire de latrine, station qu'ils n'auraient pas les moyens d'entretenir sur le long terme. Mieux vaut former des gens sur place aux techniques de base efficaces.

Maurice Ouzoulias : Ce qui me frappe dans certains pays avec lesquels travaillent le Siaap, comme le Liban, c'est que des organisations non gouvernementales internationales ont construit des stations d'épuration modernes auxquelles le réseau d'assainissement n'est même pas connecté et qui sont de si grandes consommatrices d'électricité que les collectivités locales n'ont pas les moyens de les faire fonctionner. D'ailleurs, en raison d'une absence de formation, elles ne disposent même pas des techniciens pour y travailler. C'est un véritable gâchis et cela crée de la frustration.

Daniel Marcovitch : C'est vrai et pour éviter de telles aberrations dues à une mauvaise compréhension des problématiques locales le Siaap s'est engagé dans la promotion de partenariats sud-sud, afin de favoriser la coopération entre différents pays en voie de développement appartenant une même région. Ainsi, nous avons mis en place et finançons un partenariat entre des spécialistes de l'assainissement du Burkina Faso et des élus togolais pour la formation de techniciens et une supervision des travaux qui sont en cours.

Maurice Ouzoulias : En conclusion, je crois que l'ouvrage *Assainir l'agglomération parisienne* nous a beaucoup appris sur l'histoire de l'assainissement et qu'il est un outil indispensable pour comprendre ce qu'est l'assainissement aujourd'hui et réfléchir à ce que nous voulons qu'il devienne demain. Quoi qu'il en soit, au regard de ce récit historique, nous pouvons être fiers de nos prédécesseurs mais aussi du chemin parcouru depuis 1850 car ce sont les collectivités territoriales, le service public et le dévouement de ses agents qui ont fait en sorte que notre système d'assainissement évolue sans cesse pour être toujours plus performant, au service de l'agglomération parisienne et de ses habitants.●

Chronologie

1789

14 septembre : loi sur la constitution des municipalités qui confie au maire l'exercice de la police sanitaire.

1806

12 février : ordonnance du préfet de police de la Seine instituant la première réglementation sur les établissements insalubres. Elle annonce le transfert depuis Paris vers les communes de Seine banlieue des activités industrielles et artisanales les plus polluantes et dangereuses. Ses dispositions sont étendues par le décret du 15 octobre 1810, à l'ensemble de la France.

1807

L'article 35 de la loi du 16 septembre 1807 précise que les travaux de salubrité sont à la charge exclusive des communes.

Années 1830

Développement important des égouts parisiens et modification du profil des chaussées.

1848

21 juin : arrêté ministériel créant, au sein de la préfecture de la Seine, le service des travaux de Paris par fusion du service du pavé et du service des eaux et de l'assainissement.

Épidémie de choléra.

1851

Autorisation des voiries privées.

1852

26 mars : décret-loi relatif aux rues de Paris et à leur salubrité. Son article 6 rend obligatoire l'écoulement à l'égout des eaux pluviales et ménagères pour les maisons parisiennes.

1853

22 juin : Georges-Eugène Haussmann est nommé préfet de la Seine par Napoléon III.

1854

Mars : Eugène Belgrand devient un proche conseiller du préfet de la Seine, en charge du service des eaux et de la dérivation des sources des vallées de la Somme et de la Soude.

4 août : présentation par Haussmann devant le conseil municipal de Paris du premier *Mémoire sur les eaux de Paris* qui propose l'alimentation de Paris en eau de sources dérivées depuis les vallées de la Somme et de la Soude et la canalisation complète de la capitale pour assurer l'évacuation des eaux consommées.

Mission confiée à Adolphe Mille, ingénieur des Ponts et Chaussées chargé du dépotoir de la Villette et de la voirie de Bondy, pour l'étude des systèmes d'assainissement dans les grandes villes anglaises. Adolphe Mille revient de ce voyage d'études acquis à la cause du tout-à-l'égout et de l'épandage agricole.

1857

Début des travaux de construction du collecteur d'Asnières achevé en 1861.

Bruxelles autorise le tout-à-l'égout.

1858

Grande campagne de construction d'égouts à Londres. Le tout-à-l'égout est autorisé.

Début de la construction du collecteur des Coteaux achevé en 1866.

16 juillet : présentation par Haussmann devant le conseil municipal de Paris du deuxième *Mémoire sur les eaux* qui expose le projet technique pour la dérivation des eaux de la Somme et de la Soude vers Paris ainsi que pour la distribution et l'évacuation de ces eaux. Toujours opposé au tout-à-l'égout, Haussmann envisage un système souterrain, établi à l'intérieur des égouts, pour la vidange et le transport du contenu des fosses.

1859

10 octobre : un décret impérial transfère au préfet de la Seine de nouvelles compétences, auparavant sous l'autorité du préfet de Police, parmi lesquelles l'éclairage, le nettoiement des rues, la gestion des vidanges ou encore le curage des égouts.

1860

1er janvier : annexion à la ville de Paris des faubourgs situés entre le mur des Fermiers généraux et l'enceinte de Thiers. La capitale annexe entièrement onze communes de la Seine et partiellement treize autres. Paris fait plus que doubler sa superficie, gagne plus de 350 000 habitants et est redécoupée en 20 arrondissements.

Création de la Compagnie générale des eaux.

1867

Premières visites publiques des égouts de Paris, organisées par le service technique municipal de l'assainissement à l'occasion de la tenue de l'Exposition universelle.

Création du service d'études et des travaux sur les égouts et l'assainissement, dirigé par Adolphe Mille, pour observer l'efficience de l'irrigation agricole.

1869

Acquisition par la ville de Paris de six hectares à Gennevilliers pour tester l'épandage agricole des eaux d'égout. En 1875, l'épandage gennevillois couvre près de 200 hectares.

Construction de l'usine de relèvement des eaux d'égout à Clichy. Agrandie une première fois en 1872, l'usine est reconstruite en 1880 pour répondre à l'augmentation du volume d'eaux d'égout déversé à Gennevilliers.

1870

10 juillet : le ministère des Travaux publics impose à la ville de Paris d'assainir la Seine en aval des collecteurs.

4 septembre : proclamation de la IIIe République.

1871

10 août : vote de la loi relative à l'organisation et aux prérogatives des conseils généraux. Le département de la Seine reste régi par un régime dérogatoire.

1873

16 juillet : traité amiable entre Gennevilliers et la ville de Paris pour le développement des irrigations à l'eau d'égout.

1874

Berlin rend obligatoire le tout-à-l'égout.

22 août : constitution par le ministère des Travaux publics d'une commission chargée d'évaluer le niveau de pollution de la Seine. Ses conclusions, rendues en 1875, sont accablantes pour la ville de Paris. Les rejets de ses collecteurs d'eaux usées sont la principale source de dégradation du fleuve.

24 décembre : le conseil municipal de Gennevilliers dénonce devant le conseil de préfecture le traité signé avec la ville de Paris pour l'épandage agricole de ses eaux d'égout.

1875

15 et 16 juin : Alfred Durand-Claye, Adolphe Mille et Eugène Belgrand présentent l'avant-projet d'un canal d'irrigation à l'eau d'égout entre Clichy et la forêt de Saint-Germain. Six branches secondaires s'en détachent vers Gennevilliers, Nanterre, Carrières-Saint-Denis, Argenteuil, Sartrouville-le-Pecq et Achères. 5 500 hectares de cultures d'agriculteurs sont concernés. En forêt de Saint-Germain, le canal principal doit alimenter 1 200 hectares de terres exploitées par la ville de Paris.

1879

La Société de médecine publique et d'hygiène professionnelle réunit une commission sur le tout-à-l'égout. Pasteur y affirme son opposition à ce système d'évacuation des eaux usées.

1880

Durant l'été survient la « *crise des odeurs* » qui provoque la constitution, par le ministère de l'Agriculture et du Commerce, d'une « *commission des odeurs* ». Le 30 juin 1881, les conclusions de son rapport sont défavorables au tout-à-l'égout, accusé d'avoir propagé des épidémies depuis plusieurs années à Paris.

23 juin : le conseil municipal de Paris adopte une série de résolutions en faveur du tout-à-l'égout, de l'achèvement du réseau et de l'épuration des eaux usées par épandage. 70 000 maisons et immeubles sur les 80 000 que compte la capitale sont encore dotés de fosses.

19-29 août : Durand-Claye et Buffet présentent au conseil municipal un nouveau projet d'épandage des eaux d'égout modifié. Ce programme réduit considérablement les ambitions initiales du service de l'assainissement.

Ce projet provoque de vives manifestations en Seine-et-Oise.

1881
25 février : approbation du projet parisien d'août 1880 par le ministère des Travaux publics.

1882
Congrès international d'hygiène à Genève. Les hygiénistes et les médecins français paraissent très isolés parmi leurs collègues étrangers, majoritairement ralliés au tout-à-l'égout.

Épidémie de typhoïde.

28 juin : signature de la convention entre la ville de Paris et l'État en vue de la cession des terrains d'Achères et de la forêt de Saint-Germain pour l'épandage.

Octobre : formation par le préfet de la Seine d'une commission technique chargée d'étudier le mode d'évacuation des matières fécales le plus conforme aux lois d'hygiène. À la différence de la commission formée par le ministère de l'Agriculture, les membres de la commission départementale se prononcent en juillet 1883 en faveur du tout-à-l'égout. Ils fondent leurs conclusions, rédigées par Alfred Durand-Claye, sur des études comparées des égouts de Paris, Bruxelles, Londres et Amsterdam.

1884
5 avril : loi d'organisation des municipalités. Le conseil municipal de Paris relève d'un régime d'exception.

Avril : adoption par le conseil municipal de Paris d'un modèle de projet de loi et de règlement relatifs à l'assainissement de la capitale. Il prévoit d'imposer aux propriétaires parisiens le tout-à-l'égout et l'abonnement aux eaux de Paris.

Épidémie de choléra à Paris.

1885
Premier projet départemental d'assainissement des communes de banlieue. Le projet divise. En amont, les ingénieurs du département ont prévu le traitement des eaux usées sur des champs d'épandage aménagés dans la plaine de Créteil. En aval, les eaux doivent être refoulées vers l'usine municipale de Clichy avant d'être dirigées, avec les eaux usées parisiennes, sur les champs d'épandage de Gennevilliers. Ce projet ne sera jamais réalisé en l'absence de ressources et de consensus politique.

1886
10 novembre : un arrêté préfectoral autorise l'écoulement des vidanges directement à l'égout sous certaines conditions.

1887
Création du syndicat des égoutiers.

1889
4 avril : adoption par l'Assemblée nationale du projet parisien d'épandage des eaux d'égout de 1880. Cette loi instaure une commission de surveillance des épandages et n'autorise les épandages que sur des sols mis en culture. La superficie des terrains domaniaux concédés par l'État est limitée à 800 hectares au lieu des 1 200 réclamés par la capitale.

1890
22 mars : loi sur la création des syndicats de communes à vocation unique.

1891
24 juillet : loi autorisant la ville de Marseille à percevoir une taxe d'écoulement à l'égout dont le produit est affecté au développement du réseau.

1892
15 avril : réorganisation de la direction des travaux par arrêté préfectoral. Les services techniques de Paris et ceux du département sont séparés.

Inauguration de la première tranche de l'usine de relèvement des eaux d'égout de Colombes.

1893
29 mars : approbation par le conseil général de la Seine d'un nouvel avant-projet relatif à l'assainissement de la Seine et de la Marne.

Augmentation du nombre de représentants des communes de banlieue au conseil général de la Seine. Les 80 élus parisiens restent majoritaires, mais les élus de banlieue passent de 8 à 21.

21 décembre : le conseil municipal de Paris décide le prolongement jusqu'à Triel de l'aqueduc principal d'Achères, entre Herblay et la Seine, ainsi que l'établissement d'une branche secondaire vers le domaine de Méry-sur-Oise.

Les travaux de l'aqueduc d'Achères et du parc agricole débutent.

1894
10 juillet : loi rendant obligatoire le tout-à-l'égout à Paris. La capitale est autorisée à réaliser un emprunt. Elle fixe un délai de

cinq ans pour achever le raccordement des logements au réseau d'assainissement.
Acquisition du domaine des Fonceaux (200 hectares) par la ville de Paris dans la perspective d'une extension prochaine de l'épandage d'eaux d'égout.
Fondation du Musée social.

1895

Début de la construction du collecteur de Clichy.
7 juillet : inauguration de l'aqueduc et des champs d'épandage d'Achères.
16 juillet : mise en service de la première partie de l'usine de Colombes.
Octobre : début des épandages départementaux à Créteil qui suscitent la colère des communes voisines.

1896

11 avril : décret déclarant d'utilité publique le prolongement vers Triel de l'émissaire général des eaux d'égout et l'établissement de la branche de Méry-Pierrelaye. Le décret prévoit l'instauration, après enquêtes et avis des conseils municipaux, de périmètres de protection autour des épandages.
Entre 1866 et 1896, les communes suburbaines du département de la Seine ont vu leur population passer de 325 600 habitants à 797 178.

1897

Agrandissement de l'usine de Clichy et achèvement de l'usine de Pierrelaye.

1899

30 mars : déclaration d'utilité publique des travaux de canalisation et de drainage de la ville de Paris pour permettre l'exploitation du domaine des Fonceaux et l'aménagement des terrains irrigables sur la plaine d'Achères.
8 juillet : cérémonie de fermeture des collecteurs qui se déversent encore dans la Seine à hauteur de Clichy. Ils sont très vite rouverts et les eaux d'égout parisiennes continuent de se déverser dans le fleuve.
Inauguration de la nouvelle section de l'émissaire et des irrigations de Méry-Pierrelaye et Carrières-Triel. L'usine élévatoire de Pierrelaye et la deuxième tranche de l'usine de Colombes sont mises en service.
Automne et hiver : montée inquiétante de la nappe phréatique dans la région de Méry-Pierrelaye et de Carrières-Triel. Elle provoque de nombreux dégâts. Ces accidents relancent une campagne contre les épandages, dans la presse mais aussi dans certains milieux scientifiques, au moment même où l'Angleterre commence l'application des procédés d'épuration biologique sur des sols artificiels.
En 1900, la ville de Paris rejette encore dans la Seine près de 75 millions de mètres cubes d'eaux d'égout. Les prévisions des quantités d'eaux à épurer sont largement dépassées.

1900

Signature d'une convention entre la ville de Paris et le département de la Seine. La capitale s'engage à recevoir dans ses collecteurs une partie des eaux du département pour leur épuration. Le département de la Seine prend le même engagement. Cette convention ne sera que partiellement appliquée ; les capacité des installations parisiennes restent insuffisantes et la réalisation du projet départemental a pris du retard.
Mission de Félix Launay à Hampton, Leeds, Londres et Manchester pour étudier les nouveaux procédés d'épuration biologique pratiqués en Angleterre. L'ingénieur en chef de l'assainissement parisien revient d'outre-Manche convaincu de l'utilité de ces procédés considérés comme un appoint à l'épandage.
Création du service de surveillance des eaux d'alimentation de la ville de Paris appelé à devenir le centre de recherche, d'expertise et de contrôle des eaux de Paris (CRECEP).

1901

Le service parisien de l'assainissement construit une installation d'essai pour l'épuration bactérienne des eaux d'égout sur le domaine du Fonds-de-Vaux (région de Méry-Pierrelaye). Cette station est mise en service en 1907.
Acquisition par la ville de Paris du domaine du Picquenard (200 hectares situés entre Poissy et Achères).
Installation dans les usines parisiennes de relèvement des eaux d'égout de compteurs pour mesurer les volumes d'eaux épurés et ceux rejetés sans traitement.

1902

16 janvier : délibération du conseil général de la Seine demandant à l'Administration d'interdire les déversements de matières dans la Seine.
15 février : loi relative à la protection de la santé publique.

Le rapport du Comité consultatif d'hygiène de France recommande d'interdire la culture de fruits et légumes sur les champs d'épandage. L'interdiction n'est pas appliquée.

1903

Expérimentation par le service parisien de l'assainissement d'un nouveau procédé d'épandage par irrigation intensive sur une dizaine d'hectares du domaine des Fonceaux (région d'Achères). Cette expérience se révèle positive et montre qu'il est possible d'épandre à l'hectare jusqu'à quatre fois la dose annuelle maximale autorisée.

Création du syndicat intercommunal du gaz, premier grand syndicat intercommunal de l'agglomération parisienne. Il est suivi en 1905 par la création du syndicat des pompes funèbres.

1904

La superficie des champs d'épandage de Gennevilliers diminue sous la pression de l'urbanisation et de l'industrialisation. La Société d'éclairage, de chauffage et de force motrice s'installe sur 60 hectares de terres irriguées à l'eau d'égout.

Le conseil général de la Seine renonce aux épandages agricoles pour traiter les eaux usées des communes de banlieue en raison de la raréfaction des terrains disponibles et de leur cherté.

1905

Fondation de l'Association générale des hygiénistes et des techniciens municipaux et de l'Association des architectes et ingénieurs voyers du département de la Seine.

5 juillet : délibération du conseil général de la Seine autorisant la construction d'une station expérimentale d'épuration au Mont-Mesly (Créteil) pour tester les procédés des fosses septiques et des lits à bactéries (épuration sur sol artificiel).

Enquête sur la pollution des cours d'eau prescrite par le ministère des Travaux publics dans les départements de la Seine et de la Seine-et-Oise. Ses conclusions, formulées en 1907, font apparaître que les communes de la banlieue ne sont plus seulement victimes de la pollution des eaux, mais qu'elles comptent désormais parmi les responsables de la dégradation des rivières.

Achèvement des usines départementales de relèvement des eaux de Suresnes et Courbevoie.

1906

Les champs d'épandage de la ville de Paris connaissent leur extension maximale. 5 340 hectares (1 760 hectares du domaine municipal et 3 580 hectares de cultures privées) reçoivent les eaux d'égout de la capitale.

1907

Le conseil général de la Seine est saisi d'un programme d'assainissement des communes de la Seine banlieue qui ceinturent la capitale. Ce nouveau projet substitue l'épuration biologique à l'épandage.

1908

Début de l'exploitation du domaine du Picquenard. Cette ferme modèle d'expérimentation est exploitée en régie directe par le service de l'assainissement de la capitale.
La ville de Paris adopte un nouveau programme d'assainissement fondé sur l'extension des épandages dans la région des Mureaux.
Fondation du Musée d'hygiène de la ville de Paris à l'instigation du conseiller municipal Georges Lemarchand.

1909

Février : fondation de l'Union des maires de la Seine, héritière de la conférence des élus suburbains fondée au tournant des années 1870-1880. Elle a pour mission la défense des intérêts de la banlieue.
15 mai : déclaration d'utilité publique du nouvel émissaire d'Achères (branche du Picquenard). Deux nouveaux groupes élévatoires de l'usine de Clichy sont programmés et la puissance élévatoire de l'usine de Colombes renforcée.
Acquisition par la ville de Paris du domaine de La Haye, près des Mureaux, d'une superficie de 274 hectares.

1910

La crue de la Seine provoque une inondation exceptionnelle. Des dizaines de communes du département de la Seine subissent la montée des eaux. Plus de 20 000 immeubles parisiens et 30 000 maisons de banlieue sont sinistrés. La Seine amorce sa décrue à partir du 28 janvier. La « *Grande crue* » contribue à solidariser les élus de Paris et de la banlieue.
9 février : création de la commission des inondations, rattachée au ministère de l'Intérieur et des Cultes, dirigée par le polytechnicien et ingénieur des Ponts et Chaussées Alfred Picard.

La commission municipale et départementale des inondations met en évidence le destin scellé de la capitale et de ses périphéries dans la lutte contre les inondations.
1er juin : ordonnance de Police réglementant l'usage et les types de fosses septiques autorisés dans le département de la Seine. Elles doivent faire l'objet d'une déclaration préalable à leur construction et ne pas comporter de puisard absorbant.
Décembre : création de la commission départementale des fortifications et du plan d'extension de Paris qui a vocation, pour la première fois, à penser en des termes politiques le développement de l'agglomération parisienne.

1911

Fondation de la Société française des architectes urbanistes.
Mars-avril : adoption par le conseil général de la Seine d'un programme d'assainissement élaboré avec les services techniques parisiens. Il prévoit le traitement des eaux de la Seine banlieue dans deux stations, installées au Mont-Mesly et à Achères. Le département prend à sa charge une partie du coût d'investissement. Le service des ponts et chaussées du département est le maître d'œuvre du programme ouvert aux communes de Seine-et-Oise.
Juillet : lancement de l'enquête publique. Les communes et le conseil général de Seine-et-Oise rejettent le projet. Le département de la Seine est contraint de le modifier. Les communes de Seine banlieue approuvent le volet technique du programme, mais refusent le volet financier.
Depuis le précédent recensement de 1906, la capitale a gagné 124 000 habitants. Dans les communes suburbaines du département de la Seine, la population s'est accrue de 180 000 banlieusards.

1912

Mise en service d'une station biologique à Carrières-Triel, par lits bactériens, destinée à épurer 10 000 mètres cubes d'eaux d'égout parisiennes par jour.
Début de la construction du collecteur de l'Ouest à Paris.
Création de la Société hydrotechnique de France (SHF).

1913

Réunion de conciliation organisée entre les ingénieurs des Ponts et Chaussées du département et l'Union des maires de la Seine. Le projet est amendé et les municipalités suburbaines valident le projet départemental et leur participation financière.
11 juillet : délibération du conseil municipal de Paris autorisant l'extension des irrigations intensives sur les domaines d'Achères et des Fonceaux. La commission de surveillance des champs d'épandage souligne que ces irrigations sont contraires à la loi de 1889. Elle ne les autorise qu'à titre expérimental pour une durée limitée à trois ans. Ces irrigations intensives continueront jusqu'à la fin des années 1940.

1914

8 juillet : adoption définitive par le conseil général de la Seine du projet d'assainissement de 1911. L'opposition des communes de Seine-et-Oise a conduit à déplacer la station d'épuration prévue à Achères sur deux nouveaux emplacements situés dans le département de la Seine à Colombes et Gennevilliers.
Création de l'office municipal parisien d'habitations à bon marché (HBM). L'année suivante est fondé l'office départemental d'HBM à l'initiative du conseiller général Henri Sellier.
Septembre : entrée en guerre de la France.

1915-1917

Expérimentation par le service parisien de l'assainissement d'un nouveau procédé d'épuration à Colombes : celui des boues activées.

1916

Hiver : la pénurie de combustibles liée à la guerre limite le fonctionnement des usines de relèvement des eaux d'égout. Cette marche restreinte des usines se prolonge jusqu'en 1921.
8 juillet : le projet départemental d'assainissement est transmis au Conseil supérieur d'hygiène publique de France. Le département de la Seine espère obtenir son approbation au plus vite afin de lancer les travaux dès la fin de la guerre. Le Conseil formule des réserves qui obligent le département à modifier une nouvelle fois son projet.

1917

Constitution d'une commission commune à la ville de Paris et au département de la Seine pour la création d'un grand projet de port fluvial à Gennevilliers.

1918

11 novembre : fin de la Première guerre mondiale. Au sortir du conflit, la priorité est donnée à la reconstruction des régions sinistrées. La guerre a entraîné une hausse des prix qui se répercute sur le financement des travaux d'assainissement alors

même que les municipalités et les départements se trouvent dans une situation financière difficile.

1919

14 mars : loi Cornudet, première loi française d'urbanisme qui impose aux villes de plus de 10 000 habitants et à toutes les communes du département de la Seine un plan d'aménagement, d'extension et d'embellissement (PAEE).

12 avril : première proposition du conseil municipal de Paris pour la réorganisation, l'extension et l'unification de la direction des travaux de Paris.

19 avril : loi sur le déclassement et la démolition des fortifications de Paris.

1922

21 décembre : adoption par le conseil général de la Seine d'un nouveau projet d'assainissement. Il repose sur la construction de deux stations d'épuration à Achères et au Mont-Mesly d'une capacité totale de traitement de 600 000 m^3 d'eaux usées. Le coût des travaux est réévalué, mais la participation financière demandée aux communes de Seine banlieue reste plafonnée à 60 millions de francs. Le département prend à sa charge une augmentation de 30 millions de francs.

Décembre : fondation du syndicat intercommunal de la banlieue de Paris pour les eaux. Dès 1923 le syndicat est ouvert aux communes de Seine-et-Oise et de Seine-et-Marne.

1923

16 décembre : présentation au conseil municipal de Paris d'un programme de travaux d'urgence des services de l'eau et de l'assainissement. Il prévoit notamment l'aménagement du domaine des Mureaux pour l'épandage, la construction d'une station d'épuration biologique à Achères, la réalisation d'un émissaire entre Clichy et La Frette et le renforcement du réseau d'égouts.

1924

Janvier : création du syndicat intercommunal de l'électricité. En 1934, la ville de Paris y adhère.

Crue de la Seine. Le fleuve atteint 7,3 mètres au pont d'Austerlitz.

La loi du 19 juillet tente de conjurer la crise des lotissements défectueux en plaçant les édiles au cœur du dispositif de négociation des opérations et en imposant un contrôle de leur extension.

1925

25 janvier : délibération du conseil général de la Seine invitant les autorités préfectorales « *en complet accord avec la ville de Paris, à soumettre au conseil général un plan complet d'assainissement général du département de la Seine* ».

29 mai : le nombre de représentants de la banlieue au sein du conseil général de la Seine est porté de 22 à 40.

16 juillet : délibération du conseil général de la Seine réclamant la constitution d'une commission chargée d'établir un projet d'assainissement d'ensemble réalisable par fractions au fur et à mesure des besoins. Cette commission est créée en mars 1926.

1926

14 janvier : décision du ministère des Travaux publics sanctionnant un programme de construction de barrages-réservoirs.

Mai : présentation devant le conseil général de la Seine d'une ébauche de programme d'assainissement général. Ce projet repose à la fois sur l'extension des épandages et sur la construction d'une station d'épuration à proximité de La Frette (Seine-et-Oise). Il ne sera jamais réalisé mais il constitue la première tentative de programme d'assainissement du Plus Grand Paris.

5 novembre : décret-loi de décentralisation et de déconcentration administratives à l'origine de la création des syndicats interdépartementaux.

13 août : loi Niveaux autorisant les communes et les départements à percevoir des taxes. Cette loi instaure notamment une taxe de déversement à l'égout au profit des communes, mais la refuse aux départements.

Le recensement de 1926 met en évidence la poursuite de la croissance démographique dans la Seine banlieue et en Seine-et-Oise. Les habitants de la petite et de la grande couronnes sont désormais plus nombreux que les Parisiens. À Gennevilliers et dans la région de Carrières-Triel, les cultures à l'eau d'égout ont perdu des centaines d'hectares.

1927

4 juin : création, au sein du service technique des eaux et de l'assainissement de la direction des travaux de Paris, d'une section d'étude des grands travaux chargée d'élaborer le projet d'assainissement général du département de la Seine.

1928

15 mars : la loi Sarraut, du nom du ministre de l'Intérieur, étend les prérogatives des élus et le financement de l'État pour viabiliser et assainir les quartiers de mal lotis.

19 mars : arrêté préfectoral opérant une réorganisation partielle des services en charge de l'assainissement. L'épuration des eaux d'égouts du département de la Seine est assurée par un service unique placé sous l'autorité de la direction des travaux de Paris.

24 mars : création du Comité supérieur d'aménagement et d'organisation de l'agglomération parisienne (CSAORP). Il est censé permettre la réalisation d'un plan rationnel d'aménagement de la région capitale. Dans les faits, il est dépourvu de pouvoirs.

26 décembre : dans la perspective de l'établissement d'un nouveau programme d'assainissement, le conseil général de la Seine demande le vote d'une loi spéciale l'autorisant à créer une taxe d'écoulement à l'égout. Il devra attendre 1938 pour que ce droit lui soit reconnu.

Création, au sein de la préfecture de la Seine, de la section des barrages-réservoirs qui dépend du service technique du Port de Paris. Elle dirige la construction des barrages visée dans le plan adopté en 1926.

1929

Novembre-décembre : le programme général d'assainissement est présenté devant le conseil général de la Seine. Il prévoit la construction d'un réseau de collecteurs encerclant Paris et relié aux champs d'épandage et à la future station d'épuration biologique prévue à Achères. Le projet est ouvert aux communes de Seine-et-Oise. Un programme complémentaire d'assainissement de la banlieue, destiné à raccorder les réseaux communaux au réseau des grands collecteurs, est également soumis au vote des conseillers généraux.

26 décembre : approbation du programme général et du programme complémentaire d'assainissement de la banlieue par le conseil général de la Seine.

1930

9 janvier : nouvelle loi relative aux ententes et institutions interdépartementales.

4 juillet : le conseil général de la Seine demande au préfet la constitution d'une conférence interdépartementale d'assainissement pour fixer les modalités de la collaboration entre la Seine-et-Oise et la Seine-et-Marne.

29 décembre : le conseil général de la Seine confie à la direction des travaux de Paris la réalisation des ouvrages prévus dans le cadre du programme général d'assainissement.

31 décembre : le conseil général de la Seine vote le lancement des travaux du programme général. Les chantiers débutent l'année suivante.

1931

Mise en service du barrage du Crescent.

19 mai : réunion de la première conférence interdépartementale.

1932

12 mai : la loi Morizet renforce les prérogatives du département de la Seine.

14 mai : l'article 7 de la loi du 14 mai 1932 autorise la ville de Paris à adhérer à des syndicats de communes.

31 décembre : approbation par le conseil général de la Seine du projet de convention relatif à l'assainissement entre le département de la Seine et le département de la Seine-et-Oise.

1933

Mai : approbation par le conseil général de Seine-et-Oise du projet de convention interdépartementale de l'assainissement.

23 avril : départementalisation du traitement des ordures ménagères.

Début de la construction du collecteur Pantin-La Briche. Électrification de l'usine élévatoire de Colombes.

1934

Achèvement du barrage de Chaumençon.

Plan Marquet de financement de grands travaux.

1935

10 avril : le nombre de représentants des communes suburbaines au conseil général est porté de 40 à 50.

Début de la construction de l'émissaire Sèvres-Achères et de la première branche de l'émissaire Sud.

27 décembre : déclaration d'utilité publique du programme général d'assainissement de l'agglomération parisienne.

Depuis le début des années 1920, les champs d'épandage parisiens ont perdu près de 450 hectares. La culture à l'eau d'égout continue d'être pratiquée sur plus de 4 650 hectares.

1936

Plan Blum de financement de grands travaux.

1937
Début de la construction de la deuxième branche de l'émissaire Sud et de l'émissaire Nord-est.

1938
Achèvement du barrage de Champaubert-aux-Bois.

1939
3 septembre : déclaration de la guerre.

1940
10 juin : bombardement du pont d'Argenteuil. L'émissaire général d'alimentation des champs d'épandage est fortement endommagé.
5 octobre : mise en service d'Achères I qui ne fonctionnera à son régime normal qu'après la mise en service de l'émissaire Sèvres-Achères en 1954.

1941
23 février : création de la délégation générale à l'équipement national (DGEN) chargée de la politique nationale d'aménagement du territoire.
Août : réorganisation des services techniques de la préfecture de la Seine. L'unification des services d'assainissement du Grand Paris, réclamée par le conseil municipal et par le conseil général depuis 1919, est enfin réalisée.

1943
15 juin : la loi d'urbanisme unifie les réglementations et renforce le contrôle et l'action de l'État.

1942
Les travaux de réalisation du programme général sont suspendus sur ordre des autorités d'occupation.

1944
Achèvement de la construction du collecteur Pantin-La Briche.
26 août : deuxième bombardement du pont d'Argenteuil. L'émissaire général est une nouvelle fois endommagé et ne sera entièrement réparé que dans les années 1950.

1945
8 mai : capitulation de l'Allemagne.

1947
La ville de Paris impose aux agriculteurs une redevance pour l'utilisation de ses eaux d'égout. Le syndicat des cultivateurs de Pierrelaye s'oppose à cette mesure et mène une bataille juridique. Il est débouté en 1954.

1949
Achèvement du barrage de Pannecière-Chaumard.
22 février : instruction technique relative à l'assainissement des agglomérations plus communément appelée « *circulaire Caquot* ».
Seulement 33 % des habitants de la Seine banlieue bénéficient du tout-à-l'égout.

1951
31 janvier : signature par les départements de la Seine et de la Seine-et-Oise d'un avenant à la convention de 1933 pour tenir compte du retard pris dans la réalisation des travaux du programme général.

1954
12 juillet : inauguration de l'émissaire Sèvres-Achères.
Achèvement de l'antenne de Suresnes.
Électrification de l'usine de Pierrelaye.

1955
Crue de la Seine. Le fleuve atteint 7,1 mètres au pont d'Austerlitz.

1956
Achèvement et mise en service de la première branche de l'émissaire Sud.
Début de la construction de l'émissaire Saint-Denis-Achères.

1958
Les volumes d'eaux traités à Achères sont désormais supérieurs aux volumes répandus sur les champs d'épandage.

1959
Achèvement et mise en service de la deuxième branche de l'émissaire Sud.

1960
40 à 50 % du programme général d'assainissement de 1929 a été réalisé.

1961
3 juillet : inauguration de l'émissaire Nord-Est.
2 août : création du district de la région de Paris.

1962

1er septembre : début de la construction d'Achères II.

1963

14 février : création de la délégation à l'aménagement du territoire et à l'action régionale (DATAR).

9 octobre : déclaration d'utilité publique du dédoublement de l'émissaire Clichy-Achères en deux branches : la branche Nord, dite branche d'Argenteuil, et la branche Sud, dite branche de Bezons.

1964

Début de la construction de l'émissaire Clichy-Achères, branche Nord.

10 juillet : loi portant réorganisation de la région parisienne. Les départements de la Seine et de la Seine-et-Oise sont supprimés au profit de sept nouveaux départements : Paris, les Hauts-de-Seine, la Seine-Saint-Denis, le Val-de-Marne, l'Essonne, les Yvelines et le Val-d'Oise.

16 décembre : loi relative au régime et à la répartition des eaux et à la lutte contre leur pollution. Elle crée six grands bassins hydrographiques. La région parisienne dépend du bassin Seine-Normandie. Une agence financière de coordination est créée.

1965

1er janvier : fin des épandages à Gennevilliers.

Mai : mise en service des deux stations expérimentales d'Achères (2 x 30 000 m^3 par jour) par le procédé des bassins combinés.

Début des travaux de raccordement de la banlieue sud-est à l'émissaire Nord-Est.

Publication du schéma directeur d'aménagement et d'urbanisme (SDAU) réalisé par le District.

1966

29 avril : inauguration de l'émissaire Saint-Denis-Achères et de la deuxième tranche de la station d'épuration d'Achères d'une capacité de 300 000 m^3 par jour.

1968

1er janvier : institution, dans les limites de l'ancien département de la Seine, de la redevance d'assainissement qui remplace l'ancienne taxe d'écoulement à l'égout. Cette redevance est assise sur la consommation d'eau.

1er mars : mise en chantier d'Achères III.

Nouveau schéma d'assainissement de l'agglomération parisienne. Il prévoit la création de nouvelles stations d'épuration.

1969

26 juin : mise en service de l'usine de Charenton et raccordement de la banlieue sud-est au réseau général de collecte et d'épuration.

16 juin : création de l'Institution interdépartementale des barrages-réservoirs du bassin de la Seine (IIBRBS).

1970

31 août : création du Syndicat interdépartemental d'assainissement de l'agglomération parisienne (Siaap).

23 décembre : adoption du règlement intérieur du Siaap.

1971

16 février : signature de la convention entre le Siaap et la ville de Paris.

Création du ministère de la Protection de la nature et de l'Environnement.

1972

Janvier-février : signature des conventions entre le Siaap et les départements des Hauts-de-Seine, de la Seine-Saint-Denis et du Val-de-Marne.

Février : mise en service d'Achères III (900 000 m^3 par jour) et de l'émissaire Clichy-Achères (branche d'Argenteuil).

Printemps : mise en chantier de la station de Noisy-le-Grand.

1973

16 février : signature de la convention entre le Siaap et le département du Val-d'Oise.

1975

10 avril et 15 mai : signature de la convention entre le Siaap et le département des Yvelines.

5 mai : ouverture du chantier d'Achères IV.

18 juillet : signature de la convention entre le Siaap et le département de l'Essonne.

1976

10 juin : circulaire relative à l'assainissement des agglomérations et à la protection du milieu récepteur.

10 juillet : loi relative à la protection de la nature.

19 juillet : loi relative aux installations classées pour la protection de l'environnement.

Mise en service d'une première tranche de la station de Noisy-le-Grand, aujourd'hui « *Marne aval* », pour le traitement de 28 000 m^3 d'eaux usées par jour en provenance d'une quinzaine de communes de la Seine-Saint-Denis et de la Seine-et-Marne, dont la ville nouvelle de Marne-la-Vallée.

1977

Règlement sanitaire départemental interdisant la culture de légumes arrosés avec des eaux usées non traitées et consommés crus.

1978

Mise en service de l'émissaire Clichy-Achères (branche de Bezons) et d'Achères IV d'une capacité de 600 000 m^3 par jour.

1982

Lois dites Defferre relatives aux droits et libertés des communes, des départements et des régions.

1984-1985

Lancement du programme « *Seine propre* », associant le Siaap, l'État, la région Île-de-France et l'agence financière de bassin Seine-Normandie. Il se fixe comme objectif de supprimer, en l'espace de dix ans, la totalité des rejets d'eaux usées dans la Seine.

1987

Mise en service de la station de Valenton aujourd'hui « *Seine amont* ». Avec ce nouvel équipement d'une capacité de traitement de 150 000 m^3 par jour, le Siaap est en mesure d'épurer la totalité des eaux usées qu'il collecte par temps sec. Mais les effluents par temps de forte pluie débordent toujours les capacités d'épuration du syndicat.

1990

La station d'Achères traite 2,1 millions de mètres cubes par jour. Le projet de construction d'Achères V qui aurait dû porter les capacités de la station à 2,7 millions de mètres cubes par jour a été abandonné.

1991

La directive européenne 91/271/CE impose aux collectivités locales des obligations de collecte des eaux résiduaires et de nouvelles normes d'épuration.

Adoption d'un nouveau schéma directeur d'assainissement de l'agglomération parisienne. Son objectif est d'assurer, à l'horizon 2015, le traitement de la totalité des eaux usées par temps sec et la dépollution de la plus grande partie des eaux par temps de pluie. Il prévoit la modernisation des quatre usines existantes et la construction de deux nouvelles stations.

1992

3 janvier : loi sur l'eau. Son article premier stipule que « *l'eau fait partie du patrimoine commun de la Nation* ».

13 juillet : loi relative à l'élimination des déchets ainsi qu'aux installations classées pour la protection de l'environnement.

Extension de la station de Valenton qui porte sa capacité de traitement à 300 000 m^3 par jour.

Implantation de deux prototypes de quatre biofiltres à Achères pour le traitement de la pollution azotée (nitrification).

1993

Mise en service de l'émissaire Sèvres-Achères (branche de Nanterre).

Implantation d'ouvrages à « *cultures fixées* » et d'un « *décanteur lamellaire* » à l'usine de Noisy-le-Grand pour le traitement de la pollution carbonée et l'expérimentation de nouvelles techniques d'élimination de la pollution azotée.

1994

3 juin : décret relatif à la collecte et au traitement des eaux usées.

1997

Suite à une étude de l'assainissement de la zone de collecte du Siaap, effectuée par l'agence de l'eau Seine-Normandie à la demande du ministère de l'Environnement, le Siaap adapte le schéma de 1991 pour tenir compte des insuffisances constatées (rejets dans le milieu par temps de pluie, qualité de la Seine...). Le schéma modifié est désigné par l'appellation « *Scénario C* ».

1998

Mise en service de la station de Colombes « *Seine centre* », installée sur le site du centre expérimental à proximité de l'ancienne usine de relèvement des eaux. Seine centre représente une innovation majeure par sa capacité à changer de régime par temps de pluie. Par temps sec, Seine centre traite 2,8 m^3 d'eaux usées par seconde. Par temps de pluie, le débit peut atteindre 12 m^3 par seconde. Seine centre assure l'élimination des matières en suspension, de la pollution carbonée ainsi que des pollutions azotées et phosphorées.

1999

25 mars : la charte sociale « *Eau, santé et environnement* », soutenue par l'Union européenne et l'OMS, est adoptée à Paris.
25 juin : loi d'orientation pour l'aménagement et le développement durable du territoire (LOADDT).
Réorganisation du Siaap qui prend son autonomie sur les services d'assainissement de la ville de Paris.

1999-2000

31 mai 1999-31 mars 2000 : sur avis du Conseil supérieur d'hygiène publique de France, les préfectures des Yvelines et du Val-d'Oise interdisent la mise sur le marché des cultures maraîchères produites sur les terres d'épandages. Un siècle d'irrigation a généré une pollution des sols qui les rend impropres à la consommation. Les cultures maraîchères laissent place à des cultures céréalières.

2000

6 mars : signature d'un contrat de bassin pour les années 1999-2006 entre le Siaap, la région et l'Agence de l'eau. Il porte sur un programme de travaux de 11 milliards de francs.
23 octobre : la directive européenne 2000/60/CE introduit le principe de bon état écologique des eaux souterraines et superficielles à atteindre à l'horizon 2015. Cette directive européenne est transposée dans le droit français par la loi 2004-338 du 21 avril 2004.
Mise en service de l'unité de clarifloculation d'Achères.
Le Siaap cesse l'épandage des eaux brutes. Les irrigations se font désormais avec des eaux traitées.

2003

Agrandissement de l'unité de clarifloculation d'Achères.
Mise en service d'une usine de valorisation des sables sur le site de La Briche (Épinay-sur-Seine). L'unité valorise 25 000 tonnes de sables par an. Elle comprend aussi des bassins de prétraitement, installés dans les années 1950, qui traitent 300 000 m^3 à 400 000 m^3 d'eaux usées par jour par temps sec. Ces bassins alimentent également la station Seine aval via l'émissaire Saint-Denis-Achères.
Actualisation du schéma directeur modifié en 1997 pour prendre en compte l'évolution technique et réglementaire et appliquer la directive cadre européenne (DCE) de 2000.

2006

30 décembre : la loi sur l'eau et les milieux aquatiques (LEMA) renforce le droit d'accès à l'eau potable et à l'assainissement dans des « *conditions économiquement acceptables pour tous* ». Elle fixe le cadre légal d'une « gestion équilibrée et durable de la ressource en eau ».
Nouvelle extension de la station de Valenton (Seine amont) qui porte sa capacité de traitement à 600 000 m^3 par jour par temps sec et à 1,5 million de m^3 par jour en période de fortes pluies.

2007

Janvier : mise en service de l'usine Seine Grésillons, localisée à Triel-sur-Seine, qui comporte une unité dédiée au traitement de l'azote, du phosphore et du carbone. Cette station peut traiter 100 000 m^3 d'eaux usées par jour par temps sec et 150 000 m^3 par temps de pluie.
Ouverture de la Cité de l'eau et de l'assainissement, centre de ressources, de formation et de restitution des évolutions de l'assainissement, installée dans l'ancienne usine de relèvement des eaux de Colombes.
29 juin : inauguration de l'unité de nitrification-dénitrification de Seine aval.

2009

Reconstruction de l'usine de Noisy-le-Grand, aujourd'hui « *Marne aval* ».

2012

Mise en service prévue de la nouvelle station Seine Morée (Blanc-Mesnil) pour traiter les effluents des communes du nord-est de la Seine-Saint-Denis. Ce programme prévoit un traitement de 50 000 m^3 par jour par temps sec et 76 500 m^3 par jour par temps de pluie. Elle doit permettre de chauffer 450 logements d'Aulnay-sous-Bois.
Triplement de Seine Grésillons I (300 000 m^3 par jour tout temps).

Bibliographie

Histoire de Paris, de la région parisienne et de la France urbaine

« Trois siècles de cartographie en Île-de-France », *Cahiers de l'IAURIF*, n° 119, 1997.

*(XVI*e*-XX*e *siècle)*, Paris, Éditions de l'EHESS, 2004.

40 ans en Île-de-France, rétrospective 1960-2000, Paris, IAURIF, 2001.

BARRY M. Doyle (dir.), *Urban Politics and Space in the Nineteenth and Twentieth Centuries : Regional Perspectives*, Cambridge Scholars Publishing, 2007.

BASTIÉ Jean, *La Croissance de la banlieue parisienne*, Presses universitaires de France, Paris, 1964.

BAUBÉROT Arnaud, BOURILLON Florence (dir.), *Urbaphobie. La détestation de la ville*, Pompignac-près-Bordeaux, Bière, 2009

BELLANGER Emmanuel, GIRAULT Jacques (dir.), *Villes de banlieues. Personnel communal, élus locaux et politiques urbaines au XX*e *siècle,* Paris, Créaphis, 2008.

BELLANGER Emmanuel, *Naissance d'un département et d'une préfecture dans le « 9–3 ». De la Seine banlieue à la Seine-Saint-Denis : une histoire de l'État au XX*e *siècle*, Paris, La Documentation française, 2005.

BOURILLON Florence, *Les Parisiens et la modernisation de la ville au XIX*e *siècle. Évaluer, transformer et construire la ville*, mémoire pour le diplôme d'habilitation à diriger des recherches de l'Université Paris 12, 2000.

BRAUDEL Fernand, « Expliquer le système : les villes », *in* BRAUDEL Fernand, *L'Identité de la France*, tome I, *Espace et histoire,* Paris, Arthaud-Flammarion, 1986, p. 158-236.

BRUNET Jean-Paul, « Constitution d'un espace urbain : Paris et sa banlieue de la fin du XIXe siècle à 1940 », *Annales ESC*, mai-juin 1985, n° 3, p. 641-659.

BURGEL Guy, *Paris meurt-il ?*, Paris, Perrin, 2008.

CARMONA Michel, CHELMA Guy, *Identité et enjeux du cœur de l'agglomération parisienne*, Paris, *Extramuros*, 2004.

CARMONA Michel, *Le Grand Paris. L'évolution de l'idée d'aménagement de la région parisienne,* thèse de doctorat de géographie de l'Université Paris IV, 1979.

CASSELLE Pierre (éd.), *Commission des embellissements de Paris, rapport à l'empereur Napoléon III : décembre 1853*, Paris, Rotonde de la Villette, 2000.

CHOAY Françoise, MERLIN Pierre, *Dictionnaire de l'urbanisme et de l'aménagement*, Paris, Presses universitaires de France, 2000.

COTTEREAU Alain, « Les débuts de la planification urbaine dans l'agglomération parisienne », *Sociologie du travail*, 4, 1969, p. 362-392.

DAVEZIES Laurent, *La République et ses territoires. La circulation invisible des richesses*, Paris, Le Seuil, 2008.

DUBY Georges (dir.), *Histoire de la France urbaine*, tome 4, *La ville de l'âge industriel*, Paris, Le Seuil, 1983.

DUPÂQUIER Jacques (dir.), *Histoire de la population française*, tome 3, *de 1789 à 1914*, tome 4, *de 1914 à nos jours*, Paris, PUF, 1995.

FAURE Alain (dir.), *Les Premiers banlieusards. Aux origines des banlieues de Paris 1860-1940,* Paris, Créaphis, 1991.

FOURCAUT Annie, BELLANGER Emmanuel, FLONNEAU Mathieu (dir.), *Paris/banlieues. Conflits et solidarités, Historiographie, anthologie, chronologie, 1788-2006*, Paris, Créaphis, 2007.

FOURCAUT Annie, FLONNEAU Mathieu, « Une histoire croisée de Paris et de ses banlieues à l'époque contemporaine. Bibliographie : bilan d'étape », *Extramuros*, septembre 2005.

FOURCAUT Annie, *La Banlieue en morceaux. La crise des lotissements défectueux en France dans l'entre-deux-guerres*, Paris, Créaphis, 2000.

GAILLARD Jeanne, *Paris, la ville (1852-1870)*, Paris, L'Harmattan, 1997.

GILLI Frédéric, OFFNER Jean-Marc, *Paris métropole hors les murs : Aménager et gouverner un Grand*, Paris, Les Presses de Sciences Po, 2009.

HIRSCH Bernard, *L'aménagement de la région parisienne (1961-1969)*, Paris, Institut Paul Delouvrier, Programme d'histoire et d'évaluation des villes nouvelles françaises, Presses de l'ENPC, 2003.

HOHENBERG Paul M., HOLLEN Lees Lynn, *La Formation de l'Europe urbaine, 1000-1950*, Paris, Presses universitaires de France, 1992.

LECOIN Jean-Pierre (dir.), « L'occupation du sol de la région parisienne », *Cahiers de l'IAURIF*, n° 48-49, 1977.

LEPETIT Bernard, *Les Villes dans la France moderne (1740-1840)*, Paris, Albin Michel, 1988.

LOYER François, *Paris XIX*e, *L'immeuble et la rue*, Paris, Hazan, 1987.

MAGRI Susanna, TOPALOV Christian (dir.), *Villes ouvrières, 1900-1950,* Paris, L'Harmattan, 1989.

MARCHAND Bernard, *Les Ennemis de Paris. La haine de la grande ville des Lumières à nos jours*, Rennes, Presses universitaires de Rennes, 2009.

MERLIN Pierre, *L'Île-de-France, hier, aujourd'hui, demain*, Paris, La Documentation française, 2003.

MERLIN Pierre, *Les Banlieues des villes françaises*, Paris, La Documentation française, 1998.

OFFNER Jean-Marc (dir.), *Le Grand Paris*, Paris, La Documentation française, 2007.

PANERAI Philippe, *Paris métropole, formes et échelles du Grand Paris*, Paris, Éditions de la Villette, 2008.

PAQUOT Thierry, « Le Grand Paris : préhistoire d'une ambition », *Urbanisme*, n° 333, novembre-décembre 2003, p. 50-51.

PHILIPPONNEAU Michel, *La Vie rurale de la banlieue parisienne. Étude de géographie humaine*, Paris, Librairie Armand Colin, 1956.

PINOL Jean-Luc (dir.), *Histoire de l'Europe urbaine*, tome 2, *De l'Ancien régime à nos jours*, Paris, Le Seuil, 2003.

PINOL Jean-Luc, « La ville des historiens », *in* PAQUOT Thierry, LUSSAULT Michel, BODY-GENDROT Sophie (dir.), *La Ville et l'urbain, l'état des savoirs*, Paris, La Découverte, 2000, p. 36-44.

PINOL Jean-Luc, « Villes "riches", villes "pauvres" dans la France de l'entre-deux-guerres », *Vingtième siècle, revue d'histoire*, n° 64, octobre-décembre 1999, p. 67-82.

PINOL Jean-Luc, GARDEN Maurice, *Atlas des Parisiens de la Révolution à nos jours,* Paris, Parigramme, 2009.

PINON Pierre (dir.), *Atlas du Paris haussmannien : la ville en héritage du Second Empire à nos jours*, Paris, Parigramme, 2000.

PINON Pierre, DES CARS Jean, *Paris-Haussmann, le pari d'Haussmann,* Paris, Picard, 1991.

RHEIN Catherine, « La division sociale de l'espace parisien et son évolution (1954-1975) », *in* GRAFMEYER Yves, DANSEREAU Francine (dir.), *Trajectoires familiales et espaces de vie en milieu urbain*, Lyon, Presses universitaires de Lyon, 1998, p. 229-255.

RONCAYOLO Marcel (dir.), *Histoire de la France urbaine. La ville aujourd'hui : croissance urbaine et crise du citadin*, Le Seuil, Paris, 2000 (1985).

RONCAYOLO Marcel, *La Ville et ses territoires,* Paris, Gallimard, 1993.

SOULIGNAC Françoise, *La Banlieue parisienne. Cent cinquante ans de transformations*, Paris, La Documentation française, 1993.

SUBRA Philippe, « Le Grand Paris, stratégies urbaines et rivalités géopolitiques », *Hérodote*, n° 135, 4e trim. 2009, p. 49-79.

TEXIER Simon, *Paris contemporain. De Haussmann à nos jours, une capitale à l'ère des métropoles*, Paris, Parigramme, 2005.

VOLDMAN Danièle (dir.), *Région parisienne. Approches d'une notion 1860-1980*, Paris, Les cahiers de l'IHTP, n° 12, octobre 1989.

WALTER François, *Les Figures paysagères de la nation*. Paris, Ed. de l'EHESS, 2004

Élus locaux, pouvoir administratif et vie politique

AGULHON Maurice, *Les Métamorphoses de Marianne. L'imagerie et la symbolique républicaines de 1880 à 1914,* Paris, Flammarion, 2001.

AGULHON Maurice, GIRARD Louis, ROBERT Jean-Louis, SERMAN William (dir.), *Histoire des maires en France du Consulat à nos jours*, Paris, Publications de la Sorbonne, 1986.

BARUCH Marc Olivier, *Servir l'État français. L'administration en France de 1940 à 1944*, Paris, Fayard, 1997.

BARUCH Marc Olivier, DUCLERT Vincent (dir.), *Serviteurs de l'État. Une histoire politique de l'administration française 1875-1945*, Paris, La Découverte, 2000.

BELLANGER Emmanuel, *Administrer la « banlieue municipale » des années 1880 aux années 1950*, thèse d'histoire de l'Université Paris 8, 2004.

BELLANGER Emmanuel, « "Je t'aime contraint et forcé". Des maires, des amicales, des syndicats et une préfecture en banlieue parisienne (1880-1950) », *in* TARTAKOWSKY Danielle, TÉTARD Françoise (dir.), *Syndicats et associations en France. Concurrence ou complémentarité ?*, Rennes, Presses universitaires de Rennes, 2006, p. 129-137.

BRUNET Jean-Paul, « Autonomie communale et contraintes administratives : l'action municipale en banlieue parisienne (1884-1940) », *in L'Administration locale en Île-de-France*, Paris, 1987, p. 323-338.

CHOAY Françoise, LANDAU Bernard, SAINTE-MARIE GAUTHIER Vincent (prés.), *Baron Haussmann. Mémoires*, Paris, Le Seuil, 2000.

COHEN William B., *Urban Gouvernement and the Rise of the French City. Five Municipalities in the Nineteenth Century*, New York, St-Martin's Press, 1998.

COMBEAU Yvan, *Paris et les élections municipales sous la Troisième République. La scène capitale dans la vie politique française*, Paris, L'Harmattan, 1998.

DESCIMON Robert, SCHAUB Jean-Frédéric, VINCENT Bernard (dir.), *Les Figures de l'administrateur. Institutions, réseaux, pouvoirs en Espagne, en France et au Portugal XVIe-XIXe siècle*, Paris, Éditions de l'EHESS, 1997.

GIRARD Louis, *Napoléon III*, Paris, Fayard, 1986.

GUERRAND Roger-Henri, MOISSINAC Christine, *Henri Sellier : urbaniste et réformateur social*, Paris, La Découverte, 2005.

HAEGEL Florence, *Un maire à Paris. Mise en scène d'un nouveau rôle politique*, Paris, Presses de Sciences Po, 1994.

LAMEYRE Gérard, *Haussmann Préfet de Paris*, Flammarion, 1958.

LE BÉGUEC Gilles, « L'élu local », *in* RIOUX Jean-Pierre, SIRINELLI Jean-François (dir.), *La France d'un siècle à l'autre 1914-2000*, Paris, Hachette, 1999, p. 544-551.

LE BÉGUEC Gilles, PESCHANSKI Denis (dir.), *Les Élites locales dans la tourmente du Front populaire aux années cinquante*, Paris, CNRS Éditions, 2000.

LE GALÈS Patrick, *Le Retour des villes européennes ? Sociétés urbaines, mondialisation, gouvernement et gouvernance*, Paris, Presses de Sciences Po, 2003.

MINOT Eugène, *Département, conseil général, décentralisation*, tome 1, *Histoire et perspectives d'avenir*, Voiron, La Lettre du cadre territorial, 2000, p. 49.

NIVET Philippe, COMBEAU Yves, *Histoire politique de Paris au XXe siècle*, Paris, Presses universitaires de France, 2000.

OFFERLÉ Michel, « Illégitimité et légitimation du personnel politique ouvrier avant 1914 », *Annales ESC*, n° 4, juillet-août 1984, p. 681-713.

OFFERLÉ Michel, « Mobilisation électorale et invention du citoyen. L'exemple du milieu urbain français à la fin du XIXe siècle », *in* GAXIE Daniel (dir.), *Explication du vote. Un bilan des études électorales en France*, Paris, Presses de la FNSP, 1989 (1985), p. 149-174.

OFFERLÉ Michel, *Les Socialistes et Paris, 1880-1900. Des communards aux conseillers municipaux*, thèse de doctorat d'État en science politique de l'Université Paris 1, 1979.

PENNETIER Claude (dir.), *Dictionnaire biographique du mouvement ouvrier français. Le Maitron*, Cdrom, L'Atelier, 2003.

PENNETIER Claude, « Les maires de la banlieue rouge : une approche prosopographique », *in* DREYFUS Michel, PENNETIER Claude, VIET-DEPAULE Nathalie (dir.), *La Part militante*, Paris, L'Atelier, 1996, p. 73-90.

PINOL Jean-Luc, « Les assises locales de la vie politique », *in* LEQUIN Yves (dir.), *Histoires des Français XIXe-XXe siècles*, tome 3, *Les Citoyens et la démocratie*, Paris, Armand Colin, 1984, p. 75-92.

TULARD Jean (dir.), *Dictionnaire du Second Empire*, Paris, Fayard, 1995.

Vie privée, hygiène publique et commodités urbaines

ARIÈS Philippe, DUBY Georges (dir.), *Histoire de la vie privée*, tome 4, *De la Révolution à la Grande guerre*, Paris, Le Seuil, 1987.

BARLES Sabine, *La Ville délétère. Médecins et ingénieurs dans l'espace urbain, XVIIIe-XIXe siècle*, Seyssel, Champ Vallon, 1999.

BOURDELAIS Patrice (dir.), *Les Hygiénistes, enjeux, modèles et pratiques (XVIIIe-XXe siècles)*, Paris, Belin, 2001.

BOURDELAIS Patrice, FAURE Olivier (dir.), *Les Nouvelles pratiques de santé du XVIIIe siècle à nos jours, acteurs, objets, logiques sociales*, Paris, Belin, 2005.

CHARVET Marie, *Les Fortifications de Paris. De l'hygiénisme à l'urbanisme, 1880-1919*, Rennes, Presses universitaires de Rennes, 2005.

CHÂTELET Anne-Marie, LERCH Dominique, LUC Jean-Noël (dir.), *L'École de plein air. Une expérience pédagogique et architecturale dans l'Europe du XXe siècle*, Paris, Éditions recherches, 2003.

CHEVALLIER Fabienne, *Le Paris moderne. Histoire des politiques d'hygiène (1855-1898)*, Rennes, Presses universitaires de Rennes, 2010.

CORBIN Alain, *Le Miasme et la jonquille : l'odorat et l'imaginaire social XVIIIe-XXe siècle*, Paris, Flammarion, 1982.

CSERGO Julia, *Liberté, égalité, propreté : la morale de l'hygiène au XIXe siècle*, Paris, Albin Michel, 1988.

DE SILGUY Catherine, *Histoire des hommes et de leurs ordures du Moyen Âge à nos jours*, Paris, Le Cherche midi, 1996.

GOUBERT Jean-Pierre, *La Conquête de l'eau. L'avènement de la santé à l'âge industriel*, Paris, Robert Laffont, 1986.

GUERRAND Roger-Henri, « Hygiène et démocratie : l'avènement de la chasse d'eau en 1900 », *Les cahiers de la recherche architecturale*, n° 15-17, 1er trim. 1985, p. 54-59.

GUERRAND Roger-Henri, « Le problème de l'évacuation des déchets solides à Paris au XIXe siècle », *in* CARON François (dir.), *Paris et ses réseaux : naissance d'un mode de vie urbain, XIXe-XXe siècle*, Paris, Bibliothèque historique de la ville de Paris, 1990, p. 153-162.

GUERRAND Roger-Henri, *Les Lieux. Histoire des commodités*, Paris, La Découverte, 1997.

GUERRAND Roger-Henri, *Mœurs citadines. Histoire de la culture urbaine XIXe-XXe siècles*, Paris, Quai Voltaire, 1992.

GUIGO Denis, *L'Eau et la propreté à Besançon. Approche ethnologique des services urbains*, tome I, *Hier*, Paris, CNFPT/Plan Urbain, 1996.

HANCOCK Claire, *Paris et Londres au XIXe siècle : représentations dans les guides et récits de voyage*, Paris, CNRS, 2003.

JUGIE Jeanne-Hélène, *Poubelle-Paris. La collecte des ordures ménagères à la fin du XIXe siècle*, Paris, Larousse, 1993.

MAREC Yannick (dir.), *Villes en crise ? Les politiques municipales face aux pathologies urbaines (XVIIIe-XXe siècle)*, Paris, Créaphis, 2005.

MERRIEN François-Xavier, *La Bataille des eaux, l'hygiène à Rennes au XIXe*, Presses universitaires de Rennes, Rennes, 1994.

MURARD Lion, ZYLBERMAN Patrick, « Administrer, gouverner : l'expertise et l'hygiène en France (1848-1945) », *Les Tribunes de la santé*, n° 27, 2010, p. 25-32.

MURARD Lion, ZYLBERMAN Patrick, *L'Hygiène dans la République. La santé publique en France ou l'utopie contrariée 1870-1918*, Paris, Fayard, 1996.

RASMUSSEN Anne, « L'hygiène en congrès (1852-1912) », *in* BOURDELAIS Patrice (dir.), *Les Hygiénistes. Enjeux, modèles et pratiques (XVIIIe-XXe siècles)*, Paris, Belin, 2001, p. 213-239.

RENARD Didier, « Logiques politiques et logiques de programmes d'action : la création des administrations sociales sous la IIIe République », *Revue française des affaires sociales*, n° 4, 2001, p. 33-39.

VIGARELLO Georges, *Le Propre et le sale. L'hygiène du corps depuis le Moyen Âge*, Paris, Le Seuil, 1985.

Environnement et pollution

BARET-BOURGOIN Estelle, « Gouvernance urbaine et batailles du tout-à-l'égout : les difficultés des villes françaises à la fin du XIXe et au début du XXe siècle », *Quatrième table ronde internationale d'histoire de l'environnement urbain*, Paris, 16 au 16 novembre 2006.

BARET-BOURGOIN Estelle, *La ville industrielle et ses poisons. Les mutations de sensibilités aux nuisances et pollutions industrielles à Grenoble 1810-1914*, Grenoble, Presses universitaires de Grenoble, 2005.

BARLES Sabine (dir.), *Analyse rétrospective du système Seine*, rapport de synthèse 1998-2001 du programme PIREN-Seine, Paris, UMR CNRS 7619 Sisyphe, 2002.

BARLES Sabine, *L'Invention des déchets urbains, France 1790-1970*, Seyssel, Champ Vallon, 2005.

BARLES Sabine, *La Seine et le métabolisme parisien : l'essor des dépendances capitales XIXe-XXe siècles*, rapport du programme PIREN-Seine, Laboratoire théorie des mutations urbaines, Institut français d'Urbanisme, Université de Paris 8, 2009.

BARLES Sabine, *Techniques et environnement urbains : histoire et rétrospective*, mémoire d'habilitation à diriger les recherches de l'Université Paris 1, 2004.

BEAUNE Jean-Claude (dir.), *Le Déchet, le rebut, le rien*, Seyssel, Champ Vallon, 1999.

BERNHARDT Christoph (ed.), *Environmental Problems of European Cities in the 19th and the 20th Centuries / Umwelt europäischer Städte im 19. und 20. Jahrhundert*, Waxman Verlag, Munster / New York, 2001.

BERNHARDT Christoph, MASSARD-GUILBAUD Geneviève (dir.), *Le Démon moderne : la pollution dans les sociétés urbaines et industrielles d'Europe*, Clermont-Ferrand, Presses universitaires Blaise Pascal, 2002.

BERTRAND Jean-René (texte réunis par), *De la décharge à la déchetterie. Questions de géographie des déchets*, Rennes, Presses universitaires de Rennes, 2003.

CORBIN Alain, « L'opinion publique et la politique face aux nuisances industrielles dans la ville préhausmannienne », *in* CORBIN Alain, *Le temps, le désir et l'horreur*, Paris, Aubier, 1991, p. 185-198.

DELORT Robert, WALTER François, *Histoire de l'environnement européen*, Paris, Presses universitaires de France, 2001.

FAURE Alain, « Autorités publiques et implantation industrielle en agglomération parisienne (1860-1914) », *in* VOLDMAN Danièle (dir.), « Région parisienne, approches d'une notion (1860-1980) », *Cahiers de l'IHTP*, n° 12, octobre 1989.

GUILLERME André, LEFORT Anne-Cécile, JIGAUDON Gérard, *Dangereux, insalubres et incommodes : paysages industriels en banlieue parisienne, XIXe-XXe siècles*, Seyssel, Champs Vallon, 2004.

LASCOUMES Pierre (dir.), *Instituer l'environnement, vingt-cinq ans d'administration de l'environnement*, Paris, L'Harmattan, 1999.

MASSARD-GUILBAUD Geneviève, « La régulation des nuisances industrielles urbaines (1800-1940) », *Vingtième siècle*, n° 64, octobre-décembre 1999, p. 53-65.

MASSARD-GUILBAUD Geneviève, « Pour une histoire environnementale de l'urbain », *Histoire urbaine*, n° 18, 2007, p. 5-21.

MASSARD-GUILBAUD Geneviève, *Histoire de la pollution industrielle en France 1789-1914*, Paris, Éditions de l'EHESS, 2010.

Comparaisons

BRÜGGEMEIER Franz-Josef, *Das unendliche Meer der Lüfte : Luftverschmutzung, Industrialisierung und Risikodebatten im 19. Jahrhundert*, Essen, Klartext Verlag, 1996.

MCNEILL John, *Something new under the sun, an environmental history of the twentieth century*, London, Penguin, 2001 (2000).

MOSLEY Stephen, *The Chimney of the World. A History of Smoke Pollution in Victorian & Edwardian Manchester*, Cambridge, The White Horse Press, 2001

SCHOTT Dieter, LUCKIN Bill, MASSARD-GUILBAUD Geneviève (eds), *Ressources of the city. Contributions to an environmental History of modern Europe*, Aldershot, Ashgate, Urban History Studies, 2005.

TARR Joel A., *The search for the ultimate sink. Urban pollution in historical perspective,* Akron, The university of Akron Press, 1996.

THORSHEIM Peter, *Inventing Pollution. Coal, Smoke and Culture in Britain since 1800*, Athens, Ohio University Press, 2006.

Réforme urbaine, professionnalisation et génie urbain

Association amicale et professionnelle des architectes voyers et de la Ville de Paris, *Des architectes au service de la ville. L'exemple des architectes de Paris de 1895 à nos jours*, Paris, Les Éditions générales, 1998.

BAUDOUI Rémi, *La Naissance de l'École des hautes études urbaines et le premier enseignement de l'urbanisme en France des années 1910 aux années 1920*, Paris, École d'architecture Paris-Villemin/ARDU Paris VIII, 1988.

BELLANGER Emmanuel, « La ville en partage : les "savoir-administrer" dans la conduite des affaires municipales et intercommunales en banlieue parisienne - années 1880-1950 », *Revue d'histoire des sciences humaines*, dossier : "Discipliner la ville. L'émergence des savoirs urbains (XVIIe-XXe siècle)", n° 12, 2005, p. 79-95.

BERDOULAY Vincent, CLAVAL Paul (dir.), *Au début de l'urbanisme français : regards croisés de scientifiques et de professionnels, fin XIXe-début XXe siècle*, Paris, L'Harmattan, 2001.

BRUANT Catherine, « Donat-Alfred Agache (1875-1959). L'urbanisme, une sociologie appliquée », *in* BERDOULAY Vincent, CLAVAL Paul (dir.), *Aux débuts de l'urbanisme français, regards croisés de scientifiques et de professionnels (fin XIXe-début XXe siècle)*, Paris, L'Harmattan, 2001, p. 133-150.

BUSQUET Grégory, CARRIOU Claire, « Entre art et science, l'histoire à l'Institut d'urbanisme de l'Université de Paris (1919-1971) », *Espaces et sociétés*, n° 130, 2007/3, p. 57-70.

CHATZIS Konstantinos, RIBEILL Georges, « L'espace des carrières des ingénieurs de l'Équipement dans le public et le privé, 1800-2000 », *Revue Française d'Administration Publique*, n° 116, 2005, p. 651-670.

CHEVALIER Gérard, « L'entrée de l'urbanisme à l'Université. La création de l'Institut d'urbanisme (1921-1924) », *Genèses*, n° 39, juin 2000, p. 98-120.

CLAUDE Viviane, « Technique sanitaire et réforme urbaine : l'association générale des hygiénistes et des techniciens municipaux, 1905-1920 », *in* TOPALOV Christian (dir.), *Laboratoires du nouveau siècle. La nébuleuse réformatrice et ses réseaux en France 1880-1914*, Paris, Éditions de l'EHESS, 1999, p. 269-298.

CLAUDE Viviane, *Faire la ville. Les métiers de l'urbanisme au XXe siècle*, Marseille, Parenthèses, 2006.

CLAUDE Viviane, *L'Association générale des hygiénistes et techniciens municipaux : école et/ou Lobby 1905-1930*, Paris, Plan Urbain, 1987.

CLAUDE Viviane, SAUNIER Pierre-Yves, « L'urbanisme au début du siècle. De la réforme urbaine à la compétence technique », *Vingtième siècle,* n° 64, octobre-décembre 1999, p. 25-39.

GAUDIN Jean-Pierre, « "À l'avance, avec méthode". Savoir, savoir-faire et mouvement de professionnalisation dans l'urbanisme au début du siècle », *in Architectes, ingénieurs, urbanistes et Cie : situation d'expertise et projets d'urbanisme*, Paris, IFA/Plan Urbain, 1986, p. 71-79.

HORNE Janet, «L'antichambre de la Chambre : le Musée social et ses réseaux réformateurs, 1894-1914», *in* TOPALOV Christian (dir.), *Laboratoires du nouveau siècle. La nébuleuse réformatrice et ses réseaux en France, 1880-1914,* Paris, Éditions de l'EHESS, 1999, p. 121-140.

HORNE Janet, *Le Musée social. Aux origines de l'État providence*, Paris, Belin, 2004.

LANDAU Bernard, « Techniciens parisiens et échanges internationaux », *in* LORTIE André (dir.), *Paris s'exporte. Architecture modèle ou modèles d'architectures*, Paris, Picard/Éditions du Pavillon de l'Arsenal, 1995, p. 205-215.

LEMOINE Bertrand, MIMRAM Marc, *Paris d'ingénieurs*, Paris, Picard/Pavillon de l'Arsenal, 1995.

MARGRI Susanna, *Les Laboratoires de la réforme de l'habitation populaire en France : de la Société française des habitations à bon marché à la Section d'hygiène urbaine et rurale du Musée social*, 1889-1909, Paris, Ministère de l'Équipement, du Logement, des Transports et du Tourisme, 1995.

OSTI Giovanna, « La section d'hygiène urbaine et rurale du Musée social », *in* BURLEN Katherine (dir.), *La Banlieue oasis. Henri Sellier et les cités-jardins, 1900-1940*, Saint-Denis, Presses universitaires de Vincennes, 1987, p. 59-66.

PAYRE Renaud, « La Préfecture de la Seine comme "clearing house" municipal (1919-1947) », *Jahrbuch für Europäische Verwaltungsgeschichte*, 15, 2003, p. 89-108.

PAYRE Renaud, « Une République des communes. Henri Sellier et la réforme municipale en avril 1942 », *Genèses*, n° 41, 2000, p. 143-156.

PAYRE Renaud, *Une Science Communale ? Réseaux réformateurs et municipalité providence*, Paris, CNRS éditions, 2007.

PICON Antoine, CHATZIS Konstantinos, « La formation des ingénieurs français au siècle dernier : débats, polémiques et conflits », *L'orientation scolaire et professionnelle*, n° 3, septembre 1992, p. 227-243.

PICON Antoine, *L'Invention de l'ingénieur moderne, L'École des ponts et chaussées (1747-1851)*, Paris, Presses de l'ENPC, 1992.

SALOMON-BAYET Claire (dir.), *Pasteur et la révolution pasteurienne*, Paris, Payot, 1986.

SAUNIER Pierre-Yves, « La ville et la Ville. Les hommes et les organismes municipaux de l'aménagement urbain aux XIXe et XXe siècles », *Recherches contemporaines*, n° 3, 1996, p. 121-137.

THEPOT André (dir.), *L'Ingénieur dans la société française*, Paris, Éditions ouvrières, 1984.

Innovations, techniques, réseaux et services publics

BARRAQUÉ Bernard, « Pour une histoire des services urbains », *Économie et humanisme,* n° 312, mars 1990, p. 6-15.

BELTRAN Alain, RUFFAT Michèle, *De la Poubelle parisienne à l'écologie active : 80 ans d'histoire de SITA*, Paris, Textuel, 1999.

BEZANÇON Xavier, *Essai sur les contrats de travaux et de services publics. Contribution à l'histoire administrative de la délégation de mission publique*, Paris, LGDJ, 1999.

BEZANÇON Xavier, *Les Services publics en France de la Révolution à la Première Guerre mondiale*, Paris, Presses de l'EPNC, 1990.

BOCQUET Denis, « Les réseaux d'infrastructures urbaines au miroir de l'histoire : acquis et perspectives », *Flux*, n° 65, 2006, p. 6-16.

BRUANT Catherine, « Eugène Hénard, l'invention de l'avenir », *fabricA*, n° 2, octobre 2008, p. 69-185.

CARON François, DÉRENS Jean, PASSION Luc, CEBRON DE LISLE Philippe, *Paris et ses réseaux : naissance d'un mode de vie urbain XIXe-XXe siècles*, Paris, Bibliothèque historique de la ville de Paris, 1990.

CHATZIS Konstantinos, « Histoire de la régulation des réseaux d'assainissement », in BARRAQUÉ Bernard (dir.), *La Ville et le génie de l'environnement*, Paris, Presses de l'ENPC, Paris, 1993, p. 143-166.

CHATZIS Konstantinos, « L'Europe du XIXe siècle : une dynamique d'intégration technique ? », *Histoire et sociétés. Revue européenne d'histoire sociale*, n° 21, mars 2007, p. 6-59.

CHATZIS Konstantinos, *La Pluie, le métro et l'ingénieur : contribution à l'histoire de l'assainissement et des transports urbains XIXe-XXe siècles*, Paris, L'Harmattan, 2000.

COUR DES COMPTES, *La Gestion des services publics locaux d'eau et d'assainissement,* Paris, Les éditions du Journal officiel, 1997.

COUTARD Olivier, PFLIEGER Géraldine, « Une analyse du rôle des usagers dans le développement des services de réseaux en France », *Entreprises et histoires*, n° 30, 2002-2003, p. 136-152.

DUPUY Gabriel, *L'Urbanisme des réseaux : théories et méthodes*, Paris, Armand Colin, 1991.

DUPUY Georges, TARR Joël, « Les réseaux techniques urbains », *Annales de la Recherche Urbaine*, n° 23-24, juillet-décembre 1984.

FAUDRY Daniel, « La gestion publique à grande échelle : les syndicats et services départementaux », *Revue d'économie régionale et urbaine*, n° 3, 1988, p. 431-448.

FRIOUX Stéphane, *Les Réseaux de la modernité. Amélioration de l'environnement et diffusion de l'innovation dans la France urbaine (fin XIXe siècle-années 1950)*, thèse de doctorat d'histoire de l'Université Lumière Lyon 2, 2009.

GUILLERME André, *Les Temps de l'eau. La cité, l'eau et les techniques,* Seyssel, Champ Vallon, 1997.

HOOCK Jochen, LEPETIT Bernard, « Histoire et propagation du nouveau », *in La Ville et l'innovation en Europe XIVe-XIXe siècles*, Paris, Éditions de l'EHESS, 1987, p. 7-28.

LANDAU Bernard, « La fabrication des rues de Paris au XIXe siècle : un territoire d'innovation technique et politique », *in* http://archivue.pagesperso-orange.fr/textes/rues-paris1.html.

MAUGUEN Pierre-Yves, *Innovations et réseaux d'assainissement (1870-1885) : communautés d'ingénieurs et d'hygiénistes pastoriens face à l'émergence de la microbiologie*, mémoire de DEA, histoire des techniques, CNAM, 1988.

OFFNER Jean-Marc, « Des réseaux municipaux aux flux métropolitains, évolution », *in* PRANLAS-DESCOURS Jean-Pierre (dir.), *Territoires partagés. L'archipel métropolitain*, Paris, Éditions du Pavillon de l'Arsenal/Picard éditeur, 2002, p. 68-72.

OFFNER Jean-Marc, PUMAIN Denise, *Réseaux et territoires. Significations croisées*, Paris, L'Aube, 1996.

PETITET Sylvain, « De l'eau du Rhône à l'eau de la ville : la mise en place d'un service de distribution d'eau potable à Givors (1899-1935) », *Recherches contemporaines*, n° 5, 1998-1999, p. 109-142.

POUPEAU François-Mathieu, *Le Service public à la française face aux pouvoirs locaux. Les métamorphoses de l'État jacobin*, Paris, CNRS Éditions, 2004.

Grands travaux, coopérations territoriales et politiques urbaines

BARJOT Dominique, *La Grande entreprise française de travaux publics (1883-1974)*, Paris, Economica, 2006.

BEC Colette, *Assistance et République. La recherche d'un nouveau contrat social sous la IIIe République*, Paris, L'Atelier, 1994.

BELLANGER Emmanuel, *« Administrer la banlieue municipale ». Action municipale, intercommunale, pouvoir mayoral, personnel communal et tutelle préfectorale en Seine banlieue des années 1880 aux années 1950*, thèse d'histoire de l'Université Paris 8, 2004.

BELLANGER Emmanuel, *La Mort, une affaire publique. Histoire du syndicat intercommunal funéraire de la région parisienne*, Paris, L'Atelier, 2008.

BERNARD-GÉLABERT Marie-Christine, *L'Intercommunalité*, Paris, LGDJ, 2004 (1996).

BOURILLON Florence, « Grands travaux et dynamisme urbain : Paris sous le Second Empire », *in* FAURE Alain, PLESSIS Alain, FARCY Jean-Claude (textes réunis par), *La Terre et la cité, mélanges offerts à Philippe Vigier*, Paris, Créaphis, 1994, p. 139-166.

BRETEL-DELEUZE Sylvie, *Gestion des déchets et collectivités territoriales*, thèse de géographie de l'Université de Caen, 1997.

COUR DES COMPTES, *L'Intercommunalité en France*, Paris, Éd. des Journaux officiels, 2005.

ESTÈBE Philippe, LE GALÈS Patrick, « La métropole parisienne : à la recherche du pilote ? », *Revue française d'administration publique*, n° 107, 2003, p. 345-356.

GIRARD Louis, *La Politique des travaux publics du Second Empire*, Paris, Armand Colin, 1952.

GUERANGER David, *L'Intercommunalité en question*, Paris, La Documentation française, 2008.

GUILLAUME Pierre, « L'assistance entre État et collectivités locales en France au XIXe siècle », *Sociologie santé*, n° 11, 1994, p. 31-44.

LENGEREAU Éric, « Aux origines du ministère de l'Environnement et du Cadre de vie (1966-1978) », *Pour mémoire, comité d'histoire du ministère,* n° hors–série, septembre 2007 p. 13-16.

LOGIÉ Gérard, *L'Intercommunalité au service du projet de territoire*, Paris, Syros, 2000.

MADORÉ François, LE SAOUT Rémi (dir.), *Les Effets de l'intercommunalité*, Rennes, Presses universitaires de Rennes, 2004.

MARGAIRAZ Michel, « Les services publics économiques entre experts, praticiens et gouvernants dans le premier XXe siècle : d'une configuration historique à l'autre », *Revue d'histoire moderne et contemporaine*, n° 52-3, juillet-septembre 2005, p. 132-165.

MOREL Martine, « Des lois pour une agglomération en crise. Le baptême législatif de 1932 », *Cahiers de l'IHTP*, n° 12, octobre 1989, p. 25-38.

NÉGRIER Emmanuel, *La Question métropolitaine. Les politiques à l'épreuve du changement d'échelle territoriale,* Grenoble, Presses Universitaires de Grenoble, 2005.

Paris XIXe-XXe siècles, urbanisme, architecture, espaces verts. Guide des sources d'archives conservées aux archives de Paris, bibliographie et sources imprimées à la bibliothèque des archives de Paris, Département de paris, Archives de Paris, 1995.

PETIT Jacques-Guy, MAREC Yannick (dir.), *Le Social dans la ville en France et en Europe 1750-1914*, Paris, L'Atelier, 1996.

POLLET Gilles DUMONS Bruno (dir.), *Administrer la ville en Europe* (XIXe-XXe siècles), Paris, L'Harmattan, 2004.

POLLET Gilles, « La construction de l'État social à la française : entre local et national (XIXe et XXe siècles) », *Lien social et Politiques*, n° 33, printemps 1995, p. 115-131.

Politiques publiques de l'eau et de l'assainissement

« Assainissement... objectif 2005, Actes du colloque AFPE, 22 mars 1995, Paris », *Eau pure*, n° 110, 1er-2e trim. 1995.

BARET-BOURGOIN Estelle, « Politiques urbaines et accès à l'eau dans la cité : la révolution des eaux à Grenoble à la fin du XIXe siècle », *Le Mouvement social*, n° 213, octobre-décembre 2005, p. 9-29.

BARRAQUÉ Bernard (dir.), *Les Politiques de l'eau en Europe*, Paris, La Découverte, 1995.

BARRAQUÉ Bernard, NERCESSIAN Alexis, « Enjeux de l'eau et acteurs territoriaux », *Paris projet, atelier parisien d'urbanisme*, n° 38, novembre 2008, p. 41-49.

BRUN Alexandre (dir.) « Gestion de l'eau en France », *Economie rurale*, n° 309, janvier 2009.

CARRÉ Catherine, DEROUBAIX José-Frédéric, « L'utilisation domestique de l'eau de pluie révélatrice d'un modèle de service d'eau et d'assainissement en mutation ? », *Flux*, n° 76-77, 2009, p. 26-37.

CLAUDE Viviane, *Strasbourg 1850-1914 : assainissement et politiques urbaines*, Paris, thèse de doctorat de l'EHESS, 1985.

D'ARCIMOLES Marie, *L'Épandage des boues de stations d'épuration urbaines : une institutionnalisation sans fin*, thèse de doctorat, Centre de Sociologie des Organisations, 2008.

Demain quel finacement pour l'assainissement des eaux usées et la gestion des eaux pluviales ? Quel impact sur la facture d'eau ?, actes du colloque du 21 juin 2006, Bobigny, Conseil général de la Seine-Saint-Denis, 2006.

DUPUY Georges, KNAEBEL Georges, *Assainir la ville, hier et aujourd'hui*, Paris, Dunod, 1982.

FAUDRY Daniel, *La gestion publique à grande échelle. Les syndicats et services départementaux d'eau potable et d'assainissement*, rapport pour le Plan urbain, Ministère de l'Équipement, du Logement, de l'Aménagement du territoire et des Transports, décembre 1987.

FRIOUX Stéphane, « Villes et entreprises : acteurs de l'assainissement urbain en France (fin XIXe-milieu XXe siècle) », *Histoire urbaine*, dossier « Ville et environnement », n° 18, avril 2007, p. 125-140.

FRIOUX Stéphane, HASSID Marc-Jérôme, « L'épuration et la gestion des eaux d'égout au XXe siècle dans la France provinciale », *Quatrième table ronde internationale d'histoire de l'environnement urbain*, Paris, 16 au 16 novembre 2006.

GIBLIN Béatrice, « L'eau : une question géopolitique, en France aussi », *Hérodote*, dossier : « Les pouvoirs locaux, l'eau, les territoires », n° 110, 3e trim., 2003, p. 9-28.

GLEIZES Claude, « La Loi sur l'eau et sa mise en œuvre », *in* LORIFERNE Hubert (dir.), *Quarante ans de politique de l'eau en France*, Paris, Economica, 1987, p. 67-77.

LARRUE Corinne, « La gestion de l'eau : à la croisée des politiques publiques et des territoires », *Bulletin de l'Association des géographes français*, 2002-1, p.67-77.

LE BOURHIS Jean-Pierre, *La Publicisation des eaux. Rationalité et politique dans la gestion de l'eau (1964-2003)*, thèse de doctorat de science politique, université Paris I Panthéon-Sorbonne, 2004.

LORIFERNE Hubert (dir.), *40 ans de politique de l'eau en France*, Paris, Economica, 1987.

LORRAIN Dominique (dir.), « Gestion de l'eau : conflits ou coopération ? », *Entreprises et histoire*, n° 50, avril 2008.

LORRAIN Dominique (dir.), *Gestions urbaines de l'eau*, Paris, Conseil de concertation de l'eau et de l'assainissement, Paris, Economica, 1995.

PEZON Christelle, PETITET Sylvain, « L'intercommunalité en France de 1890 à 1999, la distribution d'eau potable en question », *In Actes de la journée d'études « Les territoires de l'eau », Université d'Artois, Arras, 26 mars 2004, http://siaep.faye.free.fr/presentation/historique/intercommunalite_france.pdf*

RENAUD-HELLIER Emmanuelle, « Gestions de l'eau et du développement urbain dans l'espace dijonnais : quels modes d'intégration territoriale ? », *Revue Géographique de l'Est*, n° 1-2, 2006, p. 35-46.

SCHERRER Frank, *L'Égout, patrimoine urbain. L'évolution dans la longue durée du réseau d'assainissement de Lyon*, thèse de doctorat d'urbanisme de l'Université Paris 12, 1992.

TEISSONNIER-MUCCHIELLI Bérangère, *L'Impact du droit communautaire sur la distribution et l'assainissement de l'eau en France*, Paris, La Documentation française, 2003.

VALIRON François, « [témoignage de l'] ingénieur général honoraire des Ponts et Chaussées, professeur à l'École nationale des ponts et chaussées, ancien directeur de l'Agence de bassin Seine-Normandie, conseiller à la Lyonnaise des eaux », *in* LORIFERNE Hubert (dir.), *Quarante ans de politique de l'eau en France*, Paris, Economica, 1987, p. 131-145.

VALIRON François, « L'eau et l'aménagement du territoire », *in* LORIFERNE Hubert (dir.), *Quarante ans de politique de l'eau en France*, Paris, Economica, 1987, p. 157-164.

Politiques publiques de l'eau et de l'assainissement dans l'agglomération parisienne

BARLES Sabine, « Assainissement en région parisienne. Évolution historique et durabilité », *in* OLIVIA J.-C., TASSIN Bruno, THÉVENOT Daniel, VARRAULT Gilles, *Eau dans la ville et développement durable*, Paris, Presses de l'ENPC, 2002, p. 51-63.

BARLES Sabine, « Experts contre experts : les champs d'épandage de la ville de Paris dans les années 1870 », *Histoire urbaine* n° 14, décembre 2005, p. 63-80.

BARLES Sabines, « Entre artisanat et industrie : l'engrais humain à Paris au XIXe siècle », *Cahiers d'histoire et de philosophie des sciences,* n° 52, 2004, p. 187-201.

BARLES Sabines, « L'invention des eaux usées : l'assainissement de Paris de la fin de l'Ancien régime à la Second Guerre mondiale », *in* BERNHARDT Christoph, MASSARD-GUILBAUD Geneviève (dir.), *Le Démon moderne : la pollution dans les sociétés urbaines et industrielles d'Europe,* Clermont-Ferrand, Presses universitaires Blaise Pascal, 2002, p. 129-156.

BEAUMONT-MAILLET Laure, *L'Eau à Paris*, Paris, Nathan, 1991.

BERGER François, *1850-1986 : le Val-de-Marne, zone sensible et terrain d'expérimentation de l'assainissement de la banlieue parisienne*, mémoire de fin d'étude, Institut d'urbanisme de Paris, 1986.

BOURIGAULT Valérie, *Un exemple d'interdépartementalité : le syndicat interdépartemental pour l'assainissement de l'agglomération parisienne*, mémoire de DEA de l'Université Paris 2, 1994.

CABEDOCE Béatrice (dir.), *Eaux usées, usages de l'eau, épandage et maraîchage dans la plaine de Méry-Pierrelaye*, Atelier de restitution du patrimoine et d'ethnologie/Direction de l'environnement du conseil général du Val d'Oise, 2002.

CARRÉ Catherine, *L'Assainissement et la ville : le cas de l'agglomération parisienne ou la ville dessus-dessous*, thèse de géographie de l'Université Paris IV, 2001.

CEBRON DE LISLE Philippe, « Les eaux et les égouts à Paris au XIXe siècle : évolution technique », *in* CARON François, DÉRENS Jean, PASSION Luc, CEBRON DE LIsle Philippe (dir.),

CEBRON DE LISLE Philippe, *L'Eau à Paris au XIXe siècle*, Paris, Association générales des hygiénistes et techniciens municipaux, 1991.

CHAMBRE RÉGIONALE DES COMPTES D'ÎLE-DE-FRANCE, *Rapport d'observations, Syndicat interdépartemental d'assainissement pour l'agglomération parisienne*, 2010.

CHAUVEAU Geneviève, « L'usine élévatoire de Colombes : l'assainissement de la Seine et de Paris, la fonction des territoires de banlieue », *in La Région parisienne industrielle et ouvrière. Cultures et recherches*, n° 4, 1998, p. 23-42.

CLAUDE Viviane, « Une coopération politique dans une mosaïque urbaine, le cas du service de l'eau en banlieue parisienne (1880-1923) », *Genèses*, n° 65, décembre 2006, p. 92-111.

DEFEUILLEY Christophe, « Contrats et régulation des services urbains. Le syndicat des eaux d'Île-de-France (1922–2002) », *Flux*, n° 55, janvier-mars 2004, p. 43-52.

DUCHESNE Mathieu, *Les conditions d'apparition de l'usine dépuration des eaux usées d'Achères 1866-1966*, maîtrise d'histoire de l'Université Paris 10, 2000.

FAUVEAU Pierre, « L'assainissement de Paris et de la région parisienne », *in* LORIFERNE Hubert (dir.), *Quarante ans de politique de l'eau en France*, Paris, Economica, 1987, p. 495-511.

FROUARD Hélène, *Aux Origines du Syndicat interdépartemental de l'assainissement de l'agglomération parisienne, Inventaire de recherche*, Paris, Centre d'histoire sociale du XXe siècle/Cité de l'eau, 2009.

GANDY Matthew, « The Paris Sewers and the Rationalization of Urban Space », *Transactions of the Institute of British Geographers*, New Series, vol 24, n° 1, 1999, p. 23-44.

GUILLERME André, CLAUDE Viviane, *L'Orge inférieure et ses syndicats (1815-1975). Analyses des politiques locales de l'eau*, Plan urbain du ministère de l'Équipement et du Logement, 1986.

Histoire d'eaux à l'usine de Colombes, Colombes, Siaap-Musée d'Art et d'histoire de Colombes, 1997.

JACQUEMET Gérard, « Les porteurs d'eau de Paris au XIXe siècle », *Études de la région parisienne*, 45e année, n° 32, octobre 1971, p. 12-21.

JACQUEMET Gérard, « Urbanisme parisien : la bataille du tout-à-l'égout à la fin du XIXe siècle », *Revue d'histoire moderne et contemporaine*, n° 26, octobre-décembre 1979, p. 505-548.

KERBORIOU J., *L'extension du réseau d'assainissement de la banlieue parisienne de 1919 à 1940*, mémoire de DEA d'histoire des techniques de l'Université Paris IV et de l'Université Paris 8, CNAM, EHESS, 2001.

LUTZ Jacques, *Les Épandages dans le parc agricole d'Achères*, Paris, Graphein, 2000.

MAUGUEN Pierre-Yves, « Les galeries souterraines d'Haussmann. Le système des égouts parisiens, prototype ou exception ? », *Annales de la recherche urbaine*, n° 44-45, décembre 1989, p. 163-175.

MERAUD Daniel, « L'assainissement de l'agglomération parisienne », *in* CARON Jean-François (dir.), *Paris et ses réseaux, naissance d'un mode de vie urbain, XIXe-XXe siècles*, Paris, Bibliothèque historique de la ville de Paris, 1990, p. 173-180.

MIQUEL Gérard, *La Qualité de l'eau et de l'assainissement en France*, rapport parlementaire n° 705, Assemblée nationale, n° 215, Sénat, mars 2003.

PINEAU Éléonore, *Mise en place d'un système d'assainissement dans les départements de la Seine, de la Seine-et-Oise et de la Seine-et-Marne,* mémoire de Master 1, Centre d'histoire sociale de l'Université Paris 1, 2006.

REID Donald, *Paris sewers and sewermen*, Cambridge, Harvard University Press, 1991.

Histoire de la Seine, de port et de canaux

BACKOUCHE Isabelle, *La Trace du fleuve. La Seine et Paris (1750-1850)*, Paris, Éditions de l'EHESS, 2000.

BEAUDOIN Jean, *Paris/Seine, ville fluviale. Son histoire des origines à nos jours*, Paris, La Martinière, 1993.

DE ANDIA Béatrice (dir), *La Seine et Paris*, Paris, Action artistique de la ville de Paris, 2000.

DE ANDIA Béatrice, TEXIER Simon (textes réunis par), *Les Canaux de Paris*, Paris, Délégation à l'action artistique de la ville de Paris, 1994.

MILLARD Jean, *Paris histoire d'un port. Du Port de Paris au Port automne de Paris*, Paris, L'Harmattan, 1994.

POPELIN Pascal, *Le Jour où l'eau reviendra*, éditions Jean-Claude Gawsewitch, 2009.

Sources imprimées

Élites locales et Grand Paris

BAILLY Auguste, *La Banlieue de Paris devant le Parlement. Démonstration de la nécessité de séparer le conseil général de la Seine d'avec le conseil municipal de Paris*, Paris, Paul Dupont, 1890.

BEAUSSIER Paul, DEBIDOUR François, LAPARRA Edgard, *Le Régime administratif et financier de la ville de Paris et du département de la Seine, d'après Maurice Félix*, tome 1, *Histoire des administrations parisiennes. Évolution de l'agglomération parisienne (problèmes et solutions)*, tome 3, *Le conseil municipal de la Ville de Paris, le conseil général du département de la Seine, les communes suburbaines,* Paris, La Documentation française, 1958.

BLOCH Louis, *Conseillers et maires de la Seine. Biographies des conseillers municipaux de Paris, conseillers généraux, maires et adjoints de Paris, conseillers d'arrondissement, maires et adjoints de la Seine*, Paris, Marpon et Flammarion, 1889.

BOURNON Fernand, *La Création du département de Paris et son étendue (1789-1790),* Paris, H. Champion, 1897.

Commission d'extension de Paris de la préfecture de la Seine, *Aperçu historique*, Paris, Imprimerie Chaix, 1913.

DEMANGEON Albert, *Paris, la ville et sa banlieue*, Paris, Bourrelier et Cie, 1933.

FÉLIX Maurice, RAIGA Eugène, *Le Régime administratif et financier du département de la Seine et de la ville de Paris*, Paris, Rousseau et Cie, 1922.

GÉRARD Georges, *Activité du syndicat intercommunal depuis sa création en 1923 jusqu'en 1939. Développement du service de la distribution de l'eau dans les communes syndiquées de la banlieue de Paris*, Paris, Syndicat des communes de la banlieue de Paris pour les eaux, 1939.

GRAVIER Jean-François, *Paris et le désert français*, Paris, Le Portulan, 1947.

GUÉRARD Albert (texte proposé et présenté par FLONNEAU Mathieu), *L'Avenir de Paris. Urbanisme français et urbanisme américain, la beauté de Paris en danger, l'extension, la circulation, l'industrie et Paris port de mer, la charte du Plus Grand Paris*, Paris, L'Harmattan, 2006 (1929).

LATOUR François, *L'Aménagement du Grand Paris, où en sommes-nous ?, Étude documentaire*, rapport devant le conseil municipal, n° 47, 1934.

LATOUR François, *Le "Plus Grand Paris" : problème national*, Paris, Imprimerie municipale, 1928.

LATOUR François, *Note sur un aspect nouveau du problème du Plus Grand Paris : les projets de collaboration entre l'État, la ville et le département,* n° 35, Séance du conseil municipal du 15 avril 1928.

LEMARCHAND Georges, *L'Eau que l'on boit à Paris*, Paris, Dunod, 1931.

MORIZET André, *Du Vieux Paris au Paris moderne. Haussmann et ses prédécesseurs*, Paris, Hachette, 1932.

MORIZET André, SELLIER Henri, *La Réorganisation administrative de la région parisienne*, Paris, Comité supérieur de l'aménagement et de l'organisation générale de la région parisienne, 1936.

Nos édiles. Le Conseil municipal. Annuaire illustré, municipal et administratif de la ville de Paris et du département de la Seine, par Ernest Gay, puis sous la direction de Paul Robert, puis d'Édouard Combes, puis de Brunel et Cie, Paris, La Nouvelle revue française, puis La Cité (années 1895, 1900-1904, 1904-1908, 1908-1912, 1913, 1914, 1921, 1922, 1923, 1924, 1925, 1926, 1933, 1935-1941).

POËTE Marcel, CLOUZOT Étienne, HENRIOT Gabriel, *La Transformation de Paris sous le Second Empire, exposition de la Bibliothèque et des travaux historiques de la ville de Paris*, Paris, P. Dupont, 1910.

RAYMOND-LAURENT Jean, *Paris, sa vie municipale. Vers le Plus Grand Paris*, Paris, Librairie des Juris-classeurs, Éditions Godde, Librairie des Annales des justices de paix, 1931.

RÉTIF Jacques, *La Réforme du statut de la ville de Paris*, thèse pour le doctorat d'État, Université de droit, d'économie et sciences sociales de Paris 2, 1975.

SELLIER Henri (préface THOMAS Albert), *Les Banlieues urbaines et la réorganisation administrative du département de la Seine*, Paris, Marcel Rivière et Cie, 1920 (1915).

TRÉHU Émile, *Des pouvoirs de la municipalité parisienne en matière d'assainissement. L'application de la loi du 10 juillet 1894 sur l'assainissement de Paris et de la Seine*, thèse pour le doctorat de la Faculté de droit de l'Université de Paris, Paris, Girard et Brière, 1905.

L'hygiénisme, la réforme urbaine et l'assainissement

DAVERTON A., *Assainissement des villes et égouts de Paris*, Paris, Dunod, 1922.

DEBAUVE Alphonse, *Les Travaux publics et les ingénieurs des ponts et chaussées depuis le XVIIe siècle*, Paris, Vve C. Dunod, 1893.

FILLASSIER Alfred, *De la Détermination des pouvoirs publics en matière d'hygiène*, Paris, J. Rousset, 1902.

GASTINEL André, *Les Égouts de Paris. Étude d'hygiène urbaine*, Paris, Henri Jouve, 1894.

GAULTIER Louis, *Rapport sur l'exposition de la cité reconstituée, esthétique et hygiène (25 mai-15 août 1916)*, Paris, Association générale des hygiénistes et techniciens municipaux, 1917.

JOURDAN Gustave, « De l'assainissement des habitations dans la ville de Paris » (Congrès international d'hygiène et de démographie à Paris en 1889), *in Compte-rendu publié par le Secrétariat du Congrès*, Paris, Bibliothèque des Annales économiques, 1890, p. 353-372.

JOURDAN Gustave, *Études d'hygiène publique*, Paris, Berger-Levrault, 1892.

MARIÉ-DAVY Ferdinand (ed.), *Assainissement et salubrité de l'habitation. Compte-rendu des travaux du deuxième congrès international tenu à Genève du 4 au 10 septembre 1906*, Paris, Jules Rousset, 1906.

NAPIAS Henri, MARTIN André-Justin (préface de BROUARDEL Paul-Camille-Hippolyte), *L'étude et les progrès de l'hygiène en France de 1878 à 1882*, Paris, Société de médecine publique et d'hygiène professionnelle, 1883.

Où en est l'urbanisme en France et à l'étranger (Congrès international d'urbanisme et d'hygiène municipale, Strasbourg, 1923), Paris, Édité par la Société française d'urbanisme, s.d.

Premier congrès d'assainissement et de salubrité, Paris 1895, compte-rendu des travaux, Paris, Libraire polytechnique Baudry et Cie, 1897.

TRÉLAT Émile, *La Salubrité*, Paris, Flammarion, 1899.

VALLIN Émile, *Les Projets d'assainissement de Paris* (extrait de la *Revue d'hygiène et de police sanitaire*), Paris, G. Masson, 1881.

Odeurs, nuisances et urbaphobie

Assainissement de Paris : les odeurs de Paris et les systèmes de vidanges (tout-à-l'égout, canalisation spéciale), Paris, Société française d'hygiène, 1882.

BERGERON Georges, *Enquête sur l'origine des fièvres paludéennes observées à Gennevilliers pendant les années 1874 et 1875 et attribuées par les habitants de cette commune aux irrigations faites dans la presqu'île avec les eaux d'égout de Paris, août 1875*, Paris, J. Broise et Courtier, 1875.

BOURNEVILLE Désiré-Magloire, *Rapport fait au nom de la Commission chargée d'examiner le projet de loi ayant pour objet l'utilisation agricole des eaux d'égout de Paris et l'assainissement de la Seine*, Chambre des députés, n° 1303, annexé au procès-verbal de la séance du 22 novembre 1886, Paris, Imprimerie Chaix, 1888.

BOURNEVILLE Désiré-Magloire, *Rapport fait au nom de la Commission chargée d'examiner le projet de loi ayant pour objet l'utilisation agricole des eaux d'égout de Paris et l'assainissement de la Seine*, Chambre des députés, n° 4040, annexé au procès-verbal de la séance du 25 juillet 1885, Paris, Imprimerie de la Chambre des députés, 1885.

BOUSQUET Marius, *Hygiène des villes. Atmosphère, voie publique*, Paris, Masson, 1912.

BRUNFAUT Jules, *Les Odeurs de Paris : assainissement*, Paris, J. Baudry, 1880.

CALMETTE Albert, IMBEAUX Édouard, POTTEVIN Henri, *Égouts et vidanges : ordures ménagères, cimetières*, Paris, J.-B. Baillière et fils, 1911.

CHRETIEN Jean, *Les Odeurs de Paris, étude analytique des causes qui concourent à l'insalubrité de la ville et des moyens de les combattre*, Paris, J. Baudry, 1881.

Commission d'études des odeurs de Paris, *Rapport préliminaire sur les causes des émanations odorantes de Paris et de la banlieue par M. le Dr Adrien Le Roy des Barres*, Préfecture de police, Paris, Imprimerie Chaix, 1896.

Conseil général du département de Seine et Oise, *Question des eaux d'égout, session ordinaire d'août 1888, rapports de MM. les ingénieurs Victor Fournié et Eugène Marion*, Versailles, Cerf et fils, 1888.

DAREMBERG (docteur), « Question des eaux d'égout de Paris : observations présentées à la commission du Sénat par le Comité de défense de la forêt de Saint-Germain et de la vallée de la Seine » (articles du *Journal des Débats* des 4-5 avril 1888), Saint-Germain-en-Laye, Th. Lancelin, 1888.

DORRÉ Louis, *L'Infection de Paris et de la banlieue. La fièvre typhoïde et la voirie de Bondy*, Paris, Imprimerie veuve Renou, Molde et Cock, 1883.

DURAND-CLAYE Alfred, *L'Assainissement de la Seine*, Paris, Imprimerie Chaix, 1885.

GIRARD Aimé, *Les Odeurs de Paris* (extrait du *Moniteur scientifique,* février 1881), Saint-Denis, imprimerie de A. Damotte, 1881.

Ministère des Travaux publics, *Rapport de la commission chargée de proposer les mesures à prendre pour remédier à l'infection de la Seine aux abords de Paris*, Paris, Imprimerie nationale, 1874.

NAPIAS Maxime, *La Question des odeurs de Paris : législation et procédure des établissements dangereux*, Paris, A. Rousseau, 1881.

PALLU Étienne, *Mémoire adressé à Messieurs les députés sur les projets d'irrigation de la ville de Paris, appuyé des rapports de M. de Lapparent, de M. A. Gérardin et de l'extrait du procès-verbal du Conseil d'hygiène de Seine-et-Oise, du rapport de la commission du Conseil d'hygiène de Seine-et-Oise, de la délibération du Conseil général de Seine-et-Oise, séance du 19 février 1887*, Paris, Barthe et fils, 1887.

PARENT-DUCHÂTELET Alexandre, *Essai sur les cloaques ou égouts de la ville de Paris*, Paris Crevot, 1824.

Préfecture de Seine-et-Oise, *Eaux d'égout de Paris. Lois et décrets. Délibérations du Conseil général. Rapports du délégué de Seine-et-Oise à la Commission de surveillance des épandages d'eaux d'égout et sondages en Seine*, Versailles, Cerf, 1900.

RASPAIL Émile, *Des Odeurs de Paris*, Paris, Veuve P. Larousse, 1880.

SARCEY Francisque, *Les Odeurs de Paris : assainissement de la Seine*, Paris, Gauthier-Villars, 1882.

VEUILLOT Louis, *Les Odeurs de Paris,* Paris, Palmé, 1867.

Assainir Paris et le département de la Seine : vidanges, égouts et épandage

Direction administrative des travaux de Paris, Service technique des eaux et de l'assainissement, *Assainissement de la Seine. Épuration avec utilisation agricole des eaux d'égout. Région de Méry-Pierrelaye. Extension des irrigations sur Bessancourt, Frépillon et Pierrelaye. Travaux de canalisation et de distribution des eaux d'égout*, Paris, Imprimerie Marcel Picard, 1905.

DURAND-CLAYE Alfred, *Installations d'écoulements directs à l'égout*, Paris, Service d'assainissement de la Seine/E. Bernard et Cie, 1885.

FÉLIX Jules, *De l'Assainissement des villes et des habitations par la destruction complète des gaz méphitiques et des émanations délétères des égouts et autres foyers d'infection au moyen d'un comburateur hygiénique au gaz*, Bruxelles, Librairie de H. Manceaux, 1880.

GAUTHIER Louis, *Le tout-à-l'égout et l'assainissement de la Seine par l'utilisation agricole des eaux d'égout de Paris*, Paris, G. Chamerot, 1888.

LAUNAY Félix, « Les champs d'épandage de la ville de Paris et le parc agricole d'Achères », *Revue d'hygiène*, n° 12, 1897, p. 5-13

MILLE Adolphe, *Assainissement des villes par l'eau, les égouts, les irrigations*, Paris, Vve Ch. Dunod, 1885.

MIOTAT Eugène, *Assainissement des égouts et des habitations : suppression complète de la vidange*, Paris, Ducher, 1881.

Rapport sur le projet de loi relatif à l'assainissement de la Seine et à l'utilisation agricole des eaux d'égout de la ville de Paris : épandage de ces eaux sur le sol, système du « tout-à-l'égout » (extrait du *Recueil des travaux du Comité consultatif d'hygiène publique de France et des actes officiels de l'administration sanitaire*, tome 18), Paris, Imprimerie nationale, 1888.

VINCEY Paul, *L'Assainissement de la Seine et les champs d'épandage de la ville de Paris*, Paris, Société nationale d'agriculture de France, 1910.

À l'étranger ou vu de l'étranger : circulation des expériences

« Exposition du Service technique des eaux et de l'assainissement au pavillon de la ville de Paris de l'Exposition universelle internationale », *Journal officiel de la République française* du 13 juin 1900.

BADOIS Edmond, BIERBER Albert, *L'assainissement comparé de Paris et des grandes villes d'Europe, Berlin, Amsterdam, La Haye, Bruxelles, Londres. Tout-à-l'égout, canalisation séparée, épandage, traitement chimique, filtrations,* Paris, Chambre syndicale des propriétés immobilières de la Ville de Paris, Paris, Éditions Baudry, 1898.

Catalogue de l'Exposition spéciale de la ville de Paris et du département de la Seine à l'Exposition universelle internationale de Paris en 1900, Paris, Imprimerie Chaix, 1900.

DE FREYCINET Charles, *Principes de l'assainissement des villes, comprenant la description des principaux procédés employés dans les centres de population de l'Europe occidentale pour protéger la santé publique*, Paris, Dunod, 1870.

Direction des travaux de Paris, Commission technique de l'assainissement de Paris, *Compte-rendu des voyages d'études à Bruxelles, Amsterdam et Londres, rapports, résolutions et procès-verbaux des quatre sous-commissions*, Paris, Imprimerie Chaix, 1883.

DURAND-CLAYE Alfred, *L'Assainissement intérieur et extérieur de la ville de Berlin* (extrait des *Annales industrielles* des 17 et 24 mai 1885), Paris, E. Bernard, 1885.

DURAND-CLAYE Alfred, *Les Travaux d'assainissement de Danzig, Berlin, Breslau*, Paris, G. Masson, 1881.

IMBEAUX Édouard et alii, *Annuaire statistique et descriptif des distributions d'eau et égouts de France, Algérie, Tunisie, Maroc et colonies françaises, Belgique, Suisse et Grand-Duché de Luxembourg*, Paris, Dunod, 1931.

IMHOFF Karl, *Manuel de l'assainissement urbain traduit et commenté par Pierre Koch*, Paris, Dunod, 1964.

LAUNAY Félix, *Rapport sur l'épuration bactérienne des eaux d'égout. Mission en Angleterre (novembre 1900)*, Direction administrative de la voie publique et des eaux et égouts de la préfecture de la Seine, Service technique des eaux et de l'assainissement, Paris, Imprimerie Courtier, 1901.

Objets et documents exposés par la ville de Paris à l'exposition universelle agricole et forestière de Vienne. Épuration et utilisation agricole des eaux d'égout, Paris, Imprimerie Chaix, 1890.

Rapport présenté au nom de la délégation chargée d'étudier en Allemagne les services des eaux, d'assainissement et d'hygiène (en juillet 1904), Paris, Département de la Seine, ville de Paris, 1905.

Société des conducteurs du Service municipal des travaux de Paris, *Exposition universelle et internationale de Liège de 1905, compte-rendu de mission*, Paris, Imprimerie Paul Dupont, 1907.

VIBERT B., *Le Service des eaux à Vienne (Autriche) : rapport de mission*, Direction administrative des travaux de Paris, Service technique des eaux et de l'assainissement, Paris, Dunod et Pinat, 1911.

WAZON Adolphe, *Principes techniques d'assainissement des villes et habitations suivis en Angleterre, France, Allemagne, États-Unis*, Paris, J. Baudry, 1884.

Législation, activités des services techniques, politiques et figures de l'assainissement

« Direction générale des services techniques de la Ville de Paris », *in* G. Bradout, *Services techniques des travaux neufs et du métropolitain,* supplément à *Travaux*, Imprimerie de Montsouris, Paris, 1958.

« L'eau et l'assainissement dans le Ve Plan », *Étude des problèmes municipaux*, revue éditée par le ministère de l'Intérieur, direction générale des collectivités locales et service d'information et de documentation des maires et conseillers généraux, n° 14, 3e trimestre, 1967.

« La Direction des travaux. Organisation et attributions. Fonctionnement des services », *in Le conseil municipal, nos édiles, annuaire illustré municipal et administratif de la ville de Paris et du département de la Seine*, Paris, Publication du journal municipal *La Cité*, s.d. (1926), p. 138-179.

« Les grands équipements pour l'eau, l'assainissement et les résidus urbains », *in Sept ans de vie de la région parisienne et de son district 1962-1969,* Paris, Préfecture de la région parisienne, 1969, p. 154-162.

« Ville de Paris-département de la Seine, la direction générale des services techniques de la préfecture de la Seine, ses réalisations 1966 », *Travaux*, février 1966, p. 1-307.

ALPHAND Adolphe (dir.), *Les Travaux de Paris (1789-1889) : atlas dressé sous l'administration de M. E. Poubelle, Préfet de la Seine*, Paris, Imprimerie nationale, 1889.

ALPHAND Adolphe, *Les Promenades de Paris : histoire, description des embellissements, dépenses de création et d'entretien des Bois de Boulogne et de Vincennes, Champs-Élysées, parcs, squares, boulevards, places plantées, études sur l'art des jardins et arboretum*, 2 vol., Paris, Rotschild, 1867-1873.

Annuaire statistique de la ville de Paris et des communes suburbaines de la Seine, 1880-1967.

BECHMANN Georges, *Notice sur le service des eaux et de l'assainissement de Paris, Exposition universelle de 1900*, Paris, Préfecture du département de la Seine, Direction administrative de la voie publique et des eaux et égouts, C. Béranger, 1900.

BECHMANN Georges, *Salubrité urbaine, distributions d'eau, assainissement*, Paris, Baudry, 1888.

BELGRAND Eugène, DURAND-CLAYE Alfred, MILLE Adolphe, *Avant-projet d'un canal d'irrigation à l'aide des eaux d'égout de Paris entre Clichy et la partie nord-est de la forêt de Saint-Germain, département de Seine-et-Oise. Enquête. Rapport des ingénieurs de la ville de Paris, 4 juillet 1876*, Paris, Gauthier-Villars, 1876.

BELGRAND Eugène, *Historique du service des eaux depuis l'année 1854 jusqu'à l'année 1874*, Paris, Dunod, 1875.

BELGRAND Eugène, *Les travaux souterrains de Paris*, vol. 1, *Études préliminaires. La Seine, études hydrologiques, régime de la pluie, des sources, des eaux courantes. Applications à l'agriculture* : vol. 2, *1re partie. Les Eaux. Introduction. Les Aqueducs romains* ; vol. 3, *1re partie. Les Eaux. 1re section : Les anciennes eaux* ; vol. 4, *1re partie. Les Eaux. 2e section : Les eaux nouvelles ;* vol. 5, *2e partie. Les Égouts. 3e partie. Les Vidanges*, Paris, Dunod, 1872-1887.

BELGRAND Eugène, *Monographie des eaux de source de la banlieue de Paris*, Paris, Imprimerie de Dubuisson, 1855.

BELGRAND Eugène, *Recherches statistiques sur les sources du bassin de la Seine qu'il est possible de conduire à Paris*, Paris, Imprimerie de Vinchon, 1854.

BELGRAND Eugène, *Transformation de la vidange et suppression de la voirie de Bondy. Achèvement des égouts et emploi de leurs eaux dans l'agriculture. Mémoire de l'inspecteur général des ponts et chaussées, directeur des eaux et des égouts*, Paris, impr. de C. de Mourgues frères, 1875.

BUNAU-VARILLA Philippe, *Note pour l'information de la Commission scientifique d'étude et de surveillance des eaux de la ville de Paris du 15 juillet 1929*, Paris, Les Ateliers d'arts graphiques du « Matin », 1929.

CLOZIER René, *Géographie et urbanisme : le réseau d'assainissement de la région parisienne et ses conditions géographiques*, in (collectif) *Urbanisme et architecture : études écrites et publiées en l'honneur de Pierre Lavedan*, Paris, H. Laurens, 1954, p. 81-86.

COULOMB René, « L'aménagement du bassin de la Seine au moyen de barrages-réservoirs », *Annales des Ponts et Chaussées*, n° 4, juillet-août 1963, p. 481-511.

Département de la Seine. *Émissaire Saint-Denis-Achères. Station d'épuration Achères II. Inauguration le 29 avril 1966*. Paris, Imprimerie municipale, 1966.

DESLANDRES Émile, « Les eaux de Paris », *in Le conseil municipal, nos édiles, annuaire illustré municipal et administratif de la ville de Paris et du département de la Seine*, Paris, Publications du journal municipal *La Cité*, 1925, p. 121-135.

Direction administrative de la voie publique et des eaux et égouts, Service technique des eaux et de l'assainissement, section des irrigations, *Adjudication de l'enlèvement du transport et de la mise en décharge des sables et détritus des eaux d'égout provenant des bassins de dégrossissage de l'usine de Colombes : devis, cahier des charges et bordereau des prix*, Paris, Préfecture de la Seine, 1901.

Direction administrative de la voie publique et des eaux et égouts, Service technique des eaux et de l'assainissement, section des irrigations, *Adjudication du transport à l'aide de bateaux appartenant à l'administration, des sables et des fumiers provenant des égouts de Paris, du 1er janvier 1900 au 31 mars 1903 : 1 - Cahier des charges. 2 - Bordereau des prix…*, Paris, Imprimerie Prissette, 1900.

Direction administrative des eaux et de l'assainissement, Section des égouts, *Transport par bateaux des sables, vases, fumiers et détritus provenant des égouts de Paris du 1er juillet 1909 au 30 juin 1912. Adjudication du 22 mai 1909. Cahier des charges*, Paris, Imprimerie Marcel Picard, 1909.

Direction administrative des travaux de Paris, Service technique des eaux et de l'assainissement, *Assainissement de la Seine. Enlèvement des sables, vases, fumiers et détritus des eaux d'égout provenant des bassins de dégrossissage des grilles des usines de Clichy ainsi que des déviations de Saint-Ouen du 1er janvier 1911 au 31 décembre 1913. Cahier des charges*, Paris, Imprimerie Marcel Picard, 1910.

Direction administrative des travaux de Paris, Service technique des eaux et de l'assainissement, *Assainissement de la Seine : lois et décrets*, Paris, Imprimerie Chaix, 1911.

Direction administrative des travaux de Paris, Service technique des eaux et de l'assainissement, *Assainissement de la Seine. Usine de Colombes. Doublement des bassins de dégrossissage. Adjudication du 25 septembre 1909*, Paris, Imprimerie Marcel Picard, 1909.

Direction administrative des Travaux de Paris, Service technique des eaux et de l'assainissement, *Renseignements généraux sur l'épuration des eaux d'égout de la ville de Paris*, Paris, Imprimerie Chaix, 1919.

Direction administrative des Travaux de Paris, Service technique des eaux et de l'assainissement, *Renseignements généraux sur l'épuration des eaux d'égout de la ville de Paris*, Paris, Imprimerie Chaix, 1910.

Direction administrative des travaux de Paris, Service technique des eaux et de l'assainissement, *Travaux à exécuter pour la suppression de la Bièvre (Biefs de Port-Royal, des Gobelins et des Cordelières). Cahier des charges*, Paris, Imprimerie Marcel Picard, 1911.

Direction des finances de la préfecture de la Seine, *Arrêté du 26 juin 1919 portant règlement provisoire des questions concernant la comptabilité du receveur des syndicats constitués en exécution de la loi du 22 juillet 1912 sur l'assainissement des voies privées*, Paris, Imprimerie Chaix, 1919.

Direction des travaux et direction des finances de la préfecture de la Seine, *Emprunt de 115 millions pour le Service des eaux et de l'assainissement*, Paris, Imprimerie Chaix, 1908.

Direction générale de l'urbanisme et de l'habitation du ministère de la Reconstruction et de l'Urbanisme, Conseil des commissions techniques, *Ouvrages des collectivités publiques, Instruction technique relative à l'assainissement des agglomérations, circulaire CG 1333 du 22 février 1949*, Paris, Imprimerie nationale, 1949.

Direction générale des collectivités du ministère de l'Intérieur, *Enquête sur l'alimentation en eau potable et l'assainissement des communes de plus de 2 000 habitants (ville de Paris non comprise). Situation au 1er janvier 1961*, Paris, s.d.

DURAND-CLAYE Alfred, *Le Nouveau programme de l'assainissement de Paris : conférence du 31 mars 1886*, Paris, Conférences sur la science et l'art industriel, Paris, 1886, p. 119-157.

EMBRY Mangaud, *Cours de voirie urbaine et assainissement*, tome 2, *Conduites d'eau. Égouts. Nettoiement. Rédaction des projets de viabilité*, Paris, Librairie de l'enseignement technique Léon Eyrolles, 1935.

FÉRON Jacques, *Rapport sur les Services d'alimentation en eau de la ville de Paris et l'assainissement de la région parisienne*, *Congrès des capitales réuni du 2 au 10 novembre 1948 à l'Hôtel de Ville de Paris*, Paris, Imprimerie municipale, 1948.

FEUILLADE M., « L'assainissement de la Seine », *Travaux*, février 1966, p. 248-259.

Guide de l'eau et de l'assainissement 1934, Paris, Olivier Lesourd, 1934.

HUET Edmond, MILLE Adolphe, *Alimentation en eau potable et assainissement des villes*, Paris, P. Dupont, 1867.

HUMBLOT Félix, *Rapport, documents et procès-verbaux des séances de 1897 à 1900 de la Commission technique des eaux, Direction administrative de la voie publique et des eaux et égouts, Service technique des eaux et de l'assainissement*, Paris, Imprimerie L. Pochy, 1901.

HUMERY René, *Les ordures ménagères de la région parisienne, collecte, évacuation, destruction*, Paris, Dunod, 1935.

Instructions relatives à l'assainissement des villes, Paris, Conseil supérieur d'hygiène publique de France, 1933.

JANNETEAU R., « Évolution du port de Gennevilliers », *Travaux*, février 1966, p. 268-271.

KOCH Pierre, « Direction technique des eaux et de l'assainissement », *Travaux*, n° hors série *Direction générale des services techniques de la ville de Paris*, 1949, p. 79-156.

KOCH Pierre, « Direction technique des eaux et de l'assainissement », *in La direction générale des services techniques de la ville de Paris*, Éditions science et industrie, supplément de la revue *Travaux*, juin 1958, p. 101-218.

KOCH Pierre, *L'Assainissement des agglomérations*, tome 1, *L'évacuation de l'effluent urbain*, Paris, Librairie de l'enseignement technique Léon Eyrolles, 1935.

KOCH Pierre, *L'Assainissement des agglomérations*, tome 2, *La protection des milieux naturels et le traitement des effluents urbains*, Paris, Librairie de l'enseignement technique Léon Eyrolles, 1937.

KOCH Pierre, *L'Assainissement des agglomérations*, tome 3, *Calcul des projets, exécution des ouvrages et établissement des programmes d'assainissement urbain*, Paris, Librairie de l'enseignement technique Léon Eyrolles, 1937.

LONG-DEAQUIT, « La direction technique du Port de Paris », *in La préfecture de la Seine 1967, Bulletin municipal officiel de la ville de Paris*, numéro spécial, mars 1967, p. 109-118.

MASSON Louis, *Couverture de la Bièvre : délibération du Conseil municipal sur la proposition de M. Desplas 12 juillet 1899 : rapport de l'Inspecteur*, Direction administrative de la voie publique et des eaux et égouts, Service technique de l'assainissement, Section des égouts, Paris, Préfecture de la Seine, 1899.

Mémoire sur les modifications apportées au régime de la Bièvre, intra et extra muros, depuis 1840, Paris, Imprimerie Chaix, 1902.

Ministère de l'Agriculture et du Commerce, *Commission de l'assainissement de Paris instituée par M. le Ministre, par arrêté en date du 28 septembre 1880 en vue d'étudier les causes de l'infection signalée dans le département de la Seine ainsi que les moyens d'y remédier : rapports et avis de la commission*, Paris, Imprimerie nationale, 1881.

MONDON Émile, *Assainissement général des villes et des petites collectivités*, tome 1, *Les déchets urbains et la pollution des cités*, Paris, Dunod, 1931.

OLIVESI J., « La direction technique des eaux et de l'assainissement », *in La préfecture de la Seine 1967, Bulletin municipal officiel de la ville de Paris*, numéro spécial, mars 1967, p. 101-107.

Préfecture de Paris, direction des services industriels et commerciaux, service technique de l'assainissement, assainissement de la seine. *Raccordement des collecteurs d'eaux usées de la banlieue sud-est à l'émissaire Nord-Est le 26 juin 1969*.

Programme général d'assainissement de la région parisienne. Mise en service de l'émissaire Nord-Est. Inauguration 3 juillet 1961, Paris, Imprimerie municipale, 1961.

Résolutions votées par la Commission technique de l'assainissement de Paris et résumé des travaux de la commission (extrait des *Annales industrielles* du 19 août 1883), Paris, E. Bernard et Cie, 1883.

ROLANTS Edmond, *Les Eaux usées*, Paris, J.-B. Baillières et fils, 1925.

SARRAMÉA Prosper, *Note sur l'assainissement de la Seine* (extrait de la *Revue pratique des travaux publics*, n° 1, 1899), Paris, Société des conducteurs des ponts et chaussées, 1899.

SENTENAC François-Bernard, « Service technique des eaux et de l'assainissement », *in Science et industrie*, n° hors série, 1928, p. 47-82.

SENTENAC François-Bernard, « Service technique des eaux et de l'assainissement », *in Science et industrie*, n° hors série, 1937, p. 70-130.

SENTENAC François-Bernard, « Service technique des eaux et de l'assainissement », *in Science et industrie*, n° hors série, 1934, p. 67-128.

Service de l'assainissement de la Préfecture de la Seine, *Travaux d'assainissement de la Seine : lois et décrets*, Paris, Imprimerie Paul Dupont, 1899. Service des ponts et chaussées du département de la Seine, *Conduites d'égouts* (cartes pour chacune des 77 communes suburbaines du département de la Seine), Paris, L. Wuhrer, 1900.

Service de l'assainissement, *Travaux d'assainissement de la Seine. Construction de l'aqueduc d'Achères : vues prises pendant l'exécution des travaux*, Paris, Préfecture de la Seine, 1895.

VINCENT Alfred-Marcel, BRETON Yves-André, *Étude d'une nouvelle organisation des services de distribution d'eau et d'assainissement de la Région de Paris*, Paris, Imprimerie municipale, mai 1967.

Rapport de la ville de Paris et du département de la Seine

CHENAL, *Rapport au nom de la commission des eaux et de l'assainissement sur un projet d'épuration bactérienne des eaux d'égout dont la dépense serait gagée sur fonds d'emprunts*, rapport au conseil général n° 25, 19 décembre 1904.

COLLY Jean, *Rapport, au nom de la 6e commission, sur l'épuration des eaux d'égout, l'extension des irrigations dans la région des Mureaux, l'acquisition et l'aménagement des terrains et sa déclaration d'utilité publique*, rapport au conseil municipal n° 199, 27 décembre 1926.

Communication de M. le Préfet de la Seine au Conseil Municipal et au Conseil général relative à l'établissement d'un programme de grands travaux intéressant la région parisienne, n° 1, 15 mars 1947.

Communication de M. le Préfet de la Seine au Conseil Municipal et au Conseil Général relative à l'établissement d'un programme de grands travaux intéressant la région parisienne, n° 1, 1952.

Conseil général du département de la Seine, *Procès-verbaux des délibérations. Première session*, 22 mars 1911, tome 119, Paris, 1911, p. 243-246.

Conseil général du département de la Seine, *Procès-verbaux des délibérations. Première et deuxième sessions*, 28 juin 1922, tome 151, Paris, 1922, p. 97-134.

Conseil général du département de la Seine, *Procès-verbaux des délibérations. Première et deuxième sessions*, 5 juillet 1922, tome 151, Paris, 1922, p. 249-270.

Conseil général du département de la Seine, *Procès-verbaux des délibérations. Première et deuxième sessions*, 12 juillet 1922, tome 151, Paris, p. 603-607.

Conseil général du département de la Seine, *Procès-verbaux des délibérations. Troisième session*, tome 152, Paris, 1922, p. 91-108, 669-683.

Conseil général du département de la Seine, *Procès-verbaux des délibérations. Troisième session*, 26 décembre 1929, Paris, 1929, p. 689.

Conseil général du département de la Seine, *Procès-verbaux des délibérations. Première session*, 2 juillet 1930 et 4 juillet 1930, Paris, 1930, p. 165-205, 265-300.

Conseil général du département de la Seine, *Procès-verbaux des délibérations. Deuxième session*, 29 décembre 1930, Paris, 1930, p. 854-855.

Conseil général du département de la Seine, *Procès-verbaux des délibérations. Deuxième session*, 30 décembre 1930, Paris, 1930, p. 1 265-1 266.

Conseil général du département de la Seine, *Procès-verbaux des délibérations. Deuxième session*, 31 décembre 1930, Paris, 1930, p. 1 392-1 393.

CRESP Émile, DUTEIL Louis, *Rapport général au nom de la commission départementale des eaux, de l'assainissement, des ordures ménagères et des fumées industrielles sur l'application du système séparatif dans l'assainissement général du département de la Seine*, rapport au conseil général de la Seine n° 123, 26 décembre 1931

CRESP Émile, DUTEIL Louis, *Rapport général sur le plan de campagne 1933, troisième étape des opérations de première urgence pour l'assainissement du département de la Seine*, rapport au conseil général de la Seine n° 101, 30 décembre 1932.

DAUSSET Louis, *Rapport général au nom de la commission municipale et départementale des inondations*, Paris, Imprimerie municipale, 1911.

DUTEIL Louis, *Rapport au conseil municipal sur l'application de la loi spéciale du 13 août 1926 sur l'assainissement de Paris et de la Seine*, rapport au conseil municipal n° 82, 1928.

FIANCETTE, *Rapport général présenté au nom du comité du budget, du compte et du contrôle sur le projet de budget rectificatif de 1935 et sur le projet de budget primitif pour 1936*, n° 75, 1935.

GREBAUVAL Armand, *Rapport au nom de la commission départementale des eaux et de l'assainissement, sur un projet d'emprunt pour l'achèvement de l'assainissement de la Seine et de la Marne*, rapport au conseil général de la Seine n° 7, 17 mars 1911.

LATOUR François, *Rapport général présenté au nom du comité du budget, du compte et du contrôle sur le projet de budget rectificatif de 1922 et sur le projet de budget primitif du département pour 1923*, rapport au conseil général de la Seine n° 9 et 39, 1922-1923.

LEMARCHAND Georges, *1er rapport du conseil municipal de Paris sur l'historique des égouts et de l'assainissement, 2e sur le régime des égouts et les améliorations à réaliser, 3e sur le budget de 1914, 4e sur les propositions relatives à l'assainissement de la Seine*, rapport au conseil municipal n° 153, 1913, Paris, imprimerie municipale, 1914.

LEMARCHAND Georges, *Budget du service des égouts 1914, historique du service et propositions relatives*, rapport au conseil municipal n° 153, 21 décembre 1913.

LEMARCHAND Georges, COLLY Jean, DUTEIL Louis, SENTENAC François, SUQUET, RUMEAU, *Note relative à une mission en Angleterre, en 1927, concernant l'étude de l'épuration des eaux usées, de l'adduction d'eau potable, de l'organisation des ports et de la suppression des fumées*, rapport au conseil municipal n° 91, 1928.

LEMARCHAND Georges, DUTEIL Louis, CRESP Émile, *Rapport général au nom de la commission des eaux, de l'hygiène, de l'assainissement, des ordures ménagères et des fumées industrielles, sur le projet de convention avec le département de Seine-et-Oise pour l'assainissement de la banlieue*, rapport au conseil général de la Seine n° 102, 30 décembre 1932.

LEMARCHAND Georges, *Étude générale. 1° sur l'organisation technique, administrative et fiscale du Port de Paris, 2° sur la navigation, 3° sur les inondations,* Commission du Port de Paris, de la navigation et des inondations du Conseil général de la Seine, Paris, Imprimerie municipale, 1921.

LEMARCHAND Georges, MARIN Auguste, PEUCH Louis, *Rapport général au nom de la 6e commission départementale des eaux, de l'assainissement, des ordures ménagères et des fumées sur l'assainissement général du département de la Seine*, rapport au conseil général de la Seine n° 97, 10 novembre 1929-1er mai 1930.

LEMARCHAND Georges, *Note relative à l'établissement d'un plan général, à réaliser par étapes, pour l'établissement d'un plan d'assainissement du département de la Seine et des communes intéressées du département de Seine-et-Oise ; la préservation de l'eau de la Seine et de la Marne contre la pollution et la préservation contre les crues*, rapport au conseil général de la Seine n° 1, 25 janvier 1925.

LEMARCHAND Georges, *Note sur l'assainissement général des départements de la Seine et de la Seine-et-Oise et concernant l'ensemble des travaux des grands collecteurs, d'égouts secondaires et de canalisations réalisés depuis 1925*, rapport au conseil général de la Seine n° 11, 16 avril 1935.

LEMARCHAND Georges, PEUCH Louis, *Étude générale sur l'assainissement du département de la Seine*, rapport au conseil municipal n° 94, 25 septembre 1928.

LEMARCHAND Georges, PEUCH Louis, MARIN Auguste, GIRAUD Henri, *Note préliminaire relative au voyage en Allemagne d'une délégation du Conseil municipal, du Conseil général et des représentants des Services techniques*, rapport au conseil municipal n° 90, 10 août 1928.

LEMARCHAND Georges, PEUCH Louis, MARIN Auguste, Jean COLLY, *Rapport au nom de la 2e commission des eaux, de l'hygiène et de l'assainissement du conseil général, et de la 6e commission du conseil municipal sur l'assainissement général du département de la Seine*, rapport au conseil général n° 16, Paris, Imprimerie municipale, 10 mai 1926.

LEMARCHAND Georges, *Proposition ayant pour objet de rattacher, en vue de l'unité de méthode, de la réduction de l'effectif du personnel et d'une bonne administration, à la Direction générale des travaux, certains bureaux techniques qui dépendent encore de la Direction des affaires départementales*, rapport au conseil municipal, n° 125, 25 octobre 1920.

LEMARCHAND Georges, *Proposition ayant pour objet de réaliser le front unique technique entre les services de la Ville de Paris et ceux du département de la Seine*, rapport au conseil municipal n° 76, 23 octobre 1922.

LEMARCHAND Georges, *Proposition relative à la réorganisation, à l'extension et à l'unification de la Direction administrative des travaux et à l'organisation d'un contrôle effectif des assemblées municipale et départementale*, rapport au conseil municipal n° 22, 12 avril 1919.

LEMARCHAND Georges, *Rapport sur l'acquisition du domaine d'Achères*, rapport au conseil municipal n° 28, 17 juin 1915.

LEMARCHAND Georges, ROBAGLIA Barthélemy, COLLY Jean, DENAIS, *Rapport au nom des 6e et 1re commissions, relatif à un projet d'emprunt de 400 millions pour l'achèvement des opérations en cours et la réalisation des opérations qui s'imposent, de toute urgence, pour les besoins du service des eaux et de l'assainissement*, rapport au conseil municipal n° 57 bis, 16 décembre 1923.

Mémoire de M. le Préfet de la Seine au Conseil municipal et au Conseil général. Budget des dépenses de grands travaux et d'investissement pour 1938. Crédits complémentaires d'engagement. Crédit et paiement, n° 8, 11 décembre 1937.

MORIN Jean, *Note sur la gestion des terrains d'épandages de la ville de Paris*, rapport au conseil municipal n° 15, 19 février 1920.

MORIN Jean, *Proposition relative à l'exploitation du domaine dit « du Picquenard »*, rapport au conseil municipal n° 76, 31 décembre 1918.

PARIS Léon, CARMIGNAC Eugène-Victor, *Rapport au nom de la commission départementale des eaux sur l'assainissement du département de la Seine*, rapport au conseil municipal n° 29, 3 décembre 1909.

PARIS Léon, CARMIGNAC Eugène-Victor, *Rapport au nom des délégations de la 6e commission du conseil municipal et de la commission départementale des eaux et de l'assainissement chargées d'étudier l'épuration biologique des eaux d'égout et les fours d'incinération en Angleterre et en Écosse (août 1908)*, rapport au conseil municipal, 1909.

PARIS Léon, MARIN Auguste, LEMARCHAND Georges, ROBAGLIA Barthélemy, *Rapport au nom de la commission des eaux, de l'hygiène et de l'assainissement, sur l'assainissement général de la Seine et de la Marne*, rapport au conseil général de la Seine n° 17, 1er juillet 1922.

PARIS Léon, MARIN Auguste, LEMARCHAND Georges, ROBAGLIA Barthélemy, *Rapport modificatif sur l'assainissement général de la Seine et de la Marne*, rapport au conseil général de la Seine n° 55, 21 décembre 1922.

PARIS Léon, *Proposition tendant à l'organisation du service municipal et départemental de l'épuration des eaux d'égouts*, rapport au conseil municipal n° 121, 15 octobre 1920.

PARIS Léon, *Rapport au nom de la 6e commission sur un projet d'emprunt de 125 millions pour le service des eaux*, rapport au conseil municipal n° 107, 5 décembre 1908.

PARIS Léon, *Rapport au nom de la commission départementale des eaux sur l'assainissement du département de la Seine*, rapport au conseil général de la Seine n° 10, 11 avril 1911.

PARIS Louis, *Rapport au nom de la commission des eaux et de l'assainissement sur l'assainissement du département de la Seine*, rapport au conseil général de la Seine, 8 juin 1914.

PARISOT Louis, *Rapport au nom de la commission des eaux et de l'assainissement, sur l'établissement d'un programme avec épuration biologique des eaux d'égouts pour l'assainissement de la Seine, de la Marne et de la Bièvre*, rapport au conseil général de la Seine n° 13, 5 juillet 1907.

ROBAGLIA Barthélemy, *Rapport au nom de la 6e commission sur la situation et les besoins du service municipal de l'assainissement de la Seine et sur le prolongement de la location des terrains des domaines des Fonceaux et du Parc agricole d'Achères*, rapport au conseil municipal n° 39, 25 juin 1913.

ROÉLAND Clément, *Proposition et vœu tendant à résoudre le problème des eaux usées dans le cadre de la région géographique*, rapport au conseil municipal de Paris n° 121, 15 octobre 1927.

Publications du Siaap

L'Assainissement de l'agglomération parisienne. Siaap, Paris, Mairie de Paris, 1984.

Siaap, *Le Syndicat interdépartemental pour l'assainissement de l'agglomération parisienne (Siaap) présente ses dernières réalisations : les nouveaux bassins de Clichy, l'émissaire "Clichy-Achères" branche de Bezons, la station d'épuration "Achères-IV"*, Paris, 1978.

Siaap, *Doublement de l'émissaire Sud 2e branche : visite du chantier du 18 novembre 1980*, Paris, 1980.

Siaap, *Programme général d'assainissement* (document cartographique), Paris, 1981.

Siaap, Mairie de Paris, *L'Assainissement de l'agglomération parisienne : découvrez comment sont collectées, transportées et épurées des eaux usées*, Paris, 1982.

Siaap, *La station d'épuration d'Achères*, Paris, 1983.

Siaap, *Pour une Seine plus propre*, Paris, 1986.

Siaap, *La Station de Valenton 1A*, Paris, 1986.

Siaap, *Pour une Seine plus propre… : un nouvel émissaire de Sèvres à Achères*, Paris, 1987.

Siaap, *Nous faisons revivre la Seine*, Paris, 1988.

Filmographie : films de communication officielle

Campagne d'information sur l'eau, films produits par les six Agences de l'eau (station d'épuration d'Achères, fabrique de levure à Maisons-Alfort, station d'épuration de Valenton, construction d'un barrage sur la Marne), 1977.

Halte à la pollution, BURESI Jean-Louis, documentaire pour le compte de la société Dégremont (présentation la station d'Achères), s.d. (avant 1974).

L'eau ou le sable, DEMEYER Patrick, documentaire, produit par l'Agence Seine-Normandie et l'atelier audiovisuel de l'École nationale des ponts et chaussées, s.d. (vers 1976).

Le Journal de Paris « M. le Préfet Doublet parle des problèmes de l'eau » (promotion de l'Agence Seine-Normandie, de la station d'Achères et du barrage de la Marne en cours de construction), s.d. (avant 1974).

L'Épuration des eaux usées, Agence Seine-Normandie, s.d. (1975-1979).

Les eaux fertiles, ROSSIF Frédéric, documentaire, produit par les six Agences de l'eau, 1983.

On a l'eau qu'on mérite, documentaire produit par l'Agence Seine-Normandie, 1974.

Pour que vivent nos rivières, documentaire produit par l'Agence Seine-Normandie, s.d. (années 1970).

Fonds d'archives : inventaire dressé par Hélène Frouard

ARCHIVES NATIONALES

Ministère de l'Intérieur, Administration départementale et communale

F/2/2082 - emprunts départementaux, 1920-1935 et 1939

F/2/2708 - application aux communes du décret du 26 mars 1852, 1852-1897

F/2/2708 - travaux d'assainissement général (déclarations d'utilité publique), 1934-1935

F/2/4210 - cartes *in folio* établies en fonction du plan général d'aménagement de la région parisienne du 14 mai 1934, dont « assainissement »

Ministère des Travaux publics

F/14/12401 - département de la Seine, eaux de Paris, dont : Historique du service des eaux, 1854-1874

F/14/12405 - égouts de Paris (mémoires, correspondances), 1857-1913

F/14/15419 - égouts de Paris. Assainissement de la Seine. Installation du tout-à-l'égout. Étude et documentation (imprimées), missions d'ingénieurs à l'étranger, 1873-1901

F/14/15420 - idem, causes de contamination de la Seine

F/14/15421 - idem, commission de surveillance de l'épandage des eaux

F/14/15422 - projets de lois et lois sur l'utilisation agricole des eaux d'égout

F/14/15423 - assainissement, département de Seine-et-Marne : plaintes des conseils municipaux, études d'ingénieurs, 1887-1920

F/14/15424 - extension de l'émissaire général vers Achères : construction des aqueducs d'Achères et de Gennevilliers, conflits entre Paris et les municipalités de Seine-et-Oise, 1889-1913

F/14/15425 - extension de l'émissaire vers Achères, Triel et Méry

F/14/15426 - construction de la canalisation de Gennevilliers, 1895-1909 ; suppression du déversement des égouts en Seine 1920-1933

F/14/15427 - établissement de périmètres de protection contre les eaux d'égout dans les communes de Seine-et-Oise riveraines de la Seine, 1900-1910

Ministère de l'Agriculture

F/10/4382 - épandage des eaux d'égout : rapports de voyage d'étude, rapports de l'observatoire de Montsouris

F/10/4383 - projet d'aménagement de la région parisienne

Ministère de l'Intérieur, Direction générale des collectivités locales, Sous direction des finances locales et de l'action économique, Bureau B : interventions économiques, aménagement du territoire

770089 - art. 33-89 : contrôle financier d'opérations départementales concernant (notamment) l'assainissement. Classement par département, 1950-1974

770089 - art. 89 : Yvelines : redevance d'assainissement Vélizy-Villacoublay ; redevances dues par les usagers des réseaux, syndicats intercommunaux d'assainissement, 1968

Direction générale des collectivités locales, Sous-direction de l'équipement et du développement, Bureau de l'équipement

770111 - art. 1 : Ve plan quinquennal de développement économique et social

Direction générale des collectivités locales, Service de l'équipement, Bureau de l'équipement urbain

770146 - art. 7 : Seine-Paris : réponse à l'enquête sur la production, la distribution et la consommation d'eau potable dans les réseaux collectifs et étude des réseaux d'assainissement des communes urbaines

Direction générale des collectivités locales, Service des études et techniques locales, Mission d'études et de statistiques

850089 - art. 3940 : questionnaires sur l'assainissement, classement par département, 1981-1982

850089 - art. 52-55 : enquêtes sur les groupements de collectivités locales et les modes de gestion de services publics départementaux, communaux et intercommunaux (circulaires n° 72-602 du 28 décembre 1972 et n° 73.86 du 9 février 1973)

Direction générale des collectivités locales, Sous-direction des finances locales, Bureau des concours financiers de l'État

880440 - art. 5 : travaux d'assainissement, Île-de-France, 1975-1985

880440 - art. 46 : programmations régionales des crédits. Voirie et assainissement, 1982-1985, dossier « Exposition universelle de 1989 : La Seine propre à Paris »

Ministère de la Santé, Direction générale de la santé, Sous-direction de l'hygiène publique, Bureau HP 2 (hygiène du milieu)

760153 - art. 11 : (ancien SAN 15156) : section des eaux et assainissement. Réunions 1962-1971

760153 - art. 41 : Réglementation : assainissement des agglomérations. Circulaires n° 191 du 5 août 1946 et n° 93 du 12 mai 1950

760153 - art. 51 : projets concernant l'assainissement (égouts, abattoirs, cimetières) présentés au Conseil supérieur d'hygiène publique de France - Seine

760153 - art. 52 : projets concernant l'assainissement (égouts, abattoirs, cimetières) présentés au Conseil supérieur d'hygiène publique de France - Seine-et-Oise, Seine-et-Marne

760153 - art. 53 : enquête sur les stations urbaines d'épuration des eaux usées au 12 juillet 1966. Circulaires des 18 juillet 1966, 26 octobre 1966, 22 février 1967

760153 - art. 57 : enquête sur les stations urbaines d'épuration des eaux usées au 12 juillet 1966. Questionnaires : Seine, Seine-et-Marne, Seine-et-Oise

760153 - art. 88 (ancien SAN 15535) : assainissement, Essonne, 1947-1968

Direction générale de la Santé, Sous-direction de la Veille sanitaire, Bureau VS4 (eaux)

20030384 - art. 8-16 : Conseil supérieur d'hygiène publique de France (CHSPF), section des eaux et de l'assainissement : PV des séances, 1955-1989

20030384 - art. 48-49 : Affaires ponctuelles du CHSPF, dont : assainissement, 1921-2001

Direction générale de la santé, Sous-direction de la prévention et de l'environnement

Conseil supérieur d'hygiène publique de France – 1935-1982

830670 - art. 3 : dossiers des séances plénières ; rapports annuels ; section des eaux et de l'assainissement 1956-1959 (PV, ordres du jour, documents de travail)

830670 - art. 4 et 5 : section des eaux et de l'assainissement 1962-1974 (PV, ordres du jour, documents de travail) [dont section chargée de l'étude de la modification des instructions du 12 mai 1950 relatives à l'assainissement des agglomérations, 1967]

Direction générale de la santé, Prévention générale et environnement, Bureau 1, Conseil supérieur d'hygiène publique de France

Dossiers des projets d'alimentation en eau et d'assainissement examinés par la section des eaux, 1960-1975

840271 - art. 15 : Paris : Schéma général d'alimentation en eau et assainissement de la région parisienne établi par l'agence financière du bassin Seine-Normandie, séance du 23 février 1970

840271 - art. 16 : Seine-et-Marne, 1965-1975

840271 - art. 18 : Seine-Saint-Denis : Roissy-en-France : projet de station d'épuration à l'aéroport

Direction générale de la santé

92044 - art. 1-14 : Conseil supérieur d'hygiène publique de France. Section des eaux. Dossiers concernant la protection des nappes phréatiques et l'assainissement, 1969-1984

Ministère de la Construction et du Logement (sous ses diverses appellations), Direction de l'aménagement foncier et de l'urbanisme

770684 : Annexes sanitaires des plans d'urbanisme 1943-1970: dossiers administratifs, correspondance technique eau, correspondance technique assainissement, études ou avant-projets

Direction de l'urbanisme

Annexes sanitaires des plans de reconstruction et d'aménagement et des plans d'urbanisme. Dossiers divers, dont dossiers techniques « assainissement », 1943-1970

770711 - Correspondance générale : art. 272 : Seine ; art. 293-296 : Seine-et-Marne ; art. 297-299 : Seine-et-Oise ; art. 357-358 : Essonne ; art. 358-359 : Hauts-de-Seine ; art. 359-360 : Seine-Saint-Denis ; art. 360 : Val-de-Marne ; art. 360-362 : Val d'Oise ; art. 363-364 : Yvelines

Direction de l'aménagement du territoire

Cartes et plans pour l'aménagement de la région parisienne 1952-1965

790539 - art. 4 : annexe - assainissement ; carte des travaux communaux et intercommunaux et des stations d'épuration de la région parisienne (1/200 000) ; carte schématique des grands ouvrages d'assainissement de la région parisienne, partie centrale (1/50 000) ; carte complète de l'assainissement de la région parisienne existant et projeté (5 feuilles) (1/50 000) ; carte de l'assainissement du département de la Seine (4 feuilles) (1/20 000)

Ministère de l'Environnement, Direction eau

850439 - art. 3, 4 et 6 : Problèmes de l'eau : mission interministérielle, aménagement (région parisienne), assainissement des agglomérations (Commission Loriferne), 1962-1968

Premier ministre, Délégation à l'aménagement du territoire et à l'action régionale

Dossiers de l'équipe urbanisme et infrastructures de la Datar

870070 - art. 18 : eau et assainissement, 1975-1981

ARCHIVES DE PARIS

Section II - Permis de construire et de démolir. Cartes et plans de Paris

II-7.3 : Fichier des cartes et plans : eaux, égouts, canaux, voirie, XVIIIe-1937

Section V - Administration départementale, Préfecture de la Seine

Rubrique 13 : travaux publics et transports

D.S^{8} : assainissement général 1808-1934

D.1.S^{8} : affaires générales 1808-1934

D.1.S^{8} 1 : assainissement des communes de Seine banlieue, affaires générales, 1808-1934

D.1.S^{8} 3 : vidanges : renseignements statistiques, 1892-1921, fosses septiques, 1902-1910, réglementation du tout-à-l'égout dans les communes de la banlieue, 1892-1921

D.1.S^{8} 5 : application aux communes de la Seine du décret du 26 mars 1852 : communes soumises à ce décret antérieurement à 1871, dossiers particuliers de certaines communes 1866-1885

D.1.S^{8} 6-8 : assainissement de la Seine, de la Marne et de la Bièvre

D.1.S^{8} 16-19 : assainissement de la Seine : construction, amélioration, entretien d'égouts collecteurs (1876-1930)

D.1.S^{8} 26-30 : curage des égouts départementaux et communaux, 1868-1933

D.1.S^{8} 26 : 1868-1898

D.1.S^{8} 27 : 1900-1933

D.2.S^{8} : affaires générales 1808-1934

D.2.S^{8} 1 : assainissement de la plaine de Créteil et Maisons-Alfort 1811-1931

D.2.S^{8} 2 : assainissement de la plaine de Passy 1852-1855

D.2.S^{8} 3 : épuration biologique des eaux d'égout départementales à Gennevilliers, 1913

D.2.S^{8} 4 : assainissement de la plaine de Saint-Denis, 1870-1875

Rubrique 14 : travail, hygiène, santé publique

DM^{5} 11 : enquête du préfet de police sur les causes d'insalubrité dans les communes rurales de l'arrondissement de Sceaux, 1831, et projets d'assainissement dans le département de la Seine, 1832-1834-1837

Rubrique 22 : affaires régionales

53WR 1-9 : préfecture de la région Île-de-France. Cabinet du préfet de région.

53WR 2 : comité d'aménagement de la région parisienne, PV, notes, rapports, correspondances, 1969-1975

53WR 4-5 : VIe plan région de développement et d'équipement, 1971-1974

53WR 5 : Nouveaux départements, demande de budget, 1966-1969

2432W1 : Institut d'aménagement et d'urbanisme de la région parisienne et comité de la région parisienne, puis d'Île-de-France, (PV des séances, rapports, plans, documentation), 1975-1977

Section VI - Administration communale (préfecture de la Seine)

Rubrique 6 : mairies des 12 arrondissements anciens de Paris, 1791-1859 - Généralités

VD6 3 : Document n° 9 : compte rendu des travaux du conseil d'hygiène et de salubrité, 1851

VD6 4 : rapports du conseil d'hygiène publique sur la salubrité de l'eau de Seine entre les ponts d'Ivry et Saint-Ouen, 1861, réglementation éditée par la ville sur les branchements particuliers d'égouts établis au compte des propriétaires, 14 février 1872, rapport de l'ingénieur en chef des Ponts et Chaussées sur le fonctionnement des services d'assainissement de la seine, 1885

Rubrique 7 : secrétariat général

1436W 32, dossier 85-92 : Siaap : fixation du taux de redevance interdépartementale 1979-1984 ; réunions du CA, 1984, dossier 85-93 : Achères, construction, extension : plans / logement du personnel : convention avec la ville de Paris / nuisances, plaintes etc., 1971-1982 ; dossier 85-94 : station d'épuration de Valenton, 1973-1982

1861W 1-85 : animation et coordination de l'action des services publics municipaux et départementaux, 1925-1989

1861W 61-62 : Siaap, 1969-1987

1861W 63 : Opération Seine propre 1983-1988 ; Siaap, généralités 1966-1988

1861W 64 : Siaap : relations avec les départements de la couronne, 1972-1987

1861W 69 : Siaap, 1985-1989

1861W 72 : Siaap, 1988-1989

1861W 82 : Siaap, 1980-1984 (contentieux Siaap - département de l'Essonne)

2135W 1-109 : animation et coordination de l'action des services publics municipaux et départementaux, 1924-1993 (pour le Siaap: postérieur dans l'ensemble à 1980)

2135W 148 : éléments sur le Siaap et Achères, 1984-1990

2135W 161 : dont opération Seine-propre, 1987-1989
2135W 165 : divers sur le Siaap, 1986-1990
2298W 1-134 : animation et coordination de l'action des services publics municipaux et départementaux, 1969-1997
2298W 87 : Institution interdépartementale des barrages réservoirs du bassin de la Seine (IIBRBS), 1900-1994 (dont conventions avec le Siaap)
2298W 87-89 : Siaap divers, 1979-1995
2328W 55-59 : dont Siaap : conseil d'administration, terrains municipaux affectés aux champs d'épandage, budget ; stations d'épuration ; Achères ; 1986-2000
2466W 7 : ville de Paris. Secrétariat général. Désignation des représentants au Siaap, 1989-1994

Rubrique 8 : inspection générale

1192W, 1581W et 1781W : dossiers d'inspections et études, 1936-1988
1192W 70 : mise en place d'une comptabilité autonome pour les services d'eau et d'assainissement, 1968
1192W 71 : direction technique des eaux et de l'assainissement, 1968
1192W 83 : convention avec l'Agence financière de bassin pour le financement de la construction de d'Achères III et de l'émissaire Clichy-Achères-Branche d'Argenteuil, 1969
1192W 111 : Achères IV- jury du concours pour l'étude et la réalisation de l'équipement, 1972
1192W 119 : Achères IV – réunion du 23 octobre 1973
1192W 130 : Achères, jury du concours, séance du 22 juin 1973
1581W 43 : Organismes interdépartementaux de la région parisienne (Siaap), 1981
1790W 20 : budgets Siaap et IIBRBS, 1986

Rubrique 14 : police, justice, hygiène 1801-1936

VI.5 – Assainissement : mémoire du directeur des eaux et des égouts relatif à la transformation de la vidange et suppression des égouts et emploi de leurs eaux dans l'agriculture (imp.), 1871

Rubrique 18 : voirie et travaux publics

VO NC - Préfecture de la seine, service municipal des travaux, 1810-1950. Travaux de voirie.
VO NC 3185 : organisation générale des bureaux de la Préfecture de la Seine, 1871-1883
VO NC 195 : fonctionnement des services techniques, notamment égouts, 1860-1875, 1891
VO NC 561 : service municipal des travaux de Paris, organisation, personnel, 1870-1900
VO NC 3185 : procès-verbaux des conférences de la direction des travaux, 1871-1872
VO NC 841 : réorganisation des services de l'ancienne direction des travaux de Paris (6e section)
VO NC 50 : réorganisation des services techniques : rapports, délibérations 1893-1895
VO NC 81 : notes sur le fonctionnement des services techniques de la direction des travaux, 1920
VO NC 1348, 177, 139, 66, 64, 169, 148, 758, 149, 147 : procès-verbaux des séances du conseil des ingénieurs, 1878-1934.
VO NC 2109 : eaux et assainissement, répertoire, 1905
VO NC 2245 : eaux et assainissement, 1917-1919
VO NC 531 : statistiques des eaux et égouts. Projets et travaux d'exécution de conduites, 1860-1886
VO NC 177 : service des eaux et égouts. État sommaire des dépenses, 1867-1868
VO NC 3185 : distributions d'ouvrages relatifs aux eaux et égouts (coupures de presse), 1879-1880 ; mauvaises odeurs dans Paris, discours de Alphand, 1880
VO NC 1010 : égouts. Rapports et avis : registre d'ordre, juin à octobre 1830
VO NC 1009 : égouts. Voirie : rapports de l'ingénieur relatifs aux projets de travaux, 1841-1843
VO NC 549 : désignation des égouts et de la nature des travaux, 1er mai 1849 au 31 octobre 1850
VO NC 1268 : construction de l'égout collecteur du pont de la Concorde au quai voltaire, 1858-1861
VO NC 150 : construction de branchements particuliers d'égouts, 1866-1872
VO NC 2036 : 2e section : statistique des égouts, 1er janvier 1885
VO NC 732 : égouts, 16e arrondissement, 1888-1900
VO NC 608 : entretien et travaux relatifs aux égouts : pièces comptables, 1892-1907
VO NC 791 : constructions et projets de construction d'égouts dans le 15e arrondissement 1895-1902
VO NC 3048 : 17e arrondissement (Batignolles, Epinettes). Redevance de raccordement, 1914

Archives des services centraux de la direction de la voirie, 1860-1991

Affaires générales - Activités du service

2276W 9 : budget d'investissement, 1961-1975 : construction d'égouts
2276W 18 : tenue des bureaux, attributions, 1941-1984, organisation des services, 1969-1986
2276W 19 : brochure sur l'étude des services publics de la ville de Paris et du département de la Seine

Eaux et assainissement

2276W 89 : égouts, projets de construction, 1935-1970
2276W 90 : égouts : emprunts, crédits, programmes travaux, 1935-1970
2276W 91 : égouts : sécurité, branchements, 1935-1970

Rubrique 22 - assainissement et canaux

VO_3 1 000-1 206 : eaux, canaux, égouts, an VIII, 1934
VO_3 55 : assainissement général Saint-Ouen et Saint-Denis, projet d'égout pour la ville de Cormeilles
VO_3 610 : situation du service des eaux et égouts, 1878
VO_3 705 : transaction entre la ville de Paris et la commune de Gennevilliers
VO_3 711 : assainissement de la Seine, irrigation en amont et en aval
VO_3 750 : eaux et égouts : délibérations des conseils des communes de Seine-et-Oise, 1879
VO_3 1207-1652 : documentation technique (usines de Colombes, Pierrelaye, Clichy), irrigation des cultures maraîchères, participation du service des eaux et de l'assainissement aux expositions universelles et internationales, 1825-1921

Inventaire hors du classement général

1426W : service technique de l'assainissement (section des égouts et des travaux sanitaires), dossiers de mise en service du tout-à-l'égout dans divers édifices et monuments, 1879-1970
1427W : services d'hygiène de l'habitation : travaux d'assainissement dans les immeubles, fin du XIXe au milieu des années 1930 ; registres d'état des immeubles à taxer qui ont l'écoulement direct à l'égout, décembre 1929-mai 1937, état des branchements d'égouts dans Paris, 1951

Cabinet du préfet de Paris

1011/75/2 - liasse 6 : mise en service des installations de raccordement des réseaux d'assainissement de la banlieue sud-est à l'émissaire Nord-Est, 26 juin 1969
1011/75/2 - liasse 9 : ouverture du chantier d'Achères III (exposition sur l'assainissement), 1969

Préfecture de la Seine, direction des affaires départementales et générales. Sous-direction des communes. Bureau des travaux du département. Bureau du domaine et des travaux communaux, 1870-1947

10445 - art. 206 : avant-projet d'assainissement de la banlieue, 1932
10445 - art. 217 : (...) curage des égouts communaux : redevances, 1911-1927
60421/43/1- art. 4 : branchement particuliers d'égouts, type de branchements, travaux neufs, 1875-1896
60421/43/1 - art. 9-14 : service des eaux et de l'assainissement, participation aux expositions universelles, 1878-1889
60421/43/1 - art. 49-152 : service technique des eaux et de l'assainissement dont :

- art. 49-52 : installation du tout-à-l'égout dans divers lieux publics (hospices, hôpitaux, abattoirs, casernes, etc.) 1868-1903
- art. 53-59 : service de l'assainissement, registre d'ordre de l'ingénieur en chef, 1884-1901
- art. 60 : répertoire 1/1/1891 à 31 12 1895
- art. 61-68 : assainissement de la Seine, travaux publics. Registre d'ordre de l'ingénieur ordinaire, 1889-1912
- art. 69-74 : assainissement de la Seine, travaux publics. Répertoire de l'ingénieur ordinaire, 1889-1922
- art. 75-78 : assainissement, branchements et écoulements directs, registres d'ordre de l'ingénieur en chef 1894-1896
- art. 88-93 : épandages la plaine de Gennevilliers, 1873-1899
- art. 94-95 : épandages dans les régions de Méry et Triel, 1896-1916
- art. 96-108 : épandages dans la région d'Achères, 1886-1900
- art. 109-138 : usine de Clichy, 1868-1918
- art. 139-140 : usine de Pierrelaye, 1896-1902
- art. 141-146 : usine de Colombes, 1882-1928
- art. 147-152 : usines de Clichy, Colombes, Pierrelaye, 1885-1917

Table des matières

Table des illustrations et des notices

Crédits photographiques

Syndicat interdépartemental pour l'assainissement de l'agglomération parisienne (Siaap). Pages 32-54-61-62-67-70-73-89-109-116-117-120-144-180-181-200-205-232-233-234-235-237-240-254-255-256-257-261-264-265-286-290-292-293-297-307.

Parisienne de photographie/base Roger Viollet et bibliothèques de la Ville de Paris. Pages 29-31-36-37-38-39-43-44-55-72-76-80-99-102-126-131-156-158-159-164-172-188-189-192-197-208-209-215-219-272-298-299.

Atelier de restitution du patrimoine ethnographique (ARPE) du Conseil Général du Val d'Oise. Pages 114-115-145-168-169.

Institut d'aménagement et d'urbanisme de la région d'Île-de-France (IAURIF). Pages 92-250.

Photothèque de l'École nationale des Ponts et Chaussées (ENPC). Pages 35-46-99-203.

Photothèque de la Réunion des musées nationaux (RMN). Pages 40-45.

Archives municipales de Gennevilliers. Pages 178-179-198.

Archives municipales de Livry-Gargan. Page 277.

Mary Evans Picture Library. Page 27.

Photothèque de l'Institut Pasteur. Page 83.

Syndicat des eaux d'Île-de-France (SEDIF). Page 155.

DR/Collection particulière. Pages 26-33-39-71-77-127-202-249-251-273-276.

Le Bar Floréal/Eric Facon. Pages 312-313.

Emmanuel Bellanger. Pages 146-154

Direction littéraire : Bernard Stéphan
Responsable éditoriale et fabrication : Josette Piccioli
Les Éditions de l'Atelier
51-55, rue Hoche
92400 Ivry-sur-Seine

Avec la collaboration de Louis Guinamard

Conception graphique : Alain Verstichel

PEFC

IMPRIM'VERT®

L'impression de cet ouvrage a été réalisée sur du Condat matt Périgord, certifié PEFC.
Achevé d'imprimer par Corlet, imprimeur, SA
14110 Condé-sur-Noireau (France)
N° éditeur : 6300 – n° fab : 6510 – N° d'imprimeur : 151511
Dépôt légal : novembre 2012

Imprimé en France